LA VIE CRÉATRICE

DU MÊME AUTEUR [1]

Pour Toi. Simple programme de tous les jours offert
    aux Jeunes, 1 vol. 0 60
Essai d'une méthode d'éducation :
    1° Principes : *Verges ou Persuasion*, 1 vol . . . 0 60
    2° Application : *La Persuasion au Catéchisme*, 1 vol. 0 60
La Direction de Conscience . . . . Épuisé
Neuvaine a Saint-Martin. . . . . Épuisé
Essai sur la Discrétion Bénédictine, 1 vol. . . . . 1 »
M. Barrès et l'Église, 1 vol. 1 50
Le Latin des Françaises. Méthode psychologique, sans
    Maître, ni Grammaire, ni exercices de thème
    (7° mille), 1 vol. *franco*. . . . . 4 »
Le Chef, *Catholique et Français*, Programme de Vie
    intérieure et d'Action héroïque (7° *édition*). 2 fr. 25,
    franco. 2 50
    Relié cuir souple 3 fr. 25, *franco*. 3 50
Le Prêtre, *Aumônier, Brancardier, Infirmier*, Memento
    de Vie intérieure et d'Action sacerdotale, (4° *édi-
    tion*), 2 fr. 50, *franco*. 2 75
    Relié cuir souple 3 fr. 50, *franco* 3 75
Le Livre de la Consolation (Aux Femmes de France).
    (8° *édition*), 1 vol. 2 75
Méditations du Prisonnier (3° *édition*), 1 vol. . . . 2 75
Un Fils de France : *Joseph Cloupeau* (1896-1916). . . 1 25

En préparation :
LA VIE CRÉATRICE

2° Partie : LE DIEU VIVANT

---

(1) S'adresser à la librairie Gabriel Beauchesne 117, rue de Rennes,
Paris. Majoration temporaire de 20 %.

Dom HÉBRARD

La Vie Créatrice

ESQUISSE D'UNE PHILOSOPHIE RELIGIEUSE
DE LA VIE INTÉRIEURE ET DE L'ACTION

―

Ire Partie

L'Enquête humaine

> Qui tractat, debet audientium
> considerare personas ; ne prius
> irrideatur quam audiatur.
>
> S. Ambroise.
> *Comment. in Luc. Cap. 9.*

PARIS
GABRIEL BEAUCHESNE
117, rue de Rennes.
―
1918

Nihil obstat :

Paris, le 25 Mai 1916.

L. ROURE,
Cens. dep.

Imprimi potest :

Paris, le 15 Novembre 1916.

† Fr. Léopold GAUGAIN,
Abbé de Saint-Martin de Ligugé.

Imprimatur :

Paris, le 2 Décembre 1916.

H. ODELIN,
Vicaire général.

A CEUX
DONT L'ATTACHEMENT ET L'AFFECTION
M'ONT DONNÉ
L'INTELLIGENCE ET L'AMOUR
DE LA VÉRITÉ
DE LA BONTÉ
DE LA BEAUTÉ
JE DÉDIE CES PAGES
AVEC TOUTE MA RECONNAISSANCE.

PRÉFACE

Joergensen rapporte qu'un soir l'auteur immortel de la Divine Comédie, déjà grisonnant et voûté, s'en vint frapper à la porte d'un couvent solitaire des Apennins.

« Que venez-vous chercher ici ? » lui demanda le Frère.

Le grand Florentin ne lui répondit qu'une seule parole, mais immense et suffisant à embrasser tout un monde : « Pace ! la Paix ! »[1]

L'esquisse que nous offrons aujourd'hui au public est une œuvre de Paix.

Jamais peut-être il n'a été plus opportun qu'à l'heure présente de s'appliquer à de pareils travaux.

Nous sommes à une époque où la plupart des esprits vivent dans le malaise ou l'affolement. Selon le mot de saint Paul, tous les vents de doctrine qui soufflent sur eux les font tourner comme des girouettes. Bien plus, hélas, tandis que les philosophes ou les hommes de science versent sur le monde, comme un déluge, les opinions les plus contradictoires[2]*, qui déracinent et détruisent tout, beaucoup d'âmes, incapables de*

---

[1] *Saint François d'Assise.* Perrin, 1911, p. 229.

[2] « Le mal de notre temps est que la pensée, lasse d'efforts et ne sachant où se fixer, se cramponne à la réalité matérielle. La vérité n'est plus, et avec elle meurent les idées élevées. L'esprit, dépourvu de critérium pour estimer le vrai, de méthode pour l'atteindre, va comme en vertige et finit par s'abattre au matérialisme athée. » STRADA, dans RAVAISSON, p. 146.

résister au flot montant du scepticisme, se laissent aller et coulent à pic [1].

A tous ceux qui souffrent, à tous ceux qui aspirent au calme, à la certitude et au repos actif, *nous voudrions apporter le rameau d'olivier. A tous ceux que le désespoir guette, nous souhaiterions de montrer l'Arche du salut, toute proche, où leur bonne volonté peut les introduire.*

Pax vobis !.. *La paix soit avec vous tous.*

Tel est actuellement l'état des esprits que je sais bien ce qu'on me va répondre. — « *A qui donc êtes-vous pour prétendre ainsi venir en pacificateur ?... Etes-vous d'Apollon, de Paul ou de Céphas ?... Que nous apportez-vous, quelle est votre doctrine ?... Vous réclamez-vous de saint Augustin, de saint Thomas, de Scot, de l'Action, des théories courantes ?... Etes-vous pour les anciens ou pour les modernes ?... Parlez clair et prenez nettement parti* ».

Je parle clair : Je ne suis d'aucun parti.

Avec saint Paul, « je suis du Christ », *uniquement.*

C'est en Lui qu'il faut « tout restaurer », *parce que d'abord Il a lui-même tout réparé, tout refait, tout complété, tout remis au point.*

C'est sur « ce fondement unique » *qu'il faut s'appuyer, parce qu'* « il n'est point loisible aux hommes d'en établir un autre ». *Sur cette* « pierre angulaire » *seule, on peut bâtir avec solidité.*

Je m'explique — *en demandant à mon lecteur, afin qu'il*

---

[1] La plupart de nos contemporains pourraient répondre, semble-t-il, comme ce jeune privat-docent de l'Université de Berlin à qui l'on demandait : « A quelle doctrine philosophique vous rattachez-vous ? » et qui répliqua en souriant : « A la mienne ! » *Revue des Deux-Mondes,* 1ᵉʳ novembre 1887.

me comprenne, de vouloir bien m'accorder dès à présent sa sympathie.

Sur le terrain de l'Action, tout le monde est d'accord pour considérer les divers Ordres religieux comme représentant et reproduisant chacun un aspect de la vie extérieure du Christ. A travers l'histoire, ils font revivre Jésus prêchant, guérissant, consolant, prenant soin des petits et des humbles. Aucun d'eux ne comporte une contradiction du voisin. Tous sont nécessaires pour que le Christ, intégralement, et à toute époque, « passe en faisant le bien ». Et si parfois entre eux il s'élève des difficultés pratiques, provoquées par des délimitations de domaines, des précisions de pouvoirs, cela se fait sans anathèmes, sans ostracismes : la charité fraternelle, toujours, y prononce le dernier mot. L'Eglise est là, qui veille, maternelle, afin d'adapter toutes les bonnes volontés aux besoins de chaque époque et de faire produire à l'effort de ses fils son « maximum de rendement ». Ainsi, selon les périodes de l'histoire, tel ou tel Ordre apparaît au premier rang, sans qu'il puisse pour autant se croire supérieur aux autres. Et si d'aventure il rêvait de supplanter ses frères et de se substituer à eux, il provoquerait contre lui des réactions fatales et vengeresses de la Vérité. Aucune contingence ne peut lui conférer une valeur absolue. Le relief où le place l'expérience ne change pas sa nature. Dans l'organisme vivant de l'Eglise, il n'est qu'une partie. Il se doit de ne pas l'oublier, et d'ordinaire il ne l'oublie point. Malgré leurs divergences profondes, les Ordres religieux donnent au monde le spectacle réconfortant d'une solidarité dans l'action et le bien, que n'offre ailleurs rien de semblable.

Que n'en est-il de même sur le terrain de la Pensée catholique et pourquoi n'y rencontre-t-on pas la même unité morale ? Théologiens, apologistes et philosophes devraient *représenter et reproduire* la vie intérieure du Christ, *à la fois Verbe, Amour et Volonté.*

Ce n'est pas nous qui médirons des Ecoles[1]. *Au même titre que les Cadres, elles sont légitimes et nécessaires. Notre esprit est trop faible pour embrasser d'une vision tout le réel. L'Ecole pratique la division du travail.* Elle est *une attitude à l'égard de la Vérité. Mais elle ne l'atteint toute entière qu'à condition de n'être pas exclusive. Aussi bien l'Eglise ne se lie-t-elle indissolublement et irrévocablement à aucune. Sa doctrine domine tous les systèmes. Selon les exigences de l'heure et les besoins des âmes Elle défend la Raison, le Cœur, la Liberté. Ce qu'elle condamne toujours, c'est l'excès, l'oubli de l'amour, la méconnaissance de la Vérité, de la vivante Révélation. Elle n'a qu'une philosophie : celle du Christ, son fondateur.*

Car il faut le dire, le Christ, dans l'Evangile, a fait œuvre philosophique, au sens le plus profond et le plus intégral du mot. Nous nous réservons de le montrer en son lieu.

Et il serait bien extraordinaire qu'il en fût autrement. S'il y a une chose aujourd'hui hors de conteste, c'est que tout homme, à chaque instant, conditionne ses attitudes d'après une métaphysique consciente ou instinctive[2]. *Toute existence humaine est une pensée qui s'explicite, un jugement sur l'ensemble des êtres. Agir, c'est écrire sa vision en caractères vivants.*

---

[1] « Une école, c'est une assemblée d'esprits vivant de la pensée du maître et en recevant leur forme... En toute école, on est porté à considérer comme ne pensant pas ce qui pense autrement... » OLLÉ-LAPRUNE, *La Philosophie*, p. 292.

[2] « Cet ensemble de croyances, que j'appellerai, si l'on veut, une métaphysique spontanée... contient un certain nombre de réponses élémentaires aux questions inévitables que se pose tout homme venant en ce monde, aussitôt que le souci de sa vie matérielle laisse à sa pensée un instant de loisir, et qu'il peut relever sa tête courbée sur l'atelier ou le sillon... » CARO. *Problèmes de morale sociale*, ch. III, p. 50.

Ainsi a procédé le Christ : Cœpit facere et docere, *dit de Lui saint Luc. Il a vécu sa parole ; il a parlé sa vie intérieure. Cette philosophie-là est seule intégrale. Elle s'adresse à l'homme tout entier : corps et cœur, intelligence et volonté — toute l'âme.*

A ceux qui viennent me dire : « Êtes-vous partisan de la philosophie de l'Être », je réponds : Sans aucun doute, car le Dieu que j'adore est celui qui s'est défini : Ego sum qui sum.

« Que pensez-vous de saint Thomas et de son Intellectualisme » ? — Rien que du bien, car je ne puis oublier que l'âme qui vivifie la Somme est celle qui tremble d'émotion dans les pages sublimes de l'Office du T. Saint-Sacrement[1].

« Alors vous répudiez Scot » ?... Nullement, s'il s'agit de celui qui, en dehors de tout parti pris de contradiction, me rappelle à sa manière que l'Esprit n'est pas tout, et que j'ai des devoirs à l'égard de la Volonté.

« Vous êtes donc Augustinien » ?... Et pourquoi pas ? Le Cœur a sûrement « des raisons que la Raison ne connaît pas », et si je l'oublie, je me mutile. Rappelez-vous que « Dieu est charité ».

C'est ainsi que saint Paul écrivait aux Corinthiens avec une modestie fière et consciente de ses droits : « Si quelqu'un a de l'audace, j'en ai moi aussi. Ils sont Hébreux : — et moi aussi !... Ils sont Israélites : — et moi aussi !... Ils sont de la race d'Abraham : — et moi aussi !... Ils sont ministres du Christ : — je le suis plus qu'eux !... »

*
* *

Tout l'effort du philosophe catholique, à l'heure actuelle, doit avoir ce double objectif : se tenir en dehors des Écoles, et

---

[1] Il n'importe pas ici que ce Saint ne soit point l'auteur du text intégral de cet office. Il l'a fait sien en y imprimant la marque unique de son génie et de son âme.

se mettre en contact direct avec la Pensée de l'Église et du Christ; montrer quels liens la rattachent à la Pensée contemporaine, et comment l'accord existe, fondamental, entre l'humanité d'aujourd'hui et le Verbe éternel.

Les âmes de bonne foi ont bien moins besoin qu'on leur résolve les objections de détail contre la Religion, que d'une Philosophie de la vie leur montrant la légitimité de la croyance religieuse, leur découvrant les racines profondes, indestructibles, qu'elle pousse dans la nature humaine et dans la conscience des individus.

Elles aspirent à l'unité, elles soupirent après la certitude.

Et parce que la philosophie contemporaine prétend avoir, en droit, le monopole de la direction des esprits, et que par suite de la conspiration des circonstances, des volontés, des pressions, des sophismes, elle exerce en fait une forte emprise sur nombre d'intelligences qu'elle berce d'un vague idéalisme et endort dans une vaporeuse et panthéistique religiosité, — on réclame partout le livre qui, montrant la vérité chrétienne dans son rapport avec la Vie[1], referait à la fois l'unité de pensée et d'action chez tous les hommes de volonté droite : confirmant ceux qui croient dans une certitude plus sereine, plus dilatée, plus joyeuse, plus active aussi et plus conqué-

---

[1] « La pensée d'aujourd'hui a pour pôle toutes les idées représentées par ce mot : la Vie, — comme la pensée de 1850 avait pour pôle toutes les idées représentées par ce mot : la Science, — et la pensée des Encyclopédistes toutes les idées représentées par ce mot : la Raison. » BOURGET. Discours. — Mais qu'on veuille bien, dès l'abord, ne pas se tromper sur notre vraie pensée. Partir de la vie, comme nous le ferons, ne comporte aucun subjectivisme. On s'en apercevra vite d'ailleurs, pour peu qu'on nous lise sans parti pris. L'étude du Moi bien comprise, et à condition que l'analyse soit poussée à fond, nous oblige à sortir de nous-même, à affirmer la légitimité, la nécessité, de la Science, de l'Histoire, de la Tradition et de l'Autorité. La méthode instituée par nous, bien loin de contredire la méthode classique et objective, nous ramène à elle, après avoir mis en pleine lumière la valeur psychologique et humaine de ses postulats.

rante ; — appelant « ceux qui cherchent » et les engageant sur la voie de la vie féconde, à la suite du Christ.

Un tel livre est-il possible ? Quelle en serait la physionomie ?

Si la vérité chrétienne est la vérité supérieure et divine, elle est le point culminant d'où l'on peut expliquer la vie, montrer son unité, sa direction, son terme ; elle est la lumière puissante dans laquelle se fondent toutes les antinomies ; qui fait s'évanouir toutes les difficultés ; qui montre l'inanité des contradictions et l'injustice des griefs accumulés comme à plaisir contre le Christ et contre son Eglise.

De ce point de vue et sous ce rayonnement lumineux, la beauté de la Création entière apparaît dans sa splendeur, et l'âme soulevée, vibrante, mêlant sa voix à l'harmonie qui monte de cet univers dont elle a la claire et totale vision, se sent pénétrer d'une vie supérieure. Tel le voyageur qui, parvenu au sommet de la route gravie péniblement peut-être, aperçoit tout à coup devant lui un horizon sans fin, une étendue immense, baignée de vivants et chauds rayons. Tout ébloui d'abord, il s'habitue peu à peu à ce spectacle dont il n'avait jamais rêvé la beauté grandiose et pleinement harmonieuse. Dans ces espaces illimités, les choses, confuses d'abord, lui apparaissent successivement avec une netteté grandissante ; il distingue leur physionomie individuelle et remarque leur valeur de position. Leur ordonnance se montre à lui, unique et merveilleuse.....

Il contemple plein d'émotion muette et recueillie... Il s'attarde peut-être !... Une plénitude de vie lui vient de ce soleil qui l'enveloppe et donne à tous ces êtres leur vibration, leur attirance... Il se sent grandir au contact de cet univers qui se révèle à lui avec une puissance et une intensité jamais soupçonnée jusqu'alors !... Et quand l'heure du départ a sonné, il jette un dernier regard sur ce spectacle afin d'en conserver dans son âme la vision nette, le vivant souvenir... Puis il continue sa route le cœur léger, la volonté plus forte, meilleur.

Cette apparition des choses de la nature, pour réconfortante qu'elle puisse être — chacun en a fait l'expérience, demeure passagère et transitoire. Il n'est pas donné tous les jours d'avoir sous les yeux un horizon de rêve ! Puis nos sensations sont si fugitives et nos oublis si prompts et si complets !

Mais les beautés intérieures ne passent pas. Si nous savons explorer notre âme, il est possible d'en avoir tous les jours, et presque à chaque heure, la vision lumineuse, émerveillée.

Que dire alors du réconfort unique qu'elles nous peuvent apporter, et de la vie puissante qu'il nous est loisible, à chaque instant, de puiser à leur contact... puisqu'elles sont pleines de Dieu !

∴

C'est ce que nous avons voulu exprimer en parlant d'une philosophie de la vie intérieure. C'est du dedans que l'on reçoit la lumière permanente, le mouvement, la vie.

Mais on les reçoit pour l'action. *C'est elle qui, manifestant la vie intime, lui donne sa valeur pratique et lui fait porter des fruits. D'individuelle qu'elle était, elle la rend humaine. Qu'est-ce d'ailleurs que la vie, si elle n'est mouvement, activité ! Il y a des vies stériles : ce sont précisément celles qui ne savent, ou qui ne veulent pas agir. L'action est le terme vital*[1]. *Dieu, — qui est la vie essentielle, est défini par les philosophes scolastiques :* l'acte pur.

On a donc voulu indiquer, par le titre même du présent ouvrage, que le chrétien digne de ce nom est avant tout un être

---

[1] « Il faut des actes, il faut marcher sans cesse, il faut courir. Les actes sont fils de notre vie, ils la traduisent, ils la développent ; *la vie n'existe que pour eux* : l'acte est le terme dernier de toute vigueur vivante. » *Commentaire sur la Règle de S. Benoît*, par l'Abbé de Solesmes. Oudin, 1913, p. 14, 15.

« L'action seule révèle la nature de notre intelligence et la valeur de notre caractère. » LE BON. *Aphorismes*, p. 140.

actif, et comme un véritable moteur au sein de la société. Quiconque méconnaît cette vérité, consignée dans l'Evangile, ne vit pas sa Religion. Et s'il reconnaît n'avoir qu'une vie mutilée, incomplète, c'est à lui-même qu'il doit s'en prendre d'abord. Ce n'est pas impunément — nous espérons le démontrer, que l'on se met de parti pris, par paresse ou ignorance coupable, en dehors de l'action. Pour les fidèles comme pour les Apôtres, le mot d'ordre est d' « aller et de porter des fruits. ». Et pourquoi !... Parce que si, d'après l'adage antique, « la vie est dans le mouvement, » la vie supérieure, complètement humaine, est dans le mouvement ordonné, harmonieux, divin.

.·.

L'action, fruit de la vie intérieure, revient vers elle, l'entretient et la vivifie. Mais parce qu'aujourd'hui, plus qu'en aucun temps peut-être, le disciple du Christ doit être actif, pour se défendre souvent, pour conquérir toujours, nous devons moins que jamais considérer comme légitime l'attitude de ceux qui prêchent encore la foi du charbonnier.

Si l'on entendait par ces mots la simplicité naïve de la croyance au milieu de la lumière, l'attitude filiale de l'esprit qui, « après avoir fait le tour des choses, se voit obligé de revenir à Dieu comme au principe et à la fin de tout »[1], on pourrait dire d'une telle foi qu'elle est le terme dernier de la sagesse humaine et de la philosophie[2]. Et peut-être alors

---

[1] « Cum multa legeris et cognoveris, ad unum semper oportet te redire principium. » *Imit. lib.* III, cap. 43.

[2] « Si nous voulons vivre, il faut trouver une réponse à ces questions. Cette réponse sera, je n'en doute pas, conforme aux réponses traditionnelles, mais découverte en dehors de la tradition, par les voies laborieuses de la science et de la raison, elle pourra s'imposer à tous les esprits. Tout l'effort de notre pensée n'aura sans doute abouti qu'à nous faire dire avec les petits enfants du catéchisme : « L'homme a été créé et mis au monde pour connaître Dieu, l'aimer, le servir, et par ce

aurait-on le droit de reprendre pour son propre compte le mot de Pasteur : « J'ai toujours eu la foi du paysan breton ; je crois bien que, si j'eusse étudié davantage, j'aurais eu la foi de la paysanne bretonne. »

Mais comme cette formule sert trop souvent à caractériser des croyances qui, délibérément, sont tenues à l'écart des choses du monde, de la science, et renfermées dans un fidéisme étroit, béat, quiet, par lequel on croit rendre gloire à Dieu, tout en excusant sa paresse, il faut énergiquement protester contre elle.

Car une telle attitude est indigne de Dieu, indigne de l'homme. Il y aura toujours assez d'ignorants par impuissance radicale. Ceux qui peuvent comprendre en ont le devoir[1].

Quelle différence entre le rosier de plate-bande et le rosier de serre !... Au premier regard il n'y paraît point, si vous les considérez à part. Mais placez-les l'un près de l'autre. Quelle vitalité, quelle beauté plus pleine, quel parfum plus pénétrant de la rose qui a vécu au grand air !... Le même coup de vent qui couchera le pot sur le sol et brisera peut-être le rosier de

---

moyen obtenir la vie éternelle ». Mais n'est-ce donc rien que de comprendre par la science la valeur des enseignements de la foi, c'est-à-dire de penser en hommes si nous parlons en enfants ? » G. FONSEGRIVE. Livres et idées, ch. III, p. 48.

[1] Aussi bien n'acceptons-nous pas cette parole de *Clifford* : « Ni la simplicité de l'esprit, ni l'ignorance qui provient de l'infériorité de notre condition, ne peuvent nous dispenser du devoir qui s'impose à *tous*, de mettre en question *tout* ce que nous croyons. » (MALLOCK. La vie, p. 53). L'exagération est manifeste et la prétention, sous son apparent libéralisme, est simplement odieuse, cf. Chap. X. — Mais nous croyons devoir faire nôtre cette mâle réflexion de M. *Ligeard* : « Le temps est venu de se poser résolûment ces questions qui intéressent si fort la vie *personnelle* et de leur donner aussi une solution personnelle.... Ce n'est que par l'effort toujours pénible, et en sachant s'astreindre à un vrai travail d'intelligence et de volonté, que l'on naît à la pensée personnelle et que l'on acquiert une conscience réfléchie de sa foi. » H. LIGEARD, *Vers le Catholicisme*, Vitte, 1907, p. 67.

serre, courbera l'autre, mais le quittera intact. Le même rayon de soleil intense qui brûlera la rose trop fragile, donnera à l'autre plus d'éclat et y accumulera des réserves de vie.

Il y a rose et rose : il y a foi et foi[1].

L'action religieuse est liée à la pensée. Celle-ci est tout ensemble le sol où la première puise vie et force, le milieu où elle se développe et se maintient, la lumière qui la féconde et dont elle dépend.

Pour que l'action du croyant reste donc catholique spécifiquement, toujours, il est nécessaire que ses idées demeurent pures de tout alliage, dégagées de tout élément destructeur.

La plupart de nos défaillances proviennent de nos compromissions d'idées.

Aussi bien voyons-nous beaucoup de gestes catholiques, mais peu de convictions ardentes et fécondes.

La religion de la plupart « des fidèles » ne rayonne pas, ne répand pas la vie, n'est pas créatrice, parce qu'elle manque de sève intellectuelle.

C'est à cette privation de pensée religieuse qu'il convient d'attribuer tant de morts d'âme. Hélas ! combien en a-t-on vues s'étioler, se pencher peu à peu, lamentablement, et puis se dessécher... sous le regard attristé de ceux qui les avaient longuement cultivées, entourées d'affection !

N'en recherchons pas les causes multiples, et variables à l'infini. Disons du moins qu'il est un remède énergique et sûr contre tous les germes délétères, toutes les anémies de l'esprit, de la volonté ou du cœur : c'est de vivre dans la lumière. Se tenir sous le rayon de la vérité, voilà le plus puissant préservatif. Y demeurer, c'est vivre ; y revenir, c'est ressusciter.

---

[1] « La foi du charbonnier ne suffit plus aujourd'hui pour conduire le monde. Pour être admirable, elle apparaît naïve, et elle est en tout cas stérile. » Mgr TISSIER. *La femme du monde*, Téqui, 1911, p. 224.

Voilà pourquoi nous offrons aujourd'hui ces pages aux âmes de bonne volonté.

A toutes nous osons dire : Soyez-nous sympathiques ; prenez et lisez : tolle et lege.

Si vous avez jusque-là erré sur les chemins de la pensée, sans pouvoir orienter de définitive façon votre existence de chercheur nomade — et douloureux peut-être, écoutez l'appel que nous vous adressons au nom de Celui qui a dit : « Je suis la voie de la vérité et de la vie ». Les pages que nous vous présentons sont un cri d'âme. Vous y sentirez battre le cœur d'un frère douloureusement ému de votre solitude, de votre isolement. Ne craignez pas d'y trouver un auteur. Vous n'y rencontrerez, nous l'espérons, rien de livresque. Elles sont de la vie condensée, ramenée à son principe, synthétisée sous la forme d'une méthode pour l'âme vaillante et sincère, mais non peignées et attifées pour le plaisir des curieux, des dilettantes.

Si vous avez la foi, mais que vous sentiez chanceler vos énergies, votre confiance, au souffle des doctrines qui ébranlent aujourd'hui tant d'âmes incertaines, « Prenez et lisez ». Nous avons l'espoir qu'avec une conviction raffermie, plus vivante, vous redirez le mot des Apôtres : « Seigneur, à qui donc irions-nous, puisque vous avez seul les paroles de la vie éternelle », et celles de la vie présente, qui la prépare et la mérite !

Vous, dont la foi est sereine, calme, reposée, « Prenez aussi et lisez, » afin que, vous étant convaincus que cette foi est la grâce supérieure, le principe de la vie la plus pleine et la plus humaine, votre être tout entier chante fidèlement à Dieu l'hymne de la reconnaissance et de l'amour filial.

Joseph de Maistre disait de ses livres : « *J'y ai versé toute ma tête.* »

Nous nous sommes efforcé, dans le présent travail, de patiemment condenser vingt ans de réflexion, d'observation, de vie intérieure, afin de mettre à la portée de nos contemporains la vérité intégrale du catholicisme.

Parce que la doctrine du Christ est la plus divine, *elle est aussi* la plus humaine. *La «* minimiser *» est non seulement une injure à Dieu, mais une atteinte aux droits de l'homme. C'est prouver aussi qu'on n'en a pas saisi la rigoureuse logique, qu'on n'a pas pénétré jusqu'en ses dernières profondeurs, où tout s'harmonise dans une indissoluble et vivante unité.*

Si nous n'offrons rien de nouveau pour le fond des choses, nous espérons les présenter dans une formule nouvelle : non nova, sed nove[1]. *Dans les sujets délicats que nous avons à traiter, s'il n'est pas vrai que «* la façon de donner vaut mieux que ce qu'on donne *», il est sûr cependant que la Vérité a*

---

[1] Qu'on veuille bien lire — et méditer s'il est nécessaire — ces graves paroles : « Ce n'est pas seulement *le programme* apologétique qui doit être, sous peine de stérilité, adapté aux habitudes d'esprit, aux nécessités de chaque époque, c'est *la langue.* Sans doute la scolastique, comme toute science, peut et doit avoir un vocabulaire et des formules qui lui soient propres, pour l'usage et le grand avantage des initiés. Mais en dehors de l'école, sur la place publique, dès qu'il s'agit d'éclairer les âmes, de résoudre les problèmes soulevés par la science contemporaine, elle doit être accessible, intelligible à tous, elle doit parler pour tous. Trop souvent on persiste à vouloir résoudre des difficultés toutes nouvelles, par des formules stéréotypées depuis des siècles. Notre langue nationale est assez riche, assez précise, assez transparente pour énoncer clairement tout ce qui est bien conçu... N'exigeons pas de ceux que nous voulons ramener à la foi chrétienne une discipline préliminaire trop lourde pour leurs épaules ; gardons-nous de mettre l'éternelle vérité au prix d'initiations impossibles aux modernes générations ». DUILHÉ DE SAINT-PROJET. *Apologie,* p. 84, 86.

quelque chance d'être mieux comprise, plus assimilable, plus efficace, si elle entre en quelque sorte de plain-pied dans les esprits, si elle s'y installe comme une amie dans une hospitalière demeure, au sein de pensées familières lui permettant d'y vivre sans antagonisme et de s'y épanouir en pleine liberté.

Que le lecteur veuille bien ne pas rendre la vérité chrétienne responsable des lacunes et des imperfections qu'il rencontrera sûrement dans une œuvre où le sujet étant vaste comme Dieu, son Église et les âmes, il aurait fallu, pour être à sa hauteur, les intuitions d'un poète, la plume d'un artiste, le cœur d'un saint !... Hélas ! il faut avoir vu la Vérité dans sa clarté éblouissante pour comprendre la radicale impuissance de notre pauvre langage humain !... Plus la vision a été nette et prolongée, plus peut-être la difficulté augmente de la rendre avec exactitude et précision : on en demeure comme ébloui !... Le proverbe dit bien : « On rêve d'aigle et l'on se réveille pinson. » Mais qui donc a jamais pu égaler son travail à son rêve !... Virgile avait résolu de brûler son Énéide, et Michel-Ange lui-même jetait de dépit son maillet créateur contre le Moïse, — qui lui semblait trop inférieur à son idéal !

A vrai dire nous espérons que nombre d'âmes feront au présent livre un bienveillant accueil. Ce sont les âmes auprès desquelles il remplira le rôle d'un initiateur, et qu'il révélera en quelque sorte à elles-mêmes.

Ces âmes auront pour nous la charité sympathique des voyageurs auxquels l'humble villageois a indiqué la route où ils s'en vont pleins d'entrain, avec sous leur regard des horizons sans cesse renouvelés, toujours plus merveilleux. Ils songent en leur cœur ému à celui qui là-bas, si loin d'eux maintenant, a orienté leur marche et leur a du même coup révélé les beautés qu'ils contemplent avec dilatation... Et un lien du cœur, très réel, les unit à cet inconnu, qui désormais n'est plus pour eux un étranger !

Si parmi les amis lointains de notre modeste travail il s'en trouvait un qui s'appliquât à le compléter, à l'enrichir, à le dépasser sans mesure dans la voie sur laquelle il s'engage, notre joie deviendrait extrême. Car il n'en est pas de plus douce, de plus profonde aussi et de plus désirable, que d'éveiller des âmes et de les orienter vers la lumière, vers l'amour, vers la vie, « la véritable, celle qui durera pendant l'Éternité, laquelle est de vous connaître, ô Vous, le seul vrai Dieu, et Celui que vous avez envoyé : Jésus-Christ. »

TABLE ANALYTIQUE

CHAPITRE I. — **Le Problème humain.**

Il se pose au sein même de la vie.

A son début, dans son exercice spontané. Le *Pourquoi* de l'enfant (1). Ce mot est la formule de la pensée, la preuve de notre excellence. Action et pensée sont interdépendantes. La spontanéité tend à l'expérience et à l'autorité (2), mais dans l'amour. Ce *Pourquoi* est le germe de toute science et philosophie. Il est l'appel intérieur auquel il faut répondre. *Réfléchir est un devoir humain* (3).

Dans l'âge mûr. Les grands spectacles de la Nature posent le problème. La douleur, la mort, l'imposent à l'esprit. La solution négative accule l'homme au néant (4). Mais d'instinct il proteste : « il n'est pas un chien » (5).

Autant que l'action personnelle, *la vie sociale* oblige à répondre. Des relations sans règle seraient menace et danger. Le désir de vivre, de faire vivre, exige de connaître la loi de la vie : notre intérêt pousse notre raison à savoir (7).

On objecte : tout effort dans ce sens est inutile *en fait* ; l'histoire de l'humanité est celle de l'échec des philosophies. — Affirmer la question insoluble est exagéré. Nul ne peut d'ailleurs nous dispenser de l'obligation qui nous incombe *personnellement*. Individuellement le procès est toujours révisable (8). On nous dit qu'*en arci*, une telle tentative n'est pas recevable, car elle relève de la métaphysique et que celle-ci est périmée, que *l'expérience* et les faits sont seuls admissibles (9). Soit. Posons ainsi le problème. Mais nous réclamons une expérience supérieure à celle du laboratoire, artificielle et incomplète.

L'expérience *nécessaire* doit être *humaine* (faits de conscience) (10), étudier l'homme *normal* (11) — car la méthode pathologique est secondaire et négative (12). L'étude de l'inconscient est insuffisante (14). L'expérience enfin doit être concrète, *vivante*, et partir du *Moi*. C'est légitime, et obligatoire pour obtenir des certitudes inébranlables (15). Mais ce *Moi* est personnel : c'est la *Personne* entière, engagée dans la vie et l'action, qu'il faut étudier, et non pas le *Moi* intellectuel.

La réponse au *Pourquoi* ne peut venir *que* de cette expérience. Il faut donc l'instituer pour se conduire en homme, être sincère, trouver la loi de la vie, s'épanouir dans la Vérité (16).

CHAPITRE II. — Sensation et intuition.

En notre état habituel, nous sommes en équilibre (17), nous vivons en harmonie avec le monde extérieur. La sensation aiguë et la réflexion nous sortent de cet état monotone et qui ne nous apprend rien. Attirance irrésistible des choses (18). Elles nous envahissent, nous poussent dehors, nous dépersonnalisent (19). L'enseignement de la sensation est surtout négatif, ou peu éducateur. L'attitude libératrice, c'est : *rentrer en soi-même* (20).

Essayons de nous recueillir. Conditions : couper le contact, silence. Résultat : détente, arrêt... *L'intuition vitale* (21). A celle-ci, qui fait toucher le pouls de l'âme, succède *l'intuition vivante*, susceptible d'analyse (22).

Le donné intérieur. Je me saisis comme une force (22), qui s'oriente dans une direction constante ; qui unifie mon être intime, tend à un but, est désir et amour (23). Elle n'est pas fatale : je me sens libre, mais non pas de façon absolue. Sens du mot : Je puis (24).

L'extérieur. Il y a un dehors, perçu du dedans. Je pénètre les choses et vis avec elles dans un continuel interéchange (25). Envahi et libre, je ne les modifie pas substantiellement (26), mais ma liberté à leur endroit peut devenir plus grande. Nous vivons dans une communion non déterminante, des relations de mutuel amour. Ma loi, c'est d'y être fidèle, en acceptant ce qui me paraît bon (27).

Conscience et fait de conscience. Mon intuition est pensée. Tout mon donné intérieur est lié, vivante unité, continuité dynamique (28). Passage de la pensée intuitive à la raison discursive (29). La durée, le temps, l'espace. Je me saisis comme *cause* (30).

Les certitudes intuitives. Elles sont vivantes, inébranlables. Le *Moi* personnel, le non-*Moi*, communient et sont divers : tout est dans tout, rien n'est dans tout (31). Raison et volonté puissances d'action. Ma vie doit être action *et* contemplation — en rapport inverse — (32), puis collaboration de mon *Moi* et des choses (33). De la valeur de l'idée de temps et d'espace (34). Le *Moi* vivant et dynamique : diversité, unité, harmonie : une famille en auto (35).

CHAPITRE III. — Intuition et Raison.

Objection : le langage d'expérience employé ne peut renseigner sur l'intuition. Puis l'inconscient est au fond de tout, et inexplicable (37).

Le langage d'expérience est indispensable pour communiquer la vision personnelle. Il faut seulement le rendre vivant (37). On doit contrôler sa valeur humaine : *c'est la vie universelle qui doit authentiquer l'intuition* (38). Le vrai langage philosophique ne peut être une apocalypse.

En vain fait-on appel à l'inconscient (39) contre l'intuition. Il est dynamique, mais inexplicable. Donc il n'explique rien (40). Sa valeur est purement *descriptive*, non *ontologique* (41). Il est *quantitatif* (42) ; si vous le dites *qualitatif*, il est inutile. La vague en pleine mer (43). Il faut observer l'être vivant, pour découvrir la loi de sa vie. Le conscient est supérieur à l'inconscient : celui-ci ne peut l'expliquer.

Si l'on dit : « Votre intuition prouve trop », c'est qu'on ne la comprend pas. Elle est indépendante du temps et de l'espace (44). Vision vivante, d'un ensemble, en un instant, un point. Le génie. Exemples d'intuition (45). Elle rend possible l'expérience, qui à son tour donne la preuve de sa valeur (46). Il y a de l'acquis dans l'intuition vivante, c'est sûr. Mais elle suffit à me renseigner sur le donné primitif et vital ; le chêne et le gland (47). Valeur de ma conscience *actuelle* (48). Les microbes dans la sève (49). Je puis *me définir* avec une certitude inébranlable (50).

Mon intuition ne se suffit pas (51). La pensée : sa nature. Comment elle devient raison. Mais raison vivante (52). Car *la vie intérieure est indivisible*. Le soleil et le prisme (53). L'intuition s'épanouit dans l'*action*. Tout est lié en nous : l'isolement, c'est la mort. L'arbre : la sève, le tronc, les feuilles (57).

Conséquences de l'unité du Moi : l'intuition racine de la connaissance rationnelle (55) — incapacité de la raison à juger la vie intérieure (désir, intuition, pensée, volonté), à lui imposer ses méthodes. Qui l'oublie, crée des conflits (56).

La Raison. Pouvoir de relation. Juge pratique, barrière vivante entre le *Moi* et les choses. Elle voit, veut, décide (57). Moyen terme vivant entre le passé et l'avenir (58). Elle perpétue l'amour, en modérant, adaptant l'intuition.

Elle est le *pouvoir humain par excellence*, et construit la l'er-

sonne (59). Moteur du progrès, à condition de garder contact avec la vie intérieure. N'est pas *primaire*, mais *première* (60). Sa supériorité n'est point exclusive : le pilote et le navire. *La vraie raison*, vivante, égale l'homme à lui-même (61) ; la fausse est abstraction, verbiage, et conduit au pédantisme orgueilleux. Expérience et vie intérieure liées (62). Le recueillement nécessaire à la raison (63). De la méditation sort la méthode pratique d'action, harmonie du *Moi* et de la vie universelle.

La raison nous révèle que notre *Moi* est social. Que son terme est hors de lui (64). Qu'il est sujet et objet de l'expérience. Qu'il doit collaborer (65), créer des rapports humains (66). Que l'action est obligatoire et l'égotisme une sottise (67). Que *servir* est notre loi, impérative et catégorique. Flux et reflux de la vie intérieure (68).

Mes certitudes vivantes permettent de juger les philosophies : *la vie juge les systèmes* (69). Scepticisme (70) — évolutionnisme, phénoménisme (71) — idéalisme (73) — matérialisme, panthéisme, rationalisme (74) — pragmatisme (75) — n'envisagent qu'un côté de la vie et sont insuffisants. Le *Cogito, ergo sum* — doit être modifié. L'attitude qu'il faut prendre en face de la complexité du réel (76).

CHAPITRE IV. — **La Réponse des choses.**

Appel à l'extérieur, pour contrôler et compléter l'intuition, lui donner sa valeur humaine (78). Nous ne sommes ni seuls, ni supérieurs (79). *L'expérience* nous éclaire sur nous-mêmes et les choses : la cire et le cachet (80). Elle est la face extérieure de la vie.

Elle est possible entre nous et les choses. Celles-ci parlent. La preuve : la Science (82), formule des rapports de la raison et des choses. Le monde n'est cependant pas pensée pure ; l'idéalisme radical n'est pas le vrai (83). L'univers est *en* mouvement (84). Mais non point rien *que* du mouvement (87). Cette affirmation n'est pas scientifique, et contraire aux données de l'intuition (88). La Science ne peut interpréter le mouvement du monde (91). Le *Moi* seul a un principe d'interprétation : l'amour meut l'univers ; *il est la loi de l'être* (93) : vivre c'est aspirer à l'harmonie.

On objecte : vivre, c'est lutter, l'égoïsme est l'unique loi (94). On s'appuie sur des faits indiscutés, mais la théorie qu'on édifie sur eux est ruineuse (95). L'intuition permet de la rejeter : le fond de l'être est amour, *la lutte est l'envers de la vie* (96). Le monde dure et il condamne la théorie de l'égoïsme. A moins qu'il ne soit inintelligible, ce que dément la Science (97). L'humanité admire la bonté, l'amour, et ne se maintient que par eux (98). Même la méthode d'extériorité, maniée sans parti pris, aboutit à le reconnaître (99). Il y a une *finalité immanente à l'univers* (100). Tout est lié dans le cosmos, et nous faisons partie du mouvement d'amour qui anime la nature. C'est pourquoi nous sommes instables, « ondoyants et divers » (101). Notre dynamisme *pose en nous le problème humain*. Il doit y avoir un autre (103). J'en ai besoin puisque rien ne me satisfait dans l'expérience ordinaire.

On me dit de n'en avoir aucun souci. Mais j'ai *le devoir de sortir de moi, pour m'expliquer à moi-même*. Sinon je commets un crime de lèse-humanité. La solution de ce problème, posé par la vie, est l'*unique nécessaire* (104). Autrement je mentirais à la vérité qui ne se donne qu'à ceux qui l'aiment (105). *Être fidèle à la vérité, à l'amour, vivre en homme, c'est tout un.* Il faut que je me mette en quête de cet *autre*, qui doit être, à un degré supérieur, une Personne, un amour radical (106).

CHAPITRE V. — Le Langage.

Le problème humain est le problème universel, auquel tous les autres se ramènent (107). Pour le résoudre, *il faut sortir de nous*. Mais l'expérience étant séparatrice (108), il faut établir entre les individus un moyen pratique de liaison humaine, de rapports sociaux. L'homme crée le langage, condition de la vie en groupe (109), première tentative de socialisation du *Moi*.

Toute langue est *locale* (110) ; une moyenne. Le langage simplifie la réalité ; il est lié à l'intuition, dans une dépendance étroite de la vie intérieure (111). Le *Moi* est juge du mot. La Personne diffère du langage, sans lui être nécessairement supérieure (112). Toute langue est un organisme vivant. Expression de la conscience commune, elle varie selon les époques (113).

Langage et intuition sont en rapport étroit (114), leur dépendance mutuelle est une nécessité (115). C'est par le langage que vit la pensée ; la vie intérieure a besoin de lui pour devenir instrument de progrès. Obligation, dans les rapports sociaux, de parler la langue de tous (116), sans négliger les élites.

La valeur du langage est d'abord *intellectuelle* (117), mais liée à une valeur vitale : chacun *vit* différemment le langage de son groupe social.

Conséquences théoriques. Deux éléments d'une langue : quantitatif (118) et qualitatif. Ce dernier en est le vrai ferment. *La vie intérieure est en avance sur le langage* : celui-ci est un retardataire, un constat (119). Le langage d'un groupe n'exprimant jamais son expérience totale, il faut, pour la connaître, avoir recours à d'autres témoins. La vie intérieure (intuition) et le langage (raison) n'ont aucune valeur *critique* l'un contre l'autre (120). Ils ont des droits et devoirs réciproques (121). *La conscience n'a pas de droit contre la société*. Pourquoi les éducateurs vrais parlent peu. Valeur durable de leur méthode (122).

Conséquences pratiques. Les intellectuels n'ont aucune autorité pour attaquer les hommes de vie intérieure. L'intuition relève de la vie, de l'histoire, non de la logique. Deux groupes qui parlent différents langages (123) n'ont pas le droit de se condamner, sous prétexte de précision, d'utilité pratique (124). Le criterium vrai est leur *valeur humaine*, leur qualité éducative de la Personne (125). L'attitude possible et nécessaire est celle de la conciliation, de l'harmonie pour le progrès.

La langue universelle. Elle est possible (126). Ce qu'elle devrait être (127). Elle devrait parler de lien, d'unité, d'amour. Les hommes de lettres (128). La langue du XVIIe siècle

Le langage et le réel. Le langage usuel est trop subjectif (129) pour donner de la réalité une connaissance profonde, une explication de l'être. Mais il rend tout possible (130).

Dangers du langage. Il peut devenir destructeur, s'il fait échec au dynamisme du *Moi* (131). *Le verbalisme est le grand danger humain* (132), car il détruit la vie intérieure, atrophie la Personne. Il devient rationalisme exclusif, caricature et négation de la raison (133). Le langage éducateur est humain et vivant (134). Les intellectualistes purs ignorent la bonté, la vie, la valeur et la nécessité de l'expérience (135). Leur égoïsme les conduit à l'orgueil, à l'apothéose de leur *Moi*. Le langage peut tuer la pensée par le livre (136). Ceux qui ont été grands ont plus médité que lu. Il faut s'inspirer du génie, pour le dépasser (137).

Les livres et la vie. Le langage socialise le trésor intérieur, il ne le crée pas : la *linguistique* n'a pas le secret de la vie (138). Pour le trouver, il faut lire non les pédants, mais les génies, s'attacher plus à l'esprit qu'à la lettre de leur œuvre, cultiver surtout ceux qui ont vécu leur doctrine, dont une tradition prolongée démontre la valeur éducative (139). Qui a dit les paroles les plus décisives ? J'ai *le devoir* de le lire. Quels sont ses titres actuels ? J'ai *le droit* de les exiger (140).

CHAPITRE VI. — L'Amour.

L'amour, qui est le fond de l'être, ne peut être défini qu'après avoir été *vu* dans sa richesse inépuisable. Relation, multiplicité, il étend le *Moi* et socialise l'intuition (141). Aimer, c'est être mendiant et aussi s'universaliser, pénétrer au cœur des choses. Aimer, pour être homme, et atteindre au bonheur. Mais dans la vérité se garder des contrefaçons de l'amour.

Sa Naissance. Il est avant tout *vision*. Circonstances dans lesquelles : il se produit (142). *Objet* et *sujet* de l'amour (144). Leurs relations : l'expérience (145) ; organisation du sujet en fonction de l'objet ; le jugement de valeur ; le désir, qui tend à l'action, pousse hors de lui le *sujet*. Ceux qui se contentent de vivre leur rêve (146). L'amour ne nécessite pas l'*objet ;* ses différentes attitudes : indifférence (147), hostilité (148), se fait rechercher (149). Aimer n'est pas un droit à être aimé ; l'objet est *libre*, il se donne *par grâce* (150).

L'union. Première attitude : Expansion. Le sujet, lié à son objet, s'éveille à une vie nouvelle : joie dilatée, plénitude ; il peut tout. Son isolement cesse. Il chante, devient lyrique, s'épanouit en beauté, en bonté (151), refait le monde. — *Deuxième attitude : Concentration.* Peur de perdre son objet (152). Isolement volontaire de l'expérience et de la raison. Intériorité exclusive et contemplation. Inadaptation sociale du sujet, qui apparaît bizarre, excentrique. En réalité ce rêveur est un actif (153). Il est sous pression, très vivant, capable d'étonner par sa vitalité. Amour et génie : prodiges, anormaux (154) par rapport aux cadres ordinaires, qu'on doit juger sur leur valeur d'humanité. — *Troisième attitude : Idéalisation* (155). Le *sujet* recrée son objet, abolit à son profit le monde extérieur, en fait un absolu. C'est son dieu, qu'il adore, qu'il possède, en qui il trouve son bonheur (156), dans l'extase. *L'objet* devient le maître intérieur (157), apparaît la règle vivante, la loi, qui révèle *le Devoir* avec une évidence indiscutable. L'idée de justice (158), celle d'obligation morale, naissent du dedans, dans l'unité du sujet et de l'objet (159). Ainsi se confirment les données de l'intuition : pour vivre il faut nous subordonner ; notre loi vivante est en dehors de nous.

Sentiments provoqués par l'Union. Humilité (160) : être petit, principe de dilatation ; *servir,* source de grandeur (161). *Dévotion :* être *la chose* de l'objet, tout faire en fonction de lui. *Énergie* et vigueur (162). *Esprit de conquête,* pour conserver à soi son amour (163). *Esprit de prière,* pour n'être pas abandonné par lui (164) Le dernier mot de l'homme est une supplication. L'objet y répond, par sa bonté (165), et il donne sa grâce. La mère et l'enfant : tendresse infinie (166).

CHAPITRE VII. — **L'Amour** *(Suite).*

Les fruits de l'Union : La gr:ice *révélatrice.* Elle fait connaître la bonté de l'objet, sa puissance et aussi les virtualités du sujet (167), qu'elle rend tout nouveau. C'est pour l'action qu'est donnée la révélation.

L'éducation. L'objet se fait *éducateur :* il fait voir et vouloir (168). L'amour est une *création continue,* une adaptation mutuelle incessante, *la méthode vivante* d'intériorité (169). Il devient *l'autorité,* indiscutée parce que vivifiante, qui concilie l'autonomie et la loi (170). Par lui l'autorité est libératrice, créatrice de personnalité. Il est le lien vivant du passé au présent, pour préparer l'avenir, la vraie tradition (171).

L'action. Le sujet doit à son tour devenir bon, se donner. Unité du dynamisme vivant : tout être est sujet-objet. La vie est créatrice et personnelle (172). L'amour descend et ne remonte pas (173). L'action du sujet a pour règle l'objet, dont il devient l'apôtre.

La Paix, fruit de l'apostolat (174). Son caractère actif, et non passif : vivant équilibre de tout le *Moi* ; expression de la vérité totale. Elle est conquête du dedans. Par elle nous dominons le monde. Elle est l'eau vive de l'être (175).

La vie de l'Union : le Sacrifice. Renoncement et mort, loi universelle de la vie. Il faut chanter sur les tombeaux. Aimer c'est s'adapter, donc, se renoncer. Double sacrifice : du sujet et de l'objet (176). Abdication non substantielle, mais formelle du sujet (177) : le marbre et la statue (178). La grâce de l'objet est gratuite, l'expression de son humilité (179). Double joie qui résulte du sacrifice mutuel (180).

La Persévérance. Passage de l'acte à l'état : de grâce, dans l'objet ; d'appel et de désir, dans le sujet (181). Celui-ci doit se surveiller, supplier, demander pardon (182).

Le témoignage de la vie. Il affermit les convictions du sujet, confirme sa vision (183), le dispose à devenir le témoin, le martyr de son idéal.

Le langage de l'amour. Il caractérise son degré de vitalité. Pauvre de termes et synthétique, il fait voir (184). Il est chant de triomphe. Emploi des diminutifs (185). Solidarité de l'amour et du langage vrai, sincère : la délicatesse des mots vivifie celle du cœur (186).

Les ennemis de l'amour. Le manque de réflexion, de vie intérieure, de pensée, l'application aux abstractions, l'empêchent de naître. Qui n'aime point est mort-vivant, ignore la bonté, est incapable de vivifier les âmes (187).

Ceux qui tuent l'union : *l'illusion reconnue :* le temps use tout, montre la méprise : on a été dupe ! (188). Bien placer son cœur. *L'égoïsme de l'objet,* qui absorbe, étouffe son sujet. *La passion du sujet* qui veut son objet « pour soi », devient tyrannique, accule à la rupture (189). *L'inaction,* car l'amour est donné pour la vie.

Conséquence : où l'amour manque, la vie est absente. *Væ soli.* Malheur de l'être qui n'aime point (190). Tout est union, harmonie, dans l'univers vivant.

Le terme de l'amour universel. Mouvement d'amour ascensionnel, hiérarchisé, des êtres de la création. Echelle des amours (191). Cette hiérarchie est révélatrice (192) : la loi de l'univers est une : tout être demeure inachevé tant qu'il n'est pas lié de façon vivante à un supérieur-objet, en qui il se complète, qui rend raison de lui (193), et dont il révèle lui-même la bonté, dans la proportion où il le reçoit. Plus l'amour monte, plus il est libre, social et personnel (194). L'amour humain couronne l'amour universel, il est le moteur de la création. Peut-il donner la solution du problème de la vie ? (195).

CHAPITRE VIII. — L'Amour (*Suite*).

Synthèse de l'amour. Il faut la tenter ici, afin de préciser quel amour est spécifiquement humain. L'amour est union vivante, flux et reflux de la vie, concentration pour l'action (196). Don et grâce, autorité et liberté, se fondent, créent le *cercle vivant* (197). Le rythme vital dépend de l'objet, de sa grâce. Tout être de la création est un centre de bonté (197).

Les caractères essentiels de l'amour supérieur et humain : liberté et grâce. La grâce (198) c'est la liberté d'en haut, qui se penche. Service mutuel, obéissance réciproque. Humilité, vrai fondement de la vie, de l'amour. De l'amitié, service mutuel (199). L'amour acte de libération. Il est contraire à l'individualisme, il socialise le *Moi*, et à la fois il le restreint (200). Créateur d'action, éducateur et grandissant. Surtout, intuition. Il sépare de l'expérience, mais donne plus de fécondité au *Moi* profond, et concilie les contraires apparents. Moral et intérieur, révélateur du devoir, sans pouvoir fonder ni la morale, ni le devoir (201). Croyance, acte de foi, il ne s'achève que par la raison (202). Permanent dans son essence, et fragile en fait. Langage supérieur au langage ordinaire (203), il poétise la conscience, appelle le silence (204). Il est l'ineffable : l'action seule le traduit à peu près. Aimer, c'est vivre sa vie, qui est celle de l'objet. Définition de l'amour (205), son double criterium : personnalité, humanité.

Echelle des amours humains. Nécessité d'interroger l'expérience générale, pour éviter l'illusion (206). Ceci ne comporte aucun cercle vicieux (207). Deux amours-types : sentiment, sensation (208). Impuissance de l'amour charnel à révéler la loi de la vie : il est caricature de l'amour (210). Valeur de l'amour intellectuel (212), sentimental, conjugal. Celui-ci socialise le *Moi* (213). Mais s'il grandit, éduque la personnalité de l'enfant (214), il ne saurait être le terme idéal et dernier, ni en fait (215), ni même en droit.

L'amour de la Patrie, de l'Humanité, ne l'est pas davantage (216).

L'Amitié. Il faut l'interroger : elle est un amour supérieur (218), où la grâce est habituelle et la liberté réciproque. L'ami n'est pas une idole. Mise en commun de l'effort (219). Elle va moins loin que l'amour. Elle implique un postulat. Il faut la dépasser (220).

Conclusion : plus loin que l'amour. La vie le convainc d'impuissance. Elle appelle un objet plus grand que nous (221). La vie est une grâce. La nature est une immense prière (222), qui aboutit à l'homme, sans s'y achever. Même l'homme de génie a besoin d'un autre, supérieur (223). En vain objecte-t-on que les choses suffisent à satisfaire notre dynamisme vital et que la Science doit suffire à tout (224). Les partisans de l'Art protestent, au nom de la Beauté. La nécessité s'impose d'un examen plus approfondi, avec les certitudes nouvelles et directrices apportées par l'analyse de l'amour (225). La principale est que l'objet supérieur, vers lequel nous tendons, doit nous être extérieur. Il faut le chercher dehors, mais c'est du dedans que nous le reconnaîtrons (227).

CHAPITRE IX. — **La Science.**

Position du problème. Les prétentions scientifiques (228). Caractère exclusif de ces affirmations (229). Ce qu'il convient d'entendre par la Science, c'est l'*esprit scientifique* (231). Du sens de *positif* (232). Ce que l'on préconise c'est une *méthode* exclusive de la Métaphysique (233). Nous avons le droit de l'examiner (234).

Premier stade de la Science : la découverte. Le contenu psychologique de la Science (235). On le nie, sous prétexte d'objectivité absolue, le *fait brut* n'existe pas (236). De l'objectivité relative, indispensable : son véritable caractère (237).

Science et croyance. Le savant, ni idéaliste, ni sceptique, prend une attitude de vie et d'action (239) ; *les postulats nécessaires* (240) ; le fait, dans l'expérience, n'est pas tout le donné (241). Sa croyance est sympathie, sa recherche émue : il rôde autour de son objet (242).

L'intuition, réponse des choses à la Personne. Elle est le principe de toute découverte (244), même alors que celle-ci paraît toute spontanée (245). Toute intuition est collaboration. La croyance du savant devient conviction, sa curiosité se mue en préoccupation (246).

Alors commence la *poursuite scientifique* (247). Le savant est possédé, mû du dedans (248). Il se fait humble, il sert, il a besoin de voir (249). Il sacrifie, passionnément, jusqu'à l'excès, ce qu'il a, ce qu'il est, tout (250). Il est dévoué à son objet (251). Sa poursuite est méthodique, par l'hypothèse qui la conduit. Apparition de la vérité vivante (252) : joie, extase du savant. La loi découverte est la raison des choses (253). Elles servent, le savant est maître, mais à condition d'être serviteur. Contrat de service mutuel (254). L'obéissance du savant crée sa liberté supérieure, son autorité, sa grandeur (255).

CHAPITRE X. — **La Science** (*Suite*).

Deuxième stade : rationalisation de l'intuition. Le savant se retourne alors vers les hommes, avec le désir d'universaliser sa découverte (257). Condition : appauvrir et schématiser l'expérience initiale, dramatique. La loi, formule d'action (259). Elle est un rite, dépendant du savant, pontife de la Science. Les choses obéissent, mais la loi manifeste leur liberté, leur amour (260). Rapport *du fait* scientifique et *de la loi* (261). Comment l'intuition garde tous ses droits (262). Du renouvellement de l'expérience : par l'inventeur qui est un artiste (262); par les autres, qui sont des manœuvres (264). Mais par la sympathie *la loi devient méthode de découverte*, moteur de vie. Il faut donc s'entendre sur l'*universalité* de la Science (265) : tous appelés, mais peu d'élus (267).

Troisième stade : humanisation de la découverte. La vérité oblige le savant à sortir de soi. Au fond, toute recherche est finaliste. L'intuition a besoin du contrôle humain (268), la pensée appelle l'action. Celle-ci révèle la vérité, la démontre, sans la créer (269). La Science devient alors doctrinale : les théories (270). Hypothèse de construction, toujours aléatoire (271), œuvre d'artiste (274). Sa vraie valeur : instrument de recherche, ne peut donc être exclusive ; la vie la domine (275). Le magistère scientifique et la liberté de l'esprit : l'enseignement complément de l'intuition (276). *L'autorité postulat de la vie*, exigence de la connaissance et de l'action. Le Maître, homme nécessaire (277). La Science et la connaissance (278). Dangers de l'enseignement (279) : le verbalisme substitué à la vie (280). Le scientisme, le prophétisme scientifique (281). L'hypothèse arme de combat (282).

Conclusion : telle est la marche de toute science, sa logique vivante. Cette méthode de la Science humainement constituée est-elle exclusive de la métaphysique vraie ? (283).

CHAPITRE XI. — **La Science** (*Suite*).

On objecte : « Vous ne tenez pas compte des *mathématiques* et des *instruments scientifiques* (284) ; ils donnent à la Science une valeur universelle, objective, absolue (285). Le psychologique doit être éliminé, le mécanisme explique tout (286). »

Valeur critique de la Science. Attitudes scientifique et métaphysique (287). Elles ne paraissent pas contradictoires. Mais la Science prétend suffire à gouverner la vie (288). Sa prétention est une *croyance*, qui repose sur un *postulat* (289). La *loi*, qu'elle propose comme un absolu, est relative, n'épuise pas la réalité. Toute dans le présent, la Science ne peut engager l'avenir (290). Elle postule la fixité des lois de la nature, mais ne la démontre pas (291). Le mécanisme est une hypothèse, qui n'exclut ni la conscience, ni la liberté (292). L'avenir n'est à personne. La Science de demain est un X.

On insiste : « Sa valeur critique, dans le présent, suffit : elle est exclusive (293). » Non. A aucun titre. En se substituant à la sensation, la Science appauvrit la réalité vivante. Elle la fausse, en un

sens (294), car elle substitue le statique et le discontinu, en continu
et en dynamisme (295). Qu'elle en donne un équivalent conventionnel, soit. Mais qu'elle l'exclue à son profit, c'est monstrueux. Le
diamant et sa gangue : le poisson hors de l'eau (296). Vouloir exprimer en chiffres le dynamisme et la vie est un pur contresens (297).
La Science absolument objective n'atteindrait rien du réel (298).
L'industrie la fait rentrer dans le courant humain. Substituer le *fait
scientifique* à *la sensation* est légitime, pratiquement, mais ne crée
aucun droit contre elle, contre la vie (299). Affirmer que le mental
et le physique sont équivalents, est un *a priori* formidable (300). *La
loi* scientifique, *inférée des faits*, prouve le contraire.

Supposée même l'équivalence, la Science ne pourrait être exclusive. Tout instrument scientifique est conventionnel, un symbole
social (301). Les mathématiques ne peuvent lui conférer une valeur
absolue (302). Opposer le mental au mental, puisse exclure la réalité
vivante (304) au profit du mécanisme, est un vrai coup d'état, malhonnête (305). Les mathématiques ne peuvent donner à l'instrument
une valeur qu'elles n'ont point (306). Elles ne peuvent contredire
l'intuition, sinon contre le droit. La prétendue objectivité qu'on
objecte est un idéalisme monstrueux. L'homme, surtout l'intellectuel, n'est pas la mesure de toutes choses (308). Ni surtout sa
propre mesure. Loin de contredire la vie intérieure, l'intuition, la
Science ne s'explique que par elles (310). Essai d'échappatoire :
Les Sciences pourront fournir la solution du problème. Nullement (311). La Science n'a aucune valeur critique et négative hors
de son propre domaine (312).

CHAPITRE XII. — La Science (*Suite*).

Aveux des savants : ils confessent leur ignorance ; la Science
doit chercher hors d'elle son explication (313). Leur attitude est
métaphysique : philosopher, c'est dépasser (314). Il ne saurait y avoir
de philosophie scientifique. L'*Evolutionnisme* prétend être tel, et,
au nom de la Science, exclure toute métaphysique (315).

Faveur prolongée de ce système. D'abord dogme intangible (316),
on le tient aujourd'hui pour une hypothèse. Peut-on jouer sur elle
les destinées de l'Humanité ? (317). Supposons-le vrai : il n'explique
rien : c'est une histoire (318) insuffisante. Pour expliquer la Science,
il faut en sortir, revenir à la conscience, au psychologique (319).
Pourquoi l'Evolutionnisme est inacceptable (320). Métaphysique

inconsciente et honteuse, il n'empêche aucune démarche du même genre. D'autres philosophies sont possibles (321).

La Science et la Vie. Dégagée de toute attache adventice (322) avec le passé (Évolution), l'avenir (Mathématiques), la Science apparaît comme *un esprit*, une démarche d'amour. Ouvrière d'humanité, de bonté (323), elle devient l'industrie, elle *sert*. La *hiérarchie des Sciences* doit se faire d'après leur *utilité sociale* (324), leur éducation de *la Personne*. Les promesses de la Science ainsi ramenée à sa vraie notion (325).

La Science éducatrice (326). École d'énergie, elle introduit la méthode dans l'effort. Apprend à vouloir, non plus, mais mieux (327). Triomphe de la liberté sur la matière, qu'elle éduque (328), à la grande joie du savant (329). Conditions de cette éducation, œuvre d'art et rite (330), culte rendu aux choses (331). La Science, amour éducateur, dans la liberté (332). La matière, collaboratrice de *la Personne*, par le sacrifice de l'homme (333), à la vérité vivante (334). Sans la Science moins de civilisation dans le monde. Y aurait-il moins de moralité, de bonheur ? (335).

Science et Morale. Si l'attitude scientifique est éminemment morale (336), le savant ne l'est pas nécessairement (337). La Science positive, rationalisme pur, ne peut prétendre à diriger la conscience (338). Elle est ouvrière de contradiction et de lutte (339). La Science dynamique est incapable de fournir l'idéal personnel et la loi vivante nécessaires, le sentiment *et* l'idée du devoir (340). *Constats :* la Science est *amorale* ; pas de jugements de valeur, par elle (342). Ses tendances démoralisatrices : mandarinat intellectuel, suppression de la vie intérieure par *le machinisme* qui tue la personnalité (343). Ce n'est pas à elle qu'il faut demander la direction de la vie, de l'action (344).

CHAPITRE XIII. — **La Science** (*Suite*).

Valeur positive et révélatrice de la Science. On a dit : c'est une banqueroutière, elle est un mal (345). Non : elle est « un milieu entre rien et tout » (346), *une logique du réel, orientée vers la pratique* et génératrice d'action (347). Donc, plus qu'un pur symbole (349). Elle ne saisit pas *tout* l'être (350), mais *de* l'être. Dans les rapports qu'elle affirme (351), elle pose la question du tout (352), sans pouvoir la résoudre (353). Sa révélation extérieure a besoin d'être interprétée au dedans (354). Qui se contente d'elle est un mondain de l'esprit (355). Ni la causalité, ni la substance ne relèvent d'elle (356). La vraie Science a pour dernier mot : « Dépasse-moi, cherche un autre amour. »

Il ne faut donc condamner la Science, ni sur les exagérations des savants de bonne foi, *érudits* (360), ou spécialistes (361), victimes des mots ou des théories (362), ni sur les outrances aggressives des « scientistes » profiteurs, arrivistes (363), pour qui elle est un « moyen de parvenir » (364).

La vraie Science n'a subi ni banqueroute, ni faillite. Insuffisante, elle est aussi bienfaisante (365), mère de la vie. Fonction d'un autre amour, relevant de la conscience, de *la Personne*, elle nous laisse le droit — et le devoir — de chercher par delà elle-même. Au nom de la Science, de l'expérience et de la vie, l'attitude métaphysique s'impose (367).

CHAPITRE XIV. — L'Art.

Les prétentions des *scientistes* datent. De l'aveu des savants, la Science est un art supérieur (370), le savant, un artiste. Serait-ce opportunisme, pour échapper à la métaphysique ? (371). Non, disent les artistes, l'Art est le sommet suprême, le dernier mot de la vie (372). Devoir de l'homme : vivre en Beauté.

Science, Art, Métaphysique. La Science, analyse, raison, va du fait à la loi, de l'extérieur à l'intérieur des choses. Procédé inverse de l'Art : synthèse, va de suite à l'âme des êtres (374). La loi trouvée par le savant est socialisée par la formule, expression de la vérité impersonnelle. L'œuvre de l'artiste exprime sa vision personnelle, socialise sa propre conception du monde. Son *Moi* est le cœur de l'univers (375). Artiste et savant se rejoignent au terme : la théorie scientifique et l'œuvre d'art sont des tentatives personnelles d'explication du Tout (376). L'œuvre d'art est loi vivante ; la loi scientifique est vivante œuvre d'art extraite des faits bruts. Art et Science sont un et divers. Même esprit : expliquer le monde, assujettir l'univers. Par la Vérité, la logique, la raison (Science) ; par la Beauté, le cœur, l'intuition (Art). Le Réel, c'est le Beau (377). L'Art est supérieur à la Science : chronologiquement, car il la précède ; actuellement, car elle s'y achève. Examinons (378).

Fondement de l'Art : l'émotion esthétique. Le fait : elle est universelle. En tout homme, un artiste. Rares exceptions (379). La Vérité scientifique parle à peu de gens, la Beauté, à tous. Nature de cette émotion : vibration, dilatation (380), communion à l'âme des choses, qui fait cesser notre isolement (381). *De l'émotion au sentiment esthétique* : les âmes artistes (382). Ceux qui n'ont pas reçu le don. Les privilégiés, vrais instruments de précision (383). Il faut collaborer à la grâce des choses (384), aimer, se donner. *Du sentiment à l'amour.* La Beauté n'admet ni flirt, ni dilettantisme. Attitude morale de l'artiste. Son contrat avec sa nature (385). L'Art est avant tout liberté. Mais dans le service et l'amour mutuel. La Beauté est la supérieure (386). Le véritable artiste répond, se donne avec désintéressement ; il aime, sans souci d'utilité (387). La Beauté éducatrice du *Moi* que la Science et la vie éparpillent (388). Elle est le rêve attendu, infini, de *la Personne* (389). La Science est illusion, l'Art est la réalité, l'artiste, le vrai sage (390). Servir la Beauté, pour obtenir d'elle le secret de la vie (391).

CHAPITRE XV. — L'Art (*Suite*).

Socialisation de l'émotion esthétique : l'œuvre d'Art. L'artiste doit sortir de soi : l'amour est créateur. Il est l'ostensoir de l'univers, en Beauté (392). *Egredere* : la poussée est impérative, angoisse, douleur et joie (393). Tout retard serait une injustice, une faillite.

Caractère de l'œuvre d'Art : sociale et finaliste. Travailler pour les hommes, leur faire partager son rêve de Beauté (394). Du choix du symbole. Se renoncer pour être fidèle à l'amour (395). Obéissance active, qui assure la grâce des choses. Sincérité, humilité : consulter ses forces (396). Le goût de l'artiste. L'Art : *homo additus naturæ*. La nature, reine de Beauté (397). Un Art unique, sous multiples symboles. L'artiste rêve d'éternité : servir, pour devenir immortel (398). L'Art, universelle rédemption. Espoir de l'artiste : son amour aplanit les difficultés (399).

Ses conditions. Rien au hasard, à la paresse, à l'égoïsme. Consulter la nature. Être réceptif et actif, respectueux, sincère (400). Servir, non pour dominer. Beauté exige Vérité (401). Si le *Moi* s'impose, son œuvre sera curieuse, mais fausse et sans lendemain. Vraie Beauté est une splendeur (402). Fuir la vie sociale pour se retremper (403) : isolement (404), solitude, silence, méditation. Initiation vivante de la beauté (405). Obéissance active de l'artiste : l'enfant et sa mère. Il sert, en collaborant (406). Donc la nature doit s'humaniser, en lui (407). Art est choix, parce qu'amour. Pas de copie possible de la nature (408). L'œuvre de l'artiste exprime son tempérament, son époque, son pays : l'Art a une patrie (409). Rentrer dans la société, mais y demeurer libre (410). Comment elle déforme, atrophie, rend myope. Modes, snobismes, cénacles (411). L'artiste est un lutteur. Son amour le sauve. La Tradition (412). Elle amplifie la vision (413), donne le sens de la vie, libère des « Maîtres de l'heure ». Communion à l'âme des ancêtres (414), elle est aussi forme et métier. Respect nécessaire du procédé (415). Obligation de le renouveler. La Tradition n'est pas close : *l'artiste, c'est elle, dans le présent.* Savoir à fond son métier, pour l'oublier, devenir libre (416). La Tradition, esprit et vie, installe dans l'éternel. Le *virtuose,* qui l'ignore, trahit la Beauté (417). Formaliste, habile, égoïste, il manque d'âme (418). C'est un éphémère (419).

CHAPITRE XVI. — L'Art (*Suite*).

L'Art et la Morale. L'œuvre d'Art est un acte humain : donc elle relève de la conscience. Le *naturalisme* affirme l'Art souverain, indépendant. L'Art pour l'Art (420).

Ignorer la morale, c'est prendre parti, contre elle. Et déclarer la nature supérieure à *la Personne.* C'est injuste : le *Moi* doit collaborer avec les choses. L'objectivité alléguée est un leurre : la Science elle-même ne l'atteint pas (422). La nature appelle l'âme, la liberté. La sincérité n'est pas d'être semblable à la plaque photographique (423) : la comparaison est inexacte et fausse. L'Art exige une *Personne.* Impassibilité, négation de l'Art (424). Le détachement du *Moi,* qu'on invoque, est une duperie (425). C'est du dedans, avec effort, qu'on peut saisir la nature. Paresse foncière du naturalisme (426). Ne pas réagir, soit. Mais il faut agir. Tout art est choix, point de vue personnel (427). Le naturaliste, sous couleur d'objectivité, s'impose. C'est le pire des égoïstes (428). Son *Moi* tyrannique, sans attaches avec la Bonté, l'amour, n'est pas ouvrier d'avenir (429). Ce sensualiste de l'art est anti-social. L'art vivifiant est service d'âme (430). Autrement, c'est illuminisme et anarchie.

L'attitude *amorale* n'est pas recevable (431). Elle rejoint l'immoralisme (432). L'Art vrai est moral, positivement. La conscience, la liberté, l'amour, la bonté, *la Personne,* sources de son inspiration (433). Mais il n'est pas prédicateur. L'*idéalisme* pur est insoutenable, contraire à la morale et à la Beauté (434). Il ne fait pas vibrer les hommes

L'Art vrai : *vivant réalisme.* Ses assises solides : sympathie, vérité. Pour la plus intégrale Beauté. Pas d'exclusivisme : toute l'expérience (435). Mais choix des valeurs, hiérarchie du réel en fonction de la conscience (436). Vivre dans la vérité, être honnête homme, voilà l'essentiel (437). Alors l'artiste rayonne, éclaire, moralement. Tous les sujets lui sont permis (438). En tous, il se révèle comme éducateur, constructeur et répand la vie : Vérité, Beauté, Bonté (439).

CHAPITRE XVII. — L'Art (Suite).

L'Art et la Société. Qualité sociale de l'œuvre d'Art. *La Personne*, l'Humanité (440). Les exigences du social. Le Beau (441), le sublime (442), le joli. L'objet du Beau est notre égal (443), il se lie à nous d'amitié. Le sublime n'a pas de commune mesure (444). Avec lui toute expérience liée est impossible. Sa grâce nous le révèle : c'est une extase (445). Il impose le respect, l'adoration, mais non l'amour. Art et Beauté sont le domaine propre de *la Personne* (446). L'œuvre belle est forme esthétique et conscience humaine.

Beau objectif : synthèse, vivant amour, vérité, ordre essentiel (447). Il a des nuances : l'Art n'a pas une forme unique. Aucune formule ne peut être exclusive.

Beau subjectif, fonction de la vie intérieure (448). Social, il exprime la vie d'un groupe. Conscience collective des foules, âme des peuples. L'opinion mène le monde. De toute façon, l'Art est lié à *la Personne* (449). Ceci explique : l'admiration universelle pour certaines œuvres, et les variations constantes du goût, de la critique (450). Progrès dynamique du goût. Si le *naturalisme* était vrai, il serait statique. Pas le droit de juger le passé sur le présent (452).

L'artiste est lié, socialement. De *la Tradition* et des *lieux communs* (453). Ils corrigent l'individualisme excessif, l'excentrique, l'anormal (454). Le styliste, qui les écarte, est un faiseur. La vraie Beauté exige de l'amour, non de l'esprit (455). Lieu commun et spontanéité ne s'excluent point. Répéter, pour le naturaliste, c'est mourir ; pour *la Personne*, c'est recréer. Génie et lieu commun (456). Il fait vivre la Tradition, et l'enrichit (457). Tout chef-d'œuvre est sous-tendu d'éternité. Le génie, ouvrier d'évolution : rien du néant. Sa force prodigieuse est vie intérieure. Dépassant le social, elle étonne (458). Autoritaire, il est perdu. Se faire accepter, pour grandir (459). Bonté et sympathie nécessaires : leur puissance éducatrice (460). Le génie lie à l'éternel (461). Il est révélation vivante. C'est en Beauté qu'il fait voir le Vrai, le Bien. Nature et société le consacrent leur Prophète (462).

CHAPITRE XVIII. — L'Art (Suite).

L'Art révélateur. Faut-il tout espérer de lui ?... Il parle à ceux qui, préparés par la Nature, sont réceptifs (463). Actifs aussi : recevoir, c'est se donner. Agir, sortir du rêve ; donner, pour s'enrichir (464). Dilatation ineffable produite par cette intimité de *la Personne et de la Beauté* (465). Nécessité, pour l'artiste, de parler sa vision, de la socialiser (466). Sa liberté s'affirme : il rétrécit, comprime la nature (467), mais pour la recréer en Beauté. Il se penche, comme la mère sur son enfant malade, et la fait vibrer (468). Mais en recréant, il *sert*. Interpréter : pas de copie (469). Exprimer le permanent, l'essentiel, le caractère. Immense difficulté (470) : exprimer l'invisible en langage concret, humain. Le symbole passe au second plan ; l'amour, au premier. Inconscience apparente de l'artiste (471). Apparition de l'œuvre d'art. Elle est une poésie ; l'artiste, un vrai créateur (472). Elle résume l'univers et la Personne, catholicise l'émotion esthétique, donne en Beauté une philosophie concrète. L'Art est grand. Mais que de déficiences (473) ! Ai-je tort de sentir ma personnalité supérieure ? Appel à l'expérience.

La foule exalte l'artiste créateur (474). Son enthousiasme pour l'artiste, prêtre de la nature. *Les critiques* discutent. Professionnels insatisfaits, jaloux, peu portés à admirer (475). Je me tiens en garde, et consulte *l'artiste*. Il est mécontent : de la critique (476), de lui-même, qui n'a pu égaler sa vision (477). Création d'une œuvre nouvelle, afin de s'imposer et de se satisfaire. C'est inutile : il est condamné à être douloureux, déséquilibré (478).

Génie et folie. La Beauté dévore-t-elle ses élus ? L'Art est-il une duperie ?... Non. Ne pas médire du génie. Son explication vraie n'est pas pathologique. Toujours en avance sur ses contemporains et *sur lui-même* (479), il détraque son organisme, organisé pour le social. Il manque de jugement et de cœur (480). Il est victime de sa passion. Folie est fruit d'ironie : les choses se vengent (481). Le véritable artiste fuit l'extase, attend l'inspiration, fortifie sa vie intérieure (482). Il vit dans *l'état* d'amour. Son génie est longue patience, latente suggestion. Accepte les déchets nécessaires, évite le découragement par le sens du relatif (483). L'art n'est pas un rêve de malade. Mais le génie a besoin de sympathies, de dévoûments. Il faut l'étayer de Bonté (484). Pas plus qu'il ne se suffit à lui-même, ses révélations ne sont absolues.

CHAPITRE XIX. — L'Art (Suite).

L'Art et la Personne. Il ne peut fonder *la* morale (486), ni *le* devoir (487). Vivre en Beauté ne s'impose pas. L'Art représente l'Humanité, soit (488), mais il ne peut gouverner la conscience. L'artiste n'a aucun titre à être le législateur des hommes, ni en droit (489), ni en fait. Car il tend à suivre la nature, sans souci de la morale (490). Sa logique le pousse à se libérer de toute contrainte (491). L'esthétisme est un danger pour *la Personne* ; il est antisocial (492). Tout artiste n'est point égoïste et démoralisant, mais l'Art ne peut fournir à l'homme un idéal-loi (493).

L'Art et le Caractère. Définition du caractère. Comment il tient à la conscience (494) L'artiste aime la Beauté comme une Personne (495). Mais cet amour reste déficient et ne l'éduque pas. Exemple des conquérants (496), qui furent de grands artistes, mais firent faillite à la Bonté. L'éducation exige une influence concrète et personnel (497).

Valeur éducative de l'Art. Puissance de suggestion et d'émotivité de l'œuvre d'art, a la fois *chose* et *âme* (498). Son emprise sur *la Personne* (499), dont elle fait ou refait l'unité, suscite la liberté créatrice et l'amour (500). L'Art conduit l'homme à l'Absolu. Mais il peut aussi trahir la conscience (501). Encore qu'il n'ait pas d'autorité morale, il s'impose à la fois aux doctrines, qu'il rend populaires, et aux groupes humains, auxquels il façonne une âme (502). Facteur essentiel de soc   crée les nations et a sa place nécessaire dans leur vie : les fêtes de Beauté (503). L'Art doit-il être le maître, comme l'affirment les artistes, ou bien disparaître (504), et laisser la place à la raison ? (505).

CHAPITRE XX. — L'Art (Suite).

L'Avenir de l'Art. — Il ne trompe que ceux qui en font une divinité. Mais la Science aussi. Tous deux sont des démarches, différentes et légitimes, de *la Personne* (506). Pas d'exclusivisme possible. Et puis même origine : l'intuition (507). Science morte et Science dynamique : l'industrie. La science de l'Art, et l'art de la Science (508). *Instruction* de *la Personne*, par la Science ; son *éducation* par l'Art. Interdépendance et service mutuel, au profit de *la Personne* (509). Les leçons de l'Art à la Science, et de la Science et l'Art (510). Leurs insuffisances à tous deux. Angoissante question : que faire ? Est-il impossible d'aller plus avant ?

CHAPITRE XXI. — Le Problème religieux.

Ni l'Amour, ni l'Art, ni la Science, ni la Société ne répondent au *Pourquoi* posé par la Vie. Être et paraître (513). L'obligation au centre de tout (514). Aucune solution apportée du dehors ne peut engendrer la certitude. Toutes les attitudes humaines s'accusent à l'analyse comme insuffisantes (515). Mais elles posent le problème et précisent la *méthode humaine* capable de le résoudre (516). Mon dynamisme me porte vers *un autre*, qui est pour moi une nécessité (517).

On objecte que mon idéal est un mythe (518), que *la Catégorie de l'Idéal* est la même pour tous (519), ou bien que *l'autre* est *inconnaissable*, absolument (520). Pourquoi ces affirmations sont fausses (521) a prioristiques, et dogmatiquement exclusives de la réalité concrète (522). Art, Science, Amour, ne sont pas des paradis fermés (523). On veut chasser l'absolu par une substitution secrète (524), et contradictoire, contre laquelle je proteste. Art, Science, Amour sont des métaphysiques qui s'ignorent (525).

Le Problème humain se ramenant à une option métaphysique (526), y a-t-il un objet autre, capable d'éduquer *la Personne* sur un plan supérieur ? Voilà comment *il faut* envisager la question, en principe (527), et en fait (528). Nous sommes *nous* et *autres*. Écart entre le désir et l'action, notre dynamisme et la réalité (529). Besoin d'un secours, d'un *autre*, que la Philosophie ne peut nommer (530). Vrai caractère de l'option métaphysique qui s'impose (531). Pas de philosophie séparée (532). Cet autre, nécessaire, c'est Dieu (533). Des relations que nous pouvons avoir avec Lui (534). *La Religion est possible, parce qu'elle est un fait* (535). Définition de Dieu. Valeur de l'Art, de la Science, de l'Amour, pour conduire à Lui (536). Le Problème religieux, loin d'être un *a priori*, sort de la vie (537) : c'est *le problème vital* (538), et nul n'y peut échapper qu'en manquant à sa conscience d'homme. L'inquiétude religieuse est un devoir (539), pour qui veut être raisonna..., remplir *son métier d'homme* (540). La Religion au fond de tout. Dieu est *l'inévitable* (541). Le Problème religieux est *inéluctable*. Et *personnel* : aucune suppléance possible (542). Obligation de répondre à l'appel intérieur (543), d'instituer un examen impartial (544).

CHAPITRE XXII. — **L'Attitude humaine.**

Il faut chercher avec gravité, recueillement (545). Prétentions des dilettantes (546) contre lesquelles il faut protester. Car le dilettante est un *sophiste* (548), un *égoïste* (549), un *paresseux* (550), « inique » et *jouisseur* (551). Sa morale est une morale de parvenu (552). Il n'a aucun titre à devenir un *maître* : car il est vide (553). C'est un *amuseur* moral, incapable d'apprendre aux autres *leur métier d'homme* (554). On objecte son succès : mais qu'on regarde à la qualité de ceux qui le lui procurent (555). S'il réussit auprès du peuple, c'est par entraînement, imitation (556). Il a du talent littéraire. Soit. Mais la vie n'a pas pour norme l'écriture, et le sophiste n'est pas un prophète. Il ne monopolise pas le talent (557). La vie et l'action ont le droit de le juger. La règle suprême est *l'éducation de la Personne* (558). Que fait pour elle le dilettante ? Dilettantisme, c'est égoïsme (559). Même le dilettantisme de l'action (560). Pour être droits, être hommes, il faut nous préoccuper de la Vérité (561).

Des droits de la Vérité. Elle *est*. Elle nous tient (562), nous est supérieure (563), nous juge (564). Nécessité d'être des hommes « droits » et « justes » (565). Pour être « vrais », obéir à la logique vivante (566). Deux hommes en nous : obligation de travailler au triomphe du supérieur. Ne soyons pas les dupes des dilettantes (567). Et si l'on demande : « Qu'est-ce que le devoir ?... Comment se reconnaître au milieu de la contradiction universelle (568) et distinguer la valeur des affirmations religieuses ? La Religion peut elle réaliser mon rêve (569) d'humanité plus haute (570), d'exaltation de ma Personne ? » — Je réponds : « Oui » (571).

La Méthode de recherche. *Son principe* : intégrer toute l'expérience antérieure, *la dépasser*. Attitude de *sympathie*, nécessaire (572). Elle nous fait *droits*, nous *oriente normalement* (573). Elle ne crée pas son objet (574), mais est la *condition expresse* pour que la Vérité se donne. C'est vrai de *toutes* les disciplines humaines (575) : il faut partout *engager sa Personne* (576), et, par la *bonne volonté*, ressembler à l'objet qu'on cherche, afin de prendre contact (577). Servir, pour savoir ; aimer, pour comprendre.

Sa nature : Auscultation vivante du réel. La vie ne se saisit *que* du dedans (578). Deux exemples (579). La *Méthode d'intériorité*, qui est *synthétique*, n'a rien de vague (580). Elle est plus concluante et plus fructueuse (581). Elle n'exclut pas, au contraire, l'étude de l'extérieur (582). Elle appelle l'Histoire (584). Interprétation psychologique de l'expérience (585), c'est elle seule qui révèle la vie dans sa complexité, sa richesse et sa vérité. L'élève et l'artiste (586).

Sa Nécessité. Elle est le fondement de *toutes* nos démarches (587). Insuffisance de l'Art, de l'Amour, de la Science (588), et comment la Religion les couronne (589). La *Méthode d'intériorité* est universelle, et s'y refuser, c'est faire faillite à la vie (590). Grave erreur fondamentale : opposer l'esprit scientifique, artistique, et l'esprit religieux. Savant, artiste et croyant (591).

Son caractère expérimental. Elle nous maintient dans la *logique vivante*, en contact avec le concret (592). De nous, à *l'autre*, hors de nous. Pas de religion subjective : c'est un non-sens. Appel à l'expérience et à l'Histoire. Ce que *doit* être Dieu, pour nous (593). Légende orientale, Dieu et nous — dans l'unité (595).

LA VIE CRÉATRICE

CHAPITRE PREMIER

LE PROBLÈME HUMAIN

Il n'est personne d'entre vous, sans doute, qui ne garde dans le trésor précieux de ses heureux souvenirs l'image d'un enfant à la tête rieuse, dont les yeux devenus subitement graves se levaient vers lui, pendant qu'il demandait : « Pourquoi, papa ?... Pourquoi, maman ?... Pourquoi, grand-père ?.. » Et tandis que l'enfant — tranquillisé et détendu par votre douce et tendre réponse, retournait à ses jeux et s'y redonnait tout entier, la vision de ce regard interrogateur et qui, durant un instant rapide, avait été comme angoissé par le mystère de la vie, demeurait en vous et vous faisait rêver !...

Pourquoi ?... Dès le premier éveil de sa raison, l'enfant cherche à soulever le voile des choses. Il a le sentiment obscur, profond, de l'inconnu, de l'immense, d'un je ne sais quoi qui le dépasse de partout, et il aspire à savoir.

Pourquoi ?... Voilà le mot humain par excellence. Il n'appartient qu'à l'homme de le prononcer. Vous aurez beau dresser des animaux savants et leur apprendre à parler, ils ne diront jamais : Pourquoi ?

Pourquoi est la formule même de la pensée. Car il veut dire selon les cas : Pour quelle cause ? Comment ? Pour quelle fin ?

Ce mot, jailli sans étude de la pensée vivante de l'enfant, est la preuve de notre excellence et la source de toutes nos supériorités.

Savoir est un besoin de nature[1]. Notre intelligence s'oriente d'instinct vers les raisons et les causes.

Tout objet devient pour l'enfant un problème, et à propos de tout il dit : Pourquoi ?

Qu'est-ce à dire, sinon que *la vie cherche spontanément à s'éclairer, à s'expliquer, à se confirmer !*

Cette interrogation, — qui sort de l'action de l'enfant et y ramène, ne prouverait-elle pas déjà aussi que pour agir il faut savoir, que pour avoir toute sa raison d'être et sa valeur, l'action doit se pénétrer de pensée et s'achever en elle ?... N'est-elle pas au moins une indication *initiale* — mais non décisive — que la spontanéité tend à se prolonger dans l'expérience et à se justifier dans l'autorité ?

Celle-ci se présente à l'enfant comme le complément *nécessaire* dont il a besoin pour répondre à l'appel intérieur, pour satisfaire au contact des choses son élan vital, pour façonner sa propre et personnelle expérience.

Mais remarquons bien que l'autorité vers laquelle il aspire et à laquelle il a recours, n'est pas quelconque. L'enfant interroge son père, sa mère, ses amis... non pas le premier venu. Il ne se tend que vers celui en qui il a confiance, vers celui en qui son instinct, son intuition merveilleuse et reconnue de tous les observateurs lui découvre un ami, un être désintéressé, ni égoïste, ni oppresseur. Une affinité réelle, profonde, se révèle à lui entre cette autorité qu'il appelle et son Moi le plus intérieur. Tous deux sont orientés dans la même ligne de l'amour. Amour de l'enfant qui se lève et aspire ; amour de l'ami qui se penche et répond. *Et de la rencontre, de la compénétration de ces deux amours*

---

[1] « Omnis homo naturaliter scire desiderat. » *Imit.* lib. I, cap. 2.

jaillit la certitude, la paix et le recommencement de l'action interrompue par l'inquiétude.

La vie active apparaît donc, et dès l'enfance, comme le fruit de la spontanéité et de la raison, de l'amour et de l'expérience ; comme *l'union à une personnalité supérieure, à laquelle on va comme au Bien, et qui continue, en l'enrichissant, d'orienter la Personne dans le sens de ses énergies natives.*

Le *Pourquoi* de l'enfant est le germe vivant et fécond d'où sortiront toutes les sciences, toutes les philosophies, tous les systèmes, qui s'efforceront d'y répondre — sans y jamais complètement parvenir.

Mais si le problème de la vie se pose spontanément au sein de la vie elle-même et de l'action, s'il appelle la pensée[1], la réflexion, la réponse, alors une première constatation s'impose.

Quiconque *refusera* de répondre à *cet appel venu de l'intérieur* sera indigne du nom d'homme, s'il le fait volontairement, de parti pris. Il sera coupable s'il n'a d'autre excuse que la paresse, la négligence, l'apathie. Nul n'a *le droit* d'éteindre en lui le flambeau de l'intelligence et de la pensée. *Réfléchir est un devoir humain*[2].

---

[1] « Toute notre dignité consiste donc en la pensée. *C'est de là qu'il faut nous relever*, et non de l'espace et de la durée. » PASCAL. *Pensées*, Art. I.

[2] Nous ne saurions trop remarquer que la pensée de l'homme est essentiellement *finaliste*, comme d'ailleurs toute son action. Parce qu'il agit *pour* quelque chose, il veut savoir le *Pourquoi* de ce qui lui apparaît. « *Naturaliter* inest omnibus hominibus desiderium cognoscendi causas eorum quæ videntur. Unde, propter admirationem eorum quæ videbantur, quorum causæ latebant, homines primo philosophari cœperunt; invenientes autem causam *quiescebant*. » (S. Thom. *Cont. Gent.*, l. III, c. XXV). — Et Bossuet : « C'est pourquoi nous ne voyons rien, dans l'univers, que nous ne soyons portés à demander *Pourquoi* il se fait : tant nous sentons naturellement que tout a sa convenance et sa fin... » Cité par VALLET. *Le Kantisme*, p. 220.

A. Rey (*La Philosophie*, p. 12), ne parle pas autrement : « L'homme

En fait il est des circonstances particulières où bien peu de gens peuvent s'y soustraire. Comme chez l'enfant, avec un élan tout primesautier, jaillissent de leurs lèvres le *Pourquoi* et le *Comment* interrogateurs.

Cela se produit souvent au contact de la nature. En présence des grands spectacles — de la montagne, de la mer, d'un ciel d'été resplendissant d'étoiles — l'esprit le moins cultivé, l'âme la plus fruste se sentent à la fois soulevés par l'admiration et étonnés par la majesté des choses. Tout ensemble ils jouissent et ils souffrent, obscurément peut-être, mais réellement. Hélas ! encore que ces merveilles parlent un langage de beauté émouvante, elles laissent cependant sans réponse le *Comment* intérieur, que le spectateur timide n'ose même pas formuler — car il a peur de paraître naïf !

Le problème de la vie se pose plus souvent encore de façon moins impersonnelle. L'homme a pour compagnons de route habituels la douleur et la mort. Brutalement, lentement, on tombe autour de lui pour ne plus se relever, ou l'on s'affaisse pour languir... Alors — avec une acuité et une précision variable selon les individus, l'existence apparaît à l'homme sous la forme d'un *Présent*, d'un *Avant* et d'un *Après*. Il se voit comme un point mobile dans le temps et l'espace. Il a conscience de n'avoir pas toujours été.

D'où vient-il ?... Et une inconnue formidable se dresse derrière lui !... Que deviendra-t-il, aussi, — puisqu'il lui faudra bien un jour, après tant d'autres, disparaître ?... Pour aller où ?...

Est-ce que tout se termine à la tombe ?

Il en est qui le disent, mais qui ne peuvent le prouver, et

---

ne se comporte pas en face de la nature comme un simple spectateur. Il veut *expliquer*. Il ne lui suffit pas de voir ; il veut comprendre pourquoi ce qu'il voit est tel qu'il le voit. Le but dernier du travail philosophique est donc une explication des choses. »

contre lesquels s'insurge en lui tout ce qu'il y a de vivant, de profond, de noble et d'instinctif.

Car il voit bien qu'il se distingue. Et il n'est point tenté de se confondre avec l'animal, ni d'apparenter sa destinée avec la sienne. Selon l'énergique expression populaire, « il n'est pas un chien ». Encore qu'il puisse ignorer totalement peut-être sa nature, il reste du moins convaincu qu'il est *autre* — et supérieur[1].

---

[1] Et il ne servira de rien d'accumuler contre cette évidence les théories et les sophismes, dont le bon sens populaire aura toujours raison. Il y a plus qu'une différence *de degré* entre l'homme et l'animal. L'expérience universelle accuse une différence *de nature*. En vain nous affirmera-t-on avec une émotion lyrique, qui n'a rien à voir avec la Science dont on fait profession de l'étayer : « Mais le chien qui m'entend, le chien dont la voix joyeuse ou gémissante répond à la mienne, le chien qui suspend son regard à mon regard, le chien n'est-il pas tout près de moi? Tout ce qui m'entend est un peu de ma famille; Tout ce qui me regarde est mon frère... C'en est fait désormais de la vieille antithèse : *l'animal et l'homme.* » J. Izoulet. *La Cité moderne*, p. 22, 23.

Tourgueneff avait dit avant lui : « Mon chien est assis devant moi et me regarde droit dans les yeux... Et moi aussi je le regarde dans les yeux... *je comprends qu'il n'y a aucune différence entre nous. Nous sommes identiques ;* en chacun de nous vacille la même petite flamme tremblotante. La mort arrivera sur nous et nous frappera de son aile large et froide. Qui pourra ensuite reconnaître la différence des petites flammes qu'il y avait en lui et en moi ? » (*Petits poèmes en prose*). Nous répondrons : c'est l'observation qui nous renseigne sur le présent et l'avenir de l'homme et de l'animal. L'animal *ne parle pas.* Et « ceci ne témoigne pas seulement que les bêtes ont *moins* de raison que les hommes, mais qu'elles n'en ont *point du tout*, car on voit qu'il n'en faut que fort peu pour savoir parler. » Descartes. *Discours de la Méthode*, 5ᵉ part.

Max Muller (*La science du langage*, p. 416) est encore plus explicite : « Il n'y a pas une seule lettre qu'un perroquet ne puisse être dressé à prononcer. Par conséquent ce fait que le perroquet n'a pas de langage doit s'expliquer par une différence entre les facultés *mentales* et non entre les facultés physiques de la bête et celles de l'homme. »

L'animal n'a ni la réflexion, ni la liberté. Il ne travaille pas en vue d'une fin consciente et créatrice d'action. Il demeure esclave de l'instinct ; il n'invente pas. L'homme au contraire est « un animal qui se fait des outils », selon le mot profond de Franklin. « Comment ne pas

Et c'est ainsi que pour tout homme à qui le dur labeur du pain quotidien laisse quelque répit et quelque pensée, le problème vital — deux fois humain si l'on peut dire, par son sujet et son objet — surgit à nouveau, comme pour l'enfant, du sein même de la vie et de l'action.

Et s'il n'y peut répondre, si de ses réflexions, au lieu d'un repos, naît un douloureux malaise dans son intelligence sans horizons et sans lumières, il pose cependant ce problème dans ses données essentielles, de la façon même dont il apparaît à l'esprit cultivé, à qui ses méthodes de pensée permettent de trouver une solution totale et reposante.

être frappé du fait que l'homme est capable d'apprendre n'importe quel exercice, de fabriquer n'importe quel objet, d'acquérir n'importe quelle habitude motrice, alors que la faculté de combiner des mouvements nouveaux est strictement limitée chez l'animal le mieux doué, même le singe ? La caractéristique cérébrale de l'homme est là. » (BERGSON. *L'Evolution créatrice*, p. 285). Elle est plus encore dans sa faculté religieuse. « L'homme est un animal religieux », disait Aristote. Cicéron affirmait : « Il n'est aucun animal, hormis l'homme, qui ait connaissance de Dieu. » (*De legibus*, lib. II, c. VIII). Pour saint Augustin, être religieux et être raisonnable, c'est tout un. « Les animaux n'ont pas la raison ; car c'est dans la raison que consiste ce pouvoir que nous avons de connaître Dieu. » (*Solil.* cap. VIII). Aussi, observe Joubert, chez les anciens, être sans religion était une marque d'*irrationalité*. — Et puisqu'enfin il s'agit de *chien*, que l'on veuille lire l'anecdote typique rapportée par M. DUILHÉ DE SAINT-PROJET (*Apologie*, p. 363). Nous ne pensons point que depuis cette époque, en dépit de tous les efforts tentés pour « renverser l'optique traditionnelle et brusquement rapprocher les distances entre l'animal et l'homme » (J. IZOULET. *La Cité*, p. 24), on ait pu conférer aux animaux une *nature* qui n'est pas la leur. Et l'on pourra longtemps encore, sur cette question, conclure avec M. Rabier (*Philosophie*, t. I, p. 671, 672) : « Si vraiment l'animal est capable de tout cela (intelligence, moralité, progrès), c'est à lui d'en faire la preuve. Qu'il le dise donc ! Car, dans ce cas, qu'est-ce qui l'empêcherait de le dire ? Qu'il le dise par ses paroles, et qu'il le dise par ses actions et par ses progrès ! Car, comme dit Bossuet, une réflexion en attire une autre, et l'on réfléchit ses réflexions jusqu'à l'infini. Si l'animal raisonne *le moins du monde*, il doit arriver à créer *nécessairement* les mathématiques. »

Car — si le contact que nous prenons avec les choses l'impose à notre esprit, les exigences de la pratique sociale en font une nécessité de notre action, et, si l'on peut ainsi parler, *l'humanisent* encore.

Nous ne sommes pas isolés ; nous vivons socialement. Il faut entretenir des rapports avec les autres hommes, auxquels nous sommes liés, quoi que nous voulions ou fassions.

Ces relations, puis-je les laisser se produire fortuitement et comme livrées au hasard, sans qu'elles deviennent immédiatement — pour moi et pour les autres — une menace ou un danger?

Vivre n'est pas suffisant. Si j'ai souci d'obtenir de la vie tout ce que je suis en droit d'exiger d'elle, il faut *bien* vivre[1]. Et comment le faire, si j'ignore la loi de la vie, la loi de l'homme[2].

Puis-je me réduire à me contenter, pour la gouverne de ma vie, d'un empirisme plus ou moins instinctif ou raisonné, plus ou moins riche de notions héréditaires ou acquises, quitte à me débrouiller tant bien que mal au milieu des hommes et des choses ; ou bien dois-je avoir l'ambition d'organiser ma vie de façon personnelle et fructueuse, afin d'en jouir légitimement, de vivre — et peut-être aussi de faire vivre autour de moi — avec plénitude?

Et voilà que mon intérêt présent vient en aide à ma raison pour aviver en moi le désir de savoir ce que je suis, ce que je dois, pour découvrir la loi de la vie, pour me conduire

---

[1] « Je me souviendrai... qu'au bien appartient le dernier mot. Et le bien, c'est la vie pleine et parfaite. Quand on a une fois vu ce qu'est le bien, à sa source, en son principe, on est convaincu à jamais qu'il faut, qu'il convient, qu'il est *bon* qu'en toutes choses le dernier mot soit au bien, au bien, c'est-à-dire à la vie : à la vie en elle-même, et aussi en nous qui avons avec elle une sorte de société. » OLLÉ-LAPRUNE. *Le Prix de la Vie*, p. 173.

[2] « Ce qui n'est pas la dernière raison des choses ne peut être pour moi la dernière raison de vouloir et d'agir. » *Ibid*., p. 294.

avec une prudence et une sagesse dignes d'un être qui pense, au milieu des passions, des défaillances, des ignorances et des cupidités sociales.

Et il ne servirait de rien à notre paresse de nous objecter : « D'autres l'ont essayé avant toi, sans y réussir. Ce sont questions insolubles. L'histoire de l'humanité est celle des échecs sans nombre de toutes les explications qui ont été tentées par les philosophies. »

Car outre que l'objection ainsi formulée est d'une exagération manifeste, il n'en demeure pas moins que, fût-elle l'expression même de la réalité, nous devrions considérer comme *une obligation* d'aborder le problème de la vie et de lui donner une solution personnelle [1].

La question en effet n'est pas générale, indécise, mais individuelle et précise. C'est *chacun* de nous, c'est vous, c'est moi, qui avons un intérêt capital à savoir clairement. Et l'ignorance du voisin ne peut nous servir d'excuse [2].

Quelle en est en effet la source ?... Savez-vous donc s'il a apporté dans sa recherche l'énergie, la décision, la bonne volonté nécessaires ?

Et s'il l'a fait, qui vous assure que son échec ne provient pas d'un défaut de méthode ? Ne voit-on pas tous les jours

---

[1] « Les dieux, dit Sénèque dans une de ses plus belles lettres à Lucilius, n'ont concédé à personne la connaissance spontanée de la philosophie ; mais ils ont accordé à tout le monde la faculté de l'acquérir... Ce que la sagesse a de plus grand et de plus estimable, c'est qu'elle n'est point donnée naturellement à l'homme ; c'est qu'on ne la doit qu'à soi-même et qu'on ne peut l'emprunter d'autrui. » Lettre XC. *Éloge de la philosophie.*

[2] « Ces problèmes sont d'un tel ordre, ils sont d'une telle importance que nous ne pouvons nous en remettre à personne du soin de les résoudre à notre place. C'est à chacun de nous individuellement qu'il appartient d'en chercher la solution, en se garantissant, le mieux qu'il peut, des égarements de sa raison ou des faiblesses de son cœur. » Barthélemy Saint-Hilaire. *De la Métaphysique*, p. 172.

et sur tous les terrains, des hommes réussir où mille autres avaient échoué ?... Et nous-mêmes n'avons-nous pas, après cent tentatives infructueuses, abouti enfin, dans des affaires que nous estimions sans issue !....

Et j'entends bien qu'on va préciser et serrer l'objection. « Vous vous engagez sur la route des utopies et des chimères. Les faits condamnent votre recherche. Mais *en droit* même il est illégitime de la tenter. Le problème de la vie est un problème métaphysique, et les métaphysiques ont fait leur temps.

« Que nos devanciers se soient longuement amusés à ces constructions idéales et à bâtir des palais de rêve, nous n'y voyons aucun inconvénient. Cela suffisait à enchanter leurs heures, à des époques où la science n'était pas née et où les exigences de l'esprit humain n'étaient pas celles de nos jours, où nous voulons un savoir positif et précis [1].

« Aujourd'hui ce sont les faits que nous prenons comme uniques directeurs de notre action ; c'est à l'expérience que nous demandons un fondement solide. Et si quelque lumière peut nous être donnée sur le problème humain, c'est d'elle, exclusivement, que nous entendons la recevoir. C'est elle qu'il faut consulter [2]. Elle seule fournit à la fois la science et la certitude, le savoir et la force d'agir. La seule philosophie actuellement recevable doit être une *philosophie de l'expérience* [3]. »

« L'expérience, — dit Rey, étant toute la réalité, n'a pas

---

[1] « La Métaphysique n'existe pas ! Il est temps enfin que l'esprit humain renonce aux hochets qui ont pu amuser son enfance ignorante, mais qui déshonorent son âge mûr ». Barthélemy Saint-Hilaire. *Ibid.*, p. 168.

[2] L'expérience, cette « maîtresse des maîtres. » Léonard de Vinci. *Études*, 20 mai 1912, p. 584.

Cf. W. James. *La Philosophie de l'Expérience*, Flammarion.

besoin d'être justifiée... Elle n'a besoin que d'être expliquée. L'expliquer, c'est énoncer simplement les relations qu'elle implique et qu'elle offre d'elle-même à notre connaissance, si nous savons accepter ses enseignements. Et la science s'en charge [1]. »

Elle s'en charge, soit. Mais y suffit-elle ? Nous aurons à l'examiner à fond, et nous ne reculerons pas devant la difficulté de la tâche.

En attendant, nous consentons bien volontiers à nous placer au point de vue de nos contemporains pour envisager le problème de la vie : *c'est à l'expérience de nous en donner une solution valable et vraie.*

Toutefois exigeons préalablement des précisions.

Qu'entend-on par l'Expérience ?... Faut-il donner à ce terme toute l'extension dont il est susceptible, ou le restreindre autant qu'on peut ?

Nous ne saurions admettre qu'on nous impose, comme mesure du réel et norme de la vie, l'expérience du microscope ou celle du laboratoire [2].

Le plus souvent elles sont mortes, et hors des prises de la généralité des hommes.

L'expérience qu'il convient d'instituer et de prendre pour base, c'est *l'expérience humaine*, normale, totale.

La *seule* expérience capable de nous fournir la solution nécessaire et convoitée *doit* être humaine, et porter sur les *faits de conscience.* Ce sont les plus représentatifs de la vie [3].

---

[1] A. REY, *La Philosophie*, p. 369.

[2] « L'homme n'est pas *une cornue,* » (GALTIER-BOISSIÈRE, Préface du *Larousse médical*) doit s'entendre *plus encore du moral que du physique.*

[3] « Parce que l'instinct est plus fort, plus varié dans ses formes, plus fécond en industries diverses chez l'animal que chez l'homme, on s'imagine parfois qu'il paraît plus à découvert dans les natures inférieures à la nôtre. C'est une illusion. Même en ce qui touche l'instinct, *l'homme est à lui-même ce qu'il y a de plus clair,* tandis que, selon

L'homme est le chef de la création[1]. Quelque opinion scientifique ou philosophique que l'on professe, on ne peut s'inscrire en faux contre cette affirmation. *C'est l'homme qu'il faut étudier*[2].

Et c'est aussi l'homme *normal*.

Il convient de s'attacher en lui aux états supérieurs[3]. Sans doute la méthode contraire est fort pratiquée. On interroge les anormaux, les déséquilibrés, les inférieurs. Les sciences pathologiques sont à la mode. On prétend tout expliquer par des recherches sur l'inconscient. Mais nous croyons ces disciplines moins probantes, surtout lorsqu'il s'agit de l'homme. Les partisans de ces sortes d'études nous paraissent sem-

---

le mot de Descartes « nous ne sommes pas dans le cœur des animaux ». *Etudier d'abord l'âme humaine*, puis comparer ce qu'on y a vu avec ce que trahit la vie extérieure de la bête, voilà jusqu'ici *la seule méthode* qui porte fruit.. » Ch. Lévêque, L'instinct et la vie. Revue des Deux-Mondes, 15 juillet 1876, p. 355. — Et c'est aussi, ajouterons-nous, la seule qui puisse conserver à notre étude un caractère proprement moral. « La philosophie (du XVIIe siècle) est morale, c'est-à-dire qu'elle part uniquement des faits psychologiques. » Tonnelé. Fragments, p. 307.

[1] Il y a longtemps qu'Aristote écrivait : « Tout tend à l'homme dans la nature, toutes les formes inférieures sont comme des degrés par où la vie s'élève jusqu'à cette forme excellente. » Duilhé de S. P. Apologie, p. 322. — « Il semble donc que l'homme soit le dernier terme de l'univers dans l'ordre de la causalité, ou, plus exactement, qu'une pensée détachée de tout souci subjectif, mais qui suivrait l'ordre de dépendance des choses, aboutirait à l'homme. » P. F. Pécaut. *Catéchisme positiviste. Introduction*, p. ix. — Aussi bien nous ne saurions, sur ce sujet, partager l'opinion suivante de Brunetière : « Si l'homme n'est assurément pas le « maître de la création »..., rien n'est plus indifférent dans la pratique ; et surtout en matière de morale ou de sociologie. » La Moralité de la doctrine évolutive, p. 74, note 1.

[2] « La philosophie, c'est la recherche d'une solution à *ce problème formidable de notre destinée* qui tourmente l'âme humaine... Et si la philosophie s'occupe de la nature de l'homme, c'est parce que *la connaissance de l'homme est le seul chemin* qui puisse mener à cette solution. » Jouffroy, dans Charles. Lectures de philosophie, t. 1, p. 25.

[3] Cf. Ollé-Laprune. *Le Prix de la Vie*, p. 45.

blables à des gens qui pour reconnaître dans une pomme à moitié gâtée la partie saine, s'occuperaient uniquement de celle qui est malade ; ou à ceux qui, pour être sûrs de bien saisir la nature du chêne, s'appliqueraient d'abord à l'étudier dans le gui qu'il porte ou les gibbosités qui le déforment !

La méthode pathologique nous semble même porter en elle, sinon une contradiction, du moins une pétition de principe. Car pour faire le départ de ce qui est normal d'avec ce qui ne l'est point, où prendrez-vous votre critérium ? Ou bien vous êtes obligé d'avoir recours à un *a priori* tout subjectif, sans valeur, et vous donnez des opinions qui ne concordent point nécessairement avec la réalité des choses ; — ou bien vos conclusions sont acceptables, parce qu'alors vous vous référez plus ou moins consciemment à quelque chose de positif, mais qui vous est venu du dehors, et n'est pas impliqué dans votre expérience [1].

En psychologie, la méthode qui nous paraît la plus probante est celle des états supérieurs. Car elle est primaire, directe, positive. L'autre n'est que secondaire et négative [2].

---

[1] « Ce qui est vrai du négatif, qui à lui seul n'est rien, ne l'est pas pour cela du positif. » RENOUVIER, dans RAVAISSON, p. 105.

« Le négatif et le positif qui se rencontrent en toutes choses ne sont égaux ou équivalents que mathématiquement, c'est-à-dire comme les abstraits 1 et 1 sont égaux dans un nombre, à quelques réalités qu'ils répondent. Le négatif tient du positif tout ce qu'il a de réel... Toute négation n'ayant droit d'être que dans et par la réalité, le négatif est secondaire ; le positif, primordial. Le négatif est au positif, ce que 1 est à 0, ce que la réalité est à rien. » STRADA, *Ibid.*, p. 149.

[2] A l'encontre de la formule de Ribot : « C'est par en bas que les problèmes psychologiques doivent être étudiés », F. Rauh affirme : « On ne peut comprendre la personnalité que si on l'a analysée d'une façon précise sous sa forme parfaite. L'étude même de sa genèse, que l'on pourra tenter ensuite, n'est *possible* que par là ; il s'agit, en effet, de suivre jusqu'à leur premier germe les formes encore embryonnaires de la personnalité ; et *comment les reconnaître enveloppées et à peine perceptibles, si on ne les a vues pleinement formées ?* » *De la méthode dans la psychologie des sentiments*, Alcan, 1899, p. 8.

Vous me direz qu'elle est légitime. Je vous l'accorde : mais comme contrôle de la première à laquelle elle peut seulement apporter des précisions de détail. Son autorité est nulle pour découvrir les lois directrices de la vie. Celle-ci ne se confond pas avec la mort. Et n'allez pas m'objecter que l'on peut bien étudier l'arbre dans son germe et la plante dans sa graine. Car si l'un et l'autre sont *quantitativement* inférieurs à l'arbre et à la plante, ils l'égalent en *qualité*. Ils ne sont pas *autres*. Votre objection même vous condamne. Songez donc que la graine, bien loin d'être morte, est tout au contraire le dernier effort de la vie, le miracle de sa puissance de concentration, le gage des semences futures, le rien apparent qui perpétue l'espèce.

La méthode psychologique directe est plus délicate. Car elle doit faire sans cesse appel à l'intuition et à « l'esprit de finesse ». Sans cesse il faut s'interroger et consulter l'expérience des hommes, pour deviner et reconnaître ce qui est spécifiquement humain. A chaque instant il est en quelque façon nécessaire de se palper et de se contrôler. Par contre, il semble bien plus aisé de distinguer d'abord, dans les cas anormaux, *ce qui n'appartient pas* à l'humanité. La difficulté ne commence alors vraiment qu'à la limite, à l'endroit où l'humain et l'*in*humain se compénètrent. Et si le départ peut se faire, c'est à condition, nous l'avons dit, qu'on ait une norme positive. Mais il demeure évident que l'homme ne se découvrira jamais tout entier dans ces parties basses, les plus rapprochées de l'instinct, de l'*in*humanité, et les plus éloignées de l'action, de la vie, de la réalité humaine.

Par suite des exigences mêmes de la vie, ce qu'il y a, dans un être, de plus spécifique, de plus intime, de plus foncier, de plus vrai, se transporte dans son action normale et s'y exprime[1]. C'est là que se condense tout ce qu'il y a en lui de substantiel. Le bourgeon terminal de l'arbre, par lequel il entre en contact avec son milieu, agit sur lui, est le point vers lequel se tend tout l'effort de la sève, et où l'arbre traduit sa vitalité, sa vie profonde. C'est là et non à la racine qu'il faudrait *d'abord* l'étudier, afin de le bien connaître.

Pour ces mêmes raisons et quelques autres encore, on nous paraît commettre un contre-sens lorsqu'on s'adresse à l'inconscient[2] pour connaître avec plus d'exactitude et de précision la nature de l'homme et ce qu'il y a en lui de primordial.

Car si l'étude que l'on tente des formes rudimentaires de la conscience et du substrat de l'être peut bien révéler *un dynamisme* intérieur, elle ne le montre qu'à l'état anarchique, ou tout au moins fragmentaire. Elle est impuissante, par définition, à indiquer sa direction, sa tendance, la fin qu'il poursuit, ou si l'on préfère le terme qu'il implique. Les découvertes faites dans le domaine de l'inconscient ne parviendront jamais à fournir qu'un pointillé d'être, lequel étant sans liaison cohérente, ne pourra constituer l'image d'une trajectoire, ni indiquer une orientation.

Et si l'on veut à toute force donner à ce pointillé une valeur démonstrative, il faudra, comme précédemment, le faire du dehors, en le mettant en contact avec de l'acquit positif et *antérieur*, auquel on le compare. L'étude de l'inconscient ne peut fournir que des résultats secondaires, de confirmation — ou de contradiction. Elle est un instrument de précision, mais non de découverte humaine.

---

[1] « Qu'est-ce que l'action, sinon l'être manifesté, révélé, épanoui, rendu sensible par une émanation de sa vertu.. » Vallet, *Le Kantisme*, p. 152. — « Non enim effectus ostendit virtutem causæ, nisi ratione actionis quæ a virtute procedens, ad affectum terminatur. » S. Thomas. *Sum. Cont. Gent.*, l. III, c. 63.

[2] D'après Estève (*Psychologie de l'Impérialisme*. Introd., p. 5), ce terme est impropre ; il faut lui substituer, *infraconscient*, *supraconscient*.

L'expérience enfin qui est seule capable d'être probante, si la chose est possible, c'est l'expérience *totale*.

J'entends par là l'expérience *concrète*, vivante. C'est *moi* d'abord qu'il s'agit d'étudier et en qui il faut m'efforcer de reconnaître l'élément à la fois primitif et humain. La chose est légitime, s'il est vrai, comme l'affirme Montaigne, que chacun d'entre nous porte en soi, « la forme de l'humaine condition[1] ».

Et je *le dois* rigoureusement si je veux bien établir mes certitudes. L'extérieur, par rapport à moi, est en effet du secondaire. Et parce que je ne le perçois jamais directement, ce qui vient du dehors demeure toujours discutable, et ne peut être l'objet d'affirmations certaines et déterminantes. En un sens, la lumière ne peut venir, décisive, que de moi et par moi[2]. Si je n'ai pas foncièrement en ma possession quelque chose d'inébranlable — *quid inconcussum* — je suis à la fois incapable de reconnaître la vérité dans les choses et de la recevoir des hommes autrement que par un acte passif, qui ne sera jamais générateur de vie.

Mais prenons-y bien garde, le Moi dont il s'agit est *personnel*, mais non *individuel* et séparé. C'est non pas de mon Moi intellectuel seul qu'il s'agit, mais de *ma personne tout entière*

---

[1] « Il y a dans l'homme deux hommes : l'homme de son siècle, et l'homme de tous les siècles. Le grand peintre doit surtout s'attacher à la ressemblance de ce dernier », écrit Chateaubriand, en cela fidèle écho des grands maîtres classiques. Mais il y a plus : « J'étais, dit Darwin lui-même, continuellement frappé de surprise, en voyant combien les trois natifs Fuégiens, qui avaient vécu quelques années en Angleterre et pouvaient parler un peu d'anglais, *nous ressemblaient étroitement* en dispositions (morales) et pour la plupart de nos facultés mentales. » Bureau. *La Crise morale*, p. 285.

[2] Il faut rentrer en soi-même, étudier son âme, affirme S. Augustin (*De Trin.*, xiv, 7) : « Nihil enim tam novit mens, quam id quod sibi praesto est, nec menti magis quidquam praesto est, quam ipsa sibi. »

engagée dans la vie et l'action, en contact avec les formes générales, universelles, de l'activité humaine : le langage, l'amour, la science, l'art, la religion.

Telle est donc l'expérience qu'il s'agit d'instituer pour y découvrir la loi de la vie — et donner une réponse à ma question intérieure : Pourquoi ?... C'est-à-dire : D'où ?... Vers où ?... Comment ?...

Si je veux donc *me conduire en homme*, rester dans la logique et la sincérité, *la Vie*, qui me murmure encore et toujours, dans le secret de ma conscience, le *Pourquoi* de l'enfant rieur, la Vie *m'oblige* à ne m'arrêter point, à ne me déclarer point satisfait, que je ne l'aie consultée dans toutes ses manifestations *humaines*, que je n'aie entendu sa réponse et vu le geste libérateur m'indiquant la voie à suivre pour lui être fidèle, pour *m'épanouir dans la Vérité*, en plénitude.

CHAPITRE II

SENSATION ET INTUITION

Que chacun de nous s'examine.

Nous vivons, n'est-il pas vrai, sans avoir la plupart du temps une conscience nette et précise de notre existence.

Dans le train ordinaire de la vie, à moins que quelque joie plus vive ou quelque douleur plus mordante ne nous oblige à lui accorder une spéciale attention, nous demeurons dans une sorte d'équilibre, où pensées, sensations et actions vivent de concert.

Parfois, nous nous laissons entraîner par notre réflexion un peu à l'écart des choses. Nous les considérons alors d'un œil distrait, sans pour autant tout à fait les quitter. Il suffit d'un cri, d'un appel, d'un salut, d'un obstacle, — pour nous ramener aussitôt, sans effort, à la réalité extérieure.

Fréquemment, au contraire, nous oublions un peu notre intérieur, et nous ne nous occupons plus guère de penser. Un rien fait faire à notre esprit l'école buissonnière. Nous jetons un regard amusé aux étalages, nous observons curieusement le profil des gens qui nous croisent... Et ce vagabondage à travers les choses cesse sans difficulté, — faute de matière, ou par ennui de voir toujours des banalités identiques, ou parce que notre pensée elle-même, lasse de

---

[1] « Que chacun examine ses pensées, il les trouvera toutes occupées au passé et à l'avenir. *Nous ne pensons presque point au présent, etc.* » PASCAL. *Pensées*, art. III, 5.

nos petites infidélités, nous rappelle à l'ordre et nous fait rentrer chez nous.

Dans l'un et l'autre cas d'ailleurs, notre être tout entier demeure dans l'harmonie. Il va, sans excès, de lui-même aux choses, pour revenir des choses à lui-même. Il reste indépendant. Ni soumis, ni dominateur. Il entretient avec tout un commerce agréable. Comme le flot de la mer qui rit et chante sur la grève, où il s'épanouit librement, ainsi notre Moi va et vient au milieu de l'universelle vie.

Cet état normal et moyen, heureusement, n'est pas perpétuel. Au fond, il est monotone. Que nous révèle-t-il en effet?... Rien. Et si toute vie puissante demande un effort et exige une lutte[1], pourrions-nous espérer nous grandir, si cette béatitude apparente durait toujours ?

Pour nous apprendre à nous connaître, à pénétrer le mystère et les lois de la vie, deux maîtres nous ont été donnés : la sensation aiguë et la pensée profonde.

Les choses extérieures nous attirent parfois à elles irrésistiblement. Leur nouveauté brillante ou sonore, la soudaineté de leur apparition, sont comme un aimant qui nous appelle et nous retient.

Nos puissances intérieures ressemblent alors à un groupe d'enfants paisibles et qui jouent avec une liberté délicieuse sur le tapis du grand salon, dans la lumière, sous le regard de la mère souriante, laborieuse. Tout à coup éclatent dans la rue des sonneries de cuivre, et retentissent des roulements de tambours... En un clin d'œil les bambins renversent leurs jouets, se lèvent en désordre, et avant même que la mère ait pu s'y opposer, se précipitent vers les larges baies, d'où ils regardent passer, avec un émerveillement naïf, la voiture-réclame du grand cirque qui vient d'arriver dans la ville...

---

[1] « J'ai été un homme, ce qui signifie un lutteur. » GŒTHE.

Et quand elle a disparu, ils reviennent tout étourdis, les yeux remplis des vives couleurs, les oreilles pleines des notes stridentes, vers leurs jouets abandonnés... auprès desquels ils reprennent, non sans quelque hésitation ou gaucherie, leurs premiers jeux tranquilles.

Les choses — d'autres fois — nous envahissent avec une irrésistible furie. Elles s'installent au plus intime de nous-mêmes ; elles nous dominent impérieusement, nous tyrannisent, nous traitent en pays conquis.

Adieu la pensée, la réflexion, le silence intérieur !

La matière nous opprime, l'esprit est vaincu. Et c'est en nous une farandole échevelée, une course triomphante des sensations et des images, avec un brio endiablé, qui ne nous laisse pas le loisir de remarquer notre servitude. Nous sommes en quelque sorte projetés hors de nous-mêmes, conduits passivement au gré des sensations et selon leurs fougueux caprices !

N'est-il pas vrai que si, nous retournant vers notre passé, nous portions sur lui un regard calme, pénétrant et loyal, nous y découvririons bien des heures où nous avons ainsi été la proie des choses, jetés « hors de nous-mêmes[1] », où l'extérieur nous a conquis, dépersonnalisés, animalisés peut-être !

Avouons-le en effet sans détour : de tous nos contacts trop vifs avec les êtres qui nous entourent, qui constituent notre

---

[1] « La plupart du temps, nous vivons extérieurement à nous-mêmes, nous n'apercevons de notre moi que son fantôme décoloré... Nous vivons pour le monde extérieur plus que pour nous ; nous parlons plutôt que nous ne pensons ; nous « sommes agis » plutôt que nous n'agissons nous-mêmes. Si nous sommes libres toutes les fois que nous voulons rentrer en nous-mêmes, il nous arrive rarement de le vouloir. » BERGSON. *Les Données immédiates*, p. 176, 182.

« milieu » ordinaire ou accidentel, nous revenons presque toujours « diminués[1] ».

Comme le papillon qui court à la lumière de l'ampoule électrique ou de la lampe traîtresse, nous nous laissons prendre au mirage, nous nous agitons, nous nous heurtons, nous nous brûlons... sans trêve ni repos.

Mais s'il est vrai que nous n'avons pu, par la satiété, pénétrer les choses, elle ne laisse pas que de nous donner un précieux enseignement.

Parce qu'il est négatif, beaucoup sans doute ne l'entendent point et poursuivent leur course échevelée, décevante, à travers la matière[2]. Mais d'autres se refusent à cette duperie. Après avoir été surpris peut-être, et captivés par les choses, ils comprennent que la vie n'est pas là[3]. Ils se ressaisissent alors, et rentrant en eux-mêmes, ils s'appliquent à trouver au dedans la solution du problème humain et le principe de leur affranchissement, de leur définitive liberté.

Essayons donc présentement de *nous recueillir* ensemble Ce mot sonne vrai. Même au calme et en dehors des heures où les choses détruisent à proprement parler notre intérieur, dont elles nous expulsent violemment, nous ne vivons, prenons-y bien garde, qu'en ordre dispersé. Notre existence est fragmentaire. Au moment même où je vous parle, mille sen-

---

[1] L'auteur de l'*Imitation* le constatait déjà, après Sénèque, et dans une société infiniment plus calme que la nôtre : « Quoties inter homines fui, minor homo redii : toutes les fois que je suis allé parmi les hommes, j'en suis revenu moins homme. » Lib. I, cap. 20.

[2] « J'ai tout vu, tout fait, tout usé. » BEAUMARCHAIS, *Mariage de Figaro*, V, 3.

[3] Combien peuvent dire :
« Des solides plaisirs je n'ai suivi que l'ombre...
« Car je n'ai pas vécu : j'ai servi deux tyrans ;
« Un vain bruit et l'amour ont partagé mes ans. »
LA FONTAINE.

sations vous sollicitent, vous tirent par d'invisibles fils à la périphérie de votre être, vous éparpillent. Et vous voilà, afin de concentrer votre attention, obligé de faire un véritable effort. Eh bien, n'hésitez pas. Reprenez-vous pour quelques instants aux choses, et coupez tout contact, résolûment et *absolument*, avec l'extérieur. Et puis écartant toute image, tout souvenir, toute pensée, descendez silencieusement,... progressivement,... en vous-même. . . . .
. . . .

Dans ce silence intime, et cette paix favorable, qu'avez-vous perçu ?... N'avez-vous pas eu tout-à-coup comme le sentiment vif d'une détente brusque et d'un arrêt rapide ?... N'avez-vous pas éprouvé comme un sursaut intérieur léger, mais très réel ?...

C'est l'*intuition vitale*.

Toutes les fois qu'il vous plaira, *par un acte de volonté forte et d'attention soutenue*[1], de faire le vide autour de vous et en vous, de résister, par un acte d'autorité impérative et absolue, à toute sollicitation sensible, de vous glisser en quelque sorte jusqu'au fond de vous-même et au cœur de votre Moi, vous saisirez là, dans son acte radical, la vie, votre vie.

Maintenons-nous dans notre recueillement favorable. L'in-

---

[1] « Il est juste de convenir que les faits moraux sont difficiles à saisir, et surtout à fixer sous l'œil toujours ouvert, mais souvent distrait de la conscience. Mais que veut-on conclure de cette difficulté ? Est-ce que l'observation des phénomènes physiques et physiologiques est toujours aisée ? N'a-t-elle pas, en bien des cas, la délicatesse et la subtilité d'un art?... Or, la réflexion... est du nombre de ces facultés qu'on dit *acquises*, non point parce que la nature n'y serait pour rien, mais parce qu'elles ne produisent pas leurs actes sans préparation et sans effort. La réflexion est une faculté rare, dont le poète et le romancier font usage, et que le moraliste et le psychologue seuls élèvent à la puissance d'un art. » VACHEROT, cité par CHARLES. *Lectures*, I. 43, 44.

tuition vitale a été transitoire et a passé comme un éclair[1]. À peine, par un exercice répété, arriverons-nous à la maintenir et à la percevoir pendant quelques instants. Notre pensée n'est pas faite pour demeurer dans ces profondeurs de l'être. Comme ces pêcheurs de l'Inde qui descendent dans les abîmes de la mer, elle n'y peut séjourner. Mais comme eux, quand elle remonte à la surface, elle rapporte une perle rare, un trésor, une certitude. Semblable au médecin habile qui, au milieu de l'émotion universelle et muette, effleure de son doigt le bras du malade, et affirme le battement du pouls, dès qu'au passage notre pensée a touché de sa pointe investigatrice, délicate et sûre, le cœur de notre Moi, nous pouvons affirmer qu'au plus intime de nous-mêmes, loin par delà nos sensations, nos représentations, nos images, il y a comme un battement, un mouvement original, une sorte de pouls d'âme, trop différent d'elles pour qu'il puisse jamais s'y réduire ou y trouver son explication.

Car si je persévère dans l'état d'attention profonde, qui a rendu possible mon intuition vitale, si je la prolonge par une nouvelle intuition moins absolue, mais aussi plus accessible, que j'appellerai l'*intuition vivante*, et si je m'applique à apercevoir son contenu, afin d'en découvrir les richesses, elle me révèle d'abord, ai-je dit, que ce qui se trouve au tréfonds de mon être est *une force*.

À l'instant où je touche à la racine de mon Moi, je cesse d'être en quelque façon projeté en avant. Je me sens immobilisé, mais point inerte. Le moteur qui produit mon activité continue d'agir. Je perçois en mon centre comme une poussée persévérante[2]. Au moment même où je me palpe,

---

[1] Cf. P. GAULTIER, *Pensée contemporaine*, p. 79.
[2] « Toute conscience de soi est la conscience *d'une tendance à quelque chose*. » RAUH, *Méthode*, p. 243.

si je puis dire, j'inhibe cette tendance, je la contiens. Mais je ne la détruis pas. Et j'ai, à n'en pouvoir douter, la sensation de mon dynamisme intérieur. C'est comme une énergie qui s'arc-boute contre un obstacle, sans pouvoir le forcer. Cette puissance interne s'accumule, s'exaspère, et me fait songer à une automobile sous pression, retenue derrière une porte sur laquelle elle appuie de tout son poids, et qui va bondir dans l'espace, fougueuse, dès qu'on aura délié les lourds battants.

Toutes les fois que je recommence l'expérience, il me paraît que mon être tout entier s'oriente, sous cette impulsion foncière, tant qu'elle n'est pas contrariée, dans une même et invariable direction. Cette force qui me semble bien le fondement le plus radical de mon être m'apparaît donc comme identique et constante avec elle-même. De plus elle est uniforme, n'a rien d'agité, d'inégal. Par elle je ne suis pas secoué, ballotté.

Parce que le mouvement de propulsion auquel j'obéis intérieurement est intensif et un, dès que je le laisse agir, je vois que, sous sa poussée, tout en moi se porte en avant et se coordonne dans le sens de sa ligne.

En même temps qu'il crée l'élan de mon être, il l'unifie.

Ce dynamisme m'apparaît donc comme le principe créateur de ma vie, ma loi intime[1].

C'est par lui que s'explique mon être, qu'il va, qu'il se dirige ; par lui qu'il me semble aussi devoir s'achever.

Mais cette force latente et active se dirige vers quelque chose. Elle aspire à un but : elle est désir ; elle est *amour*.

---

[1] « Ce fait primitif, ce fait d'agir et d'être, qui est en chaque homme, qui est chaque homme, oserais-je presque dire. » OLLÉ-LAPRUNE. *Philosophie*, p. 228.

[2] « La finalité est tout intérieure ; la conscience seule peut nous en donner la notion ». P. SOURIAU. *De l'Invention*, p. 52. — Les idées de cause, de fin, de personnalité, s'impliquent. Voir plus loin RAVAISSON, p. 33, note 1.

Sa puissance propulsive n'est pas fatale cependant. J'en suis maître. Je la retiens, je l'immobilise. Elle obéit à mon commandement. *Je me sens libre*[1]. Sans doute, je ne puis comprimer indéfiniment le mouvement vital de mon être. Lorsqu'il s'exerce normalement, je suis à l'aise, dilaté, et comme porté par la vie. Dès que je le contredis en l'arrêtant, je me sens dans l'état de lutte, et je dois faire un effort proportionné au temps que je maintiens l'obstacle. Mon *veto* est un signal d'arrêt du mouvement perceptible. Mais il ne supprime pas la tendance qui lui a donné naissance. Ma volonté inhibe, mais ne détruit pas. *Ma loi intime est indépendante de moi.* Elle est plus moi que moi-même, et elle est différente.

Mon pouvoir volontaire m'apparaît donc d'abord comme une *création de mouvement*, par apport ou suppression d'obstacle, par infléchissement à droite ou à gauche dans un sens donné[2]. « Je puis » signifie : j'arrête ou j'infléchis, j'inhibe ou je modifie, je retiens ou donne un laisser-passer pour l'intérieur. Si je le veux, je contredis, mais si je le veux aussi, je puis *obéir et collaborer sans que ma liberté subisse la moindre atteinte.*

Parce qu'il n'y a pas de vide, il ne saurait y avoir de

---

[1] Nous avons conscience non point d'être « un théorème qui marche », selon le mot de Taine, mais une liberté qui agit. — « L'idée de force exclut en réalité celle de détermination nécessaire... Nous ne connaissons la force que par le témoignage de la conscience. » BERGSON, *Données*, p. 164, 165.

« Cette réflexion qui, sous l'enchaînement des phénomènes intérieurs, reconnaît la libre activité de l'esprit. » LACHELIER, cité par RAVAISSON, p. 221.

[2] « J'ai si bien conscience du pouvoir que j'exerce, que je me sens maître au moment où je veux, de ne pas vouloir ; maître de changer la direction et la portée de mon mouvement ; maître d'en augmenter ou d'en restreindre l'énergie. » J. SIMON. *La Religion naturelle*, 1re part., chap. 2.

mouvement réel sans pénétration. Je vais vers un terme, *un autre*, mais à travers quelque chose. Cette chose m'enveloppe, je la pressens, je la sens[1] mais je demeure incapable de la définir. *Il y a un dehors, que je perçois du dedans* parce qu'il a une résonnance dans tout mon être, et qu'il éveille autour de moi comme des échos... Plus encore, pendant que je m'observe, il semble appuyer contre moi, cherche à m'attirer puissamment, à m'aspirer. A la limite de mon être, je sens que je résiste, que je ne me laisse pas pénétrer. Ma ligne de défense me paraît créée par ma volonté, que l'extérieur ne peut forcer tant qu'elle demeure attentive et dans l'attitude de la résistance absolue.

Mais dès qu'elle se relâche, je me sens en contact avec ce dehors, j'ai la perception qu'à la périphérie de mon être s'accomplit l'acte de la vie sous la poussée interne *et* l'aspiration extérieure. Il y a, à la barrière même que maintient ma volonté, une série d'échanges, de pénétrations imperceptibles, par des fissures cachées... C'est tout autour de moi comme une zone active de vivante élaboration, zone neutre, où semblent se confondre mon Moi et cet extérieur.

Ma volonté cesse de faire obstacle: je laisse au mouvement vital toute sa liberté d'agir. Alors je me produis l'effet

---

[1] « Par la résistance que nous éprouvons, nous apprenons que hors de nous il y a des corps. Or, cette réaction du dehors, c'est notre propre action, notre action motrice qui nous la fait connaître. « Le principe du mouvement, ajoutait presque aussitôt Destutt de Tracy, est la volonté, et la volonté c'est la personne, c'est l'homme même ». Dans le torrent des sensations, rien que des apparences où il n'y a ni « moi » ni « non moi »; surfaces, pour ainsi dire, sans dedans ni dehors : par la conscience de notre vouloir, nous apprenons à la fois et nous-mêmes et quelque chose d'autre que nous-mêmes; en deçà, au delà des sensations un monde intérieur, un monde extérieur, deux réalités opposées l'une à l'autre, et qui dans l'acte où elles concourent se touchent et se pénètrent. » RAVAISSON, p. 13, 14.

d'une vrille qui se pique vivement dans quelque chose d'inconnu, qui le pénètre et va toujours plus avant ! Rien n'arrête mon élan : les choses semblent venir à moi, dans mon sillage, attirées en quelque sorte par la vitesse même dont je suis animé.

Et je perçois, dans son intensité, l'interéchange de mon Moi et de cet extérieur. *Je me sens envahi et libre*[1]. Mon être intime, mon donné intérieur se modifie, s'accroît. Sur tout ce qui franchit la limite où ma volonté se tient, je fais acte de propriétaire, et je me l'assimile aussitôt.

Je vais. Ce mouvement en avant ne cesse pas. Je m'impose aux choses, et elles aussi s'imposent à moi. Je suis comme un boulet qui s'ouvre un passage au travers de l'atmosphère qui fait corps avec lui, indissolublement. Les choses qui entrent en moi ne sont pas *substantiellement* changées. Par elles, la réalité extérieure s'insère en mon être, y vit, s'y prolonge, s'y modifie, s'y achève en quelque sorte, sous l'influence de ma loi intérieure et supérieure. *Elle devient moi sans cesser d'être elle-même, je deviens elle sans cesser d'être moi.*

Mais la pression des choses extérieures n'est nullement déterminante. Si je communie à elles, cette communion n'est pas obligatoire, et son intensité varie *selon mon vouloir personnel*. Je puis demeurer au milieu d'elles comme au milieu d'étrangers, de barbares. Je sens et j'expérimente que je suis maître, dans la mesure où il me plaît, d'avoir des rapports intimes ou seulement superficiels avec cet extérieur ; que je puis l'exclure, sinon absolument et pour toujours,

---

[1] « De ce que la volonté dépend toujours des motifs qui la déterminent faut-il conclure que la volonté n'est pas libre? Non, car les motifs qui me déterminent sont mes motifs. En leur obéissant, c'est à moi que j'obéis, et la liberté consiste précisément à ne dépendre que de soi. » Ch. Dollfus, dans Ravaisson, p. 223.

du moins relativement et pour un temps donné[1]. Et ma liberté à l'égard des choses m'apparait plus grande et plus universelle *à proportion que je l'exerce*. Elle s'affirme en moi comme le pouvoir d'obéir ou de résister, de modifier, de collaborer, et dans chacun de ces actes elle garde son caractère propre, elle est l'expression de mon Moi.

Ma loi vivante et personnelle, c'est donc de suivre l'impulsion de cette poussée radicale qui me porte en même temps à donner et à recevoir, dans cette compénétration mutuelle de l'extérieur et de mon Moi, qui m'apparait dès lors comme une *relation d'amour*[2]. Je n'y accepte en effet que ce que je désire, ce que j'aime, parce qu'il me semble conforme à moi, semblable, assimilable, capable de me donner plus d'être[3].

J'appelle *conscience* l'endroit inétendu qui est le théâtre où se produit le contact entre mon Moi, ma personnalité et

---

[1] « Tant qu'un homme a la puissance de penser ou de ne pas penser, de mouvoir ou de ne pas mouvoir conformément à la préférence ou au choix de son propre esprit, jusque-là il est libre ». LOCKE, dans JANET, SÉAILLES. *Philosophie*, p. 338.

[2] Selon Guyau « toute sensation est une sorte de demande formulée devant l'être sentant : Veux-tu être heureux ou malheureux ? Veux-tu m'accepter ou me rejeter ? *Te soumettre à moi ou me vaincre ?* » ESTÈVE. *Impérialisme*, p. 27. — « Au *Soumets-toi* ou *Vaincs-moi* de Guyau nous répondons subtilement : « Collaborons aussi longtemps que nous le pourrons suivant la *résultante* de nos *forces* respectives. » (*Ibid.*, p. 43, note). — Pour nous, nous disons : dans *la subordination* sympathique de nos *qualités* respectives.

[3] « Du principe de réflexion qui agit en nous, dit Bossuet, naît un principe nouveau, la liberté. L'âme élevée par la raison au-dessus des objets corporels n'est point entraînée par leurs impressions, et demeure libre et maîtresse des objets et d'elle-même. Ainsi elle s'attache à ce qui lui plaît et considère ce qu'elle veut, pour s'en servir selon les fins qu'elle se propose. » (*De la connaissance de Dieu et de soi-même*, chap. v, § 9).

l'extérieur ; où s'accomplissent les échanges vitaux, la mise en commun de mon être et de l'être extérieur, dans un acte vivant, qui constitue le *fait de conscience.*

Mon intuition, puisqu'elle est consciente, est donc aussi *pensée.* Dans l'acte vivant — je vois, je sens, je veux. Je perçois un Moi et un non-Moi, un intérieur, un extérieur. *Dans l'intérieur, tout m'apparaît actif et continu.* Mon être intime et ma conscience, ma vision, ma volonté et ma pensée, forment un indivisible ensemble, où tout se fond dans une harmonieuse et mobile unité[1]. Je ne me confonds pas avec les choses, et cependant je les porte en moi[2]. Mille liens ténus me rattachent à ce qui m'enveloppe. Comme le rayon de soleil pénètre l'eau et l'aspire, en même temps que l'eau l'absorbe et en devient radieuse, mon amour intérieur rayonne sur les choses, les pénètre, les attire, les transfigure dans un mouvement spontané et créateur.

Au milieu de cette vie pénétrée de pensée, d'amour et d'énergie, j'ai le sentiment très vif de *la durée.* Les choses s'écoulent en moi et je m'insinue moi-même dans les choses, en une *continuité dynamique,* que je saisis sans pouvoir l'apprécier ni la mesurer.

∴

Mais si, cessant de me concentrer, de me regarder vivre au plus intime de mon être, je me porte à la périphérie, à ce

---

[1] « L'homme est entier dans chacun de ses états et de ses actes réfléchis. » RENOUVIER. *Essais de critique générale,* 2ᵉ essai, t. II, p. 137.

[2] « Dans la vie réelle de l'âme, tout nous est donné avec tout. » GRATRY. *De la connaissance de l'âme,* p. 56. — « Je me vois deux et un avec une lucidité que rien ne diminue, parce que rien ne combat contre la présence réelle des choses ». LACORDAIRE. *48ᵉ conf. Du plan général de la création.*

point où se consomme cette communion des choses et de ma personne dont nous avons parlé, il me semble alors que je me dégage de mon Moi, sans le quitter cependant, et sans perdre contact. Je me sens ici et là. Ma conscience m'apparaît comme un endroit sans vide, où la vie circule, ma vie : mon Moi n'est pas localisé[1].

Ma vision intérieure, à mesure qu'elle se déplace et se porte à la circonférence, devient moins nette — au centre. J'éprouve alors derechef que mon pouvoir est limité ; que plus je m'éloigne de mon milieu, et moins je me saisis sur le vif, dans l'acte proprement vital. Mon intuition est plus lente et plus difficile, plus incomplète aussi.

Ma pensée cependant est à la fois au nœud vital et à la limite de l'extérieur, toujours *une*. Mais dès que je la retourne en quelque sorte vers les choses et que je l'applique à elles, alors sa belle unité cesse. Ma vision intérieure semble se fragmenter au contact du non-Moi. C'est comme un papillonnement visuel. Tout s'agite au dehors, et ma pensée intérieure en reçoit un contre-coup. Elle devient flottante, instable. L'intuition vitale a disparu au milieu de cette universelle mobilité. Je me produis l'effet d'un homme qui, essayant de parcourir son journal dans la trépidation du train qui l'emporte, ne peut saisir, de-ci, de-là, que des bribes de mots, de phrases, et qui doit renoncer à lire jusqu'au prochain arrêt.

Ma pensée, fixée sur le dehors, devient *discursive*. Elle ne voit plus que fragmentairement et en détail. Elle ne distingue pas les choses dans leur ensemble, mais une à une, deux à deux... Les objets passent sous ses yeux dans une course folle. Son intuition cesse, — elle devient interprétation, appréciation, discrimination, raison.

Les choses ainsi vues à la limite de mon Moi, et comme

---

[1] « Nous n'apercevons rien distinctement sinon sous ces conditions, de *l'étendue* que Stahl appelait la *figurabilité*, rien, sauf *l'action même par laquelle nous apercevons.* » RAVAISSON, p. 211.

du dehors, *se particularisent* au lieu d'être perçues dans une vivante unité. Le monde extérieur, dont je prends alors conscience, m'apparaît comme une *série d'individualités juxtaposées*, successives. Ma notion de durée devient, dans l'expérience extérieure, l'idée rationnelle de *temps* : celle de lieu se précise et s'achève dans l'idée *d'espace*.

Enfin je me saisis *directement* comme *cause* dans l'exercice même de mon activité[1] : je puis à mon gré arrêter une de ces choses multiples, inhiber son mouvement, l'unir à une autre, la modifier, lui fermer ou lui ouvrir l'accès de mon intérieur, porter sur elle mon attention et mon effort, l'isoler, la regarder en détail, en la fixant en quelque façon immobile et vaincue par un acte de volonté qui la retient, comme la main de l'enfant immobilise la mouche captive avant de la laisser s'envoler de nouveau[2].

* * *

Les données de l'intuition vitale, dont je viens de faire l'analyse, me permettent des affirmations de la plus

---

[1] « La critique de Hume n'a-t-elle pas banni la causalité du monde physique? La science moderne ne voit plus dans la cause et l'effet que deux phénomènes qui varient dans le même rapport (lisez Mach, Pearson, Ostwald). *L'origine de l'idée de cause est dans notre expérience intime ; c'est là seulement que l'on peut observer directement des causes*, au vieux sens du terme. » W. JAMES. *L'Expérience religieuse*, p. 418.

« Nous trouvons profondément empreinte en nous la notion de cause ou de force, mais avant la notion est *le sentiment immédiat de la force*, et ce sentiment n'est autre que *celui de notre existence même*, dont celui de l'activité est inséparable. » M. DE BIRAN, dans JANET, SÉAILLES. *Philosophie*, p. 112.

[2] « Vouloir, en effet, ce n'est pas être seulement comme est le phénomène, naissant et mourant au même instant. « Dans chacune de nos résolutions, remarquait Maine de Biran, je me connais comme cause antérieure à son effet et qui lui survivra ; je me vois en deçà, en dehors du mouvement que je produis, et indépendant du temps; et c'est pourquoi, à proprement parler, je ne deviens pas, mais réellement et absolument... je suis. » RAVAISSON, p. 14, 15.

haute importance, et qui sourdent de ma vie elle-même.

Ma première certitude est inébranlable[1] : c'est celle de mon *Moi personnel*[2]. Je puis me définir en tant qu'individu : *un amour doué de conscience* (pensée), *intelligent* (raison) *et libre* (volonté).

Je m'oppose, *dans l'acte même de la vie*[3], à un non-Moi, à un extérieur, à des choses, à un dehors — dont je puis avoir une double connaissance : synthétique, intuitive et psychologique ; discursive, raisonnée, scientifique. Nous en chercherons plus loin les rapports.

Je suis, les choses sont. Mais nous sommes mutuellement compénétrants et compénétrés. Le monde dont je fais partie est un ensemble d'individualités qui se distinguent ou se fusionnent — *selon le point de vue d'où je les considère*. Tout est dans tout, a-t-on dit : c'est vrai. Mais il n'est pas moins vrai que rien n'est dans tout. *L'objet et le sujet sont des réalités distinctes qui communient ensemble dans la vie, par elle*.

---

[1] « Nous ne devons aspirer qu'à découvrir une première expérience que personne ne puisse révoquer en doute, et qui suffise pour expliquer toutes les autres. » CONDILLAC. *Essai sur l'origine des connaissances humaines. Introduction*, dans MARGERIE, Taine, p. 71. — « Maine de Biran, après Aristote, Plotin, Saint Augustin, Descartes, Leibnitz, rapporte les faits psychologiques, comme à leur principe immédiat, *à une action que nous connaissons par la plus intime expérience, que rien, par conséquent, ne surpasse et même n'égale en réalité positive* ». RAVAISSON, p. 92.

[2] En me saisissant comme cause, je me saisis comme personne. « Nous ne pouvons en effet concevoir qu'une cause détermine un mouvement sans concevoir qu'elle se propose une fin ; et se proposer une fin ou vouloir n'appartient, à y bien regarder, qu'à ce qui, comme nous, dit ou peut dire « moi », et c'est ce qu'on appelle une personne. » RAVAISSON, p. 106.

[3] L'affirmation de RENOUVIER (*Essais de critique générale*, t. II) : « L'établissement d'un criterium de certitude est impossible. La certitude est un état de l'âme et non une conclusion de l'esprit ; il n'y a pas de certitude, il n'y a que des gens certains, » ne porte pas contre *le fait* de l'intuition vitale et vivante.

J'agis sur les choses, elles réagissent sur moi. Nos relations sont faites d'actions et de réactions réciproques, qui, pour une partie du moins, dépendent de ma volonté libre et de ma raison.

Raison et volonté font en quelque sorte, en moi, *face à l'extérieur.* Ce sont des puissances d'action, non de vision. La communication de mon être avec l'être des choses se fait à travers elles, sans elles semble-t-il. Mais en réalité *elles commandent la porte de mon intérieur* dont elles détiennent la clef. Et tout ce qui pénètre en moi ne le peut qu'avec leur agrément, leur concours, leur contrôle.

Ma volonté libre et raisonnable, toutefois, n'est *pas un absolu.* Je n'en use pas à discrétion, et dans la mesure qui me pourrait plaire. Je dépends à la fois de ma tendance intérieure, qui ne me permet pas de couper à mon gré le contact avec l'extérieur, et de *m'isoler de l'action*[1] ; et aussi de cet extérieur, des choses qui m'attirent puissamment vers elles, et m'interdisent de *borner ma vie à une pure contemplation,* de me cantonner dans ma pensée.

Je dois suspendre mon activité, ma vie, dans son exercice, et la ramener à son centre, afin de la pouvoir saisir ; et ma vie n'est complète, réelle et vraie, *que* lorsque je l'extériorise en quelque sorte, et me remets en contact avec le dehors qui la sollicite, et vers lequel je tends[2].

Dès que je rentre en rapport avec cet extérieur, que j'appelle les choses, — ma vision intérieure devient moins précise, et je remarque — sans pouvoir déterminer le Comment, *et* que les choses se règlent en partie sur ma

---

[1] « Se sentir vivre... n'est autre chose que se sentir *continuellement forcé de sortir de l'état présent.* » JANET, SÉAILLES, *Philosophie,* p. 317.

[2] « Aussitôt que ses désirs sont à leur terme, un homme est incapable de continuer à vivre. » HOBBES, cité dans ESTÈVE, *Impérialisme,* p. 22.

vision, *et* que celle-ci, à chaque instant, se modifie à leur contact. *Mon Moi devient pratique*, il est engagé dans l'action. Les choses se déroulent autour de lui, devant lui, — et il se débrouille au milieu d'elles. Je me sens, au centre de moi-même en contact avec ce que j'ai de plus intime, et en dehors ; *à la fois intérieur et extérieur*. Je perçois que du dedans me vient le mouvement, la direction.

Ma vie m'apparaît alors comme un compromis, un concordat, ou plutôt *une collaboration*, une compénétration, de mon Moi et des choses ; une union à la fois nécessaire et libre, où je donne et je reçois, où je conquiers et je me défends... où il m'est impossible de renoncer aux choses non plus qu'à moi-même...

Ce n'est pas tout. Dès que je rentre en moi-même, j'ai le sentiment de la durée, de l'intemporel, de l'indéfini[1]. Je m'aperçois que tout s'écoule et vit dans une continuité dynamique[2]. Et aussitôt que, me retournant vers les choses, je reprends communication avec elles, elles m'apparaissent comme ayant une valeur de position[3] ; je puis établir entre elles des points de rapprochement, de repère. Mon sentiment

---

[1] « L'intuition immédiate nous montre (*Nous dirions : nous fait saisir*) le mouvement dans la durée, et la durée en dehors de l'espace ». BERGSON, *Données*, p. 86.

[2] « Nous oublions que les états de conscience sont des progrès et non pas des choses ; que si nous les désignons chacun par un seul mot, c'est pour la commodité du langage ; que, par conséquent, on ne saurait en retrancher quelque moment sans les appauvrir de quelque impression et en modifier ainsi la qualité... Les éléments psychologiques, même les plus simples, ont leur personnalité et leur vie propre pour peu qu'ils soient profonds ; ils deviennent sans cesse, et le même sentiment, par cela seul qu'il se répète, est un sentiment nouveau. » BERGSON, *Ibid.*, p. 149, 153.

[3] « Qui ne voit que pour apercevoir une ligne sous forme de ligne, il faut se placer en dehors d'elle, se rendre compte du vide qui l'entoure, et penser par conséquent, un espace à trois dimensions? » BERGSON.

se fragmente en quelque sorte et devient alors idée de temps et d'espace.

Ces idées sont le fruit de mon Moi pratique. Mais s'il ne les crée pas de toutes pièces, pas plus d'ailleurs qu'il ne crée les êtres, elles m'apparaissent comme *les conditions nécessaires de mon expérience*, de ma vie pleine et totale. La notion de durée est en moi le donné le plus radical, le plus indépendant. Elle m'apparaît plus primitive : initiale. Le temps et l'espace sont relatifs aux choses. Ils n'existent que secondairement, conditionnellement. Ils ne sont pas proprement psychologiques, sinon par dérivation, — ils s'abolissent où il n'y a point de dehors, d'expérience extérieure. Toute conscience qui se concentre en elle-même les fait, pour elle, s'évanouir. Ils ne sont pas des éléments essentiels de son activité.

.*.

Du point de vue du dynamisme et de l'action, *où la vie elle-même nous a contraints d'emblée de nous placer*, nous comparerions volontiers l'homme à une automobile en partance, où vient de s'installer une délicieuse petite famille qui doit, très loin, avant le soir, atteindre à la demeure des grands parents, un peu inquiets de cette première prouesse.

Le père, chauffeur novice, et qui n'a jusqu'alors conduit que sur une piste et sous la surveillance d'un maître, se tient à l'avant. Là, il s'absorbe dans le maniement du levier, des pédales. Il tâtonne, il hésite, il se reprend, il s'arrête..... Tout entier aux choses matérielles, il ne semble pas s'occuper un instant de l'intérieur de sa voiture, où se tiennent blotties, en silence, un peu émues, ses affections : sa femme

---

Ibid., p. 78. — « Le mouvement, en tant que passage d'un point à un autre, est une synthèse mentale, un processus psychique et par suite inétendu. » *Ibid.*, p. 83.

et ses deux jeunes enfants, qui ne le quittent pas des yeux...
Et cependant, il les sait là, il les sent tenir à lui par mille
invisibles liens ; sa pensée la plus intime et la plus tendre
les enveloppe et ne les quitte pas... Une heure se passe dans
des cahotements, des zig-zag sans fin !... La mère n'ose dire
mot à son mari... Le père ne se risque pas à parler, de
peur de manquer d'attention aux choses et de faire arriver
un malheur...

Soudain on s'aperçoit que ça va mieux.... Il y a plus
d'assurance dans la direction, moins d'à-coups dans les
changements de vitesse... Un courant de bonheur s'établit
de l'avant à l'intérieur. La vie commence à s'épanouir...

Une heure plus tard le père cause avec sa femme, et les
enfants sont aux portières... Toute la famille est dilatée. Et
le moteur, de son ronronnement tranquille et uniforme,
semble scander cette commune joie...

Le père cependant regarde avec attention au-devant de sa
machine. Il n'a pas le temps de voir « ce qui se passe ». Tout
le monde se réduit pour lui à ce ruban de route, où il faut
d'autant plus ouvrir l'œil que les obstacles sont plus nombreux, le pays plus accidenté, les voitures qui le croisent
plus fréquentes. Ce qui le soutient, le stimule, c'est de se
sentir actif, sans doute, mais surtout de savoir le bonheur
qu'il procure à ceux qui sont le centre de sa vie, son cœur,
sa raison d'être : son épouse bien-aimée, ses enfants chéris...
qui, un avec lui, emportés dans le même mouvement qu'il
dirige, et participant à sa vie, voient la vie universelle, le
paysage lointain, le ciel profond... qu'il devine, lui, dont il
jouit par eux, en eux, mais sur lesquels il n'a pas le loisir de
reposer son œil... Regarde, papa !.. Oh ! le beau château !...
Et s'il lui plaît de céder à l'appel intérieur, il ne le peut
faire que lorsque, sûr de la route large, blanche et libre, il se
retourne un rapide instant, — ou mieux encore, lorsque
ayant mis le cran d'arrêt, il cesse d'aller de l'avant, immo-

bilise sa machine et se mêle au petit groupe des siens. Là au contact de leur chaude tendresse, il perd la notion du temps et de l'espace. Il s'absorbe dans la contemplation de ce qu'il a de plus cher que lui-même. Il examine avec attention le coin de terre qui a charmé leurs regards, il y découvre mille beautés. Cette unité dans la vision commune lui fait prendre une conscience plus profonde de sa propre vie. Ses énergies se retrempent. Son œil fatigué par la vigilance qu'il a dû exercer sur les choses devient plus net. Et quand enfin le battement ininterrompu du moteur, dont il finit par s'apercevoir, lui rappelle que la halte est bonne, mais que le mouvement est meilleur, parce que la vie s'y multiplie, s'y enrichit, et qu'il faut bien parvenir au terme — où l'on est attendu et où les portent leurs désirs — alors il regagne son poste et retourne à l'action, avec une puissance, une volonté, une acuité de vision dont il ne se croyait peut-être pas capable, et qui lui sont venues du contact plus prolongé avec les siens et leur amour. Cependant que la joie de l'épouse et des enfants — de se sentir entre des mains si sûres et dans une garde si dévouée — les pénètre d'une sécurité si douce, qu'ils s'endorment d'un profond sommeil, sous le regard du père, dont redoublent alors la vigilance et la tendresse protectrice !...

CHAPITRE III

INTUITION ET RAISON

On va m'objecter ici : « Vous ne remarquez peut-être point que vous parlez des choses de votre intérieur en langage d'expérience, et qu'en définitive ce que vous découvrez en vous c'est votre intérieur *actuel*. Or il n'a pas qualité pour nous renseigner sur ce qui s'est passé dans l'acte primitif d'intuition vitale dont vous prétendez nous instruire, et sur lequel vous vous proposez sans doute d'édifier vos théories futures. Nous ne pouvons nous en contenter. Enfin et plus profondément encore que l'intuition vitale, c'est l'inconscient qui règne, et personne ne peut prétendre à l'expliquer. »

Que l'exposition précédente soit faite en langage d'expérience, comment peut-on s'en étonner ? Le langage est, de son essence même, un instrument d'analyse. Il découpe dans la vie. Il crée artificiellement des séparations dans le réel, afin de monnayer la vie en quelque sorte, et de la mettre en circulation. La parole a surtout une valeur fiduciaire, d'échange, et donc d'action. La connaissance de notre intérieur ne relève que de la vision personnelle et de l'intime expérience. Mais dès lors que nous entreprenons de la communiquer, il faut, de toute nécessité, nous exprimer en termes accessibles à tous. Quitte à redonner à ces vocables généraux, selon la mesure de nos moyens, le mouvement et la vie, à les pénétrer d'âme !

Et il faut bien, de plus, que le psychologue s'exprime en langage d'expérience, *si tout ce qu'il rapporte sort en effet de l'expérience et y ramène*. Sans doute, il n'a pas à rendre compte — dans le détail¹, du Comment des choses qu'il découvre en lui. Mais on est en droit d'exiger que ce qu'il propose comme des réalités soit en accord avec l'expérience générale et humaine². Plus leur équation sera parfaite, plus on aura la preuve de la vérité de ses intuitions, et de la légitimité des conséquences qui s'y rattachent. En somme, *c'est la vie universelle qui authentique la vie intérieure et lui donne sa valeur*³, en la distinguant des rêves des malades, ou des imaginations extravagantes. Et nous ne demandons pas d'autre juge.

Mais parce que la vraie philosophie ne saurait, d'aucune façon, être une apocalypse — comme on voudrait trop nous le faire accroire⁴ — ; parce que quiconque se sert d'un

---

¹ « Point n'est besoin d'associer plusieurs faits de conscience pour reconstituer la personne : elle est tout entière dans un seul d'entre eux, pourvu qu'on sache le choisir. » BERGSON, *Données*, p. 127.

² « J'appelle de tout ce que je dirai à l'expérience et aux observations de chaque homme en particulier. » LOCKE. *Nouveaux Essais*, l. II, chap. 1ᵉʳ.

³ « La Philosophie vaudra ce que vaut l'homme, ou encore elle vaudra ce que vaut la vie. Je prends ce mot en sa signification la plus complexe et la plus profonde, embrassant tout, l'ordre intellectuel, l'ordre moral et religieux, la spéculation et la pratique... La vérité philosophique n'est pas un pur abstrait, un simulacre ou fantôme intellectuel. Elle est complexe comme la vie à laquelle elle tient par toutes sortes de racines. C'est de la vie qu'elle est le fruit et l'expression : elle est assujettie aux règles qui soutiennent et dominent la vie, elle tire sa vertu et sa valeur de ce qui fait le prix de la vie, à savoir de l'objet vivant et vivifiant que c'est la destination et l'honneur de la vie d'estimer comme il faut, d'aimer comme il faut, de réaliser, autant que faire se peut, comme il faut. Ainsi la philosophie, même fondamentale, même étendant l'examen jusqu'aux certitudes humaines vraiment primordiales, suppose quelque chose de préexistant, et c'est ce que maintenant j'appelle la vie. » OLLÉ-LAPRUNE. *La Philosophie*, p. 347.

⁴ « Parfois il ne leur déplaît pas de se donner des airs de profondeur... ils prennent un ton d'oracle. Avec cela ils mêlent à de brillantes images un langage technique qui impose. Comme le vulgaire a peine à les entendre, ils passent pour des gens d'élite ; ce sont des initiés. » OLLÉ-LAPRUNE, *loc. cit.*, p. 43.

vocabulaire d'initiés, sous prétexte de profondeur, montre qu'il ne se tient pas dans la lumière totale ; parce qu'enfin ce qui est universellement humain est simple, il faut donc s'efforcer d'employer le langage à la fois le plus général et le plus vivant[1]. Et peut-être suffit-il pour cela, après avoir fait de son âme l'écho fidèle de l'humanité, de la laisser parler avec sincérité sa propre expérience !

« Ces raisons seraient valables, insiste-t-on, si le vocabulaire était indépendant. Mais il tient au fond des choses, et c'est bien elles que nous entendions d'abord critiquer. Car ce que vous nous avez exposé jusqu'ici, c'est le fruit même de votre expérience, de votre contact avec l'extérieur. Quant à l'intérieur, vous ne pouvez l'atteindre, c'est le domaine propre de l'inexploré. Et ce que vous appelez intuition, pour une grande part, est du conscient actuel. C'est dire qu'il est doublement impossible de l'accepter : d'abord parce que l'inconscient suffit à expliquer la vie ; puis, lors même

---

[1] « Les *doctrines* philosophiques sont, par la force des choses, un domaine à peu près réservé aux spécialistes, à ceux que des études particulières ont préparés à les bien entendre. Leur donner une forme accessible à *tous*, les répandre, c'est les vulgariser — au plus mauvais sens du mot — et les défigurer, » affirme A. REY. *La Philosophie*, p. 3.
Nous ne pouvons, pour notre part, croire qu'il en doive être ainsi nécessairement. Si la philosophie a pour but de faire la lumière sur « les grands problèmes qui se sont posés à l'éveil de la raison humaine, qui sont restés et resteront sans doute au fond toujours les mêmes : problème de la matière, problème de la vie, problème de l'esprit, problème de la connaissance, *problème de l'action et de la conduite*, en un mot problème *des origines, des fins*, et *de la nature dernière* des choses », (*ibid.*, p. 1) *il doit y avoir une explication possible en dehors des termes techniques et toujours variables de la Science*. Le problème humain étant antérieur à toute forme scientifique, on en peut donner, semble-t-il, une solution valable en des termes accessibles à l'universalité des esprits ayant une culture générale, et qui ont besoin de trouver pour leur pensée un aliment, une méthode. *Cf.* aussi OLLÉ-LAPRUNE. *La Philosophie*, p. 370.

qu'il n'y suffirait point, le contenu présent de votre conscience est incapable de révéler avec certitude son donné initial. »

Si l'objection est décisive, elle ferme impitoyablement la porte à toute recherche ultérieure, et nous n'avons pour unique parti qu'un aveu d'impuissance. On affirme qu'il en est ainsi... Mais nous avons le droit d'y voir clair !

Avec la psychologie expérimentale actuelle, je ne fais aucune difficulté d'admettre qu'il y a en nous une sphère de vision nette et consciente, au-dessous de laquelle se trouve un inconnu encore imparfaitement pénétré, où l'on descend, de degré en degré, sans pouvoir en atteindre le fond.

Mais je vous demande : Dites-moi donc ce qu'est cet inconscient ?... — Vous me répondez : J'ignore sa nature. Je puis seulement affirmer qu'il est dynamique, car il procède parfois par brusques et soudaines invasions dans le champ de la conscience.

Vous ne pouvez expliquer l'inconscient, soit. Mais lui-même n'explique rien. Ce que vous appelez le *seuil* de la conscience, c'est tout simplement le point terminal jusqu'où vous avez pu constater la vie dans vos investigations actuelles : rien de plus. Et je vous accorde sans peine que des instruments plus pénétrants, plus délicats, vous permettront de creuser plus avant. Mais ils ne seront jamais capables de satisfaire à fond votre curiosité, d'ailleurs parfaitement légitime.

Imaginez un homme au pied d'un chêne immense. Devant cette vie luxuriante, il rêve d'en saisir les origines. Le sol semble la limiter, mais c'est une apparence vaine. Les simples peuvent le croire : il est trop avisé pour s'y tromper.

Il va donc rechercher jusqu'où le géant pousse ses racines. Et le voilà qui creuse... Longuement, patiemment, il travaille... Mais enfin il s'arrête, épuisé de fatigue, ses instruments usés... Et d'en bas, par dessous les racines mises à nu par son effort, de la terre nourricière où elles plongent, la vie monte toujours, sans se lasser ni s'affaiblir !... Creuser l'inconscient est une noble tâche. Se flatter d'y découvrir le secret de la vie, n'est cependant qu'une illusion, généreuse sans doute, mais stérile ; une pure utopie.

Car je veux bien qu'un jour notre infatigable pionnier atteigne jusqu'à la pointe extrême du dernier filet de l'ultime racine ! Mais au moment même où il l'arrache du sol fécondant, il la tue. Alors qu'il semble triompher, il est vaincu. La vie s'échappe sans qu'il en ait pu surprendre le mystère. Et le problème, en dépit de son labeur colossal, se pose toujours sans merci !....

Toute découverte faite dans l'inconscient, toute connaissance obtenue par elle, aussi profonde que vous la supposiez, n'aura jamais qu'une valeur *descriptive*, et non *ontologique*. Elle vous révélera quelque chose de ce qui est, jamais la nature ou la raison de son être.

Aussi bien la réalité n'est pas exclusivement quantité : elle est surtout qualitative[1]. Les choses ne valent ni par leur forme, ni par leur masse, mais bien par leur âme, leur vie

---

[1] « Aucune des lois d'un ordre quelconque, physique, chimique ou biologique, ne se réduit aux lois de l'ordre inférieur, pour cette raison qu'aucune espèce de faits n'explique intégralement ceux de la catégorie au-dessus. Bien au contraire, ce sont les lois les plus abstraites et quantitatives qui en supposent de qualitatives et de complexes, les mathématiques la mécanique, celle-ci la physique, comme elle-même la chimie, la chimie la biologie, et finalement, la biologie la psychologie. Comment pourrait-il en aller différemment, si le monde est qualité pure, c'est-à-dire esprit, et la quantité le point de vue le plus extérieur et superficiel, disons le plus conventionnel, qui soit sur les choses ? » P. GAULTIER. *La Pensée contemporaine*, p. 118, 119.

intérieure, leur *loi*.... Or, quelque infinitésimal que vous supposiez l'inconscient, sur lequel vous travaillez, il sera toujours pour vous *quantitatif*, — car vous le saisissez uniquement *du dehors*.

« Nous percevons, dites-vous, son dynamisme : il est donc aussi pour nous *qualité !*.... »

Nullement. C'est de l'intérieur, *exclusivement* que celle-ci est perceptible, intelligible et parlante[1]. Pour comprendre les choses vivantes, c'est *du dedans* qu'il faut les voir. Elles ne se révèlent qu'à ceux qui se mettent en contact direct avec elles. Et c'est pourquoi votre inconscient ne pourra jamais *contredire* l'intuition vitale, lui faire obstacle, infirmer ses données.

Je vous accorde cependant qu'il soit, pour vous aussi, comme vous le croyez, qualitatif et révélateur de la loi de l'être. Mais cela même se retourne contre vous. Car, ou bien cet inconscient *diffère* du conscient et il ne pourra jamais s'insérer en lui, et par conséquent jamais l'expliquer ; ou bien il lui est *identique*, et dès lors il est absolument inutile, pour être fixé sur la loi d'un être, de le fouiller péniblement jusqu'en ses dernières profondeurs. Si la sève de l'arbre n'était pas substantiellement la même dans les radicelles et dans les feuilles, elle ne circulerait pas, de là à là, vivante... Mais si elle est identique, ne sera-t-il pas pour le moins inutile de déraciner l'arbre à force de creuser ? Il y a des travaux peut-être plus urgents !...

Qu'on me permette ici un souvenir personnel. Accom-

---

[1] Vacherot lui-même reconnaît « que nous avons en nous-même *l'expérience immédiate* d'une action qui n'est pas seulement une réalité comme les sensations, mais qui est ce qu'elles ont par excellence de réel. » Ravaisson, p. 115.

pagné d'un ami, je me rendais, un jour du Pouliguen à Belle-Isle. Au départ, l'Océan était calme, à peine ridé. Le vapeur qui nous portait traçait un sillage profond dans cette nappe d'huile. Accoudé à l'arrière, je laissais mon regard s'attarder sur cette ligne immense, dont les extrémités toujours plus distantes finissaient par s'évanouir à l'horizon lointain. Soudain des vagues apparurent. En peu de temps elles grossirent. Notre bateau allait de l'une à l'autre comme s'il eut été bercé. Bientôt elles devinrent menaçantes. Nous quittâmes le pont. Le steam-boat, lancé à toute vapeur, passait au travers de leur masse, sous une trombe d'eau. Quelle magnifique affirmation de la liberté du chef qui nous conduisait avec une énergie victorieuse, surgie de sa confiance absolue en la solidité de son navire ! Au pied de chacune de ces montagnes vivantes, mille petites vagues courtes, insignifiantes, imperceptibles, auxquelles la grande faisait suite, et qu'elle paraissait continuer. Elle semblait n'être puissante que sous leur poussée !... Pensez-vous donc que, si vous aviez pu analyser une à une cette multitude de petites crêtes écumeuses, vous auriez rendu compte de la vague maîtresse, et surtout expliqué l'élan intérieur qui animait sa masse et la portait en haut ?... Il en va de même dans le donné vivant qu'est notre Moi. Nos actes de conscience, ce sont les vagues hautes. Nous les percevons mieux à mesure qu'elles émergent davantage sous la poussée interne, mais l'inconscient ne les expliquera jamais ! Elles le dépassent... Surtout il n'expliquera pas notre vie intérieure. Lui-même tient à notre vie radicale. Il en sort, mais il ne la crée pas. Jamais il ne livrera le secret du mouvement qui est sa propre loi interne, et qui le rend susceptible d'être perçu du dehors.

C'est donc en fonction de *la* vie, de *leur* vie, qu'il faut considérer les êtres pour en avoir l'intelligence, et en saisir la loi[1].

---

[1] Cf. A. COMTE, dans RAVAISSON, p. 75, 76.

On insiste et l'on retourne l'objection. « Si l'inconscient n'explique rien, le conscient, pour vous, explique trop : il est impossible que vous ayez pu percevoir toute la matière de vos analyses précédentes — dans l'instant rapide où s'est produite l'intuition vitale ! »

Parler ainsi, c'est montrer seulement qu'on n'a pas encore compris la nature de l'intuition !... Car il faut bien nous persuader qu'elle est avant tout *indépendante du temps et de l'espace*.

Ceux-ci n'ont de valeur que celle que leur confère notre conscience. Vous le savez, sans y prendre garde. Combien de fois avez-vous dit : Cette minute *m'a* duré une heure !... Le temps *me* dure !...

L'intuition est une vision vivante, d'un ensemble, en un instant et en un point[1]. C'est ce qui la caractérise essentiellement. Selon que la puissance de vision est plus considérable, l'ensemble des choses vues à la fois dans leur individualité et leurs rapports est plus vaste. Et c'est en cela que diffèrent les esprits des hommes. Les uns, selon l'expressive formule populaire, « ne voient pas plus loin que le bout de leur nez », les autres sont plus « élevés ». Semblables à des hommes placés à des hauteurs différentes, ils embrassent des horizons divers. On n'a pas la même vue au premier étage de la tour Eiffel, et au sommet. Imaginez quelqu'un ayant un œil assez perçant pour percevoir les détails et les ensembles, et pour monter toujours sans rien perdre de la

---

[1] « Cette œuvre laborieuse d'environ quarante ans fut conçue d'un moment, de l'éclair de juillet. Dans ces jours mémorables, une grande lumière se fit, et j'aperçus la France. » Michelet. *Histoire de France. Préface de 1869.* — « La pensée n'est qu'un éclair, mais c'est cet éclair qui est tout », affirme Poincaré (*Valeur de la science, Conclusion*). Si l'on entend par « pensée » la raison abstraite et mathématique, rien n'est plus loin de la vérité !

netteté de sa vision... c'est un homme de génie. Les objets qu'il découvre avec précision, les hommes d'en bas ne les verront pas mieux, car il a saisi tous leurs caractères essentiels. Mais il a sur eux cette supériorité qu'il les domine et qu'il distingue les liaisons, les rapports des êtres entre eux, et avec le tout[1]. Chaque chose a pour lui une double valeur, un double sens : individuel, et de position. Il en a seul la science totale. Et ceux qui après lui s'occuperont des êtres dont il a parlé, ne feront que le répéter, sans rien ajouter de substantiellement nouveau à ses affirmations géniales[2].

L'intuition, c'est l'acte du malheureux qui se noie, ou qui tombe, et qui déjà au seuil de la mort, aperçoit d'un coup d'œil et dans ses moindres détails, toute sa vie[3].

C'est le regard du chef d'armée, qui à la veille d'une victoire, inspecte le terrain, voit la manœuvre à faire, prévoit

---

« [1] L'homme de génie est celui qui voit plus clair que les autres, qui aperçoit une plus grande part de vérité, qui peut relier un plus grand nombre de faits particuliers sous une idée générale, qui enchaîne toutes les parties d'un tout sous une loi commune, qui, lors même qu'il crée, comme dans la poésie, ne fait que réaliser, par le moyen de l'imagination, l'idée que son entendement a conçue. » Paul Janet, dans Ravaisson, p. 200.

« Connaître, avait dit Kant, c'est réunir ; — c'est réunir, disait Maine de Biran, par un acte, par un vouloir ; — c'est réunir, ajoutait Ampère, au moyen d'un rapport. Lui qui fit preuve dans toutes sortes de sciences de tant de véritable génie, il faisait consister le génie dans la faculté d'apercevoir des rapports. « Tel, disait-il, voit des rapports nombreux où tel autre n'en voit aucun. Les progrès des sciences dans les derniers siècles ont eu pour cause, non pas tant la découverte de nouveaux faits, que l'art d'apercevoir leurs rapports avec leurs conséquences et leurs causes. » Ravaisson, p. 15, 16.

[2] « Le génie plonge dans l'absolu droit et sans biais, et c'est ainsi que son œuvre est vraie pour tous les lieux et tous les temps. » Strada, cité par Ravaisson, p. 148.

[3] Nous avons entendu sur ce point les récits émotionnants et décisifs d'un agrégé de mathématiques, d'un aéronaute, d'une personne qui fut sur le point d'être brûlée vive au Bazar de la Charité.

les mouvements de l'ennemi, et dit comme Napoléon : « Je les tiens !... »

C'est l'apparition, à l'artiste, de l'œuvre de beauté qu'il va traduire sur la toile, incarner dans le marbre, réaliser dans un monument grandiose !...

C'est encore, pour le grand couturier, avoir immédiatement une perception si nette et si complète à la fois des exigences de sa cliente, qu'il ne se trompera pas d'une ligne pour prendre ses mesures, tailler ses étoffes, et que sans retouche aucune, le vêtement sorti de ses mains habiles sera une merveille de grâce et d'harmonie.

Tous ces actes se font hors du temps et indépendamment de lui. Ils lui sont supérieurs. *Ils commandent à l'expérience, qu'ils rendent possible, bien loin de la contredire.* Mutuellement ils se compénètrent, s'expliquent et s'achèvent. *Le coefficient de vérité que contenait l'intuition est démontré par les faits.* Une intuition infinie donnerait la clef de l'expérience totale, et la conduirait en quelque sorte — sans la nécessiter. Elle présiderait à toute la Science future, et ferait seule comprendre l'enchaînement réel de ses découvertes sans fin[1].

« Soit, va-t-on me dire. Mais si l'intuition, en un instant, peut vous montrer toutes ces choses, il n'empêche que tout

---

[1] « L'univers, pour qui saurait l'embrasser tout entier, serait un *fait unique, une grande vérité.* » D'ALEMBERT, cité par RAVAISSON, p. 68. — « Une intelligence qui, pour un instant donné, connaîtrait toutes les forces dont la nature est animée, et les situations respectives des êtres qui la composent, si d'ailleurs elle était assez vaste pour soumettre ces données à l'analyse, embrasserait dans la même formule les mouvements des plus grands corps de l'univers et ceux du plus léger atome : rien ne serait incertain pour elle, et l'avenir comme le passé serait présent à ses yeux. L'esprit humain offre, dans la perfection qu'il a su donner à l'astronomie, une faible esquisse de cette intelligence. » LAPLACE. *Revue Scientifique*, 1873, cité par DUILHÉ. *Apologie*, p. 189.

cela appartient au moment présent. C'est du donné actuel. Et le contenu de votre intuition n'est pas quelque chose de premier, d'antérieur à toute expérience. Il a une valeur historique, et par là-même il vous interdit de le regarder comme ce qu'il y a dans l'homme de plus radical et d'initial. C'est de l'acquis ».

Qu'il y ait de l'acquis dans les données de la conscience que nous avons analysée, nul ne songe à le nier. Mais c'est aussi fort inutile, s'il est vrai, comme nous le croyons, que non seulement c'est en fonction de la vie, de leur vie, et du dedans, qu'il faut considérer les êtres, pour en avoir l'intelligence, mais que de plus, la vie d'un être, à quelque moment de son évolution qu'on la considère, nous renseigne sur son donné primitif et vital[1].

A quelque moment que je regarde un chêne, je puis y retrouver le gland dont il est sorti. Ne soyons pas dupes des apparences. Ce qui le constitue substantiellement, en effet, ce n'est ni son volume ni sa forme, variables avec les individus, mais bien *son dynamisme spécial*, le même chez tous, qui organisera son développement extérieur, orientera son expérience, c'est-à-dire son contact et ses échanges avec son milieu, sous la forme spécifique du chêne, et le distinguera nettement du frêne ou du poirier, par exemple.

Ce que le chêne est actuellement n'est donc que le développement vital de ce qu'il était au début, parce que la vie, toute vie, est faite d'un donné initial, et de tout ce qu'il s'assimile. Mais ce qu'il s'assimile, encore qu'il le développe, ne le change pas : car il s'approprie seulement ce qui est conforme

---

[1] « Dans chaque acte de l'esprit, dans le premier, dans le plus simple, se trouvent, *à des degrés différents de développement*, toutes ses facultés, toutes ses opérations. Point de perception, si élémentaire qu'elle soit, qui ne renferme *tout* le raisonnement et *toute* la méthode. » RAVAISSON, p. 150.

à sa nature, et selon la loi de son dynamisme interne[1]. A chaque moment du temps, il *dure*, sans aucune solution de continuité avec son précédent état. Sa vie actuelle garde par le dedans contact avec sa vie antérieure, la poursuit, la complète, mais ne l'épuise pas. Pendant que je le regarde, il continue d'être le même, *et* il a déjà varié. Il multiplie ses puissances de contact avec l'extérieur, il enrichit son action. Par sa continuité vitale au milieu des choses, il grandit de tout ce qu'il leur prend et qu'il fait sien. Mais tout ce dynamisme vainqueur, vivant, et créateur comme la vie, était dans le donné initial. Tout le chêne était dans le gland comme un possible, que son contact avec le milieu extérieur a déterminé quant aux formes visibles, sans que son intérieur en fût essentiellement modifié. Bien plus, pour moi, spectateur, qui le considère uniquement du dehors, c'est le développement même du chêne qui m'explique la qualité de ses puissances originelles. Le gland ne m'en aurait rien dit. *C'est la vie épanouie qui me renseigne seule sur la valeur de la vie initiale.* Et si je veux avoir de la première une notion exacte, c'est la seconde que je dois interroger.

J'ai donc le droit de regarder ma conscience actuelle, de la fouiller, d'y pousser dans tous les sens mes investigations[2]. Et non seulement il m'est permis d'y saisir légitimement l'acte de l'intuition vitale, mais aussi de l'interpréter en fonction de ma vie présente. Ce que l'on peut me demander, *théoriquement*, c'est d'isoler, autant que faire se peut,

---

[1] « L'évolution explique le grand arbre avec ses fruits, mais parce que dans le germe il y a déjà, d'une certaine manière, ce qui sera le grand arbre. Otez le germe, semez à la place une pierre, vous n'aurez rien. » OLLÉ-LAPRUNE, *Prix de la Vie*, p. 116.

[2] « La conscience de soi que nous allons analyser est la conscience adulte. Car l'obscurité des consciences élémentaires ne se peut interpréter que du point de vue de la pleine lumière. » F. RAUH. *Méthode*, p. 225.

l'apport de l'expérience, — afin d'en distinguer le donné primitif. Jusqu'où la chose est-elle matériellement possible, je n'ai pas à m'en préoccuper. Ce qui, à la réflexion, m'apparaît comme primitif l'est en réalité, parce que, si quelque chose s'y ajoute à mon insu, ce quelque chose doit être identique au donné premier, *autrement il ne serait point.*

Supposez plusieurs animalcules intelligents, de grosseurs différentes, pouvant pénétrer dans la sève descendante du chêne et y vivre. Portés par elle, ils vont, à travers les routes secrètes, et variées à l'infini, de ses petits canaux, jusqu'en des profondeurs insondables. Là, son mouvement se ralentit. Impossible d'aller plus loin. L'un est arrêté au tiers des radicelles, l'autre au milieu, le dernier à leur fine pointe. Chacun d'eux a le droit de croire que son terme d'arrêt est le terme vital. Car, lorsque va remonter la sève, elle va les ressaisir tous d'identique façon, les porter en haut, de son mouvement uniforme, et ce sera la même partout. La même vie, le même dynamisme les soulèvera, qui orientera leur ascension de sa force invincible et suave.

Chacun de nous, rentrant en lui-même, et s'insinuant dans les profondeurs de son Moi, paraît semblable à l'un de ces intelligents microbes. Est-il plus habile, ou plus heureux, ou mieux servi par les circonstances, il faut bien le dire aussi, plus habitué déjà à cette gymnastique intérieure[1], il

---

[1] « Il n'est personne qui ne puisse, *pour peu qu'il le veuille*, remarquer ce qu'il sent en lui-même et acquérir une idée plus précise, qu'il ne l'avait auparavant, des phénomènes habituels de sa conscience... Si la personne qui fera sur elle-même ces tentatives est douée de quelques dispositions naturelles pour l'observation et d'un peu de persévérance, elle acquerra, en moins de temps qu'on ne l'imagine, *une puissance prodigieuse d'attention intérieure*, et verra s'ouvrir dans ce monde ignoré, où la conscience du commun ne discerne que quelques masses de phénomènes indistincts, des perspectives immenses, peu-

se fouille plus minutieusement et reconnaît plus de recoins[1]. Mais, quel que soit le point terminal de son exploration, il en revient toujours avec cette certitude éminemment humaine, contre laquelle *rien* ne saurait jamais prévaloir, — ni inconscient, ni théorie, ni *a priori*, de quelque nom qu'on les décore, — parce qu'elle est la perception directe, personnelle, et dans son acte même, de notre propre vie : *Je suis une force consciente et libre, intuitive et rationnelle, orientée vers l'extérieur, l'action, l'expérience*[2].

---

plées de faits sans nombre, *dans lesquelles viennent naturellement se résoudre les plus hautes questions que l'esprit humain puisse agiter.* » Th. Jouffroy, dans Charles. Lect. Phil., I, p. 45, 47.

[1] « La réflexion est à la conscience ce que le miscroscope est à la simple vue. Le microscope *ne fait ni ne change les objets* ; mais en les examinant successivement sous toutes leurs faces, il les pénètre dans leurs profondeurs, et met à découvert leurs plus secrets caractères. Il en est de même de la réflexion : en s'ajoutant à la conscience, elle y éclaircit ce qui était obscur, elle y développe ce qui était enveloppé. » Cousin. *Histoire générale de la philosophie*, 1re leçon.

[2] « Il dépend de chacun de voir tout aussi clairement, et plus directement encore, son âme à lui, d'en constater expérimentalement la réalité substantielle, spirituelle ; indépendante de la matière dans ses opérations caractéristiques.

« Il existe un procédé intellectuel, un moyen de connaître tout aussi sûr et beaucoup plus rapide que le meilleur raisonnement, que la démonstration la plus logique : l'observation intérieure, le témoignage du sens intime, l'intuition. Il y a quelque chose de mieux que de conclure, c'est de voir. Après un raisonnement, si rationnel qu'on le suppose, il peut y avoir place pour la discussion, pour les révoltes de l'esprit ; après une intuition immédiate, il n'y a place que pour la certitude ou pour le scepticisme le plus absolu.

« La logique du sens commun est plus irrésistible que la logique la plus savante ne le fut jamais ; la grande logique du sens commun, de l'âme tout entière, qui ne divise pas l'homme, qui ne mutile rien, qui procède toutes forces réunies, toutes facultés déployées. » Duilhé de Saint-Projet. *Apologie*, p. 389, 390. — C'est cette « maîtresse logique » que nous allons essayer d'appliquer à la solution du problème de la vie.

.·.

Aussi bien, l'intuition, nous l'avons reconnu, ne se suffit pas. Le fondement de l'édifice n'est pas tout l'édifice. Il le délimite, le prépare, le rend possible, lui donne ses fortes assises. Mais il lui reste à se manifester. Ainsi l'intuition nous donne le pressentiment des choses, plus que leur connaissance. Elle est contact, mais universel et global.

Comme l'éclair plus ou moins fulgurant, révélateur, mais toujours rapide, elle illumine de vastes espaces. Les choses naissent en quelque sorte et disparaissent subitement. C'est assez pour la certitude, mais c'est trop peu pour la révélation des détails. Par la vision qu'il donne de l'ensemble, l'éclair oriente la marche, et grâce à ses lueurs sans cesse renaissantes, l'on peut se diriger sûrement vers le but qu'on entrevoit toujours.

Car la vision pure, par sa fréquence même, se mue progressivement en image plus nette. D'abord tout indépendante de l'espace et du temps, elle situe les masses, établit des points de repère, et donne peu à peu aux choses une valeur de position.

La vision se fragmente, *l'intuition devient pensée*. C'est encore et toujours le tout, mais qui se fait plus distinct, dont les parties se hiérarchisent, sans cesser d'être fortement liées entre elles, et vivantes dans l'unité.

L'intelligence est fille de l'intuition[1]. Elle sépare, elle distingue, et elle lie. Elle est elle-même le lien intérieur. Elle enveloppe en quelque sorte le tout des choses de sa substance propre, et les fait participer à son dynamisme et à

---

[1] « La connaissance intuitive de ce que nous sommes nous révèle donc à nous-même *comme une intelligence au service d'une intuition*, et elle nous révèle aussi que, dans l'évolution de la vie, *l'intuition n'a pu aboutir que par l'office de l'intelligence.* » SECOND. *Bergson*, p. 58.

sa vie. Parce qu'elle anime ces êtres, elle les meut à son gré de son propre rythme vital.

Une et multiple, et ramenant sans cesse les choses à son unité intérieure, telle est la pensée.

Et peu à peu, à son tour, elle se précise, s'individualise, se rétrécit.

Après que le voyageur a regardé, du haut de la colline, l'immensité des plaines, il descend les pentes et se dirige vers la demeure choisie par lui, parmi toutes les autres, pour y faire sa halte quotidienne. Et lorsqu'il en approche, peut-être, après lui avoir apparu comme une maison de rêve, lui semble-t-elle prosaïque et terne. Mais ce n'est qu'un instant. Et parce que son regard demeure tout pénétré d'infini, parce que son cœur est plein du souvenir émerveillé de l'horizon contemplé tout à l'heure, il poétise aussitôt cette réalité mesquine, il l'anime, il lui infuse une vie plus intense et plus vaste. C'est justice, car il lui rend ainsi sa vraie valeur, celle qu'elle a dans l'harmonie du tout, dont il porte en lui la vibrante image.

Ainsi, lorsque la pensée quitte les hauteurs, pour se mettre en contact direct et immédiat avec les choses, pour les besoins de la vie pratique, elle se particularise et se renonce en quelque sorte. Aux visions lumineuses et larges succède une réalité étroite, fermée, qui semble vouloir l'emprisonner dans un inextricable réseau de détails. *L'intelligence devient raison.*

Cependant, prenons y bien garde, cette raison fait partie du donné vivant. Sans doute, elle est la condition même de l'action, du contact avec les objets, de leur introduction au dedans du Moi. Mais elle n'introduit *que* parce qu'elle communique. Et cela même dit trop peu. Car elle n'est pas localisée à tel ou tel point de l'intérieur. Elle est cet intérieur même à l'endroit précis où il pénètre l'extérieur, agit sur lui, se l'assimile, mais sans cesser d'être, par le dedans, pensée, volonté, amour. *Elle est le Moi indivisible considéré sous un aspect*. Telle la lumière du soleil réfractée par le prisme. La multiplicité des couleurs perçue par notre œil est à la fois vérité et illusion. A ne regarder que d'un seul côté du prisme, on aurait la vérité sans les nuances de beauté qu'y ajoute le détail de l'analyse ; à ne regarder que de l'autre, on percevrait des chatoiements de couleurs, qui ne doivent pas faire oublier la supériorité de la lumière blanche, du rayon originel et synthétique.

Ainsi de la raison. On peut la séparer de la pensée, logiquement et pratiquement. Rien de plus légitime et de plus conforme à la loi de la division du travail. Car il est possible ainsi de l'observer de plus près, d'en mieux caractériser la nature, d'en préciser plus exactement l'exercice.

Mais elle n'est pas indépendante. *Dans chacune de nos attitudes* — pensée, action, réflexion, volonté — *tout l'être intérieur est engagé*. C'est que chacune d'elles est un acte de vie, et que *la vie est indivisible*[1]. Elle ne comporte pas dans l'être vivant de cloisons étanches.

Ainsi en va-t-il de notre être physique lui-même. Aucun de nos gestes n'est isolé. Je mange, je bois, je parle, j'écris... Tout mon corps participe à cette action localisée en un point précis, et qui n'est possible et parfaite que par le concours de l'ensemble.

---

[1] « Les faits de conscience, même successifs, se pénètrent, et dans le plus simple d'entre eux *peut* se réfléchir l'âme entière. » BERGSON, *Données*, p. 74.

Ainsi en va-t-il dans l'Art. La vie, *partout*, ne se réalise que dans l'unité et par elle : « Les couleurs ne se déterminent et ne s'accusent qu'en raison de leur entourage ou de leur voisinage, et n'existent réellement que par rapport les unes aux autres ; de là dépend leur juste valeur, leur fraîcheur, leur chaleur, leur profondeur, et la note qu'elles chantent dans l'harmonie générale. » CH. RUDHARDT, *La Peinture*, p. 22.

Pour le peintre, il n'y a qu'*une* lumière ; pour le psychologue, qu'*une* âme.

Tout ainsi que la pensée prolonge l'intuition, de même celle-ci *s'épanouit dans l'action*, mais sans s'y absorber. Leurs rapports sont ceux d'une compénétration mutuelle, d'une *solidarité vivante*, où chacun des deux facteurs collabore efficacement et apporte sa part *nécessaire*.

Dès que leur communion devient moins intime en effet, la vitalité de la raison diminue. Plus elle s'isole, plus elle se fige, se fixe, devient statique, tend à l'immobilité. Et si par impossible elle pouvait se séparer du contenu du Moi, elle serait condamnée. Toute connaissance exclusivement rationnelle, et sans attache avec le dynamisme intérieur, serait morte[1].

Ainsi *l'intuition, la pensée, sont la condition même de l'efficacité de la raison.* Plus celle-ci multiplie ses points de contact avec les choses, plus elle étend ses investigations, ses analyses, plus il lui faut maintenir l'attache intérieure, le fil de vie.

Il en va d'elle comme de l'arbre dont la sève circule plus puissamment à l'intérieur, mais qui atteint cependant jusqu'à la suprême pointe de la dernière foliole. Plus sa ramure devient vaste, plus elle s'écarte du centre du mouvement, de la source vitale. Mais l'échange dynamique a lieu dans le fragile tissu de la feuille terminale. Sa vie intérieure, quantitativement, est plus faible sans doute qu'à la moelle de l'arbre et toutefois la feuille pénètre son

---

[1] « La raison n'est pas toute en lumière, *sa partie la plus riche est obscure et cachée.* Ratio non impletur manifestis. Pars ejus major ac melior in occultis est. » (Sénèque). — « Outre nos idées claires et distinctes, il y en a de confuses et de générales, qui ne laissent pas d'enfermer des vérités si essentielles qu'on renverserait tout en les niant. » (Bossuet). — « La raison pure, c'est le cerveau séparé du cœur : c'est une tête coupée ; il n'y vient plus de sang ; l'organe est mort. » (Gratry, *De la connaissance de l'âme*, liv. III, chap. 2). — « Les idées claires servent à parler ; mais c'est presque toujours par quelques idées confuses que nous agissons. *Ce sont elles qui mènent la vie.* » (Joubert, *Pensées*).

milieu, se l'assimile, le conquiert, s'impose à lui, multiplie l'expérience de l'arbre et son contact avec les choses, tandis qu'au contraire le cœur du végétal, si puissant de son mouvement interne, semble figé. Ainsi l'action spatiale, analytique, a besoin de moins de sève vivante, mais elle n'est possible que par elle. Et c'est le lien fragile, le canal délicat qui unit la feuille au tronc et à la moelle, qui fait d'elle un conquérant de l'air.

La raison ne se soutenant et ne vivant que par ses attaches secrètes avec la pensée créatrice et nourricière, nous pouvons donc affirmer d'abord que *toute connaissance rationnelle a dû être, à l'origine, intuitive et qu'elle le demeure toujours.*

Ce n'est pas assez. On voit du même coup qu'elle mentirait à ses origines et à la loi de sa vie, si elle s'érigeait en juge décisif, et prétendait condamner comme illégitimes les autres formes de l'activité intérieure : le désir, l'intuition, la volonté, la pensée[1].

Dernière venue des créations du dynamisme intérieur, elle peut exiger, et c'est justice, que les précédentes demeurent en contact avec elle, au nom même de leur propre intérêt, de la vie et de la vérité.

L'obligation où se trouve le Moi de s'harmoniser avec l'universalité des êtres et l'expérience totale, afin d'y découvrir la loi de la vie, l'oblige à regarder la raison comme une indispensable auxiliaire, *tant qu'elle ne quitte pas le terrain de la vie*, et ne se perd pas dans les abstractions pures.

Et d'autre part, la raison ne pourrait, sans se contredire, obliger à ses procédés, à ses démarches, à ses méthodes

---

[1] Joubert a dit excellemment qu'il faut « éviter dans les opérations intellectuelles *tout ce qui sépare* l'esprit *de l'âme* ». VALLET, *La tête et le cœur*, p. 189.

enfin de pénétration du réel, la volonté, l'intuition, la pensée et l'amour. Ils sont le tronc et les branches, et la sève : elle est la feuille. Elle sort d'eux, s'appuie sur eux ; elle en dépend : en s'immobilisant, en se fixant, ils la libèrent. Eux sont la vie profonde ; elle, la vie frémissante. Elle est plus qu'eux sensible aux caresses du soleil, aux baisers de l'air, à la fraîcheur des pluies... Mais un rayon trop chaud la dessèche ou la brûle, une gelée la tue, le vent l'affole... Et tous les ans il lui faut renaître, vivre une fois encore de l'espérance hardie de conquérir le monde, de pousser toujours plus avant son empire... et puis encore, il faut mourir, être foulée aux pieds, se perdre dans l'oubli, — cependant que le tronc demeure, que les branches se fortifient... afin de permettre le retour des feuilles !

On sourierait, n'est-ce pas, de l'homme entendu qui voudrait imposer aux feuilles, comme une loi, les procédés de développement et d'orientation du tronc !... Le contre-sens ne serait pas moindre, si l'on prétendait obliger tout l'être intérieur du Moi à s'astreindre aux démarches intellectuelles de la raison, à se plier à ses méthodes. Car ce serait, sous prétexte de la glorifier, la mettre en contradiction flagrante avec les lois de la vie et de son propre développement historique. Il n'y aurait pas de moyen plus sûr d'établir des conflits à demeure entre des puissances qui, pour être conquérantes, doivent se maintenir dans une vivante harmonie[1].

---

[1] « Si les idées opposées semblent ici inconciliables, ne serait-ce pas qu'on les considère, de part et d'autre, dans les termes plutôt que dans les choses, et plus logiquement que physiquement ? De part et d'autre, ce semble, on prend les notions que l'on considère dans le sens exclusif qu'offre le nom qui les exprime, et qui n'admet rien de son opposé. Mais en est-il bien de même dans la nature ? Ce qui logiquement est incompatible, dans la nature souvent s'unit, s'harmonise ; ce que tranche et sépare cette raison imaginative qui fait le langage, en encadrant pour ainsi dire des notions dans des mots, comme l'on place en des lieux différents, différents objets matériels, la nature, au con-

Bien convaincus que la *raison n'est pas indépendante, et qu'elle n'est vigoureuse et forte que dans la mesure même où elle participe à la vie intérieure et totale du Moi*, nous pouvons maintenant l'étudier à part sans redouter les abstractions dangereuses.

La raison nous apparaît d'abord comme un pouvoir de relation, une activité investigatrice, un juge pratique. Elle est la mainmise du Moi sur les choses, dans l'expérience[1].

Dans cet acte initial, où son autorité s'affirme, elle voit, elle veut, elle accepte, elle élimine. Barrière vivante, elle se ferme ou se laisse pénétrer. Ce qu'elle reçoit ainsi, elle en estime aussitôt la valeur. Le situant en quelque sorte sur la ligne de vie intérieure, elle se fait intuitive, et perçoit sans effort la convenance ou l'harmonie du donné nouveau avec

---

traire, à laquelle une plus haute raison doit se trouver conforme, nous le montre lié, continu, fondu ensemble ». RAVAISSON, p. 181.

« C'est par cet *effort dialectique* de l'intelligence que se constituent les antithèses insolubles », dit SEGOND (*Bergson*, p. 32), qui parle ailleurs (p. 40) de « l'inexistence profonde des contradictions *logiquement* déduites. »

« Pour maintenir dans la vie un équilibre stable, il faut qu'à des émotions fortes s'ajoute une forte volonté ; à une activité puissante une puissante intelligence ; à une grande capacité de comprendre une grande capacité d'aimer. *Où l'équilibre est réalisé, aucune des facultés ne peut être trop florissante, mais l'âme en devient plus riche et plus harmonieuse.* » W. JAMES. *L'Expérience religieuse*, p. 293.

[1] Nous entendons par *expérience* à la fois l'acte d'agir au contact du monde extérieur, à la limite du Moi, et aussi le contenu de l'action, c'est-à-dire ce qu'elle renferme et exprime à la fois de nous-mêmes et des choses, dans le contact que nous prenons avec ces dernières par notre raison. Ce que sont ces choses du point de vue matériel, l'expérience vivante et dynamique du psychologue n'a pas à s'en préoccuper. Etendue, résistance, couleur,... sont secondaires et relèvent des sciences physiques et naturelles, statiquement expérimentales.

le contenu du dedans : comment il s'y insère, l'enrichit, ou bien le contredit, le désagrège.

Après un premier contact, chaque chose apparaît donc bonne ou mauvaise, désagréable ou non, à la raison pénétrée de pensée. Sans cesser d'être avant tout pratique, elle s'imprègne alors de désir. Tout aussitôt qu'elle distingue, parmi les données de l'expérience, un de ces êtres en accord intime avec sa vie, elle se dirige vers lui, mûe par ses sympathies profondes comme par un secret ressort. Ainsi la plante se tend vers le soleil sous la poussée intérieure, parce qu'il est l'appel d'en haut, l'invincible attirance, la vie qui se propose et vient.

L'expérience est donc en même temps *connaissance* par contact direct, à l'extérieur ; — et, au dedans, *coordination* continue de la vision intérieure en fonction même de l'action, et par elle.

La raison s'y tient au premier plan, comme le juge en première instance de l'utilité des choses, de leur valeur vivifiante. *Elle est le moyen terme d'un syllogisme vivant* dont les extrêmes sont l'extérieur, objet de l'expérience, et le Moi profond où il doit s'insérer et vivre, selon la mesure même où il pourra s'y adapter.

Intermédiaire — à leur limite réciproque — du Moi et du non-Moi, *du passé* condensé dans la vision, et *de l'avenir* qui tout à la fois la sollicite et la modère, qui se présente comme le possible devant continuer et enrichir le trésor intérieur, elle apparaît essentiellement comme *un amour pratique*[1], un lien efficace entre nous et les choses.

---

[1] Elle est fille de l'amour et non point de l'instinct animal, ainsi qu'on le prétend. « Ainsi s'établissent et se précisent les lois fondamentales de la connaissance, *ce système logique que nous appelons notre raison*, et dont nos mathématiques ne sont que le complexe développement. Notre raison est bien fille de l'instinct animal ; notre évolution psychologique ne fait que continuer l'évolution biologique. Au fond, elle ne

Moins spontanée, plus calme, plus méthodique que l'intuition, qui voit la vérité vécue, elle la pondère, si l'on peut dire, en la tenant en contact avec le réel actuel, qu'il faut travailler à dégager de sa gangue. En l'appliquant à la vie du tout, qui progressivement et en détail se manifeste dans l'action, elle l'oblige en quelque sorte à se contrôler, à se mesurer, à ne pas se complaire en elle-même, à reconnaître que sa vision n'embrasse point l'universalité des choses; elle la met en demeure de se déclarer insatisfaite, de vouloir se dépasser à chaque instant pour se compléter et obéir à son dynamisme intérieur. De telle sorte que *la raison perpétue l'amour* en l'organisant, le canalisant, en l'obligeant sans cesse à se renouveler, en le forçant pour ainsi dire à se transporter dans le futur, par un exode perpétuel du présent devenu pure vision, vie intérieure.

La raison apparaît ainsi comme le pouvoir humain par excellence[1]. Elle est le moteur de la vie. A condition de le bien entendre : elle la crée. *C'est elle*, si l'on peut dire, *qui construit la Personne humaine*[2].

L'animal n'a que le présent. L'homme, dans le présent,

---

fait qu'un avec elle... »(A. REY. *La Philosophie*, p. 104). — Et voilà par quel *deus ex machina* on explique ce qui nous spécifie de la brute. Qu'on nous dise alors pourquoi l'animal ne raisonne pas et ne fait point de mathématiques !.. Et puis à qui fera-t-on croire que le *savoir* mathématique, tel que l'entendent aujourd'hui les scientistes, ait jamais été nécessaire à la vie — humaine et créatrice de bonté !..

[1] « C'est la raison qui vraiment ordonne, c'est elle qui donne des ordres aux esprits et qui met l'ordre en eux et dans les choses. C'est elle qui proprement commande et prescrit, et c'est d'elle que toutes les autres lois tirent leur autorité. » OLLÉ-LAPRUNE. *Le Prix de la vie*, p. 154.

[2] « Quand même notre constitution cérébrale permettrait la prépondérance de nos meilleurs instincts, leur empire habituel n'établirait aucune véritable unité, surtout active, sans *une base objective que l'intelligence peut seule fournir*... Que serait-ce donc si on supposait l'existence humaine entièrement indépendante du dehors ! » A. COMTE, cité par BUREAU. *Crise morale*, p. 377.

vit le passé, prépare et féconde l'avenir. La raison est donc l'instrument nécessaire du progrès[1].

A la réserve expresse cependant de ne se séparer jamais de l'intuition, qui — stabilisant l'être intérieur, sans l'immobiliser le moins du monde, comme le pourrait croire un observateur superficiel, — accumule les réserves vitales et vivantes, oriente le mouvement dans le sens de ce qui dure, du bien réel, c'est-à-dire conforme à la loi profonde de l'être, qu'elle révèlera à la raison et lui fera saisir dans les choses. En d'autres termes : à condition de demeurer *le souvenir vivant* et agissant ; de participer au désir intérieur, à l'aspiration du Moi vers la réalité du dehors, à l'expérience totale ; de ne pas enfermer la vie dans le contact actuel et fragmentaire avec les choses ; *de dépasser l'intuition et de retourner à elle*, afin de s'y contrôler, de s'y vérifier, de faire le départ de l'acquis humain, et de retrouver là un nouvel élan, un mouvement plus fort, un encouragement à continuer sa trouée dans les choses et à s'y enrichir d'acquisitions nouvelles[2].

La raison n'est donc pas *primaire* en nous ; le donné initial, c'est *la vie* : totale, indivisible, et ineffable réalité.

Mais elle est *première*. Elle est le chef, sinon le cœur de la Personne humaine. Être, essentiellement, c'est agir, et l'activité suppose la lumière, elle l'exige. *Nemo ambulat in tenebris* : pour marcher en sûreté, pour progresser, ce n'est

---

[1] « Comme l'étymologie l'indique, réfléchir n'opère-t-il pas le retour de l'activité psychique sur elle-même, ce qui lui permet de se juger et de juger le monde *en vue de nouveaux progrès que la raison oriente ?* » P. GAULTIER, *Pensée Contemporaine*, p. 132.

[2] « La connaissance n'est pas égale à l'âme entière : notitia non totaliter menti coæquatur. » S. THOMAS, 1ª, q. 93, a. 7, ad 2m.

« Entendre et aimer sont choses distinctes, mais *tellement inséparables* qu'il n'y a point de connaissance sans quelque volonté. » BOSSUET. VIe *Élévation sur les mystères*.

pas assez d'avoir des jambes et des muscles solides : il faut voir clair.

La raison est supérieure aux autres puissances du Moi[1]. Mais cette qualité même les suppose : l'autorité n'existe pas indépendante, isolément. Ainsi le pilote du navire en est pour ainsi dire l'âme. Il le conduit et le dirige par les routes naturelles en vue desquelles il a été construit, gréé, vers le terme de sa course. Supprimez le dynamisme intérieur des machines, le pilote n'est rien : sa vertu demeure sans objet. Mais d'autre part toute la puissance motrice accumulée aux flancs du vaisseau restera inutile et morte, tant qu'il n'aura pas mis la main au gouvernail et donné le signal du départ, de l'action, du contact avec l'inconnu-relatif — que nul ne connaît mieux que lui, et qui est la condition même de la vie, des rapports humains, de la richesse.

A la *puissance* vitale, la raison substitue *l'acte* de la vie[2]. Elle le continue, l'organise, et fait de lui un *état*. Aussi longtemps qu'elle s'exerce de façon complète et normale, c'est-à-dire baignée de pensée, pénétrée d'amour et de désir, qu'elle unit le passé au futur, dans le présent, *elle crée l'homme*, elle lui insuffle la vie, *elle le rend digne de lui-même, en l'égalant sans cesse à lui-même par la fidélité à sa loi*[3], dans une marche en avant et en haut, progressive, ininterrompue.

---

[1] « L'intelligence est, de toutes les manifestations de la vie psychique, sinon la plus importante, du moins la plus saillante, *la plus relevée* aussi. » P. GAULTIER, *loc. cit.*, p. 97.

[2] « D'après notre expérience, le ressort de toute la vie intérieure, c'est donc la pensée ou action intellectuelle qui, d'un état de diffusion et de confusion où elle n'a en quelque sorte qu'une existence virtuelle, se rappelle, se ramène, par un mouvement continuel de recomposition dans l'unité de la conscience, à l'existence active, et d'un état de sommeil et de rêve remonte incessamment à l'état de veille. » RAVAISSON, p. 244.

[3] Le mot de Pascal : « Toute notre dignité est dans la pensée », doit s'entendre de la pensée vraie, complète, *intuitive et rationnelle*, qui achève et couronne les raisons de l'esprit par celles du cœur.

Par contre, dès que cesse cette communion intime du Moi avec les parties profondes de lui-même, dès que la raison s'isole, elle verse alors dans le verbiage, le psittacisme. Sans contact avec le réel par l'intérieur, elle est la dupe des apparences. Ni dans les choses qu'elle ne pénètre point, ni dans le Moi qu'elle a quitté, elle est comme suspendue en l'air, ne tient à rien. « Des mots, des mots, des mots », dit Hamlet. N'ayant plus aucune valeur de vie, de vision, de pratique et d'action, elle devient alors la mère du pédantisme, de la suffisance, de l'orgueil fat, jusqu'au moment où elle reprend contact avec le dedans, s'y retrempe, s'y purifie, s'y humanise[1], et redevient capable d'interpréter l'expérience en fonction de la Vérité.

L'expérience ne revêt donc un sens vraiment rationnel, elle n'est achevée et réellement digne de l'homme, qu'à condition de devenir intérieure. C'est du dedans que nous devons prendre possession des choses et les faire nôtres après avoir été, au dehors, mis en contact avec elles[2].

Notre vie intérieure est seule capable de nous révéler la liaison des êtres, de nous donner la véritable et vivante topographie du réel. C'est au centre de notre Moi qu'il faut nous placer, pour apercevoir au sein même de notre propre mouvement vital, la direction authentique du dynamisme universel dont nous faisons partie[3]. De tous les autres points

---

[1] « Il y a aussi loin de l'homme spirituel ou intérieur à l'homme extérieur (qui suit le vent des passions de l'instabilité), qu'il y a loin de l'homme le plus développé à l'animal dénué de raison. » MAINE DE BIRAN, cité par NICOLAS. *L'art de croire*, p. 48.

[2] « Un être est intelligent quand il sait tirer parti de son expérience. » ROMANES, cité par LE DANTEC. *Science et Conscience*, p. 21.

[3] « La raison dans sa marche a constamment besoin d'être contrôlée par l'intuition, la dialectique par l'expérience ; il est naturel à l'homme, étant homme, en toute occasion, de « tout rapporter à la nature humaine ». BRUNETIÈRE, *Schopenhauer, Revue des Deux-Mondes*, 1ᵉʳ octobre 1886, p. 696.

nous pourrions avoir des illusions d'optique et en être dupes. Il nous est sans doute bien permis de nous y placer, et nous le devons même, mais pour nous contrôler, pour échapper aux rêves de notre propre imagination [1].

Ainsi la concentration en soi-même est le premier devoir. L'attitude initiale nécessaire, c'est *le recueillement* [2]. Indispensable condition de toute attitude spécifiquement humaine, personnelle, de toute démarche vivante, c'est en lui et par lui que se réalise l'équilibre créateur de l'intuition et de la raison, du Moi, et du non-Moi. Quiconque veut produire des œuvres fortes doit savoir se ressaisir, se placer dans les conditions de solitude et d'isolement relatif, qui favorisent cet acte essentiel d'où jaillit la vie.

Car le recueillement est transitoire. Il n'est qu'un moment, un passage, une préparation. Comme le chevalier accomplissait sa veillée des armes avant de recevoir l'investiture des forts et le congé d'être un lutteur, un victorieux, un conquérant, ainsi le Moi ne se recueille et ne se concentre

---

[1] « On a toujours à sa portée, tout près de soi, en soi, l'objet de l'étude, le moyen de l'étudier, l'instrument de contrôle et de vérification. Rien de plus simple, et, ce semble aussi, de plus aisé. C'est, il est vrai, ce qui fait l'extrême difficulté de ces sortes d'investigations. L'expérience intérieure, indispensable, inévitable aussi, se fait comme d'elle-même, à tout instant, en sa vive mais confuse et grossière totalité. Rien de délicat comme d'en ressaisir les détails par une attention réfléchie, de ne pas perdre de vue, dans cette étude, le caractère réel de la donnée primitive, de ne pas laisser échapper le plus important en voulant mieux connaître ceci ou cela, grâce à une minutieuse analyse. Et ces choses du dedans, si proches de nous, sont en même temps si loin, on le sait, si loin des sens d'abord, si loin de l'esprit même qui, sans cesse et très fortement occupé ailleurs, ne les discerne qu'avec peine et à peine ! » OLLÉ-LAPRUNE, *La Philosophie*, p. 222, 223.

[2] « La réflexion... qui replie l'esprit sur lui-même et l'habitue à se saisir toujours dans son action vivante au lieu de se conclure des effets extérieurs. » RAVAISSON, p. 26.

que pour manifester plus de force. Semblable à l'arc, il bande en quelque sorte son ressort intérieur, afin de jeter dans les choses un trait plus pénétrant.

Et alors, de cette immobilité apparente elle-même, naît spontanément la méthode d'action, vivante et vivifiante, seule capable de donner des résultats *humains*[1].

L'intuition et la raison, mises en contact intime, dictent en quelque sorte au Moi intérieur l'attitude pratique à prendre pour demeurer dans les rapports vrais des choses, pour s'insérer *personnellement* dans l'expérience universelle, pour en tirer parti, soi, et y porter du même coup la vie. « Vois, tu peux !... Va, tu dois !... » disent-elles[2].

Et elles indiquent au Moi la voie à suivre pour se développer normalement, sans tâtonner et pour le profit commun, parce que *l'ordre* sera observé, l'harmonie rendue plus parfaite.

Voilà donc que *notre raison individuelle, dans son acte normal et complet, nous révèle que notre Moi est éminemment social*[3].

Il ne se concentre *que* pour s'extérioriser. Il rentre en soi pour se projeter. Son terme est hors de lui-même. Sa vie ne se suffit pas, au dedans. Il se déborde[4].

---

[1] « La *réflexion* a toujours été la méthode philosophique, si bien que cette méthode, elle aussi, peut être considérée, et, en fait, a souvent été considérée, comme susceptible de définir la recherche philosophique. » A. Rey. *La Philosophie*, p. 12.

[2] « La conscience exige que la société soit fondée. Elle n'intervient pas seulement *après* pour la régler, mais d'abord elle en inspire l'établissement comme un devoir. On n'est pas tenu seulement d'être juste si l'on fait partie d'une société ; mais on est tenu d'abord de faire partie d'une société. » Cantecor. *L'Idée commune de solidarité* (cité par Bureau. *La crise morale*, p. 310).

[3] Cf. Balmès, dans Vallet. *Tête et Cœur*, p. 241.

[4] « La vie se transcende continuellement elle-même par ses propres inventions. » (Second. *Bergson*, p. 56-57 et note p. 100). — Nous ne disons pas, nous, qu'il se *transcende*, parce qu'il y aurait là une inexac-

Le monde extérieur l'appelle, son mouvement intime l'y pousse. Il faut donc sortir de soi et aller aux choses, non point pour s'y perdre, mais pour s'y prolonger, s'y compléter, rester fidèle à sa loi intérieure[1].

L'homme s'apparaît donc à lui-même, dans l'acte supérieur de la raison, comme faisant partie d'un tout, où il est à la fois sujet et objet de l'expérience[2]. La condition essentielle de la vie générale, c'est qu'il s'adapte aux objets, et que les objets s'adaptent à lui. Il est nécessaire qu'une communion réciproque s'établisse, pour que le mouvement vital ne soit ni arrêté, ni dévié de sa direction légitime. Intuition et raison, sujet et objet, ne sont indépendants ni en fait, ni en droit, et *doivent collaborer* afin de trouver dans leur commun effort la loi de la vie.

Le Moi révélé par l'intuition est *un* et *divers*. Celui que découvre la raison est *un et autre*.

La vie perçue de l'intérieur est à la fois liberté, spontanéité, interdépendance, service mutuel, obligatoire. Le *multiple* intérieur coexiste sans s'annihiler : il vit dans l'équilibre et l'ordre[3]. Le rôle de la raison est de le maintenir,

---

titude, un regrettable abus de mots. L'action « progressive » nous « dilate ». Rien de plus vrai. Mais elle *explicite* le moi intime sans le changer de nature. La vie est une logique qui va du même au même. Pour qu'elle porte d'autres fruits, il faut qu'un donné nouveau s'y insère, avec amour et respect, sans rien détruire ni altérer de ce qu'elle a d'essentiel.

[1] Cf. Fonsegrive. *Le Catholicisme et la Vie de l'Esprit*, p. 419, 420.

[2] La raison, pour Seillière, est *la synthèse de l'expérience sociale*, ce qui l'élève au-dessus de la « petite raison » individuelle, et l'affirme vivante et active par rapport à l'immobile *raison naturelle* des Encyclopédistes. Estève. *Impérialisme. Introd.*, p. XIV.

[3] Il y a multiplicité *numérique* et multiplicité *mélodique*, cette dernière relevant de *la qualité pure*. Cf. Segond. *Bergson*, p. 16.

de l'enrichir; et la vie raisonnable consiste à chercher la loi des rapports nécessaires, vitaux, des composants de la vie intérieure. Elle comporte donc un appel à l'expérience du dehors, pour éclairer la sienne propre, l'activer, lui donner toute sa fécondité, et s'il est opportun la réformer, la mettre en accord[1].

La raison se révèle ainsi comme éminemment *sociale* et *créatrice de rapports humains*; je veux dire : fortifiante, développant la Personne humaine selon sa véritable loi.

Toute démarche prétendue rationnelle qui contredit à ce devoir est, par suite, un abus de pouvoir commis au nom de la raison, mais en réalité *contre* elle. Toute analyse qui contredit et dissout le Moi intérieur, au lieu de l'édifier, est pur jeu d'esprit, sottise, ignorance ou méchanceté, — selon les cas.

---

[1] Cf. Charles, *Lectures Philosophiques*, t. i, p. 47, note 2, et 56.
L'intuition pour nous est *insuffisante*; nous ne dirions pas : « L'intuition de nous-mêmes, en nous livrant le passé actuel et le passé qui se souvient, nous révèle l'orientation de la vie. » Second, *Bergson*, p. 52. — Non, mais elle nous fournit un criterium pour *l'expérience*, qu'elle appelle. Le moi a besoin du *social*, et la conscience, de *l'histoire*.
« L'orientation féconde de notre durée créatrice ne saurait donc échapper... à la *vie sociale qui l'éclaire et qui l'assure.* » (*Ibid.*, p. 63). Voilà le vrai.
« Quelle autorité serait possible sans l'autorité première de l'invisible souverain qui parle dans la raison et dans la conscience ? En sorte que, malgré les apparences, ce n'est pas le monde moral qui a été imaginé d'après l'ordre social et politique, mais c'est cet ordre social et politique qui a été organisé, sans le savoir, à l'image du monde moral. Le monde moral n'est point la pâle copie ni l'inconsistante et vaine imitation du monde social qui existe sous nos yeux; mais c'est celui-ci qui est le symbole de celui-là... L'ordre social figure l'ordre moral, mais l'ordre moral est le modèle même que l'ordre social essaie de reproduire, et toute la raison, toute la vertu de ce qui est d'ordre social, se trouve dans l'ordre moral lui-même. » Ollé-Laprune. *Le Prix de la vie*, p. 145, 154.

Comme la fleur s'épanouit au sommet de la tige vitale et donne son fruit vivant, ainsi *la raison sort du jeu même de la vie intérieure, et produit l'action*. Ce fruit renferme les éléments les plus délicats de la sève nourricière. Et s'il met un terme au dynamisme du dedans, le limite et l'achève en beauté, en bonté, néanmoins il ne l'épuise pas. Dès que la sève sera revenue à sa source, elle remontera, à l'appel d'en-haut, et redeviendra féconde, infiniment.

Ce n'est pas tout. Au nom même de l'expérience il convient d'affirmer que l'*égotisme* est éminemment irrationnel. La réflexion la plus rudimentaire suffit à en convaincre. Humainement, c'est un contresens[1]. S'enfermer dans sa tour d'ivoire est une sottise[2]. On peut y prétendre ; c'est une pose. On ne peut s'y maintenir : l'isolement, c'est la mort[3].

L'intuition vivante nous l'a appris dès l'abord : elle est une union, sentie, perçue, goûtée. C'est du dedans et par une vision rapide, qu'elle nous a initiés à la vie et à sa loi.

Puis, se prolongeant par la raison, l'expérience, elle nous a montré l'autonomie, la liberté, comme le fruit intérieur de l'obéissance et de la subordination[4], l'une et l'autre liées

---

[1] « L'individualisme se trouve partout condamné, l'on sent de toutes parts, en vertu du progrès même de la science et de la réflexion, que l'homme en tout et pour tout est un être essentiellement social. » Fonsegrive. *Le Catholicisme*, p. 449.

[2] « M. Mariel avait raison de noter, dans sa pédagogie gœthienne, que *l'altruisme et le bonheur du prochain* apparaissent à tout homme *normal* comme le naturel *complément* du développement individuel, et la *condition* de son propre bonheur. » Estève. *Impérialisme*, p. 55.

[3] On pourrait, dans ce sens, accepter le mot d'Izoulet (*La cité moderne*) : « La raison est fille de la cité. » Encore reste-t-il que la qualité de la raison individuelle dépend de celle de la cité sur laquelle elle prend naissance, et qui la maintient.

[4] Cf. Second. *Bergson*, p. 106.

à la vie, en droit, et ne pouvant en être séparées, en fait, que par un acte violent et meurtrier. Alors nous avons compris que *la loi de notre être, c'est de sortir de nous, c'est de servir.*

Voilà l'ordre, l'impératif très catégorique qui nous vient *du dedans*, et auquel tout homme digne de ce nom obéit sans fausse honte et avec allégresse, car il pressent qu'au terme il doit se retrouver agrandi, plus vivant[1].

La vague, en pleine mer est gigantesque, puissante. Elle lève sa tête altière et semble chanter avec orgueil la vie profonde. Plus elle avance vers la côte, moins elle s'exalte... Et quand elle arrive à la plage, elle s'étend, elle s'allonge, elle se glisse à travers les roches, les crevasses, les herbes marines... elle se faufile pénétrante, incisive... elle se multiplie, infiniment. Afin d'arracher aux choses leur secret et de leur faire avouer leur mystère, elle se rend douce et caressante... Et puis elle revient, se reprend, se ramasse une fois encore, afin de tenter un nouvel effort, une pénétration nouvelle, et de donner à la grève un nouveau baiser en lui posant une fois encore son éternelle question !...

Flux et reflux — voilà notre vie intérieure... Une mer immobile est une mer morte.

Mais avant d'aller vers l'extérieur — hommes et choses, cosmos et société — afin de les interroger à leur tour et d'entendre leur réponse, il nous faut préciser et résumer ici, brièvement, celle que nous avons reçue de notre intuition vitale et de notre personnelle réflexion.

---

[1] « L'institution sociale ne peut avoir d'autre objet que de tendre au perfectionnement de l'espèce, et l'individu n'en saurait avoir d'autre que de tendre au perfectionnement de l'institution sociale. » BRUNETIÈRE. *La doctrine évolutive*, p. 32. — D'après Montégut. « En Angleterre, l'individu n'est si fort que parce que la société est sur lui toute puissante. » ESTÈVE. *Impérialisme*, p. 47.

*
* *

Je puis *affirmer avec certitude* les propositions suivantes comme des vérités qui font partie intégrante de mon intuition :

1º Il y a un Moi et un non-Moi, un intérieur et un extérieur, qui existent à l'état de complémentaires, et non point de contradictoires.

2º La vie opère leur synthèse dans un même mouvement vital.

3º C'est une pensée intuitive qui saisit l'être dans son unité. Le fond de mon être est amour et liberté, vision active et volonté.

4º Ma raison n'a de valeur réelle qu'au contact de ma vie intérieure. Expérience et vision s'impliquent mutuellement.

5º Le moral est antérieur au social. Ma conscience ne s'absorbe pas dans la société, dont elle n'est pas indépendante, mais qui ne suffit pas à l'expliquer. La loi morale m'apparaît comme une harmonie de mon Moi et des êtres, de l'individu et de l'humanité. Conscience et Science sont solidaires.

Et dès à présent j'ai le droit, *au nom même de ma vie intérieure*, de prendre position à l'égard des philosophies qui contredisent ces données, et de porter sur elles un *jugement de valeur*.

Car c'est la vie qui juge les systèmes, et non pas les systèmes la vie. Elle est hors de leurs prises et ne relève point de leur tribunal[1].

---

[1] « Les systèmes de philosophie font à peu près ce que fait l'expérimentation en physique : celle-ci isole et sépare les phénomènes pour les mieux connaître, ceux-là isolent les idées pour mieux s'en rendre compte ; mais de même que la nature est plus vaste que nos laboratoires, elle l'est plus aussi que les écoles de philosophie. » P. Janet. *Revue des Deux-Mondes*, 15 avril 1877, p. 848. — « La certitude humaine préexiste à la certitude philosophique. La vie préexiste aux spéculations entreprises dans le dessein d'expliquer la vie... La philosophie est un fruit tardif. » Ollé-Laprune. *La Philosophie*, p. 364.

Et je veux bien l'accorder sans difficulté aucune : ce jugement n'est que provisoire ; il ne prendra toute son autorité qu'au fur et à mesure qu'il sera confirmé, — mis au point, par les données de l'expérience humaine. Mais il me dispense légitimement, et dès l'abord, de faire un examen détaillé des théories philosophiques dont il va être question. Provisoirement je les tiens à l'écart sans injustice, parce que je me place à un point de vue qui les domine toutes.

L'intuition vivante exclut à la fois « le scepticisme qui supprime tout usage de la raison, le positivisme qui fait d'elle une résultante des objets, le criticisme qui en fait une résultante des esprits[1] ».

Du point de vue de l'intuition vivante, le scepticisme apparaît d'abord comme une gageure. C'est une *attitude de volonté*, sans plus, à laquelle manque tout fondement rationnel et expérimental. Par snobisme, ou, ce qui est plus grave, par impuissance de vision intérieure et de prise de contact personnel et sincère avec la vie, le sceptique nie l'évidence. Et cette abdication de la pensée et de la dignité humaines est une pose ou une tare. De toute façon *le scepticisme est une maladie*.

Aux évolutionnistes qui me disent : Vous êtes un *pur devenir*[2], je réponds : Pour *devenir*, il faut d'abord être. Je suis

---

[1] Cf. E. Thouverez. Le réalisme métaphysique. Alcan, 1896.

[2] « Le grand progrès de la critique a été de substituer la catégorie du *devenir* à la catégorie de l'*être*, la conception du *relatif* à la conception de l'absolu, le mouvement à l'immobilité. Autrefois, tout était considéré comme *étant*, on parlait de philosophie, de droit, de politique, d'art, de poésie d'une manière absolue ; maintenant tout est considéré comme en voie de se faire. » Renan, cité par Vallet. Le Kantisme, p. 84.

et je deviens. Je change parce que je suis, parce que je vis. Rentrez en vous-mêmes et vous trouverez la lumière directe, que les formules vous empêchent de voir. Si je m'accrois, c'est que d'abord je suis permanent ; si je me fais, c'est que je demeure. Supposé que je ne fusse qu'un devenir, alors je n'aurais pas conscience. La conscience exprime un rapport. Or ce rapport est en moi vital. C'est en moi que je perçois du même coup et mon identité, et mon dynamisme, et ma puissance de devenir. Contre cette affirmation intérieure, aucune théorie ne peut prévaloir. Ce sont des mots qu'on oppose à la vie, des peut-être à une certitude directe.

Mais vous n'êtes bien qu'une succession d'états de conscience, une collection de phénomènes : tout coule, tout passe et disparaît, m'objectent les phénoménistes[1]!..

Il est vrai : je me saisis comme *une collectivité*. Mais cette collectivité est *vivante*. Vous, vous érigez le phénomène en *absolu*. Plus exactement, vous faites de chaque phénomène *une chose*. Puis vous dites : tout est *discontinu* !... Et c'est exact, en un sens, car il y a des individualités. Mais de votre point de vue exclusif, rien n'est plus faux. Car tout est *continu*, comme la vie[2]. Tout se tient par des liens secrets,

---

[1] « Il n'y a rien de réel dans le moi, sauf la file des événements. » Taine. *De l'Intelligence*, p. 9. — Erreur : Nous saisissons autre chose, un *dessous* par quoi est créée *l'unité*.

[2] « L'être en fait, c'est l'être que je suis, c'est mon être, non pas en général, non pas abstraitement parlant, mais dans cet *acte* déterminé qui émane de moi, qui est mien, qui est moi agissant. Le *phénomène* n'est pas tout le *fait* : il n'en est que la surface et l'apparence, étant ce qui traduit et produit au dehors, quoi ? *l'acte* même. Et ce que je nomme acte ici, ce n'est pas le mouvement accompli, ce n'est pas l'action extérieure, plus ou moins prolongée, plus ou moins compliquée : cela, détaché du fond, est encore phénomène ; l'acte est dans le fond, étant ce qui donne le branle à cette série de mouvements par où il se manifeste ; l'acte, c'est ce qui intérieurement, intimement, est vie,

qui expliquent le mouvement, l'action. Mon Moi est un *et* divers. Il ne peut être lui-même, totalement, véritablement, qu'en se prolongeant dans les autres. S'isoler, c'est mourir. Du point de vue physique, vous admettez bien que l'élément matériel et premier — atome ou électron — a nécessairement besoin d'un milieu : l'éther[1]. Pourquoi vous y refuseriez-vous au moral, sinon par un acte de volonté que rien n'autorise ni n'excuse?... Il y a un éther moral, véritable substratum, milieu indispensable de tous les phénomènes perceptibles ou inconscients. Et ce fondement m'appartient, je le saisis en moi d'une vue directe, personnelle, vivante, encore qu'il reste jusqu'ici pour moi aussi indéfinissable que l'éther matériel pour les physiciens.

Vous m'affirmez que tout s'écoule : πάντα ῥεῖ!... Je le crois aussi, mais à condition de préciser. L'image même que vous employez vous condamne. Rien ne coule à vide : le fleuve a son lit, ses berges, limites nécessaires, cadre obligatoire, pour qu'il soit fleuve et pour qu'il coule. Sans tout ce permanent, il cesse d'être, n'a plus de flot. Ainsi toujours *le dynamique suppose le statique*. Et si vous voulez les perce-

---

sentiment, pensée, vouloir. Cet *acte*, cet *agir* et mon *être*, c'est tout un dans cette profonde conscience de moi. Redisons-le encore, on ne peut trop le redire, c'est si souvent oublié ou méconnu, si je sais ce que c'est qu'*être*, si ce mot a pour moi un sens, ce n'est pas à une autre école que je m'en suis instruit... C'est par ma propre expérience. J'expérimente que je suis. C'est une expérience constante, familière, si familière que je n'y prends point garde. Y prendre garde c'est justement l'office de la métaphysique. » OLLÉ-LAPRUNE. La Philosophie, p. 217, 218.

[1] Voir A. Rey. *La Philosophie moderne,* ch. III, *le Problème de la matière,* p. 161. — « Il faut constater qu'actuellement l'hypothèse de l'éther semble s'imposer à tous. L'éther est nécessaire pour supporter les champs électrique et magnétique dont nos appareils mesurent les intensités... » R. D'ADHÉMAR. *Les variations des théories de la Science,* p. 35.

voir dans leur indissoluble, nécessaire union, remontez à la source vivante, au bassin calme, où vous verrez au centre, et d'un seul regard, l'eau qui monte, bouillonne, puis s'étale en nappe tranquille, avant de descendre les pentes et de s'enfuir vers des horizons sans fin, vers la mer profonde qui invinciblement l'attire.

Ainsi la vie est un donné, une vision, et non pas seulement un postulat. Le phénomène est un mot : la réalité est autre, et c'est elle qui nous doit guider.

Mon Moi est donc nécessairement autre chose qu'une *série de relations*. Il est relations *et* autre chose. Tout est dans tout : soit. Mais plus exactement encore : rien n'est dans tout. Je suis dans le Tout, mais je m'en sépare. J'affirme mon individualité consciente, ma personnalité, dans l'acte même de la vie. Et rien ne saurait prévaloir contre cette évidence *personnelle*.

Nous pourrions comprendre votre attitude, dirons-nous aux idéalistes, si tout se ramenait *à l'idée pure*. Vous affirmez que l'on ne peut sortir de soi. Vous auriez raison si notre Moi était seulement un intellect. Aussi bien, pour connaître l'existence du monde extérieur, je n'ai nul besoin de m'extérioriser. Je trouve le non-Moi en moi ; j'en ai l'intuition expresse. Donc il existe, et je ne le crée pas. Il est : c'est un donné de mon expérience. Quelle est sa nature, je l'ignore. Je ne l'apprendrai — s'il est possible — que par des démarches au dehors de moi-même : c'est certain, puisqu'aussi bien je ne le confonds nullement avec moi. Mais c'est une autre question. Et votre postulat n'est pas recevable. Il est la cause de toutes les antinomies, de toutes les objections, qui se dressent à chaque instant sur votre route. La contradiction est à la base de tous vos systèmes : quoi d'étonnant dès lors qu'ils ne puissent conduire à la certitude !

Alors que je me saisis comme une force et comme discontinu au sein même de mon dynamisme, je ne puis être sensible aux arguments des matérialistes, pour qui tout est continu, matière, nécessité mathématique[1].

Je ne puis être touché davantage de l'effort des panthéistes pour me prouver que tout est continu, esprit, nécessité morale. Car, encore que je me saisisse comme inachevé dans chacun de mes actes, qui tend continuellement à se prolonger, et cherche *un autre*, ma personnalité est pour moi très claire. J'ai conscience d'être une cause[2], un individu, un Moi séparé. Ma liberté crée du discontinu. Mais alors je suis *le chiffre d'un nombre*, et non point une partie substantielle de l'infini. Si j'ai contact avec lui, je l'ignore. Ce dont je suis sûr, c'est que je m'en distingue, et que nous sommes autres, *non identiques*.

Au rationaliste intransigeant qui s'enferme dans *son* expérience personnelle, je demande : Vous ne voyez donc pas qu'en coupant tout contact — d'un côté avec votre vie intérieure, la pensée, la tradition, — de l'autre, avec l'extérieur, le groupe social et l'expérience humaine, vous vous trouvez en face de faits bruts, indiscutables en soi je le veux bien, mais sans valeur révélatrice, éducative, parce que vous n'avez pour les juger aucun critérium : ni moral, ni social. Vous êtes dans la situation la plus fausse et la plus égoïste qu'on puisse imaginer. Vous affirmez l'omnipotence

---

[1] « Nous traitons de la liberté comme d'une chose que l'on pourrait analyser du dehors, alors qu'*elle ne peut être saisie que par intuition, du dedans.* » P. Gaultier. *La Pensée contemporaine*, p. 137.

[2] « Toute conception claire de la causalité, et où l'on s'entend avec soi-même, conduit à l'idée de la liberté humaine comme à une conséquence naturelle. » Bergson. *Les Données*, p. 164.

de votre Moi purement rationnel, et sa supériorité sur la vie. Rentrez en vous-même, ouvrez les yeux, et réfléchissez !

Et vous pragmatistes, pourquoi vous tenir à la périphérie de l'être et chercher la loi vivante dans un contre-sens perpétuel ? Si vous n'avez aucun principe antérieur à l'action pour vous prononcer sur sa valeur, que ferez-vous ?... Que direz-vous de solide ? Les choses ne valent point par leur utilité uniquement, ni même d'abord. Vous ne pouvez juger de leur qualité humaine qu'en vous référant à la pensée, à la conscience, qui lui sont supérieures[1]. *La vie intérieure précède l'action et la conditionne.* Avant d'agir, il faut être. Ou si vous préférez : conscience, pensée, action, dans le concret, sont inséparables. *La Personne est le donné primitif.* Savoir ce que l'on *doit* faire, voilà la norme directrice. *L'activité ne peut être humaine que si elle est fille de la vérité.* Intervertir ces rôles, c'est aller contre les données vivantes de l'intuition, c'est vouloir, quoi qu'en pensent les simples, imposer au réel une attitude de contrainte, et fausse par conséquent.

En somme la position de toutes ces philosophies est intenable, parce qu'elles n'envisagent qu'un côté de la vie. Toutes elles renferment un principe de contradiction intime

---

[1] « Le pragmatisme est la négation même de toute philosophie, puisqu'il consiste à choisir une doctrine *non pour sa vérité*, mais pour son efficacité morale ou sociale. Les pragmatistes soutiendront-ils que satisfaire les besoins du sentiment est pour une doctrine un aussi bon signe de vérité que de satisfaire ceux de l'intelligence ? Mais nous savons par l'expérience que très souvent (en amour, par exemple) des mensonges satisfont le sentiment, tandis que la vérité est douloureuse. Nous avons donc la preuve de la vanité du principe pragmatiste. » PAUL SOUDAY. *Le Temps*, 24 janvier 1914.

et un germe de mort. On peut dire que toutes sont abstraites, construites en marge du réel¹. Sans doute on me dira — et avec raison, qu'elles s'appuient sur des faits, quelque chose de positif. Et je ne le nie pas. Mais quelque nombreuses qu'on suppose les données initiales sur lesquelles on les a échafaudées, elles sont toujours, par rapport à la totalité des choses un infiniment petit. C'est vouloir expliquer le soleil, en chambre, avec le seul rayon qui traverse les vitres. On n'y est pas encore parvenu. C'est à la source de la vie qu'il faut aller, pour en donner une explication.

Aussi bien, lorsque Descartes affirme : « Je pense, donc je suis », s'il entend parler de la pensée *purement rationnelle*, il se trompe. La vie est antérieure à la raison, et supérieure à elle. Sa formule même le condamne : le Moi y précède la pensée, et la conditionne en quelque sorte. Il devait dire : Je vis, donc je pense².

Ce n'est point à la périphérie du Moi qu'il convient de se placer pour découvrir la vérité totale ; ce n'est pas du point de vue de l'action *extérieure* qu'il faut considérer les choses, mais de celui de l'action intérieure qui concilie, synthétise.

Et remarquons bien qu'elle n'affirme pas « l'identité des contraires³ », mais qu'elle constate la complexité du réel, et la réduit, du dedans, à l'unité.

Car il importe souverainement de ne pas perdre de vue que

---

¹ « La Philosophie *réelle* du monde se fait à côté des philosophes et en dehors d'eux. » LE BON. *Aphorismes*, p. 124.

² Il ne faudrait pas d'ailleurs rendre Descartes responsable des exagérations qu'on a fait subir à sa doctrine. Ce qu'il appelait « pensée », était à la fois « perception *et* appétit », tendance, amour. Cf. RAVAISSON, p. 158, et JANET, SÉAILLES. *Histoire de la Philosophie* : DESCARTES.

³ « *Aujourd'hui, rien n'est plus parmi nous vérité ni erreur.* Il faut inventer d'autres mots. Nous ne voyons plus partout que degrés et que nuances, *nous admettons jusqu'à l'identité des contraires.* » SCHÉRER. *Rev. des Deux-Mondes*, 15 février 1861.

si le Moi a une puissance d'unification si remarquable, c'est avant tout parce qu'il est lui-même un dans la multiplicité de ses opérations, et qu'en chacune d'elles, chez l'homme normal, il s'exprime tout entier. La vie intérieure conditionne l'action, et l'action à son tour révèle la vie intérieure, la parfait en l'extériorisant, et l'explicite, — sans l'égaler, ni l'exprimer jamais tout entière[1].

---

[1] « L'intellectualisme n'a pas à abdiquer ; mais *il se doit* à lui-même de reconnaître que *la solution vivante* du problème peut en *précéder* et en *inspirer* la solution spéculative. » V. Delbos. *Le problème moral dans la Philosophie de Spinoza*, Alcan, 1893, *in fine*.

CHAPITRE IV

LA RÉPONSE DES CHOSES

L'interdépendance constatée entre le Moi et le non-Moi nous conduit naturellement à faire appel au dehors pour contrôler, compléter et modifier, s'il en est besoin, les données de l'intuition vitale.

Il ne saurait y avoir en effet de contradiction possible entre deux éléments qui se combinent en un mouvement unique, se fusionnent en un tout vivant[1].

L'attitude extérieure se légitime donc du fait même de la vie. Pour vivre au dedans, il faut avoir jour sur le dehors et ne pas se confiner dans un isolement fatal. Il en est ainsi partout, dans tous les ordres de l'activité humaine.

L'intuition tend à l'action et la prépare ; l'action prolonge l'intuition et l'agrandit. Elle lui confère une valeur humaine, universelle. De particulariste qu'elle était d'abord, et pour ainsi dire théorique, sans attaches visibles avec le réel, l'intuition se concrétise, se matérialise en quelque sorte dans les faits. Par l'expérience, la pensée prend corps. Elle s'ajoute aux choses en les pénétrant ; *en se donnant, elle les transforme.* La vie intérieure s'irradie dans les êtres,

---

[1] « Le monde n'est pas plus hors de nous que nous ne sommes hors de lui. Nous nous en distinguons, sans doute, en droit et en fait. N'empêche que nous communiquons directement, que nous communions, pour ainsi dire, avec lui. Nous nous prolongeons en lui, comme il se prolonge en nous. Entre lui et nous existe une pénétration mutuelle. Dans une certaine mesure, il est nous et nous sommes lui. » P. GAULTIER. *La Pensée contemporaine*, p. 50.

les colore, les anime et en quelque manière les recrée sur un plan nouveau. La monade de Leibnitz, sans fenêtres sur l'extérieur, est un rêve de philosophe. Il n'y a d'autre harmonie possible que celle que crée la vie. C'est elle seule qui opère les rapprochements nécessaires au mouvement vital.

Il nous faut donc maintenant sortir de nous, aller aux choses. *C'est une obligation humaine.*

Ceux qui érigent l'individualisme en système manquent radicalement de psychologie ou de sincérité, peut-être parfois des deux.

Pour être fidèle à l'intuition, il faut la dépasser. Les données du Moi sont purement personnelles. De l'intérieur, je ne puis légitimement leur accorder qu'une valeur tout à fait relative. Elles peuvent n'être qu'un beau rêve. Et à demeurer obstinément en moi-même, je risque fort de me tromper sur moi d'abord, puis de ne voir la réalité totale que par les yeux de mon caprice ou de mon imagination.

Mon intuition bien entendue est un intime et vivant appel à l'expérience. C'est aux choses qu'elle doit demander de *l'authentiquer*, de lui donner une *valeur d'humanité*[1].

Aussi bien, nous ne sommes pas seuls. D'autres êtres existent en dehors de nous, d'autres consciences aussi, pour lesquelles nous sommes *l'extérieur*. Et si notre intuition personnelle nous fait connaître avec certitude que nous n'en sommes pas indépendants, elle ne nous autorise en

---

[1] Ainsi le principe solide de *l'intuition vitale*, sur lequel nous nous sommes appuyés, *nous conduit à l'expérience et à la science, comme compléments de la conscience.* Elles ont un droit de contrôle, nécessaire, autorisé. L'évidence cartésienne ne se suffit pas. En appeler à elle uniquement, c'est « s'en tenir à un sentiment dont on ne rend pas raison, se fier à de simples états de l'esprit, sans autres garants qu'eux-mêmes. » Alors que « Descartes laisse la pensée dans un état antiméthodique, » et que « sa méthode substitue l'arbitraire à la science, » (RAVAISSON, p. 152, 153), *nous affirmons la nécessité du fait, de l'histoire, du social, au nom même de l'intuition.*

rien à nous croire supérieurs. Puisque notre Moi ne nous fournit point de commune mesure avec le dehors, et n'établit pas la loi de nos rapports mutuels, il nous faut donc nécessairement entrer en contact avec lui, pour nous préciser, nous contrôler, nous saisir dans notre substantielle réalité. Interroger les choses, c'est à la fois les rendre lumineuses et s'éclairer soi-même[1].

L'expérience, en effet, comporte une double révélation. Il en va d'elle comme de la cire et du cachet. Dès leur mutuel contact, que se passe-t-il? Le cachet, appuyant sur la cire, la pénètre selon son plus ou moins de fluidité. Mais tandis qu'il affirme sa puissance de pénétration, elle le déborde : plus il est pressant, plus elle s'affirme, plus elle échappe. Son dynamisme la rend à la fois capable de recevoir l'empreinte extérieure et de prouver son indépendance. Bien plus, si le cachet lui donne une valeur précise, concrète, humaine, en faisant d'elle un témoin des choses, elle reçoit parce qu'elle donne. La pression du cachet, qui la refoule, provoque de sa part une réaction vivante. Elle monte, elle pénètre le cachet lui-même ; à son tour et dans le même temps elle s'impose à lui. Le cachet donne à la cire une valeur probante, précise, *parce qu*'elle-même fouille tous ses détails, les met au jour, les concrétise. De telle façon que l'empreinte est à la fois révélatrice de la force inhérente à la cire, et des particularités que le cachet a précisées en elle, sans épuiser ce dynamisme. Si la cire n'avait pas eu assez d'étoffe pour recevoir la pression du cachet, l'authentique

---

[1] « L'action de l'esprit consiste, au fond, à retrouver partout, à exprimer de tout l'esprit, et par conséquent, alors même qu'il prend pour objet la nature, à acquérir, à l'occasion et par le moyen de la nature, une connaissance plus étendue de ce qu'il peut et de ce qu'il est lui-même, à entrer, *à l'aide même de ce qu'il rencontre de tout contraire à soi en apparence, dans une plus profonde et plus intime possession de soi.* » RENOUVIER, cité par RAVAISSON, p. 168.

était incomplet. La cire a sa valeur propre. Le contact du cachet lui donne une valeur de relation : il la socialise, mais il ne la crée pas. Que la cire se ferme, se durcisse, se montre peu réceptive : elle réduit à néant le cachet, sans rien perdre de sa plasticité radicale. Elle pourra servir à d'autres usages ; le cachet, sans elle, n'a presque plus de valeur : il ne se manifeste pas de façon durable ; on le voit, mais il ne devient pas *objet d'étude humaine, matière de science.* Parce qu'il n'est pas entré dans le commerce des hommes, il est, mais il n'authentique plus rien. Il ne parle pas. C'est une pièce de musée, morte. Il ne révèle pas quelle a été *sa qualité pratique,* son utilité. Ainsi isolé, il ne manifeste point s'il a servi à autoriser des actes de bonté, ou s'il a provoqué des crimes... Pour tout cela il lui faudrait le concours de la cire, inséparable elle-même d'un acte avec lequel elle fait corps. C'est dans l'action, dans le consensus, l'harmonie de la cire et du cachet, que la vérité se trouve. C'est un amour muet qui la rend sensible, qui l'humanise en la socialisant.

Ainsi dans l'expérience, l'intuition personnelle prend, si l'on peut dire, forme d'humanité : elle se précise et s'enrichit. Dès que j'ai reconnu en elle ce qui est proprement universel, je découvre du même coup ce dont il convient de faire état dans mes rapports avec toute conscience humaine. *Le dehors me devient intérieur.* Il y a entre lui et moi des avenues cachées où je puis m'engager toujours pour frapper à sa porte secrète, et y faire entendre un signal d'ami. Nous pouvons parler, s'il nous plaît, le même langage, certains d'éveiller un écho, ou tout au moins d'être compris.

Et en même temps, se burinant en quelque sorte dans la réalité, elle fait la preuve de sa vérité intime, de sa conformité à la loi même des êtres. Par la manière dont elle se comporte dans les faits et le détail des choses, elle montre qu'elle n'a rien de l'imagination vagabonde et futile, qui plie un instant à ses caprices intérieurs ses créations fantaisistes, mais qui n'a pas de prise sur le concret, et demeure incapable de le gouverner, de le mouvoir, de se l'assujettir. *L'expérience n'est que la face extérieure de la vie*, mais elle est comme l'ostensoir où celle-ci se montre, où chacun peut à loisir la contempler et s'assurer qu'elle est bien authentique.

*
* *

Fort bien, me dira-t-on, mais s'il vous est loisible de recevoir de vos semblables une révélation de leur intérieur, quelle expérience pouvez-vous instituer entre les choses proprement dites et votre conscience d'homme ?

Nous pouvons les écouter parler. Car elles sont pénétrées de pensée et s'expriment en un langage qui n'est pas hors de nos prises[1].

Que la nature inanimée soit chargée de pensée et en commerce avec la raison, l'existence même de la Science suffit à le prouver[2].

Les conquêtes scientifiques sont sans limites apparentes. Chaque jour nous en apporte une preuve nouvelle. Les inventeurs sont légion.

La science de l'homme s'étend à tout. Et il rêve toujours pour elle de nouvelles et plus profondes pénétrations de l'univers. Ne jugeons pas ces ambitions ; constatons des faits.

Or, que prouve donc d'abord cette expansion scientifique, ce contact *continuel* et *progressif* de l'esprit et des

---

[1] « On ne sort pas de soi, on ne devient pas la conscience d'un être étranger à soi. *S'il fallait sortir de l'esprit pour entrer dans la nature, elle nous serait à jamais fermée. Ce n'est qu'en nous étudiant nous-mêmes que nous pouvons oser quelques conjectures sur la vie universelle.* » Séailles. *Le Génie dans l'Art*, p. XII.

[2] « Le monde — la nature — est une pensée qui ne *se* pense point, suspendue à une pensée qui se pense. » Lachelier, dans Ravaisson, p. 90.

choses, où l'univers se rationalise de plus en plus, sinon que tout cet univers est intelligible. Car *la Science n'est rien d'autre que la formule des rapports de la raison et des choses*[1].

Et parce que la raison — cette pensée pratique de l'homme — vit en relations incessantes et intimes avec la nature ; parce qu'il ne saurait y avoir de rapports mutuels entre des êtres hétérogènes, la Science est la preuve visible de la communion existant entre la pensée de l'homme et la pensée des choses[2].

L'esprit gît et agit au fond de tout[3] ; mais le monde phy- est-il *pensée pure ?* Il en est qui le prétendent.

« La raison est la loi des choses aussi bien que de l'esprit. Le monde est rationnel dans ses moindres parties[4]. »

Toute la question est de savoir s'il n'est *que* raison, et si celle-ci suffit à rendre compte de l'être, — matériel ou vivant.

---

[1] « Newton disait : « Physique, garde-toi de la métaphysique ! » C'était dire, remarque quelque part Hegel : « Physique, préserve-toi de la pensée ! » Mais qui peut, et quelle science notamment, se passer de toute pensée ? Point de savant, point d'inventeur surtout, qui ne se serve à chaque instant, fût-ce à son insu, de ce principe, que, tout au fond, est intelligible, donc conforme à l'intelligence ; et les plus grands inventeurs sont ceux qui en ont fait le plus d'usage. » RAVAISSON, p. 257. — « Si les choses de l'art ont un *pourquoi*, il est de toute évidence que les choses de la nature doivent en avoir un également. ARISTOTE. *Physique*, l. II., c. VIII. — D'après Claude Bernard « il y a en tout de la proportion et de l'ordre, en d'autres termes il n'est rien sans raison. » RAVAISSON, p. 122.

[2] Voyez plus loin WURTZ, note p. 291. (*Tel est l'ordre dans la Nature*).

[3] « Tout dérive donc de l'idée qui seule dirige et crée ; les moyens de manifestation physico-chimiques sont communs à tous les phénomènes de la nature, et restent confondus pêle-mêle comme les lettres de l'alphabet dans une boîte où cette force va les chercher pour exprimer les pensées ou les mécanismes les plus divers. » RAVAISSON, p. 126.

[4] A. REY. *La Philosophie*, p. 66.

Oui, nous dit-on. « Le grand ressort du monde est la pensée[1]. » C'est encore trop peu. Le monde n'existe que par la pensée : « Tout ce qui n'est pas pensée est le pur néant. »

Ainsi donc « il n'y a de réalité qu'intellectuelle. » La vérité, c'est l'idéalisme radical[2].

Cette vue des choses est fragmentaire. Loin de nous la rendre acceptable, l'intuition nous engage fortement à la rejeter, car nous avons vu qu'en nous *la pensée n'existe pas à l'état d'isolement.*

Au reste, l'expérience extérieure elle-même contredit cette affirmation purement métaphysique. La Science qui nous révèle le monde comme intelligible nous le découvre aussi comme *mouvement*[3].

« *Alles ist im Werden.* Tout *devient* dans l'univers fini, dans le monde des corps comme dans celui des esprits. Tout est dans un mouvement perpétuel, tout change, tout passe ; rien n'est jamais stable et définitif. Tout marche, et rien n'arrive ; tout s'acquiert et s'établit, et rien n'est jamais établi ni acquis ; tout se forme, et rien n'est achevé ; tout désire ou regrette, et rien ne possède.

« On ne reçoit que pour rendre, on ne gagne que pour perdre ; ce que nous appelons possession n'est qu'une chimère et qu'un mot, puisque entre nos mains rien ne sé-

---

[1] Cf. Ravaisson, p. 102.

[2] « Le monde n'est pas quantitatif, comme la science l'imagine pour sa particulière commodité : il est qualité, qualité pure. La quantité que nous employons pour le mesurer n'est qu'un stratagème, une façon commune de l'envisager. Le temps et l'espace mathématiques sont des conventions... » P. Gaultier, *La Pensée contemporaine*, p. 51, 52.

[3] L'Évolution, dont nous aurons plus loin à nous occuper, p. 315, peut être acceptée provisoirement, sous bénéfice d'inventaire, comme *schema du mouvement.*

journée et tout s'écoule. Ce que nous saisissons nous échappe par cela même, et l'instant qui nous le donne nous l'enlève nécessairement à la fois. Le moment présent n'est qu'une fiction. Tout a été ou sera, mais n'est pas ; car ce que nous appelons présent, quelque imperceptible que nous le fassions, peut toujours se séparer en deux parts, appartenant l'une au passé, l'autre à l'avenir ; et toute parcelle du temps comme de l'espace est sans fin divisible. Ainsi nous avons beau poursuivre partout, autour de nous comme en nous, d'une poursuite pressante, infinie, désespérée, l'être des choses ; partout leur être s'évanouit et nous échappe, et leur devenir nous dépasse et nous emporte.

« C'est la loi des existences finies. Les découvertes et les progrès de la science nous montrent partout cette loi dans le monde visible comme dans le monde moral ; nous révèlent comme procédé de la vie, partout où elle pénètre, une chaîne non interrompue d'actions et de réactions, d'échanges, d'accroissements, de décadences, de pertes, et de renouvellements qui établissent une circulation perpétuelle et rapide entre tous les éléments.

« Ainsi se croisent dans l'espace les rayons de lumière et de chaleur que s'envoient et se rendent réciproquement les corps ; ainsi les gouttes de pluie qui tombent du ciel se réunissent en ruisseaux qui vont former les fleuves ; ces fleuves vont alimenter les océans, et en même temps les vapeurs invisibles qui sans cesse s'élèvent des océans, de la surface des fleuves et de chaque goutte d'eau qui les forme, retournent dans l'air amonceler les nuages d'où la pluie descend.

« C'est un cercle en mouvement, une roue dont un côté monte pendant que l'autre descend, et parce qu'il descend. Ainsi se fait la nourriture de tous les êtres créés ; les plantes se nourrissent d'éléments minéraux, les animaux se nourrissent de plantes ; les plantes renaissent à leur tour des éléments qu'elles avaient cédés aux animaux, et qu'elles retrouvent dans les débris qu'ils leur rendent. Chacun de ces principes nourriciers ne fait que passer dans la vie des êtres et ne s'y arrête pas. Le corps humain se transforme sans cesse, et ses moindres molécules se renouvellent si bien, qu'au bout de sept ans la matière de l'homme est toute neuve.

« Le mouvement s'opère donc et se continue là même où il ne tombe pas sous nos sens et où nous n'apercevons que le calme. Et heureusement que nous avons sous les yeux une apparence de repos, sans quoi nous serions saisis de vertige au milieu de ce tourbillon.

« La vie s'épuise et se renouvelle, c'est-à-dire se transmet et passe, et personne ne saurait dire où et quand le mouvement prend naissance. Les objets créés sont créés *en vie*, c'est-à-dire en mouvement, action, passage ; et qui comprend le sens des mots comprend que cette mobilité est inhérente à la nature même des choses créées, et qu'en disant chose créée, on dit chose qui passe et qui devient. Le retour des jours et des saisons, qui ne disparaissent que pour être ramenés, est pour nous une image sensible et palpable de ce qui se passe à tous les moments de la durée et dans tous les points de l'étendue ; dans l'immensité des espaces où notre esprit confondu se perd, comme dans le sein des organismes imperceptibles dont la petitesse échappe à nos sens, dans l'action violente et irrésistible de ces forces qui bouleversent le monde et en ébranlent les fondements, comme dans l'action lente et mystérieuse de ces forces qui modifient sans bruit toutes choses sous le calme et le repos apparent de leur surface[1]. »

Voilà donc que se confirme mon intuition vitale. *L'extérieur*, comme mon intérieur, m'apparaît *dynamique*. Le monde, comme mon Moi, est *en mouvement*. L'ensemble des

---

[1] A. Tonnelé. *Fragments*, p. 93, 95.

choses a l'air d'être construit sur un plan uniforme, sinon unique, dont nous saisissons en nous-mêmes une partie [1].

Ce n'est pas assez dire, affirment quelques-uns : le monde n'est *que du mouvement* [2].

« Si en effet, les derniers éléments des êtres sont les atomes, si les mouvements vitaux ne sont que les suites de combinaisons explosives, si la sensation à son tour n'est qu'une propriété nouvelle de combinaisons à la fois très complexes et très instables, — et il semble bien que ce soit

---

[1] « C'est à l'uniformité des conditions de l'être qu'il faut rapporter le sentiment d'analogie qui dirige toutes les opérations de notre entendement... Ce qui fut autrefois le rêve d'une imagination hardie — l'identité des rapports de l'ordre et des proportions dans les existences les plus diverses — apparaît aux yeux en même temps qu'à la pensée, avec l'évidence qui appartient aux sciences exactes. » Sophie Germain, citée dans Ravaisson, p. 67, 68.

[2] « Hors de nous, il n'est que des mouvements; et par conséquent de l'étendue diversement agitée, affirment à la suite de Descartes une multitude de savants. » P. Gaultier, *La Pensée contemporaine*, p. 39.

« Il n'est rien au monde que des corps bruts, que des machines plus ou moins compliquées, et le déterminisme universel est un universel mécanisme. » Ravaisson, p. 124.

« Ce qu'il y a de plus éternel dans cet univers, c'est peut-être l'action même, le mouvement, la vibration de l'atome et l'ondulation qui traverse le grand tout. » Guyau, *L'irréligion de l'avenir*, p. 412.

Le concept de mouvement a d'ailleurs bien changé, et se modifiera sans doute encore. De nos jours « le mécanisme universel n'implique pas qu'il n'y ait que géométrie dans la matière. » (A. Rey, *La Philosophie*, p. 65). — « Aussi le mécanisme tend-il maintenant à prendre la forme que l'on désigne sous le nom de théorie électronique. Les électrons sont les éléments derniers de toute réalité physique. » Ibid., p. 160.

En 1889, Bergson écrivait : « Certes, la théorie atomique de la matière reste à l'état d'hypothèse, et les explications *purement cinétiques* des phénomènes physiques paraissent perdre du terrain de jour en jour. »

Aujourd'hui, la nature apparaît de plus en plus pénétrée d'esprit, d'ordre, de force, et donc de volonté, d'amour.

là le résultat des sciences contemporaines, — l'atomisme peut-il donc ne pas triompher ? L'univers n'est qu'un vaste mécanisme où tout se ramène aux atomes et au mouvement. Rien ne se crée, rien ne se perd, tout évolue, tout se transforme, la quantité d'énergie, et par conséquent de matière demeure constante. Les activités humaines qui nous paraissent le plus libres et le plus indépendantes ne sont que des résultats, des chaînons intermédiaires de la suite nécessaire et continue des phénomènes. Nous sommes des rouages dans le mécanisme. Il ne saurait y avoir rien au-delà du monde atomique et matériel. Notre Moi n'est que le reflet d'une continuité chimique, et quand nous mourrons, nos atomes composants retourneront au grand tout pour former d'autres composés[1]. »

Ces affirmations sortent du domaine de la Science. Ceux qui les proposent sont des théoriciens[2]. Comme les partisans de la pensée pure, ils font de la métaphysique, et nous avons, au nom de notre réalité personnelle, le droit de nous inscrire en faux contre leurs inductions. En y regardant d'ailleurs de près, elles nous paraissent dictées par une préoccupation secrète : si tout est mouvement, une conclusion s'impose : il n'y a pas de substance, c'est-à-dire rien qui sous les phénomènes demeure permanent et stable. Et l'on résout de cette façon, par un *a priori* hardi[3], auquel nos person-

---

[1] Fonsegrive. *Les Livres et les Idées*, p. 296.

[2] On peut dire de tout mécanisme ce que Descartes dit de l'automatisme des animaux : ce n'est qu'une *hypothèse*, « parce que l'esprit humain ne peut pénétrer dans le cœur des bêtes pour savoir ce qui s'y passe. » Descartes. *Lettre à Th. Morus*, Ed. Cousin, t. x, p. 205.

[3] « Comment le collectionneur empirique de faits, qui croit seulement à ce que l'expérience vérifie, en vient-il à nous proposer *le dogme* de cette souveraineté (de la *nécessité*) ? Car c'en est un, quelque nom qu'il y donne ; *c'est une foi qu'il réclame de nous, l'expérience pure mettant sous nos yeux la succession, non le lien fatal des phénomènes*,

nellés certitudes, puisées au contact même de la réalité vivante, nous empêchent de souscrire, le problème, qui, dans tous les temps, a tourmenté le plus les philosophes purement intellectualistes[1].

« Car si l'atome est peut-être nécessaire pour comprendre

SALOMON. *Taine*, Bloud, p. 26. — Et A. Rey, lui-même, avoue qu'on « a abandonné le *dogmatisme un peu étroit* de l'ancien mécanisme et de l'ancien atomisme. » *La Philosophie*, p. 159.

Au fond, l'affirmation que tout est mouvement est une pure croyance. « Et bien que l'on puisse croire *encore* que *tout* s'expliquera *en fin de compte* par la figure et le mouvement... » (A. REY, p. 64). — De tels aveux sont arrachés par l'insuffisance évidente de l'explication mécaniste. Mais alors, pourquoi dogmatiser ? A une croyance nous avons le droit d'opposer une vivante certitude.

[1] « Si nous considérons les êtres de la nature, nous voyons que leur existence se manifeste pour nous, d'une part, par la *perception* que nous en avons, de l'autre par *les actions physiques* et mécaniques qu'ils exercent les uns sur les autres. Or, être perçu, exercer une action, ce n'est que la *manifestation* de l'être, ce n'est pas l'être lui-même. Pour que l'être soit véritablement, il faut qu'il y ait en lui quelque chose *d'intérieur*, un « en soi, an sich », qui soit *autre* que ses effets extérieurs. S'il n'y avait rien dans l'être, comment aurait-il quelque chose d'extérieur ? Comment ce qui ne serait rien en soi pourrait-il être perçu ?... Cet élément intérieur de l'être, *qui lui est essentiel pour être*, et qui en est en quelque sorte la base, est ce qu'on appelle « la substance ». La substance se distingue de « l'existence »... L'existence est l'apparition de la substance ; c'est l'être hors de soi, tandis que la substance est l'être en soi. La substance est « la cause de l'existence ». Elle est donc essentiellement active, elle est activité. Toute substance est cause, toute cause est substance : ce sont deux notions de même degré », SECRÉTAN, cité par JANET. *Revue des Deux-Mondes*, 15 avril 1877, p. 833.

Or, la causalité ne se saisit que du dedans, au sein même de l'intuition vivante. « Et tel est le type unique d'après lequel nous concevons hors de nous des causes... Etre, agir, vouloir, sous des noms différents, c'est une seule et même chose. » MAINE DE BIRAN, cité par RAVAISSON, p. 15.

« Aristote s'aperçut que *tout ce qui est* tient son être et son unité d'un mouvement et comme d'une vie qui lie toutes les parties, en les pénétrant dans toute leur profondeur. » *Ibid.*, p. 2.

la constitution des composés, l'unité est non moins nécessaire pour comprendre la réunion des atomes composants. Or l'unité n'existe que dans la pensée. Penser, c'est unir, et unir, c'est faire que deux ou plusieurs soient un. Or rien n'existe, pas même le plus humble corps chimique, sans unité ; l'atome composant ne saurait expliquer pourquoi il s'unit à d'autres dans les composés, et la partie enfin ne saurait expliquer comment elle sert à faire un tout. Si la philosophie atomistique a pu avec les atomes reconstituer l'unité dans l'esprit de l'homme et dans l'univers, ce ne peut être qu'en y introduisant la pensée comme par une sorte de contrebande¹. Il ne faut donc plus dire qu'il n'y a partout que des atomes et de la matière, il faut dire au contraire qu'il y a partout de la pensée, et, conséquemment, de l'âme. La philosophie de la nature est donc incomplète sans une philosophie de l'esprit². »

Le monde est en mouvement : voilà tout ce que la Science peut et doit affirmer. De quelle nature est ce mouvement ? Elle n'en sait rien, car elle n'a en son pouvoir aucun moyen d'interprétation³. Affirmer le mécanisme universel n'est pas

---

[1] « Le mouvement dont parle la science n'est pas un mouvement qui se produit, mais *un mouvement que l'on pense* ; c'est un rapport entre des rapports. On admet... qu'il y a dans l'espace des simultanéités seulement... ». BERGSON. *Données*, p. 157. — Il ne peut donc donner la notion du mouvement concret, réel, dynamique, « *qui est un fait de conscience* ».

« On a pu dire qu'autant nous ignorons de la nature, autant nous ignorons de l'âme. Mais il est vrai aussi, et d'une vérité supérieure, que le sensible ne s'entend que par l'intelligible, que la nature ne s'explique que par l'âme. » RAVAISSON, p. 256.

[2] FONSEGRIVE. *Loc. cit.* p. 296-297.

[3] « Indépendamment des différentes lois de mouvement, l'idée seule du mouvement en général implique quelque autre chose que ce qu'il offre de matériel et d'externe. » RAVAISSON, p. 249.

Nous ne pouvons même comprendre l'*existence* de ce mouvement que par réflexion sur nous-mêmes. Cf. LOCKE, dans JANET, SÉAILLES. *Phi-*

autre chose qu'un aveu d'ignorance[1]. On le décore d'un beau nom, voilà tout. Et sans doute, il n'y a pas lieu de s'en étonner, car le mouvement, vu du dehors, sera toujours mécanique; mais il convient aussi de n'en être pas dupe[2]. C'est

---

losophie, p. 105. — « Sous ces conditions extérieures d'existence (temps, espace), le phénomène est un changement ou mouvement; le mouvement exige, pour l'explication de ce que sa multiplicité a d'un, cependant, quelque chose de simple dont il procède; chose imparfaite et qui est comme en voie d'être, il implique un principe qui lui fournisse, à chaque instant de son progrès, ce qu'il acquiert, et qui, par conséquent, soit en acte ce qu'il devient. Ce principe d'où le mouvement émane comme de sa source, ce fonds et cette substance nécessaires du mouvement, c'est la tendance ou effort; l'effort, qui n'est pas, comme le mouvement par lequel il se manifeste, un objet des sens et de l'imagination, mais que nous fait seule connaître, dans le type unique de la volonté, notre plus intime conscience. » RAVAISSON, p. 239.

[1] « La science a dépouillé peu à peu la matière des attributs dont on l'avait revêtue. Tous ces attributs, pesanteur, cohésion, attraction, répulsion, affinité, elle les a réduits à *deux formes du mouvement*. Ce mouvement, d'où qu'il vienne d'ailleurs, *ce n'est pas la matière*, pas même la plus subtile, *qui se l'imprime à elle-même, car elle est inerte.* » CH. LEVÊQUE. *Revue des Deux-Mondes*, 15 juillet 1876, p. 319. Alors d'où vient-il ? qu'on nous le dise.

[2] Le mécanisme matérialiste est inacceptable au même titre que l'idéalisme pur. « Le matérialisme, en s'imaginant arriver par voie de simplification analytique de l'accidentel à l'essentiel, ne fait que tout réduire aux conditions les plus générales et les plus élémentaires de l'existence physique, qui sont le minimum de la réalité. L'idéalisme, en voulant arriver, par la généralisation, qui élimine comme accidentels les caractères spécifiques et différentiels, à ce qu'il y a de plus élevé dans l'ordre intelligible et à l'idéal de la perfection, ne fait que tout réduire, par une marche contraire à celle qu'il a cru suivre, aux conditions logiques les plus élémentaires, qui sont le minimum de la perfection et de l'intelligibilité. C'est que l'idéalisme ne s'est pas placé, non plus que le matérialisme, au seul point de vue d'où l'on reconnaît ce que c'est que l'accidentel qu'il faut retrancher ou négliger, ce qui est œuvre d'analyse, pour arriver, par voie véritablement synthétique, à l'essentiel; point de vue qui est celui où l'on aperçoit directement et comme en plein l'essentiel, savoir le point de vue de la conscience

du dedans seul que peut venir la lumière ; l'intérieur est seul juge de la qualité du geste, de sa signification, de sa valeur.

Et parce que les choses ne parlent que ce langage, à la fois expressif et muet, la Science pure, — c'est-à-dire la raison pratique — n'en aura jamais l'intelligence. Elle constate sans pouvoir traduire. Il n'appartient qu'au Moi et à l'intuition d'en tenter une explication véritable[1].

Seule en effet, elle possède un *principe d'interprétation* du

---

de cet absolu de l'activité intérieure, où coïncident, où ne font qu'un la réalité et la perfection. » RAVAISSON, p. 243.

Entre ces deux extrêmes il y a place pour ce qu'on pourrait appeler, ce semble, « un réalisme ou positivisme spiritualiste », une *métaphysique expérimentale*. Cf. RAVAISSON, p. 258, et BENDA. *Cahiers de la Quinzaine, Bergson*, p. 26.

[1] Nous avons le droit de prendre la conscience comme norme dernière, s'il est vrai que : « en ramenant tous les phénomènes au mouvement, la science par ce procédé les ramène au temps, à la durée, *à la conscience.* » E. DE ROBERTY. *La Recherche de l'unité.* Alcan, 1893, p. 39. « Rien ne peut être compris qu'en fonction de l'activité psychique, j'ajouterais volontiers de la conscience. Comment pourrait-il en aller autrement ? Nous ne concevons, nous ne percevons rien qui ne soit psychologique. La vie consciente est la seule chose dont nous soyons sûrs ; nous ne connaissons les autres qu'en fonction d'elle, en relation avec elle, en elle, par des sensations ou des images. Il est impossible d'imaginer quoi que ce soit de totalement étranger. Soutenir le contraire est affirmer l'incompréhensible. » P. GAULTIER. *La Pensée Contemporaine*, p. 47, 48.

Nous raisonnons *par analogie*. Pour Renouvier, ce serait un devoir, un besoin. D'après lui, nous ne pouvons nous représenter la nature que sous les conditions de l'esprit, du Moi : « L'âme retrouve partout l'âme, au moins dans des ébauches, et ne peut rien concevoir sinon de conforme au type qu'elle porte et qu'elle aperçoit en elle-même. » RAVAISSON, p. 107.

« Quand je cherchai les dernières raisons du mécanisme et des lois même du mouvement, je fus tout surpris de voir qu'il était impossible de les trouver dans les mathématiques... Je trouvai donc que leur nature (des monades) consiste dans la force... et qu'ainsi *il fallait les concevoir à l'imitation de la notion que nous avons des âmes.* » LEIBNITZ. Cité dans JANET, SÉAILLES. *Philosophie*, p. 101.

monde. Le mouvement qui porte, de l'intérieur, le Moi vers les choses, nous est apparu comme un geste d'amour à la fois plein de désir et d'accueil.

L'harmonie que j'ai constatée, du dedans, entre la nature et moi, me semble ne pouvoir provenir que de l'interpénétration mutuelle de nos êtres. Et parce que, de mon côté, elle n'a rien d'une juxtaposition, mais qu'elle est vivante et non point spatiale, n'en puis-je point, légitimement et comme nécessairement, conclure que l'attitude du monde à mon endroit ne pouvant être essentiellement différente, le mouvement qui le porte vers moi doit être aussi un geste d'amour ?

Et voilà qu'à la lumière de l'expérience personnelle, *l'amour m'apparaît comme la loi même de l'être*[1]. Il y a au fond de tout comme un appel incessant de chaque individu vers « un autre », comme un désir ardent qui le pousse à

---

[1] « Il y a plus, et indépendamment des différentes lois de mouvement, l'idée seule du mouvement en général implique quelque autre chose que ce qu'il offre de matériel et d'externe. Leibnitz a montré qu'on ne saurait assigner en quoi un corps en mouvement diffère, dans chacun des lieux qu'il occupe, de ce qu'il est au repos, si l'on n'ajoute qu'en chaque lieu qu'il occupe il tend à passer en un autre. Tout mouvement, au fond, est donc une tendance. La tendance est ce qu'il y a de réel dans le mouvement ; tout le reste n'est que rapports,... Le mécanisme même a un principe qui doit être cherché hors de la matière, et que la métaphysique seule fait connaître. » Ravaisson, p. 250. — On peut donc dire avec Mgr d'Hulst : « Je ne nie point le règne de la nécessité ; mais au-dessus de cette loi inflexible, j'aperçois une loi d'amour qui règne dans un domaine supérieur et plie la nécessité elle-même à ses desseins. » (*Œuvres*, t. v, p. 58.) — « L'amour, qui meut aussi le soleil et les autres étoiles. » Le Dante. *Paradis perdu, in fine*.

L'univers est donc à la fois quantité et qualité. Mais loin que ce qui est quantitatif « conditionne et soutienne la qualité, il ne subsiste que par elle. » (P. Gaultier, *La Pensée Contemporaine*, p. 52). — « Il y a une réalité indépendante de nous, une réalité qualitative (nous disons : *et* quantitative) avec laquelle nous sommes directement en relation et que nous ne pouvons pleinement concevoir que sur le modèle de notre propre activité psychique. »

se donner et à s'unir[1]. *Vivre, c'est aspirer à l'harmonie*, c'est, pour chaque être, réaliser dans sa sphère la concorde, l'équilibre et la paix[2] !

« Vous faites un beau rêve, nous objecte-t-on aussitôt. Mais quel démenti brutal lui donne donc la réalité !.. Ouvrez les yeux : *vivre, c'est lutter !*... la lutte est universelle ; l'égoïsme est l'unique loi. »

Ces théories ont surtout de nos jours trouvé faveur[3]. Sous l'empire de quelles préoccupations philosophiques et so-

---

[1] Dans l'univers physique, *tout est attraction* (NEWTON). Mais *puisque la vie est,* tout est aussi concordat, union, collaboration. L'attraction est vie supérieure, grâce qui vient d'en haut, mais aussi *service* par *sympathie*, car les *lois de la causalité*, que notre science découvre, montrent qu'il existe entre les êtres un *service mutuel*. On peut donc dire avec Guyau que « les mondes se sont mis en voyage autour du firmament, mûs par une irrésistible inclination amoureuse. »

[2] « L'univers marche sans cesse, et du mouvement le plus libre, vers un ordre de plus en plus complet », LEIBNITZ, dans RAVAISSON, p. 41.

« L'harmonie des choses n'est pas invariable, *immobile* ; tout dans ce monde change nécessairement et *tend*, en changeant, à passer du pire au meilleur, de la confusion à l'ordre, et d'un ordre à un ordre supérieur. Le monde est en progrès, en progrès perpétuel. » RAVAISSON, p. 116.

[3] Cf. LE DANTEC, *l'Egoïsme* ; ESTÈVE, *l'Impérialisme*, etc.

Avant eux J. DE MAISTRE avait soutenu, avec un enthousiasme passionné, que le carnage est dans le monde une loi universelle (*Soirées de Saint-Pétersbourg*, 7e *entretien*). Sans doute « chaque chose veut avoir sa place et remplir l'espace autant que sa puissance d'expansion le comporte. » (G. SAND, dans ESTÈVE, p. 1-2). Mais où prend-on le droit, en s'appuyant sur « *des présomptions* psychologiques », d'établir comme *un postulat* cette formule : « L'être se pose avant tout comme désir du pouvoir » ? (ESTÈVE, p. 24). Il est plus vrai qu'il nous apparaît, du dedans, comme un *amour dynamique et créateur*.

L'on affirme encore que l'être doué de vie est sans cesse contraint, pour survivre et durer, de « *s'adapter* au milieu, presque toujours *antagoniste* » et que « s'adapter ne diffère donc guère pratiquement de vaincre. » (LE DANTEC, dans ESTÈVE, p. 26, 27). Mais l'antagonisme résulte du fait de la coexistence de deux vies, qui ne cherchent pas la loi de communion vivante d'où, par collaboration, la vie doit sortir

ciales, nous n'avons pas à le rechercher ici. Car peu importe d'ailleurs, si elles répondent à la réalité des choses.

Mais parce que l'on appuie ces thèses sur l'observation des êtres inférieurs, pour ensuite en tirer des conclusions générales et qui s'appliquent à l'universalité des êtres et particulièrement à l'homme, l'on use en vérité d'un procédé trop commode, et dont l'allure scientifique ne doit point par ailleurs nous faire illusion [1]. Les faits qu'on nous expose sont acquis, contrôlés, certains : soit. Mais la théo-

---

plus grande. Vaincre, en soi, c'est diminuer la vie ! L'adaptation se peut faire autrement que par la lutte ; elle *doit* se faire par l'amour, si l'on a le souci d'une vie plus pleine.

« Les corps ne reçoivent des autres corps que des limites ou des déterminations de leur tendance, » affirme Leibnitz. (RAVAISSON, p. 250). Rien de plus normal dès lors que nous vivons socialement, en groupe, en conctact avec d'autres êtres. Mais en quoi cela implique-t-il fatalement lutte ou destruction ! Surtout, dès lors qu'il s'agit de l'homme.

« *Tout essor conscient* vers la suprématie *doit* réaliser intégration autant qu'adaptation et subordination, c'est-à-dire *harmonie dans la hiérarchie* des puissances. » (ESTÈVE, p. 50). Voilà le vrai. Mais une telle attitude implique amour. Plus celui-ci est grand, plus il confère de suprématie. Amour et puissance d'être sont synonymes. Et au sommet de la Puissance sera l'Amour supérieur.

Lors donc qu'on entend nous prouver que la lutte est *la loi du monde universel*, parce que « dès qu'une branche est coupée, une autre prend sa place », ou qu'on nous affirme que la monère qui s'étend vers la nourriture à sa portée accomplit un geste de proie, prototype de tous les autres (ESTÈVE, p. 10, 19, 20), l'on substitue décidément trop la fantaisie à la Science. Et la devise chère aux héros d'Annunzio, « détruire pour posséder » (ESTÈVE, p. 36, note 2), est la négation même de l'humanité. Nous dirons, avec A. Comte, de ces théories ingénieuses, mais trop paradoxales : « En présence des êtres organisés, on s'aperçoit que le détail des phénomènes, quelque explication plus ou moins suffisante qu'on en donne, n'est ni le tout, ni même le principal ; que le principal, et l'on pourrait presque dire le tout, c'est l'ensemble dans l'espace, le progrès dans le temps, et qu'expliquer un être vivant, ce serait montrer la raison de cet ensemble et de ce progrès, qui est la vie même. » RAVAISSON, p. 76.

[1] Cf. FIESSINGER. *Erreurs sociales*, p. 28.

rie que l'on essaye de construire sur ce fondement solide est branlante, parce qu'elle est plus vaste que lui. Elle le déborde de toutes parts et ne s'y appuie point.

Pour expliquer, nécessairement, l'on interprète. *Le pourquoi* des choses n'est pas donné dans l'expérience d'où l'on prétend le faire sortir. C'est du surajouté. Parce que le système qu'on nous propose est une *conception purement rationnelle* des êtres, il ne peut d'aucune façon prétendre à s'imposer.

Le point de vue extrinsèque est incomplet. Du moment qu'il n'est capable de fournir qu'une interprétation superficielle et fragmentaire de la réalité, il a le devoir de se reconnaître inférieur à l'explication *vivante*, à celle qui apparaît dans l'exercice de la vie, et du dedans. Entre la certitude qui monte de ma vie intérieure et la conjecture qui m'est proposée comme l'aboutissant d'une démarche exclusivement intellectuelle, mon choix s'impose. Et je réponds que, sous prétexte d'expliquer la vie, on la mutile, et que l'ayant ainsi divisée — et donc aussi déformée, il est impossible d'en trouver *la loi*.

Le fond de l'être est amour. Ce qui apparaît lutte, c'est l'expérience, parce qu'elle est comme nous l'avons vu, adaptation continuelle et mutuelle des êtres : on n'y peut donc découvrir autre chose ! La lutte est l'envers de la vie ; la mort, l'envers de l'amour[1].

---

[1] Cf. E. BERTH. *Méfaits des intellectuels*, p. 68. — J. BRETON, *La Peinture*, p. 48. — « Tout être animé lutte pour maintenir intact l'agrégat qui le constitue. S'il s'adapte à son milieu — et il le faut bien — il ne concède que le minimum... Si bien qu'on a pu définir la vie « une adaptation négative, antagoniste aux actions du dehors. » (SALOMON, *Taine*, p. 49). — Mais ce dehors suppose *le dedans* vivant de l'être, qui, lui, est tout harmonie et beauté. Ainsi en va-t-il dans la tapisserie : on n'en voit que l'envers, le résidu des fils de laine, qui n'a rien que de chaotique et de disgracieux : l'endroit, au contraire est artistique,

Aussi bien la thèse qu'on nous présente, inacceptable *en droit*, l'est encore *en fait*. Car tout proteste contre la théorie de l'égoïsme radical.

Si la loi de ce monde est destruction foncière, expliquez-nous comment il dure !.. Si tout est lutte, acharnement meurtrier, qu'on nous dise pourquoi la vie se maintient, s'épanouit partout ; pourquoi les faibles, les petits, les humbles sont partout la majorité immense¹!... Si l'égoïsme est le maître, et s'il n'a pas de supérieur, qui le contienne, le limite, et perpétuant la vie malgré lui, l'oblige à se tenir en marge de ses créations incessantes, alors l'univers est bâti sur la contradiction pure. *Il est inintelligible.* Apprenez-nous alors pourquoi et comment vous le pouvez comprendre ?... *Votre Science même vous condamne*, car elle est harmonie de votre raison et de la raison vivant au sein des choses²!

---

ordonné, et c'est lui qu'il faut regarder, si l'on veut juger de la valeur de l'œuvre.

« Se révolter ou s'adapter, il n'y a guère d'autre choix dans la vie. » Le Bon. *Aphorismes*, p. 123. — « S'adapter, même aux préjugés régnants, n'est donc pas renoncer. » Estève. *Impérialisme*, p. 43. Cela est vrai même dans les choses physiques, où l'élément inférieur se modifie, se transforme, au profit du supérieur, en lequel il se retrouve lui-même agrandi. Qu'on lise en effet cette définition de *l'alimentation* : « L'introduction dans les voies digestives, de substances dont *la décomposition* par les sucs de l'organisme amènera *la mise en liberté* de principes nutritifs, destinés à remplacer les matériaux usés et à entretenir la constitution histologique et chimique des tissus. » Dr Reille. *Tableaux synoptiques d'hygiène*, J. B. Baillière, p. 96.

¹ Cf. Brunetière. *Doctrine évolutive*, p. 51. — « L'inégalité dans l'évolution aux temps primaires est évidente, et ne confirme pas l'idée d'une lutte pour la vie. La paléontologie montre que le contraire a pu avoir lieu. Plusieurs êtres, parmi les plus forts, furent des rois de passage, tandis que les plus petits survivent. La force de longévité des êtres inférieurs réside en partie dans leur faiblesse. » Duilhé. *Apologie*, p. 288.

² « On n'aurait qu'une idée étroite et insuffisante de la puissance créatrice en la montrant sans cesse *asservie à l'action* et en refusant de reconnaître dans ses œuvres l'expression d'un idéal de beauté

Puis, au lieu de regarder en bas, au dernier degré de l'échelle des êtres, regardez tout en haut. L'attitude n'est pas moins légitime. Peut-être nous accordera-t-on qu'elle est même plus rationnelle, dès lors qu'il s'agit de porter un jugement sur les hommes !... N'entendez-vous pas que le genre humain proteste par sa vie même et ses meilleurs représentants ? Qu'y trouvez-vous autre chose en effet qu'aspiration constante vers la bonté et vers l'amour ; qu'admiration pour le sacrifice, le don de soi[1]!... Et n'y voyez-vous pas aussi que tout ce qui se crée, tout ce qui dure, familles, patries, sociétés, a pour fondement solide et unique *le dévoûment*, au sens plein du terme !

Aussi bien, *même en étudiant les êtres de l'extérieur*, mais

---

souvent incompréhensible à l'homme, mais quelquefois en harmonie visible avec nos instincts esthétiques. » A. LAUGEL, *Revue des Deux-Mondes*, 1er mars 1868, p. 143.

« Nous pressentons, nous affirmons *à priori*, que le cosmos est intelligible, c'est-à-dire que ses phénomènes sont de nature à être ramenés à une unité rationnelle. N'est-ce pas au moins un fait singulier que cette sorte d'accord préexistant entre notre constitution intellectuelle et la constitution rationnelle du monde, entre notre esprit et la nature ? » CARO. Dans RAVAISSON, p. 142.

« C'est un fait que dans la nature la régularité est dominante. Suspendez aux deux extrémités d'une solive deux pendules battant différemment : après quelque temps ils sont d'accord. Agitez l'eau à l'entrée d'un tuyau : à quelque distance toutes les ondes sont égales. Or où il y a régularité, constance, ordre, il y a sans doute une raison qui est une loi ; car si c'était hasard, ce serait un hasard prodigieux et incroyable. » COURNOT, *Ibid.*, p. 207.

[1] L'on retrouve d'ailleurs ces vertus au sein des peuplades les plus déshéritées, ainsi que l'attestent les missionnaires, et on les voit fleurir, vivaces, jusque dans les sociétés les plus décadentes.

Dans l'exemple même que l'on nous donne *de la branche qui remplace l'autre* aussitôt qu'elle a été coupée, pourquoi veut-on voir là, absolument, « un désir de conquête » ? N'y aurait-il pas lieu d'y reconnaître une *suppléance*, un *dévoûment* analogue au geste du camarade qui relève le drapeau et le tient droit, alors que celui qui le portait d'abord s'est affaissé, frappé à mort ? Ce serait aussi légitime et plus noble.

en établissant son centre d'observation au cœur même de l'humanité, et non plus à l'étage inférieur des espèces vivantes, le savant arrive à des conclusions moins paradoxales, à des affirmations moins négatives. « Nous voyons surgir à
« toute époque, dès la plus haute antiquité — écrit Tarde —
« des visionnaires héroïques qui s'immolent à leur pressen-
« timent trouble et troublant de l'avenir. D'où ont donc pu
« venir à ces faibles créatures isolées, perdues dans un
« monde d'inimitiés, ce profond sentiment de sympathie hu-
« maine, ce besoin ardent de découvrir la justice si elle
« existe, et de la faire si elle n'est pas ? Ces ardeurs ont leur
« source physiologique, je le sais bien, pathologique si l'on
« veut, vivante en tout cas ; *mais qu'est-ce que cela prouve,*
« *sinon que la Vie en son fond et en dépit de sa surface*
« *égoïste, injuste, meurtrière, n'est point peut-être aussi*
« *aveugle, aussi indifférente qu'elle en a l'air au bien et au*
« *mal ? Qui sait s'il n'y a pas au cœur des choses de la bonté,*
« *et non pas seulement de la raison*[1] ?

Il nous faut cependant aller plus loin encore que ce « peut-être », et affirmer que s'autoriser de la Science pour éliminer l'amour devient de plus en plus un contresens[2].

Car s'il fut un temps où les théories purement mécanistes furent *exclusivement* en honneur, il en vient un autre où leur crédit semble bien diminué. Ainsi en va-t-il des idoles du monde. Plus ses adorations sont passionnées et exclu-

---

[1] G. Tarde. *La logique sociale*, Alcan, 1895, p. 2.

[2] Et même pour les mécanistes ! « Pour d'autres un hasard qui ressemble, à s'y méprendre, à la Providence, par les lois d'un mécanisme aveugle, conduit l'évolution cosmique de l'affinité à la vie, de la vie à la conscience, de la conscience individuelle à la conscience collective, et, de plus en plus, en dépit que nous en ayons, accordant les intérêts contraires, prépare *le règne de la paix et de l'amour.* » Séailles, cité par P. Bureau. *La crise morale*, p. 393.

sives, plus elles présagent des lendemains de délaissement triste et désolé.

Ceux mêmes qui étaient le plus opposés autrefois à l'idée d'un terme, d'un but, *cherché* par les choses, n'osent plus étaler une pareille intransigeance. Insensiblement, la *finalité* s'impose à tous[1]. Et peu importe quelle nature, quelles qualités on lui attribue. Il suffit qu'elle se révèle comme nécessaire. Car *la finalité* — toute finalité, est un *amour immanent*[2].

Parti d'en bas, il va, cet amour, d'un mouvement ascensionnel et ininterrompu[3]. Tout se lie dans l'univers, tout

---

[1] « Sans doute toute cette série mécanique a une signification plus que superficielle, elle est indicatrice de l'évolution des choses qui elle-même n'est pas un développement quelconque, mais ou un progrès, ou une marche rythmée ; en sorte que le déterminisme scientifique ramène malgré tout dans le monde, avec une puissance ultime ou cause déterminante active, pour donner le branle à tout, sans quoi rien, ce semble, ne serait une idée directrice de tout le mouvement, sans quoi rien ne serait vraiment intelligible et n'aurait, à nos yeux, de véritable intérêt. » OLLÉ-LAPRUNE. *La Philosophie*, p. 90.

Renouvier en arrive à ces « assertions qui dépassent ce qu'on devait attendre des principes d'où étaient parties ses recherches », que : « tous les êtres ont *évidemment* une destinée, qu'une *loi générale de finalité* est une partie *essentielle* de l'ordre du monde. » RAVAISSON, p. 110.

« La thermodynamique autorise à penser que l'univers marche fatalement *dans un sens déterminé*, les énergies utilisables s'usant incessamment. » PICARD. *Introduction aux Rapports du Jury international* (Exposition de 1900), p. 31.

« Mécanisme et finalité, loin d'être en contradiction absolue, se supposent dès qu'on admet que mouvement implique direction, et que la direction *seule* permet *d'entendre* et de *prévoir* les phases du mouvement. » JANET, SÉAILLES. *Philosophie*, p. 60.

[2] « Tendre à une fin, au fond c'est *la vouloir*. » RAVAISSON, p. 236. « Si pour expliquer la finalité de la nature on n'admet pas d'autre principe que son mécanisme, *on ne peut pas demander pourquoi* existent les choses qui sont dans le monde. » KANT, cité dans CHARLES. *Lectures Philosophiques*, II, p. 78.

[3] On a voulu lui opposer l'imperfection du monde. Or cette imperfection est *nécessaire à la pratique*, et de ce point de vue elle apparaît

s'enchaîne, et tout se conditionne aussi. Et il arrive jusqu'à l'homme[1].

Le pouls vital intérieur perçu dans mon intuition m'apparaît alors comme *l'appel de la nature* à continuer sa marche. On dirait qu'elle m'invite à intégrer toute sa vie puissante, à me charger d'elle en quelque sorte, à devenir son guide dans une nouvelle ascension. Bien plus, elle me pousse. Cet amour qui l'anime, la soulève, la porte jusqu'à moi, m'oblige à me mouvoir à mon tour. Que je veuille ou non, je suis inséré dans la chaîne d'amour, je suis entraîné : il faut que j'aille.

Or, le mouvement est inséparable du devenir. Quoi d'étonnant dès lors que je me semble à moi-même dans une foncière *instabilité* ? Je suis, essentiellement, « ondoyant et divers[2] ».

---

comme un bien, un *meilleur*. « D'où l'on peut donc légitimement conclure que tout désordre apparent n'est au fond qu'un ordre caché. L'histoire de la science humaine nous invite à le croire... tous les progrès de la science sont autant de triomphes pour la finalité. » Vallet, *Le Kantisme*, pp. 235-237.

[1] « Entre les créatures qui nous sont connaissables par la lumière naturelle la plus parfaite, celle qui *domine* et *résume* la création, c'est l'homme. » A. de Margerie. *Taine*, p. 20.

[2] « Misérable cœur ! qui souffre cruellement du changement et du passage des choses, et qui ne saurait vivre sans changer et sans souhaiter de passer d'une chose à l'autre. Il souhaite retenir, et il souhaite échanger. Il souhaite demeurer, et il souhaite avancer. C'est ce sentiment qui fait demander à Faust, dans sa magnifique invocation, un coucher de soleil perpétuel et non pas un midi perpétuel. Et quelle est la source de cette contradiction de notre nature, sinon qu'aucun des biens que nous poursuivons ici n'est digne ni capable de combler nos besoins infinis, et qu'à la longue ils ne peuvent plus les satisfaire, mais s'usent et éveillent le dégoût ? Nous désirons rester et garder, parce que nous sentons que nous sommes faits pour l'immuable et le permanent ; nous désirons changer et avancer, parce que nous éprouvons que rien de ce que nous possédons et rien de ce que nous atteignons ici n'est encore le lieu immuable de notre repos. C'est le mot de l'énigme que tous sentent au fond d'eux, et que si peu s'expliquent. » A. Tonnelé. *Fragments*, p. 340, 341.

Et si je comprends désormais plus parfaitement les paroles des moralistes qui révèlent comme à plaisir l'impossibilité pour l'homme de se jamais fixer, j'en suis toutefois moins étonné et moins ému[1]. Ce dynamisme intérieur m'apparaît en effet comme la condition même de ma vie[2].

---

[1] « Qui fait la mobilité de l'homme ? C'est sa recherche de l'absolu. Ses passions l'y poussent comme sa raison. En sorte que l'homme n'est variable que dans le but de ne l'être plus : haut attrait du stable et de l'immuable, anxiété et mobilité sublimes, qui n'auront de plus sublime que le repos dans les lois nécessaires trouvées et certifiées. » STRADA, cité par RAVAISSON, p. 151.

[2] « Ne croyez pas que les misères de la vie aient seules le privilège de tourner notre esprit vers ce problème de notre destinée ; il sort de nos félicités comme de nos infortunes, parce que notre nature n'est pas moins trompée dans les unes que dans les autres. Dans le premier moment de la satisfaction de nos désirs, nous avons eu la présomption, ou pour mieux dire l'innocence, de nous croire heureux. Mais si ce bonheur dure, bientôt ce qu'il avait d'abord de charmant se flétrit ; et là où vous aviez cru sentir une satisfaction complète, vous n'éprouvez plus qu'une satisfaction moindre, à laquelle succède une satisfaction moindre encore, qui s'épuise peu à peu et vient s'éteindre dans l'ennui et le dégoût. Tel est le dénoûment inévitable de tout bonheur humain ; telle est la loi fatale à laquelle aucun d'eux ne saurait se dérober. Que si, dans le moment du triomphe d'une passion, vous avez la bonne fortune d'être saisi par une autre, alors emporté par cette passion nouvelle, vous échappez, il est vrai, au désenchantement de la première ; et c'est ainsi que dans une existence très remplie et très agitée, vous pouvez vivre assez longtemps avec le bonheur de ce monde avant d'en connaître la vanité. Mais le moment vient où cette impétueuse inconstance dans la poursuite du bonheur, qui vient de la variété et de l'indécision de nos désirs se fixe enfin, et où notre nature, ramassant, pour ainsi dire, et concentrant dans une seule passion tout le besoin de bonheur qui est en elle, voit ce bonheur, l'aime, le désire dans une chose qui est là, et à laquelle elle aspire de toutes les forces qui sont en elles. Alors, quelle que soit cette passion, arrive inévitablement l'amère expérience que le hasard avait différée, car, à peine obtenu, ce bonheur si ardemment désiré effraye l'âme de son insuffisance ; en vain elle s'épuise à y chercher ce qu'elle avait rêvé ; cette recherche même le flétrit et le décolore ; ce qu'il paraissait, il ne l'est point ; ce qu'il promettait, il ne le tient pas ; tout

Terme conscient d'un amour ascensionnel, je suis un mouvement vivant et continu. Le « vanitas vanitatum » est la formule exacte de ce besoin de vie liée, une, et supérieure, qui travaille toute conscience, et qui est universel.

De ce besoin même surgit le problème humain. Il est en quelque manière la question pressante qui sort des entrailles de l'être, de mon être. *Je suis une voix, un appel, une aspiration.*

Il *doit* y avoir *un autre*. La conviction qui est en moi vitale, impliquée dans mon existence, c'est que *par delà ma personne il y a quelqu'un, distinct de moi, différent des choses.*

Quel est-il? Puis-je l'atteindre, le connaître, me lier à lui, comme je fais pour l'univers?

Ce n'est pas assez dire ; j'ai le droit d'affirmer davantage. Ma vie n'est pas un mouvement local, comme le va-et-vient plus ou moins rapide d'un balancier, ou le déplacement, toujours sensiblement identique à lui-même — jusque dans sa plus grande vitesse — d'un coureur sur une piste... Ma vie déborde le temps, l'espace ; ni le présent ne la limite, ni le lieu ne la peut renfermer. *Sans discontinuer, je me dépasse.* D'où vient que mon dynamisme ne s'exprime jamais tout entier dans mon action, ma pensée, mon vouloir?

---

le bonheur que la vie pouvait donner est venu, et le désir du bonheur n'est point éteint. Le bonheur est donc une ombre, la vie une déception, nos désirs un piège trompeur. Il n'y a rien à répondre à une telle démonstration : elle est plus décisive que celle du malheur même ; car dans le malheur vous pouvez encore vous faire illusion, et en accumulant votre mauvaise fortune, absoudre la nature des choses ; tandis qu'ici c'est la nature même des choses qui est accusée de méchanceté. Le cœur de l'homme et toutes les félicités de la vie mis en présence, le cœur de l'homme n'est pas satisfait. Aussi ce retour mélancolique sur lui-même, qui élève l'homme mûr à la pensée de sa destinée, qui le conduit à s'en inquiéter et à se demander ce qu'elle est, naît-il plus ordinairement encore de l'expérience des bonheurs de la vie que de celle de ses misères. » TOCQUEVILLE, cité par NICOLAS. *L'art de croire*, p. 64.

L'amour qui, d'en bas, est monté jusqu'à moi en vagues plus ou moins puissantes, ne s'y arrête donc point. *Je ne clos pas la série du mouvement.* A mon tour je me sens porté en haut, vers un plus grand que moi... *Je suis désir vivant d'un autre*, placé hors de mes frontières naturelles et personnelles, terme idéal de l'universelle ascension. Cette attirance vers lui se traduit à chaque instant par l'insuffisance des choses qui sont à ma mesure. *Rien ne me satisfait.*

« Pourquoi vous inquiéter de ces questions-là, va-t-on me dire ? Est-il moyen plus sûr et meilleur de solutionner un tel problème, que de passer à côté sans s'en préoccuper !... Ce que nous tenons est clair, ce qui est hors de nous est incertain. Vivons dans le présent et en nous, sans nous soucier de l'avenir, ni de qui que ce soit[1]. »

Attitude égoïste et contre nature. Le présent n'est qu'un mot ; il est toujours plein de l'avenir. Et *nous avons le devoir de sortir de nous*, parce que c'est le seul moyen efficace *d'être nous-mêmes*. Nous ne sommes complets et vrais que par la collaboration de l'extérieur.

Sans doute on peut se soustraire, par un acte d'autoritarisme, à l'appel pressant de sa concience humaine : mais le fait ne crée pas le droit. Vous aurez beau, pour vous étourdir, inventer tous les *divertissements* (Pascal) possibles : le problème demeure, et *l'unique* nécessité à laquelle vous ne pouvez échapper, c'est de le résoudre. Car il est la condition même de la vie.

Que diriez-vous de l'automobiliste qui, sous prétexte de

---

[1] « La constante habitude de regarder les choses humaines du point de vue de l'univers a pour conséquence de leur enlever à la fin leur caractère tragique et irréparable... On est bien tenté, quand on raisonne ainsi, de dire aux prisonniers du train en marche : Passez donc le temps comme vous voudrez. » P. BOURGET. *Œuvres complètes*, t. I, p. 92.

liberté d'esprit, d'indépendance, ne s'inquiéterait ni de son moteur, ni de son volant, ni de la route à suivre ? Vous l'accuseriez de folie ou de crime. Son geste serait l'équivalent de celui qui, sans tenir compte de la pesanteur, se jette par dessus le parapet d'un pont. Il se suicide.

Quiconque, de parti pris, refuse de se mettre en face du problème humain pour essayer de lui apporter une solution, commet un suicide moral, pire que l'autre : un crime de lèse-humanité.

L'attitude d'indifférence est un mensonge à la vérité. Je parle de cette vérité *vivante* et *évidente* contre laquelle aucun scepticisme ne saurait prévaloir. La certitude, c'est que nous sommes amour, pensée, intelligence, raison et volonté ; c'est que ces puissances du Moi sont une harmonieuse unité et doivent demeurer telles. *Interdépendance, ordre, équilibre, service mutuel, voilà la formule de la vie.* Mais si la volonté, par un acte brutal, impose à la totalité du Moi son despotisme, qu'advient-il de cette beauté intérieure et vitale, de cette paix nécessaire ? La pression volontaire comprime la vie et la déforme, sans la détruire. Et voilà l'anarchie établie à demeure, au centre même du Moi. En vain cet homme multipliera-t-il ses démarches extérieures pour arriver au vrai. Tant qu'il n'aura pas remis les choses au dedans de lui-même dans leur état naturel et normal, il est condamné à l'erreur. *Sa vision du réel porte à faux.* Jamais la vérité ne se révélera à lui du dehors, parce qu'il la contredit odieusement dans l'intimité silencieuse de sa conscience. En vain affichera-t-il l'attitude d'un homme qui appelle la vérité, celle-ci ne sera pas dupe ; elle ne viendra point, *jusqu'à ce que l'intérieur ait été modifié.* Vous connaissez ces physiognomonistes qui, sur un trait du visage, jugent d'une âme : la vérité n'est pas moins habile à discerner celui qui vient à elle avec un cœur droit. On ne lui en impose point ; *elle ne se donne qu'à ceux qui l'aiment.*

Or l'indifférence est aussi une flagrante violation de l'amour. Le Moi est amour intérieur : la volonté le détruit à son profit. Le Moi est amour de désir : la volonté brise son élan, sans satisfaire en rien ses aspirations intimes et pressantes. Et parce qu'elle emprisonne le Moi, elle le condamne à une ignorance foncière, à laquelle aucune démarche rationnelle ne pourra jamais suppléer. Sous prétexte de conquérir son indépendance, elle s'accule à l'égoïsme le plus odieux, dont elle sera la première victime. La lâcheté n'est jamais loin de l'autoritarisme.

Etre fidèle à la vérité, à l'amour, vivre en homme, c'est tout un. Cette attitude est un devoir, le premier de tous. Et nous voilà, par la nécessité où nous sommes de faire sur nous la lumière, dans l'obligation de sortir de nous-même et d'adresser un appel explicite et pressant à cette autorité, qui est la condition stricte de notre liberté intérieure et de l'épanouissement de notre personnalité.

Quelle est-elle ?.. Quel est cet *autre*, que je pressens, et vers lequel me porte la tendance la plus profonde et la plus impérative de mon être ? Où vais-je donc le pouvoir rencontrer, le reconnaître ? Je ne le sais point. Il m'est jusqu'ici totalement inconnu. Mais j'ai à son endroit deux certitudes qui orienteront ma recherche et m'y tiendront en paix : *il doit être mon supérieur*, d'abord, absolument, et donc être plus complètement encore que moi une Personne, consciente et libre ; il faut qu'il existe en fonction de l'homme, — dont il apparaît comme le terme, la fin, — et qu'il soit plus que lui, éminemment, *amour radical*.

CHAPITRE V

LE LANGAGE

Au fond — et tout ce qui précède l'a déjà fait pressentir — *le problème humain se réduit uniquement à découvrir la loi des rapports du Moi et du non-Moi*, dont nous avons reconnu la coexistence *de fait* dans l'acte même de la vie. Une fois cette loi connue, nous en pourrons déduire sans difficulté les conditions de l'action humaine et la façon pratique dont nous devons nous comporter à l'égard de l'universalité des êtres constituant pour nous *l'extérieur*, afin que les deux éléments du donné vital, au lieu de s'opposer dans un antagonisme mortel, s'harmonisent, se complètent, se fécondent.

Le problème humain apparaît dès lors comme *le problème moral par excellence*, comme *le problème universel et supérieur, auquel sont liés tous les autres, auquel ils se ramènent, dont ils dépendent.*

Et parce que c'est le problème du mouvement, du progrès, de « l'être *ou* du non être », du « plus » vivre et du « mieux » vivre, de l'épanouissement de *la Personne*, — et donc de son durable et vrai bonheur, par l'équilibre intérieur, l'harmonie vivante, la plénitude de l'action, la joie de l'ordre, — il est vraiment pour tout homme qui pense, réfléchit et ne se laisse pas aller au fil des heures insouciant de sa destinée, le problème de *l'unique nécessaire*, la question capitale qui prime tout et conditionne tout.

Le reste — quel qu'il soit — est toujours *du dehors*, adventice et accessoire. L'unique nécessaire seul est *du dedans*.

Il réside en nous comme une angoisse et un appel. Il est le cri de tout notre être qui veut savoir, pouvoir, se libérer, se grandir, s'infiniser... Pas une fibre de l'âme, si l'on peut dire, qui n'aspire à réaliser sa destinée sans entraves et à s'épanouir, comme la moindre feuille de l'arbre se tourne vers le soleil pour en recevoir la caresse de vie.

Mais le Moi est ombrageux. En raison même de sa nature toute d'intériorité, c'est du dedans aussi qu'il entend recevoir sa loi. Autant il rêve de satisfaire ses désirs, autant il prétend ne rien recevoir d'autrui sans son agrément formel.

Malgré qu'il ait très vif le sentiment de son autonomie, il ne peut se risquer toutefois jusqu'à l'affirmation de son indépendance. Et force lui est bien, s'il veut rencontrer la lumière, d'aller en quelque façon la chercher au dehors, de se socialiser, d'avoir recours à l'expérience.

Prendre contact avec les choses est l'inéluctable condition de la Science et de la vie. *Pour voir clair au dedans, il faut sortir de nous.*

Or, voilà qu'à la première démarche opérée par le Moi vers l'extérieur, se dresse devant lui un redoutable obstacle. Dès qu'elle cesse de s'appliquer aux réalités de l'ordre purement physique et matériel, pour entrer dans le domaine vivant de la conscience et de l'humanité, l'expérience est en effet essentiellement séparatrice. Quelque paradoxal que cela puisse sembler d'abord, elle apparaît — par nature, comme un instrument de division entre les hommes.

Avons-nous jamais songé que, de même qu'il n'y a pas deux feuilles dans la forêt, pas deux grains de sable sur la grève, qui soient identiques, il n'y a pas deux personnes dont l'expérience concorde de tout point.

L'expérience — la raison appliquée au dehors et engagée dans l'action, c'est l'œil intérieur du Moi ouvert sur l'extérieur, par les fenêtres des sens. Or, les individus ne regardent pas d'un point de vue unique ; ils n'ont pas la même puissance de vision ; ils n'aperçoivent pas les mêmes objets, ni sous le même angle, ni au même moment !... De plus — et c'est capital — leur donné intime, leur vivante conscience qui interprète le dehors, est éminemment personnelle, variable avec chaque observateur, et l'on peut dire à tout moment[1]...

Par contre, s'il est une évidence, c'est que les individus ne peuvent se lier, être en rapport, que par une même façon de voir, d'interpréter les choses, de communier avec tous les non-Moi, c'est-à-dire avec l'universalité des êtres de l'extérieur.

Que faire alors ?... Il est indispensable de trouver une sorte de commune mesure entre les individualités, un moyen pratique de liaison humaine, de rapports vitaux et donc aussi sociaux, puisque l'homme ne pouvant se suffire à lui-même est porté par son dynamisme intérieur à se compléter dans autrui, dans les choses.

Et l'homme invente le langage, qui apparaît donc comme *la condition même de la vie en groupe*, et lié à son existence. Il crée les langues, expression d'une vie commune dans laquelle elles vont s'enrichir, après être spontanément sorties de *l'acte vital*, dans lequel elles étaient impliquées et comme en germe[2].

Traduction verbale de l'expérience vivante, humaine, de la raison commune[3] et des rapports des hommes avec les choses, l'extérieur,... voilà le langage.

---

[1] Cf. SÉAILLES. *Le Génie dans l'Art*, p. 101.

[2] « Il semble que du langage on peut dire ce qu'Emerson a dit de l'univers : *C'est une extériorisation de l'âme ;* — ce que Schopenhauer a dit du corps : *C'est la volonté rendue visible, c'est la volonté objectivée.* » RAVAISSON, p. 205.

[3] Le langage, qui est un *intellectualisme*, rétrécit l'être volontairement, pour le faire vivre socialement. On peut dire qu'il est « *un mode de renoncement* » (ESTÈVE. *Impérialisme*, p. 45, note 2) mais *pour se retrouver agrandi*.

Il est la *première tentative de socialisation du Moi* : le premier arrêt interrogateur de l'individu sorti, pour s'éclairer, de son sanctuaire intime : la mise en commun de l'expérience d'un groupe d'hommes donné, pour découvrir la loi de la vie[1].

Car toute langue — qui est un langage particulier — est avant tout *locale*.

Nous entendons par là qu'elle traduit les rapports de tel groupe déterminé, à tel moment du temps, à tel point de l'espace[2].

Une langue exprime donc un point de vue *particulier* des choses et de la conscience.

C'est parce que les choses ne sont pas partout identiques et que les conditions du contact varient, ainsi que nous le remarquions d'abord, que diffèrent les langues, expressions de ces rapports[3].

Dans chacune cependant il y a un fond permanent d'humanité, parce que l'homme intérieur est sensiblement le même sous toutes les latitudes.

---

[1] « Le temps, l'être, les causes, l'origine, tous ces grands problèmes sont agités et résolus dans le système même d'une langue ; mais il faut savoir les y trouver, les regarder comme quelque chose de vivant et non comme une lettre morte. » — « Chaque langue enferme le système qu'une partie de l'humanité s'est construite du monde, le microcosme, le modèle des choses, conçu par l'intelligence d'un peuple. Les langues sont donc des systèmes divers non seulement des signes, mais encore des pensées. » — « Il y a déjà toute une philosophie de la chose dans la manière dont on la nomme. » A. Tonnelé. *Fragments*, p. 83, 85, 87.

[2] « Le génie d'un peuple s'exprime clairement et certainement par la langue qu'il a composée à son usage ; sa phrase donne le moule de son cerveau, et sa manière de penser détermine sa façon d'agir, son aptitude historique et sa vocation particulière dans l'humanité. » E. Lavisse. *L'Éducation de la Démocratie*. Alcan, p. 5.

[3] L'on en peut conclure que, si les langues se ramènent *toutes* à des racines uniques, le genre humain a dû avoir une origine unique. Cf. Duilhé de Saint-Projet. *Apologie*, p. 337, 404.

Mais parce qu'elle est essentiellement sociale, une langue ne peut être qu'une moyenne. Elle le doit pour les besoins même de la pratique. L'action commune du groupe apparaît comme la norme nécessaire du langage.

Expression des rapports que les choses soutiennent avec l'individu, comment pourrait-il être accessible à la totalité des composants du groupe, et leur servir de moyen de communication rapide, intelligible, s'il ne s'appliquait pas avant tout à ne traduire que ce qui peut être perçu par tous, ce qui est en quelque sorte à la portée de chacun ?

Le langage *simplifie* donc la réalité[1]. Il la *schématise*. Sans la vider totalement de son contenu, il en donne une formule commode, portative, sous laquelle l'individu peut retrouver la portion d'être adaptée à sa vie personnelle intérieure. Le mot est vérité ; il devient pour chacun *sa* vérité — dans la mesure même où il la reçoit, et selon la « capacité » de son âme.

Lorsque je prononce cette phrase banale : le soleil est chaud — devant un savant et un homme du peuple, tous deux me comprennent, ma pensée se communique à tous les deux sans difficulté. Mais quelle distance entre les idées qu'éveille ce mot dans ces deux consciences, dont le contenu est si différent : si pauvre ici, si riche là !... Pour moi, le terme que j'ai employé a une valeur moyenne, entre ces deux extrêmes.

Le langage est donc dans une dépendance étroite de la vie intérieure, du Moi, de l'intuition. Il importe de bien comprendre comment.

---

[1] « Le langage, instrument ou méthode analytique, morcelle la pensée, la présente décomposée dans ses éléments et successive. » A. Tonnelé. *Fragments*, p. 61.

La vie intérieure, c'est le concret, le personnel, et en un sens l'ineffable, l'intraduisible[1] ; le terme général n'a pas le pouvoir de la communiquer intégralement : il est ou en deçà, ou au delà. Un louis n'a pas la même valeur *représentative de vie* pour le pauvre et le riche !...

L'intuition, c'est le mot devenu vivant au contact des réalités intimes[2]. Elle vaut ce que vaut le Moi, la vie individuelle. Quand, par l'expérience du sujet, le mot pénètre en ce centre, il s'y lie aussitôt à tout le contenu qui, en se l'assimilant, le modifie et le déforme pour l'adapter à soi.

La vie intérieure est la *critique vivante* de l'expérience. *Le Moi, en un sens, est le juge du mot.* L'intuition est autre que la raison. La Personne diffère du langage.

Mais elle ne lui est *pas nécessairement supérieure*. Le langage représente (à un moment de l'histoire) l'expérience moyenne de l'humanité, exprimée dans des mots. Or, qui

---

[1] « Derrière certains mots, se trouve un monde d'idées que ces mots ne sauraient atteindre. » G. LE BON, *Aphorismes*, p. 29.

[2] « Il nous faut traverser l'abstrait, non pas y demeurer. La loi de l'esprit, c'est de faire retour au concret comme il en est parti... Les mots vivants ne sont pas de pures étiquettes des idées. Ils disent ce que sont les choses et ils disent l'impression que les choses font sur nous. Ils ont un esprit, ils ont une âme, et quand ils viennent à nous, c'est à tout notre esprit, à toute notre âme qu'ils s'adressent. Ils renferment un dépôt, un trésor, dont ni ceux qui les répètent, ni ceux qui les entendent ne connaissent toujours le prix. Ils peuvent, soit par leur seule nature, soit par la position qui leur est faite dans le discours, dire peu ou beaucoup. Ils font penser, ils invitent à penser au-delà d'eux-mêmes ; ils donnent du mouvement pour aller plus loin, plus au fond, plus haut. Ils évoquent des idées qui viennent compléter leur sens propre. C'est que toute chose réelle se rattache par mille liens à ce qui l'entoure, et toute chose réelle est elle-même complexe... Les mots vivants maintiennent les vivants liens des choses entre elles et la vivante multiplicité que chacune enferme en son sein. La précision ne disparaît pas pour cela... » OLLÉ-LAPRUNE, *La philosophie et le temps présent*, p. 99, 101.

ne voit que l'expérience vécue du sujet, son intérieur, peut être au-dessus ou au-dessous de cette même moyenne !... Et voilà que, selon les individus et la valeur diverse des personnalités, le langage est tantôt un appauvrissement, tantôt un enrichissement du réel.

Le mot exprimant un rapport général et social de la conscience humaine avec les choses sur un point donné, est comme *le lieu géométrique* où viennent s'entendre, prendre contact et communier toutes les individualités constituant le groupe. C'est à cet endroit précis, sorte de carrefour de l'expérience, que se font les échanges vitaux.

Car une langue est *un organisme vivant*. Comme la conscience commune qu'elle traduit et dont elle exprime les rapports avec les choses, elle se modifie sans cesse[1].

Si le langage est une moyenne, il est aussi la révélation extérieure d'un dynamisme, et il en manifeste tous les changements[2].

A certaines époques en effet, la conscience commune progresse et s'enrichit[3]. Par le déplacement du point de

---

[1] « Lorsque Condillac parlait de *sa langue bien faite*, il rêvait une chimère et une impossibilité. Il méconnaissait l'essence même du mot, qui est sa faculté d'expansion, d'extension, de développement, de modification. Il méconnaissait la loi, la condition nécessaire de toutes les choses humaines, loi qui fait leur grandeur et leur faiblesse, qui est d'être toujours perfectibles et jamais parfaites... Il voulait en faire un mécanisme inanimé..., au lieu d'un organisme vivant et sans cesse en mouvement : vérité qu'a proclamée Humboldt. » A. TONNELÉ. *Fragments*, p. 88.

[2] « La langue n'est pas une forme, une matière morte, mais un organisme vivant, qui se développe et se métamorphose sans cesse, parce que l'esprit humain, qui est toujours actif et en mouvement, lui imprime constamment sa forme. La langue n'est jamais finie, jamais formée, jamais arrêtée ; elle n'arrive jamais à un état stable et assis, comme la vie de l'homme, comme toute vie. » A. TONNELÉ. *Ibid.*, p. 90.

[3] Cf. BRÉAL (cité par ESTÈVE. *Impérialisme*, p. 15), pour lequel la question *linguistique* apparaît d'abord comme une question *sociale*

vue d'où l'on envisage les choses ; par une vision plus aiguë et plus précise de l'extérieur ; par le contact avec d'autres expériences étrangères au groupe ; par l'apparition d'individualités supérieures qui font de nouvelles découvertes, la vie intérieure se développe, le Moi se dilate, la personnalité s'agrandit.

A d'autres moments au contraire, le donné intérieur se défait, s'appauvrit, se désagrège en quelque sorte... Il y a des maladies du Moi... Les mots employés jusque-là rendent un autre son. Ils changent de sens. Et les personnalités s'abaissent, se rapetissent, s'abîment dans le néant, à ces heures de décadence sombre. Il y a des époques dans l'histoire, où, sur un point donné, les termes d'honneur et de vertu, par exemple, n'ont plus de valeur vitale et n'éveillent plus aucun écho[1] !...

Le langage, traduction de l'expression moyenne d'un groupe humain et forme concrète de la raison, doit donc demeurer — de toute manière, en contact avec le Moi, la conscience individuelle et la pensée[2].

---

[1] « Toute langue est dans une perpétuelle évolution... *La vie des mots* n'est autre chose que la *valeur constante* que l'esprit, par la force de l'habitude, leur donne régulièrement, valeur qui les rend signes normaux de telles images ou idées. Les mots *naissent*, quand l'esprit fait d'un nouveau mot l'expression habituelle d'une idée ; les mots *se développent* ou *dépérissent*, quand l'esprit attache régulièrement à un même mot un groupe plus étendu ou plus restreint d'images ou d'idées. Les mots *meurent*, quand l'esprit cesse de voir derrière eux les images ou les idées dont ils étaient les signes habituels, et par suite, n'usant plus de ces mots, les oublie. » A. Darmesteter, *La vie des mots*, p. 6 et 37.

[2] « Il ne faut rien briser dans ce roide système de pensée. Il ne faut point rejeter cette sorte de raison toute faite que nous a donnée le langage, mais il faut tout analyser, et refaire la synthèse du tout, sous l'influence actuelle de la vie... il faut que tout cela vive, se nourrisse, se colore et s'imprègne de l'âme et de la pensée... » Gratry, *De la connaissance de l'âme*, I, p. 142.

Il le doit pour s'y enrichir, s'y pénétrer d'une vie plus intense, devenir un instrument de progrès, élever la moyenne des hommes du groupe en prenant un sens plus plein mais accessible à tous ; il le doit pour enrichir la vie intérieure et grandir l'individu qui le reçoit[1].

Langage et personnalité apparaissent ainsi dans une interdépendance étroite : le dedans a besoin de l'expérience, l'individu de la société, et réciproquement. La vie est faite, entre ces deux termes, d'un perpétuel échange.

L'intuition travaille sur les données rationnelles et les dépasse. Elle crée des ensembles, voit des liaisons que la raison est incapable d'apercevoir. A son contact, le mot évolue, et elle le rend à l'extérieur avec un sens plus plein, différent du premier en précision et en richesse.

Mais c'est au contact de la réalité qu'elle prend possession d'elle-même, qu'elle se révèle à elle-même sa richesse intérieure. Le sujet a besoin de l'objet, et c'est du dehors, en un sens, que vient la vie.

La raison est indispensable à l'intuition : c'est par le langage que vit la pensée[2]. S'il ne la crée pas de toutes

---

[1] « Puisque le langage est un instrument dont les hommes se servent pour communiquer entre eux, plus l'horizon de la pensée, avec les progrès de la civilisation, se sera élargi, plus la langue aura servi à l'expression de nouvelles idées, plus aussi elle gagnera en noblesse et en grandeur, plus elle fournira à l'observation du linguiste et du penseur. « Toute la dignité *du langage* consiste dans la pensée, et c'est de là qu'il lui faut relever. » A. DARMESTETER, *loc. cit.*, p. 16, 17.

[2] Il est « une *véritable machine* à penser. » SOURIAU. *De l'Invention*, p. 130.

« La langue est un miroir où notre pensée apprend à se connaître, et sans lequel il semble qu'elle serait pour elle-même comme si elle n'était point. « La lumière, dit Emerson, traverse l'espace sans qu'on l'aperçoive ; pour que nous la voyions, il faut la rencontre d'un corps opaque qui la renvoie. De même pour notre pensée. » Mais le miroir n'est pas pour cela la lumière ni la cause de la lumière. » RAVAISSON, p. 205.

« C'est un fait d'observation quotidienne que les mots, dans l'esprit,

pièces, il l'entretient, et elle ne peut se passer de lui. Plus l'expérience qu'il exprime est haute, plus il grandit l'intérieur qui le reçoit et se l'assimile. Et ceux qui veulent penser grand s'adressent à ce qu'il y a de plus noble dans les œuvres des hommes ; puis ils écoutent la nature dont le langage est à la fois si accessible, si profond et si persuasif !

La vie intérieure a besoin du langage pour se contrôler, ne point s'égarer. Ce n'est qu'en se maintenant dans la ligne humaine, tenue par le langage ordinaire, qu'elle peut le dépasser. A cette condition seule elle s'insère dans l'expérience commune et, se rendant communicable, peut devenir un instrument de progrès[1].

Il faut donc, *dans les rapports sociaux*, s'astreindre — comme à une nécessité — à être raisonnable et à parler un langage intelligible à tous[2]. Mais la vie intérieure de l'individu n'en est ni altérée, ni diminuée. Elle demeure en soi indépendante et légitime. Et tout Moi puissant, original, supérieur à la moyenne, a le droit de s'exprimer en langage

---

fixent, arrêtent, rassemblent, portent et conduisent la pensée. Essayez de voir votre esprit, vos idées ; regardez bien : tant qu'il n'y a pas de mots sous ce regard intellectuel, vous n'apercevez rien, et dès que vous voyez, il y a des mots. » GRATRY. *De la connaissance de l'âme*, I, p. 127.

« Le mot est serviteur de l'idée ; sans idée, point de mot ; ce n'est qu'un vain assemblage de sons. Mais l'idée peut exister sans mot ; seulement elle reste dans l'esprit, à l'état subjectif, et ne fait point partie du langage. » A. DARMESTETER. *La vie des mots*, p. 37.

[1] « Il faut donc toujours se servir du langage pour exprimer le plus possible les choses durables et éternelles ; enfermer dans ces formes variables et en mouvement perpétuel les idées des choses qui ne passent point et ne changent point ; du sein même de l'instabilité et de la multiplicité des phénomènes, des formes, dégager et faire apparaître l'éternelle unité à laquelle l'âme aspire. » A. TONNELÉ. *Fragments*, p. 91.

[2] « Donnez-moi la liberté de faire ici à mon usage la langue de mes idées, *sans violenter celle de tout le monde.* » G. DUMESNIL. *Les conceptions philosophiques*, p. 23.

plus vivant et plus révélateur avec ceux qui le peuvent comprendre. Car il fait ainsi leur éducation, il les grandit, les porte à sa hauteur, augmente leur moyenne humaine, et par eux il atteindra de proche en proche le groupe tout entier dont ils font partie. C'est par les élites que l'on agit efficacement sur les masses.

De leur côté, la raison, l'expérience, le langage, n'ont pas un moindre besoin de la vie intérieure et de l'intuition[1]. Une langue isolée n'est qu'un organisme inerte et pauvre. D'elle-même, elle est incapable d'aucun progrès. Parce que c'est du dedans qu'elle reçoit son dynamisme, son sens et sa richesse, à bref délai elle deviendra tout naturellement une langue morte[2].

En soi, le langage a d'*abord une valeur intellectuelle*, pratique, qui fait que l'on s'en sert comme d'un instrument facile de communication sociale[3]. Il a une signification con-

---

[1] « Jamais les mots ne manquent aux idées, ce sont les idées qui manquent aux mots. Dès que l'idée en est venue à son dernier degré de perfection, le mot éclôt, se présente et la revêt. » JOUBERT, *Pensées*, édition 1877, t. II, p. 282.

[2] « Assurément des peuples dont la civilisation est sans changement et sans histoire, peuvent garder indéfiniment leur langue intacte ; la pensée ne changeant pas, l'expression de la pensée n'a pas à changer. Ainsi de l'islandais... Mais quand un faux respect de la tradition interdit au langage de suivre le cours des idées et qu'il y a contradiction entre la pensée de la nation et la forme qu'elle lui fait revêtir, la langue peut s'épuiser et périr. Nous en avons un exemple illustre dans le latin *classique*, le latin des écrivains et de la haute société romaine, qui se refusa à suivre le latin populaire dans le libre jeu de son développement, se cristallisa dans le respect d'une forme consacrée, et vers la fin de l'empire périt d'épuisement... » A. DARMESTETER. *La vie des mots*, p. 13.

« *L'élite* d'un peuple crée ses progrès, les individus moyens font sa force. » — « *L'élite crée*, la plèbe détruit. » LE BON. *Aphorismes*, p. 62, 119.

[3] « Le mot est donc un signe abrégé, abstrait ; le mot mobilise l'idée et la rend dépendante de notre volonté, la détache des objets qui ne

venue, acceptée, authentiquée par l'expérience universelle. De ce fait il devient le procédé le plus commode pour les rapports humains. Mais cette valeur intellectuelle est *essentiellement liée à une valeur vitale,* variable, et qui diffère avec chaque Moi. Dix francs représentent à peine une bouteille de vin fin pour l'homme richissime ; ils signifient pour le pauvre un plantureux repas !...

Ainsi chacun *vit* le langage de son groupe et ce qu'il raconte, de très différente façon[1]. Le signe est le même pour tous ; mais l'intérieur y ajoute un coefficient personnel, essentiellement individuel, et qui est qualité pure, indépendante de l'espace, du temps, des choses, de l'expérience externe. C'est ainsi que dans certains paysages privilégiés, les sons du cor éveillent des échos sans nombre et qui se prolongent à l'infini...

*
* *

Des conséquences fort importantes se dégagent de ces considérations.

C'est d'abord qu'à chaque époque de son évolution organique et vivante, une langue — fidèle traduction du dynamisme humain pour un groupe donné — est constituée par deux éléments. Le principal, et comme sa solide assise, est formé par les termes dont se sert la généralité des individus. Il exprime les rapports communément aperçus entre le Moi moyen et les choses.

---

dépendent pas de nous, et rattache le signe à notre organisme physique. L'idée n'est véritablement fixée, n'a pris forme que lorsqu'elle a trouvé le mot... » A. TONNELÉ. *Fragments,* p. 68.

[1] « Un mot prend pour chacun la forme et l'empreinte de son expérience, de ce qu'il a éprouvé, senti... Il faut des esprits vastes, profonds, pour s'élever au-dessus de ce côté personnel et individuel de la langue, pour le dominer et atteindre au sens absolu et objectif des mots. » A. TONNELÉ. *Fragments,* p. 85, 86.

L'autre, quantitativement moindre, est supérieur en qualité. Apport des individualités fortes, il représente leur effort pour hausser la moyenne au-dessus d'elle-même[1], pour lui faire saisir et comprendre les nouveaux rapports qu'elles ont découverts, qu'elles cherchent à faire passer dans la circulation en les concrétisant dans un terme neuf, une alliance de mots inusitée.

Ce second élément est le ferment des langues, le sel précieux qui les empêchent de s'affadir[2].

Mais on voit du même coup que, si le langage traduit le dynamisme intérieur d'un groupe, cette traduction n'est qu'approximative, jamais adéquate et complète.

La vie intérieure est toujours supérieure à son expression pour un moment donné, et *en avance sur elle*. Car à vrai dire, elle est réellement celle des individualités puissantes qui travaillent la masse et font son éducation sourde et lente. Le langage, de par sa nature et sa fonction sociale, est condamné à être *un retardataire*. Et la formule qu'il donne de la vie, *la constate*, sans la circonscrire, ni l'épuiser, ni la fixer.

Le langage d'un groupe ne répond jamais à la réalité

---

[1] « N'oublions pas que, si les changements de sens reconnaissent des causes personnelles, ils n'ont de chance de durée que s'ils trouvent une complicité dans la manière de sentir et de penser de la foule qui les accepte. Il doit y avoir accord entre l'état psychologique de l'auteur et celui du peuple : autrement le néologisme ne vit pas ; il naît, brille et s'éteint, comme un météore rapide, sans laisser de traces durables. » A. Darmesteter. *La vie des mots*, p. 89, 90.

[2] « Notre musique périssait de petitesse, de médiocrité, de complaisance au public, de recherche du succès : il (Berlioz) l'a rouverte aux nobles ambitions, aux nobles pensées, aux nobles passions... Il a été une des grandes forces créatrices de la musique. Sans maître, presque sans guide, à coups d'audace et à coups de génie, il a changé la face de son art ; il l'a pénétré d'un monde d'émotions et d'idées neuves ; et pour exprimer ces idées et ces émotions, il s'est forgé un langage musical aussi nouveau qu'elles. » *L'Action Française*, 1er août 1915.

totale de son expérience[1]. Il n'en est que l'imparfaite expression. A le prendre tel quel, il appauvrit la vérité. Et pour la retrouver vivante, c'est du dedans qu'il faut la considérer, et la saisir dans sa liaison avec l'universalité des choses.

Pour avoir l'intelligence moins incomplète de la vie des peuples ou des individus, il est nécessaire de faire appel à d'autres témoins que leurs paroles et de considérer leur action[2]. Elle exprime avec une fidélité plus grande et plus exacte l'attitude profonde du Moi à l'égard des choses, du non-Moi. Parfois même l'action contredit le verbe. Toujours elle en fait la preuve. C'est aux fruits que l'on juge de l'arbre. Ce sont les actes de la personne qui montrent, étalent et prouvent sa philosophie radicale, c'est-à-dire la qualité des rapports de son Moi et du tout.

A cette première conséquence s'en ajoutent d'autres, d'une importance considérable.

La vie intérieure et le langage — l'intuition et la raison — n'ont pas *en elles-mêmes*, et l'une relativement à l'autre, de *valeur critique*. Toutes deux étant facteurs de vie humaine, sociale, c'est à la vie de les juger, — à l'expérience de déterminer la mesure de leurs rapports, — à leurs fruits d'en montrer la qualité.

---

[1] Sauf peut-être dans les sociétés primitives, où sa valeur révélatrice est complète. Cf. DE LAPRADE, *Le sentiment de la nature*, t. I, p. 20.

[2] Le langage, par cela même qu'il n'épuise pas l'intuition, la vie intérieure d'un groupe pour un moment donné, appelle l'étude de la science, de l'art, de l'histoire générale et des individus supérieurs, les plus représentatifs du groupe. Il s'éclaire et révèle sa vraie valeur au contact de ces formes multiples de l'expérience. Les études « positives » sont précieuses toujours et souvent indispensables pour l'intelligence de la réalité. Pour DUBUFE (*L'Art*, p. 5), c'est *la pierre* qui exprime avec le plus de sincérité le passé d'un peuple. « Tous les monuments des hommes sont *des livres* grands ouverts au « pèlerin passionné » qui voudra y chercher et comprendre le secret du passé. » (Cf. aussi, p. 14).

La raison n'a aucun titre à s'inscrire en faux contre une intuition, et à la déclarer illusoire et mensongère, dès lors que ses résultats certains sont supérieurs, ou même seulement égaux à ceux de la moyenne du groupe.

L'intuition peut s'insurger contre la raison si celle-ci est inférieure à la moyenne du dynamisme collectif, si elle se refuse à se tenir en contact avec la vie intérieure qui veut et peut seule la faire progresser, échapper à la routine, au verbalisme et à la mort.

Toutes deux ont des droits ; toutes deux des limites, des devoirs. Et si les intuitifs ne peuvent légitimement prétendre à gouverner les hommes et à déterminer seuls la loi de la vie et de l'action, on voit aussi l'erreur profonde de ceux qui prétendent ériger la raison en juge suprême et universel !

La raison ne peut *contredire a priori* l'intuition. Mais elle a *seule* une valeur sociale. C'est le langage qui rend possible les groupements humains. Si donc l'intuition entend devenir la règle unique et absolue, la raison doit s'y opposer. Mais si, tout en respectant les droits de l'expérience et de l'action pratique, l'intuition ne se présente plus comme contraire à la raison et ne prétend pas à l'absorber, mais à la continuer, à la purifier, à la mettre sur la voie du progrès humain, à la pénétrer de vie durable et ascendante[1], alors la raison, pour être conséquente avec elle-même, doit accepter l'intuition, l'authentiquer, la mettre en circulation dans des termes nouveaux. S'il nous en souvient, la formule est pos-

---

[1] « Le sens strictement scientifique (de la parole) n'est qu'une construction reposant sur le savoir de la pensée pure, et n'est applicable qu'à certaines parties des sciences d'expérimentation, ou à certaines manières de les traiter, mais, dans toute conception *qui demande le concours simultané de toutes les forces de l'homme*, le sens oratoire intervient. Or, ce dernier genre de conceptions est celui qui déverse sur les autres la lumière et la chaleur : de lui seul découle tout progrès en tout genre de culture intellectuelle... » G. DE HUMBOLDT, cité par GRATRY. *De la connaissance de l'âme*, t, p. 119.

térieure à la vie, le langage n'est qu'un constat : il témoigne de ce qui a déjà pénétré les consciences d'élite, et qui désormais, comme un ferment, va solliciter le groupe vers des ascensions nouvelles et une plus haute humanité. Et contre ce dynamisme conquérant, la raison, le voulût-elle, demeurera toujours impuissante : d'avance, elle est vaincue.

Et cependant, prenons y bien garde. Si la vie intérieure, la personnalité, la conscience peuvent s'attendre toujours aux définitives victoires, elles n'ont pas de droit *contre* la société. Quelque légitimes et créatrices de vérité que soient les révélations apportées par elles, elles doivent être *progressives* et non troublantes par leur soudaineté. Et l'autorité sociale aurait le devoir de ne pas permettre, dans l'intérêt du groupe, leur manifestation prématurée, inopportune.

C'est ce qui explique, au fond l'attitude des vrais éducateurs de la conscience humaine. Ils ne font pas immédiatement appel au langage. Ils n'écrivent pas ; ils parlent peu. Ils ne s'adressent pas au grand public, mais à un groupe d'élus et de disciples, qu'ils initient par degrés à la vie nouvelle qu'ils viennent révéler. Surtout, ils agissent, donnent l'exemple, laissant à leurs successeurs le soin de l'exprimer en formules, de le distribuer à la foule et de l'interpréter, — afin d'y maintenir l'esprit de vie qui lui a donné naissance.

Et cette méthode même explique la longue portée de leur puissance. L'élite formée par eux est la vivante révélation de la valeur pratique de leur intuition personnelle, de sa vérité. Du coup ils confèrent à leur vie intérieure et à leurs affirmations une qualité sociale, humaine, qui les établit d'emblée et pour longtemps au-dessus de toute critique verbale. Aussi longuement que se continue leur influence éducatrice, et parce qu'elle est avant tout vivante communication, la science purement rationnelle ne peut rien pour la détruire.

*
* *

Notre précédente analyse des éléments du langage nous permet enfin deux affirmations capitales, éminemment pratiques.

C'est d'abord que, — dans un même groupe d'hommes, qui parlent la même langue —, les « *intellectuels* » n'ont aucune autorité pour attaquer et discréditer les hommes de pensée, de méditation et de vie intérieure.

Si l'intuition relève d'un tribunal, il ne peut être que celui de la vie, des faits — et donc de l'histoire, mais non point celui de la logique. La vérité humaine est à la limite de la raison et de l'intuition, et c'est du dedans qu'il faut la voir. Elle apparaît là comme conciliation, ordre, harmonie, mouvement ininterrompu, lien entre le passé et l'avenir — dans le présent.

C'est ensuite que, entre deux groupes d'hommes qui parlent des langages différents et n'usent point des mêmes termes, il n'y a pas nécessairement conflit. Si cette divergence le crée en fait, par l'irréflexion ou la mauvaise volonté des individus, en droit, il est sans fondement.

Que prouve en effet la diversité des idiomes ?... Rien d'autre qu'une divergence de point de vue dans la vision des choses[1]. On ne regarde pas les mêmes objets, sous le

---

« Dans toute langue il y a des mots qui n'expriment pas exactement pour tous la même idée, n'éveillent pas en tous la même image, fait notable qui explique bien des mésintelligences et bien des erreurs... Le plus ordinairement, chez chacun de nous, les mots, désignant des faits sensibles, rappellent à côté de l'image générale de l'objet un ensemble d'images plus ou moins effacées, qui colorent l'image principale de couleurs propres, variables suivant les individus... De là tout un monde d'impressions vagues, de sensations sourdes, qui vit dans les profondeurs inconscientes de notre pensée, sorte de rêve obscur que chacun porte en soi. Or, les mots, interprètes grossiers de ce monde intime, n'en laissent paraître au dehors qu'une

même angle tout au moins, et les rapports avec eux ne sont pas identiques. C'est tout ce que signifient les langues qu'on oppose. L'ingénieur, le paysan et l'artiste, en face de la même nature, ont des vocabulaires tout différents. Songez-vous pour cela à condamner l'un d'entre eux et à le déclarer inacceptable ? Chacun d'eux est l'expression légitime d'une vie intérieure particulière, de rapports spéciaux avec l'univers.

Et qu'on n'aille pas dire : le premier de ces groupes parlant une langue plus précise et d'une utilité pratique plus grande, ou tout au moins plus immédiate, est supérieur à l'autre et il a le droit d'exiger ses hommages, ou bien, s'il s'y refuse, de le condamner, de le frapper d'ostracisme, de le couvrir de discrédit ; le second groupe est retardataire, et il faut l'exclure du concert humain, car il ralentit à n'en pas douter le progrès, la marche vers la lumière, la conquête de la vérité !...

Ce procédé est trop expéditif, et sa légitimité ne tient pas devant l'analyse. Car le raisonnement sur lequel on s'appuie porte uniquement sur l'extérieur. *L'utilité pratique n'est pas le critérium humain par excellence. Réussir n'est pas nécessairement moral, et créateur de personnalité.*

Une langue plus précise peut être seulement le résultat de la simplification et de la pauvreté des rapports qu'elle exprime du Moi avec les choses. Rien n'est plus clair que

---

partie infiniment petite, la plus apparente, la plus saisissable : et chacun de nous la reçoit à sa façon et lui donne à son tour les aspects variés, fugitifs, mobiles, que lui fournit le fond même de son imagination... C'est là que paraît l'imperfection de cet instrument par lequel les hommes échangent entre eux leurs pensées, de cet instrument si merveilleux à tant d'autres égards, le langage... Voilà pourquoi, dans certaines philosophies qu'a vues naître notre siècle, le maître s'est reconnu si peu de fois chez ses disciples, qui ne comprenaient point sa doctrine, mais la sentaient chacun à sa manière. » A. Darmesteter, *La vie des mots*, p. 69, 72.

les mathématiques, et rien n'est moins représentatif de vie et d'humanité.

Les deux langues que l'on oppose ainsi arbitrairement, du dehors, doivent être soumises à un étalon commun qui est *la vie* de l'individu, de *la Personne*, de la conscience morale.

Etant donnée l'union de fait du Moi et des choses, et la nécessité de leur commune collaboration, toute langue qui n'agrandit pas l'intérieur, ne développe pas la personnalité, n'épanouit pas la liberté, du dedans, montre du même coup qu'elle n'exprime pas des rapports *vitaux* du Moi avec les choses, de l'homme avec l'univers[1].

De deux théories — de deux langues — la plus recevable est celle qui s'affirme le plus ouvrière d'humanité, qui met en relations le Moi et le non-Moi, pour en faire jaillir une vie harmonieuse et plus pleine[2]. Et supposé qu'il fallût porter condamnation, la plus vivifiante aurait le droit de

---

[1] « L'abstraction scientifique et le positif des affaires ne prennent les mots que comme *des signes conventionnels*, qui sont ce qu'on les fait... Toutes les opérations intellectuelles qui ne divisent pas l'âme, qui sont de l'homme entier, prennent les mots dans leur grand sens, dans le sens oratoire, poétique, et les traitent comme *expressions réelles*, qui sont ce que la vérité les fait. » Gratry. *De la conn. de l'âme*, I, p. 150, 151.

[2] « Lorsque l'âme sent que la parole n'est pas seulement un moyen d'échange pour s'entendre, mais un vrai monde... alors l'homme est en voie de trouver et de mettre dans la parole bien des richesses... A ce point de vue l'on comprend la parole, non comme un tout déjà formé, mais comme une création toujours en développement... On sent que l'idée n'est jamais tout entière dans les mots, qu'il y a toujours au delà de l'expression quelque chose que l'esprit doit achever... On a cette vivante persuasion que l'être humain porte en lui le pressentiment d'une région qui dépasse celle de la parole, et que notre parole ne peut que limiter... Ce que l'âme en peut exprimer n'est qu'un fragment... mais au-dessus de chaque expression partielle plane un sens moins défini, qu'on voudrait exprimer encore ; ou pour mieux dire, *chaque expression porte avec elle l'exigence d'un développement ultérieur qui n'y est pas immédiatement contenu.* » G. de Humboldt. Cité par Gratry, *loc. cit.*, p. 152-153.

rejeter l'autre — au nom de l'intérêt mieux entendu de la communauté humaine.

Mais aussi bien, pourquoi opposer et pourquoi exclure ? L'analyse du Moi nous a montré la conciliation possible, et notre étude du langage nous a prouvé que divergence n'est pas nécessairement contradiction. Il y a, à la limite, des points de contact possibles, et c'est à cet endroit qu'il faut chercher le principe d'une sympathie, d'une pénétration réciproque, où, sans se fondre, l'une prolongera l'autre, la fera participer à sa richesse, où elles se donneront pour la paix, vivante, harmonieuse, un mutuel et indispensable secours. Ni abdication, ni exclusion, mais l'union pour un effort commun vers une plus large compréhension des choses, une pensée plus profonde, une intuition plus pénétrante, une expérience toujours en progrès.

．
．．

Essentiellement dynamique, une langue, toute locale qu'elle puisse être, tend à déborder son cadre, à se répandre de toutes parts.

Et l'on peut concevoir comme possible une langue universelle, idéale, expression de l'humanité. Mais on aperçoit de suite à quelles conditions se produirait cette socialisation conquérante.

Il faudrait qu'une telle langue traitât des problèmes les plus généraux dans des termes accessibles à tous[1]. Elle devrait être pour chacun une sorte de cadre commode, où il ferait entrer son expérience personnelle, et l'exprimerait de la façon à la fois la plus complète et la plus claire.

Traduction facile et fidèle des rapports du Moi avec

---

[1] La langue philosophique universelle est *impossible*, si l'on veut que par elle *tout se démontre et se calcule*. Impossible du point de vue *mécanique, statique*. Cf. note 1, p. 128.

l'universalité des choses, cette langue serait simple, l'extension et la compréhension, là comme partout ailleurs, étant en ordre inverse. Quiconque veut se faire entendre de tous doit exclure les complications de pensée et d'expression, faire comprendre avec des mots d'âme, *éclairant d'abord l'intérieur* et *allant de là aux choses.*

Elle devrait user des vocables les plus suggestifs et aussi les plus concrets[1], être en même temps la plus impersonnelle, la plus indépendante du temps, de l'espace, des circonstances locales, et la plus capable de saisir l'homme, de lui parler au centre même de son Moi.

La langue universelle serait celle qui exprimerait le plus adéquatement l'âme humaine de tous les temps ; qui concilierait le plus parfaitement l'intuition et la raison[2] dans ce qu'elles ont de permanent et d'indéracinable ; qui emploierait des termes à la fois si *pleins de vie*, de dynamisme intérieur et de raison pratique, que l'on ne pourrait jamais en épuiser la richesse.

Au contact des personnalités qu'elle aurait contribué à former et à épanouir, elle se vivifierait sans cesse. *Leur expérience révélerait ses trésors intérieurs.* Elle ouvrirait aux hommes de nouveaux horizons, à son contact. De nouvelles analyses du réel expliciteraient son contenu, et le révéle-

---

[1] « Il ne faut pas croire que l'abondance des formes soit toujours une richesse... Il est probable qu'en principe les idées et les rapports à exprimer étaient très simples et très peu nombreux ; que chaque rapport était exprimé par une forme correspondante, *qu'un signe embrassait une grande étendue d'idées, qu'une notion dans toute sa complexité y était enfermée, et que l'intelligence avait la force de concevoir et d'entendre beaucoup de choses sous un seul signe. La langue était sans doute peu abstraite.* » A. Tonnelé. *Fragments*, p. 62.

[2] « Quand arriverons-nous à la langue complète,... qui répondra à toutes les idées, à tous les besoins de notre esprit, qui reflètera fidèlement et notre âme et les choses, qui nous donnera l'union de l'objet et du sujet, de l'entendement et de la vérité dans le langage comme dans les idées ? » A. Tonnelé. *Ibid.*, p. 90.

raient progressivement au monde sans le heurter, ni contredire en lui rien d'essentiel.

Parce qu'elle serait synthétique et dynamique[1], c'est d'elle qu'il faudrait partir pour profiter de l'expérience et pour la purifier de toute alluvion étrangère ; et c'est à elle qu'il faudrait revenir, — comme à la plus parfaite image de l'humanité.

La langue universelle apparaît donc comme la norme, le point idéal de l'équilibre entre la raison (le social) et l'intuition (le personnel).

Si cette langue a jamais existé, si elle existe, et si les analyses que nous avons tentées jusqu'ici sont exactes, elle doit parler de lien, d'union, d'amour.

C'est que l'amour est le fond même de l'être. Il est le créateur de l'ordre, de l'équilibre, de l'harmonie, de la vie. Rien n'est plus humain, plus universel.

Les hommes de lettres le savent bien : la plupart des auteurs ne traitent guère que de l'amour et de tout ce qu'il conditionne, provoque, éveille, détruit.

D'aucuns s'en étonnent à tort, pour n'avoir pas pénétré jusqu'à la racine de *la Personne*. « Otez l'amour, — disait Bossuet, vous enlevez toutes les passions ; posez l'amour et vous les faites naître toutes. »

Ce qu'on peut regretter, c'est qu'ils n'en donnent guère, la plupart du temps, que des caricatures et des déformations.

---

[1] « De ces deux sortes d'idées les premières sont et les plus faciles à saisir et les plus faciles à traiter ; on peut les représenter exactement par des symboles, chiffres ou lettres... De là la constante disposition de l'esprit humain à tout rapporter aux idées de grandeur, à ne voir partout qu'étendue et mécanisme. Au contraire, les idées de perfection échappent à toute définition rigoureuse, à toute représentation exacte par un symbole quelconque. *C'est pourquoi est vaine*, selon Bordas-Dumoulin, *l'entreprise, rêvée par Descartes et Leibnitz, d'une langue philosophique universelle au moyen de laquelle tout se pourrait démontrer et calculer.* » RAVAISSON, p. 159.

Mais, si l'exécution est défectueuse ou coupable, le principe ne saurait être discuté : ils prétendent puiser aux sources de la vie, et la répandre.

L'histoire nous offre d'ailleurs une preuve indiscutable de ce que nous avançons. La langue et la littérature françaises du XVII° siècle ont eu des destinées universelles. Les classiques parlent de l'amour, des problèmes qu'il soulève, des sentiments qu'il fait naître, des résolutions qu'il suscite... en des termes généraux, avec une mesure et une dignité d'expression qui en feront, pendant longtemps encore, l'indispensable instrument de culture humaine, pour tous ceux qui voudront s'élever au-dessus des préoccupations basses ou mercantiles, et vivre noblement de la vie de l'esprit.

Toutefois, la langue classique, quelle qu'ait été sa fortune, ne réalise encore qu'imparfaitement l'idéal de la langue universelle que l'on peut concevoir. La vraie langue humaine devrait être pour tous les hommes et pour tous les temps la traduction, intelligible sans grand effort, de la liaison intime des êtres, de leurs relations, de leur coordination, de leur hiérarchie vivante. C'est dire qu'une telle langue serait une philosophie religieuse, et que si elle a jamais apparu dans le monde, ainsi que nous le rechercherons plus tard, ce n'a pu être qu'au sein même d'une religion.

*
* *

Il semblerait à première vue que, de notre précédente étude, nous puissions légitimement conclure que le langage est, par essence, instrument de connaissance progressive et de plus grande intimité dans nos rapports avec le non-Moi.

Ce serait peut-être aller trop loin, car les rapports qu'il constate et qu'il exprime sont tout extérieurs. Il ne nous fait pas pénétrer dans la profondeur des êtres et ne nous révèle pas leur loi.

Le langage usuel est surtout subjectif. Il n'est à proprement parler qu'une image approximative du réel, qui circule parmi les hommes pour les usages de la pratique¹.

Du non-Moi, de l'universalité des êtres, il ne fait guère connaître que l'impression ressentie par l'homme à leur sujet. Des autres hommes même, en tant qu'ils nous sont extérieurs et objets de connaissance, il ne nous apprend rien de précis, d'individuel, rien qui nous permette de pénétrer dans leur intérieur et d'y voir fonctionner leur donné vivant, pour en saisir le moteur, les ressorts. C'est une sorte de topographie, qui nous permet de nommer au passage les choses qu'amènent sous notre regard les hasards de l'action.

Il ne porte en lui-même aucun critérium de sa vérité, de son accord réel avec les êtres, car les mots n'ont pas une valeur unique, la même pour tous.

Il suffit aux besoins pratiques de l'humanité, — mais il révèle à chaque instant ses incapacités radicales.

Il est un charme pour l'oreille et l'imagination. Mais il n'explique rien.

Cependant *il rend tout possible*. Parce qu'il est la manifestation des sentiments sociaux de l'homme, de *l'amour d'utilité* qui le porte vers les autres hommes, afin de tirer parti de leur mutuelle union, il est l'ouvrier nécessaire de

---

[1] « Cette imperfection du langage permet à l'écrivain de se faire jour. C'est parce que le langage n'exprime et ne fait paraître aux yeux qu'une faible partie de ce monde subjectif que l'art d'écrire est possible. Si le langage était l'expression adéquate de la pensée et non un effort plus ou moins heureux vers cette expression, il n'y aurait pas d'art de bien dire. Le langage serait un fait naturel comme la respiration, la circulation, ou comme l'association des idées. Mais grâce à cette imperfection, on fait effort à mieux saisir sa pensée dans tous ses contours, dans ses replis les plus intimes, et à la mieux rendre, et l'on fait œuvre d'écrivain. *Felix culpa*, dirons-nous, puisque c'est à elle que les peuples doivent leurs littératures, et cet admirable trésor, sans cesse accru, de chefs-d'œuvre qui sont l'éternel honneur de l'humanité. » A. DARMESTETER, *La vie des mots*, p. 72.

l'effort collectif, de la pensée, de la réflexion, de la marche en avant[1]. A la condition expresse toutefois, qu'on sache se garder des pièges tendus par lui à toutes les inattentions, toutes les inexpériences.

∴

Comme toute chose humaine en effet — et il convient d'en prendre résolûment son parti, pour n'avoir pas de désillusions naïves et débilitantes — le langage, créateur de vie, organisateur des sociétés, agent actif de civilisation et de progrès, a aussi ses insuffisances et ses dangers[2] ; il peut devenir néfaste et destructeur.

Que faut-il pour cela ? Un rien : faire échec, par l'intérieur, au dynamisme conquérant qui le caractérise.

Parce qu'il exprime l'âme, le Moi, il a pour essence le mouvement. Quiconque le reçoit donc en lui passivement, et de façon inerte, le tue[3]. C'est un obstacle qu'il apporte, souvent à son insu, à sa vie intérieure. Il se croit riche alors qu'il s'appauvrit, il s'estime fort au moment même où il se débilite.

Combien sont-ils ceux qui, se reposant sur le vocabulaire appris, ne voient plus que lui, et croient de très bonne foi qu'il suffit à tout. Combien ceux qui, confondant le verbe

---

[1] « Les concepts *immobiles*, instruments libérateurs de spiritualisation », dit Second (*Bergson*, p. 102). Mais si le concept libère, c'est précisément parce qu'il n'est pas immobile, mais vivant.

[2] « Le mot est, pour la pensée, ce que le corps est pour notre âme. Bossuet disait du corps : « Soutien nécessaire, ami dangereux, avec lequel je ne puis avoir ni guerre ni paix, parce qu'à chaque instant il faut s'accorder, et à chaque instant il faut rompre. On peut en dire autant des mots. » Gratry. *De la connaissance de l'âme*, I, p. 128.

[3] « La langue est esprit » dit Tonnelé (*Fragments*, p. 101) « la matière ne nous est donnée que pour la mettre au service de l'esprit. »

avec les choses[1], passent au milieu d'elles en piquant une fois pour toutes sur chacune l'étiquette immuable qui la d... nera désormais de la même et uniforme façon[2]! Mais que faites-vous du mouvement de l'être ; de l'enrichissement continuel, ou tout au moins de l'indéficiente transformation de son intérieur ?

L'intuition vivante ne vous a donc rien appris ? Rentrez en vous-même pour avoir le sens de la vie, si vous voulez éviter le verbalisme et de parler comme un perroquet, avec les mêmes phrases incolores, de ce qui, par essence va, agit et change, tout en demeurant identique à soi-même.

Car ce verbalisme est le grand danger humain. Il vous tire en effet et il vous tient à l'extérieur de votre Moi. Parce qu'il se contente béatement du mot — forme vide et qui ne prend de valeur que par le Moi qui s'y insère, y vibre et se communique par lui —, il atrophie la vie intérieure[3]. Il est éminemment superficiel.

L'homme verbal vit dans une inintelligence plus ou moins complète des choses profondes. Le dedans, pour lui, ne compte pas. Il oublie que s'il y a dans le monde quelque puissance physique, quelque richesse matérielle, elle a jailli

---

[1] « La paille des termes pour le grain des choses. » Leibnitz.

[2] « Une fois qu'un mot, en raison de l'usage populaire ou de l'emploi qu'en ont fait des écrivains d'autorité, a été approprié à un cercle précis d'idées, il reste désormais acquis à l'expression de ces idées. C'est ainsi que les mots deviennent de plus en plus de simples signes conventionnels, des médailles effacées, et dont l'empreinte originelle ne peut souvent être retrouvée et renouvelée que par la perspicacité géniale des artistes en langage, et surtout des poètes. » Théod. Gomperz. *Les penseurs de la Grèce*, Alcan, 1908, 2ᵉ édit., p. 420.

[3] « Instituant ainsi une série d'états bien tranchés, le langage empêche de saisir la continuité d'écoulement et la fusion mouvante de nuances qui constitue la réelle durée de la vie consciente. » Second, *Bergson*, p. 30.

des entrailles du sol, qu'il a fallu tout d'abord travailler dans les galeries souterraines, les mines enfumées, le labeur obscur, et séparer la gangue du pur métal, avant d'obtenir la monnaie d'or ou l'acier des moteurs[1] !

Et parce qu'il ne comprend rien à la vie intérieure de *la Personne*, et à l'énergie qu'il faut déployer du dedans, *sans cesse*, pour se « construire » moralement, il verse peu à peu dans un rationalisme qui s'exaspère et finit par ne juger de tout qu'au nom de l'idée pure. Mais il ne remarque pas que *l'intellectualisme exclusif*, sous toutes ses formes et dans tous les domaines, *est la caricature de la raison*[2]. Plus que cela, *il en est la négation même*. Car celle-ci ne vit que par l'intérieur et son contact avec la vie. Dès lors que vous parlez un langage d'initiés, que vous faites uniquement

---

[1] « La raison n'est pas un pouvoir, c'est un instrument ; ce n'est pas une chose qui meut, mais une chose qui est mise en œuvre par *des forces qui agissent derrière elle*. Soutenir que l'homme est gouverné par la raison est aussi absurde que de dire que l'homme est gouverné par ses yeux », a écrit H. Spencer... *Aussi toute éducation purement intellectuelle, purement rationaliste, est-elle nécessairement une éducation dépravée.* » J. Bourdeau. *La crise morale*, cité par Bureau, p. 257.

[2] « Les conclusions de ce livre seront scientistes, pour emprunter à certains adversaires un barbarisme expressif. Je pense, en effet, que le rationalisme et l'intellectualisme, par cela même qu'ils sont la justification absolue de la science, doivent s'appuyer sur la science et *ne pas la dépasser*. Ils doivent être, eux aussi, rigoureusement scientistes. » A. Rey. *La Philosophie*, p. 79, 80.

Mais il est un autre intellectualisme, légitime, nécessaire, plus *réaliste* et plus *rationnel*, qui tient compte de toutes les aspirations du Moi.

« Il ne s'agit pas, évidemment, de dénier à l'intelligence son rôle. Nous ne connaissons jamais que par elle et, par suite, nous sommes toujours intellectualistes à quelque degré. Seulement il importe d'en appeler d'un intellectualisme superficiel, — qui est ce que l'on désigne vulgairement sous ce nom, — à un intellectualisme plus profond. Outre que l'intelligence est une vie, et, comme toute vie, orientée vers l'action, — ce qu'on oublie trop volontiers, — elle n'est pas toute la conscience. » P. Gaultier. *La Pensée contemporaine*, p. 49. — *Voilà le vrai.*

appel à la logique pure, que vous vous exprimez en langage algébrique, vous quittez le terrain de la raison, qui exprime la conscience moyenne de l'humanité, et vous n'avez plus aucune autorité pour porter un jugement sur la vie et sur les hommes au nom de votre mathématique verbale[1]. Elle n'a d'autre précision que celle du mécanisme ; d'universelle que son étiquette : pour l'immense majorité des hommes elle est inintelligible. Dès lors que vous érigez un langage exclusivement intellectuel en juge de la conscience, de la vie intérieure, votre attitude devient radicalement anti-rationnelle. C'est du pur pédantisme.

Et ne dites pas que la langue que vous parlez ainsi est plus philosophique et plus capable par conséquent de révéler aux hommes la loi de la vie. Cette affirmation est une méprise. Le langage philosophique est humain, à la fois raisonnable et vivant, accessible à l'esprit et au cœur, exprimant en des termes saisissables par la moyenne de l'humanité ce qui est capable de la grandir, à l'heure même où l'on écrit. La langue philosophique est *en avance* sur le langage ordinaire, mais elle est essentiellement vivante et perfectible. Adaptant sa forme aux consciences contemporaines afin de les éduquer, de les faire progresser dans la connaissance de la vérité, elle trouve à chaque époque la formule nouvelle qui harmonise la conscience et la Science, le Moi individuel et l'universalité des choses, telle qu'elle est révélée dans l'expérience humaine.

Veut-on la preuve de l'erreur intellectualiste ? L'observation de ses tenants en fournit une, péremptoire. Le plus souvent ils ont un Moi tout en dehors. Fatalement ils su-

---

[1] « Cette inertie et cette extériorité intellectuelle, bien loin de nous fixer hors du devenir, ne tiennent leur réalité précisément que de l'intuition active... » SEGOND. *Bergson*, p. 101.

bissent le contre-coup de leur manque de contact avec
le réel, par le dedans. Pour l'ordinaire ils sont égoïstes et
secs. Ils manquent d'humanité, n'ont « pas de cœur ».
On dirait des formules, des abstractions, des entités qui
marchent comme des fantômes au milieu de leurs frères.
Sans être méchants, ils ignorent la bonté. Leur mécanisme
verbal les a vidés de ce dynamisme vibrant qui nous fait
tressaillir au contact d'une âme vivante[1].

Ces hommes peuvent être des dialecticiens habiles, ils ne
seront jamais des manieurs d'hommes et des convertisseurs.
Les mots sont devenus pour eux des absolus[2]. Ils ignorent la
valeur de l'expérience, et la nécessité où tout esprit se trouve
d'y replonger à chaque instant les termes du langage, pour
maintenir leur vitalité ou leur conférer une valeur nouvelle[3],
plus pleine, humaine toujours, pour les rendre capables
d'éveiller des échos dans les âmes et d'y porter la lumière
libératrice de la vérité[4].

Egoïstes, ils sont aussi fatalement et incurablement orgueilleux, car ils se croient les détenteurs de l'absolu. Se

---

[1] BERGSON explique bien comment le langage contredit en fait la vie
intérieure, la solidifie, et crée dans l'homme un moi *social* et *factice*.
(*Les Données*, p. 99, 102).

[2] « Le langage lui-même nous trompe par sa trop grande précision,
et nous fait prendre pour des êtres réels, *pour des manières de personne*,
tout ce que nous le chargeons de nommer. C'est en particulier la mys-
tification qu'il nous fait subir avec le mot de bonheur. » MONTÉGUT.
Esquisses, p. 296.

[3] « La langue est un moule dans lequel l'esprit est jeté d'abord, et
que peu savent briser. » A. TONNELÉ. *Fragments*, p. 82.

[4] « Il faut toujours chercher à dégager l'idée et ne jamais oublier
que la langue est *esprit*, soit qu'on l'étudie comme langue, soit qu'on
s'en serve comme instrument... La langue considérée comme instrument de communication, a partout ce double caractère : elle est également un moyen d'union et de désunion, de contact et de séparation.
Combien souvent les mots cachent les idées, surtout dans les discussions ! » A. TONNELÉ. *Fragments*, p. 75, 76.

piquant de tout comprendre parce qu'ils ont réduit la réalité en formules, alors que par là même ils ne peuvent rien approfondir, ils ignorent la complexité du réel, et les faces multiples de la vie[1]. Ils s'érigent le plus naïvement du monde en juges suprêmes et sans appel. Puis ils prononcent des exclusions, des ostracismes, avec une suffisance qui « ne doute de rien », et sans s'apercevoir qu'au fond leur Moi s'étale et s'impose comme la mesure de tout !...

L'apothéose du Moi, voilà le grand danger du verbalisme. Il est la mort de la sympathie et de l'unité, de la charité et de l'amour[2]; il est éminemment antisocial.

Il l'est encore à d'autres titres. Le langage, par l'écriture et par le livre, peut tuer la spontanéité, éteindre la pensée. Au lieu de se servir des textes des maîtres pour féconder son Moi, et mettre en valeur, par le talent, les découvertes faites par le génie, on s'attache à les commenter littéralement, à en rechercher les sens possibles, à discuter à perte de vue. On crée des écoles où la superstition de la lettre annihile le culte de l'esprit. L'imitation se fait servile; on répète. Et le

---

[1] « Cependant si les idées opposées semblent ici inconciliables, ne serait-ce pas qu'on les considère, de part et d'autre, dans les termes plutôt que dans les choses, et plus logiquement que physiquement ? De part et d'autre, ce semble, on prend les notions que l'on considère dans le sens exclusif qu'offre le nom qui les exprime, et qui n'admet rien de son opposé. Mais en est-il bien de même dans la nature ? *Ce qui logiquement est incompatible, dans la nature souvent s'unit, s'harmonise ;* ce que tranche et sépare cette raison imaginative qui fait le langage, en encadrant pour ainsi dire des notions dans des mots, comme l'on place en des lieux différents, différents objets matériels, la nature, au contraire, à laquelle une plus haute raison doit se trouver conforme, nous le montre lié, continu, fondu ensemble. » RAVAISSON, p. 181.

[2] « On l'a dit : Il est des hommes qui, lorsqu'ils tiennent quelque discours ou forment quelque jugement, regardent dans leur tête au lieu de regarder en Dieu, dans leur âme, dans leur conscience et dans le fond des choses. » GRATRY. *De la connaissance de l'âme*, 1, p. 157.

génie qui par nature est un dynamisme plus puissant placé au sein des choses pour les soulever, les mettre en marche, les faire avancer, devient l'obstacle le plus redoutable du progrès. « Le génie n'a qu'un siècle, après quoi il faut qu'il dégénère », a-t-on dit. C'est faux. Il doit changer, sans doute, parce qu'il est un ferment vital, à la fois le produit du Moi et des choses, de la vie profonde et de l'expérience toujours nouvelle et plus riche ; mais dégénérer, il ne le peut que par la faute des hommes. Dans tous les ordres de l'activité humaine, ceux qui éclairent les peuples le font en projetant sur eux leur lumière du dedans et leur vie intérieure.

De tels hommes n'ont été que peu ou point les hommes du livre. Ils ont eu surtout une âme éveillée par les choses, et où l'extérieur, le monde, prenaient leur valeur totale, leur signification plénière.

Aussi bien la culture livresque, dont ils sont les promoteurs inconscients, ne se peut-elle produire qu'en les contredisant. On les traite comme s'ils avaient tout dit et dans des formules définitives, alors qu'ils n'ont été que des hommes de recherche, toujours en mouvement aux côtés de la vérité en marche, et qu'ils ont donné, par leur exemple et leur parole une méthode active et non pas un ordre d'arrêt[1]. Ils ont montré que la vérité n'était puissante qu'à la condition de s'incarner dans une vie personnelle, une individualité, et que ceux-là seuls pouvaient se vanter d'être leurs disciples et de les continuer, qui les dépasseraient en les adaptant sans cesse aux expériences nouvelles et aux besoins nouveaux des vivantes générations !

---

[1] « Les génies sont la gloire des écoles et les délices de nos yeux, et pourtant leur trop grande influence a amené plus de décadence que de progrès. *Celui qui vient après eux ne les continue qu'à la condition de recommencer leurs efforts et leurs recherches, tout en s'éclairant à leur lumière.* » J. Breton. *La Peinture*, p. 215.

**

Avant de terminer, quelques constatations s'imposent.

Le langage ne crée pas le trésor intérieur. Il l'épure ; il socialise, il met en circulation la richesse vivante du Moi, mais il n'en est pas l'auteur. Sans lui le précieux métal resterait enfoui, stérile ; il le fait se produire et le constitue bien d'humanité. Il est quelque chose de vécu, mais il n'est pas la vie, et c'est ailleurs que dans *la linguistique* qu'il faut chercher la solution des problèmes qui sont le tourment des hommes [1]. Elle peut avoir l'ambition de se suffire et de dire le dernier mot de tout : c'est une pure prétention sans fondement solide.

Pour arriver à la vérité, il ne faut examiner ni les livres

---

[1] Il convient d'ailleurs d'en reconnaître toute la qualité. « Cette science de mots et de chicanes grammaticales a conduit aux plus hauts problèmes, aux plus hautes idées sur la nature de l'esprit et des choses, et a tout éclairé d'une lumière nouvelle. » A. Tonnelé. *Fragments*, p. 72. Mais il est bon d'ajouter avec M. Bréal (L'histoire des mots, *Revue des Deux-Mondes*, 1er juillet 1887, p. 204). « Nous conclurons qu'en matière de langage, il y a une règle qui domine toutes les autres. Une fois qu'un signe a été trouvé et adopté pour un objet, il devient adéquat à l'objet. Vous pouvez le tronquer, le réduire matériellement : il gardera toujours sa valeur. A une condition toutefois, savoir, que l'usage qui attache le signe à l'objet signifié reste ininterrompu. Reconstruire une langue avec le seul secours de l'étymologie est une tentative risquée, qui peut réussir jusqu'à un certain point pour le commun des mots, mais qui vient se heurter à ce genre particulier d'obstacle résultant des locutions. On le sent bien quand on déchiffre un texte dont la langue ne nous est point parvenue *par une tradition restée vivante*. L'origine des mots est souvent claire, la forme grammaticale ne laisse prise à aucun doute, *mais le sens intime nous échappe. Ce sont des visages dont nous découvrons les traits, mais dont la pensée reste impénétrable.* Les langues anciennes que nous connaissons véritablement sont celles qui nous sont arrivées accompagnées de lexiques et de commentaires : le latin, le grec, l'hébreu, le sanscrit, l'arabe, le chinois. » Et il faut bien avouer que c'est trop peu pour être en mesure d'apporter, du point de vue linguistique, une solution au problème humain.

des discoureurs, des discuteurs d'école, qui croient chacun dans leur sphère inventer le monde, ni ceux des pédants qui décrètent de la vérité totale et vivante sur un texte boiteux ou un cas de clinique ; mais il convient de s'adresser aux œuvres du génie, aux écrits des maîtres, selon leur valeur d'humanité. Les plus grands sont ceux qui ont répandu sur le Moi, sur le monde et sur leurs relations, le plus de clarté lumineuse : qui ont offert aux hommes l'idéal le plus capable de faire leur éducation progressive, de les rendre plus vivants, d'orienter l'expérience et de lier dans une harmonie puissante et simple à la fois : le passé, le présent, l'avenir.

Et parce que le langage est essentiellement dynamique, c'est encore moins à la lettre qu'à l'esprit de l'œuvre de ces hommes supérieurs qu'il convient de s'attacher.

Puis, s'il faut encore faire un choix parmi ces éducateurs de la Personne humaine, abordons les premiers ceux qui ont vécu leur doctrine, l'ont illustrée et prouvée par des actes. Leur attitude vivante a donné à leurs paroles une plénitude de sens et ce je ne sais quoi d'achevé, que ne peuvent offrir des formules détachées de l'action.

Ce n'est pas tout. Le langage de l'homme de génie, après avoir été vécu par lui, est entré dans l'expérience de l'humanité et a, de siècle en siècle, été vécu par elle. Il a fait, au sein même de l'Histoire, la preuve de son dynamisme et de sa qualité. En vivant, il s'est précisé et a dévoilé sa valeur éducative — pour les individus et pour la société qui, se servant de lui, y alimentait sa vie intérieure. Une tradition s'est formée. Plus a été nombreuse la lignée des disciples qui se sont ainsi transmis le langage d'un homme comme un flambeau de vie, plus leur personnalité a été puissante et leur action féconde, plus nous avons de chance de trouver aujourd'hui, à notre tour, dans le livre dont ils ont vécu, l'explication des choses et la norme de notre propre vie.

Et pour conclure, disons que nous avons chacun à l'égard du langage un devoir, et que nous gardons par devers nous, relativement à lui, un droit.

Le devoir, c'est de sortir de notre Moi, de prendre en main le livre de l'homme de génie qui a dit sur la vie les paroles les plus décisives et qui ont porté, au jugement des esprits éclairés, impartiaux, les fruits d'humanité les plus féconds[1].

Le droit, c'est de demander à la parole géniale ses titres *actuels*. C'est d'exiger que la vérité qu'elle propose par l'organe vivant de la tradition qui la continue et l'authentique, non seulement ne contredise en rien le Moi intérieur dans ce qu'il a d'essentiellement humain, mais devienne pour lui un ferment vital capable de le soulever, de le grandir, et de porter jusqu'à la perfection de l'idéal sa personnalité et sa conscience.

« Le langage est une matière ; *il faut*, avec son aide, faire éclater l'esprit, nous rendre, par lui, aussi présente que possible l'image de ce que nous aimons, de ce que nous désirons, — de ce que nous sommes faits pour atteindre un jour[2] ».

---

[1] « Dans la diminution de plus en plus évidente des influences traditionnelles et locales, le *Livre* devient le grand initiateur. Il n'est aucun de nous qui, descendu au fond de sa conscience, ne reconnaisse qu'il n'aurait pas été tout à fait le même s'il n'avait pas lu tel ou tel ouvrage : poème ou roman, morceau d'histoire ou de philosophie. » BOURGET, cité par KLEIN. *Autour du Dilettantisme*, p. 116.

[2] A. TONNELÉ. *Fragments*, p. 95.

CHAPITRE VI

L'AMOUR

On ne peut guère prétendre à donner de l'amour une définition. Autant vaudrait tenter l'impossible entreprise d'enfermer la vie dans une formule, s'il est, comme nous l'avons reconnu, le fond le plus radical de l'être.

A peine arriverons-nous à le décrire avec une exactitude assez précise pour en faire *voir* la richesse indicible et la foncière ineffabilité.

Du dehors, l'amour apparaît d'abord comme une relation[1]. Il comporte deux termes, unis entre eux, et en vivant rapport de mutuel échange.

L'amour est ainsi multiplicité, authentique agrandissement de l'individu, société active et dont les membres sont interdépendants.

L'amour est la première extension du Moi. Il socialise en quelque sorte l'intuition, et prolonge dans un autre son mouvement vital afin d'y chercher son terme.

Le mouvement d'amour est donc essentiellement naturel et humain. Il est notre être même qui, docile à la poussée intérieure, se laisse porter en autrui afin d'y entendre la réponse au *Pourquoi* de la vie, et de s'y achever.

Aimer, c'est se reconnaître incomplet, tendre la main, se faire mendiant.

---

[1] « Minus quam inter duos caritas haberi non potest. Nemo enim proprie ad seipsum habere caritatem dicitur; sed *dilectio in alterum tendit ut caritas esse possit.* » S. Grégoire le Grand. Homélie 17e sur les Evangiles.

Mais c'est aussi, en quelque sorte, s'universaliser. C'est établir un lien entre son Moi le plus intérieur et l'ensemble des choses mûes par l'amour. Et parce que l'on se place ainsi au cœur même des êtres, on en a plus qu'un autre l'intelligence et la vision. On sait, rien qu'en vivant conformément à sa loi, ce que beaucoup de philosophes n'ont pu trouver encore !

Quiconque répond à l'amour fait essentiellement acte d'homme. Il est en marche vers la « terre promise » de la vérité et du bonheur.

A une condition toutefois : c'est qu'il ne se tienne point pour satisfait avant d'avoir atteint le terme où il pourra se dire avec certitude : « Voici le lieu de mon repos ».

Essayons donc de nous orienter, afin de n'être pas dupes et de nous diriger sûrement vers la lumière libératrice. Car il y a toujours, de par le monde, comme autrefois sur les côtes de Bretagne les écumeurs de mer, des êtres néfastes qui sèment la mort et la ruine — en allumant les feux trompeurs qui conduisent aux gouffres, où viennent s'abîmer lamentablement le cœur, la pensée, l'espérance !

.·.

L'amour est avant tout *une vision*.

Dans l'acte même de la vie, — dès que nous avons pris contact avec les choses du dehors, nous sommes engagés dans une infinité de sensations. A chaque instant mille objets extérieurs s'efforcent d'attirer notre attention, de nous captiver, de nous « absorber ».

Imaginez un promeneur tranquille accomplissant chaque matin sa tournée solitaire au centre des affaires d'une grande cité. Sur la place publique, au milieu d'une multitude grouillante et active il va, flâneur, inoccupé, pour le plaisir de voir et de se remuer. Les contacts sont multiples avec une foule de gens inconnus qu'il faut inspecter à la hâte, entre lesquels il faut évoluer plus ou moins prestement, selon les exigences de l'heure ou les besoins des circonstances. Tout ce monde est fort mélangé : on y trouve les habitués de la ville et les étrangers de passage.

Son tour de marché terminé, le promeneur rentre chez lui. Et dans son intérieur, où les bruits du dehors s'atténuent, voilà que sa mémoire évoque des images : des cris pittoresques, des gestes inaccoutumés, des visages bizarres !... Une figure se détache de la foule anonyme. A peine l'a-t-il entrevue. Mais elle avait de la distinction, un je ne sais quoi de supérieur, de plus vivant que son entourage de rencontre... Un bruit le distrait, quelqu'un l'appelle : il passe outre et il oublie.

Le lendemain, à l'heure ordinaire, la même apparition se reproduit... La bonne impression de notre promeneur se confirme : cette personne tranche sur le commun. Sa curiosité s'éveille : il revient, observe, interroge discrètement. Un lien secret se forme... Et un jour arrive où se fonde un nouveau foyer.

La rencontre peut s'être faite plus inopinément, et avoir été, dès le début, décisive. Le sujet distrait s'est heurté à l'objet qui suivait paisiblement, normalement sa ligne, et le voyait venir avec un sourire, où il jouissait d'avance de la surprise du nouvel arrivant ! Un frôlement a eu lieu, un regard mutuel, un mot de déférence, de respect et d'excuse, ici ; là, une réponse de douceur, d'une voix vivante, vibrante de bonté... et l'attirance s'est produite invincible, dans cette rapide rencontre où l'être intérieur a transparu un instant[1].

---

[1] La *soudaineté* de cette apparition, que Stendhal appelait « le coup de foudre », a fourni à Pailleron le titre d'une de ses comédies, l'*Etincelle*.

Deux êtres avaient longuement vécu côte à côte, remplis de sympathie mutuelle et de confiance partagée. Fiers de leur jeunesse, ils rêvaient chacun d'un avenir où l'autre n'entrait cependant point comme un élément nécessaire. Ils entrevoyaient le moment où cette bonne camaraderie, créée par le voisinage ou la parenté, devrait finir. La destinée ferait leurs routes divergentes.

L'un d'eux prend tout à coup au tragique cette séparation. Il lui semble qu'il ne pourra plus marcher seul. Le voilà triste, il souffre... Et l'autre, se penchant sur cette détresse, dont il ignore la cause et qu'il veut consoler, fait preuve d'une tendresse forte, d'une délicate bonté, — par laquelle il espère consoler son ami, lui donner la force de vivre.

Il la lui donne en effet. Ce don de soi-même devient pour son compagnon la révélation suprême, la preuve tangible, si vivement attendue, souhaitée. Et l'être qui n'était hier pour lui qu'un ami d'enfance devient l'unique objet de son amour, auréolé de vivante lumière !

L'amour peut naître enfin d'une démarche directe et positive de l'objet[1]. Voulant se faire connaître, il n'attend rien du hasard des rencontres. De soi-même, par un acte volontaire, il se place dans la sphère d'expérience du sujet choisi par lui. Aussi souvent qu'il est nécessaire, il multiplie les contacts, attire et renouvelle l'attention pour qu'on le remarque et qu'on finisse par s'intéresser à lui.

Et notons ici en passant que *l'objet* de l'amour n'est pas nécessairement ni uniquement une personne[2]. Il peut

---

[1] Nous entendons par *sujet* de l'amour l'être qui le ressent, l'éprouve ; *objet*, l'être qui le provoque, en est la cause déterminante, et apparaît comme le supérieur, le bien, le désirable, le terme de l'activité.

[2] Cependant il est vrai de dire avec OLLÉ-LAPRUNE (*le Prix de la Vie*, p. 321) : « Comprenons-le bien : aimer tout de bon, en donnant au mot toute son étendue, toute sa force, c'est aimer une *personne*... »

être aussi bien une chose, même inanimée[1]. Combien de gens s'attachent à leur chien, à leur chat... à leurs œuvres, avec la même passion. L'amateur de tulipes de la Bruyère se rencontre bien souvent dans la vie[2]!...

Dans tous les cas cependant les relations du sujet et de l'objet sont identiques.

L'objet est donné *dans l'expérience*, dans l'acte même de la vie du sujet, en un rapport qui a lieu dans le temps et l'espace.

Il apparaît comme ayant avec le sujet une convenance particulière, spéciale, perçue dans un *acte d'intuition* rapide, — soudaine ou préparée — au centre même de la vie, au point vital.

Cette vision est *révélatrice* du dynamisme intérieur du

---

[1] « La perspective linéaire est une science italienne. Paolo Ucello lui consacra toute sa vie. Il en fit une science exacte qu'il réduisit en formules rigoureuses... Ce fut un monomane de la perspective. Il en eut l'obsession au point d'en perdre le sommeil. Non content, en effet, de ses journées, il y employait encore ses nuits, et quand sa femme, Mona Tomasa, tentait, minuit passé, de l'arracher à ses calculs en l'invitant à se coucher, l'obstiné perspectiviste répondait extasié : « Ah! si tu savais quelle belle chose c'est, la perspective ! » ABEL FABRE. *Pages d'Art Chrétien*, 2ᵉ série, p. 11.

[2] « Le fleuriste a un jardin dans un faubourg, il y court au lever du soleil, et il en revient à son coucher. Vous le voyez planté, et qui a pris racine au milieu de ses tulipes et devant la *Solitaire;* il ouvre de grands yeux, il frotte ses mains, il se baisse, il la voit de plus près, il ne l'a jamais vue si belle, il a le cœur épanoui de joie. Il la quitte pour l'*Orientale;* de là il va à la *Veuve;* il passe au *Drap d'or,* de celle-ci à l'*Agathe,* d'où il revient enfin à la *Solitaire,* où il se fixe, où il se lasse, où il s'assied, où il oublie de dîner... il la contemple, il l'admire : Dieu et la nature sont en tout cela ce qu'il n'admire point ; il ne va pas plus loin que l'oignon de sa tulipe, qu'il ne livrerait pas pour mille écus, et qu'il donnera pour rien quand les tulipes seront négligées et que les œillets auront prévalu. Cet homme raisonnable, qui a une âme, qui a un culte et une religion, revient chez soi fatigué, affamé, mais fort content de sa journée : il a vu des tulipes. » LA BRUYÈRE. *Caractères,* Chap. XIII, De la Mode.

sujet. Elle ne le crée pas : *elle le suppose, et l'organise en fonction de l'objet apparu*. Au contact de l'objet, le Moi se réveille en quelque sorte, il découvre en lui-même des richesses vivantes, des puissances actives insoupçonnées, inemployées. Il prend de son intérieur une conscience plus exacte, plus précise.

Cette vision est pénétrée *d'intelligence*. Elle est un *jugement de valeur*. Non seulement le sujet regarde son objet comme existant, mais il décide de sa qualité. Il affirme tacitement que, relativement à lui, l'objet est un bien. Entre eux une *liaison* lui apparaît comme possible : il se sent *une aptitude* intime à le posséder.

Et la vision alors se mûe en désir. D'un élan instinctif et total l'être intérieur s'oriente vers *son* bien. Toutes ses puissances vibrent et se tendent vers celui qui paraît être le terme de leur dynamisme foncier, en qui elles espèrent le complément de vie nécessaire; le repos dans la plénitude, le calme et la dilatation. Ainsi l'oiseau cherche le vent pour être soulevé par lui, porté plus loin sans effort.

Le sujet, par son désir même, est en quelque façon poussé hors de lui. « Il ne tient plus en place. » Il est pressé d'aller, de se rendre compte, de contrôler, dans un contact plus direct, son jugement spontané. Au milieu même de sa certitude un doute lui reste, inavoué mais réel : si cependant il se trompait! Si la vérité n'était point telle qu'elle lui apparaît : vivante, triomphante !.. Si son rêve n'était que mirage !... Il convient de toute façon d'en avoir le cœur net : pour la conquérir si elle est vraie, pour n'y plus penser si elle n'est qu'un fantôme !

Il en est qui se contentent de vivre leur rêve, et d'en vivre, ou parfois, silencieusement, d'en mourir[1] !... Soit

---

[1] Le célèbre et mélancolique sonnet d'*Arvers* est dans toutes les mémoires : « *Mon âme a son secret, ma vie a son mystère...* »

timidité naturelle, soit crainte de voir une fois encore leurs espérances déçues et de revenir plus las que jamais de leurs infructueuses démarches, ils se tiennent à l'écart, comprimant leur désir, pareils à ces machines d'express qu'un mécanicien timoré retiendrait indéfiniment sous pression dans la gare de départ, sans qu'on pût jamais le décider à partir !

Cette attitude est rare, relativement. La plupart des hommes suivent en effet leur pente naturelle et se laissent porter sans résistance vers le bien qui leur est apparu, et qui est maintenant l'objet de leur désir[1]. Ils vont, ils courent vers lui, confiants en eux-mêmes, avec je ne sais quelle conviction inavouée que leur démarche leur *crée un droit*. Orienter ses pas vers l'objet est déjà pour eux un commencement de possession. Leur volonté anticipe les événements, et ils ne doutent point que leur appel ne soit entendu et qu'on n'y fasse écho, puisqu'il est la vie qui vient[2] !...

*
* *

Mais l'objet de l'amour ne répond pas nécessairement aux sollicitations du sujet. Il ne prend pas fatalement ce que l'on pourrait appeler une attitude complémentaire.

---

[1] Il n'est ici question, bien entendu que d'un amour légitime. Autrement, aux timides il conviendrait d'ajouter les *hommes de devoir*, qui, sensibles à l'attrait intérieur, s'y opposent et le réduisent à l'impuissance par un acte de libre énergie. Cette attitude de résistance volontaire au mouvement spontané dont ils sont le théâtre constitue proprement *la vertu*. Elle est l'affirmation active d'un amour préexistant pour un bien jugé supérieur, auquel le second est incapable de faire échec.

[2] « C'est la véhémence du désir qui crée l'illusion. On n'est que trop porté à escompter ce que semble promettre le *droit du désir*. Tout sentiment vif s'accompagne de postulation véhémente. » Estève. *Impérialisme*, p. 63. — « En matière de sentiment, l'illusion crée vite la certitude. » Le Bon. *Aphorismes*, p. 12.

Parfois il se renferme dans une indifférence superbe, dédaigneuse de toute avance. Il ne veut point, de parti pris, entendre l'appel extérieur. Cette misère qui vient vers lui; et qui s'avoue, lui fait pitié. Il s'en détourne, ferme son cœur. Soit suffisance, soit volonté arrêtée de ne pas se laisser pénétrer, il ne permet aucun contact. En vain le sujet supplie-t-il ; en vain toute sa manière d'être, humiliée, proteste-t-elle qu'il ne vient pas pour conquérir, mais pour recevoir une loi et se soumettre, l'objet demeure inébranlable, en apparence satisfait de sa propre richesse, s'y complaisant, considérant comme fâcheux tout ce qui le détournerait de cette possession quiète, et qu'il croit sûre. Après des rebuts plus ou moins prolongés le sujet se retire alors, la rage dans le cœur. Où il avait ardemment espéré de la bonté et de l'amour, il n'a rencontré — à son avis — qu'un égoïsme étroit. Et la haine, qui n'est le plus souvent qu'un amour déçu, s'insinue sans retard dans son âme, se manifeste en ses paroles, et parfois jusque dans les actes de violence qu'elle provoque de sa part. Quelle que soit sa destinée future, et plus sera grande la plénitude des succès et du bonheur apportés par la vie, moins cet homme oubliera l'indifférence et le mépris dont il a eu un jour à souffrir !

Le sujet pardonne plus volontiers à l'objet de prendre à son endroit une attitude hostile. Si on le combat en effet, on ne l'ignore point. Alors que par son indifférence l'objet de l'amour traite le sujet comme un contre-sens malencontreusement fait par la nature dans les choses, et qu'il le replonge ainsi en quelque manière jusqu'au tréfonds du néant dont il voudrait sortir, son hostilité, qui le tient à distance, est à la vérité une sorte d'hommage. En le repoussant, on le grandit. C'est par crainte de son emprise qu'on le met à l'écart. En le refusant, on l'exalte. Ne pas vouloir de lui c'est l'avouer supérieur. Les forts ne redoutent pas de donner leur sympathie à ceux qu'ils n'ont point peur de voir devenir leurs maîtres.

Or si l'amour du sujet cesse dans cette lutte même, où il s'attribue ainsi le beau rôle, où il prend tous les avantages, et où l'objet cesse de lui apparaître avec sa grandeur première et comme le terme naturel de son ardent désir, du moins il ne s'y aigrit pas. Si l'on n'a point à son endroit employé les armes déloyales de la calomnie ou de l'insulte, il revient convaincu qu'il est au fond une puissance avec laquelle il faudra désormais compter. Et cet homme qui s'était fait petit et suppliant pour entrer en commerce de vie et d'amour, se retrouvera, après son échec, moins humble à coup sûr, et peut-être tout près de devenir un juge fort décisionnaire et prodigue de condamnations !

L'objet de l'amour, d'autres fois, se plaît à être recherché. Par caprice, politique, ou sagesse, — afin d'éprouver son sujet, de se rendre compte de la sincérité et de la profondeur de ses sentiments, — après avoir accepté une première avance et un premier contact, il se tient à l'écart, il s'isole, il se cache. C'est l'épreuve nécessaire qui, dans le présent, prépare et assure l'avenir.

Et le sujet ne s'y trompe point. Il souffre, assurément de cette séparation : mais qu'il y a loin de cette peine à celle que lui causerait l'indifférence, la pire des crucifixions !... On ne l'a pas rejeté, traité comme un rebut. Le seul fait de s'être ainsi placé volontairement dans son champ d'expérience implique déjà de la part de l'objet un minimum d'amour. Il prouve qu'on accepte au moins d'être connu. Et s'il est vrai qu'on ne peut désirer ce qu'on ignore, se révéler c'est déjà se donner. La manifestation de l'objet témoigne de sa sympathie au moins initiale. *Toute révélation est une œuvre d'amour.*

Cette conviction du sujet charge sa peine d'espérance. A défaut de contact il contemple son objet, et sa méditation avive son ardeur, active sa tendance, lui fait prendre une conscience plus nette de sa puissance d'union, de sa force intérieure.

Du sein même de son vibrant désir jaillit alors pour le sujet une lumière. Il ne suffit donc pas de *vouloir* être aimé pour l'être !... L'appel intérieur ne crée donc pas un droit !... L'objet de son désir impérieux n'est donc pas lié par lui, déterminé à agir, et sa liberté demeure donc entière !...

Et voilà que l'amour d'en haut apparaît comme une faveur, comme une grâce. Le besoin du sujet n'est pas pour l'objet un impératif à l'action. La main qui se tend ne fait pas de l'aumône un devoir ! Et se mettre sur le chemin du sujet, se faire connaître, se révéler du dehors, c'est une sympathie sans doute, mais qui laisse à l'objet toute sa spontanéité d'allures. C'est à sa bonté seule qu'il appartient de décider s'il doit prendre en considération l'appel d'en bas, et comment il convient d'y répondre.

Au moment marqué par elle, l'objet fait une avance plus positive, véritable invite à monter, à faire effort pour se rapprocher de lui. Mais ce gage d'avenir, plein de promesses, n'aliène pas encore la liberté de l'objet...

Les choses vont ainsi, de degré en degré, jusqu'au moment où le sujet, encouragé par l'objet, s'étant montré digne de l'amour par sa persévérance, par son désir toujours vivant, par son attitude d'appel à la fois humble et confiante, l'objet accepte l'union qu'on lui propose et se donne lui-même.

*
* *

Dès la première sympathie de son objet commence pour le sujet une nouvelle vie. Comme la nature tout entière, le matin à l'aube, s'éveille, renaît, secoue la lourdeur de la nuit qui pesait sur elle comme la pierre d'un tombeau, ainsi l'être sur qui se lève la lumière de l'amour, ressuscite transfiguré.

Une joie pleine, puissante et douce infiniment, sourd du centre même de son Moi, et l'envahit rapidement tout entier. Il semble que tout son donné intérieur se soulève, grandit et se trouve comme à l'étroit dans son enveloppe de chair. Un dynamisme inconnu le travaille, multiplie sa personne, l'étend, le porte hors des barrières ordinaires où il avait accoutumé de se sentir et de se voir. La limite des choses et du Moi paraît changée. L'extérieur a l'air de reculer devant cette vertu qui se révèle et à laquelle il n'a aucun pouvoir de résister. Et le sujet a conscience qu'il en est bien ainsi. Il peut tout et il n'a peur de rien[1].

> Je puis vaincre la mort et braver l'inconnu ;
> Mon ciel était obscur, mon âme était fermée ;
> Voici : le jour s'est fait et l'amour est venu.

Cette assurance naît en lui du sentiment de présence qui l'anime. Nos timidités, nos craintes, nos terreurs, ont pour origine notre isolement. Le voyageur peureux, quand la nuit tombe, siffle sur la route pour se donner du cœur : il a l'illusion de n'être pas seul. Or le sujet possède son objet, du dedans : ils sont deux dans une ineffable unité. Et puis cet autre est plus grand : tout près de lui il va, comme le petit frère qui marche auprès de son aîné en lui tenant la main. Que peut-il redouter en cette compagnie !

Alors la joie du sujet se fait lyrique. Le bonheur chante, et nul n'est plus heureux !... Ainsi les oiseaux au lever du soleil, célèbrent la vie qui vient, les pénètre et les ranime. Il trouve, pour s'exprimer, des accents jusqu'alors inconnus ; son âme, naturellement, s'exhale en poésie vibrante.

En même temps, tout son Moi s'épanouit en beauté, en

---

[1] Voir l'admirable chapitre de l'*Imitation* (Lib. III, cap. 5).

bonté. De tendres sympathies le portent vers les choses. Il se découvre un cœur qu'il ne soupçonnait pas. Il se sent des trésors d'indulgence, de pardon, et ne demande qu'à les répandre sans compter.

Et puis soudain l'extérieur lui paraît aimable. Ce qui jusqu'alors lui avait semblé banal, terne, insignifiant, se colore de sa propre lumière. Un rayon de son intérieur harmonise les choses, les fait participer à sa vie[1]. Sans le soupçonner même, il refait le monde, lui infuse sa vitalité puissante ; puis il jouit délicieusement de ce nouveau paradis terrestre créé par son amour.

A toutes les choses le sujet murmure et redit le nom de l'objet aimé. Partout il le retrouve : tout l'univers est animé par lui.

Mais peu à peu, cette expansion lui pèse. Elle lui apparaît insensiblement comme une moindre possession de l'objet de son amour. A le répandre ainsi, ne risque-t-il pas de le perdre ? Ne s'expose-t-il pas tout au moins à n'en jouir plus avec plénitude ?...

Disant adieu à l'extérieur, il rentre alors en lui-même. Là il se replie, se ramasse, se concentre, semblable à l'araignée triomphante, qui, la mouche prise, revient se fixer au centre de sa fragile toile.

A ce moment commence pour le sujet ce qu'on pourrait appeler la période de gestation de l'amour.

De son objet, le sujet garde une vision qui est comme

---

[1] « André se mit à descendre lentement les escaliers qui menaient jusqu'à la dernière terrasse. En cette matinée de septembre, son âme se dilatait, avec ses poumons. Le jour avait une sorte de sainteté.... toutes les choses étaient pénétrées de soleil... Une onde immense de tendresse lui jaillissait du cœur, se dispersait au loin sur les arbres, sur les pierres, sur la mer, comme sur des êtres amis et confidents.... Il croyait sentir que la bonté des choses venait à lui et se mêlait, débordante, à sa propre bonté. » FONSEGRIVE, *Les livres et les idées*, p. 258.

l'essence même de l'être, et sur laquelle il va opérer un travail de nature particulièrement délicate, et dans une *attitude exclusive d'intériorité*, qu'il importe de bien comprendre.

Alors que la vie ordinaire de l'homme, sollicité par l'extérieur, se passe pour ainsi dire tout entière à la périphérie de son Moi, dans l'échange avec les choses, dont nous avons parlé d'abord, le sujet de l'amour s'isole presque violemment de l'expérience, de la raison — telle que nous l'avons définie. Il opère avec le dehors une brusque coupure, pour ramener toutes ses puissances, au centre même de son être, sur sa pensée, son intuition, sa vision personnelle. Par un acte de volonté, il se place hors du temps et de l'espace, dans la durée pure. Alors, absorbé en lui-même — dans cet éloignement volontaire des choses — il devient pensif, songeur, tout entier à sa contemplation.

Ce méditatif prend des allures de rêveur étranger à la vie commune, au dehors, à l'expérience, à laquelle il n'est plus adapté, par suite de cette séparation[1]. Il paraît de ce chef déraisonnable et fou à ceux pour qui la raison prime tout, qui ne conçoivent rien en dehors de l'action extérieure.

Sans doute, il offre les apparences, plus ou moins complètes, d'un homme étranger à la vie et à l'humanité. Mais ce ne sont que des apparences. S'il y a maladie, c'est-à-dire inadaptation de l'être à son milieu, elle est seulement *fonctionnelle*, mais sans rien d'organique. Et cela suffirait à le distinguer d'un détraqué. Il peut en avoir les allures, puisqu'aussi bien la vie vécue en fonction sociale est expérience autant qu'intuition, mais il convient de ne pas s'y tromper.

Car ce rêveur est à sa façon un actif. Il l'est même éminemment. Sans doute son activité échappe aux regards, parce

---

[1] Il se « désocialise » et perd le sens du relatif. Cf. Estève. *Impérialisme*, p. 93. — « Un grand amour que rien au monde ne peut *distraire* ». Beaunier. *Visages de femmes*. Action française, 11 juin 1913.

que toute au dedans ; mais elle est ininterrompue, puissante. Alors que les autres s'éparpillent, il se concentre. Il accumule les réserves vitales. Sur sa vision aimée, il construit son donné intérieur, il l'adapte aux choses... comme le généralissime prépare dans un silence recueilli son plan de bataille et organise ses armées.

A vrai dire il est le vivant supérieur, cet homme qui vous semble immobile, et dont tout l'être vibre au contact de son invisible amour. Il se contient, mais il est sous pression. Et si son objet même l'appelle au dehors et l'oblige à rentrer, sur son ordre, dans le courant humain, regardez-le : vous l'y verrez sûrement faire preuve d'une vitalité si originale et si puissante à la fois, porter des fruits si inattendus, si uniques, qu'il soulèvera l'admiration des sages du monde, étonnés et jaloux !

C'est l'histoire de tous les génies de la littérature, de la philosophie, de l'art, de la science, de l'action militaire, politique, religieuse[1].

Ces hommes, longuement, se taisent, et vivent inconnus. Ils n'ont rien, pour l'ordinaire, des prodiges précoces. Ils ne mûrissent pas au plein soleil de la vie publique : en eux rien de hâtif. Puis un jour ils apparaissent en face des individualités pauvres que sont la plupart de leurs contemporains. Alors, en comparaison de ces êtres tout en dehors, dont la vie est factice, conventionnelle et mécanique, ils semblent des excentriques, des anormaux, des prodiges, des monstruosités !...

Et c'est vrai en un sens. Relativement à la petite existence

---

[1]. « Ce qui est en nous et vaut mieux que nous, c'est suivant Platon, cet amour qui tend toujours en haut comme l'amour vulgaire tend en bas. L'amour qui est comme un dieu en l'homme, animant l'âme elle-même, l'amour portant haut la pensée, c'est peut-être ce qu'on appelle, ce qu'il faut appeler génie. » RAVAISSON, p. 201.

bourgeoise qui est celle de la généralité des hommes — et qu'on ne peut condamner à ce titre seul, parce que c'est la condition même de la société — ils sont vraiment exceptionnels. Ils débordent de toutes parts la vie pratique, qui est une accommodation aux énergies communes, un habit taillé à la mesure moyenne des gens, qui *doit* être tel pour que chacun s'y puisse adapter sans trop de difficulté, pour que se constitue et se maintienne le groupement social.

Et l'on se rend bien compte que la société ne peut ni comprendre les explosions de vie concentrée de celui qu'anime un grand amour, ni n'a le droit de le juger exclusivement sur ses propres mesures.

Le vrai génie est un supérieur auquel chacun doit se référer, se comparer, pour voir sa propre et véritable taille. Il révèle une vie plus haute, plus pleine ; il l'incarne, il la fait voir : elle est donc possible. Plus grand que nature, il est humain[1]. Et c'est ce caractère qui le distingue à jamais des fous avec lesquels prétendent parfois le confondre des gens qui ne lui pardonnent guère de les trop dépasser : l'insensé n'entretient pas en lui la flamme de l'amour. Et parce qu'il n'aime point, il a perdu contact avec le reste des hommes. La mesure d'un homme de génie, c'est sa bienfaisance.

Par suite de sa vision intense et unique, où aucun point de comparaison ne vient en montrer la vraie stature, le sujet idéalise son objet. L'ayant placé hors de l'expérience, du

---

[1] « Le génie, quoi qu'on en dise, n'est pas un monstre. Si nous le comprenons, c'est qu'il a quelque chose de commun avec nous ; s'il nous charme, c'est que ses créations répondent aux lois de notre esprit. Il n'est un problème aussi redoutable que parce qu'il est un problème mal posé. Il n'est inaccessible que parce que les regards fixés à son sommet ne voient plus ce qui élève jusqu'à lui. Le génie est humain, il est une différence de degré, non une différence de nature. » SÉAILLES. *Le Génie dans l'Art*, p. VIII.

temps et de l'espace, dans la durée pure et l'inétendu du Moi, insensiblement, de proche en proche, il en fait un être unique et le parc de toutes les qualités qu'il lui désire[1]. Son admiration vivante transfigure les éléments fournis par la réalité. Il recrée son objet tel qu'il le rêve, l'élève au rang d'absolu, et, le plaçant sur un piédestal, il proclame que rien au monde ne saurait lui être comparé[2]. C'est le triomphe du nihilisme du sentiment : il abolit le monde extérieur. Par un acte inconscient d'autoritarisme, il supprime tout au profit d'un seul.

En présence de la divinité qu'il vient ainsi de faire, il éprouve alors une émotion adoratrice, pénétrante, irrésistible. Il a trouvé son Dieu, il le possède, il est à lui, ou plus exactement tous deux sont liés par des liens ineffables. La possession est réciproque, la compénétration mutuelle.

Et c'est le bonheur. Car s'il n'est pas sans s'apercevoir, dans l'acte même de son enthousiasme adorateur, que cette possession est fragile, précaire, et qu'elle pourrait être plus pleine de réalité, ce sentiment rapide, bien loin d'épuiser son amour, l'avive, trempe son ressort, et lui fournissant de nouvelles raisons d'aimer, fortifie son élan.

Tout l'être intérieur du sujet, sous cette poussée triom-

---

[1] « L'amour... ce besoin sentimental de se répandre et de se compléter, oublieux de l'individualisme imprescriptible de tout essor, est pour une grande part de la foi mystique à l'état simple. » Estève. *Impérialisme*, p. 79.

« Ah ! souhaite que je t'aime toujours, car du moment que je ne t'aimerai plus, tu perdras ta beauté ; il n'y a que mon amour qui te rende belle. » Cette formule tout hégélienne, de Heine, contient une part de vérité. Cf. A. Tonnelé. *Fragments*, p. 150.

[2] « L'homme fait la sainteté de ce qu'il voit, comme la beauté de ce qu'il aime. » Renan. *Etudes d'histoire religieuse*. Préface.

C'est pourquoi l'intuition a pour contrôle nécessaire la vie et l'expérience.

phante, monte vers son idole, dans un mouvement d'extase, où il perd jusqu'à la conscience de sa personnalité pour ne plus vivre que de la vie de son Dieu...

Etranger au monde de l'expérience, il le devient en quelque sorte à lui-même !..

Sans y prendre garde, sans effort, il quitte tout contact avec sa propre pensée, sa propre vie. Il se sent comme transporté hors de lui-même en son objet, identifié avec lui[1].

Son objet l'attire et se donne. A mesure qu'il se donne, il attire davantage, et crée dans le sujet une capacité d'amour plus grande, un besoin plus avivé d'aimer, une poussée plus forte, une plus complète extériorisation[2].

Le sujet goûte alors un bonheur sans mélange, bonheur idéal, plus ou moins prolongé, fréquent, profond, au gré de son objet.

L'extase, qui renseigne surtout sur la puissance d'attraction de l'objet de l'amour — dont elle témoigne, révèle aussi du même coup les virtualités du sujet, et la richesse de son donné affectif.

Dans l'ascension vivante et le contact intime que nous venons de dire, l'objet prend, par le dedans, possession du sujet. Il se fait son maître intérieur.

Parce qu'il est apparu comme l'être parfait, il devient pour le sujet le moteur de toutes ses activités personnelles, de sa pensée, de son vouloir ; le centre de groupement de tous les éléments vitaux de son Moi ; l'idéal qui harmonise les données de l'expérience antérieure ; la lumière sous laquelle

---

[1] « L'amour produit l'extase : amor est extasim faciens. » S. DENYS L'ARÉOPAGITE.

[2] « C'est la suspension momentanée du *discours intellectuel*, d'une durée plus ou moins longue, pendant laquelle l'intelligence demeure immobile dans la contemplation d'une idée... et où la *conscience de soi* est à son minimum. » Dr FONSAGRIVES. *Grande Encyclopédie*.

resplendit la route de l'action, et qui, se projetant dans l'avenir, l'illumine, fait vibrer les choses sous son rayonnement, leur communique une intensité de vie qui les fait aimer comme un prolongement d'elle-même, et désirer comme une joie ; le modèle enfin sur lequel il faut régler ses attitudes, son geste, sa tenue, son extérieur, son intérieur même.

L'objet, c'est la *révélation vivante de la règle de vie*. Il y a obligation d'ordonner tout son Moi conformément à lui, parce que c'est éminemment humain et sage. Puisqu'il est la Perfection et l'Absolu, il est aussi le Nécessaire, le type même de l'action qui satisfait le dynamisme intérieur, dilate et étend la personnalité.

De l'acte vivant de l'amour surgit le Devoir[1]. Il y est impliqué. S'y refuser est contradictoire, et la raison ne peut s'inscrire en faux contre ce droit de l'objet, parce que c'est l'évidence même de la vie qui l'impose au sujet. Celui-ci ne songe pas d'ailleurs à s'y soustraire par un refus ou un détour ; il voit trop clairement que l'objet de son amour est le bien, *son* bien. Une pareille certitude ne se discute pas : elle est[2].

De cette constatation vivante naît aussitôt l'idée de *justice* : on ne peut se soustraire au Devoir sans violenter la vérité.

Et j'entends bien que cette vérité est toute subjective. Elle

---

[1] « Devoir, nom sublime et grand !.. Quelle origine est digne de toi et où trouvera-t-on la racine de ta noble descendance qui repousse toute parenté avec les penchants ?... Ce ne peut être que la *personnalité*, c'est-à-dire la liberté et l'indépendance à l'égard du mécanisme de la nature. » KANT. *Critique de la Raison pratique*. Liv. I, chap. III.

« La moralité n'est pas proprement chose individuelle : c'est chose sociale au premier chef », affirme A. CROISET (*Préface de la Crise Morale*, de BUREAU, p. v). *Mais c'est le contraire : la conscience est antérieure au social, et non pas son produit.*

[2] « L'amour n'est autre chose que le mouvement, avancement, écoulement du cœur envers le bien. » S. FRANÇOIS DE SALES. *Amour de Dieu*, liv. V, ch. Ier.

« Le bien c'est donc l'amour lui-même. » RAVAISSON, p. 231.

n'a de valeur absolue que celle de son objet. Mais ceci est une autre affaire dont nous aurons à parler plus loin. Le capital, c'est de bien se rendre compte que c'est là que se trouve le fondement du Devoir et de tout ce qu'il comporte. *L'idée d'obligation morale n'est pas le résultat d'une abstraction. Elle est un vivant accord du sentiment et de la raison dans l'expérience du sujet.* Tant vaut cette expérience, tant vaut le devoir qu'elle impose[1]. C'est à la vie d'en décider. Sa qualité humaine détermine exactement sa valeur de vérité.

Aussi bien — il importe d'y prendre garde —, cette révélation du Devoir ne se fait que dans l'amour intégral et mutuel[2]. Il est nécessaire pour cela que le sujet et l'objet soient unis, liés, unifiés.

Il a fallu que le sujet se portât en son supérieur, attiré par lui, pour que se manifestât *du dedans* la subordination de sa liberté, de son Moi, à la loi de l'objet auquel il adhérait dans une intimité étroite.

C'est lorsque la communion des deux termes de l'amour a été la plus parfaite que la différence est apparue, et que s'est affirmée la transcendance de l'objet. Le sentiment était celui de l'*un*, et la vision celle du *divers*.

Déjà l'analyse du Moi et l'observation extérieure avaient révélé au sujet que le Moi, pour vivre et pour s'épanouir, devait se subordonner à un autre. Mais l'intuition vivante, sans contact avec le dehors, ne permettait pas d'affirmer avec certitude. Les données du monde extérieur confirmaient sans doute celles de l'intuition, mais c'était du dehors, et cela n'atteignait que l'esprit[3].

---

[1] Le devoir apparaît dans l'amour, mais ne s'y absorbe pas. Il vaut ce que vaut *son objet*, et donc appelle l'expérience comme criterium de sa valeur. Cf. COLLARD, in VALLET, *le Kantisme*, p. 267.

[2] Cf. OLLÉ-LAPRUNE, *Le Prix de la Vie*, p. 158-163.

[3] Cf. VALLET, *Le Kantisme*, p. 313-314.

La vision de l'amour, au contraire, est conviction vivante. Elle prend aux entrailles de l'être. *La vérité, c'est que je dois me subordonner. L'amour me révèle l'Absolu, le Droit, le Devoir.* Il y a une Loi qui me domine, m'est supérieure, à laquelle je n'ai pas le pouvoir légitime de me préférer sans me rejeter du même coup hors de l'amour et de la vie, sans mériter d'être puni, sans manquer à la justice, contredire l'ordre essentiel, faillir à la loi de mon humanité[1].

Sans doute, je puis me tromper sur la valeur réelle de cette loi qui m'apparaît un absolu. Mais elle est *pour moi* le Droit. A vos yeux j'ai peut-être tort, car il se peut que mon idéal, à mon insu, soit inférieur, mais tant qu'il reste pour moi le type de la Perfection[2], je ne puis juger autrement. Mon attitude est logique. Elle est humaine, elle est vivante. Je puis être hors de la vraie voie, mais je ne pèche pas contre la lumière. Et si vous prétendez à me guérir, changez l'objet de mon amour. Mon amour, c'est mon dieu. C'est à lui seul que je puis en toute sincérité porter mes adorations[3].

Ce subjectivisme pur produit un résultat pour le moins inattendu : devant cette création de sa pensée le sujet se sent petit, timide...

---

[1] « Ce n'est que dans l'ordre moral que se montrent en leur plénitude et en tout leur éclat les vraiment premières et dernières raisons de tout. » — « Tout acte moral étant personnel consiste à accepter une loi qui est *indépendante* de la personne et *supérieure* à la personne. » OLLÉ-LAPRUNE. *La Philosophie*, p. 362 et 289.

[2] « Nous avons le besoin de la perfection, nous en portons en nous le type : *c'est d'après ce type que nous jugeons de tout.* » RAVAISSON, p. 238.

[3] Les amours varient, mais tout amour, — pour celui qui en est le sujet, étant ce qui le fait *mieux* et *plus* vivre, on voit le danger des sympathies, d'où peuvent naître des amours. Elles valent en raison de la qualité humaine et morale de leur objet d'abord, puis de son expérience de la vie et de sa propre maîtrise. Combien de sympathies, inoffensives en soi, sont devenues dangereuses, par suite de l'inexpérience de ceux qui s'y étaient laissés engager de bonne foi. Ce point de vue pratique nous semble de nature à être signalé ici.

Un sentiment d'humilité l'envahit, toujours plus profond, plus intense, à proportion qu'il agrandit son propre objet... La conscience de sa bassesse, de sa misère, se fait plus aiguë dans la mesure où son amour augmente...

Et dans cette diminution reconnue, acceptée, de tout son être, un contentement délicat est inclus : celui d'appartenir à un objet si grand, si hors de proportion avec le reste des choses, que cette appartenance est noble, glorieuse, que cette humiliation apparaît en réalité une exaltation[1].

Une telle infériorité ne pèse point, elle dilate au contraire la Personne, car elle est le principe même de la grandeur. C'est dans l'union qu'elle s'accuse, mais elle y perd du coup toute apparence de sujétion. La véritable petitesse était dans l'indépendance et dans l'isolement. Reconnaître un supérieur et s'attacher à lui, c'est se hausser ; servir, c'est devenir Maître.

Servir !... voilà le grand mot de l'amour de la part du sujet. Tout s'y ramène, s'y concentre, s'y vivifie. Au sens fort et étymologique du mot, il est *dévoué*[2]. Il est esclave. Il a conscience d'être *la chose*, l'instrument de son objet, de n'avoir en quelque sorte d'existence que par lui et pour lui. Il sert, c'est-à-dire, autant qu'il est en lui, de toutes ses forces, et à l'insu peut-être de son objet, lors même qu'il n'est pas sous son regard, il plie tout son être à ses exigences et à sa loi, il traite avec le monde extérieur selon ses vues, il fait tout uniquement en fonction de *sa* volonté.

Cette attitude est éminemment libre. Le sujet cesse de s'appartenir sans rien perdre cependant de son autonomie. Sa liberté demeure intacte. Ce qu'il est, il le veut. Il a bien

---

[1] Cf. Ollé-Laprune. *Le Prix de la Vie*, p. 149-156.

[2] « Aimer, c'est avoir *pour but* le bonheur d'un autre, *se subordonner* à lui, s'employer et *se dévouer* à son bien. » Taine. *Philosophie de l'art*, t. II, p. 332.

conscience que s'il lui plaisait, par un acte d'autorité personnelle, il pourrait briser là, se séparer, anéantir son dieu intérieur. Mais il voit clairement comme le jour que ce serait sottise, folie, parce que ce serait se séparer de la vie, de la lumière, qui lui viennent de là... que ce serait renoncer à la loi de son être, au *mouvement* qui le porte en haut, vers le meilleur que lui, le plus complet, en qui il trouvera repos et plénitude. Et il se maintient dans la même attitude de dépendance, de sujétion. Il persévère à servir, sans effort, humblement.

Mais avec vaillance aussi. Car cette dévotion n'est point pour le sujet débilitante, passive et créatrice d'inertie. L'amour est essentiellement dynamisme et vigueur. Et parce que son objet n'est pas, dans le concret, figé dans une immobilité hiératique, parce qu'il va, qu'il agit, le sujet, au sein même de son humilité, se sent invinciblement attiré à l'action. Elle est un devoir vital[1]. Aimer comporte d'être énergique.

Il faut agir pour s'adapter à la marche de l'objet, régler son pas sur le sien, demeurer proche, dans sa lumière, sous son rayonnement. Il le faut pour demeurer digne d'être regardé, de communiquer, de recevoir la vie ; pour se purifier, se modifier, pour changer ou détruire en soi tout ce qui s'opposerait à l'union, tout ce qui serait inintelligence des volontés de l'objet, tout ce qui, du dedans, ferait échec à ses désirs, à ses exigences, à sa loi, laquelle est la condition de l'harmonie, du bonheur, de la joie pleine.

Agir aussi afin de se garder dans l'ordre, afin de conserver l'objet. Pour maintenir en effet le contact vital, il y a

---

[1] « La vie se maintient par l'action et tend à l'action... *Recevoir* et *donner*, telle est la double loi de la vie.. Plus l'être est fortement organisé et vit d'une vie plus puissante, plus il donne. » OLLÉ-LAPRUNE. *Le Prix de la Vie*, p. 63.
Cf. S. THOMAS, S. AUGUSTIN, *in* VALLET. *Tête et Cœur*, p. 228.

des difficultés à vaincre, des obstacles à surmonter. Les uns sont visibles, mais le sujet en soupçonne d'autres, en plus grand nombre. La nature même de l'objet autorise ces inquiétudes, les légitime. Parce qu'il est l'idéal, il doit être convoité par plusieurs, qui le regardent comme *leur* bien. Lui-même, plus ou moins complètement, s'est déjà peut-être donné : car l'amour du sujet ne lie pas sa liberté d'action.

Alors le sujet regarde son objet comme une vraie conquête à entreprendre, à surveiller, à organiser. Il voit, il devine tout au moins que la vie s'achète, s'acquiert de haute lutte. Alors il tend ses énergies. Et le voilà tout à la fois contemplatif et batailleur, calme et agressif, contradicteur et pacifique.

Parce qu'il croit avoir déjà sur son objet un droit de possession, et qu'il le regarde dès le début comme un bien de découverte devenu sa propriété, il entend qu'on le respecte. Son être entier se met, au-dedans et au-dehors, dans l'attitude combative et héroïque. Pour conserver son objet, il se sent disposé à tout sacrifier, jusqu'à soi-même[1]. Tout lui paraît menacer ce bien essentiel : il devient jaloux, soupçonneux. Son amour se mûe en passion. Lui-même se constitue gardien, plus ou moins Cerbère. Il se place, relativement au non-Moi, dans l'état de défense — et en disposition d'attaque.

Cette attitude d'antagonisme, qui semble l'antipode de l'amour, en sort naturellement. Rappelons-nous le mot de Bossuet[2].

Sans doute il est possible qu'une telle manière d'agir ne soit qu'un égoïsme outré, mortel ; mais elle peut aussi

---

[1] « Tous les sacrifices n'ont pour but que d'entretenir ou de guérir l'amour. » *Platon.*

[2] Cf. *supra*, p. 128.

bien être noble, prudente, sage, et se concilier parfaitement avec un désir intérieur désintéressé, avec une tendresse pure pour l'objet de l'amour. Car si le sujet se défend, s'il se garde, s'il veille, et s'il se multiplie en quelque façon aux dépens des autres, c'est pour lui apporter une personnalité plus intacte, un Moi plus riche et plus digne de lui.

Malgré tout, le sujet perçoit trop nette la disproportion existant entre lui et son objet, pour espérer pouvoir — tout seul — agir, vaincre, être fidèle à l'amour. Alors il prend d'instinct l'attitude de la prière. Et c'est le terme naturel et logique de son évolution intime.

Son être entier devient suppliant, se fait invocation vivante. Par le désir et le vouloir il se jette en quelque façon de tout son poids[1] vers son objet, se fixe en lui comme en son centre, afin de l'appeler, d'attirer son attention, de forcer en quelque manière son regard, de l'obliger à prendre une conscience plus nette de sa présence, de ses désirs, de son attachement.

« Ne me quitte pas, toi qui es libre de tes dons ; je viens vers toi comme à la source de la vie. A qui irais-je, si tu me repousses ! Tu es grand, et je suis petit, indigne. Je le sais, je le sens. Et j'ai besoin de ton secours. Sans toi je ne serais plus rien. Aide-moi de ta force, éclaire-moi de ta lumière. Dis-moi ce que tu veux en retour. Il n'est

---

[1] S. Augustin — commentant cette profonde parole de l'Ecriture « Dieu a fait toutes choses en nombre, en poids et en mesure »(Sap. XI, 21) (en nombre, parce qu'elles sont rangées en un bel ordre, comme les unités d'un nombre, dont chacune tient son propre lieu qu'elle ne peut changer) — dit : « le poids est *la tendance* de chaque chose se hâtant de gagner son lieu. » Puis il ajoute : « Mon âme a son poids comme le reste des êtres, et *le poids de mon âme, c'est mon amour ;* c'est toujours lui qui l'entraîne partout où elle va. »

chose que je ne sois prêt à faire, pour t'obéir et te servir. Mais si je suis distrait, pardonne à ma faiblesse. Si je te laisse croire un instant que je ne suis pas tout entier à toi, ne me rejette pas, prends-moi en pitié, entoure-moi de miséricorde. Plus tu compatis à ma misère et plus tu me parais grand et beau. Toutes les fibres de mon être se lèvent vers toi, de qui leur vient la vie, le mouvement, vibrantes de reconnaissance pour la révélation de toi que tu as daigné leur faire. Achève ton œuvre, dis-moi que tu m'agrées à ton service. Un mot, un geste, un signe, indiqueront que tu acceptes les hommages que t'offre mon amour encore timide, et c'est assez pour mon bonheur, parce que tes dons sont sans repentance !... »

Ainsi parle l'amour qui aspire à être initié par son objet à sa vie personnelle, à la partager, à pénétrer dans son intimité. Et c'est là que s'achève le pouvoir de l'homme : *son dernier mot est une prière, son cri le plus vital une supplication.*

Or il arrive que cet appel éveille des échos, que cet aveu d'impuissance devient la plus grande des forces.

Quand on a le cœur bien placé, on aime en effet les siens *pour ce qui leur manque*, dans la proportion même où notre grandeur nous fait sentir leur misère, leurs insuffisances. L'amour s'avive de la faiblesse, de l'impuissance reconnue de ceux qu'on aime, afin de les faire monter, de les grandir, de leur donner cette vie plus pleine qu'on connaît, dont on jouit, qu'on *veut* pour eux. Et si à ce sentiment d'en haut s'ajoute l'appel d'en bas, sincère, ardent, fait de prière, alors la bonté devient incoercible : elle se donne de toute sa mesure, et relativement à son sujet, sans mesure. Et telle est la puissance de *l'humilité* dans l'amour.

Car l'attitude du sujet est l'hommage le plus relevé que puisse rêver l'objet de l'amour. A la reconnaissance première de sa supériorité, elle ajoute l'oblation volontaire et libre de la Personne humaine. Et rien n'est plus grand que ce sacrifice intérieur, en comparaison duquel l'immolation des victimes anciennes apparaît comme brutalité odieuse et sans portée. Dire *oui*, alors qu'on pourrait dire non ; *servir*, alors qu'on pourrait se révolter ; s'identifier, alors qu'on pourrait se séparer et s'opposer ; confesser qu'on est petit, s'humilier, alors qu'on pourrait s'exalter et se parer d'orgueil ; prendre cette attitude par amour, du dedans, pour être fidèle à la vérité, au bien ; se proposer d'y persévérer jusqu'à la mort, — rien n'est plus moral, plus humain, plus digne de retour.

Et l'objet « cède alors à des entraînements qui débordent ses premiers desseins » ; il se penche vers le sujet de ce vivant holocauste, et lui dit la parole attendue, sous laquelle tout son être va tressaillir, se dilater, s'épanouir !... De lui la vie descend.

C'est une grâce. En justice elle n'est pas due. Elle est une œuvre de pure bonté. Dans le sujet elle comble un vide, elle rassasie un désir, mais elle ne crée pas *un droit*.

Elle est la réponse à l'amour. C'est à lui seul qu'elle est donnée. L'être ne la reçoit pas en tant qu'être, mais en tant qu'être *aimant*, c'est-à-dire lié à son objet, transporté en lui par un acte de volonté libre et personnelle, capable non point de déterminer, mais bien d'attirer sa grâce. A l'amour d'en bas qui se tend, se hausse, par un effort qui le grandit dans la mesure de ses forces, l'amour d'en-haut ajoute ce qu'il faut pour que le sujet monte jusqu'à lui et réalise son désir d'union. Telle la mère saisit son enfant qui, sur le bout des pieds, les mains tendues, se soulève vers elle dans une supplication tendre et vibrante au point d'en devenir invincible !... Elle le prend, lui infuse toute son âme dans une pénétrante et chaude caresse... cependant qu'elle le presse sur son cœur, pour lui faire bien comprendre qu'il n'avait point trop présumé de sa tendresse infinie !...

CHAPITRE VII

L'AMOUR

(Suite).

Le premier effet de la grâce, de la bonté avec laquelle l'objet répond à l'amour, c'est d'être éminemment *révélatrice*.

Ce qui, jusqu'au moment de l'union, était dans le sujet purement personnel, s'objective et devient une réalité inébranlable. Ses certitudes ont dès lors je ne sais quoi d'achevé qui provient de l'accord constaté, vécu, du Moi avec l'extérieur. Le jugement subjectif initial se confirme et se complète dans l'expérience.

Car la bonté est essentiellement active. Elle ne se donne *que* pour se faire partager. L'objet s'est uni au sujet pour l'introduire dans son propre courant vital. En le faisant participer à sa vie intérieure, il le traite comme un autre lui-même. Sous ses yeux étonnés, il découvre et il déploie tous les trésors de son Moi, pour lui jusque là étranger.

A mesure qu'elle se fait ainsi connaître, la bonté éveille dans le sujet *des désirs nouveaux*. A ce contact, le sujet se voit tout autre qu'il ne s'était aperçu jusqu'alors. Il ignorait sa vraie puissance, et voici qu'en se révélant, son objet la lui démontre de vivante façon. Son état précédent lui fait désormais pitié ! Comment se pouvait-il donc contenter d'une si radicale misère ?... Il ne connaissait rien, et ne savait ni aimer, ni vouloir !... En lui révélant « de nouveaux cieux et de nouvelles terres », la bonté fait de lui un homme tout neuf. Voilà qu'il se sent né pour de plus grandes choses que ce dont il avait vécu... Et dans cet éblouissement de tout son être, il attend encore de celui qui l'aime la parole attirante, le geste vivifiant.

Ses aspirations neuves, ardentes, ne sont d'ailleurs point trompées. Car si l'objet se révèle, dans l'acte même de la vie intérieure, *cette révélation n'est donnée que pour la vie de l'amour*, pour sa manifestation extérieure, *pour l'action*. Il ouvre à son sujet des horizons inattendus, plus larges, immenses, afin de le socialiser, de l'humaniser, s'il est fidèle ; afin qu'ayant été grandi, il se montre au monde, à son tour, comme une puissance nouvelle et un ouvrier de bonté. C'est dire que l'objet est avant tout pour son sujet *un éducateur*.

Eduquer, c'est élever, porter en haut, soulever, mais *du dedans*. L'éducation est une mise en œuvre de la spontanéité du sujet, qui rempli d'une énergie plus radicale, d'une sève plus riche, d'un dynamisme plus puissant, monte par son propre effort provoqué, dirigé, soutenu par un autre.

C'est ainsi que procède l'objet de l'amour. Il se révèle et fait *voir*. Mais en même temps, il se communique et fait *vouloir*. Il provoque le désir, et il le remplit. Il développe et fortifie. A mesure qu'il indique des sommets plus sublimes, il donne la force d'y parvenir.

Aussi c'est avec une capacité plus grande et un besoin d'union intensifié, que le sujet, après chaque contact et chaque nouveau don, se porte vers l'objet de son amour. A proportion qu'il reçoit, ses exigences se multiplient. Plus il grandit lui-même, et plus son idéal diminue de taille par rapport à lui. Et l'on voit alors le danger. Pour garder l'attitude d'un supérieur, et pour l'être en réalité, il faut que l'objet se hausse à son tour, qu'il se magnifie, que perpétuellement il se dépasse. C'est dire que, de son côté, il doit nécessairement alimenter à d'autres sources sa propre vie.

Dynamisme, progrès vital pour le sujet et pour l'objet : tel est l'amour éducateur et véritable. On le définirait bien : une création continue. Après avoir appelé son sujet à une vie nouvelle et supérieure, il l'y maintient en effet et l'y dilate par une permanente action. Par lui, la bonté créatrice et révélatrice se détaille en quelque sorte, se façonne à la mesure de l'expérience de son sujet. Elle se revêt de celui qu'elle aime, se fait pratiquement petite et humble, se met à sa hauteur, afin de le grandir. Et c'est la condition même de sa durée : pour se maintenir, l'amour doit se prolonger sans relâche en son sujet, continuer d'y vivre et y agir incessamment.

Ceci est capital. C'est au-dedans du sujet que s'opère l'éducation par l'objet. Elle a lieu dans l'acte vivant de l'amour, où le sujet et l'objet, l'intérieur et l'extérieur, communient ineffablement sans s'absorber jamais. Elle n'a lieu qu'à une condition expresse : que le supérieur se donne en *s'adaptant* aux lois constitutives et aux ressorts cachés de l'inférieur, à son être le plus intime. L'objet doit se faire sujet, afin de le faire devenir autre et de le transformer en soi. L'amour n'est grandissant, éducateur, que parce qu'il est la *méthode vivante d'intériorité*.

Ainsi compris, l'amour devient *autorité*. Il est le supérieur qu'on ne discute pas, parce qu'il est plus nous que nous mêmes[1]. Puisque à chaque instant l'objet élargit l'intuition du sujet et y conforme sa manière d'agir, il n'y a même pas de conflit possible entre le Moi et l'expérience, le donné intérieur et la raison. La vie supérieure qu'il infuse sans cesse est un enrichissement continu du Moi,

---

[1] « Nous ne saurions être bien élevés que par un homme qui nous plaise. » Socrate, cité par Jouin. *Les Maîtres contemporains*, Perrin, 1897, p. 305.

dont il dirige dans le même sens la vision et l'action. Il initie, fait progresser. Il devance les apports de l'extérieur, sagement, prudemment sans doute, mais efficacement, afin de n'en être point contredit. Il épie l'éveil de tout désir nouveau du sujet afin de le satisfaire, et de l'empêcher de croire que d'autres lumières lui pourraient peut-être venir d'ailleurs, ou bien afin de lui en montrer la vaine et dangereuse nouveauté pour sa vie personnelle intégrale. Et la conviction se crée peu à peu dans le sujet que son objet vit en fonction de lui, qu'il le défend, qu'il le protège, et qu'il n'a qu'un souci : le faire vivre, le grandir, l'épanouir.

Alors, dans cette confiance amoureuse, filiale, se concilient la liberté et l'autorité, la personnalité, l'autonomie et la loi. Le commandement peut se produire : il est accepté d'avance parce que, du dedans, il apparaît comme le Bien. Il est la vérité qui s'adapte au sujet et lui indique la ligne de vie. Est-il nécessaire qu'il devienne impérieux ? Pourvu qu'il rende un son d'amour, loin de rebuter, il éveille la conscience, et il empêche les écarts[1]. S'il se change en reproche, il ouvre les yeux du cœur et ramène dans le chemin droit.

L'autorité, condition du courant vital permanent entre les deux termes de l'amour, apparaît donc comme éminemment libératrice[2].

A mesure qu'il se soumet librement à elle, le sujet, à son insu peut-être, développe sa liberté, la multiplie. Uni à son objet et affermi par lui, il pénètre en effet de plainpied dans une sphère de vie supérieure. Or, il n'est pas

---

[1] « Durum videtur et grave quod Dominus imperavit, ut si quis vult eum sequi, *abneget semetipsum : sed* non est durum nec grave quod ille imperat, *qui adjuvat ut fiat quod imperat*... Quidquid enim durum est in præceptis, *ut sit lene, caritas facit. Novimus quanta ipse amor facit.* » S. Augustin. *Sermo* 47. *De diversis.*

[2] « La vie sociale (dont l'amour est la forme-type) est une *méthode de libération.* » Second. *Bergson,* p. 29.

discutable que les êtres se différencient et se hiérarchisent par la qualité de leur spontanéité, et si l'on peut dire, la quantité de liberté qu'ils ont en partage. S'unir à un supérieur, entrer par grâce en participation de sa vie, c'est couper des liens, briser des entraves, anéantir des sujétions. C'est se dégager de ce qui arrête, limite, déprime, empêche l'essor. Servir, c'est régner. Obéir, c'est devenir maître. C'est savoir plus et pouvoir mieux.

La sujétion qui, vue du dehors, pouvait sembler odieuse et n'être qu'une honteuse abdication du Moi, apparaît alors comme l'ouvrière la plus puissante, la plus rapide et la plus sûre, de la personnalité. Par cette union d'amour, l'objet communique à son sujet ce qui se trouve en lui de plus vivant, de plus personnel, de plus sien. L'expérience qu'il n'a acquise qu'à force de temps et d'attention, de réflexion et d'énergie, au contact des choses, son sujet se l'assimile naturellement et sans effort. Il lui coule son Moi profond, matière vivante, comme la mère donne son propre sang à son nouveau-né, sous la forme du lait dont il va façonner sa chair. Du dedans, en se pliant aux exigences légitimes et personnelles du sujet, il satisfait à son besoin vital. Et c'est par cette « tradition » intime, d'âme à âme, au centre de l'être, toute hors du temps et de l'espace, que l'autorité et la liberté ne font qu'un, dans un dynamisme ininterrompu, où le passé se fond dans le présent pour l'enrichir, s'y prolonger, s'y survivre, et préparer un avenir meilleur[1].

Car si l'amour se donne ainsi, c'est qu'il est essentiellement fécondant, créateur. Il s'est projeté dans son sujet avec ses puissances actives, pour que celui-ci, à son tour, produise, et qu'il révèle dans un autre la vie dont il est plein, dont il déborde.

---

[1] « Nihil tam utile quam diligi : Rien n'est si *utile* que d'être aimé. » S. AMBROISE.

Agir, être bon, se donner, répandre le bien et l'être[1], devient pour le sujet un devoir, parce que c'est la condition même de la véritable vie. S'y soustraire, c'est se mettre aussitôt hors de la vérité vivante, et se condamner à mourir.

La vie doit produire la vie. L'amour est essentiellement expansif. La bonté dont le sujet a été rempli constitue une sorte de jet vital qui, ayant plongé jusqu'au fond de son être, l'inonde, le projette, le fait rebondir au dehors et continuer le mouvement reçu, dans un rejaillissement nouveau. Et la vie se poursuit ainsi, d'être en être, en cascades qui se commandent l'une l'autre, et se conditionnent mutuellement.

Le sujet de l'amour fait donc partie d'un dynamisme vivant. Pour être digne d'être aimé, il doit à la fois garder par en haut contact avec son objet, et en bas se donner à son tour. Quiconque se ferme et se confine dans le don reçu, manque à l'amour. Il paralyse l'élan créateur, et le fait dépérir ; comme l'oiseau sous la cloche où l'on fait le vide, il l'étouffe. De même qu'il reçoit de son objet, après avoir été par lui choisi, élu, ainsi doit-il appeler, élever, grandir, et devenir l'objet d'un autre. Il n'a de raison d'être et n'est dans la vérité, qu'à la condition d'avoir pris vis-à-vis d'un tiers l'attitude de son objet à son propre endroit. Pour attirer la grâce et mériter le don, il lui faut s'épanouir lui-même en bonté vivifiante. Se pencher sur celui qui par rapport à lui est son inférieur, l'éduquer, le féconder, lui faire porter des fruits, lui transmettre le flambeau de la vie et de l'amour, tel est son devoir.

Ainsi *la vie est à la fois créatrice et personnelle*. Elle se multiplie et elle est indivise. On la voit s'extérioriser sans proprement qu'elle s'augmente. Elle est action et permanence ; stabilité, mouvement et progrès. Se donner, se ré-

---

[1] « C'est l'essence même de l'amour d'aller à l'être, et de vouloir que l'être soit... » Ollé-Laprune. *La Philosophie*, p. 258, 259.

pandre, c'est pour elle non pas changer substantiellement, mais se manifester en tant que puissance et qu'amour, affirmer et révéler son individualité, sa liberté, sa bonté radicale.

Et l'on aperçoit la vérité profonde du dicton populaire : l'amour descend et ne remonte pas. Car l'amour réside surtout dans l'objet. Le sujet le montre et le démontre, mais il lui est antérieur et supérieur ? L'amour d'en bas est indigence. C'est parce qu'il est intéressé qu'il monte, qu'il aspire, qu'il désire, qu'il demande. L'amour d'en haut est pur don. Il est grâce et non point dû. Il est bonté[1]. Il se suffit à lui-même, mais en créant. *Se répandre fait partie de sa nature.* Encore est-il vrai qu'il est libre de ses choix, que sa grâce rayonne sur qui lui plaît, qu'il vivifie ses élus dans la mesure où lui seul le décide. La pauvreté l'attire, mais la richesse ne l'éloigne point. Ce qu'il regarde, c'est l'intérieur, la Personne : sa sincérité, sa profondeur, sa capacité d'aimer, de le reproduire lui-même et de le continuer. Et c'est parce qu'il est ainsi *le principe* de l'être nouveau, du sujet régénéré dans l'amour, qu'il en est également le terme, *la fin, la raison de vivre.*

Aussi bien, si l'être aimé doit continuer le mouvement vital de l'objet, et s'il n'est sincère qu'à ce prix, son action n'est point désordonnée et ne va pas à l'aventure. L'autorité aimante à laquelle il obéit est aussi la règle vivante, la méthode visible, d'après laquelle il a le devoir d'organiser son action.

Dans ce contact intime, rien d'abstrait, de théorique, de pédantesque. L'objet enseigne en se montrant. A chaque

---

[1] « L'amour n'a sa raison d'être que s'il a pour objet une bonne volonté, *une bonté* capable de grâce et de don. » Fonsegrive, *Le Catholicisme et la vie de l'Esprit,* p. 317.

instant il se place sous les yeux du sujet, dans les conditions mêmes de la vie supérieure à laquelle il le convie. Il esquisse le geste, il dessine le mouvement par où se réalise l'accord du Moi et des choses, et dans lequel la loi du monde extérieur s'harmonise avec celle de la Personne. Et sous l'influence de cette lumière, de cette force, qui l'éclairent et l'attirent avec une puissance et une suavité ineffables, le sujet voit le but à atteindre, l'ordonnance des moyens à la fin... A chaque instant, pour ainsi dire, il réalise le maximum de vie dont il est capable, sans effort, avec la joie sereine, contenue, profonde, du chauffeur qui mène sa machine au milieu des obstacles, et à qui les difficultés mêmes révèlent son habileté. Et dans chacune de ses actions vivantes, le sujet progresse, se sent plus fort et prend plus d'être. A la lettre, l'amour le multiplie.

Il ambitionne alors d'en porter à d'autres le bienfait. Ce qu'il reçoit si largement, dont il est à la fois heureux et fier, il rêve de le partager. Confusément il devine, ou clairement peut-être il voit, que se donner ainsi va le perfectionner encore. Être bon à son tour et se placer à l'égard d'un autre dans l'attitude de supérieur, va lui révéler les secrets de l'objet dont il a tant reçu. Il entrera plus avant dans son intimité. En ouvrant son propre cœur, il découvrira des horizons de rêve et de beauté, insoupçonnés jusque-là. L'amour se montrera à lui plus complet, tout entier. Répandre son idéal, le glorifier, le faire à travers soi transparaître, ce sera le mieux connaître et donc encore le mieux aimer.

Et c'est ainsi que le sujet, épanouissant son activité et transportant dans les autres la fécondité dont son objet l'a gratifié, socialise son Moi, l'étend, élargit ses frontières, et devient au sein de l'humanité un créateur de vie et d'action ordonnée, vivifiante.

Et parce qu'il devient apôtre, il trouve la paix. Car il ne

faut point s'y méprendre, la paix n'est pas, comme on se l'imagine d'ordinaire, une sorte de quiétude passive, une contemplation morte, un état d'immobilité où le bonheur est égal au repos. La vraie paix est un vivant équilibre. Elle est un ordre maintenu, donc actif, une harmonie opérée et perpétuée du dedans entre le Moi et les choses, l'intuition, le sentiment, la volonté et la raison. Expression de la vérité totale, accord fondamental de notre être avec l'être universel, de notre mouvement personnel avec celui qui anime les mondes, à chaque instant elle est — et elle devient. Cela se comprend sans peine : parce que tout est vivant, en nous et hors de nous ; parce que les êtres ne réalisent que progressivement leurs destinées, les conditions de l'équilibre variant à chaque instant, il est nécessaire qu'à chaque instant aussi nous opérions cette adaptation harmonique, et donc que nous accomplissions l'effort personnel indispensable.

Car *c'est en nous que se pacifient les choses*. C'est notre dynamisme qui les subjugue, notre liberté qui les organise. La paix, pour nous, consiste à voir clairement les choses, dans leurs vraies relations, et à prononcer sur elles le jugement de notre bonne volonté.

Ce langage intérieur règle notre attitude. Notre paix est une conquête du dedans. Et nous n'en jouissons qu'à la condition d'être des pacifiques. En nous, très réellement, nous dominons le monde ; la terre nous est soumise, et les choses, tenues par nous dans « la tranquillité de l'ordre », ne peuvent rien tenter pour nous troubler, nous inquiéter, détruire notre vie intérieure.

La paix est le dernier fruit de l'union, le plus savoureux. Dans l'être aimé, fidèle à l'amour, la vie circule comme une eau vive. De son objet, elle descend, le baigne, l'inonde, et se répand dans un sujet inférieur, auquel elle se communique. Puis elle lui revient d'en bas, reconnaissante, émue, pour remonter vers son objet mieux compris, plus aimé, avec un désir intensifié, immense, de le recevoir encore et de jouir de sa bonté, parce qu'on sait, intimement, par delà toute expression et toute langue humaine, qu'elle est la source même de la vie.

.·.

Il ne faut pas se méprendre cependant sur la réalité des choses. Cette dilatation du sujet de l'amour, cette harmonisation victorieuse de la Personne, s'achètent. On doit les payer par un renoncement perpétuel. L'amour est avant tout sacrifice. Il ne dure qu'à condition de demeurer tel.

Car la loi universelle, inéluctable, de la vie, c'est la mort. Et la mort, partout, toujours, n'est que la préparation de la vie. Il faut chanter sur les tombeaux. Et les fleurs qu'on y porte sont un hommage aux disparus, au passé, qui a rendu le présent possible, et qui s'y continue, s'y enrichit, travaille, progresse, en portant à son tour le flambeau vainqueur de la vie. Pleurer sur les tombes, c'est méconnaître ceux qui ne sont plus. Pourquoi sacrifier ainsi à l'égoïsme, alors qu'ils viennent eux-mêmes de sacrifier leur Moi au profit de leurs successeurs, alors qu'ils libèrent leurs personnes en les obligeant d'agir avec plus de spontanéité, de décision et d'énergie ? Pourquoi des larmes, au moment précis où ils entrent eux-mêmes dans un monde d'où la liberté semble exclue, tandis qu'en réalité elle se fond dans la liberté supérieure de l'amour infini ?

Aimer, c'est se sacrifier. C'est à la fois demeurer et disparaître, s'annihiler et se fortifier. C'est se grandir parce qu'on se comprime, et dans une exacte et directe proportion.

L'amour est en effet une mutuelle adaptation du sujet et de l'objet. Or, s'adapter, c'est se renoncer.

On peut dire que l'amour jaillit, comme une étincelle

sacrée, de la rencontre de deux êtres vivants, et en mouvement l'un vers l'autre.

En bas, il est mouvement de désir, tendance, tension vers un supérieur entrevu. En haut, condescendance et bonté.

Pas de contact nécessaire : l'entre-deux est infranchissable par l'inférieur. Il ne peut se porter vers *l'autre* que si celui-ci l'y autorise et l'y attire en lui tendant la main. Sans cette aide, sans cet appel, le sujet connaîtra son objet, l'aimera d'un amour théorique, intellectuel, — mais il ne s'unira point à lui.

L'amour — qui est essentiellement union, fusion dans l'unité du supérieur, ne peut donc atteindre son effet que par un double sacrifice.

Le sujet doit consentir d'abord à se laisser tirer, projeter en quelque sorte hors de lui-même. Et la chose ne va pas sans appréhension. Elle peut être dure, pénible, et donc redoutable. Il faut monter, dans l'effort, aidé, mais non passivement porté : et ce ne sera que le premier degré du renoncement.

Car une fois là-haut, il s'agira d'y demeurer, d'y vivre, de s'y unir à son objet, de devenir tout autre, de réaliser des conditions d'existence bien différentes de celles auxquelles on était soumis jusqu'alors.

Et voilà le sacrifice d'en bas. L'inférieur doit préalablement consentir à se laisser faire par son objet, à accepter sa loi interne, afin de participer à sa vie, de persévérer dans l'union. Et qu'est-ce autre chose en somme que de consentir à se perdre — relativement — dans l'espérance et le désir de se retrouver agrandi[1] ?

Cette abdication du Moi n'est pourtant pas totale et absolue. Le changement qu'elle opère n'est pas substantiel, mais

---

[1] *L'ascétisme* est donc une nécessité de l'amour. Cf. OLLÉ-LAPRUNE, *Le Prix de la Vie*, p. 165, 166.

formel. Ainsi le marbre, sous le ciseau du sculpteur, ne doit pas cesser d'être marbre pour devenir statue. Par nature il demeure identique à lui-même. Ce à quoi il lui faut se soumettre, c'est à se laisser tailler, couper, d'après une loi étrangère, un amour extérieur, une volonté du dehors, qui le font devenir un prolongement de leur auteur et comme une partie de lui-même ; qui le changent en un marbre supérieur, plus beau, organisé d'après des lois autres que celles qui président à sa composition et à son harmonisation native ; en un marbre doué d'un mouvement nouveau et de puissances neuves, en qui se révèle une beauté qui lui appartient sans être son œuvre, qu'il révèle sans l'avoir créée, à laquelle il participe sans avoir pu ni l'imaginer, ni la produire ; beauté qui en un sens a eu besoin de lui, mais qui le domine et lui est supérieure sans mesure, qu'il manifeste sans l'épuiser.

Ainsi le sujet souffre, il est mutilé : non pas en son fond, son essence, mais dans tout son être vivant, dans toutes ses puissances et facultés. Et son attitude, sous l'épreuve nécessaire, est celle de l'obéissance non point passive, mais active, éminemment. Il se tend avec ardeur vers ce sacrificateur qu'est l'objet aimé. Il l'appelle, il se soumet à lui du dedans. Et dès que celui-ci a commencé son œuvre d'attirance et de mortifiante éducation, il se réjouit de se sentir détruire, d'assister à sa propre immolation, parce que ce sacrifice librement consenti, maintenu, le délivre de tout ce qui est superfétation, inutilité, obstacle pour la forme de vie supérieure à laquelle il désire participer.

La loi du renoncement ne s'impose pas moins d'ailleurs à l'objet de l'amour. En haut, il faut *vouloir* travailler cette matière qui s'offre à la bonté créatrice, grandir cette humilité. Agir sur elle, c'est pour l'objet s'extérioriser, sortir de l'ordre de ses opérations normales et naturelles. Se pencher, c'est, dans l'intérêt de cet inférieur, condescendre et descendre, perdre pour lui une partie de soi.

Eh, sans doute, la vie intérieure et supérieure de l'objet est essentiellement bonne. Plus elle est intense, et plus elle tend à produire, à se donner, à se répandre. Mais ce n'est pas une nécessité. Sa liberté demeure entière dans son action. Elle pourrait se complaire en elle-même, et opérer en soi, pour soi, uniquement. Qu'a-t-elle à gagner au contact de plus petit qu'elle ? Rien. L'amour grandit, c'est vrai, mais à condition de monter. Et voilà qu'on l'invite à faire un geste tout contraire !

Et si cet objet se donne, conscient d'aller vers un inférieur, s'il s'humilie, s'il abaisse sa grandeur et tend la main au mendiant d'amour qui le sollicite, n'est-il pas vrai que c'est en quelque façon s'oublier, sortir de soi, se renoncer que d'agir ainsi, et que ce volontaire sacrifice participe a cette grandeur, s'y ennoblit, s'y auréole, et devient pour le sujet, pour tous ceux aussi qui assistent à l'assomption de sa misère, le type même de l'amour, l'exemple vivant, attirant et entraînant, de la bonté.

Celle-ci se révèle comme étant en son fond supérieure à tous les calculs, à toutes les inégalités, à toutes les indigences. Elle apparaît comme la condition supérieure de la vie, comme la loi hors de laquelle tout est petit, comme la raison suprême, l'explication dernière des choses, de l'harmonie, de la Beauté, de la Vérité de l'être[1] !

Plus elle est haute, plus elle garde son caractère de liberté essentielle et de grâce transcendante. Le sujet voit bien, clairement, que les démarches d'un tel amour sont gratuites,

---

[1] « La puissance qui nous oblige à vivre et à vouloir vivre... c'est la Bonté même, qui *veut être*... c'est cette énergie créatrice du bien qui est la raison dernière, le *Pourquoi* des choses. » WEBER. *Hist. de la Philosophie Européenne*, 1897, p. x, xi.

qu'il ne se doit pas, qu'il n'est point lié par elles, que l'une n'appelle point l'autre nécessairement, que son indépendance et son droit à se reprendre demeurent entiers après chaque don partiel, que nulle contrainte ne peut l'obliger à un renoncement pareil, à communiquer de lui autre chose que ce qu'il veut : car se donner, pour lui, et jusque dans la moindre mesure, comporte une radicale immolation.

Mais on comprend sans peine, alors, la joie unique qui jaillit de l'acte même de ce sacrifice mutuel.

Plus le sujet, — matière inférieure dont il s'agit de faire l'éducation — se montre malléable, souple, réceptif, plus il cesse d'être résistant, égotiste et égoïste, plus aussi il est possible à l'artiste supérieur, qu'est l'objet, de lui imprimer le sceau de sa loi, de sa pensée, de son amour, de s'incarner en lui, de le modeler avec des nuances de détail et un fini que ne comporte pas la matière dure, cassante, rebelle à l'action.

Alors une émotion s'empare de l'objet, l'étreint, l'incline du dedans vers son œuvre, le tire hors de soi, de sentir que cette élue de son amour *collabore* autant qu'il est en elle à sa propre grandeur, qu'elle le reçoit, l'aspire, se l'assimile, se grandit, se surélève, par lui.

Il s'y intéresse, s'y captive, s'y passionne, de toute la puissance de sa vivante bonté. Il rêve d'en faire un chef-d'œuvre. Et il le réalise dans la mesure où sa propre puissance et la plasticité de la matière, sa réceptivité active le permettent. En son sujet il se voit revivre, partiellement, mais réellement. Il s'y mire, s'y complaît. Ici et là, il se retrouve : en lui-même, substantiellement, et dans son sujet par grâce et participation. Il l'aime, ce sujet, comme une vivante réplique de sa vraie personnalité. Cette volonté est devenue sienne. Cette beauté est le fruit de ses entrailles, et il se sent pour elle des tendresses de père.

Et qui dira d'autre part la douceur que ressent le sujet, au cours de cette ascension progressive et grandissante de tout son être par le sacrifice librement consenti ! A mesure qu'il entre plus avant dans la vie de son objet, que celle-ci s'insinue dans son être propre, l'envahit, le dilate ; à mesure que ses horizons intérieurs se font plus vastes, que se révèlent l'ordonnance et la beauté des choses, l'harmonie du Moi et de l'univers, son obéissance lui devient plus chère, son sacrifice plus spontané, plus vibrant. Servir, se subordonner, lui apparaissent comme la loi nécessaire et vivificatrice. Et il se rend plus souple à l'action de l'amour, multiplie, affine sa collaboration. Il s'organise intérieurement et se discipline au dehors, afin que son objet le trouvant sans cesse au point où il le désire pour son action présente, aucun effort ne soit perdu, aucun geste inutile, et qu'il se sente soi-même progressivement façonner en vivante beauté.

Parce que le sacrifice est la condition même de l'amour, il est nécessaire qu'il dure pour que l'union soit permanente. L'attitude initiale prise par le sujet et par l'objet doit devenir un *état*[1].

En haut, la bonté doit se faire persévérante, la grâce se pencher sans lassitude. Car le sujet, par nature, est autre et tend en bas. C'est sous l'attirance puissante du courant vital venu du supérieur qu'il se tend, se hausse, se maintient plus grand que nature. Qu'il cesse pour une raison quelconque, et le sujet ne sera plus qu'une misérable loque, écrasée, anéantie, qui fera pitié à ceux-là mêmes qui l'instant d'avant enviaient son sort heureux et sa vie débordante.

En bas, le sujet ne peut prétendre à vivre que s'il demeure dans l'attitude de l'appel, du désir, de l'effort vo-

---

[1] « En pratique, toutes les organisations conquérantes durables ont été plus ou moins pénétrées d'ascétisme. » ESTÈVE. *Impérialisme*, p. 6.

lontaire. Fidélité au devoir, recours continuel à l'idéal, ces mots sont pour lui synonymes. Et l'on voit aussitôt ce que ceci implique.

Il faut qu'il se surveille d'abord. A chaque instant l'union risque de se briser. Sans doute l'objet se penche — mais jusqu'à un point donné, et il exige que le sujet vienne jusque-là et y demeure. Telle est sa part dans le contact d'amour. Or, comme la volonté est perpétuellement distraite, tirée de-ci, de-là, dans les sens les plus contraires, c'est un contrôle perpétuel et un effort ininterrompu, afin de maintenir ses énergies dans une direction uniforme, qui s'imposent au sujet.

Vivre dans l'attention n'est pas encore assez pour lui ; il doit en outre s'affirmer comme un être d'incessant désir. A chaque instant le sentiment profond de son insuffisance le place et le maintient dans l'attitude de la demande humble et du remerciement joyeux. Il est prière vivante, amour suppliant, et il n'existe qu'à ce prix. Plus encore, il est repentir. Car il a beau faire, il se lasse, il faiblit, il s'échappe !... Veiller sur soi, se contrôler, — c'est le meilleur, et c'est le nécessaire. Mais les gardiens les plus sûrs sont aussi sujets au sommeil, et parfois ils y cèdent. La nature longtemps contenue, surélevée, vaillamment portée jusqu'à l'amour, ressaisit ses droits. Le sujet glisse, descend, quitte son idéal... jusqu'au moment où, reprenant concience, il se remet de plain-pied dans la réalité. Tel un excursionniste qui, dans une ascension, s'en va somnolent, véritable machine humaine... lorsque soudainement une brusque secousse lui rappelle la solidarité qui l'unit à la chaîne vivante, et l'oblige, pour faire cesser le danger commun, à se remettre virilement au pas. Demander pardon, faire pénitence, s'excuser d'avoir manqué à l'amour, devenir à la fois plus humble, plus vibrant de désir et plus aimant, le sujet trouve ces choses-là naturelles. Il s'y astreint sans murmure, spontanément, comme à la réparation nécessaire de ses fautes et à l'apaisement de l'amour méconnu, avec lequel il est nécessaire de rentrer en grâce en affirmant, sous ces formes nouvelles de regret, la droiture de ses intentions et la sincérité de son vouloir.

Ces raisons de vivre — les plus essentielles — sont pour l'amour, si l'on peut dire, tout intérieures. Il en est d'autres qui viennent du dehors, et qui les renforcent ou les contredisent.

Encore qu'il soit uni à son objet par toutes les fibres de son être, le sujet n'en reste pas moins soumis aux exigences de la vie sociale et de l'action humaine. Son expérience pratique déborde son objet, ou plutôt elle en diffère. C'est au dedans qu'il aime, et par l'extérieur qu'il prend contact avec les choses. Si celles-ci, à mesure qu'elles pénètrent dans le Moi par la raison, trouvent leur explication dernière dans l'amour intérieur, si elles s'y baignent de lumière et se font là plus intelligibles, si elles s'y ordonnent dans une harmonieuse et vivante synthèse, alors l'objet aimé grandit encore aux yeux de son sujet. La vie du dehors, le monde même, se soumettant à lui, recevant sa loi, le reconnaissant pratiquement comme leur règle, c'est donc qu'il est bien l'idéal rêvé, le maître, le vivificateur !... Les convictions du sujet s'affermissent, son dévoûment devient sans restriction, son culte se fait absolu.

Et tout ce qui, de l'extérieur, semble vouloir contredire son objet, devient alors pour lui l'ennemi même du Bien et de la Vérité. S'attaquer à cet idéal, c'est ruiner l'explication vivante des choses, c'est mutiler à la fois le Moi et l'univers, c'est créer le mal. Aussitôt l'apôtre de l'amour se sent tout disposé à en devenir le martyr. Pour lui rendre témoignage, il est prêt à souffrir, même la mort, car il a conscience que ce serait plus digne, plus grand, plus beau, et que toute autre attitude serait une déchéance et une lâcheté[1]. Alors il se raidit, superbe, contre tout agresseur. Plus on attaque son objet, plus il s'attache à lui. Et plus aussi il en reçoit lumière, force, élan. A la négation pure, il oppose l'affirmation et la preuve. Car il démontre, par son attitude même, que la vie qui l'anime est hors des prises de la malice humaine et ne peut, par elle, être diminuée. S'il est enfin frappé à mort, il expire avec un cri d'amour pour son objet, une parole de pardon pour ses bourreaux, dont il plaint l'erreur, et dont la fureur destructrice ne parvient pas à ruiner — à ce moment décisif — son harmonie intérieure et sa paix[2]. L'amour est plus fort que la mort !... Mourir, c'est préparer sa vivante victoire.

*
* *

Et si l'on veut savoir enfin le degré de vitalité d'un amour, il faut l'écouter parler. Car il a son langage propre, qui n'est celui d'aucun autre, et que comprennent seuls ceux qu'il a initiés à son sens profond.

Son vocabulaire est relativement pauvre de termes, mais chacun d'eux est riche de sens. C'est une formule de vie. Il ne détaille point ; il est synthétique. Il n'étale pas la réalité par morceaux — *disjecta membra* — il évoque le donné intérieur dans son ensemble. Chaque mot porte avec lui le sujet ou l'objet tout entier. Il le fait voir. Alors que le vocable ordinaire est sec, schématique, mort et vide de réalité individuelle, il est, lui, essentiellement moteur. Il communique l'ineffable, de vivante façon.

Et ce langage individualiste par essence est en même temps

---

[1] « C'est dans l'héroïsme, nous le sentons bien, qui se trouve caché le mystère de la vie. Un homme ne compte pas, quand il est incapable de faire aucun sacrifice. » W. JAMES. *L'Expérience religieuse*, p. 312.

[2] L'amour fait le héros. Cf. DANVILLE. *Psychologie de l'amour*, p. 102.

le plus lumineux. Par lui et à travers lui le sujet, conduit, tiré en haut, contemple l'univers dans un ordre parfait dont son objet est le centre. Il le comprend, il en saisit les raisons d'être et la fin. Le monde ainsi aperçu, dominé, porte avec lui son explication pacifiante. Chaque mot que parle le sujet est comme un rayon qu'il projette sur l'universalité des choses, dont il se sent ainsi le maître incontesté.

Le langage de l'amour devient alors un chant de triomphe. En faisant monter vers l'objet de ses adorations les paroles de l'union reconnaissante, respectueuse et dévote, il se sent en son objet même, et par lui, supérieur à tout ce qui en diffère. Se soumettre, c'est conquérir.

Tant que le sujet répète avec ferveur les paroles aimantes et qu'il y puise à la fois l'inébranlable conviction qu'il voit, qu'il peut, son amour est alors bien vivant. Il commence à décroître le jour où les mots ne portent plus avec eux les mêmes certitudes, les mêmes énergies !...

Le sentiment de puissance, dans l'objet de l'amour, est absolu, et son langage l'exprime. Lui aussi contemple l'univers, mais à travers son sujet docile et dévoué. Il se croit supérieur à tout, sans restriction. Celui qu'il aime est son élu, parce qu'il l'a jugé plus digne, et supérieur à tous les autres. Reconnu par lui comme le maître, comment ne le serait-il point de tout?

Son langage se fait protecteur : il rapetisse en quelque manière son sujet, afin de mieux assurer sa conquête. Ce sont les diminutifs qu'il préfère. Et si ces termes de tendresse impliquent qu'il se juge plus grand, ils sont en même temps un hommage. Il ne rabaisse son sujet que pour se mettre à sa hauteur, et s'humilier en se donnant plus bas. Lors donc qu'il affirme sa supériorité, il grandit en unissant. Le sujet ne s'y trompe point. Les mots qui semblent puérils en dehors de l'amour, vides de sens, sont, pour celui qui sait les entendre, la reconnaissance de sa liberté, la confession discrète de son autonomie. Aussi bien, l'amour décline chez l'objet quand son sujet « lui échappant », s'émancipant, il ne peut plus parler le langage de la bonté devenue tendresse.

Veiller sur son langage, lui conserver son sens plein, sa sonorité vivante, sa lumineuse beauté, sa saveur humaine, c'est assurer à l'amour des lendemains prolongés, pleins de délicatesses viriles et vivifiantes.

Et je n'entends point dire par là que le langage *seul* suffit à créer l'amour ou à l'entretenir. Mais il y contribue sans doute beaucoup. Le Moi est un donné vivant. Chacune des attitudes intérieures auxquelles il se plie a sa répercussion sur l'ensemble. Parler le langage de l'amour, c'est le soustraire à l'inattention, à la routine ; c'est mettre son objet hors de pair et au-dessus de l'expérience commune ; c'est affirmer qu'on entretient avec lui des relations autres, plus personnelles et plus profondes qu'avec le reste de l'humanité, auquel suffit le langage ordinaire et social. Choix, privauté, intimité, se maintiennent en s'exprimant ! La délicatesse des mots vivifie celle du cœur. Parler ses sentiments les fortifie et prépare à l'action. Encore faut-il que les paroles soient sincères ; qu'elles révèlent, sans l'égaler, la vie intérieure. Et cela n'est possible que lorsque le sujet contrôlant la valeur de son objet d'amour au contact de l'expérience, le reconnaît indéfectible, supérieur à elle, et trouve à chaque instant, dans le dynamisme ininterrompu qu'il lui communique, de nouvelles raisons de vivre et d'aimer. Dès lors qu'il en est autrement, les mots de l'amour sont semblables aux formules qu'on lit sur les tombes ; ils ne recouvrent plus que poussière et cendre : l'amour n'est plus qu'un souvenir !

..

Car l'amour peut mourir. Il a des ennemis puissants. Les uns l'étouffent au berceau, les autres le tuent alors qu'il est en pleine vigueur et paraît triompher.

L'objet de l'amour a beau se placer dans le champ d'expérience des êtres qui manquent de réflexion et de vie intérieure, il ne parvient pas à les émouvoir. A peine lui accordent-ils un regard distrait. Si un léger sentiment parfois les effleure, il ne les pénètre pas. Ils ignorent les trésors du dedans et ne songent pas à les exploiter, à s'en enrichir. Tout entiers aux choses de l'expérience, ils ne soupçonnent pas la pensée. Ou bien encore, appliqués à des abstractions pures, avec lesquelles ils agissent sans effort, et dont ils élèvent des constructions éphémères, ils n'ont aucun souci des réalités intérieures. Leur Moi ne rend point d'écho. Ils vivent cantonnés dans leur étroite sphère, ignorant le mouvement, la vie, le progrès personnel. Leurs besoins sont médiocres, parce que leur vitalité est mince. Tels des vieillards, auxquels un rien suffit pour entretenir leur existence, qui lentement s'achève !

Les êtres sans amour sont des morts au milieu des vivants. Ce sont des statues qui marchent. Mais de ces hommes ne jaillira jamais pour l'humanité l'étincelle de vie. Quelle que soit leur situation dans le monde, leur richesse, leur pouvoir, ce n'est pas auprès d'eux qu'on viendra chercher la parole qui soulève, qui met en marche, qui soutient, éclaire, console, ouvre des horizons libérateurs, réchauffe, fait triompher de tous les obstacles et accomplir tous les progrès. Quiconque manque d'amour ignore la plupart du temps la bonté. Et c'est vers elle que les hommes se tournent comme vers l'Idéal.

Mais l'amour n'a pas d'ennemi plus mortel que l'illusion

et que la vie. Quoi que l'on fasse, il faut se résigner à cette rude loi : tout ce qui dure s'use, se diminue, s'anémie, disparaît. La continuité même, qui semble être le triomphe, est le principe actif de la décadence. Le temps mord et dévore tout ce qu'il touche, même l'amour que l'on croirait tout entier hors de ses prises.

Alors, plus ou moins rapidement, souvent très vite, l'objet de l'amour perd ses charmes. La couronne de roses dont on s'était plu à le parer, se fane, s'effeuille, et il apparaît triste et laid, tandis qu'on le voyait naguère si beau, idéalement. Plus d'auréole !... plus de grandeur !... Le dieu est descendu de son piédestal, et, parce qu'on le voit de très près, on le trouve alors sans proportion avec son rêve !... Et puis on voit ses défauts, on grossit ses taches... Faut-il le dire : on se venge de l'avoir trop aimé en le méconnaissant à plaisir... On s'était donc trompé ! quelle duperie !

Et je ne recherche pas ici les raisons qui peuvent motiver un jugement si nouveau et si contradictoire... Il est un fait, fréquent dans l'amour. On pourrait dire qu'il est de son essence, car on ne fait guère en somme dans la vie que changer d'illusions ! Quoi d'étonnant d'ailleurs, puisque nous avons l'incurable manie d'ériger en absolus nos jugements sur les choses, alors que nous devrions nous harmoniser sans cesse avec leurs modifications perpétuelles ! Et les hommes, désenchantés et toujours dupes de nouvelles apparences, diffèrent seulement en ceci, que les uns en meurent, tandis que les autres, qui ont cru s'assagir, ont seulement changé d'objet ! La pire des illusions serait encore de croire qu'on n'en a point. En haut ou en bas, nous vivons tous d'amour, car il est le fond même de notre être[1] ; ignoble ou

---

[1] « Amour est acte d'âme... Tout l'être, toute la personne est là... Aimer est, je puis le dire, un acte vital, *l'acte vital* par excellence, le produit, l'expression, le fruit de la vie même. » OLLÉ-LAPRUNE. *Le Prix de la Vie*, p. 320.

sanctifiant, bourgeois ou héroïque, nous portons au centre même de notre Moi un idéal. Quoi que nous voulions ou que nous pensions peut-être — nous plaçons notre cœur en banque : il ne s'agit pour être heureux que de le bien placer.

Il en est qui ne le confient qu'à eux-mêmes, et se croient plus sûrs de le bien conserver. Mais ceux-là surtout sont dupes, car il ne rapporte rien ! L'égoïsme, plus encore que l'illusion, tue l'amour. Il l'absorbe, l'étouffe, le fait périr par inanition. L'amour qui ne circule pas ne se renouvelle point. Et l'on a vite fait de manger son maigre capital !

Egoïsme par absorption, dans l'objet. Il est des amours qui sont tyranniques. Le sujet devient un esclave, le maître un despote. L'obéissance alors apparaît odieuse, et la révolte n'attend qu'une occasion pour secouer le joug abhorré de ce simulacre d'amour.

Il en est d'autres qui, comme la pieuvre, sucent leur victime. On voit des hommes qui n'acceptent d'être aimés que pour aspirer la vie qui leur manque et qui vient vers eux, naïve, comme à l'idéal. Mais un jour arrive où ces objets de mensonge, dépouillés de leur masque d'amour, sont rejetés honteusement par ceux dont ils avaient plus ou moins longuement fait leurs victimes sincères.

Amour de passion, dans le sujet. Il fait le vide autour de l'être aimé, afin de se créer une appartenance plus exclusive. Il l'isole afin de le mieux conserver. Par jalousie de possesseur rapace, il ne lui permet aucun contact avec l'extérieur. Sans doute, il ne l'avoue point, mais il veut être aimé « lui seul ». Et comme à mesure qu'il investit son objet, il l'affame en quelque sorte de vie, de mouvement, alors que lui-même se rétrécit, devient moins humain, moins aimant au fond et moins éducateur, il prépare à son insu les réactions terribles, le dégoût, le rejet !... Et l'amour s'en va, — parce que le sujet n'a pas su conserver le respect de la vie, de la Personne, de l'ordre nécessaire. Il a manqué à la bonté. Elle se venge en le replongeant dans la misère d'où elle avait rêvé de le tirer.

Que dire enfin de cette paralysie de l'amour qu'est l'inaction ? Aimer, c'est agir, essentiellement. L'amour est un dynamisme, un levain porté au centre même du sujet, et qui doit de toutes parts le soulever, le faire se déborder, sortir de soi et se donner. C'est pour cela même qu'il se communique. Sa fin, peut-on dire, c'est de créer du mouvement, condition première de la vie.

Dès lors que le sujet, par lassitude, par insouciance ou par dégoût, maîtrise cette poussée intérieure et la détruit, dès lors qu'il rentre dans le calme et l'immobilité, il s'oppose à l'amour, le contredit : son attitude est un reniement. Elle témoigne de son indignité. Et si la résistance persiste, si elle s'accentue, se fait invincible, un moment vient où l'amour se brise, où le sujet demeure sans ressort.

Quelle que soit la cause de sa disparition, là où l'amour a disparu, la vie est absente. C'est la solitude avec ses conséquences de tristesse, d'impuissance et de désolation : *Væ soli !* L'isolement, c'est le malheur.

Egoïste ou abandonné, l'individu sans amour est hors nature. C'est un être déchu. Il est au-dessous de la ligne normale de l'humanité. Ce n'est plus une Personne. Car le Moi est social, radicalement[1] ; il n'est complet qu'à ce titre. La vie est collaboration. L'un postule le multiple. Et la parole la plus vivifiante et la plus vraie a été prononcée au berceau du genre humain : « Il n'est pas bon à l'homme d'être seul : donnons-lui donc un auxiliaire qui lui soit semblable. »

---

[1] « Aug. Comte a eu raison de dire qu'on se fatigue de penser ou d'agir, jamais d'aimer. Nous nous aimons toujours nous-mêmes et nous aimons toujours autrui malgré nous. Sensibilité, c'est nécessairement sociabilité. » FOUILLÉE. *Rev. des Deux-Mondes.* 1ᵉʳ mars 1887, p. 180.

L'amour est le grand devoir, la loi primordiale. Quiconque n'y obéit point git hors de la lumière et de la vérité. Il ne sera régénéré que le jour où, placé sous le rayonnement d'un être de bonté aimante, il sentira en lui des tressaillements jusque-là inconnus, où il s'apercevra que son intérieur, jusque-là inerte et froid, s'éveille, s'anime, commence à se mouvoir, se porte vers cette vision lumineuse qui, invinciblement, l'attire, vers laquelle il va, plein d'inconscient désir, avec un sourd espoir de vivre davantage...

Et il en est ainsi parce que — sans le savoir — l'être jusque-là *anormal*, hors du concert de la vie, s'y replace, se remet dans l'universelle harmonie du monde, où tout est lié, uni, vit dans l'amour.

.·.

Car l'amour humain est un terme : le dernier que puisse percevoir notre expérience dans la série des choses.

Le mouvement d'amour universel, dont nous avons précédemment constaté l'existence, est en effet ascensionnel et hiérarchisé.

Tout être, du petit au grand, est dans la création un individu. Il est doué de force, d'appétit. Il possède une *vertu de devenir*, une loi interne, une tendance au plus, à l'union, à l'agrégation. Et c'est ce qui le constitue essentiellement, en son fond, amour et désir.

Mais parce que leur tendance à l'union est diverse, elle échelonne les êtres, les classes, les établit à un rang donné[1].

Pour les uns, tout se résume en une puissance *d'attraction*. Ils attirent et ils deviennent plus par simple *juxtaposition*.

---

[1] « L'homme qui, suivant le conseil du bouddhisme, tuerait en lui le désir, perdrait toute raison d'agir... *Le désir établit l'échelle de nos valeurs...* » Le Bon. *Aphorismes*, p. 17.

Ils n'ont qu'une sphère d'influence (astres). D'autres ont une vertu de *compénétration* : ils attirent, ils mélangent, mais ils ne *digèrent pas* les éléments dont ils se sont ainsi accrus ; ils ne les *ordonnent pas* d'après leur propre loi intérieure (minéraux). Certains ont un pouvoir d'*assimilation* qui les fait s'emparer des apports extérieurs dont ils entretiennent et fortifient leur unité individuelle, mais sans la prolonger (hybrides, mulets-stériles). Pour beaucoup, l'amour est puissance d'*expansion*. Ils s'emparent d'une partie des choses au milieu desquelles ils vivent, les organisent du dedans, se les assimilent, et puis, mécaniquement, leur trop plein de force et de vitalité *s'extériorise*. Ils donnent leurs fruits toujours identiques (végétal, animal), tant qu'ils sont laissés à eux-mêmes et qu'un pouvoir plus fort ne les modifie pas.

A son degré supérieur, l'amour apparaît comme principe de *progression*, de tendance vers le mieux, et donc de changement, de devenir. Mais ce pouvoir implique à la fois conscience, liberté, finalité. L'être de cette catégorie *sait* à quelle loi intérieure il obéit. Il accepte le terme final vers lequel elle le porte comme son bien. Il organise son action *en vue* de ce but déterminé. D'une certaine façon il crée : en lui d'abord, où il introduit *l'unité* dans les éléments multiples venus du dehors, et qu'il fait siens en se les assimilant ; hors de lui, où il prolonge ses puissances à son gré, où il agit sur les choses et les organise selon sa volonté, où il multiplie son être en *se* donnant, en étant bon. Son œuvre le propage, car il y a infusé son esprit, sa vie. *Elle est lui-même, hors de lui*. Et de son Moi intérieur à cet autre Moi projeté dans le temps et l'espace, le contact se maintient permanent et la vie circule, tant que subsiste l'amour mutuel.

Or cette hiérarchie des amours qui président au mouvement vital de l'univers est éminemment révélatrice. Elle nous apprend que la force intime des êtres se présente, comme celle que nous avons reconnue en nous-mêmes dans l'acte de réflexion, sous deux aspects très différents, mais non contradictoires. Avant tout elle est puissance d'unité, de cohésion, d'assimilation, et principe de persévérance de l'être dans son être. Et puis elle est puissance d'action. Elle pousse l'individu à sortir de soi, à s'extérioriser. Non point cependant dans une direction quelconque et indifférente en haut ou en bas, mais seulement en haut. Les individus tendent à s'unir à l'être supérieur qui les attire, les désire et cherche à se les assimiler.

Ainsi l'amour apparaît constitué par une essence unique. L'union *de fait* de l'universalité des êtres, dans une hiérarchie ascendante, prouve sans discussion que les lois internes ont toutes entre elles des convenances cachées, des points de contact réel. Les règles qui président à l'être, à l'unité, à l'amour, apparaissent comme une série de cercles concentriques, où l'inférieur devient une partie du supérieur qui l'enveloppe, qui le dépasse, et cependant, dans une certaine mesure, va en vivre.

Tout amour est donc par nature ascendant et progressif, en ce sens que tout être *tend à son supérieur*, qui se l'assimile, en fait sa chose, sa vie. Ce supérieur, auquel il participe, dont il devient le collaborateur, est sa fin, sa raison d'être. C'est en lui seul qu'il trouve son explication, le Pourquoi de sa tendance à se dépasser lui-même.

L'être est donc inachevé, inexpliqué et comme sans réponse à l'appel intérieur, sans ce supérieur auquel il est destiné, avec lequel *il doit s'unir*, afin de vivre sa vie intégrale.

L'individu ne sera complet qu'à condition de devenir partie d'un plus grand que lui, d'entrer dans une unité, une complexité, une activité plus haute, dans lesquelles il se prolonge et se perd pour se retrouver agrandi.

Mais dans la mesure exacte de sa propre réceptivité de

l'amour. Car il y a en fait des degrés, des mesures, dans l'action même du supérieur. Objectivement le même, il ne *manifeste* sa bonté donnante *que* par la capacité qui le reçoit. On a beau dire « qu'un sonnet sans défaut vaut seul un long poème », le poème parfait témoigne cependant d'une plus grande puissance ; et l'on sera toujours plus dominé par la vertu créatrice que révèle une cathédrale d'Amiens que par les statues de son portail, prises individuellement, eussent-elles chacune la perfection du Moïse !

Et cette constatation nous amène tout naturellement à reconnaître que la série ascendante des amours est en raison directe de la liberté des êtres. A mesure que l'on monte, l'individu apparaît comme plus dégagé, plus indépendant de l'extérieur qu'il s'assimile et fait participer à sa vie. Il peut choisir ses éléments vitaux, et décider de la part qu'il fait aux choses dans la collaboration qu'il leur accorde. Son amour s'affirme comme une grâce : il a ses élus et ses réprouvés. Sa liberté est créatrice, et par ses choix et par sa forme d'action. Il s'assimile et façonne ce qui lui agrée, pour des motifs dont il est seul juge. « Sera-t-il dieu, table ou cuvette ? » C'est sa volonté qui en décide. Non pas toutefois à l'aveugle, mais sous la direction de l'esprit qui tient compte du temps, des personnes, des convenances... de tout ce que lui révèle son expérience des choses, et en premier lieu des exigences légitimes et intimes de son sujet.

Aussi bien, tandis que l'amour, au plus bas degré de l'échelle des êtres, se montre du dehors comme radicalement individuel, égoïste, improductif, à proportion qu'il s'élève il apparaît actif, il tend à s'extérioriser et à produire.

Alors, et sans contradiction, plus il obéit à sa poussée interne et vitale, plus il devient à la fois social et personnel. A mesure en effet qu'il multiplie ses créations, il semble sortir de lui-même et s'appauvrir d'autant. Mais d'un autre côté, parce qu'il reste en contact avec son œuvre, et qu'il réalise en elle et par elle, sur un autre point donné de l'espace et du temps, cette unité, cette harmonie, qui font la valeur de son Moi et sa force de production ; parce qu'il l'éduque, la dilate, lui donne à chaque instant une plus-value de vie et une direction pratique, *son extériorité apparente n'est au fond qu'une intériorité plus vaste et plus riche.* En se faisant le serviteur de son œuvre vivante, il s'agrandit et vit en elle.

L'amour d'en haut, l'amour de l'homme, apparaît donc comme le couronnement de l'amour universel et le maître de la vie[1].

Il semble bien, à première vue, unir dans une harmonieuse et triomphante unité les deux éléments de l'être : le Moi et l'Autre, l'extérieur et l'intérieur, la Personne et les choses, — de la collaboration desquels nous avons espéré, dès l'abord, que jaillirait la lumière et que le problème de la vie trouverait sa solution.

Mais parce que sous ce nom d'amour le langage ordinaire confond des choses très différentes et sensiblement opposées, il importe de bien reconnaître les caractères essentiels de l'amour supérieur, ceux qui le font spécifiquement humain. Et c'est au seul amour qui se rapprochera le plus de ce type idéal, qu'il nous sera légitimement permis de demander : Es-tu vraiment le maître de la vie, — ou devons-nous en attendre un autre ?

---

[1] « Serait-ce donc que l'amour et l'union qu'il accomplit auraient une grandeur et une beauté qui en feraient comme le dernier mot des choses ? » OLLÉ-LAPRUNE. *Le Prix de la Vie*, p. 271.

« L'amour est le mot, le secret de la nature humaine. Ce n'est pas tout : il est le secret du monde. » RAVAISSON, p. 82.

CHAPITRE VIII

L'AMOUR

(Suite).

Nous voilà donc conduits, par la logique même des choses, à esquisser ce portrait de l'amour que nous déclarions d'abord si difficile à faire ressemblant, et placés dans l'obligation de tenter une synthèse — que la richesse même du sujet condamne d'avance, malgré tout, à être incomplète. Faut-il nous rassurer sur la parole de Mme Swetchine : « L'amour est comme les revenants ; tout le monde en parle et personne ne l'a vu ! » Nous préférons penser que chaque lecteur ajoutera à ces pages, pour les achever, tout l'appoint de sa propre expérience.

L'amour est vivante union, vie de relation entre un sujet et un objet déterminés, précis.

L'amour est comme un flux et un reflux de vie, qui monte et qui descend selon le rythme imprimé par en bas ou par en haut, tour à tour, par ses deux termes.

Il est, dans le sujet, concentration, unification, vie intérieure, poussée vers *un autre* en qui il espère trouver un complément vital, une satisfaction à sa tendance intime, à ses aspirations.

L'attitude normale et primitive de l'être, c'est de se porter en haut, d'y chercher un autre afin d'en vivre[1]. L'objet de

---

[1] « C'est le besoin de l'âme de se noyer et de se perdre dans quelque chose de plus grand que soi. Le pêcheur de Goethe... ! » A. TONNELÉ. *Fragments*, p. 338.

l'amour en est *la cause première* et déterminante, ainsi que nous l'avons indiqué d'abord. L'amour procède en effet par un acte de vision de l'objet par le sujet. Sans doute il est évident que le sujet possédait la capacité de voir[1], mais le fait de la vision extérieure — et intérieure — a été provoqué par l'objet, involontairement ou de parti pris.

Cette attitude de recherche vitale peut être librement contrariée. La volonté peut créer un état *contre nature*, couper le contact avec l'extérieur, vivre d'elle-même et pour elle. C'est l'état même de *l'égoïste* qui se refuse à suivre le mouvement intérieur le portant à sortir de soi.

A la tendance d'en bas, à l'appel du sujet, correspond en haut, dans l'objet, une *condescendance*, qui est attirance de l'inférieur pour en faire sa chose, sa propriété. Cet appel autoritaire, cette main mise sur le sujet, *si elle est conforme à sa loi intime* — sont irrésistibles. Le supérieur attire à lui en se subordonnant à l'inférieur. Il le grandit en se donnant d'abord. C'est sa sympathie, son désintéressement, qui le rendent victorieux ; son sacrifice volontaire qui établit le point de contact, le trait d'union, puis le courant vital. La vie est le triomphe de la bonté. C'est elle qui crée et entretient *le cercle vivant*, le flux et le reflux d'amour.

Celui qui se donne est du même coup multiplié. Son être se prolonge dans le sujet de l'amour, le féconde et le rend créateur.

Le sujet devient à son tour un être d'expansion. La vie qu'il a reçue lui a donné une plus-value dynamique, qui tend à se manifester au dehors.

En haut, il demeure attaché au supérieur qui l'a initié à la vie, de qui il reçoit le mouvement vital ; en bas, il se

---

[1] Voir ou percevoir, car le toucher, l'ouïe, peuvent provoquer *la vision intérieure*, et déterminer l'attitude d'amour du sujet. Cf. ARNOULD et DUILHÉ DE SAINT-PROJET. (Apologétique): *Marie Heurtin*.

penche à son tour sur son œuvre pour s'y prolonger, et y réaliser son rêve... En haut, il demande, s'avoue l'inférieur, se fait suppliant, appelle la vie : c'est la source où il s'alimente, se fortifie, d'où il reçoit le mouvement, l'élan vainqueur ; en bas il s'incline à son tour, il se donne, il s'affirme comme le supérieur, l'objet, comme une personnalité, une bonté qu'on aime et qu'on désire, comme il aime et désire lui-même son propre objet.

Et cette double tendance, avec un temps d'arrêt moyen qui est concentration du sujet-objet de l'amour, constitue *le rythme vital*.

Tout être de la création apparaît donc comme un centre de bonté. Il est à la fois inférieur et supérieur. D'en bas, on tend vers lui, on le désire, c'est en lui qu'on s'achève.

C'est sa bonté qui a attiré le sujet vers elle. Cause initiale de la vie inférieure, elle en est aussi le *terme final*. C'est elle qui a créé le mouvement d'en bas, qui l'explique ; mais elle ne l'arrête pas. En elle l'inférieur communie à une vie supérieure ; elle l'y porte, en se donnant à son propre objet, dans une ascension nouvelle.

Ainsi se lient dans une suite de chaînons vivants les êtres inférieurs à l'homme.

A son degré supérieur et humain, l'amour apparaît comme ayant pour caractères essentiels : la liberté, la grâce.

Liberté en bas, qui spontanément se tend vers son bien ; liberté en haut surtout, qui peut passer, ne pas répondre, mépriser l'appel...

La grâce, c'est la liberté d'en haut, souveraine, indépendante, qui n'a pas besoin d'un autre, qui se penche vers son sujet : elle n'existe en tant que grâce que *relativement à l'inférieur;* en elle-même elle est l'être, l'amour, le don. La grâce n'enrichit en rien le supérieur, mais change l'inférieur par participation à une vie nouvelle, en s'adaptant à lui.

Elle n'est pas une exigence du sujet. L'objet peut la donner, la retirer à volonté. La liberté n'est liée qu'à l'égard d'elle-même, par sa bonté ; le don n'appelle pas nécessairement le don. *La grâce, c'est la liberté vue du dehors,* par le sujet, et dans son rapport à lui. Elle est, pour qui la reçoit, révélatrice de l'être.

L'amour est un *service mutuel* et vivifiant, créateur d'unité et de bonheur — par participation à une vie commune supérieure.

L'objet s'attache à son sujet *dans la mesure même des services qu'il lui rend,* des grâces qu'il lui accorde, du bien qu'il lui fait.

La mesure de l'amour d'en haut, son critère *de fait,* c'est *la capacité du sujet à recevoir.*

Celui qui donne aime dans la proportion où on le reçoit et où on l'accepte, où *l'on devient lui-même.* Car c'est l'acte de soumission par excellence, de reconnaissance de sa supériorité, l'acte de foi et d'amour. Et ceci explique que *l'humilité* soit le *fondement de l'amour.* Elle est essentiellement sujétion pratique, ouverture de soi, réception volontaire...

Celui qui reçoit aime dans la mesure où il reçoit, car il se donne, se sacrifie, s'exclut lui-même, se vide de son être antérieur au profit de *celui qui vient,* frappe... dont il va faire *son maître,* par qui il va penser, agir. C'est une véritable *substitution de personnalité.*

Si l'amour est *réciproque,* c'est *amitié* : Pares invenit aut facit. Il n'y a pas soumission absorbante, jusqu'à l'annihilation parfois, d'une personnalité *au profit* d'une autre, mais subordination successive et variable selon les cas. L'amour est *abdication* entre les mains d'un seul ; l'amitié *gouvernement en commun,* où l'on s'inspire mutuellement.

L'amitié peut avoir des exigences, non l'amour. Il est

serviteur, par définition. L'ami le peut être aussi par délicatesse, pour entraîner, donner l'exemple, tremper les énergies... *Servir c'est aimer d'amour*. Qui aime ainsi se renonce entre les mains d'un autre, se réduit à néant par un acte de volonté.

S'il assujettit, l'amour est essentiellement aussi un acte de libération. En unissant à un supérieur, il fait participer le sujet à une liberté plus grande, et il la met à son service. Dans un même acte, il délivre le sujet et affirme l'autonomie de l'objet. Vie par le sacrifice, liberté par obéissance mutuelle, spontanéité et collaboration, sympathie réciproque et créatrice, tel est l'amour. Il se tient à l'antipode de l'égoïsme, de l'égotisme ; et tout ce qui fonde *l'individualisme* et l'entretient lui est radicalement opposé.

L'amour, révélateur du Moi et de ses puissances latentes, est créateur d'action. Il étend le Moi hors de lui-même, l'unit à l'extérieur, le rend social. Il le plonge dans l'humanité. *En droit, il l'universalise*[1]. *En fait, il tend à l'individualiser à outrance*, car il veut jouir seul de *son* sujet, le posséder uniquement. Après avoir rêvé de conquérir le monde, il se fixe et s'immobilise sur un point[2] !

Mais ce sujet, il l'éduque, le grandit, lui donne une plus-value vitale. Il semble même ne s'être concentré que pour multiplier son dynamisme. Il ne s'est séparé que pour mieux se donner. C'est en devenant lui-même extra-social qu'il l'humanise, le lie au tout, le fait participer à son expérience acquise.

Au détriment d'ailleurs de l'expérience actuelle. Car il n'a

---

[1] « Ma pensée et mon amour se prolongent comme de leur propre mouvement à l'infini. » OLLÉ-LAPRUNE, *Le Prix de la Vie*, p. 258.

[2] « Ama nesciri. Joie, paix à n'exister que pour ce qu'on aime ! Bonheur d'être inconnu à tout le reste, comme de ne pas le connaître. » A. TONNELÉ, *Fragments*, p. 278.

pas l'air de tenir compte de la raison. S'il éduque, c'est du dedans et en se plaçant résolûment hors des choses. Par un acte d'autorité, il abolit le temps, l'espace. Tout est pour lui dans la durée. Toujours est son mot : il a toujours été, et il sera toujours[1]. Il est celui qui est. Cela suffit à tout expliquer. Il paraît ignorer le passé et l'avenir. Ou plutôt il les domine : il voit. Il est intuition. S'il prévoit, c'est de façon supérieure, mais il ne paraît pas se soucier de mettre le passé au service du futur. La tradition, l'histoire, il les rejette, encore qu'il en vive à son insu.

Son intériorité qui est faiblesse apparente, est aussi sa force et la condition même de sa fécondité. Parce qu'il est du dedans, il unit les volontés, les fait se compénétrer, collaborer de façon vivante. En lui s'opère la fusion de la loi et de la liberté, du Moi et du non-Moi, de l'individuel et du social, de l'inférieur et du supérieur. Les contraires apparents se concilient en lui sans se confondre. Ils se rejoignent sous son action, après avoir, à sa lumière, aperçu leurs similitudes, leurs aspirations communes, leurs points d'attache. L'individu reçoit, par lui, la loi comme *son* bien. Il se fait elle, parce qu'en elle il reconnaît son moteur naturel et nécessaire. Elle est la vie : par l'acte de l'amour, il la fait *sa* vie. Située hors de lui, elle lui devient plus intime que lui-même. Car elle se révèle à lui comme la charpente insoupçonnée de son être, et le principe ignoré de son action. Sous l'apport individuel il fait apparaître l'universel — ce qui, dans son essence, le constitue, l'explique, le maintient, le rend capable de progrès par des acquisitions volontaires, et toujours possibles au contact des choses, de l'extérieur.

Moral en son fond, en ses démarches qui lui enseignent la notion du bien, de l'obligation, de la loi, il est incapable de fonder la moralité et le devoir. Car il est impuissant à

---

[1] Il aspire à l'éternel. Cf. Ollé-Laprune. *Le Prix de la Vie*, p. 208.

décréter seul des règles universelles, valables pour tous les temps, tous les hommes. Et donc, à proprement parler, il n'établit que des rapports individuels, mais non des rapports humains !

Son autorité n'est ni déterminante, ni contraignante, parce qu'au fond il n'est pas certitude pure. Il ne peut affirmer les conditions de l'harmonisation de l'individu avec le tout, car il est surtout *croyance*, acte de foi. Son attitude ne légitime pas son objet, ne prouve pas son existence. C'est par volonté qu'il tend vers lui, et d'une certaine façon il le crée. Peut-être cet objet n'existe-t-il que dans son imagination, et réalise-t-il lui-même ses propres désirs. L'hallucination est possible. Et l'amour ne vaut que dans la mesure où l'extérieur confirme ses affirmations. Séparé de l'expérience, il a besoin d'elle et il s'achève en elle. *Contradiction pratique de la raison, il n'existe en somme que pour elle ; il ne s'achève, ne se légitime qu'en elle et par elle.* Elle est son terme, sa fin nécessaire, — et donc sa loi insoupçonnée, réelle. C'est à la raison de le juger, de prononcer sur sa puissance d'action et sa valeur d'explication des choses, en déterminant sa qualité et comme sa quantité d'humanisation. Concilie-t-il réellement et dans les faits, dans l'expérience quotidienne, actuelle, le Moi et le non-Moi, alors l'amour est *vrai*. Il répond à la réalité des choses, il est créateur d'harmonie, de personnalité. Il prouve la vie en se montrant, et la vie l'authentique en le réalisant. En lui se fait l'équation de la pensée et de l'action, l'union féconde du personnel et de l'universel[1]. Tout ce qui en écarte ou en sépare

---

[1] « Agis de telle sorte, dit Kant, que ton action puisse être érigée en loi universelle. » Voilà *la formule* de la *loi morale*. Oui. Mais qui donc en fait *un devoir*, sinon l'amour d'un supérieur, qui *l'impose ?* « Après tout, à la base de l'IDÉE morale, l'argument le plus *solide* et le plus *convaincant*, avouons-le, ô philosophes, c'est la pitié, c'est la bonté, c'est l'amour. » TARDE, cité dans BUREAU. *La Crise Morale*, p. 151.

est déchéance, diminution, atteinte à l'amour, à la vérité, au bien, qui, au fond, sont solidaires[1] et en proportion directe.

En son essence, l'amour est permanent : car il est surtout l'œuvre de la bonté. Et le bien est fidèle à lui-même, il ne se dément pas. Ses dons sont sans repentance. De par sa volonté, le sujet se trouve sans discontinuer en influence de grâce. Et si l'amour est transitoire, c'est que sa liberté n'a point correspondu à la bonté créatrice d'en haut. Mais celle-ci est toujours en disposition de donner. Elle frappe à la porte du cœur, elle presse doucement, elle a des touches secrètes et discrètes... Elle s'impose parfois, si la misère orgueilleuse lui fait par trop pitié... Toujours elle répond à l'appel... Et tant que l'objet se tient en état de grâce, il reçoit, il grandit, il monte, il *progresse* indéfiniment par son contact avec la vie qui vient, le soulève, le rend supérieur à lui-même.

L'amour enfin est un langage. Mais il est autre que le langage ordinaire. Ce dernier, schématique et terne, afin de pouvoir être employé aux usages sociaux de la communauté humaine, fixe trop facilement l'individu dans le verbalisme et lui enlève le sens de la vivante réalité. L'amour personnalise le langage, le corrige, le complète, en ramenant à l'intérieur du Moi. Il fait penser, équilibre le jugement en le tenant plus près de la réalité dynamique et des racines mêmes de l'être. En un sens il est plus universel, car il exprime ce qu'il y a *dans le tout* de plus fondamental. Par lui on dépasse la lettre, l'on entre dans l'esprit ; on comprend la vie en y participant. Tout prend à sa lumière une signification par l'intérieur : il en fait saisir l'âme. *Il poétise la conscience*, fait entrer le Moi en vibration, l'établit au centre de l'universelle harmonie. Grâce à lui, les êtres de

---

[1] Morale, bien, amour, sont trois termes liés. Cf. RAVAISSON, p. 225.

l'univers révèlent leur sens profond, caché au regard des profanes[1]. *L'individu qui vit dans l'amour est l'écho de la création entière :* il entend et comprend les appels humains, les cris du cœur ; la nature lui parle, — et par une sympathie secrète il communie à la vie totale sans s'y absorber un instant, ni s'y confondre.

Mais le sentimentalisme le guette, et c'est par un retour constant à l'expérience, à la raison, qu'il s'équilibre et garde tout son élan sans franchir les barrières sociales.

Et puis s'il vivifie le langage ordinaire, s'il lui donne une plénitude de sens inconnue hors de lui et qui révèle les profondeurs de l'âme, d'autre part, il le tue.

Car l'amour vrai ne parle pas. Non seulement il n'emploie pas la même langue que tout le monde, mais il ne se sert que d'un fort petit nombre de mots, et à mesure qu'il devient profond, il se tait[2]. Le langage ordinaire est une socialisation instinctive, et verbeuse. L'amour est une socialisation élective, et qui tend à devenir muette. L'objet qu'il a choisi pour en recevoir une réponse au *pourquoi* de la vie le comprend sans paroles. C'est par l'intérieur qu'ils communiquent, et le langage, qui est dans le temps et l'espace, dit trop ou trop peu. Il morcèle la vie que l'amour donne et reçoit en bloc. Il analyse ce que le sujet et l'objet voient et goûtent dans une vivante synthèse. Le jour où l'amour cherche à

---

[1] « Aimer est la grande affaire, l'unique affaire : de tout l'on s'aide pour aimer, et, si tout manque, on aime, et cela suffit. Voilà comment le point de vue de l'amour est le point de vue suprême, large, harmonieux, conciliant tout. » OLLÉ-LAPRUNE. *Le Prix de la Vie*, p. 332.

[2] « Le mot aux contours bien arrêtés, le mot brutal, qui emmagasine ce qu'il y a de stable, de commun et par conséquent d'impersonnel dans les impressions de l'humanité, écrase ou tout au moins recouvre les impressions délicates et fugitives de notre conscience individuelle... Nulle part cet écrasement de la conscience immédiate n'est aussi frappant que dans les phénomènes de sentiment... » BERGSON. *Les Données*, p. 99.

préciser dans des mots les rapports dont il vit, il commence à mourir. Il se contrôle sur l'expérience banale ; il se ramène à la moyenne vulgaire ; il se rationalise, ce qui revient à dire qu'il se détruit. L'objet déchoit de son rang d'idéal pour tomber au niveau du réel. Il devient *une chose*, de l'extérieur, du non-Moi. L'amour est fini dès qu'il cesse d'être intériorité.

Parce qu'il est la vie même, l'expression de la personnalité, de ce qu'il y a de plus incommunicable dans l'être, autrement que par la volonté, il est l'ineffable[1]. Ce qui l'exprime tant bien que mal, sans l'égaler cependant, c'est l'action, vivante synthèse du donné intérieur, révélation globale du Moi, traduction du sentiment, du vouloir et de la pensée ; c'est le regard, c'est l'attitude, c'est le geste, — conformes au modèle, à l'objet ; c'est l'imitation vivante, permanente, progressive ; c'est la vie pratique.

Aimer, à condition de le bien entendre, c'est donc très réellement *vivre sa vie*. Et cette vie est celle *de l'objet*. Elle l'exprime en y participant. « Tu es ton amour », dit saint Augustin[2].

L'amour, c'est la vie de l'objet qui se révèle et se rend témoignage, *dans* les êtres inférieurs. Chez les êtres supérieurs, conscients et libres, elle se rend témoignage *en* eux et *par* eux.

Nous pouvons donc définir maintenant, semble-t-il, l'amour propre à l'homme : « *Une union vivante, créatrice de vie personnelle, dont le coefficient d'humanité indique et mesure à la fois la bonne volonté active du sujet et la bonté agissante de l'objet* ».

---

[1] « L'affectif n'ayant pas d'équivalent rationnel, n'est pas exprimable en termes intellectuels. Les mots ne peuvent donc traduire les sentiments avec exactitude. » Le Bon. *Aphorismes*, p. 29.

[2] « L'amour élève ou abaisse, *il ne nous permet donc pas de rester nous-mêmes.* » Le Bon, *Ibid.*, p. 22.

Personnalité et humanité, tel est le double critérium de l'amour.

Car toute personnalité n'est pas nécessairement humaine. Il y a des puissances égoïstes et malfaisantes, des génies destructeurs. Toute force n'est pas naturellement bonne. Mais toute manifestation d'humanité caractérise une personnalité au moins équivalente, car l'acte n'égale jamais le pouvoir d'agir et ne le traduit pas tout entier.

L'amour supérieur sera donc celui qui saura, de fait, harmoniser dans une unité vivante, dynamique (et donc progressive) le Moi et les autres, l'intérieur et l'extérieur, l'individu et la société, l'un et le tout.

Et c'est sur ces données qu'il nous faut maintenant déterminer la valeur des amours humains, pour la solution du problème vital.

*
* *

Or si nous avons suivi avec quelque attention les analyses précédentes, nous comprenons sans peine que l'amour ne portant sur lui-même qu'un jugement incomplet et sujet à caution, c'est à son objet qu'il est maintenant nécessaire de nous adresser pour avoir la lumière.

Sans doute la vie du sujet révèle en principe celle de l'objet. L'action manifeste la grâce[1]. Mais il faut bien prendre garde qu'il y a des illusions, des contrefaçons, des substitutions possibles, dont il convient de ne pas être dupe.

Le sujet peut en effet, au contact de l'objet de l'amour, tendre toutes ses énergies intérieures et les porter à un diapason inconnu jusqu'alors. Il peut avoir des réserves vitales insoupçonnées, qui déterminent naturellement en lui une activité bien supérieure à celle de ses attitudes précédentes, mais où son objet n'entre pour aucune part. En

---

[1] « Talis actus, talis vita, talis gratia, » S. Ambroise. *Lib. 9. in Lucam.*

fait c'est lui qui est le supérieur, et il l'ignore, jusqu'au moment où l'expérience l'avertira rudement et douloureusement de son erreur prolongée.

Il peut encore, par un effort héroïque, et pour n'avouer point qu'il s'est trompé, se composer un rôle et laisser croire à la galerie qu'il est porté, soutenu, vivifié par son amour.

Et puis la mort peut le saisir dans les premières manifestations de son enthousiasme, de son élan, avant qu'il ait eu le temps d'être trahi par l'insuffisance de son objet, alors qu'il se croit, naïvement, dans la vérité et la lumière!... Que sais-je encore !

A ne le considérer que dans un sujet donné, l'amour n'emporte donc pas la preuve irréfutable de sa qualité humanisante, éducatrice. *Testis unus, testis nullus* : cet axiome peut être appliqué à tout amour, encore qu'il estime avec sincérité porter en lui-même sa justification démonstrative.

Mais alors, va-t-on me dire : si vous interrogez l'objet, vous entrez dans un cercle vicieux : le sujet se prouve par l'objet, et l'objet par le sujet !

Prenez garde : je ne questionne pas l'objet lui-même, mais ceux auxquels il communique sa vie. J'étends mon expérience, je l'universalise. De l'individuel, je vais au social. C'est par le groupe que je vais contrôler et authentiquer l'unité personnelle[1].

---

[1] Le moral est lié au social dans son développement. Mais il n'y a point son origine, et il ne s'y épuise pas : « Il est bien vrai que nos « croyances morales ont, dans les sociétés humaines, leurs conditions « de développement ; mais, en revanche, ni les évolutionnistes, ni les « socialistes n'ont montré : 1° que la conscience morale, en son ori- « gine, soit *tout entière* l'effet de la société sur l'individu, sans action « propre de l'individu même ; 2° que la moralité, en son essence, s'é- « puise *tout entière* dans les relations sociales et qu'il ne s'y mêle « aucune idée soit de la valeur de l'individu pensant, en *lui-même*,

Ce qui dans l'individu apparaît isolé se généralise. L'objet, d'abord révélé sur un point, se manifeste sur plusieurs. Et s'il est partout identique dans ses effets, si sa grâce produit partout des résultats d'une frappante analogie, sous la diversité des personnes, des caractères, des tempéraments, des temps, des lieux.... une telle expérience me permet légitimement de conclure, de façon ferme, que ce qu'il communique ainsi en permanence, il le possède à l'état habituel. Car nul ne donne avec précision et continuité, que ce qu'il possède naturellement et en son fond. Et ainsi c'est le Moi et le non-Moi qui s'authentiquent très réellement: l'un orientant la recherche, l'autre confirmant, précisant, complétant, modifiant ses données premières, et déterminant, d'après une expérience plus large et plus humaine, ce qu'elles comportent d'universel et de spécifiquement propre à l'individu.

Et telle est bien, dans notre recherche, l'attitude, la position *nécessaire*. Car si le martyr chrétien accepte joyeusement la mort pour son Dieu, le païen fanatique n'a pas moins de joie personnelle en se faisant écraser sous les roues du char de son idole, et le souteneur pas moins d'enthousiasme en tombant sous le couteau pour l'objet de sa passion. *C'est à sa valeur d'humanité que se détermine la qualité d'un amour, et c'est dans l'expérience qu'il en faut prendre la mesure.*

On a tenté de l'amour des classifications nombreuses. Pour nous, du point de vue où nous nous sommes placés dès l'abord, la chose paraît devoir être relativement simple : nous distinguerons seulement deux amours types : l'un qui ramène le Moi au dedans, l'autre qui le pousse au dehors ; l'amour sentiment et l'amour sensation.

« soit de la valeur du monde entier, soit du but que peuvent pour-
« suivre l'humanité et l'univers. » Fouillée. *La Morale socialiste*. Revue
des Deux-Mondes, 15 juillet 1901, p. 384.

Ce sont deux types. Ils peuvent toutefois se mélanger, sans se confondre, dans des proportions diverses, et ils comportent des degrés, des nuances. Les délimitations pratiques sont parfois difficiles, mais théoriquement, — dans l'absolu, il n'y a que deux termes entre lesquels toute la foule des amours oscille : le physique, le moral.

L'amour sentiment s'attache avant tout à l'âme. Ce qu'il recherche, c'est ce qui constitue plus proprement la Personne et les biens intérieurs, dégagés des sens. Le sentiment peut être vif, mais il est par essence immatériel. Sans doute il n'est pas indépendant du corps, mais il le domine. Tant qu'il reste fidèle à soi-même, il lui demeure supérieur et relève de la liberté, non de la loi physique aveuglante et contraignante. Mais il lui faut se tenir sans cesse sur le qui-vive. Parce que l'homme est par nature un composé, que l'âme elle-même a besoin du corps, elle doit le surveiller pour se défendre de son empire et de sa tyrannie. La moindre concession le rend osé, exigeant, féroce : tel un engrenage dont on se garantit sans peine, tout en utilisant sa force, en la faisant servir, à condition de n'y pas introduire le plus petit fil de son manteau ! L'amour sentiment est une attitude d'âme habituelle, non transitoire. Sous réserve de demeurer dans l'ordre et de ne se point constituer en absolu, il subordonne sans détruire ; il pacifie sans anéantir. Mais dès qu'il oublie les conditions du réel et devient tyrannique ; dès qu'il opprime le corps au lieu de vivre avec lui dans un harmonieux concert, il prépare les inévitables révoltes, et bientôt il ne sera plus qu'un roi détrôné : sa déchéance est fatale. Qui veut faire l'ange fait la bête. Le sentiment exagéré confine à l'amour sensuel. Le sentimentalisme s'effondre dans la sensation.

Car l'amour physique n'est point autre chose. Attirance

matérielle, il tend à l'union des corps. L'objet y apparait comme le principe de jouissances supérieures à celles que fournissent les autres êtres, hors de l'ordinaire, idéales. On attend de lui un bonheur de choix et qu'on ne pourrait trouver ailleurs. Il est le terme auquel on aspire, et où l'on doit se reposer dans la béatitude et dans la paix. Quant à l'intérieur, à la personnalité, à la conscience, à l'esprit, à la valeur morale, ils n'entrent guère en ligne de compte dans cette sorte d'amour où l'on s'attache avant tout aux formes, à la beauté plastique, à la vitalité matérielle. Le sentiment vient après, quand il peut — mais c'est rare : l'amour est mort et la division consommée avant que cette fleur humaine ait eu le temps de naître de lui !

Si nous voulons savoir maintenant d'où viendra pour nous la lumière, nous pouvons hautement affirmer que ce ne sera pas de l'amour charnel. A vrai dire, cet amour matériel usurpe un nom sacré, car il est la contradiction même de l'amour. Y voir l'amour-type est une profanation. L'homme vaut mieux que la brute, et c'est le ravaler jusqu'à elle que de réserver d'abord le nom d'amour à un instinct animal. Celui-ci a sa raison d'être, nul n'y contredira, c'est sûr ; mais il ne devient noble que dès l'instant où il se fait l'instrument nécessaire de nobles besoins, et où il cesse d'être passion brutale pour s'élever au rang de générateur d'humanité. Alors il participe à la dignité, à la beauté de la Personne qu'il rend possible, qui est pour lui sa fin, sa loi.

Dès qu'il échappe à cette sujétion, qui fait son unique grandeur, alors il n'est plus qu'une caricature de l'amour, sensation pure, œuvre d'animalité. Car si le véritable amour est grandissant, éducateur, illuminateur, l'amour sensuel ravale, lie bassement, écœure. Plus il se satisfait, plus il s'avive, et plus il engendre la satiété, l'ennui ; plus il se dégoûte lui-même. Parce qu'il enlise le Moi, la conscience, la liberté, dans la matière, dans le temps, dans un point de l'espace, il s'exaspère et le repos lui est défendu. Son objet devient sa *chose* : il ne l'estime pas, parce qu'il est sans valeur réelle, ni supériorité. Comment alors en serait-il grandi ?... Enfin il est anti-social : il ne crée rien, n'a point d'action féconde, humanisante. Et si parfois la vie jaillit à son insu et malgré lui, spontanément, de ses entrailles volontairement stériles, il n'aime pas ce fruit *naturel*, qui n'est point un fruit d'humaine bonté. C'est à peine s'il consent à le reconnaître comme sien !... Et quelle éducation en pourra-t-il faire, si éduquer c'est continuellement *recréer*, par amour !

Les poètes auront beau chanter l'amour sensuel, et décorer la passion des noms les plus tendres et les plus pompeux, ce sont des fleurs qu'ils jetteront sur un fumier, mais ils n'en changeront pas la nature.

Car il ne faut pas craindre de le redire après les moralistes soucieux de notre dignité : c'est faire trop d'honneur à l'amour sensuel que de le comparer à l'amour animal. Perversion de l'instinct, bravade des lois naturelles, il est « au-dessous de tout ». L'amour animal est inférieur : soit. Il a malgré tout sa beauté, car il est par essence social et créateur. En perpétuant l'espèce, il multiplie les individus. Il prolonge la vie, l'étend ; il est une victoire sur la matière inerte. L'amour sensuel est une capitulation de la Personne, une indignité morale. Et cela est vrai en haut, tout comme en bas de l'échelle sociale. Les titres de rente ou de noblesse, le luxe raffiné ou insolent, n'en changent pas la nature. Et l'animal a droit à plus de respect que l'homme qui ment ainsi à ses devoirs et à sa destinée[1].

Aussi bien n'est-ce pas dans cet amour qu'il trouvera

---

[1] « Ce qui est vice en l'homme est nature en la bête : *vitium hominis, natura pecoris.* » SAINT AUGUSTIN, cité par BRUNETIÈRE. *Doctrine évolutive*, p. 16.

la lumière, le vrai bonheur, la paix. Le culte des idoles n'est pas révélateur de vie. « *Os habent et non loquentur* » : quelles que soient leurs apparences, leur parure empruntée, elles ne peuvent parler !... Tous ceux qui se sacrifient à elles, quand ils ne meurent pas de désespoir, sont obligés d'avouer leur erreur : *ergo erravimus*. La coupe des libations est pleine de liqueur amère, enivrante, mais humiliante aussi. Les réveils sont des hontes, et l'on se fait pitié. On a horreur de son abjection, du vide de son existence, et l'on avoue que le seul bien que l'on ait retiré de tant de déchéances misérables « c'est d'avoir quelquefois pleuré ! ». C'est trop peu pour quiconque a le devoir de vivre sa vie d'homme, et de le faire pleinement ! Heureux ceux qui, se dégageant avec énergie de la brûlante tunique de Nessus, dont ils s'étaient d'abord enveloppés fièrement comme d'un manteau de joie, s'engagent sur le chemin royal qui mène à la Vérité, à la Beauté indéfectible et fidèle, à l'Amour qui ne passe point, et fait couler dans les veines un fleuve de vie.

Nous ne nous arrêterons pas à considérer l'amour intellectuel. A l'état d'isolement, il n'existe point. L'esprit ne peut longtemps jouer le rôle du cœur. L'histoire, même contemporaine, en a fourni d'assez notoires exemples. La part de l'intuition dans l'amour est trop grande, pour qu'elle cède constamment le pas à la raison. Et puis supposé même que cet amour pût se rencontrer chez certains tempéraments spéciaux, à titre d'exception, il est trop en dehors des prises de l'humanité commune, et trop peu révélateur des parties profondes du Moi, de l'être, pour qu'on soit incliné à lui demander conseil dans la grave recherche de la loi de la vie.

Il faudrait accorder plus d'attention à l'amour purement sentimental, s'il n'était le partage rare de quelques natures d'élite. Dans les âmes de haute envergure et dont une discipline forte et prolongée a pacifié les inclinations inférieures, il peut suggérer les plus nobles pensées, ouvrir des horizons immenses, faire jaillir les sources de l'inspiration, devenir le puissant auxiliaire du génie, relever des chutes les plus lamentables, provoquer les ascensions morales les plus invraisemblables et les plus sanctifiantes. Un tel amour fait un Dante ou une Magdeleine... Mais il est trop dangereux aux vertus ordinaires pour leur être proposé en exemple, et leur permettre d'y chercher les lumières de la vie. Il glisse trop promptement dans le dilettantisme du cœur, et jette avec une facilité trop grande dans les illusions des sens et un mysticisme funeste et de mauvais aloi, pour qu'on puisse le considérer comme l'éducateur attendu, capable de socialiser le Moi, de lui livrer le secret des choses.

Et nous voilà placés enfin devant l'amour humain par excellence, fondateur de la famille et du foyer : l'amour conjugal. En principe cet amour est essentiellement éducateur et grandissant. Combien de jeunes gens et de jeunes filles entrent dans le mariage avec la perspective et l'espoir d'y trouver le complément nécessaire de leurs aspirations vitales ! Combien désirent ardemment rencontrer l'âme supérieure, capable de développer en eux ces puissances d'action qu'ils sentent confusément s'agiter au tréfonds de leur être !

Socialisation du Moi par l'union des époux, il l'est encore par la création des enfants. C'est là son terme propre. A dire vrai l'amour conjugal n'a de raison d'être qu'à la condition de se changer bientôt en amour paternel et maternel. Et nul n'a le droit, sans forfaiture, de s'y opposer librement. Car son amour devient sensuel, matériel, indigne de la Personne. Il est une tare infligée à l'autre époux, un stigmate imprimé sur son âme, une méconnaissance de ce qu'il y a en lui de plus respectable : sa puissance personnelle et créatrice. Quiconque consent à un tel amour s'avilit, et humainement se suicide. Non seulement sa maternité auréole l'épouse, mais elle est la condition expresse de son bonheur au foyer. En s'opposant à être traitée comme *une chose*, quoi qu'il lui en coûte, elle se ménage des lendemains consolateurs et fortifiants. Son sacrifice maintient le contact personnel, qui prépare les heures de confiance mutuelle dans les jours à venir. A ceux qui ne s'estiment point, et qui n'ont à peu près jamais communié dans le devoir austère et les responsabilités humaines, toute amitié demeure interdite. Demain comme aujourd'hui les époux vivront extérieurs, et la vie sera justement lourde à leur égoïsme bassement jouisseur.

Dans leurs enfants, le père et la mère, à la lettre, se retrouvent agrandis. Mais la vie physique n'est qu'un donné initial. Celle qu'ils doivent propager, fortifier, multiplier, sous leur patient et affectueux effort, c'est la vie morale, *la personnalité*. Les lois de l'amour l'exigent. L'enfant, par rapport à eux, ne sera leur sujet, que si leur rôle d'objet, par eux, est attentivement et persévéramment rempli. Et ceci comporte d'abord de leur part plus d'un sacrifice. Ils ont le droit de demander qu'on reconnaisse et qu'on honore leur paternité, leur maternité, mais à condition qu'elle soit active. Et de plus, qu'elle ne s'impose pas du dehors, comme une chose tout extérieure et étrangère. Ils doivent s'adapter à l'enfant, le prendre du dedans pour le porter plus loin et plus haut. C'est à cela même que tient leur autorité. Leur influence ne sera durable que dans la mesure où ils se demeureront fidèles, dans l'attitude de l'amour-objet. Pour que le père puisse dire : « Mon fils », avec la plénitude que ce mot comporte, il faut qu'il récrée à chaque instant son œuvre, qu'il la tienne par le dedans en contact avec son Moi intime, en qui revivent, invisibles, la tradition, le passé, la lignée des ancêtres ; qu'il lui infuse sa pensée intime, son esprit ;

qu'il l'enrichisse de son expérience ; qu'enfin, en présence des horizons grandissants de cette âme neuve, de ses désirs toujours plus vastes, il entretienne et renouvelle son propre donné intérieur, afin d'être toujours par rapport à ce fils le supérieur attendu, nécessaire, dont la parole fait loi, parce qu'elle est l'expression la plus haute, et sans contradiction possible, de la vérité aimée.

La mère, à son tour ne peut dire : « Mon enfant, mon petit », en éveillant des échos d'âme, que si elle est la providence visible du foyer. Du jour où elle cesse d'être l'intuition vivante, autant que le père est la raison active, elle perd sa puissance persuasive, profonde et jusque-là incontestée. Elle ne demeure la conscience de son enfant, qu'à la condition d'être ferme et douce, sage et tendre, protectrice et libérale,

> Inépuisable en soins calmants et réchauffants,
> Soins muets, comme en ont les mères !...

C'est ainsi que se maintient l'amour au foyer domestique, et que la vie circule, abondante, pour le bonheur de tous. Tant de parents se plaignent de voir que leurs enfants leur échappent dès leurs premiers pas dans la vie, et qui ne sont si vite oubliés que pour avoir méconnu les lois les plus élémentaires de l'amour : l'intériorité, le sacrifice, l'intelligence et le respect de *la Personne*.

Mais il faut bien aussi le reconnaître : à part des cas très rares, la divergence entre parents et enfants est fatale et progressive. Les expériences des jeunes sont trop nouvelles par rapport aux aînés, pour que l'harmonisation soit possible indéfiniment. De part et d'autre il faudrait, pour que l'accord se maintînt, une vue profonde des choses et un désintéressement pratique, tout de détail, qu'on ne rencontre guère, tant il suppose de supériorité intellectuelle et morale. Et l'amour paternel, la plus haute expression de l'amour humain, ne peut se flatter de pouvoir *en fait* se suffire, et d'être le terme idéal d'où la lumière jaillit, éclairant à la fois le Moi et les choses !...

Il convient d'aller plus avant, et d'affirmer que, même *en droit*, il ne le peut point. Car qu'on veuille bien considérer que si l'amour des parents les place, relativement à leurs fils, dans la situation d'*objets*, créateurs de bonté, il leur faut à leur tour, pour se renouveler et s'enrichir, communier à un autre, à un supérieur, dont ils doivent recevoir la grâce vivifiante. Sinon leur paternité s'agite dans le vide ; ils sont des êtres falots, sans consistance, tout en façade, et dont les réserves vitales, vite épuisées, montreront avec une implacable logique, le vide, le néant !... Leur dynamisme doit s'entretenir ailleurs, et l'enfant, dont ils comblent les désirs par l'amour, est incapable de le satisfaire. Ainsi se lie la chaîne des êtres, et ils n'en sont qu'un anneau. Peuvent-ils sagement croire qu'ils en sont le dernier, celui qui fixe les destinées du monde, et supporte, si l'on peut dire, le poids de l'univers ?

Non point sans doute, va-t-on nous dire, mais vous oubliez qu'il est des amours supérieurs, plus sociaux, plus capables de réaliser cette harmonie révélatrice du Moi et du non-Moi, que vous avez vainement tenté de découvrir ailleurs : l'amour de la Patrie, l'amour de l'Humanité, voilà le dernier mot de l'énigme. Pour vivre dans la lumière et dans la vérité il faut aimer son pays et les hommes. Ainsi le cœur s'étend, devient immense, et communie à la totalité des êtres.

Assurément, c'est un beau et très noble rêve. Mais il est entaché d'un vice radical : il méconnaît la qualité première de l'amour, qui doit être *personnel*.

Le cœur ne s'attache point à des abstractions. Il a besoin d'une réalité concrète, à sa mesure.

Sans doute il est des hommes pour qui la gloire est l'unique raison de vivre, et qui ambitionnent exclusivement de travailler à la grandeur de leur pays. S'absorber en lui, c'est triompher du temps et s'assurer la seule immortalité accessible à nos efforts d'un jour. Ephémères, nous passons rapides, et ne pouvons durer qu'en nous attachant à ce qui ne meurt point !...

Mais si le rêve est beau, la réalité est autre. Outre que tous ceux qui ont eu ces aspirations nobles n'ont pu les réaliser par la faute des hommes, et qu'il n'est pas toujours permis de sacrifier à sa Patrie ce que l'on a, ce que l'on est, un tel amour est trop impersonnel pour donner *à toute une vie* l'élan nécessaire ; il est de plus soumis à trop de vicissitudes, à trop de contradictions, pour demeurer jusqu'au bout l'idéal. Ceux qui font à leur pays ou à l'humanité le sacrifice de leurs personnes et de leurs biens, doivent mourir jeunes sous peine de retomber presque fatalement dans la médiocrité bourgeoise de la vie sociale telle que l'ont faite les mœurs. Pour la plupart des hommes, en dehors des heures où le danger du pays fait jaillir du tréfonds de leur être les vertus ancestrales et les résolutions héroïques, la Patrie est où l'on est bien. Et le patriotisme n'est possible, n'est durable, que si l'on porte au cœur quelque autre grand amour[1].

Il ne semble pas opportun, dans la question qui nous occupe, de prendre au sérieux l'amour de l'universalité des

---

[1] Nous le savons trop bien, puisque durant la paix qui précéda la guerre de 1914-1917, il avait fallu, en France, constituer *un parti national* !... Au surplus, qu'on ne se méprenne pas sur notre pensée. L'amour de la Patrie a créé chez nous la France héroïque actuelle. Mais la Patrie, c'est la famille, le passé, l'avenir, les parents, les enfants, tout ce qu'on a, tout ce qu'on est, et qu'on veut conserver tel qu'on l'a reçu, inviolé, comme son bien propre. L'étranger n'a sur cette *propriété* aucun droit, et on la défend contre lui jusqu'au sacrifice. Mais à combien de nos plus beaux héros la Patrie apparaissait-elle comme une *Personne*, selon le mot de Michelet. Après le danger, après l'épreuve, pour persévérer dans l'amour, ne faudra-t-il pas la voir toujours comme le champion de la Justice, du Droit, de l'Honneur, c'est-à-dire *se lier, en elle et par elle*, à un ordre de choses idéal et supérieur, à sa propre raison de vivre et de durer ?...

hommes, tel que le présente l'*humanitarisme*. Veut-on vraiment que je m'attache à l'entité impersonnelle que l'on me propose ainsi !... « Le Tout n'est personne et ne peut être aimé », dit le poète. Je ne puis même me former une image de cette humanité fuyante et nuageuse. Et si l'on me la montre « comme une pluralité d'âmes destinées à l'amour », ni mon esprit ni mon cœur n'en peuvent être davantage émus. Je ne vois rien, ni ne sens rien[1]. Que puis-je donc attendre enfin, pour mon éducation, de ce supérieur numérique, qui n'a avec moi aucun des contacts intimes indispensables pour que je l'accepte comme mon maître et que je reçoive sa loi !.

*
* *

Peut-être toutefois l'amour n'a-t-il pas révélé tout ce dont il est capable pour la solution du problème vital tant qu'on n'a pas consulté l'amitié — que quelques-uns regardent comme un amour supérieur.

On a tout dit sur elle, sur sa beauté, ses avantages et le secours pratique qu'elle apporte à l'homme dans sa marche à travers la vie.

Car, ce qui la constitue essentiellement, sous les formes multiples dont elle se pare, c'est l'égalité où elle place son sujet et son objet. A vrai dire, elle ne connaît ni supérieur ni inférieur. Elle nivelle les sentiments, les âmes. N'entendez pas qu'elle rabaisse ! Tout au contraire. Il y a des amitiés d'en bas comme d'en haut. Les petits cœurs se lient comme les plus grands. Si elle trouve l'égalité, elle la consacre et en fait la loi de l'union. Mais si ceux qu'elle appelle à s'aimer sont, si l'on peut dire, sur des plans de personnalité différents, c'est d'ordinaire au profit du plus haut que l'unité

---

[1] « Quant à moi, le genre humain m'amuse, il m'intéresse ; mais il ne m'inspire, dans sa totalité, ni respect, ni tendresse... » Ed. Schérer. *Etudes sur la littérature contemporaine*, t. VIII. Préface, p. XII.

se consomme. La raison en paraît simple : l'ami peut être enthousiaste, il n'est pas aveugle, par définition. Il garde par devers soi et il exerce, en toute sympathie bien entendu, une certaine faculté critique qui donne à son jugement plus de lumière et plus de vérité. L'ami, pour son ami, n'est pas une idole, encore que d'une certaine façon il apparaisse comme un idéal relatif, à la mesure de ses propres forces, et dont le dynamisme réel, plus ou moins longuement éprouvé, sera sans doute un principe de vie, de mouvement, de progrès personnel.

L'amitié est une mise en commun de l'effort, consciente et volontaire. Elle est un amour arrivé à l'état d'équilibre. Dans l'union qu'elle opère, il n'y a point, comme dans tout amour, grâce en haut, humilité en bas. Ou si l'on préfère, plus justement peut-être, il circule entre les amis un double courant de bonté réelle. Leur vie est un don permanent, qui se verse sans appel spécial de l'un ou de l'autre. Comme en deux vases communicants, l'affection s'échange, se fait une par compénétration totale et mutuelle. D'un côté et de l'autre, nulle réserve : la vie est commune. Celui des deux qui se hausse, se grandit, ne le peut faire qu'en se donnant de moitié. De l'un à l'autre, nul effort, ni pour donner, ni pour recevoir.

Si l'amour consiste dans le don, l'amitié est un amour agrandi, permanent. S'il est grâce, elle est grâce habituelle. Elle est au suprême degré collaboration, coopération constante. A chaque instant l'ami peut actualiser les puissances nouvelles créées en lui par son union. Quand il veut, librement, il fait appel à l'ami qui répond toujours avec la même liberté. Elle est un droit, contre lequel aucun obstacle ne se lève et qui peut s'exercer à son gré, car l'ami, pour son ami, c'est l'autre lui-même. Son action est son action, son Moi ne se sépare pas du sien propre. Harmonie libre, unification radicale reposant sur une connaissance réciproque et qui, s'étant créée sous le contrôle et par le concours de l'expérience et de la raison, n'est plus à la merci d'une impression ou d'un caprice, telle apparaît l'amitié vraie, solide et forte.

Elle est éminemment vivante et dynamique. Le renouvellement est la loi essentielle de sa durée. Au fond les deux vases communicants que sont les âmes qui s'aiment, sont dans un mouvant et perpétuel équilibre. Elles sont *une* par le dedans, totalement et de façon ineffable ; mais par le dehors, dans l'expérience et la raison, elles restent en contact avec des milieux divers. L'apport varie, plus riche tantôt d'un côté, tantôt de l'autre. Mais l'égalité s'établit aussitôt. Le mouvement assure la fraîcheur des âmes, des sentiments et de l'amour : une amitié vivante ne sent jamais le renfermé ! Et d'autre part la communion est si totale que, dès le premier instant, l'acquis de l'un devient le bien de l'autre.

L'amitié apparaît donc, au premier regard, supérieure à l'amour dans la recherche du problème de la vie. Car elle double le dynamisme, l'élan vital du Moi. Il semble qu'il y ait quelques chances de plus de gravir les pentes rudes de la pensée et de l'action, de trouver plus vite la lumière, quand on est ainsi soutenu, porté, fortifié dans sa marche !

Est-ce bien sûr ?... L'amitié est une moyenne. Si l'amour est moins assuré, moins sage, il va plus loin peut-être, car il est plus hardi. Il court plus de risques sans doute, et il est coutumier des catastrophes retentissantes et douloureuses... mais il escalade les plus hautes cimes !

Et puis il faut bien l'avouer encore : parce que l'amitié égalise et met sur le même pied, en même temps qu'elle satisfait l'élan intérieur, elle l'arrête. Elle oriente vers une humanité plus pure, elle fait marcher vers elle avec plus de sauvegarde, de confiance et de soutien, mais le postulat même qu'elle implique pour vivre et pour durer — je veux dire : la communion à un même idéal — est une affirmation tacite qu'elle n'est pas le terme attendu, et qu'il faut porter ses pas ailleurs, plus loin, la dépasser.

La vie, en dernière analyse, accule donc l'amour sous toutes ses formes à un *aveu d'impuissance*. Toutes les démarches du cœur aboutissent à la confession sincère d'une insuffisance intrinsèque ; au besoin reconnu comme nécessaire et donc légitime, d'un supérieur. Les puissances affectives que nous avons en nous, et qui constituent l'invincible dynamisme intérieur qui nous porte à nous socialiser sans mesure, appellent un objet plus grand que celui de l'expérience ordinaire personnelle[1]. Nos aspirations vivantes ont une tendance à l'universel. Mais l'expérience même de l'amour nous convainc que cet universel ne peut être ni multiplicité spatiale, ni abstraction, ni idée pure. Notre cœur est trop petit, sa vision trop étroite, notre existence trop éphémère, pour que nous puissions nous lier individuellement avec tous les points du temps et de l'espace. Puis l'univers entier ne s'offre pas à nous comme objet d'amour !... Il reste donc que nous puissions nous attacher à *un* être en qui s'intégreraient la personnalité la plus haute et l'universalité la plus absolue, afin que, par lui et en lui, dans un commerce ineffable d'amour, nous communiions à la totalité des choses, à tout l'extérieur, et que, dans cette union de grâce, l'objet aimé nous faisant participer à son expérience unique, nous révélant sa vie intérieure, nous communiquant peu à peu, en une éducation progressive, sa vision parfaite des choses, les lois de leur harmonie vivante, nous unît à elles, en lui, par des liens que notre liberté trouverait légitimes, car ce seraient des liens d'amour.

---

[1] « L'admiration, l'amour, supposent de toute nécessité la présence d'êtres différents de nous, meilleurs que nous, et dont l'univers ne coïncide pas avec le nôtre, car il est *plus grand*... *L'homme est trop petit pour être seul.* » D. Cochin, *Le Monde extérieur*. Masson. 1895. Cité par Fonsegrive. *Livres et idées*, p. 187.

Et cette vision n'est pas le rêve d'une imagination qui se leurre. Elle est la conséquence toute naturelle de la logique vivante qui a soutenu jusqu'ici notre analyse de l'amour.

Celui-ci nous y est en effet apparu comme un cercle vital, où se réalise de façon restreinte cette union du Moi et du non-Moi, que nous avons constatée comme nécessaire dans l'intuition.

Il nous a révélé que l'union est la loi de la vie, que la bonté est son fruit, la création son terme.

L'amour est la condition du mouvement, le mouvement vital lui-même. Principe de continuité, il est la continuité même ; il est durée, supérieur au temps, à l'espace...

Créateur d'unité dans et par le *service mutuel* de l'objet et du sujet, il est le seul, l'unique principe de permanence. En dehors de lui, c'est la division, le changement, l'instabilité, la mort rapide ou lente, mais sûre.

Pour durer, c'est-à-dire se maintenir dans son être propre et en même temps progresser, il faut réaliser la loi de l'amour : se lier *par en haut, se prolonger* dans un supérieur, participer à sa vie.

La vie n'a donc point par en bas sa raison d'être. Elle est un appel d'en haut, une grâce, un don, qui se produit fatalement, chez les êtres inférieurs, lorsque les circonstances sont favorables, mais qui se révèle de plus en plus spontané à mesure que l'on monte dans l'échelle, jusqu'à devenir, chez l'homme, pleinement conscient et volontaire, un fait de plus en plus libre et *créateur de liberté*.

De ce point de vue intérieur, le mouvement qui aboutit à l'homme nous apparaît alors comme une *immense prière vivante*. La nature tout entière semble une miséreuse infinie, dont l'indigence foncière — si l'on peut dire — se tend vers la vie supérieure. La création est un universel hommage à l'humanité en qui elle s'achève, se parfait, se couronne, et dont elle attend l'élection, *la grâce*, qui la fera participer à sa vie supérieure.

Ce dynamisme ascensionnel de la nature trouve-t-il dans l'homme son terme final ?

Pas du tout : l'homme est incapable de se suffire. Comme l'univers se tend vers lui, lui-même il se tend vers ses frères et se fait auprès d'eux, avec une inlassable constance, un mendiant d'amour.

Nul n'échappe à cette loi sans exception. L'homme supérieur, dont la stature domine la foule de toute la hauteur du génie, dont la personnalité riche et puissante est un objet d'envie, cet homme lui aussi est un pauvre et un insatisfait, au même titre que ses plus humbles frères. Peut-être même sent-il plus que quiconque son indigence radicale, et en est-il plus douloureux. Lui, le grand parmi les hommes, il porte au plus secret du cœur l'indéracinable et mélancolique désir d'un plus grand que soi !

Pourquoi ?... La raison en paraît simple après ce que nous avons reconnu jusqu'ici. Alors que les autres êtres de la création sont tirés en haut par l'amour qui les porte vers l'homme et les fait s'y achever comme au terme de leur ascension progressive, l'homme se donnant à l'homme ne monte pas à proprement parler : il reste sur le même plan ; son activité va du même au même ; il tourne sur place, mais il n'a pas d'envol. L'amour le met sous pression, lui révèle ses capacités affectives, les avive, sans qu'il puisse faire autre chose que de constater, après chaque tentative, son impuissance radicale à s'élever de lui-même dans une sphère supérieure, à pénétrer en un monde dont il ne se sent pas repoussé positivement, mais où, pratiquement, il est incapable de faire un pas sans un apport de vie nouvelle, dont il ignore à la fois les conditions et la nature. Sa pensée et son cœur, du dedans, sans paroles, sont une vivante affirmation, par leur dynamisme — qui, loin de s'absorber dans l'action, la déborde et déclare insuffisante l'expérience, — qu'*un autre* existe, et qu'il faut le chercher pour trouver en lui la loi, la lumière, le repos, la paix, dans la plénitude de l'action harmonieuse où, dans une vibrante unité, le Moi et l'extérieur communieraient ineffablement.

« Voilà bien l'imagination humaine !.. objectent alors les esprits positifs et raisonneurs. Vous parliez dès l'abord de demeurer dans l'expérience, et voilà que vous cherchez déjà à vous évader de la réalité ! Vous voyez à quel degré l'homme éprouve le besoin de se créer des dieux !...

« Votre démarche vers « un autre », prétendu supérieur et nécessaire, doit donc être tenue pour illégitime. Si l'homme est par rapport à l'univers objet d'amour, si la matière le désire et l'appelle en quelque sorte comme son complément, elle est aussi, sous un autre aspect, sa raison d'être et son explication suffisante. Elle triomphe de lui au jour de la mort et s'affirme supérieure à tout, même à la conscience et à l'esprit, car à vrai dire, en le reprenant, elle le *libère*.

« C'est donc à la nature qu'il faut demander le mot de l'énigme. Ce sont *les choses* qui satisferont votre dynamisme intérieur. Vous rêvez d'un agrandissement sans mesure, d'un absolu que l'amour humain ne vous peut fournir. Mais il n'est qu'un moyen d'universaliser votre Moi en lui gardant sa spontanéité, son autonomie. Vous avez vous-même reconnu que l'amour ne s'achève et ne se légitime que par la raison. Soyez logique. Reconnaissez que la raison seule est le terme, la fin, la loi de tout ; que c'est par la Science seule que s'universalise l'intuition ; que pour trouver le secret de la vie, il faut exclusivement « organiser l'expérience », et que tout le reste est utopie.

« D'ailleurs la Science est la maîtresse de l'heure, — et vous auriez mauvaise grâce à vouloir vous soustraire à son empire !... »

« Pardon, nous disent alors les adorateurs de la Beauté. Ne tenez pas ces affirmations pour décisives. Nous avons le droit de nous inscrire en faux contre elles au nom même de l'expérience invoquée. Ceux qui trouvent dans l'Art des satisfactions profondes, légitimes, grandissantes, sont assez nombreux pour que nous puissions conclure que la Science ne suffit pas à tout expliquer, comme elle le prétend. L'Art est *un fait* dont il faut tenir compte. Celui-là sans doute serait bien téméraire, qui porterait sur lui condamnation sans l'avoir préalablement entendu. Au reste, si la Science a eu ses fanatiques, beaucoup d'entre eux l'ont abandonnée pour revenir à nous !... La Science n'est peut-être que transitoire, mais l'Art est immortel !... »

Et voilà qu'il nous faut, en face de ces affirmations, poursuivre notre enquête personnelle et instituer un nouvel examen. Et la chose en vaut bien la peine, puisque c'est le sort même de *chacun* de nous qui est en jeu. La sagesse, en matière aussi grave, consiste à ne pas juger d'autorité, à ne se point décider sur des sympathies, à ne pas accepter à l'aveugle des jugements tout faits.

Ce qu'il importe présentement de bien remarquer, c'est que notre expérience s'est enrichie, au contact de l'amour, de nouvelles et capitales certitudes. Et comme elles développent et complètent les données de l'intuition vivante, il est essentiel de ne les point perdre de vue.

.·.

L'amour — comme le Moi, est un donné humain, vivant. Aucune objection théorique ne saurait prévaloir contre lui : il est la vie dans son essence et dans son acte.

Il nous apprend :

1° Que la vie comporte deux éléments : le sujet et l'objet, inféconds tant qu'ils demeurent indépendants l'un de l'autre, mais qui deviennent créateurs dès lors qu'ils s'unissent dans un acte commun qui les *synthétise*.

2° Que toute atteinte à l'exercice normal de l'amour créateur est un crime vital, et de lèse humanité.

3° Que le sujet, premier dans l'analyse, est postérieur à l'objet et en dépend : il lui est inférieur.

4° Que la vie d'amour est le fruit d'une intuition primordiale, qui oriente le sujet dans le sens de la *révélation* de l'objet ; — et qu'elle se maintient par une communication, éducatrice et grandissante, de l'objet au sujet, qui donne au premier l'*autorité* vivante, et tout à la fois sauvegarde la *liberté*.

5° Que la transmission de la vie par l'objet est une *grâce*, et qu'elle crée des *devoirs*.

6° Que l'amour tend à l'égalité (relative) de l'amitié où se parfait l'unité des Personnes, et où s'affirme en même temps, dans l'union même, leur caractère individuel et libre.

7° Que *la bonté est le dernier terme de l'activité humaine*, du développement de la personnalité, le couronnement de la vie[1]. L'intuition des simples (enfants, sauvages), — l'instinct

---

[1] « De même que des torches et des feux d'artifice pâlissent et s'éclipsent à l'apparition du soleil, ainsi l'esprit, comme le génie, et comme la beauté même sont rejetés dans l'ombre et éclipsés par la bonté du cœur. L'intelligence la plus bornée ou la laideur la plus grotesque, dès que la bonté les accompagne et parle en elles, en sont transfigurées ; le rayonnement d'une beauté d'une nature plus élevée les enveloppe et elles expriment une sagesse devant laquelle tout autre sagesse doit se taire. Car la bonté du cœur est une propriété transcendante, elle appartient à un ordre de choses qui aboutit plus loin que cette vie, et elle est incommensurable par rapport à n'importe quelle perfection. Quand elle habite un cœur, elle l'ouvre si largement qu'il embrasse le monde, tout y pénètre et rien n'en est exclu, car il identifie tous les êtres avec le sien, et il communique envers les autres cette indulgence intime dont chacun n'use habituellement qu'envers soi-même. Auprès de cela que pèsent esprit et génie, que vaut un Bacon de Verulam ? » SCHOPENHAUER, cité par BRUNETIÈRE, *Revue des Deux-Mondes*, 1ᵉʳ octobre 1887, p. 703. — Cf. *Supra*, p. 179, note.

même des animaux, — l'aveu des esprits cultivés, concordent pleinement avec l'analyse psychologique. L'humanité entière admire la bonté. Elle emporte tous les suffrages et rapproche les hommes, les unit par les liens les plus secrets, les plus profonds de l'être. En présence du don de soi qui sort des limites communes, tous les cœurs communient, se sentent frères[1]. Sous cette subite révélation une même vibration les anime. Et par la bonté qui le traduit, l'amour manifeste ainsi sa puissance universelle et conquérante.

8° Que tout objet qui se donne, se livre, n'est point pour cela nécessairement bon, non seulement de façon absolue, mais même relative. N'est bon *pour nous* que l'objet capable d'entretenir notre vie d'homme, de la développer physiquement, moralement. Un objet qui détruirait le corps au profit de l'esprit, ou l'esprit au profit du corps, ne saurait être notre bien. *La vraie bonté humaine et humanisante est ordonnée à la Personne.* Tout ce qui tend à la diminuer, à la contredire dans ses exigences vitales, n'est pas bon.

9° L'être qui est notre supérieur, notre objet, notre bien, doit nous apporter de la vie, nous porter hors de nos limites actuelles par une expérience plus riche. Tout autre nous est inférieur. Il n'a de la bonté que l'apparence. Et il faut se défier de ses dons. Car au fond il nous désire parce qu'il entend nous faire servir à ses fins, nous absorber à son profit.

10° Enfin l'objet auquel aspire notre vie intérieure et notre dynamisme personnel doit nous être, nécessairement, extérieur. C'est au dehors qu'il le faut chercher, à la lumière de nos certitudes humaines, qui nous permettront, du dedans, de le reconnaître et de nous attacher à lui.

---

[1] Cf. Taine. *Philos. de l'art*, t. II, p. 332.

CHAPITRE IX

LA SCIENCE

Comme tous les parvenus, la Science a été longtemps prétentieuse à l'excès. La belle fortune qu'elle a commencée depuis deux ou trois siècles, et qu'elle continue de nos jours, lui a fait perdre un peu le sens des réalités[1].

Parce qu'elle réussissait à dominer les choses, à ouvrir aux hommes étonnés des horizons nouveaux, à leur donner une puissance jusqu'alors inconnue sur la matière, elle a cru qu'elle tenait le secret de la vie et qu'elle devenait, en *droit* autant qu'en *fait*, la directrice nécessaire de l'humanité[2].

---

[1] « En présence de cet essor merveilleux des sciences et de l'industrie, l'orgueil humain éprouva une sorte d'enivrement. Il proclama que le monde, désormais, était sans mystères, et que l'homme, sachant tout, allait bientôt tout pouvoir se promettre et se permettre. » Fonsegrive. *Le Catholicisme*, p. 365.

[2] « Organiser scientifiquement l'humanité, tel est le dernier mot de la science moderne, telle est son audacieuse mais légitime prétention. » Renan. *L'Avenir de la Science*, p. 37.

« Notre race est foncièrement idéaliste. Quand elle devient positiviste, elle croit à la science comme à une déesse, à l'humanité comme à une personne sacrée et divine, fille et puis mère du progrès. » Faguet. *Revue Bleue*, 11 mars 1893.

« Le savant ne s'enferme plus dans un canton de l'univers, méprisant tout le reste ; il se donne pour empire l'univers même, persuadé qu'en tout il y a matière à savoir comme il l'entend, qu'en tout il y a quelque chose de réductible à des formules scientifiques. Le monde est devant lui : c'est à peine si la conquête commence. Elle se fera. Tout le solide appartient *de droit* à la science et un jour sera sien. Qu'est-ce qui peut demeurer éternellement réfractaire ? Rien, sinon la pure illusion ». Ollé-Laprune. *La Philosophie*, p. 81, 82.

Désormais c'est d'elle seule que l'on pouvait, — que l'on devait attendre la parole de vie.

Elle a cru et elle a affirmé qu'en dehors d'elle toute autre discipline de l'esprit était chimérique, et qu'il fallait s'en affranchir au nom même de la vérité. S'il y avait pour l'homme quelque certitude, il ne fallait pas, sous peine de sacrifier à des rêves d'imagination et de faire fausse route, la chercher en dehors de ses cadres, de ses procédés d'investigation, de ses résultats acquis.

Longtemps ses affirmations ont été absolues, exclusives. Quiconque aurait osé y contredire eût été traité de retardataire !... Il est curieux de voir combien les esprits d'ordinaire les plus calmes se laissent entraîner par l'opinion, toujours excessive, se défendent mal des exagérations passionnées.

Les paroles aggressives, injurieuses même, n'ont pas fait défaut !... L'apologie de la Science a été tapageuse, souvent, et a pris des airs de réclame. Sans doute ces manifestations bruyantes étaient produites la plupart du temps par des hommes dont l'autorité était mince ; mais ces *scientistes*, aux affirmations hautaines, tranchantes, trouvaient pour les soutenir des savants authentiques, indiscutés en tant que tels. On se rappelle Berthelot.

Or, que faut-il précisément entendre par ce mot de Science, dont on a tant usé et abusé ? Il importe, sans doute, de le préciser quelque peu.

Ce concept à la fois très vague et très vaste[1] a signifié

---

[1] « L'ensemble des sciences forme comme les chapitres successifs d'un ouvrage bien ordonné. Et c'est en ce sens que cette expression : *la Science*, n'est pas un mot, mais une réalité, un organisme vivant, malgré la différenciation de ses organes, qui sont, comme dans tout organisme, hiérarchiquement subordonnés. — Si chaque fait embrasse l'infini, comme l'a dit Leibnitz, et comme la réflexion la plus vulgaire

d'abord les sciences physiques et naturelles. Un moment elles ont dominé en reines exclusives, et si de nos jours leur absolutisme paraît moindre[1], c'est que leur sphère d'influence s'est démesurément accrue.

Aussi bien, si d'autres sciences ont aujourd'hui l'ambition de régenter le monde des corps, des esprits, et même des âmes, c'est en appliquant *à la matière humaine* les méthodes qui ont donné ailleurs de si merveilleux résultats. La Science, pour beaucoup, se concentre et se résume à présent dans la *sociologie*[2]. C'est d'elle, s'il faut en

---

sur l'expérience semble le montrer, la Science est *une* comme le réel. » A. Rey, *La Philosophie*, p. 90.

« On dit volontiers la Science, comme volontiers on dit l'Art. On aime à personnifier ces produits de l'activité humaine. Le nom tout court, avec la lettre capitale, les met hors de pair, au rang des deux ou trois puissances qui mènent le monde. Je me défie : c'est légitime. Je dirai, non pas la Science, mais les sciences mathématiques et physiques. Cela ôte le prestige, et c'est plus sûr. » Ollé-Laprune. *La Philosophie*, p. 66.

[1] Peut-on même dire qu'il est moindre ? D'après A. Rey, (*La Philosophie Moderne*, p. 134) : « la science physique possède même une place privilégiée parmi les sciences du réel. Elle se trouve être leur point de départ naturel. La chimie ne cherche qu'à s'absorber dans la physique, la biologie veut être une promotion des sciences physico-chimiques. Quant aux autres sciences, aux sciences qui font à l'esprit sa part, on n'y a qu'une ambition : leur appliquer les méthodes de la physique. Celle-ci est en quelque sorte le modèle que cherchent à imiter, le type que voudraient réaliser toutes les sciences du réel, étant d'elles toutes de beaucoup la moins imparfaite. »

— D'autre part, pour Le Dantec (*Science et Conscience*, p. 6), *la biologie générale* est tout à la fois *une Philosophie* et *une Religion*.

[2] « La physique doit se défendre de l'usurpation des mathématiques, la chimie de celle de la physique, enfin la sociologie de celle de la biologie... La science sociologique, la science morale de l'humanité est la science finale dont la biologie elle-même n'est que le dernier préambule. » A. Comte, *in* Ravaisson, p. 78, 79.

Alors que pour Guyau elle a « un pouvoir infini », que pour A. Comte

croire ses tenants enthousiastes, que doit désormais venir le salut.

Mais, prenons-y bien garde : les prétentions à la domination universelle, successivement élevées par des sciences appliquées à des objets aussi divers et aussi disparates que la matière brute et l'humanité, nous permettent de faire une constatation capitale et qui nous introduit au cœur même de la question. En somme, ce qu'il faut entendre sous le nom de Science, ce n'est point telle ou telle catégorie donnée en haut ou en bas de l'échelle des êtres, ce n'est pas même l'ensemble des choses de la nature mise au service de l'homme, dans des conditions déterminées, précises ; mais ce sont les moyens mêmes de cette emprise humaine, l'attitude du savant en face de l'objet de son étude, la méthode qu'il emploie pour le pénétrer, lui faire dire son secret : *la Science, c'est l'esprit scientifique*[1].

---

elle est « la science finale », A. Rey ne craint pas d'affirmer : « Enfin si nous atteignons le problème moral, nous voyons qu'on en est encore à discuter la possibilité de la science qu'il suppose : la sociologie. » *La Philosophie*, p. 46.

[1] « Il faut que les sciences se sentent attirées les unes vers les autres, qu'elles prennent d'abord dans une tête pensante conscience de *leur intime union* et comme de l'attrait de *leur âme unique*, pour constituer enfin le grand corps de la science universelle. » FONSEGRIVE, *Le Catholicisme*, p. 321.

Nous acceptons volontiers que ce soit la « marque essentielle de la « philosophie sérieuse du jour, que son effort pour atteindre une con- « naissance approfondie de la science » pour « penser la science ». (A. REY, p. 25, 26). Mais nous croyons, conformément à notre méthode, qu'il faut d'abord et surtout l'étudier *du dedans*, dans sa constitution la plus intime, la même essentiellement sous tous les costumes dont la parent successivement les hommes. *Dans son esprit.*

Dire que *la Science est l'esprit scientifique*, cela ne signifie rien que de très précis, de net, de bien déterminé. Cet esprit est vivant, pratique, en contact avec l'expérience. Cela revient à affirmer qu'il n'est complet, authentique, acceptable comme tel, qu'en s'incarnant dans les formules, les gestes, les rites spéciaux à la Science. *La Méthode scientifique*,

Or, cette manière d'être à l'égard des choses, on la caractérise d'un mot. On lui attribue un caractère unique : elle est *positive*[1].

Qu'est-ce à dire ?

Au fond, il convient de le remarquer, l'esprit scientifique ainsi entendu se compose de deux éléments ; l'un positif et constructeur : il ne faut admettre que le fait contrôlé, mesuré, sensible[2], que l'on introduit ainsi dans un cadre et que

---

c'est *l'esprit visible*. L'esprit la sous-tend : elle l'exprime au dehors. Mais elle n'a pas le droit de s'en abstraire, de l'éliminer, de devenir une forme vide. Car elle apparaît alors comme *un mécanisme intellectuel, vide d'humanité, dont on a tout à craindre*. La Science n'est vraie, acceptable, que par sa fidélité à l'esprit qui l'anime. Tout savant qui l'oublie quitte la ligne de la bonté et glisse sur la pente du pédantisme et de l'orgueil, insouciant des réalités concrètes et de la vie profonde.

[1] « Est *positive* toute affirmation qui est posée ou qui pose son objet d'une manière assurée, sans aucun mélange de négation ni de doute. Ce qui est positif s'impose à notre créance ou par sa force propre ou par la force de preuves entièrement suffisantes. Plus particulièrement est positive toute affirmation appuyée sur des faits... Ce qui est positif c'est ce qui est principe certain ou plus particulièrement fait certain, et puis ce qui est dans une évidente dépendance soit d'un principe certain, soit plus particulièrement d'un fait certain. » OLLÉ-LAPRUNE. La Philosophie, p. 79-80.

[2] « Rien que des faits, petits, choisis, matière de *toute science*. » DE MARGERIE. Taine, p. 56.

« Le vieux Magendie exprimait cela d'une façon bien pittoresque. « Chacun, disait-il à Claude Bernard, se compare dans sa sphère à quelque chose de plus ou moins grandiose : à Archimède, à Newton, à Descartes ; Louis XIV se comparait au soleil. Moi, je suis plus humble : je me compare à un chiffonnier. Je me promène avec ma hotte dans le dos et mon croc à la main. Je cherche des faits ; quand j'en ai trouvé un, je le pique avec mon croc et je le jette dans ma hotte. » Voilà le savant. Mais le fait psychologique et moral, n'est-il pas, lui aussi, un fait ? » BOURGET. *Discours*.

« La science positive ne poursuit ni les causes premières, ni la fin des choses ; mais elle procède en établissant des faits, et en les rattachant les uns aux autres, par des relations immédiates... l'esprit humain constate les faits par l'observation et l'expérience ; il les compare,

l'on pourra, le moment venu, intercaler dans une série d'autres faits, comme l'anneau d'une chaîne solide[1]; l'autre négatif et critique, qui le différencie en l'opposant : tout ce qui est métaphysique doit être impitoyablement rejeté. La Science peut seule donner connaissance de la réalité. Exclure, pour elle, est un devoir.

Ainsi, parce que la méthode scientifique réussit *en fait*, on la déclare *en droit* l'unique attitude rationnelle, humaine, et donc légitime[2]. En face du mystère de la vie et des choses, toute recherche autre, toute démarche différente de l'esprit est insoutenable. Elle ouvre la porte à la cohue des chimères,

---

il en tire des relations, c'est-à-dire des faits plus généraux, qui sont à leur tour, et c'est là leur seule garantie de réalité, vérifiés par l'observation et par l'expérience. C'est la chaîne de ces relations, chaque jour étendue plus loin par les efforts de l'intelligence humaine, qui constitue la science positive. » BERTHELOT, cité par DUILHÉ. *Apologie*, p. 35 et 235. — « La science expérimentale est essentiellement positiviste, en ce sens que, dans ses conceptions, jamais elle ne fait intervenir la considération de l'essence des choses, de l'origine du monde et de ses destinées. » PASTEUR, *ibid*, p. 36. — « Le caractère essentiel de tout fait scientifique est d'être déterminé ou du moins déterminable. Déterminer un fait, c'est le rattacher à sa cause immédiate et l'expliquer par elle. » C. BERNARD, *ibid*, p. 36.

[1] « Il est avéré, assure-t-on, que le nerf de toute science, c'est ce qui se nomme le *déterminisme*, le déterminisme scientifique. Voilà le point. Est *scientifique* ce qui est *déterminé*, et ceci a un sens parfaitement précis. Est *déterminé* ce qui, étant le *conséquent*, a dans *l'antécédent* sa suffisante et indispensable condition. Cette invariable uniformité de succession, trouvée constante dans une longue série d'expériences variées, c'est ce qu'on nomme la *causalité* scientifique... Et voilà comment science et déterminisme, c'est la même chose... On est sûr que là est le type de toute science et que cela seul sera science qui aura les mêmes caractères essentiels. » OLLÉ-LAPRUNE. *La Philosophie*, p. 80.

[2] « Dans les travaux scientifiques la méthode est toujours ou mathématique, ou expérimentale. *Les savants*, en tout cas, *n'en veulent pas employer d'autres*. Ce qui n'est pas établi par l'une de ces deux méthodes générales (aux multiples nuances) n'est pas recevable scientifiquement. » A. REY. *La Philosophie*, p. 17.

à la phalange des erreurs. Il faut donc la rejeter comme néfaste et de nature à pervertir les hommes. Et l'on arrive ainsi, par une conclusion apparemment logique, à identifier fort habilement les destinées, mieux encore *les droits* de la Science, avec les destinées mêmes de l'humanité, avec le progrès de la vérité, de la lumière, du vrai bonheur.

Mais il nous est bien permis de n'accepter point les yeux fermés ces affirmations sur lesquelles nous gardons notre droit absolu de contrôle. Qu'on nous les propose de bonne foi, cela ne fait point de doute, du moins de la part des hommes qui professent un culte louable et sincère pour la Science. Leur généreux enthousiasme ne saurait cependant nous dispenser de leur demander leurs titres, et d'examiner la solidité des fondements sur lesquels ils reposent.

.•.

Par cela même qu'elle entend s'imposer, la Science nous provoque à la discuter. L'omnipotence qu'elle réclame, en droit, est une mainmise sur notre Moi. Si elle est légitime, nous perdons notre autonomie intérieure. Notre vie profonde a trouvé sa formule : le cadre scientifique est le seul où elle puisse désormais se mouvoir. L'intuition est limitée par la méthode unique qui régente le monde. Notre dynamisme se heurte à des barrières infranchissables, et qu'il doit respecter s'il veut garder quelque valeur humaine.

Dès l'abord, ces conséquences confusément entrevues, se présentant après les analyses que nous avons essayées des données de notre vie intime et du contenu de notre conscience humaine, ont je ne sais quel air d'exagération tyrannique. Elles provoquent en nous un sentiment de malaise obscur. Il semble que l'être intérieur ait une répulsion instinctive à les entendre formuler.

Pourquoi ?... Serait-ce la crainte de voir brider ses aspirations ? Répugnerait-il aux règles précises ?... Ou bien cette attitude antipathique ne manifesterait-elle pas ce qu'il y a de plus profond dans notre instinct vital, de plus indéracinable dans notre humaine personnalité ?...

Il convient donc, avant tout, d'examiner si les principes qui appuient les conclusions formulées au nom de la Science sont fondés en raison, légitimes, donc aussi, recevables, obligatoires, déterminants. De là dépend notre attitude pratique.

Or, puisque la matière scientifique n'est que secondaire ; puisque ce qui est capital, essentiel, dans toutes les sciences, c'est l'attitude, la façon de se comporter de l'esprit humain en regard des choses ; puisque cette attitude s'impose à toute nouvelle recherche, pour qu'elle ait le droit de se dire scientifique, révélatrice de vérité, — c'est donc, non point en face des sciences particulières qu'il est nécessaire de nous placer d'emblée, mais en face de *la Science*, c'est-à-dire de l'esprit, de *la méthode scientifique*, — pour mettre en question sa valeur.

Nous avons le devoir et le droit de rechercher si elle est, oui ou non, aussi universelle et exclusive qu'on le soutient. Et l'obligation s'impose à nous, si nous voulons voir clair, d'analyser avant tout le contenu psychologique de la Science, l'attitude humaine qui préside à toute démarche instituée en son nom.

« Mais pourquoi et comment parler de contenu psychologique, nous objecte-t-on dès l'abord. Votre prétention est une gageure. Vous vous engagez à soutenir un paradoxe !... Car la science est *essentiellement objective*, et il ne saurait être question d'y découvrir un donné psychologique. C'est un pur contre-sens ! »

Nous demandons seulement pour nous le bénéfice de la réflexion. Affirmer n'est pas exactement la même chose que prouver. Or, cette objectivité que l'on nous oppose ainsi au préalable, comme une fin de non-recevoir, pourrait bien tout de même avoir deux sens : l'un absolu, l'autre relatif.

L'objectivité absolue est-elle possible ? En d'autres termes la Science ne donne-t-elle *rien que* les choses, pures de tout mélange d'humanité ?... On l'a prétendu.

Ceci est une exagération manifeste. Tant que nous resterons *extérieurs* aux êtres, sans communication avec eux, nous n'en pouvons avoir aucune connaissance. *Il n'y a pas de fait brut*[1]. Appréhender une chose, c'est déjà y avoir mis une partie de soi. C'est y avoir ajouté, l'avoir modifiée, pliée à soi pour la faire entrer dans une classification quelconque. Le fait est l'individuel, et l'individuel, en tant que tel, c'est l'ineffable, c'est « l'inclassable[2] ». Du moment où vous l'introduisez dans un cadre donné, vous en faites votre su-

---

[1] Il est presque impossible d'énoncer un fait sans en donner une interprétation quelconque. « Ce qu'on rapporte vulgairement à l'observation n'est d'ordinaire qu'un résultat composé dans lequel cette opération peut n'entrer que pour un dixième, les autres neuf dixièmes provenant d'inférences. » STUART MILL. *Log.*, t. II, p. 183 (cité par VALLET. *Le Kantisme*, p. 126, note).

Analyser, c'est traduire. Cf. MARGERIE, *Taine*, p. 45. — Observer, c'est choisir, idéaliser. Cf. CHARLES. *Lectures*, t. II, p. 98. — Le fait scientifique est fabriqué. Cf. P. GAULTIER. *La Pensée contemporaine*, p. 21-29. — « Le fait scientifique n'est que le fait brut *traduit* dans un langage commode. » POINCARÉ. *Valeur de la Science*, p. 231.

[2] Tout fait est *individuel*, et l'on en peut dire autant de toute série de faits, s'il est vrai que « *l'histoire ne se répète pas* ». DURUY. *Hist. des Romains*, cité par JULLIAN. *Historiens français du XIXe siècle*, p. 464.

« Les phénomènes physiques, régis par une *même loi*, ne sont jamais *identiques*, mais seulement très semblables. » A. REY. *La Philosophie*, p. 138. — « *L'identité est une création exclusivement logique.* » P. GAULTIER. *La Pensée contemporaine*, p. 274. Cf. aussi p. 11.

Les scolastiques disent après Aristote : « Il n'y a pas de science du particulier — *nulla est fluxorum scientia*. » Et encore : « L'individu ne peut être parlé : *individuum est ineffabile*. »

jet; il sort, il est *vous* autant et plus peut-être que lui-même. En tout cas il a cessé de s'appartenir. Votre interprétation, aussi large que vous la puissiez vouloir ; votre contact, aussi libéral que vous le rêviez, aussi respectueux que vous le fassiez, est une violation d'individualité... *Tout fait scientifique participe à la fois de la chose et de la Personne*[1].

Absolue, l'objectivité est donc un mythe. Relative, elle est possible, désirable, nécessaire à la Science. C'est *le terme* fixé aux efforts du savant, et vers lequel, toujours, il doit tendre. Elle signifie que, pour demeurer fidèle à sa méthode, il lui faut être à la fois aussi réceptif et aussi droit que possible. Miroir humain des choses, mais miroir plan, voilà son rôle idéal. Une rectitude totale, minutieuse, et comme sans un pli en face des êtres, telle est sa loi. La réalité se déforme au contact des surfaces concaves ou convexes. Le Moi du savant a pour fonction essentielle de ne se plier à aucune influence et de donner de l'extérieur une image exacte, nette, précise. Mais malgré tout, cette reproduction de la réalité sera *vivante*. Qu'on le veuille ou non, ce miroir est un Moi, une conscience, *une Personne*, et non point la plaque inerte d'un appareil photographique. La réalité s'y imprime dans des plans différents. Elle y garde du relief, de la profondeur. Si, par un acte d'équilibre intérieur et moral réalisé par le savant, elle ne s'y déforme pas, n'en subit pas d'altération *essentielle* ; si elle y prend et y garde des proportions, une ordonnance, une harmonie, — la lumière intérieure qui s'y projette lui donne cependant un air nouveau, une physionomie variable. Tout comme un même objet plongé en différents milieux devient divers tout en restant unique, par suite de la distribution nouvelle des lumières et des ombres.

---

[1] Cf. W. James, *L'Expérience religieuse*, p. 2.

Malgré que nous en ayons, il y a, même chez le savant, un donné personnel et vivant, avec lequel le fait étudié entre en contact et dont il subit l'influence.

La véritable objectivité — la seule possible, et la seule que l'on puisse exiger de la Science — consiste donc pour l'homme de science à maintenir à la limite du Moi, par un effort constant d'attention et d'énergie, le fait étudié, afin de lui laisser sa valeur native. Là, dans l'expérience, au point d'intersection et de mutuel échange de l'intérieur et du dehors, la raison pure le contemple, l'interprète, le classe[1].

Mais la raison pure ou dite telle, tant qu'elle n'est pas réduite au rôle d'algèbre, n'est jamais sans mélange. Nos précédentes analyses nous ont convaincus qu'elle communique par des liens secrets, vitaux, avec le Moi tout entier, l'intuition, le dynamisme intérieur, la volonté.

Il y a donc, à la racine de l' « objectif » le plus radical, un minimum de psychologique.

Lors même que la Science ne nous offrirait pas d'autre prise, ce minimum suffirait à nous assurer le droit d'examen que nous revendiquions d'abord.

Mais, il y a bien autre chose dans la Science, et nous allons nous en convaincre.

---

[1] « La science est l'œuvre de la raison, de la raison contrôlée par l'expérience, bien entendu. Il y a trois siècles qu'on ne sépare plus expérience de science. Mais a-t-on jamais séparé science de raison ? Si l'expérience est nécessaire à l'invention de la science, le mot invention indique assez, et le bon sens le plus gros comprend de suite, que, pour connaître, il faut qu'il y ait intervention de la faculté de connaître, qu'il y ait direction de la recherche par l'esprit. Et c'est le mot *raison* qui désigne cette direction de la recherche, cette application de nos facultés spirituelles à connaître la vérité et à pénétrer le réel. » A. Rey. *La Philosophie*, p. 69.

*
* *

En adoptant l'attitude « objective », en s'inspirant de l'*esprit* scientifique pour connaître efficacement le réel, le savant se déprend donc de lui-même. Par un acte initial de volonté, avant de donner libre champ à son esprit, son cœur ouvre la route : si sa raison marche, progresse, conquiert, c'est à lui qu'elle le devra.

La Science commence ainsi par un acte de renoncement et d'humilité. *Du seul fait de son étude*, le savant professe qu'il y a du préexistant, qu'il n'entend *créer* ni la vérité, ni les choses, mais seulement rechercher la formule des rapports possibles entre elles et lui, en se pliant aux conditions nécessaires de ces rapports[1].

Le but secret — mais déterminant, de toute démarche scientifique, c'est, pour le chercheur, de créer un commerce en sa faveur entre lui et l'univers, de profiter des avantages personnels qu'il en espère retirer pour devenir plus grand, supérieur à lui-même, autre que dans le présent. Son dynamisme s'oriente sur la route de l'avenir qu'il rêve plus libérateur.

Or, cela revient à dire que pour prendre contact avec les choses qu'il se propose d'étudier, pour se mettre en état de constituer sa science, le savant doit faire abstraction de toute théorie philosophique pour se placer dans une *attitude de vie et d'action*. Ni idéaliste, ni sceptique : la Science ne le lu permet pas[2]. Il doit aborder son étude sans opinions préconçues.

---

[1] Toute science est dogmatique parce que « le dogmatisme est un acte de confiance dans l'analogie de la pensée et des choses ». E. Thouverez, *Le Réalisme métaphysique*, Alcan, 1896.

[2] « Nos vérifications restent partielles et fragmentaires. Il y a probabilité, mais non certitude. Qui nous garantit absolument que le soleil se lèvera demain ? *La certitude, c'est nous qui la décrétons*, tout

Quelles que soient ses façons de voir théoriques, abstraites, il doit n'en tenir aucun compte dès qu'il entend observer les faits ; car il introduirait du même coup dans sa vision l'élément personnel qui en fausserait l'objectivité nécessaire. Sa volonté doit faire table rase de ce qui n'est qu'à lui[1]. Et ceci ne peut étonner, si nous nous rappelons que c'est la seule attitude recevable, parce que seule valable et efficace dans la recherche de la vérité. Les deux postulats les plus essentiels à la Science, — car il en est d'autres pour chaque science particulière, — c'est *la réalité du monde extérieur* et *l'existence d'une vérité*[2] qu'il est possible d'atteindre.

Ce minimum de croyance est indispensable au savant. Il n'y a pas de discussion à établir sur ce point, car c'est l'évidence même. Prétendre le contraire serait renoncer du même coup à la raison et au bon sens[3].

---

de même que nous décrétons que la nature est simple. Ce n'est pas si sûr que cela. Si tout dépend de tout, c'est plutôt le contraire qui l'est. N'empêche ! *nous devons faire comme si nous croyions* à cette simplicité. Autrement, toute généralisation et, par conséquent, toute science serait entravée... » P. Gaultier. *La Pensée contemporaine*, p. 15.

[1] Cf. Fonsegrive. *Le Catholicisme*, p. 83, 84.

[2] Cf. Fonsegrive, loc. cit., p. 121.

« Les principes généraux entrent dans nos pensées, dont ils sont l'âme et la liaison. Ils y sont nécessaires comme les muscles et les tendons le sont pour marcher, quoiqu'on n'y pense point. L'esprit s'appuie sur ces principes à tous moments, mais il ne vient pas si aisément à les démêler et à se les représenter distinctement et séparément, parce que cela demande une grande attention à ce qu'il fait, et la plupart des gens, peu accoutumés à méditer, n'en ont guère ... C'est ainsi qu'on possède bien des choses sans le savoir. » Leibnitz, dans Ravaisson, p. 214.

« Le principe de la science abstraite et rationnelle est, nous le savons, *la conservation de l'énergie*, qui est une sorte de traduction naturaliste du principe logique de l'identité. *A proprement parler, ce principe est plutôt un postulat*, une hypothèse. » Draghicesco. *L'idéal*, p. 405.

[3] « Il est une chose que la philosophie critique semble ignorer : c'est que la science, elle aussi, la science pure, a besoin de foi, car elle a son héroïsme. Pour penser, comme pour agir, le philosophe a

Toute science spéciale implique de plus une croyance initiale qui conditionne son action, sa recherche[1]. Le savant, quel que soit son objet, ne va pas à l'aveugle ; s'il consent à marcher, c'est qu'une lumière diffuse l'oriente déjà et l'empêche d'errer à tâtons dans le noir absolu. Il a des principes parfois subtils[2], secrets, difficiles peut-être à saisir, qui sont des appuis, des points de direction, des moyens de contrôle.

Mais que signifie cette attitude initiale *nécessaire* comme condition première de la découverte, sinon que le savant reconnaît implicitement que l'expérience ne se pose pas comme un absolu, une création *totale* de la volonté, et qu'il y a, en dehors d'elle, quelque chose qui en est différent.

Agir, pour le savant, c'est confesser tacitement que *le fait*

---

besoin de croire à autre chose qu'à lui-même, qu'à son esprit, qu'à son idée, qu'à ses sentiments et à ses sensations. L'étrange égoïsme dans lequel l'enferme cette philosophie le pétrifie et l'éteint... » VACHEROT, cité par VALLET, *Le Kantisme*, p. 92.

« Avant le philosophe, il y a l'homme. Il n'y a point de science sans certitude, mais il y a certitude sans science, et si cela n'était pas, *nulle science ne se ferait*. ... Il y a des certitudes humaines qui précèdent tout usage philosophique de la raison. » OLLÉ-LAPRUNE, *La Philosophie*, p. 336.

« La science n'est possible que par les genres et les lois, les genres et les lois ne sont possibles que par les idées, je cherche les lois, je crois aux idées, j'affirme tout ce qui permet ma pensée, je pose toutes les conditions de mon existence spirituelle. » SÉAILLES. *Le Génie dans l'Art*, p. 63.

[1] Cf. PAUL GAULTIER. *La Pensée contemporaine*, p. 11.

[2] Il y en a au fond de tout, même de la négation. Ainsi *Renan*, voulant tout expliquer par le seul développement des lois cosmiques, écrit : « *Une sorte de ressort intime* (!), poussant tout à la vie, et à une vie de plus en plus développée, voilà *l'hypothèse nécessaire* ». RAVAISSON, p. 102. Et c'est un pur postulat !

« En un mot la psychophysique de M. Delbœuf *suppose un postulat théorique de la plus haute importance, qui se dissimule en vain sous des apparences expérimentales...* » BERGSON. *Données*, p. 44.

n'est pas dans l'expérience tout le donné, qu'il ne porte en soi ni sa justification, ni son explication adéquate. Même dans sa forme la plus purement scientifique, il est à l'état d'alliage, il implique des éléments hétérogènes, il a un substratum, une armature, qui conditionnent son existence et rendent possible son étude. Et celle-ci, en conséquence, sera aussi faiblement que l'on voudra, mais très véritablement, *interprétative*[1], faite à une lumière qui ne jaillit pas de son objet, et dans laquelle il baigne.

.˙.

Sur la route de la recherche, le savant s'engage avec sympathie. Sa croyance n'est pas indifférente. Elle n'est pas une idée abstraite, un élément de contemplation pure. Sa foi le soulève et le porte en avant parce qu'elle est vivante. Toute son action tend à un but déjà pressenti, implicitement possédé dans son désir, et qui l'attire par une puissance secrète et efficace, encore qu'obscure et imprécise.

Le savant est ému. Et son émotion même lui indique qu'à ce tressaillement intérieur correspond au dehors un objet qui le provoque. Telle l'antenne télégraphique reçoit des profondeurs de l'infini les ondes invisibles, et vibre à leur contact révélateur. Quel est cet objet, il l'ignore. Il sent sa présence, mais il ne le localise pas. Sa valeur de position, sa physionomie propre lui sont inconnues. Il lui apparaît toutefois comme le principe d'une *socialisation* possible de

---

[1] « La vraie science n'a point de parti pris : elle se tient aussi loin d'un sensualisme qui n'aperçoit rien derrière les faits que d'une métaphysique qui vit dans les chimères... Dans les mathématiques, ces sciences achevées et parfaites, tout est certain, précis, soustrait au doute, à l'interprétation ; mais sitôt qu'on pénètre dans le domaine des réalités physiques, *l'interprétation devient nécessaire... Les problèmes éternels qui se cachent derrière les phénomènes sont aujourd'hui ce qu'ils ont toujours été.* » A. LAUGEL, *Rev. des Deux-Mondes*, 1ᵉʳ mars 1868, p. 131.

son Moi, une *réponse* à son dynamisme intérieur, et aussi une extension de sa personnalité, une conquête. C'est en se mesurant en quelque sorte avec lui qu'il pourra faire la preuve de ce qu'il se croit, foncièrement, et qu'il s'affirme au plus intime de sa conscience : un vainqueur, un être supérieur et destiné à s'assimiler le non-Moi, l'univers, et à le faire servir[1].

L'objet vu sous cet angle par le savant prend alors pour lui un intérêt tout personnel. Il s'en occupe d'un point de vue propre, exclusif de tout autre. Il cherche à deviner le lien spécial que l'objet peut avoir avec son donné individuel, et comment il lui serait possible de l'insérer dans *sa* propre expérience antérieure.

Il s'en préoccupe. Il est *curieux* d'apprendre avec quelque précision s'il est capable de lui apporter une *plus-value* vitale, de faire monter en quelque sorte à un plus haut degré ses puissances intimes.

Cette sympathie, liée à une façon très spéciale d'envisager l'objet, est donc strictement *individualiste*. Elle n'est pas la même que celle qui lie aux êtres de l'univers l'artiste, le commerçant, le voyageur. Née du dynamisme du moi qui aspire à se multiplier, à s'étendre, et à trouver dans cet accroissement sa formule de vie, elle est déjà une *communion* avec l'objet, par le désir. Le savant rôde en quelque sorte autour de son objet avec des allures timides ; mais sa curiosité active est un lien secret d'amour, qui déjà le rattache à lui et en prépare la conquête.

∗ ∗
∗

Avec une ardeur qui s'avoue à peine au dehors, afin de ne paraître pas un esprit de chimère, le savant persévère dans son attitude de sympathie investigatrice. Son intérieur

---

[1] Cf. Ollé-Laprune, *La Philosophie*, p. 81, 82.

tout entier est tendu, attentif à saisir au passage le moindre indice de la vie qu'il soupçonne, qu'il poursuit, avec laquelle il rêve de communiquer.

Tout à coup, à un moment donné, sans aucune préparation apparente, sans aucune annonce perceptible, peut-être à l'instant précis où il croyait ses démarches inutiles et l'objet de sa poursuite inexistant, alors que son désir ne lui semblait plus qu'une imagination ambitieuse et sans correspondance avec la réalité extérieure, voilà que l'objet passe rapide dans un vif éblouissement. C'est un éclair[1]. Mais il l'a *vu*. C'est trop peu dire. Semblable à un pêcheur qui, en fouillant les parties profondes d'un ruisseau où il espère une belle capture, a senti quelque chose de vivant lui filer entre les doigts et se relève frémissant de ce contact inattendu, le savant a éprouvé, dans un tressaillement de tout son être, que la vie a traversé soudain son intérieur avec une intensité telle, qu'il en demeure encore ému, vibrant.

Et c'est une surprise, un choc, une vision intime, une intuition vivante et tout apparentée à celle que nous avons commencé d'étudier d'abord. (Cf. p. 21).

Les choses du dehors, par cet effleurement, ont répondu aux avances du Moi. Après avoir entendu cet appel discret et tout spirituel, de sa Personne, elles ont consenti à venir se montrer, afin de reconnaître en quelque sorte au sentiment qui paraît avoir dicté ses démarches initiales, une valeur de franchise et de sincérité.

Il est remarquable, en effet, que toute *découverte* nouvelle commence par une intuition de ce genre[2]. Elle est à propre-

---

[1] « La philosophie et la science ne peuvent se passer des mots, mais ne sauraient exprimer comment la vie jaillit dans le monde et dans l'âme. Dans toute perception brille une étincelle que la réflexion ne saisit jamais : le philosophe le sait mieux que personne. » W. JAMES, *Expérience religieuse*, p. 382.

[2] « On s'est donc appliqué à faire la chasse à l'intuition comme à la

ment parler une véritable révélation sollicitée par le Moi du savant et obtenue par lui sans doute, mais sans qu'il ait été consulté pour le temps, l'heure et le lieu. Elle se fait fortuite, pour affirmer que les choses ne sont pas déterminées par la recherche antérieure du savant, et souligner leur indépendance. Plus tard, on verra, sembler-elles dire, mais présentement, si nous nous montrons, c'est par grâce, et il est bon de ne pas s'y méprendre[1].

Et l'on pourrait sans doute m'objecter que parfois l'intuition paraît totalement spontanée, sans lien apparent avec une démarche antécédente et un acte de foi scientifique initial.

Si cela était, la grâce des choses serait plus grande encore, car elle serait prévenante, et le savant n'aurait pas la consolation de penser qu'il peut l'avoir méritée quelque peu par son effort personnel. Sans doute aussi qu'il en jouirait moins, au tréfonds de lui-même, trouvant je ne sais quelle humiliation secrète, inavouée, de se voir ainsi imposer un bienfait dont il n'a rien fait pour être digne.

Mais cela n'est pas. Les choses veulent des adorateurs

---

cause première de toute erreur et de tout esprit antiscientifique. Mais à mesure qu'on s'appliquait à la jeter à la porte, l'intuition revenait par la fenêtre. Les sciences mathématiques reposent sur les intuitions d'espace, de temps, de nombre ; les sciences physiques ne peuvent se passer des intuitions expérimentales. L'intelligible pur, l'élément simple, absolument homogène et identique, ne se trouve nulle part. » FONSEGRIVE. *Le Catholicisme*, p. 40.

« Chaque homme se fait de prime abord des idées sur ce qu'il voit, et il est porté à interpréter les phénomènes de la nature par anticipation avant de les connaître par expérience. Cette tendance est spontanée ; une idée préconçue a toujours été et sera toujours le premier élan d'un esprit investigateur... L'expérimentateur pose son idée comme une question... Dans la recherche de la vérité, le sentiment a toujours l'initiative : il engendre l'idée *à priori* ou l'intuition. » CLAUDE BERNARD. Cité par GUIBERT. *Le Mouvement chrétien*, p. 75.

[1] Il faut recevoir pour savoir. Cf. GRATRY, dans VALLET. *Tête et Cœur*, p. 52, note.

moins passifs. Elles ménagent notre amour-propre. Aussi elles ne s'imposent point. Croire qu'elles se révèlent *sans nous* est une subtile illusion[1]. Plus ou moins consciemment le Moi du savant cherchait, et se tendait, dans le sens d'où lui est venu la réponse. Son désir profond n'a pas créé l'objet, mais il l'a fait *venir*. Il a déterminé sa grâce, et attiré en lui les énergies nouvelles qui lui sont infusées par ce simple et rapide contact.

Toute intuition, — même à ce degré rudimentaire, — est une collaboration du Moi et des choses. Pour passagère et subtile qu'elle puisse être, elle établit cependant et l'existence de l'objet, et son attitude sympathique à l'égard du chercheur, dont la bonne volonté a trouvé en lui un écho.

Et si l'étincelle a jailli une fois, au passage, un contact plus prolongé est donc possible !... Puisque la vie des choses a répondu à la vie du Moi, celui-ci peut donc poursuivre son rêve de grandeur et de victoire !

Alors la croyance primitive et instinctive, qui a déterminé la recherche initiale et provoqué la vision, devient pour le savant *conviction* personnelle, intime, foi indéracinable, contre laquelle aucun argument théorique, aucune affirmation d'un tiers ne saurait prévaloir. Il a l'expérience vivante de la réalité existant hors de lui. Celle-ci est vérité. Elle est.

L'occupation sympathique et spontanée du début devient *préoccupation*. Le dynamisme intérieur projette en quelque sorte le Moi dans le sens de l'apparition intuitive. Le désir vague se mûe en attrait puissant, décisif, tyrannique. Il faut aller, sortir de soi, s'échapper, gagner le large. Agir, c'est la condition même du succès espéré.

---

[1] « Les trois quarts des inventions ne sont dues qu'à des hasards, à des rencontres heureuses ». FONSEGRIVE, *Le Catholicisme*, p. 294.

Dès ce moment — commence pour le savant, *la] poursuite scientifique.*

Celui-ci se met littéralement en chasse de la vérité. C'est une prise qu'il convoite. A vrai dire elle lui appartient dès lors comme *sa* vérité. Et s'il ne se l'avoue pas peut-être, il porte néanmoins au fond du cœur cette assurance ferme qu'il a désormais le droit et le devoir de la disputer à tous.

Pourquoi en effet s'est-elle donnée, si elle ne l'a pas choisi d'abord ? Ce don, tout gratuit qu'il puisse être, l'a établi maître et seigneur. La vérité s'est liée à son endroit. En se plaçant sous son regard, elle a déjà perdu sa liberté.

S'il en était autrement, pourquoi ne s'est-elle pas offerte à d'autres ?... Combien aspirent en effet à la conquérir, et dont les vœux demeurent stériles !... Mais elle s'est offerte à eux ; et s'ils ne l'ont pas reçue, ne l'ont point reconnue au passage, n'ont pas vibré à son discret appel, cette harmonie intime, qui les fait ainsi tous deux se reconnaître et sympathiser, n'est-elle pas une reconnaissance secrète et un avertissement qu'ils sont l'un à l'autre leur mutuelle raison d'être, leur nécessaire complément !

Cette idée, force puissante, pousse le savant et anime sa poursuite[1]. Comme le chasseur, pour le gibier qu'il a fait lever, il considère cette vérité comme son bien et affirme sur elle son droit de propriété.

A vrai dire, il se leurre — sous l'empire de ses rêves

---

[1] « Pour un esprit inventif, la recherche de la vérité est plus désirable encore que sa possession. On dirait que l'idée, en se laissant atteindre, perd tout son prix aux yeux de celui qui la poursuit. Il contemple un instant sa découverte avec un sentiment de fierté et de dédain, puis il s'élance à nouveau vers l'inconnu, tourmenté par *cette insatiable curiosité qui est le génie même de l'invention.* » P. SOURIAU. *De l'Invention,* p. 106.

ambitieux et de ses désirs de conquête. Ce droit est moins réellement celui du premier occupant que celui de l'élection. Si la vérité ne l'avait point choisi d'abord, à l'exclusion de tant d'autres, il ferait encore partie du troupeau.

S'il va, c'est moins par son propre dynamisme que par l'impulsion de la vérité même. *Il poursuit parce qu'il a déjà trouvé:* Il ne recherche avec tant d'ardeur, que parce qu'il est déjà possédé.

Sans qu'il puisse dire comment, tout son être intérieur, toutes ses puissances sont mises en branle par son objet, concentrées, tendues par lui, *du dedans*. Il s'en rend compte, sans pouvoir s'y soustraire. Cela devient une obsession. Pour peu qu'il s'observe, il constate aussitôt que s'il recherche au dehors cet objet, il est, à l'intérieur, mû et agi par lui. Et il pressent dès lors qu'il n'aura de repos[1] qu'au moment précis où celui qu'il attend et celui qu'il possède, se rejoignant en lui-même, s'y reconnaîtront dans une révélation subite et joyeuse — où se fera la preuve de leur identité !

Et voilà que sous cette maîtrise intime, sous cette domination de l'objet présent dans son Moi le plus profond, avant que d'avoir été trouvé et reconnu à l'extérieur, l'homme de science dont l'équilibre intérieur est détruit, qui vient de constater, avec une certitude vivante et qui le prend aux

---

[1] « A travers les formules acquises, de tels hommes voient s'esquisser le plan de recherches nouvelles ; l'idée claire ne les séduit pas par sa netteté, mais par sa transparence. Ils n'ont jamais d'idées arrêtées, ils n'ont jamais d'idées flottantes, ils ont des idées *tendues* : il y a en leur esprit une fixité que la plupart des hommes ne connaissent pas, la fixité de la direction. Ils n'oseraient faire un livre, ils ne griffonnent que des notes, et, en corrigeant leurs épreuves d'imprimerie, c'est à peine s'ils reconnaissent leur pensée. Ils vivent dans le lendemain, le lendemain les trouve dans le jour suivant, les voilà en marche. Ils ont trouvé mieux qu'une vérité, ils ont trouvé une route, et ainsi se termine en insaisissable évolution la découverte qui sera un scandale pour les contemporains, un trait de génie dans cent ans et l'évidence dans deux siècles. » WILBOIS. *Devoir et durée*, p. 116.

entraillés, son insuffisance radicale et la nécessité qu'il a de cet objet, — cet homme, qui se trouve en un instant placé à l'état de désir intensif, irrésistible, voit soudain ses puissances se faire petites, humbles[1], devant cet *idéal* qu'il porte en lui, sans le distinguer explicitement. Sa personnalité s'anéantit en quelque sorte afin de l'attirer vers lui, de le saisir au passage dans sa réalité concrète, mobile, fuyante.

Il a *besoin* de le voir venir, parce que tout son être le réclame impérieusement.

Il le lui faut pour *s'assurer* en quelque sorte *contre* lui-même. Sa vision intérieure, parce qu'elle est intuition pure, ne se suffit pas. Elle se déborde par son dynamisme même. Elle réclame une certitude plus complète, dans un contact rationnel avec l'objet qui l'a fait tressaillir au passage.

Pour *s'apaiser* aussi : car l'état de tension et de décentrement où il se trouve est trop violent pour être prolongé. Cette attitude est anormale : son Moi est écartelé ; il ne vit plus.

Et s'il possède théoriquement son objet, dans l'intimité profonde de son être, il peut bien légitimement désirer d'en jouir davantage, d'avoir avec lui une union plus concrète. Car ce n'est point pour le garder en désœuvré, mais pour l'utiliser de façon pratique ; en faire l'auxiliaire de sa vie, le coadjuteur de son action ; acquérir par son secours une personnalité plus haute, une plus large liberté !...

Socialement enfin, il ne lui est pas moins nécessaire. Par lui en effet sera donnée la preuve indéniable du commerce vivant qu'il entretient avec une plus grande partie de l'univers ; par lui apparaîtra visiblement sa supériorité, son envergure d'esprit, sa maîtrise des choses !... Et cela même doit aux yeux des hommes parmi lesquels il vit, le consacrer grand, l'entourer de l'honneur, de l'estime, de la gloire

---

[1] L'humilité, condition absolue du savoir. Cf. S. AUGUSTIN, BOSSUET, GRATRY, dans VALLET. *Tête et Cœur*, p. 246, 247.

qu'ils dispensent seulement à ceux dont le génie s'affirme, qui voient plus loin que la foule, qui savent ou qui peuvent beaucoup. N'est-il point d'ailleurs raisonnable et juste de magnifier ainsi ceux que la nature elle-même paraît traiter comme des privilégiés, des êtres de choix, à qui elle révèle ses secrets les plus intimes ?... Au reste s'ils les exaltent ce n'est au fond que pour leur permettre de mieux servir, car ils attendent d'eux les nouvelles formules vivantes capables d'orienter leurs propres destinées.

Alors l'humilité du chercheur devient passionnée. Il veut, quoi qu'il lui en puisse coûter, découvrir les conditions de la prise de contact avec *son* objet. Et son cœur tout entier se met de la partie avec son intelligence, pour réaliser son impérieux désir.

Le sacrifice lui est un besoin[1]. Il donne — et il se donne. Tout ce qui lui apparaît un obstacle à l'union rêvée devient aussitôt matière d'immolation. Devant ce devoir, qui, du dedans, s'impose, tous les autres s'évanouissent et perdent leur autorité.

Relations sociales, temps, santé, nécessités physiques, tout est relégué au second plan de ses préoccupations ; ou même, plus rien ne compte !

Les passions ordinaires des hommes n'existent plus pour le chercheur. Ni la richesse, ni les honneurs, ni les plaisirs sensuels, n'ont d'attrait pour lui ! Son idéal est sa seule loi. Pour l'atteindre, il sera chaste, il vivra de privations, se mettra en marge de l'humanité, se tuera à la tâche !... Pourvu qu'il réalise son rêve, ne fut-ce qu'un instant, pourvu que sa recherche soit concluante, que son expérience

---

[1] « La Science implique en celui qui la recherche à la fois le respect de la vérité, et celui du sacrifice qui en est inséparable. » BERTHELOT. Cité dans les *Annales politiques et littéraires*, 24 mars 1907.

réussisse, qu'il communie à la vérité — dans une intuition vivante — et soit par elle un instant agrandi, infinisé, peu importe le reste.

Et il en vient même, dans cette absorption de son Moi au profit de son objet, à regarder comme inférieurs les sentiments les plus légitimes, dès lors qu'ils se mettent à la traverse de sa poursuite haletante : parents, famille... doivent se subordonner à la vérité supérieure, dominatrice, — ou consentir à s'effacer, peut-être à disparaître !...

Ainsi, à vrai dire, le savant ne s'appartient plus. Au sens fort et profond du mot, il est *dévoué* à l'objet de sa recherche. Cette donation totale peut devenir si absolument exclusive, que cet homme, placé en face d'une contradiction violente, marche allègrement au martyre pour rendre témoignage à *sa vérité*, qui, *dans sa pensée*, ne l'oublions pas, se confond avec la Vérité, le Bien absolu.

Et l'on peut avoir ainsi le spectacle, paradoxal au premier abord, d'un homme de science dont le caractère est plutôt étroit, mesquin, sans envergure, dans le commerce ordinaire de la vie, et qui, dès lors que *sa* science est en cause se montre désintéressé, généreux, magnanime, héroïque peut-être[1]. Tant il est vrai que c'est par le cœur que l'on devient vraiment grand, et que toute auréole humaine exige à l'intérieur un ardent foyer d'amour.

---

[1] « L'obsession créatrice... Ici il faut autre chose que de l'intelligence, il faut de la passion et de la volonté. La passion et la volonté, on les voit dans tous les actes d'un Fresnel constamment malade, d'un Copernic persécuté, d'un Bernard Palissy qui se ruine, d'un Gay-Lussac qui risque de se faire sauter. On ne les voit pas moins à leurs effets. Le premier est une extase qu'on appelle avec irrévérence distraction : Ampère écrivait sur le dos d'un fiacre, Newton oubliait dans sa bibliothèque les invités qui l'attendaient dans la salle à manger, Amontons qui était sourd ne voulait pas qu'on l'opérât, afin que le bruit des paroles ne troublât pas ses méditations. WILBOIS. *Devoir et durée*, p. 114.

*
* *

Pour vibrante et passionnée qu'elle puisse être, la poursuite du savant ne manque pas de méthode. S'il ne voit pas, il imagine et procède par hypothèse[1].

L'extrême tension intérieure de son Moi, qui pour s'appartenir davantage a coupé toute communication ordinaire avec le dehors, le rend sensible à un degré que n'imaginent point les profanes. Son intuition prend quelque chose de divinatoire[2]. Elle l'oriente du dedans, par impressions rapides et successives[3]. Semblable au capricorne qui, de ses légères et mobiles antennes, explore de toutes parts le terrain, distingue les obstacles et se fraye — comme en se jouant, sa voie au milieu des choses, il va, effleurant pour ainsi dire les êtres de son hypothèse, et reconnaissant aussitôt leur possibilité d'assimilation, leur convenance avec son propre donné vital.

Peu à peu, au contact même de l'extérieur, son intuition s'affine, acquiert une puissance aiguë et sûre de discernement. Ses premières hésitations cessent, sa marche se précise. D'instant en instant il a la perception plus vive qu'il se rapproche de son objet, qu'il va l'atteindre, qu'il touche au but.

Et un moment vient en effet où la vérité se donne. Comme

---

[1] « Toute science de faits se compose d'abord d'hypothèses qui deviennent des lois plus ou moins certaines, selon le degré de leur confirmation expérimentale. » E. Naville, cité par Duilhé. *Apologie*, p. 38.

[2] « Toute *prévision* est en réalité une *vision* ». Bergson. *Données*, p. 150.

« De l'aveu des savants, il n'y a pas de règle pour découvrir la loi, pour faire naître à propos des faits observés une idée juste et féconde... Découvrir c'est vivre, c'est soumettre ses idées à l'ordre, loi primitive de la vie, c'est organiser les choses, qui ne peuvent pénétrer dans un esprit puissant sans se soumettre à son génie en y participant. Ce n'est pas nous qui faisons l'hypothèse, elle se fait en nous... Un sourd travail s'opère en l'esprit, et tout-à-coup, avec la rapidité de l'éclair, l'idée se dégage lumineuse, surprenant la conscience éblouie... » Séailles. *Le Génie dans l'Art*, p. 22.

[3] Cf. Rivière. *Nouvelle Revue française*, 1ᵉʳ nov. 1912, p. 797.

si elle voulait récompenser la bonne volonté humble et quêteuse de cet homme qui lui a tout sacrifié, elle l'introduit dans l'intimité de son action[1]. Le savant la voit, si l'on peut dire, chez elle, au cœur des choses — son domaine — vivante et opérante sous ses yeux.

Cet homme alors reçoit un tel choc de ce bonheur inespéré, mais qui en cet instant l'envahit, le déborde ; une telle dilatation de joie succède à l'inquiétude et à la contention antécédentes ; la réalité dépasse si démesurément son désir, qu'il en peut perdre le sens, tomber en extase, être détaché de l'extérieur et oublieux de ses conventions, au point d'avoir des allures d'insensé et de passer pour un fou[2]. Les choses lui ont fait oublier les hommes. Sa vie, son Moi sont transportés dans une sphère supérieure où, loin des contingences, il communie plus ou moins pleinement à l'absolu. Après avoir, durant la recherche, volontairement perdu son Moi, il le retrouve, au terme, en quelque sorte infinisé. Il vit hors du temps.

.*.

Dans cette union vivante des choses et de l'esprit, de la vérité et de l'âme, le savant découvre la *loi*.

La loi scientifique apparaît donc d'abord comme *la raison des choses*, leur façon de vivre la vérité. C'est en agissant

---

[1] « Nous ne prétendons pas diminuer le rôle de la réflexion, du travail et de la volonté, ni que l'homme marche en aveugle vers la lumière ; nous sommes convaincus qu'il n'y a qu'un moyen de réussir : l'effort constant... ; que l'idée ne se donne qu'à celui qui, étant possédé par elle, *mérite de la posséder à son tour.* » SÉAILLES. *Le Génie dans l'Art,* p. 25.

[2] « Gay-Lussac dansait en sabots dans son laboratoire ; Archimède sortait tout nu des bains pour crier « Eurêka ». Mais il n'est pas nécessaire d'être Gay-Lussac ou Archimède pour éprouver ces enthousiasmes ; ils accompagnent le début de toute recherche... » WILBOIS. *Devoir et durée,* p. 115.

sous les yeux du savant, avec et par lui, qu'elles la révèlent.

La loi c'est *la manière dont elles se comportent par rapport à l'humanité*, dont le savant est le représentant, le vivant symbole, *dans telles conditions déterminées*. Elle exprime leur façon d'être, permanente dès que nous les traitons dans tel sens donné. Elle certifie que leur attitude de commerce social, de service mutuel, déterminé par nos démarches antérieures, reste constante.

Si les choses nous disent ce qu'elles *sont*, c'est uniquement par ce qu'elles *font*. Elles affirment leur existence — sans livrer leur essence. Muettes et vivantes, fermées et sociables, elles nous invitent à chercher plus loin et plus profondément les ressorts de leur dynamisme intérieur, révélé par les relations sympathiques qu'elles entretiennent désormais avec nous.

Car leurs rapports sont fixés, déterminés, fidèles. La loi exprime leur *sujétion*. Elle offre le moyen par lequel le savant les tient désormais et pour toujours à sa disposition. Dans l'avenir, il est leur maître, car elles ont livré *leur secret de servir*[1].

Or, il importe de le remarquer, le savant n'acquiert cette autorité sur les choses qu'à une condition expresse : c'est de se faire leur serviteur[2]. Sa maîtrise est conditionnelle, et il

---

[1] « La science, en effet, suivant Auguste Comte, a pour objet, comme Bacon l'a dit, soit de nous rendre maîtres de la nature, soit au moins de nous en rendre indépendants. Les choses qui dépendent de nous, elle doit nous mettre en mesure de les modifier selon nos convenances ; les choses qui ne dépendent de nous en rien, elle doit nous apprendre à les prévoir du moins, afin de régler en conséquence notre conduite ». RAVAISSON, p. 56.

[2] « Le mot de Bacon est juste : Naturæ non imperatur nisi parendo. C'est en obéissant que le savant établit son empire. » OLLÉ-LAPRUNE, *La Philosophie*, p. 19.

ne lui est à aucun moment loisible de s'ériger en autocrate ou en potentat.

S'il se libère et étend sa puissance d'action, c'est en multipliant celle des choses et leur liberté. Et non point d'une façon quelconque ; car elles n'acceptent ce concours que dans des conditions précises, hors desquelles elles refusent de *coopérer* au désir humain. Leurs exigences sont rigoureuses, pour accorder leur collaboration.

A vrai dire, c'est un véritable contrat qu'elles passent avec le savant. Sa formule exacte est le *do ut des*. Des deux côtés les démarches sont intéressées. Le lien qu'on entend nouer est celui d'un amour de tête.

Et les choses paraissent avoir le beau rôle, puisqu'elles exigent du savant, d'ordinaire, le sacrifice de sa personne, de ses préférences, jusqu'à le tyranniser. C'est par l'humilité qu'il va à la gloire, et par la mort à la vie. Mais cette attitude de sujétion le rend plus fort et prépare sa conquête. Car cette concentration de son Moi le met en relief, fortifie son dynamisme, et prépare les choses à choisir celui dont l'amour vivant leur paraît plus digne de les commander et d'attirer leurs regards. La vérité est ambitieuse. Ceux qui aspirent à la servir doivent faire la preuve qu'ils seront dignes d'elles, après qu'elle aura consenti à l'union rêvée. Quiconque s'abaisse par amour démontre ainsi sa liberté puissante, sa possession de soi, ses capacités de conquête. Se donner à lui, c'est se préparer la joie future des marches en avant, toujours plus hautes et plus hardies. Parce que les choses aspirent plus encore à s'humaniser que le savant à les conquérir, leurs privilégiés sont toujours ceux qui, par un plus vivant amour, s'affirment possesseurs d'une humanité plus vaste.

Ainsi donc, ses exigences mêmes rendent la vérité scientifique créatrice de liberté. Car sous l'empire de son amour pour elle le savant tend ses énergies, fortifie ses puissances, affirme son autonomie, se dégage des sujétions, déborde les cadres ordinaires de la vie commune et prend pour un temps donné l'attitude héroïque. Humble, il est fort ; aimant, il est actif ; esclave par l'intérieur, il assure au dehors sa domination, il règne. Dans la lutte pacifique qu'il engage, c'est bien lui qui est le Supérieur, en attendant d'être le Chef. S'il dit maintenant : je désire, demain il dira : *je veux*.

Mais sous sa forme impérative, le *je veux* de demain demeurera toujours et radicalement *conditionnel*. Il sera l'expression d'un vibrant désir. Il faudra, pour être obéi, qu'il frappe au cœur même des choses. Implicitement il sera formule d'amour, expression de la Personne. Car au moment précis où il commandera, le savant reprendra l'attitude d'humilité pratique et de sujétion active, qui est la condition même de la révélation de la loi. Quoi qu'il puisse paraître aux yeux peu observateurs et aux esprits mal avertis, le savant, au sein de ses plus retentissants triomphes sera *toujours un serviteur*[1]. C'est sa raison d'être. Son autorité est *une fonction* avant d'être un bienfait. Sa vivante obéissance, qui a créé sa grandeur, la consacre.

---

[1] On voit donc l'inexactitude et le danger d'une définition telle que celle-ci : « La science est en réalité *une révolte* de l'homme contre la nature, un effort pour se soustraire aux forces aveugles qui l'oppriment. » Le Bon, *Aphorismes*, p. 125.

La science est collaboration, service mutuel ; toute autre conception manque de profondeur et de vérité. La lutte n'est pas créatrice. Rien ne dure et ne progresse que par l'amour. C'est nous qui somme aveugles ; du jour où nous cessons de l'être, la nature sert.

CHAPITRE X

LA SCIENCE

(Suite).

Le savant, jusqu'ici, s'est surtout concentré en lui-même. Il n'a gardé avec l'humanité que le minimum de contact, afin d'entendre — du dedans — la réponse des choses et de la vérité poursuivie par lui.

Dès qu'il la possède, son attitude change : après avoir, dans un intérêt supérieur, négligé les hommes, il se retourne vers eux. Dès lors, ils deviennent son plus grand souci.

Cette façon d'agir, nous l'avons vu, est dans la logique de notre dynamisme intérieur. Le Moi éprouve l'impérieux besoin, après toute concentration vivifiante, de se mettre en contact avec le dehors, de s'y contrôler et tout à la fois de s'y multiplier. Plus son donné personnel affirme sa puissance radicale, et plus il tend à se répandre et à s'humaniser.

Mais cette socialisation nécessaire ne s'opère point sans modification importante du donné initial, de la richesse intime. Le Moi profond, pour entrer en commerce avec le dehors, va se faire *raison*. Pour devenir universelle, s'insérer dans l'expérience commune, l'intuition doit être rationalisée, placée dans les conditions ordinaires de la vie générale et pratique. Il faut qu'elle se rende en quelque façon maniable et portative. L'intuition est le trésor personnel que le savant va monnayer et mettre en circulation.

Cet homme qui a cherché avec toute son âme, et dont la conquête est le fruit de sa vivante vision, de l'effort combiné de toutes les énergies de son Moi, cet homme s'applique maintenant à dégager la vérité pure de tout ce qui lui appartient en propre. Comme on sépare le diamant de sa gangue, lentement, patiemment, sous l'empire d'un désintéressement réel et d'un véritable esprit de sacrifice, il élimine peu à peu, avec toute la minutie dont il est capable, ce qu'il reconnaît ne relever que de soi[1]. Autant il semblait précédemment égoïste, autant il apparaît maintenant détaché.

Les sentiments multiples qui l'ont agité au cours de sa laborieuse entreprise, ses luttes, ses espoirs, ses dégoûts peut-être... tout ce qui a été *pour lui*, de fait, la préparation et la condition de la victoire, les hommes n'en ont que faire. Auprès des uns, de semblables révélations pourraient en effet diminuer son prestige, car ils s'imaginent que les découvertes les plus géniales se font tout d'un bloc et en un instant, sans hésitation ni faiblesse, par une mainmise volontaire et précise sur la vérité. Pour les autres qui, enfermés dans un rationalisme sec, n'ont jamais rien produit de vivant, et qui par suite ignorent que la révélation la plus positive est sous-tendue d'âme et le fruit d'un multiple et sanglant effort, de telles confidences prendraient un air de sentimentalisme auquel ils se croient fort supérieurs. Et leur ironie facile les vengerait d'avoir rencontré un maître auprès duquel, avec leur plaisant et morne psittacisme, ils font figure d'écoliers.

---

[1] « L'hypothèse est une divination ; la loi apparaît pour la première fois, dans une heure d'inspiration, par l'effort spontané d'un génie inconscient qui semble, épris d'harmonie, la pressentir, la posséder et la répandre sur les choses, soit ; mais l'esprit n'aspire qu'à tuer en lui le poète, qu'à remplacer l'action intermittente et capricieuse de la pensée créatrice par la démarche sûre de la pensée logique, indifférente, toujours égale à elle-même. L'harmonie est un problème, une résultante, la beauté une illusion : l'œuvre de la science, c'est de ramener toute loi au principe d'identité, tout ce qui est à une série linéaire de propositions qui s'enchaînent. » SÉAILLES, *Le Génie dans l'Art*, p. 29.

Le savant s'ingénie alors à trouver la formule exacte, à la fois synthétique et précise, susceptible de devenir auprès des initiés l'expression objective des conditions à remplir pour renouveler l'expérience originelle, et retrouver pour leur propre compte la nouvelle loi.

Son expérience, de *dramatique* qu'elle était précédemment parce qu'elle plongeait dans l'intime du moi, et traduisait toute la Personne, devient *narrative*, et même *schématique*[1].

Ce qu'elle exprime est une sorte d'algèbre du réel, accessible à tous, du dehors, par la seule raison. Et telle est la condition préalable de la diffusion de la découverte : il la faut exprimer dans les termes les plus généraux, les plus capables de créer l'évidence intellectuelle par l'élimination de tout élément individuel et subjectif.

*
* *

L'énoncé de la loi devient alors une véritable *puissance d'action* sur les choses. La formule a je ne sais quelle valeur magique à laquelle elles obéissent : c'est le *Sésame ouvre-toi*[2].

L'appel du savant est désormais irrésistible. Dès qu'il prononce la parole d'incantation scientifique, qu'il fait le geste approprié, qu'il accomplit le rite convenable, la matière physique se plie à son désir. On la dirait hypnotisée, incapable de secouer ce joug... Elle agit, docile, et autant de fois qu'il plaît à l'opérateur, dont la personne alors s'enveloppe de majesté auguste et baigne dans une atmosphère de surhumaine grandeur. Il apparaît aux yeux de la foule

---

[1] « La vérité scientifique s'impose à l'esprit par des preuves incontestables, et elle se transmet tout entière. Anonyme, sans marque d'auteur, sans date, elle est la même en ceux qui la reçoivent qu'en ceux qui l'ont trouvée. *La découverte a une histoire*, et très intéressante ; la formule une fois fixée entre dans la trame de la science, et n'en sort plus. » OLLÉ-LAPRUNE. La Philosophie, p. 67.

[2] Cf. FONSEGRIVE. *Le Catholicisme*, p. 357-365.

comme le Pontife de la Science[1]. En lui, la raison triomphe du mystère. Il incarne l'humanité victorieuse. Il est son chef. Maître du rite révélateur et libérateur, c'est lui qui préside aux destinées du monde, et l'avenir lui appartient[2].

Mais à y regarder de plus près, on s'aperçoit bientôt que des précisions sont très nécessaires. Sans doute, les choses obéissent au savant, mais pourquoi ?... Uniquement parce qu'il les a placées, après des tentatives plus ou moins nombreuses, dans les conditions favorables à leur action intime, individuelle. Il a trouvé pour elles un point d'équilibre où se manifeste leur vertu. *La loi n'est que l'expression de l'harmonie où vient de les placer avec effort la liberté de l'homme.* Elles servent, c'est vrai, mais ce service est spontané. En apparence il est une conquête ; au fond il est une nécessité de l'être des choses. Etablies dans cet ordre, elles sont dans l'amour, et leur dynamisme intérieur se répand en bonté. On dirait qu'elles obéissent, tandis qu'elles se donnent. Leur attitude est révélatrice de vérité : elle est la vérité vivante. La vérité aimante aussi, car c'est à l'amour de l'homme qu'elles répondent par le don d'elles-mêmes. Et celui-ci ne triomphe et ne devient puissant que parce qu'il collabore à l'amour, et qu'il s'est renoncé pour servir[3].

---

[1] On lui a donné une *prépondérance* excessive contre laquelle J. de Maistre *protestait déjà*. « De toutes parts les savants ont usurpé une influence sans bornes, et pourtant s'il y a une chose sûre dans le monde, c'est à mon avis que ce n'est point à la science qu'il appartient de conduire les hommes. » Cité par Bureau. *La Crise morale*, p. 203.

[2] Cf. Brunetière. *Doctrine Evolutive*, p. 87.

[3] « Le criterium infaillible, absolu, c'est *le fait*... Mais le fait n'est pas seulement ce qui frappe les sens ; c'est *la réalité*, soit qu'elle s'adresse aux sens ou à l'esprit. Le principe supérieur à *la matérialité, qui n'est rien à elle seule...* c'est le fait conçu en sa totalité remplie des qualités nécessaires, remplie *de l'absolu...* Il faut aimer le fait en même temps que l'étudier... Ce ne sont pas de beaux syllogismes,

La vérité qu'il atteint et conquiert dans l'expérience est donc supérieure au savant. Mais elle est aussi indépendante des choses. Elle est en leur centre, elle les meut, préside à leur organisation par la liberté humaine, et se révèle au moment où elles s'harmonisent dans un équilibre parfait : mais elle est autre. *La loi qui l'exprime déborde tous les faits*[1]. Tous la contiennent et aucun ne l'épuise. Elle est indépendante du temps et de l'espace. Ici et là, partout ; aujourd'hui, demain, toujours, elle se manifestera identique — lorsque seront exactement remplies les conditions qui ont présidé à sa découverte. Supposé même qu'aucune expérience ne la révèle désormais au monde, elle gît au fond des choses comme une puissance de vie, comme la vie même — aussi indiscutable, aussi indéracinable que l'intuition humaine — que découvre, précise et enrichit le contact avec l'extérieur, mais dont il ne crée ni ne modifie le dynamisme propre.

Ainsi donc les rapports du fait scientifique et de la loi sont identiques à ceux de l'intuition et de la raison chez l'homme.

---

de belles expériences, qui sont le fond de la science, c'est *la communion avec l'être...* qui ne s'opère que par la connaissance et l'amour... Les vieux antagonismes tomberont *quand on aura compris le fait et son lien avec l'être*, c'est-à-dire avec l'absolue vérité dont il est la manifestation incessante, toujours présente, partout vivante. » STRADA, dans RAVAISSON, p. 154, 156.

[1] « En matière de philosophie, *comme en matière de science*, interpréter, c'est faire apparaître intelligiblement ce qui est dans le fait... On sait y reconnaître *l'agir* qui y est, *l'acte* qui y est... C'est *transcendant*, et néanmoins c'est l'expérience même qui le fait affirmer, puisqu'elle n'a toute sa signification que par là, et que même sans cela elle ne serait pas. » OLLÉ-LAPRUNE, *La Philosophie*, p. 225, 226.

« Les faits sont réduits à l'unité par les lois, comme les individus par les genres... L'esprit s'efforce vers l'unité ; il réduit... les faits aux lois, les lois, sortes de faits généraux compris dans les faits particuliers, à des lois plus générales et plus simples... Les lois ne dépendent plus des faits, elles s'imposent aux faits... » SÉAILLES. *Le Génie dans l'Art*, p. 27, 28.

Le phénomène scientifique harmonise les éléments donnés dans l'expérience, mais il est autre. Un amour gît au fond de ce fait, jaillit du contact de ces éléments ; et cet amour est vérité. Le fait scientifique est un rapprochement matériel, créateur d'unité. Il est de plus une révélation. Et c'est à l'amour de l'homme, s'il le veut, de rechercher, après l'avoir provoquée, sa signification précise[1].

Il doit le vouloir, s'il le peut, car sa valeur d'action n'épuise pas le fait scientifique[2]. Il est un symbole avant d'être un pouvoir ; et la pensée autant que la raison conserve sur lui tous ses droits. Soutenir le contraire serait contredire les certitudes de l'intuition vivante.

∴

Les droits de la pensée et de la vie intérieure en face de la loi scientifique vont d'ailleurs s'affirmer davantage, si nous nous appliquons à discerner maintenant dans quelles conditions se renouvelle l'expérience d'où est sortie cette loi.

Deux cas, très différents, peuvent se présenter. L'expérience est refaite par l'inventeur même de la loi, ou par un tiers.

---

[1] « Notre âme, dit Pascal, jetée dans un corps, où elle trouve nombre, temps, dimension, raisonne là-dessus et ne peut croire autre chose... Rien de tout cela pourtant ne lui est intelligible que par ce qui lui vient de son propre fonds. » RAVAISSON, p. 211.

« Le progrès de la science, c'est de tout ramener par l'observation et le calcul à l'unité du type « qui a son modèle dans le sentiment de notre propre existence. » *Ibid.*, p. 67.

[2] « Il est un très grand nombre de phénomènes dont nous n'avons pas encore trouvé la loi ; et même *on pourrait dire que nous n'avons véritablement trouvé la loi d'aucun phénomène réel* : car nos formules ne s'appliquent en toute rigueur aux faits de la nature que lorsque nous les avons dépouillés par abstraction de la plupart de leurs conditions intégrantes et réduits à une simplicité toute théorique. » P. SOURIAU, *De l'Invention*, p. 48.

Lorsque le savant aborde de nouveau les choses dont il a découvert, par une intuition, la manière d'être et de se comporter dans telles circonstances déterminées, précises, toute l'âme de cet homme s'émeut, se tend, reprend alors l'attitude initiale d'amour qui a présidé à sa conquête. Sa personne se met sans réserve dans cette nouvelle action et elle revit, en quelque sorte, par le souvenir, toutes les émotions antécédentes à la découverte[1]. Cet homme vibre et transmet sa vie à cette matière, dont il n'a fait *sa* chose que pour lui communiquer sa propre grandeur. Il se sent investi à son égard d'une sorte de paternité. Il est sa providence; il la recrée, il l'appelle derechef à l'être.

Aussi bien, s'il applique la formule dans laquelle, *pour la pratique*, il a condensé les termes de ce commerce révélateur de la loi, c'est presque sans y prendre garde et comme d'instinct. En réalité il la dépasse infiniment, et son cœur qu'il met dans les choses, la relègue à l'écart, dans l'ombre. Ainsi va-t-on vers la personne aimée, avec les formules de la politesse sociale, qui n'ont, en comparaison du regard parlant et pénétrant, qu'une valeur infime et tout extérieure. Elles sont l'écorce de la vie.

Pour le savant, l'expérience est une œuvre de vivante beauté[2]. La loi exprimée par les mots ne lui apparaît que comme une notation sèche et schématique, dont il ne saurait en aucun cas se contenter. C'est une esquisse de ce qui, en lui, par lui, vit d'une existence ineffable. La formule est incapable d'égaler sa vision. Et celle-ci, toujours, la vivifie et la déborde. Dans toute expérience, c'est son amour

---

[1] Comme l'artiste, le savant, en découvrant et pour découvrir la vérité, a vécu dans « une atmosphère passionnelle. » Cf. J. Breton. *La Peinture*, p. 4.

[2] « Avant d'être une froide analyse, la vérité n'est-elle pas comme une beauté vivante dans l'esprit de celui qui la découvre ? » Séailles. *Le Génie dans l'Art*, p. ix.

qui, du dedans, spontanément, sans effort, conduit son œil ou sa main.

Pour tout autre que pour celui qui a découvert, la formule, au moins à l'origine, a ce caractère unique de définition précise, qui en permet le facile maniement. Son propre rôle se réduit à un pur mécanisme. Il est le manœuvre de l'expérience, dont le savant est l'artiste. Dans ses manipulations de la matière, il apparaît passif, ou presque. Il s'y applique comme à un métier banal, à la portée de tous. La vérité vient à son appel, la loi se montre — s'il accomplit correctement le rite scientifique — mais en cérémonie, hiératique et distante. Elle est froide et morte comme *la raison pure*, comme une algèbre.

Et cependant, cette attitude des choses n'est pas définitive, irréductible. *Si* celui qui renouvelle ainsi l'expérience porte en lui-même quelque puissance de sympathie, il sent, sous cette apparente réserve, un courant vital, il devine un muet appel.

Parce qu'il sait que la vérité est plus vaste que l'expérience, et qu'il communiera à elle dans la mesure où il se donnera, alors il se place dans l'attitude d'amour qui, chez le savant, a déterminé la découverte. Plus il se livre, plus il voit clair, et dans les choses et en lui-même. A leur contact, tout son donné intérieur personnel s'anime, et il y aperçoit des puissances qu'il n'avait jamais soupçonnées. De ces relations où il engage son cœur, son âme, sa volonté, jaillit une lumière révélatrice.

Mais l'expérience ne devient pour lui vivifiante, que pour avoir été d'abord vivante. Il a fallu que, mettant sa personnalité dans le cadre que lui présentait la formule offerte à tous, il la fît éclater en quelque sorte en l'*individualisant* à nouveau. Sa propre intuition a réalisé ce miracle, de ressusciter ce qui était dans la définition comme dans un tombeau. Elle a revivifié le langage de tous, en lui conférant une nouvelle et unique valeur.

Ainsi, il est fort important de le remarquer au passage, *la loi* n'est donc pas quelque chose de statique, comme il pourrait sembler à un esprit inattentif. Elle est, tout au contraire, un dynamisme foncier, une formule de vie, stabilité et progrès. *La définition est une méthode de découverte.* Et cela même suppose sa valeur de vérité et d'être. Elle est un point d'appui et un moteur. L'esprit qui s'y insère est projeté en avant. Elle l'oblige à la dépasser, mais sans la contredire, car la marche en avant a eu lieu sous son impulsion. Loin de limiter le Moi, la Personne, et de fermer le cercle des investigations, elle est le principe des richesses futures de la personnalité qui s'appuie sur elle, et lui fait crédit de sa confiance, de son amour, de son service.

.·.

Et ceci nous amène à préciser ce qu'il faut entendre par « l'universalité » de la Science. Car ce mot peut demeurer perpétuellement, si l'on n'y prend garde, une source d'équivoques et de conflits.

Sans doute, la Science est universelle quant à la formule. Celle-ci est une sorte de matière morte sur laquelle chacun peut mettre la main et qu'il lui est possible de faire sienne. Mais elle n'est telle que pour *ceux qui ne vivent pas scientifiquement.* Il en va d'elle comme de l'air qu'on respire. On peut le dire exactement le même pour tous les êtres qui ne respirent point, et gisent inertes dans la nature. Pour chacun des autres cependant il est divers, et ses effets sont différents.

Dès qu'elle pénètre dans un esprit vivant, la loi abstraite et universelle se modifie aussitôt. Du coup elle s'anime et collabore avec le donné intérieur. Cette assimilation personnelle l'individualise, la replace dans le courant vital, en fait le principe de nouveaux progrès. La loi vécue, concrète, après être demeurée figée dans une définition, retrouve son dynamisme foncier. A son contact vont jaillir de nouvelles lumières, se produire de nouvelles et vivantes intuitions.

Le rôle de la loi scientifique exprimée dans la formule apparaît donc identique à celui de la monnaie d'or en cours. Un temps vient où il faut, sous l'empire des circonstances, frapper de nouvelles effigies, pour faciliter les échanges. La valeur intrinsèque du métal n'a pas varié. La pièce d'aujourd'hui ne contredit point celle d'hier, si elle était de bon aloi. Mais son extérieur a changé, pour les besoins de la pratique.

Combien de lois scientifiques ont exactement gardé la physionomie de leur première formule[1] ? Bien plus : combien ont été contredites !

On voit donc que la Science n'est pas universelle, ni dans le temps, qui l'oblige à se modifier au contact de la vie, et parfois même à désavouer ses prétentions originelles ; ni dans l'espace, puisque chacun de ceux qui expérimentent la loi comme il convient, c'est-à-dire de vivante façon, lui confère une valeur tout individuelle et variable à l'infini.

L'universalité qu'elle peut revendiquer est encore toute

---

[1] « Il n'y a rien à changer aux œuvres d'Euclide, aux théorèmes de l'algèbre ; *il y a toujours quelque chose à modifier aux conceptions que nous nous formons des phénomènes matériels,* surtout s'il s'agit de cette catégorie de phénomènes que gouvernent les lois mystérieuses de la vie... *Chaque* découverte physique ou physiologique *colore d'une lumière nouvelle toute la science de la matière animée...* » A. LAUGEL, *Revue des Deux-Mondes,* 1er mars 1868, p. 131. — Cf. BERGSON, *Données,* p. 10.

« Lorsque Condillac parlait de sa langue bien faite, il rêvait une chimère et une impossibilité. Il méconnaissait l'essence même du mot, qui est sa faculté d'expansion, d'extension, de développement, de modification. Il méconnaissait la loi, la condition nécessaire de toutes les choses humaines, loi qui fait leur grandeur et leur faiblesse, qui est d'être toujours perfectibles et jamais parfaites. » A. TONNELÉ. *Fragments,* p. 88.

relative, si on la considère dans son exercice et dans sa jouissance.

Car ne fait pas qui veut d'expériences scientifiques. Il en est qui n'y pensent guère. Et parmi ceux-là même qui en auraient le désir ou l'ambition, combien ne réalisent pas leur rêve !...

Tout le monde n'a pas les moyens intellectuels et pécuniaires indispensables... La malchance se met de la partie... Et puis parmi ceux qui font théoriquement de la science, combien demeurent à jamais incapables d'une expérience convenable, réussie !...

Aussi les jouissances scientifiques, les vraies, celles qui donnent les joies émues et vibrantes de la découverte, la vision de la loi nouvelle, ou celles plus modestes, mais bien douces encore, de son évocation sur la foi de la formule d'un maître, ces jouissances sont le fait d'un petit nombre[1], d'une élite. Tout le monde n'a pas la personnalité nécessaire pour collaborer avec les choses, entretenir avec elles le service d'amour mutuel qu'est l'attitude scientifique. Et cela n'a pas lieu de nous étonner. Dans l'absolu, la conduite d'une auto ou d'un aéroplane est permise à tous les hommes ; mais encore qu'une minorité seule s'y essaye, quelle est la proportion de ceux qui véritablement réussissent ?...

La Science se dit universelle. On peut le lui accorder en un sens. Mais il est bon de lui rappeler sans doute, que chez elle plus qu'ailleurs, si tous sont appelés, bien peu sont élus.

---

[1] « La science ne s'adresse qu'à quelques-uns... Elle exclut de l'humanité tous ceux qui n'ont ni assez d'intelligence ni surtout assez de loisir pour rationaliser tous leurs actes. Dans le système de la domination absolue de la science les savants seraient d'une espèce à part, eux seuls penseraient pour tous les autres. » FONSEGRIVE, Le Catholicisme, p. 327.

*
* *

Ce n'est pas en vain que la vérité sollicite le dynamisme intérieur du savant. Mettant en branle toute sa vie profonde elle le pousse à sortir de soi. Essentiellement active, elle l'oblige à l'action, et crée chez lui le besoin intense de grandir sans mesure sa personnalité en la prolongeant, si l'on peut dire, dans l'humanité toute entière.

L'attitude du savant est donc, quoique peut-être il l'ignore, essentiellement finaliste. Il a un but, il se propose un terme. C'est *pour les hommes* qu'il travaille, en se faisant serviteur de la vérité révélée dans l'expérience scientifique. Soit qu'il rêve de gloire, soit qu'il ait la noble ambition de faire du bien, au fond, c'est un dévoué. Il aspire à devenir citoyen du monde, à se répandre, *pour être utile*[1]. Et sa foi le soutient, le fortifie, lui donne des énergies indéfectibles. Cette vérité qu'il vient d'acquérir au prix de tant de labeurs, l'humanité l'ignorait avant lui. Elle est une richesse dont il va la doter. Par la nouvelle loi qu'il apporte du monde, la vie va devenir plus pleine et l'homme sera grandi[2].

Ce besoin de socialiser sa découverte, de la produire au dehors, de l'humaniser, est la preuve de la droiture du savant, et de sa bonne volonté. Il est en effet, s'il nous en souvient, *une exigence de la vie normale du Moi*.

---

[1] « Cet ouvrage — dit Darwin parlant de Humboldt — et celui de sir J. Herschel... m'inspirèrent un zèle ardent. Je voulais ajouter si humble qu'elle pût être, ma pierre au noble édifice des sciences naturelles. » *Revue des Deux-Mondes*, 1er novembre 1887, p. 167.

[2] « Savoir, c'est pouvoir. La science est conquérante. De là, dans l'ordre des choses humaines, une tendance née de la science, née du déterminisme scientifique, tendance à refaire le monde, dans la mesure où il dépend de nous, selon les formules de la science même. La conception toute scientifique de la vie donne lieu ainsi à des projets de réforme humanitaire. Le rêve parfois est le fruit de la science positive. C'est elle surtout peut-être qui aujourd'hui engendre les utopies. » OLLÉ-LAPRUNE. *Le Prix de la Vie*, p. 23.

Car l'intuition, le dynamisme personnel, ne portent pas en eux leur justification et leur preuve. Pour démontrer leur valeur pratique, ils doivent se soumettre au contrôle humain, se prolonger et se plonger dans l'expérience. On a dit que les plus beaux livres n'ont pas été écrits, ni les plus beaux rêves réalisés !... Mais qu'importent les rêves à la réalité de la vie !... Rien n'est beau que ce qui s'est produit au grand jour, est entré dans les faits, a pris contact avec les hommes. La pensée pure, c'est « l'inachevé ». Et s'il n'est pas « rien », — comme le prétendait Amiel, — il est bien peu de chose. La pensée n'a guère de valeur jusqu'au moment où, s'étant incarnée dans l'action, elle y manifeste son dynamisme, et s'accommode aux exigences et aux besoins de la vie concrète.

Qu'on veuille bien ne pas s'y méprendre en effet. L'expérience ne *confère* pas à l'intuition sa valeur de vérité. Elle la rend seulement indiscutable. *Par elle-même l'action, relativement à la vérité, est révélatrice ou démonstrative, mais non créatrice.* Ce n'est qu'en tant qu'elle manifeste une idée, qu'elle devient qualitative. Le geste, de soi, ne signifie rien ; il le faut pénétré d'âme, de personnalité : sinon il est un mécanisme pur, et non point le prophète du vrai.

En humanisant sa découverte, le savant travaille donc à la préciser, à la parfaire. Car les expériences que va provoquer la formule donnée par lui, variant à l'infini sur tous les points de l'espace[1], et au contact de personnalités différentes, sa vision va s'enrichir *dans le détail*, et tout apport nouveau

---

[1] « Les lois scientifiques *les plus précises* ne sont valables que pour une portion limitée du temps et de l'espace. » Le Bon. *Aphorismes*, p. 126.

« La simplicité des lois scientifiques n'est qu'apparente. Cela n'empêche pas, — bien au contraire, — que les lois de Képler, par exemple, ne s'appliquent, « à fort peu près, à tous les systèmes analogues au système solaire », mais cela empêche qu'elles soient rigoureusement exactes. P. Gaultier. *La Pensée Contemporaine*, p. 15, 16.

qui viendra la confirmer avec des nuances de fait, va lui devenir un délicat hommage.

Bien plus, le commerce qu'il entrevoit, dès lors, avec les esprits capables de le comprendre, provoque de sa part un nouvel élan et de nouveaux efforts. Se donner, pour lui, c'est s'assurer la vie, car il mettra désormais un point d'honneur légitime à ne pas se laisser dépasser par ceux-là même dont il avait d'abord été l'initiateur[1].

Ce souci de demeurer premier, et d'orienter la marche après avoir ouvert la route à suivre, élargit considérablement sa vision.

Sa science, d'expérimentale qu'elle était demeurée jusque là, devient *doctrinale*. Il éprouve le besoin pressant de donner corps à sa pensée, de l'unifier, d'en former un tout compact et capable de lui infuser une puissance indéfectible de pénétration dans les esprits. C'est la condition nécessaire de la transmission de *sa* vérité[2]. Fortement liée, elle résistera au temps et se continuera.

Et par un effort de l'esprit où il accumule à la fois toutes ses puissances intimes, le savant reconstruit la réalité *tout entière* d'après la loi particulière qu'il vient de découvrir[3].

---

[1] « Il faut se souvenir que les savants, je parle des inventeurs, ont une originalité très marquée. Seulement elle s'efface et se perd quand les résultats de leur découverte sont communément acceptés. C'est leur triomphe, et ils y sont comme ensevelis. » Ollé-Laprune. *La Philosophie*, p. 123. C'est pourquoi ils rêvent sans cesse de nouvelles découvertes, capables de les replacer sans cesse au premier plan.

[2] « Ce qui est doctrine dans les sciences proprement dites consiste en des considérations non vérifiables ou non encore vérifiées par l'expérience sensible. La science faite est anonyme. *La doctrine ne l'est jamais.* » Ollé-Laprune. *La Philosophie*, p. 128, 9.

[3] « L'expérience amène toujours à ce qui est au-delà du phénomène expérimental. Elle produit toujours quelque chose de supérieur à elle-même, et *la différence entre le savant éminent et le savant médiocre consiste surtout dans leur faculté d'extension idéale.* » Tyndall, cité par Vallet. *Le Kantisme*, p. 120.

Appliquant au tout — par une induction audacieuse, les données de son expérience sur un point unique, il édifie des théories, façonne des hypothèses[1]. Ainsi Cuvier, en présence de quelques ossements d'un animal disparu, rétablissait intégralement son squelette, avec un bonheur et une précision qui n'appartiennent qu'au génie[2].

Quelque grandiose, hardie, que puisse être sa construction idéale, quelque confirmation que lui apporte la pratique, le vrai savant n'est jamais dupe de ses imaginations, et l'hypothèse reste toujours pour lui une tentative d'explication, dont il connaît la fragilité et en un sens l'arbitraire, encore qu'elle soit sous-tendue de réalité, appuyée d'expérience[3].

---

[1] « En aucun genre de connaissances l'esprit ne s'arrête quand il rencontre une lacune ou un abîme. Par la conjecture il comble les lacunes, franchit les distances, sonde les abîmes, et cela dans les sciences les plus rigoureuses, en mathématiques, en physique. C'est cette audace qui lui a valu ses plus belles conquêtes. » OLLÉ-LAPRUNE. *La Philosophie*, p. 246.

« Newton avait beau dire qu'il ne faisait pas d'hypothèses — « Hypotheses non fingo » — il en faisait comme les autres. Plus que les autres, nous dira M. Henri Poincaré, si la loi de la gravitation, qui porte son nom, est la convention primordiale qui domine, avec toute la mécanique, une partie de la physique et de la chimie et d'où, par conséquent, procèdent un grand nombre, non pas même d'hypothèses, mais de conventions subsidiaires. » P. GAULTIER. *La Pensée contemporaine*, p. 5, 6.

[2] « C'est qu'il était conduit dans son induction par ce principe d'ordre, d'harmonie et de finalité : « Tout être organisé forme un ensemble, un système clos dont les parties se correspondent mutuellement et concourent à une même action définitive par une réaction réciproque. » VALLET. *Le Kantisme*, p. 124.

[3] « Que dire alors des théories scientifiques, non seulement physiques ou chimiques, mais biologiques ? Elles jouent le rôle de symboles plus ou moins commodes. C'est pourquoi elles subsistent aussi longtemps qu'elles servent à nous faire découvrir des rapports nouveaux. Passé cela, elles dépérissent, sauf, par la suite, à renaître de leurs cendres, telle la théorie de Carnot sur la dégradation de l'énergie, que Clausius

Car la théorie n'a qu'une valeur très relative, ainsi qu'il importe de le bien comprendre.

L'hypothèse, en effet, sous cette nouvelle forme, peut être dite hypothèse de *construction*. La première, celle de la recherche, était intuition ; celle-ci est avant tout raison. La première appelait l'expérience pour prendre corps et se prouver. Elle aspirait au concours de la réalité sensible, dont elle avait besoin. Sa force réclamait de prendre une forme précise pour pouvoir pénétrer les choses, les conquérir et prolonger la personnalité du savant. La seconde est *une logique qui s'affirme*[1]. La raison ayant pris pied dans la réalité, a l'ambition de ne pas en rester à cette première victoire. Appuyée sur le fait acquis, la loi découverte sur un point donné de l'univers, elle rêve de s'imposer à la totalité des êtres, de les subjuguer de proche en proche en pénétrant leur donné intime.

Alors, le savant raisonne ainsi : Voilà ce qui est ; c'est acquis. D'après ces données premières, le reste *doit* être tel[2].

---

fît derechef triompher, ou la théorie des fluides de Coulomb, qui reparaissent de nos jours sous le nom d'électrons? Aussi bien des théories diverses — comme la théorie diélectrique de Maxwell et la théorie vibratoire de Fresnel sur la nature de la lumière, — voire contradictoires, peuvent très aisément vivre de compagnie. » P. GAULTIER. *La Pensée contemporaine*, p. 17, 18.

« Ceci ne signifie pas, comme quelques-uns le concluent trop aisément de leur rapide succession, que les théories scientifiques soient dénuées de valeur, mais qu'elles demeurent et demeureront toujours provisoires, parce que conventionnelles dans les images qu'elles fournissent et les moyens qu'elles offrent. Il suffit qu'elles ne le soient pas dans leurs fondements pour qu'en dépit de leur fragilité elles ne meurent pas tout-à-fait. » *Ibid.*, p. 32.

[1] Il faut introduire *l'esprit* dans les faits. « Quelque nombre d'expériences particulières qu'on puisse avoir d'une vérité universelle, on ne saurait s'en assurer pour toujours par l'induction, sans en connaître la nécessité par la raison. » LEIBNITZ, dans RAVAISSON, p. 71.

[2] « L'énergétique ne doit-elle pas s'orienter constamment vers la découverte du réel, à l'aide de théories, qui, comme les théories mé-

Son hypothèse a donc bien la valeur d'une logique. Par elle, l'esprit va du même au même, ou à ce qui est jugé tel[1]. Elle est un *à priori* ; non pas pur et simple, mais rationnel. Sa construction n'est pas établie en l'air, sur les nuages. Reposant sur des faits contrôlés et sûrs, elle est en soi légitime[2]. Mais le savant a-t-il saisi dans ces faits ce qu'il y a de plus universel ? Le mouvement idéal qu'il propose, continue-t-il bien exactement la ligne du donné fondamental ?... Tout est là !... Or, il y a tant de possibles à partir d'un point donné !... Et quand il s'agit d'ensembles, de points multiples, que de combinaisons se présentent !... Même lorsque l'œuvre paraît achevée, les harmonies réalisables sont encore en nombre capable de déconcerter[3]. Or, de tant de possibles, quel est celui

---

canistes, sont toujours des *anticipations de l'expérience*, des efforts pour figurer le réel ? » A. Rey. *La Philosophie*, p. 137.

« Ce n'est pas assez d'avoir observé que les choses ont toujours été telles ou telles, il faut faire voir qu'elles *le seront*. » Stuart Mill, dans Ravaisson, p. 72.

[1] « Le pur empirisme est stérile », dit quelque part A. Comte. Et il ajoutait même que, pour s'orienter parmi la multitude et la diversité infinie des faits, il faut toujours quelque conception dirigeante, fût-ce une pure hypothèse, et que c'était à l'imagination de frayer le chemin à l'observation. C'est une idée analogue à cette idée de Descartes, d'après laquelle, lors même que les choses ne nous offrent aucun ordre, il faut, pour arriver à les connaître, leur en supposer un. « Toute science, a-t-il dit encore, consiste dans la coordination des faits. On peut même dire généralement que la science est essentiellement destinée à dispenser, autant que le comportent les divers phénomènes, de toute observation directe, et de remplacer enfin l'expérience par le raisonnement. » Ravaisson, p. 69.

[2] « Dans tout ce qui n'est pas d'intuition immédiate, il n'y a point de plus grande certitude que celle qui repose sur une hypothèse démontrée. » Ampère, cité par Duilhé. *Apologie*, p. 37, 38.

« L'art de combiner les données sert, *pour le moins autant que l'analyse*, à la solution des problèmes. » Ravaisson, p. 237.

[3] De combien de façons a-t-on proposé « d'achever » la Vénus de Milo !.. Chaque artiste, en présence du chef-d'œuvre mutilé, ajoute sa vision au marbre de beauté. C'est même ce qui fait peut-être la plus

que réalise la nature ? N'y en a-t-il même qu'un seul ?... L'hypothèse du savant est un point dans l'immensité, sans doute ! Sa logique prouve sa *faculté d'artiste*, son besoin d'ordre, son aspiration à achever, sa puissance organisatrice[1]. Mais, parce qu'elle n'épuise pas la réalité, elle a pour premier devoir d'être modeste, de ne pas s'en faire accroire, de ne prétendre pas à l'absolu[2], car demain suscitera une théorie rivale, ombrageuse, aussi exclusive, et qui la détrônera de son rang usurpé, en attendant d'être à son tour rejetée dans l'ombre[3].

---

grande part du charme prenant de cette statue. Chacun *la recrée* selon son propre Moi, et s'émeut avant tout de ce qu'il y ajoute.

[1] « L'intelligence humaine est *architectonique*, a dit Leibnitz après Aristote. » Ollé-Laprune. *La Philosophie*, p. 17. L'hypothèse n'est donc pas, en son essence, *négative* et *aggressive*, ainsi que le prétend Le Dantec. *Science et conscience*, p. 65.

[2] « Le caractère définitif des théories scientifiques n'est pas non plus ce que croient certains esprits inattentifs... Assez peu nombreux sont les points fixes. Dès que l'on dépasse les parties élémentaires d'une science ou que de ces parties élémentaires elles-mêmes on veut se faire une idée profonde, les assertions reprennent un caractère provisoire. Des théories que l'on avait pu regarder comme le dernier mot de la science ne sont-elles pas abandonnées comme insuffisantes ?... Des systèmes établis sur des bases qui semblaient solides sont renversés... » Ollé-Laprune. *Loc. cit.*, p. 76.

« Dans les sciences expérimentales, au contraire, les vérités n'étant que relatives, la science ne peut avancer que par révolution et par absorption des vérités anciennes dans une forme scientifique nouvelle. » Cl. Bernard, cité par Fonsegrive. *Le Catholicisme*, p. 126.

[3] « Je suis peut-être le seul à admettre pleinement mon hypothèse. » Le Dantec. *Science et conscience*, p. 41.

« L'ancien mécanisme... qui fut la formule de la science physique depuis la Renaissance jusqu'à la seconde moitié du XIX° siècle et jusqu'à son dernier quart... *croyait* tenir, sinon toute la vérité physique, du moins tous les fondements de la vérité physique... Aujourd'hui, il ne reste rien et il ne doit rien rester de cette conception. On est exactement à ses antipodes. » Rey, *La Philosophie*, p. 163.

Et l'on a beau nous dire que ce mécanisme était ontologique et métaphysique. La *croyance* des savants d'alors n'était ni moins intransigeante, ni moins exclusiviste, que *la nouvelle croyance* des savants

L'hypothèse apparaît donc comme *un instrument de recherche*[1]. Elle ne limite pas l'effort. Elle ne vaut, même sous sa seconde forme, *que par l'intuition* qui l'anime, la vivifie, et donc lui permettra, sans fausse honte, de se modifier, de se dépasser... Elle a une valeur *positive* par la révélation qu'elle contient de la réalité ; mais nullement une qualité de *juge*. Elle n'a pas le droit d'excommunier. *La vie la domine*[2]. Partout où s'affirme *une vie supérieure à celle qu'elle peut créer elle-même*, d'après ses données, il y a une vérité plus haute, plus synthétique que la sienne, devant laquelle elle *doit* s'incliner. C'est un devoir de probité scientifique. L'hypothèse n'est légitime qu'à ce titre et à ces conditions. Mais c'est bien ainsi d'ailleurs, nous n'en devons pas douter, que l'entend et la pratique le savant véritable et éclairé.

.·.

Et voilà qu'avec la doctrine la notion d'autorité s'introduit du même coup dans la Science, comme la condition même de sa vitalité, de sa marche en avant.

---

contemporains, dès lors qu'ils dépassent *le fait* et construisent des systèmes. Toute théorie n'est qu'un moment de la pensée, une forme transitoire.

« Je n'hésite point à le dire, *tout système est une erreur.* » P. JANET. *Revue des Deux-Mondes*, 15 janv. 1866, p. 526.

[1] Cf. MARGERIE. *Taine*, p. 73. — « Si à l'induction, considérée comme l'opération qui consiste à recueillir des observations, on ne joint pas *un certain art de deviner*, on n'avancera guère... Et cet art de deviner consiste après avoir décomposé les choses jusque dans leurs dernières parties, à former, en s'appuyant sur l'analogie, des hypothèses qui expliquent leurs rapports. Ces hypothèses sont des modes d'assemblage ou de combinaison; combinaison, composition, synthèse, le contraire de l'analyse. » RAVAISSON, p. 237. — « Ce qui sert surtout à *l'invention*, c'est la synthèse. » LEIBNITZ. *Loc., cit.*

[2] « La vie, mystère éternel, ne peut être interprétée avec une fidélité parfaite. » A. LAUGEL. *Revue des Deux-Mondes*, 1er mars 1868, p. 144.

Elle apparaît comme le principe premier de sa diffusion, de sa durée[1].

L'enseignement est le complément *nécessaire* de l'intuition, de la vision directe de la vérité. Il l'achève, la socialise, l'institue ouvrière d'humanité.

Prétendre tout restreindre à l'intuition et à la connaissance immédiate et personnelle des choses, — c'est entraver le progrès. L'individualisme érigé en système est un recul, un retour à la barbarie. Le Moi ne se suffit pas, il ne peut être la règle unique et exclusive[2].

---

[1] « Il ne faudrait pas croire, comme on le dit trop souvent avec inexactitude, que l'autorité ait été à jamais bannie de la science par Bacon, par Descartes et par les méthodologistes modernes. L'autonomie scientifique est réelle, mais elle n'est pas d'ordre individuel, elle relève de l'ordre social. La science est chose sociale... Or la pratique humaine ne va pas sans la collaboration et sans le concours humain, donc sans la confiance et la foi. »

« La liberté d'examen existe au seuil de la science, la liberté d'investigation et de la recherche de la pensée, mais le but même de la science est de supprimer et non pas d'assurer la liberté de penser. » FONSEGRIVE. *Le Catholicisme*, p. 109 et 418. Lire les pages 106, 110, 417.

Ainsi l'on peut comprendre, en distinguant avec soin *la méthode* et *la science*, *la recherche* et *l'enseignement*, les affirmations de Cl. BERNARD :

« La méthode expérimentale, et l'on pourrait en dire autant de *toute méthode vraiment scientifique*, puise en elle-même une autorité *impersonnelle* qui domine la science... Les noms des promoteurs de la science disparaissent peu à peu... et plus la science avance, plus elle prend la forme impersonnelle et se détache du passé... La méthode expérimentale est la méthode scientifique qui proclame la liberté de l'esprit et de la pensée. Elle secoue non seulement le joug philosophique et théologique, mais elle n'admet pas non plus d'autorité scientifique personnelle. » Cité par FONSEGRIVE, *Le Catholicisme*, p. 139, 140.

[2] « L'individualité toute seule n'est que néant. » RAVAISSON, p. 154.

Pour A. Comte, « l'individu n'a *aucun droit*, il n'est *qu'un mythe*, et il ne lui est pas permis d'avoir des fins propres. » BUREAU. *La Crise morale*, p. 209.

« Pour continuer une découverte, on s'insérera dans le mouvement de la science, afin de chercher dans le passé l'élan qui garantit son progrès dans l'avenir : l'isolement au désert n'est qu'un exercice passager : *nul n'est original s'il n'entre dans une tradition.* » WILBOIS. *Devoir et durée*, p. 113.

L'autorité a donc un fondement concret, indiscutable. *Elle est un postulat de la vie, une exigence de la connaissance et de l'action.* Ses assises sont en droit inébranlables. Le *maître* est un homme nécessaire.

Son rôle est d'une importance capitale. Il est l'organe de la permanence vitale, le conservateur de l'esprit scientifique.

La formule, une fois donnée par le savant, ne risque point de disparaître. Dès qu'elle est entrée dans le domaine public, il n'y a plus à craindre qu'elle subisse d'altération. Mais la formule n'est pas la Science. Celle-ci est un esprit, générateur d'une méthode, et seul capable de la maintenir intacte et de la féconder. Cet esprit, infiniment supérieur à la lettre, qui n'a de sens que par lui, est le principe vivant d'où jaillira l'action future, la règle par laquelle sa direction se maintiendra dans la ligne initiale où l'a engagé son fondateur.

Ce que celui-ci ambitionne par-dessus tout, c'est que sa pensée aille se continuant de proche en proche, par transmission authentique. La mort même le trouve calme, s'il peut laisser après lui un successeur qui a pénétré jusqu'au fond de son Moi, qui continuera son œuvre, qui sera le premier anneau d'une tradition à longue portée, — peut-être ininterrompue[1].

Ainsi les exigences de l'enseignement expliquent — et légitiment — l'autorité, les écoles, les laboratoires, le lan-

---

[1] Combien pourraient dire avec J. Stuart Mill. « J'ai eu ce qu'on peut vraiment appeler un objet à ma vie, *celui d'être un réformateur du monde.* » MALLOCK. *La Vie*, p. 44.

« Pour les sciences positives, la tradition ne compte pas, sinon à titre de curiosité. Elles ne vivent que *dans le présent* et dans l'avenir. Pour un géomètre, les avatars par lesquels a passé un théorème n'importent point. Est-il vrai ou faux ? Tout est là. De même un physicien, un biologiste, ne voient dans une loi que son exactitude. Pour eux, le fait seul existe, indépendamment des circonstances où il a été découvert... Là, aucune autre autorité que celle de l'expérimentation. » BOURGET. *Discours*. De telles paroles ont besoin d'être bien comprises !

gage approprié à la transmission de la vérité scientifique. C'est par eux que l'intuition de l'homme de génie deviendra victorieuse du temps et de l'espace. Par eux aussi qu'elle se maintiendra intégrale et pourra s'enrichir. Ils sont pour le savant la survivance, le triomphe sur la matière, le prolongement de sa personnalité. Par eux le Moi s'infinise, il entre en quelque sorte dans l'éternité. Aussi, avec quel soin méticuleux les hommes qui ont apporté au monde une nouvelle formule, découvert une nouvelle loi, s'ingénient-ils à laisser après eux des disciples fidèles à leur souvenir !... Leur sollicitude est touchante, et pour beaucoup paraît bien naïve ! On serait même en droit d'en sourire, si l'on n'y reconnaissait en somme la marque de ce dynamisme foncièrement humain, qui nous emporte tous vers des destinées dont nous n'avons pu jusqu'ici déterminer la nature.

L'autorité est donc légitime et nécessaire ; mais la liberté ne l'est pas moins. Si le Moi n'est pas tout, il est cependant quelque chose, dont la Science et l'enseignement doivent tenir compte.

En quoi consiste donc, dans les écoles scientifiques, le rôle de l'autorité ?... Le « jurare in verba magistri » y est étranger, affirme-t-on. Est-ce bien sûr ?

.˙.

L'attitude du disciple, comme celle du savant à l'origine de ses recherches, est une croyance pratique. Avoir l'ambition de savoir, c'est croire à la vérité. L'action est exclusive du scepticisme : elle implique un acte de foi.

Dans l'enseignement scientifique, cet acte est même multiple. Car si le maître apparaît à première vue comme un simple *intermédiaire* entre le disciple et la vérité, et si tout son rôle semble bien se borner à *proposer* uniquement cette dernière, la réalité est tout de même un peu différente.

C'est à l'évidence seule que se rend le disciple, dit-on. Mais quoi qu'on fasse, cette évidence lui vient à travers l'homme qui la lui présente et elle se colore, malgré qu'on en ait, de son autorité morale et scientifique. Et c'est pour cette raison même que certaines erreurs se propagent et passent à l'état de tradition, jusqu'au jour où un esprit moins confiant les contrôle et en découvre l'inanité.

A proprement parler, l'enseignement ne répand pas *la Science*, mais seulement *la connaissance*. Même avec les maîtres les plus réputés, il est impossible de *refaire l'expérience totale* et de ne pas s'appuyer sur une quantité de notions, de principes, dont on n'a pu faire la preuve directe et personnelle. Cette vérification ne peut même matériellement se concevoir : les diverses sciences s'interpénètrent trop pour cela.

La Science, c'est l'intuition, c'est la loi tangible dans l'expérience, la vérité vue et revécue par un homme pour son compte personnel. Ceux qui le veulent et qui le peuvent, nous l'avons dit, sont du très petit nombre des élus ; les autres acceptent les données scientifiques sur la foi du maître ou du livre. C'est la parole qui les enseigne : parole parlée, parole écrite, mais non pas la vie[1].

Entendons-nous faire ici une critique ? Non. Ce que nous constatons, c'est une exigence de l'enseignement. A mesure qu'il se développe et s'universalise, il perd en profondeur

---

[1] « Que d'illusions pitoyables ou ridicules !... Il y en a... qui prononceront avec une admiration tremblante le grand mot de science, sans avoir l'esprit scientifique, et ils revendiqueront les droits de la pensée sans trop savoir ce que c'est que penser. Souvent, sur la foi de ces maîtres anonymes qu'on appelle en gros les savants, les penseurs, ils déclareront fièrement que la pensée ne connaît pas de maîtres... » OLLÉ-LAPRUNE, *La Philosophie*, p. 170.

ce qu'il gagne en étendue[1]. Et c'est dans cette mainmise sur l'humanité, tentée par la Science dans les écoles, que se trouve pour elle le plus grave danger.

Peu à peu, en effet, l'enseignement substitue la formule à la vie ; le verbalisme triomphe de la réalité concrète. La Science est remplacée par des définitions, et la pensée par la mémoire[2].

---

[1] « Quand enfin une doctrine originale et féconde est née, une période d'activité commence. Peu à peu les interprétations diverses qu'on peut donner du système se séparent et s'opposent. C'est l'œuvre de la génération contemporaine de l'auteur du système, ou, plus souvent, de la génération qui le suit. Cette « élaboration divergente » demande un temps plus ou moins long, mais elle ne manque guère de s'accomplir. Il suffit, pour la rendre inévitable, de la diversité des esprits qui repensent les principes de la doctrine. Moins compréhensifs que son auteur, ils s'attachent de préférence à certaines idées, et laissent dans l'ombre celles qui les touchent moins. De la sorte, la doctrine se trouve, non pas enrichie, — je croirais volontiers qu'elle n'est jamais plus riche que chez son premier auteur — mais développée, systématisée dans le détail, et conciliée autant qu'il est possible avec les doctrines antérieures. Elle devient ainsi, sous diverses formes, accessible, et assimilable pour l'élite intellectuelle de la nation. Puis elle descend insensiblement vers la foule, par la littérature courante, par l'enseignement, par la presse, par mille canaux insaisissables et rapides. Elle fait sentir son influence dans la manière d'écrire l'histoire, dans les théories politiques, dans tout cet ensemble mouvant qu'on appelle les sciences morales. Mais en même temps, à mesure qu'elles passent par plus d'esprits, les idées fondamentales du système perdent de leur précision et de leur vigueur. C'est comme un rayon lumineux qui, après avoir traversé des milieux de densités différentes et de plus en plus opaques, expire enfin, en arrivant à un dernier plus obscur que les autres. La doctrine finit alors par se concentrer en quelques formules qui, pour avoir trop servi, n'ont presque plus de sens ou ressemblent fort à des « truismes ». Qu'il y a loin, par exemple, de Kant chez Kant lui-même, aux surprenants vestiges de sa pensée que l'on rencontre çà et là dans tel moraliste d'aujourd'hui ! Quand on en est là, la période d'activité métaphysique est close depuis longtemps. » LÉVY-BRUHL. *Revue des Deux-Mondes*, 15 mai 1895, p. 344.

[2] Les savants qui *découvrent*, et ceux qui *retiennent*, ne sont pas les mêmes : « Il y a deux parties dans les sciences en évolution : il y a, d'une part ce qui est acquis et d'autre part ce qui reste à acquérir.

Or, « savoir par cœur n'est pas savoir », dit Montaigne.

Cette science livresque et sans contrôle, sans aucun soupçon de la complexité des contingences, ni des difficultés de l'action, c'est l'or de l'intuition réduit en gros sous. Elle peut être *quantitative* ; mais *qualitative*, jamais. Et cependant ceux qui la possèdent, comme les primitifs des pays noirs, se croient riches intellectuellement, scientifiquement[1].

De tels hommes, à cause même de leur suffisance absolutiste sont redoutables. Ces « demi-savants », ces « quart de savants » comme on les a appelés, érigent en système la tyrannie. Dans la mesure où ils ignorent, leur bouche est pleine d'ostracismes[2]. On pourrait leur appliquer sans restriction les paroles de Montesquieu, à peine modifiées : « Voulez-vous faire triompher une opinion, confiez-la à ces hommes : ils l'acceptent parce qu'ils sont ignorants ; ils la répandent parce qu'ils sont bavards ; ils la défendent parce qu'ils sont têtus. »

Avec eux triomphe le *prophétisme scientifique*[3]. Les théories deviennent des dogmes dont ils sont, tour à tour, les interprètes et les pontifes. Attachés à la lettre qui tue, ils en ignorent l'esprit. La vie cachée sous les mots leur échappe, et si vous leur parliez du dynamisme de la Science, ils vous accueilleraient avec un sourire de hautain mépris.

Dans ce qui est acquis tous les hommes se valent ou à peu près, et les grands ne sauraient se distinguer des autres. Souvent même les hommes médiocres sont ceux qui possèdent le plus de connaissances acquises. » Cl. Bernard, cité dans Fonsegrive. *Le Catholicisme*, p. 127.

[1] « Ce qui est plus rare encore que le savoir modeste, c'est le demi-savoir qui ne soit pas prétentieux. » Breton. *La Peinture*, p. 222.

[2] « Rien n'aveugle le sens comme la vanité de la demi-science des médiocres... Le demi-savant se trouve déséquilibré entre ce qu'il a appris et ce qu'il ne devine pas. Le trop peu qu'il sait l'empêche de voir. » Breton, *Ibid.*, p. 132, 3. C'est vrai de *toute sorte* de demi-savant.

[3] Leur négation s'édifie non sur des preuves, mais sur « l'autorité » des « oracles de la science ». Cf. Margerie, *Taine*, p. 29.

Par eux, peu à peu, les hypothèses, même les plus risquées, descendent dans la foule, et sous couleur de vulgarisation deviennent des instruments de polémique, des armes de combat![1].

Qu'il y a loin de cet état d'esprit à celui qui préside à la vraie Science[2]!... C'est contre ces vaticinations passionnées autant qu'ignorantes qu'on a le droit de s'insurger au nom de la Science elle-même et de l'humanité. C'est elles qu'il faut dénoncer comme un mensonge, une mainmise de l'erreur sur la vérité. Enfin, il ne faut pas les redouter : les violents ne seront jamais en définitive les maîtres du monde. Seule la paix est conquérante; parce que fille de la vérité.

---

[1] « Veux-tu n'être qu'une machine de guerre?... Il n'y a point de milieu entre l'ignorance du paysan qui vote selon l'intérêt de son champ et le bruit de son village, et la science du philosophe qui vote selon ses doctrines métaphysiques et ses opinions d'histoire. Entre ces deux limites roule cette foule méprisable des *demi-savants dogmatiques*, qui ont l'ignorance du paysan et la confiance du philosophe; c'est de leurs rangs que sortent tous les ambitieux et tous les hommes dangereux : ce sont eux qui font tout le mal, parce que privés de l'instinct qui est aveugle mais sûr, et de la science qui est infaillible, ils manquent de ce qui soutient les sociétés et guide les révolutions. » H. TAINE. Cité dans : « *Les lettres* », 15 décembre 1913, p. 112.

[2] A. Rey, un « scientiste » de bon aloi, affirme la modestie nécessaire de la Science : « Je crois que l'attitude scientiste doit être modeste, et ne pas prétendre à l'infaillibilité des dogmatismes multiples auxquels elle s'est toujours opposée. Elle n'a pu s'établir qu'en combattant pour la tolérance. Aujourd'hui qu'elle est établie, *elle se doit à elle-même* de la pratiquer. » Oui, mais elle le doit *d'abord* à la vérité : « J'ai tout fait; dit-il, pour ne pas cacher les *insuffisances* et les *incerti-* « *tudes* qui me semblent subsister dans les idées pour lesquelles je « combats » (*La Philosophie*, p. 8). Une telle « tolérance » n'est-elle pas d'abord exigée par la justice?

« Imprégnez-vous sans doute de l'esprit de la science, qui est esprit de vérité. Mais défiez-vous des formules aux arêtes scientifiques; ce ne sont souvent que des mots décevants. La science la plus haute et la plus profonde est toujours réservée, car elle sait que ses œuvres, sauf les combinaisons logiques des mathématiques, sont toujours à revoir, et souvent à recommencer. » LIARD. *Manuel Général de l'Instr. prim.*, n° 11, 14 déc. 1907.

Arrivés au terme de notre analyse, nous pouvons tirer maintenant cette conclusion légitime : telle nous apparaît, *psychologiquement*, la marche de toute science.

Cette marche est constante ; elle se fait de l'intuition à la doctrine, du fait à la théorie.

La différence des sciences provient de leurs matières, de leurs objets, de leurs procédés particuliers, de leurs méthodes de détail. Mais toutes, en leur fond, sont commandées par les mêmes attitudes, régies par le même esprit intérieur. La courbe de leur dynamisme est identique[1].

Cette attitude *humaine* — il importe de le retenir — s'impose à tout savant, elle est obligatoire dans toute science digne de ce nom.

La Science qui est, a dû, pour se constituer, se soumettre apparemment ou non, à cette *logique vivante*. Toutes les sciences qui voudront naître devront lui obéir. Les *objets* de l'activité humaine pourront se diversifier à l'infini ; elle n'aura, pour entretenir avec eux un commerce scientifique, qu'*un* moyen à sa disposition, une méthode : aimer, se donner, servir.

Et maintenant une question se pose et s'impose : Quelle est la valeur de cette méthode, ou si l'on préfère de cet esprit scientifique ?... Est-ce la Science ainsi *humainement constituée* qui porte condamnation contre la métaphysique ?... Ou bien seraient-ce ses prophètes qui, substituant leur passion à la réalité concrète, lui feraient tenir ce langage ?

---

[1] « *Ce terme de science*, qui nous donne l'illusion d'une unité dans les objets de la pensée et dans cette pensée même, *ne correspond à rien*. Il n'y a pas une science, mais des sciences chacune avec sa méthode particulière, *parce que chacune a son objet particulier*. Il y a une Mathématique, une Chimie, une Physique, une Psychologie. Elles n'ont de commun qu'*une règle, celle de la soumission au réel*, en effet ; mais le réel n'étant pas un, cette commune règle fait leur différenciation, et c'est manquer d'esprit scientifique que de vouloir les ramener les unes aux autres. » Bourget, *Discours*.

CHAPITRE XI

LA SCIENCE

(Suite).

« Nous vous répondrions volontiers, nous objecteront sans doute ici les partisans les plus graves et les plus autorisés de la Science, si vous aviez posé le problème en des termes adéquats à la réalité scientifique.

« Vous parlez du contenu psychologique de la Science : fort bien. Mais pourquoi passer sous silence ce que nous pourrions appeler son contenu intellectuel et physique ? Il faut bien cependant le tenir pour quelque chose, puisque, nous allons vous le démontrer tout à l'heure, c'est grâce à lui, précisément, que la Science intègre *toute* la connaissance, qu'elle en devient le terme idéal et dernier. Nous entendons parler des *mathématiques* et des *instruments scientifiques*.

« Ces deux éléments — dont vous n'avez rien dit — modifient à ce point le donné psychologique dont vous avez seulement fait état, qu'ils lui confèrent une portée presque toute contraire à celle que révèle votre étude.

« Par eux, en effet, la Science devient universelle et exclusivement objective. Elle acquiert cette valeur *absolue* que votre analyse lui refuse, mais qu'elle ne peut lui dénier autrement qu'en éludant une partie de la réalité, et, à nos yeux, la plus importante.

« La Science n'est pas autre chose que l'expression précise des rapports exacts que l'homme soutient avec les choses. Elle est « une langue bien faite », et par suite révélatrice du donné extérieur. Une fois découvertes, exprimées par la loi, les choses sont connues et deviennent *universellement* connaissables. Elles appartiennent à l'humanité de tous les temps, de tous les lieux.

« A la sensation pure, individuelle, qui crée le langage ordinaire et social, la Science substitue ce qu'on peut appeler la *sensation instrumentale*.

« L'instrument qu'elle emploie est un sens nouveau, plus pénétrant, à la portée de tous. Il saisit la réalité de façon identique pour tous. Il corrige et redresse le sens humain sujet à l'erreur, il le dégage de l'émotion, du dedans, du Moi, de l'individualité, et le rend impersonnel ; de plus il le complète, étend son action, multiplie plus ou moins indéfiniment ses puissances. Et c'est la première originalité de la Science, et le principe de sa supériorité.

« La seconde, c'est de rapporter les données de l'instrument ainsi employées à d'autres universellement admises, d'un usage courant, le poids, la mesure, et de les évaluer, par comparaison, en chiffres d'une exactitude rigoureuse, et d'une facilité incalculable de manipulation.

« En dernière analyse, la mathématique *parle* la réalité et l'exprime pour tous de la même façon. Le chiffre traduit ainsi un rapport humain, compris par tous. Chaque nouveau rapport découvert ajoute une nouvelle formule.

« Et ce langage ainsi créé par le savant, est à la fois exactement *représentatif* de l'extérieur, et d'une commodité extrême.

« Plus n'est besoin de se tenir en permanence au contact des choses[1]. La personnalité du chercheur ne risque pas de se glisser dans la Science et de la pénétrer d'un fâcheux subjectivisme. A manier les chiffres révélateurs de la réalité, on atteint la certitude. La formule une fois trouvée,

---

[1] « Toute science a pour but de remplacer l'expérience par les opérations intellectuelles les plus courtes possibles. » MACH, cité par REY, p. 123.

c'est savoir, prévoir et pouvoir. Car tout est fixe et immuable dans les rapports des choses avec nous. L'éclipse arrive à l'heure marquée, et c'est au moyen du calcul que Leverrier découvre l'invisible.

« Aussi bien nous est-il permis de conclure que, — les rapports des choses avec nous pouvant toujours se ramener à des nombres, — les mathématiques sont la vie de la Science, de toutes les sciences. C'est d'elles que viendra la lumière, le salut, le secret de l'être, la révélation du problème humain. Il suffit seulement d'attendre[1]. Et vous voyez bien qu'avec la meilleure volonté du monde, le psychologique n'a plus rien à faire là-dedans !... Il est éliminé en droit autant qu'en fait. Et il ne saurait, à plus forte raison, être question de métaphysique, là où la volonté libre n'a plus rien à voir et où le mécanisme suffit à tout expliquer[2]. »

Voilà une conclusion nette et radicale !... On ne saurait affirmer de façon plus péremptoire *la valeur critique de*

---

[1] « Pour les scientistes, il y a une vérité dont on se rapproche sans cesse, sinon une vérité immuable. Elle ne peut être atteinte *que* par les méthodes scientifiques, *et ne saurait se trouver en dehors de la science* ; la vérité, la science, sont *les conditions nécessaires et suffisantes de toute activité humaine.* Là où les sciences ne peuvent encore rien nous dire — et c'est malheureusement ce à quoi nous nous heurtons souvent — *il n'y a qu'à attendre*, en nous contentant, soit de ce que nous savons déjà, soit des conjectures empiriques les plus vraisemblables. *En tout cas* il n'y a point d'autre méthode *que* la méthode scientifique qui puisse satisfaire notre esprit. Elle est *donc* la seule discipline acceptable, la discipline nécessaire. » A. Rey. *La Philosophie*, p. 40. — On ne saurait être plus absolutiste pour donner sa volonté propre comme mesure unique de la vérité. Il n'est pas possible de rétrécir et de méconnaître davantage le problème humain, que d'en faire une question de pure science !

[2] Le mécanisme est *universel* : il a prise sur tout, et il n'y a pas de finalité, affirme Le Dantec. (*Science et conscience*, p. 6). Oui, mais cette affirmation est une *croyance* !... (p. 6 et 67).

la Science. Elle est le juge absolu, sans appel, exclusif aussi de toute autre attitude de l'esprit. La vérité est *toute* dans la Science, puisqu'on ne peut espérer de l'atteindre que par ses seules méthodes.

Si ces prétentions sont fondées, si le mécanisme scientifique suffit à tout expliquer dans un avenir plus ou moins proche, alors la métaphysique a vécu. Entre elle et la Science, l'incompatibilité est radicale, et il ne saurait y avoir aucun accord possible.

Car la Science est par définition *positive*. Elle ne connaît que *du fait*, du phénomène, de ce qui tombe sous les prises de l'expérience, de ce qui est en quelque manière perceptible aux sens. Elle plonge dans la réalité concrète, et en quelque façon s'y absorbe. Le *comment* des choses toujours plus précis, détaillé, minutieux, voilà son propre domaine. De proche en proche, elle dresse un inventaire exact de ce qui se produit dans l'univers.

La métaphysique ne se contente pas du fait. Derrière le *paraître* elle a l'ambition d'atteindre à *l'être*. C'est le *pourquoi* du *comment* qu'elle entend révéler[1]. Par définition, elle déborde l'expérience, la synthétise et veut en donner l'explication dernière et comme la raison d'agir[2].

A voir les choses en gros, ces deux attitudes ne paraissent

---

[1] Si l'on prétend que la Science aussi répond à ces questions, voici en quels termes : « Toutes les lois scientifiques nous disent *en somme* pourquoi et comment le donné est tel qu'il est, ce qui le conditionne et le crée, *parce qu'elles* analysent les relations dont il dépend. Elles nous auront donné *la vérité humaine absolue*, lorsque cette analyse sera complète — si jamais elle peut l'être... » A. REY, *La Philosophie*, p. 155.

Nous n'insistons pas ! Mais nous soulignons la confusion à prioristique et volontaire de *l'humain* et du *rationnel pur*.

[2] Vacherot a été amené à reconnaître que « sous la *multiplicité* des phénomènes, qui est l'objet de la science, il y a une *unité*, qui est l'objet de la métaphysique. » RAVAISSON, p. 115.

point contradictoires et exclusives. Relativement à la Science, la métaphysique apparaît comme une sorte d'enveloppement et d'élargissement. On dirait de deux sphères concentriques. L'une ne va pas sans l'autre. Elles s'appellent et se complètent[1]. Mais la Science prétend se suffire et n'admettre pas de supérieure. La métaphysique n'a donc aucune raison d'exister. Elle ne le *peut*, ni ne le *doit*, car tout ce qu'il est possible de savoir, la Science suffit à nous l'apprendre. Aller au delà, c'est imaginer, et l'humanité n'a que faire de rêves[2]. Pour *organiser le réel*, pour vivre, c'est perdre son temps que de sortir des données scientifiques.

---

[1] « Il y a métaphysique et métaphysique, si l'on appelle ainsi une théorie en l'air, et qui prétendrait inventer des réalités imaginaires pour expliquer la réalité expérimentale, et fabriquer un « autre monde », je vous l'abandonne, mais souvent aussi ce qu'on appelle métaphysique n'est que la formule abstraite des vérités parfaitement positives, et comme *une condensation des expériences les plus générales*. Souvent enfin, comme l'histoire le montre, la métaphysique n'est que *l'anticipation et comme la distinction encore imprécise d'une pensée scientifique* qui n'est pas encore en pleine possession de son objet. » G. BELOT. *La conception sociale de la Religion*. Vrin, p. 121, 122.

« La métaphysique a moins besoin de la science, que la science n'a besoin de la métaphysique. » BARTHÉLEMY SAINT-HILAIRE, cité par DUILHÉ. *Apologie*, p. 54.

[2] « Il semble que le génie métaphysique soit la puissance d'enfanter et de soutenir des idées fausses. » P. JANET, *Revue des Deux-Mondes*, 15 avril 1877, p. 848. — « La condition inhérente à toute métaphysique, qui est de ne produire que des déplacements d'ombre. » J. BOURDEAU. *Ibid.*, 15 août 1884, p. 926. — « Elle n'est qu'*idéologie*. » RENOUVIER. Dans RAVAISSON, p. 104.

La métaphysique est « la poésie de l'idéal. » (RENAN). — « Le domaine de la fiction. » (LANGE). — « Le royaume des ombres. » (SCHILLER). — « Le rêve céleste de la vie actuelle », une « œuvre d'art plutôt que de science. » Les métaphysiciens « sont des poètes qui ont manqué leur vocation. » A. FOUILLÉE. *L'Avenir de la Métaphysique*, Préface.

« Essence des choses, causes dernières, questions théologiques et métaphysiques, tout cela est en dehors de l'expérience ; l'esprit humain, de quelque manière qu'il s'ingénie, n'a aucun moyen d'y atteindre. » LITTRÉ, cité par VALLET. *Le Kantisme*, p. 119.

Pour que la Science fût aussi sûre de l'avenir qu'on l'affirme, il faudrait qu'elle pût compter sur des conquêtes illimitées, sur un progrès indéfini. Le peut-elle ? Les savants qui ne substituent pas leurs désirs à la réalité sont loin d'être sur ce point unanimement d'accord.

Il y en a qui assignent des limites fatales à sa marche en avant[1].

Que deviennent alors les prétentions de la Science ? L'avenir ne lui appartient pas avec certitude. Ses affirmations sont prématurées. Elles reposent sur un *peut-être*[2]. Elle se *croit* la maîtresse des destinées de l'humanité future. Mais à cette croyance on peut en opposer une autre, avec une probabilité aussi grande. Une ambition, quelque légitime qu'elle puisse paraître, ne suffit pas à régler la marche du monde et à décider du cours des événements.

Et si cette ardeur de conquête repose sur un postulat, qui rend sa base fragile, n'est-on pas autorisé à la tenir pour un peu chimérique !

Or, le postulat qui soutient les espoirs infinis de la Science, c'est que la loi révélée par elle, à chaque nouvelle découverte, est *un absolu*, avec lequel, de proche en proche, elle fermera le cercle des investigations possibles et donnera l'explication finale et totale[3].

Que faut-il en penser ?

Psychologiquement, nous l'avons vu, la Science est *un milieu* entre *l'intuition*, qui la prépare, et *l'hypothèse*, qui la prolonge.

---

[1] Cf. Bouty. *La poursuite scientifique.*

[2] « La physique moderne, considérée dans son ensemble, est une grande hypothèse en voie de confirmation. » E. Naville, cité par Duilhé. *Apologie*, p. 38.

[3] « En définitive la science n'impose pas le déterminisme. Je dirais plutôt qu'elle le postule, et que *ce postulat caractérise l'attitude scientifique.* » A. d'Adhémar. *Variations des théories de la Science*, p. 46.

La première, la Science l'appauvrit. Elle la vide d'une partie, de la plus grande partie de sa réalité, qu'elle ne peut embrasser tout entière. Ainsi l'œil du spectateur, en face de l'infini de l'horizon, n'en saisit pour ainsi dire qu'un point.

La seconde, l'hypothèse, dépasse la Science. Semblable à une intuition nouvelle projetée en avant, et orientée par l'intuition initiale précisée au contact de l'expérience, elle n'aura sa preuve et ne démontrera sa valeur que dans de nouveaux contacts avec le réel.

La Science est donc *le présent*, entre le passé de l'intuition, et l'avenir de l'hypothèse[1]. Il y a entre elles la différence qui existe entre le temps et la durée, le lieu et l'espace.

La Science, c'est l'expérience personnelle ordonnée, uni-

---

[1] La science positive n'atteint *que le présent*. Parce qu'elle élimine l'idée de causalité, elle ne saisit *que des successions* dans le temps et l'espace. Le principe de causalité est une « préformation actuelle de l'avenir au sein du présent. » (BERGSON, *Les Données*, p. 157). La causalité seule relie l'un à l'autre, implique l'un dans l'autre. La science positive n'a le droit ni d'engager l'avenir, ni de *conclure*. Car cette dernière attitude la rend métaphysique. Créer du continu *en avant* est le fruit de la *vision*, foi vivante dans la continuité de la nature, dans l'ordre et l'harmonie du tout. — Elle n'a pas davantage de prise sur *le passé*. Le moment où elle existe est seul de son ressort. Antérieurement à lui, elle ne peut rien expliquer. Car cette *vision rétrospective* est hors de l'expérience. Son propre principe lui défend d'y avoir recours. Seul le psychologue le peut légitimement. Et la Science contredit son prétendu positivisme, dès lors qu'elle déclare ses lois comme *nécessaires*. Car elle empiète ainsi sur le passé, sur l'avenir. Or, pas plus qu'elle n'a toujours été, elle ne peut décréter qu'elle sera toujours. Si elle le fait, c'est la meilleure preuve que l'hypothèse mécaniste qui la sous-tend ne se peut soutenir jusqu'au bout, et que l'on peut lui opposer l'esprit, le dynamisme, avec infiniment plus de raison et avec la base solide de l'expérience personnelle et de l'intuition. « La mécanique, dit Bergson, opère nécessairement sur des équations, et une équation algébrique exprime toujours un fait accompli. » (*Les Données*, p. 89, 90). La science positive est incapable d'éclairer la vie, de remonter aux vivantes racines de l'être.

versalisée dans l'espace où elle parvient actuellement à nous, et dans le temps, — si toutefois les conditions de son apparition restent les mêmes.

La formule qui l'exprime est donc un absolu-relatif. Et l'on entend par là que la loi scientifique est l'expression de la réalité, mais qu'elle ne l'épuise point[1]. Si elle est exacte, c'est-à-dire si elle exprime un rapport authentique des choses et du Moi, l'expérience à venir ne la *contredira* pas. Peut-être l'enrichira-t-elle d'apports successifs ; peut-être la précisera-t-elle en la restreignant ; peut-être ne lui laissera-t-elle enfin qu'une valeur très générale. Toujours elle n'embrassera qu'une partie minime du concret.

La loi scientifique ne peut être qualifiée d'absolue que par la permanence des données extérieures qui la conditionnent. Et pour être regardée comme telle, elle *postule* la fixité des lois de la nature, mais elle ne la *démontre* pas[2]. Au fond elle est une *croyance* à *l'immutabilité* des choses, à leur permanente harmonie. Et ceci est capital[3].

---

[1] « Les objets des différentes sciences ne se laissent pas *entièrement* pénétrer par les mathématiques, et les lois *fondamentales* de chaque science nous apparaissent comme *le compromis le moins défectueux* que l'esprit ait pu trouver pour *rapprocher* les mathématiques de l'expérience. » Boutroux. *De l'idée de loi naturelle*, p. 140.

« Le terrain de la science est sûr, mais il ne représente qu'un îlot perdu dans l'océan illimité des choses inconnues. » Le Bon. *Aphorismes*, p. 127.

[2] Cf. Ravaisson, p. 142.

[3] « L'idée qui a tout dominé est *l'idée d'ordre*, et c'est autour de ce grand principe que nous avons cherché à grouper tous les faits d'observation.. Nous croyons que le meilleur moyen de conquérir des adeptes à la science est de témoigner soi-même quelque confiance dans la vertu qu'elle a d'édifier des doctrines. Telle n'est pas, sans doute, la méthode des positivistes ; mais la nôtre s'inspire d'un tout autre esprit, et seule, elle peut mettre convenablement en lumière cette notion d'ordre à laquelle nous attachons tant de prix. » De Lapparent. *Traité de Géologie*, Préface.

« Tel est l'ordre dans la nature ; à mesure que la science y pé-

La loi scientifique exprime un fait constant, identique à lui-même, qui se présente à nous en série, dans des circonstances déterminées[1]. Mais cette qualité ne peut à aucun titre conférer à la Science une *autorité de critique*. Elle est ce qu'elle est, sans plus. Qu'elle en conclue au mécanisme des choses, c'est une hypothèse ; mais non pas la seule plausible. La constance sur un point donné, n'est pas le privilège de l'inertie. L'ordre stable n'exclut ni la conscience ni la liberté[2]. On peut sans doute affirmer le contraire avec assurance, mais cette décision ne constitue pas une preuve.

---

nètre davantage, elle met au jour, en même temps que la simplicité des moyens mis en œuvre, la diversité infinie des résultats ; à travers ce coin du voile qu'elle nous permet de soulever, elle nous laisse entrevoir tout ensemble l'harmonie et la profondeur du plan de l'univers. » Wurtz. *Revue scientifique*, 22 août 1874 (Cité par Duilhé. *Apologie*, p. 181, 182).

« Qu'est-ce donc que la science entière — conclut E. *Naville* — sinon la recherche de cet ordre dans la nature ? » Duilhé. *Ibid.*

[1] « La physique, par là, est une science du réel, et si elle cherche à exprimer d'une façon « commode » ce réel, c'est toujours et quand même le réel qu'elle exprime. La « commodité » n'est que dans les moyens d'expression. Mais ce qui se cache au fond sous ces moyens d'expression que l'esprit peut varier en cherchant toujours les plus convenables, c'est la « nécessité » des lois naturelles. Cette nécessité n'est pas décrétée arbitrairement par l'esprit. Elle le contraint au contraire, enferme en d'étroites limites ses moyens d'expression. Aux limites près des approximations d'expérience, et des petites différences que les phénomènes physiques, régis par une même loi, conservent entre eux, parce qu'ils ne sont jamais identiques, mais seulement très semblables, — la loi naturelle nous est imposée du dehors et par les choses : elle exprime un rapport réel entre les choses. » A. Rey, *La Philosophie*, p. 138.

[2] « La liberté n'est nullement un élément perturbateur, mais au contraire c'est elle qui introduit dans nos actes la régularité la plus grande en leur donnant l'unité de la fin. » P. Souriau. *De l'Invention*, p. 60. — « C'est, au point de vue philosophique, l'esprit qui institue la matière, *la liberté de l'esprit qui fonde le déterminisme scientifique*. » R. d'Adhémar, *Le triple conflit*, p. 52.

La Science, redisons-le, est ainsi toute liée au *présent*[1]. Elle manifeste l'attitude *actuelle* de l'esprit humain en regard des choses, les rapports derniers qu'il a découverts, exprimés, et qu'il maintient, entre l'extérieur et lui. On a par elle l'indication, et comme l'étiage, de l'intimité et des services réciproques de l'homme et de la matière.

Jusqu'où les choses se laisseront-elles pénétrer ? Nul ne le sait. La Science de demain est un X. On ne peut donc s'autoriser d'elle pour condamner — en son nom — toute recherche instituée en dehors de ses méthodes et par d'autres expériences.

« Soit, dira-t-on. Mais cette valeur critique que vous lui refusez pour l'avenir, la Science l'a dans le présent, il suffit. De fait, tout ce qui, actuellement, ne se conforme pas à ses méthodes, doit être tenu pour illégitime et n'a aucune valeur de vérité, de certitude. »

Il est possible, encore avons-nous le droit d'y voir clair.

On nous dit que la Science non seulement prétend à corriger la sensation, à la compléter, à lui donner une portée

---

[1] « La science n'est que le reflet théorique de ce qui s'est fait et l'avenir est précisément tout ce qui n'est pas encore. La science n'est pas, ainsi qu'on l'a cru, révolutionnaire, elle est au contraire conservatrice, elle l'est trop : elle cristallise en ses formules les formes passées, et si l'on s'en tenait à elle on ne progresserait pas. Ce n'est pas par la science que l'édifice scientifique se construit. C'est par le pressentiment du mieux futur, des clartés qui ne se voient pas encore. Ce sont ces pressentiments qui poussent les hommes vers les progrès à venir. En eux-mêmes, bien qu'ils produisent la science, ils ne sont pas scientifiques. La science, c'est le défini et le fixe ; l'avenir, c'est ce qui est en voie de se faire et de s'achever. La science enfin c'est l'arrêté, et la vie, du moins la vie de ce monde, ne se trouve que dans le mouvement. C'est par la vie que se fait la science et non par la science que se fait la vie. » FONSEGRIVE, *Le Catholicisme*, p. 328.

plus grande et plus précise[1], mais aussi à la contredire, à se substituer à elle et au sens commun.

Quelle peut bien être la valeur représentative et symbolique du substitut ainsi proposé ?

La sensation complète, interprétée du dedans, est un *donné vital*. Elle existe à la fois en fonction du dynamisme du Moi *et* du dynamisme des choses ; à la limite du Moi, au point de contact avec l'extérieur, *et* dans le Moi. Elle est ce mouvement du dedans *et* du dehors qui se fondent, s'harmonisent, dans l'unité de la vie intérieure.

Vous lui substituez un instrument. Fort bien. Mais cet acte d'autorité et d'arbitraire *contre* la vie ne la supprime pas. Il la modifie ou la déforme, sans l'anéantir.

Votre instrument, parce qu'il est privé du dynamisme du Moi, dans lequel le dynamisme des choses vient prendre sa signification totale et sa *valeur sociale*, au contact de la conscience humaine, *fausse* la réalité extérieure[2].

Quoi d'étonnant dès lors qu'il ne la puisse percevoir telle que je la perçois *du dedans !*... Ce qui est pour moi donné vivant, vibrant, est pour vous, donné *brut*, arrêté, figé !... Entre votre fait scientifique et ma sensation, la même différence existe qu'entre une automobile sous pression, mais inactive, et cette automobile en marche[3].

Et j'admets volontiers que vous puissiez ainsi la mesurer et la peser avec exactitude, mais à la condition expresse que

---

[1] Cf. A. REY, *La Philosophie*, p. 82.

[2] « C'est seulement dans les plus secrets replis du cœur que l'on peut saisir sur le vif une réalité qui se fait, pour se manifester ensuite au dehors. Comparé au monde intérieur, avant tout affectif, le monde de concepts que contemple l'intelligence apparaît comme une pellicule cinématographique que l'on regarderait avant de faire passer l'instrument ; il y manque la troisième dimension, le mouvement et la vie. » W. JAMES. *L'expérience religieuse*, p. 418.

[3] Bergson explique fort bien (*Les Données*, p. 166), comment *la Science* vide *la sensation* de toute qualité concrète, réelle.

vous ne prétendiez pas, par cette double opération, l'avoir expliquée tout entière. Elle est poids, mesure, et *autre chose* : un dynamisme[1]. Elle se meut. Votre Science complète mon expérience, la précise et l'enrichit. Je ne pouvais point, assurément, en la voyant passer, savoir avec exactitude les mesures et le poids de ma machine, mais cette connaissance plus approfondie ne détruit pas son mouvement. La Science ne peut rien *contre* ma sensation vivante[2].

Car votre procédé scientifique, instrumental, repose sur le *discontinu*. Pour pouvoir étudier les choses ainsi que vous le faites, vous êtes dans l'obligation, non point de les

---

[1] « La sensation est l'absolu. Par nos sensations, nous connaissons la réalité. Or la science est l'analyse de nos sensations. » — « La sensation est humaine, évidemment. Elle est pourtant l'absolu, et la vérité humaine est la vérité absolue, parce qu'elle est pour l'homme *toute* la vérité et la *seule* vérité, la vérité nécessaire. » — « Analyser les sensations, c'est retrouver leurs *relations* exactes les unes avec les autres. » A. Rey. *La Philosophie*, p. 142, 144.
Mais ces *relations* sont *de l'extérieur*. A quel dynamisme intérieur obéissent-elles ?... L'analyse ne le dira jamais ! — Et supposé que la sensation fût la *seule* réalité, il faudrait encore ajouter avec J. Perrin (*loc. cit.*, p. 146) : « C'est la seule réalité, *à la condition* d'adjoindre aux sensations actuelles toutes les sensations possibles. » Voilà donc *un absolu* qui paraît bien relatif !... Il en faut un autre à *la conscience humaine*, pour qu'elle l'accepte comme *sa loi* !

[2] « Ces relations nous fournissent vraiment la connaissance du réel, parce qu'elles sont toutes impliquées par le donné immédiat que constate en gros la sensation et que, toutes les fois que nous pouvons, à l'occasion d'une sensation, épuiser les relations qu'elle implique, nous nous apercevons qu'elle ne dépend, *humainement parlant*, de rien autre. » A. Rey, *La Philosophie*, p. 155.
L'affirmation que la Science donne « la connaissance du réel », de « sa nature », n'est possible que par *la réduction du donné humain à la sensation et à la mesure*. Or, il y a des relations d'autre sorte. Cette attitude « scientiste » est donc arbitraire et psychologiquement insuffisante. Ne nous lassons pas de le redire.
« Il faut donc admettre en dehors de nous, si réduits qu'ils soient, des caractères spécifiques ou *qualités*. » P. Gaultier. *La Pensée contemporaine*, p. 86.

morceler absolument, ainsi qu'on l'affirme parfois, mais du moins de les *isoler*.

Par le fait de la vie, l'objet de ma sensation est mêlé à tout son milieu. Il y a autour de lui, ainsi que nous l'avons reconnu dans l'analyse du Moi, une sphère d'influence réciproque, d'interpénétration, dont il convient de le dégager pour le faire apparaître dans son individualité.

« Exactement, dites-vous. Le savant détache patiemment du fait observé, pour le rendre scientifique, tout ce qui constitue autour de lui comme une sorte de gangue, afin qu'il puisse resplendir dans sa pureté native, tel un diamant. »

Ce n'est pas tout à fait exact !.. Le diamant, c'est l'inertie même. Le fait isolé par vous — après avoir été retiré du courant vital, est semblable au poisson hors de l'eau. A peine l'avez-vous sorti que la vie a déjà commencé de lui échapper. Vous pouvez, au moyen de vos procédés purement rationnels et scientifiques, le mesurer, le peser : plus vous le retiendrez hors de son milieu naturel, et moins vous découvrirez la loi de sa vie. Elle est mouvement. L'âme vous fuit ; vous ne saisissez pas le moteur qui est la raison d'être de son organisation. Vous pouvez le disséquer jusqu'aux dernières fibres, le fouiller jusqu'au tréfonds, vous n'atteindrez jamais *que l'extérieur* de son être ; car sa loi lui est plus intime à lui-même, que lui — elle est le *pourquoi* de ce qui paraît, et comme sa raison de vivre[1].

---

[1] La psycho-physiologie « est une psychologie préparatoire et subalterne. C'est une psychologie qui doit sa rigoureuse exactitude à l'étroitesse de son point de vue. Elle demeure volontairement au dehors, à la surface. Science de l'intérieur, elle en traite en le prenant le plus possible par l'extérieur. Si elle prétend que c'est tout, la voilà inexacte et fausse... L'intérieur se prête à être considéré par l'extérieur : sans doute, puisqu'il se traduit et se produit, mais prendre cet extérieur pour l'intérieur même, c'est se méprendre. Ce n'est plus science courte,

Et si vous m'objectez : « Mais ce dynamisme est lui-même exprimable en chiffres », je récuse votre affirmation. Car la vie n'est pas de votre ressort. C'est un pur contresens et une exhorbitante prétention de vouloir appliquer vos poids et vos mesures à la réalité vivante. Car avant même que vous ayez fini d'opérer, votre mesure sera déjà fausse, et inexact votre poids ; au cours de votre manipulation, quelque rapide que vous la supposiez, le sujet de votre observation a déjà changé !.. Ainsi le moindre brin d'herbe de la prairie suffit à confondre vos affirmations en les ramenant à leur juste valeur[1].

Si votre Science ne perçoit que des rapports d'étendue, de pesanteur, qui se peuvent exprimer par des nombres, c'est précisément qu'elle n'a pas le moyen — par définition, de percevoir autre chose[2]. Après que vous avez substitué au fait concret, étudié par vous, le fait scientifique, et que

---

c'est erreur... La science n'est pas seulement découronnée, elle n'a pas l'esprit qui devrait l'animer, elle est forcément fausse... Et, malgré tout, par un revirement bien digne de remarque, cette psychologie qui entend n'être qu'œuvre de savant, le plus souvent ne se fait pas faute d'aspirer à une influence philosophique... elle n'est pas loin de croire qu'elle tient la clef de l'universel mystère, et elle se met à régenter l'homme... ses prétentions égalent ou dépassent celles de la psychologie la plus décidément métaphysique... » OLLÉ-LAPRUNE. *La Philosophie*, p. 158, 160.

[1] « Ce progrès indéfini qu'il voit en toute chose, dans l'histoire et les sciences, Hegel le croit accompli *du moment qu'il le résume*. Par un singulier aveuglement, il ne voit pas que ce progrès le déborde et *le dépasse déjà pendant qu'il écrit*, que les faits dont il s'autorise pour bâtir son échafaudage ne suspendent pas leur marche pour attendre qu'il l'ait construit, et laissent derrière lui le vieil édifice déjà incomplet et vermoulu. » A. TONNELÉ. *Fragments*, p. 299.

« La moindre cellule vivante porte en elle un immense passé et un mystérieux avenir. » LE BON. *Aphorismes*, p. 122.

[2] « Les forces mystérieuses qui font naître, grandir et mourir les êtres, sont si éloignées de notre raison, que *la science renonce aujourd'hui à les expliquer.* » LE BON, *loc. cit*.

vous,l'avez sorti du psychologique et de la vie où il baigne, pour l'insérer dans la mathématique, le mécanisme, la logique pure, vous n'avez pas le droit d'*opposer* votre Science à la conscience, à l'intuition, et d'en faire deux contraires. Vous commettez un cercle vicieux, vous cherchez à nous imposer, par ignorance ou par surprise, un inacceptable postulat[1]...

Votre Science est une méthode pratique, mais artificielle et arbitraire. Ce qui la soutient, la fait vivre, lui donne *toute sa* valeur, c'est le dynamisme et l'intuition qui en sont l'armature cachée[2]. Si elle était *objective* au sens abolu, elle se nierait elle-même, car elle n'atteindrait plus *rien* du réel. Elle serait un chiffre, un schéma, une abstraction pure, une notation algébrique, un jeu de l'esprit[3]. Et il lui serait impossible de s'insérer à nouveau dans le courant vital, de se retrem-

---

[1] « A la qualité nous substituons la quantité, à la conscience ce qui n'est pas elle. Puis nous croyons la saisir! La psycho-physique n'est tout bonnement qu'une tentative, frappée à l'avance de stérilité, pour mettre en formules mathématiques ces mauvaises habitudes, qui viennent de ce que, ayant besoin de l'univers pour vivre, nous sacrifions le moi intime à l'univers. Encore faudrait-il ne pas prétendre connaître le premier à la lumière du second! » P. GAULTIER, *La Pensée contemporaine*, p. 85.

[2] « Pour faire l'arithmétique, comme pour faire la géométrie, ou pour faire une science quelconque, il faut autre chose que la logique pure. Cette autre chose, nous n'avons, pour la désigner, d'autre mot que celui d'*intuition*. » POINCARÉ, *La Valeur de la Science*, p. 20.

[3] « La science progresse en groupant des relations particulières de phénomènes sous des lois; puis en groupant ces lois spéciales sous des lois de plus en plus générales, et son progrès consiste nécessairement à découvrir des causes de plus en plus abstraites. Or des causes de plus en plus abstraites sont des causes de plus en plus inconcevables, puisque la formation d'une conception abstraite suppose la suppression de certains éléments concrets de la pensée. Il résulte de là que la conception la plus abstraite, vers laquelle la science s'avance graduellement, est celle qui se confond avec l'inconcevable et l'inintelligible par suite de la suppression de tous les éléments concrets de la pensée. » SPENCER, *Premiers principes*, cité par VALLET, *Le Kantisme*, p. 110.

per dans le concret, de retrouver une valeur humaine[1]. La condamnation des prétentions mathématiques absolues, c'est l'*industrie*. Elles se suffisent si peu, que la Science ne s'achève que par son retour à la vie concrète, humaine et sociale.

Il vous est donc impossible, *en droit*, d'affirmer que le fait scientifique peut être substitué à la sensation. *Pratiquement*, c'est légitime[2], car c'est le meilleur moyen d'organiser le progrès matériel et physique. Mais le fait de *réussir* ne vous confère aucune autorité pour, ensuite, décréter d'emblée que la réalité appauvrie, saisie par vos méthodes, est la réalité totale[3], et que vous vous opposez à juste titre à toute démarche de l'esprit, du Moi, de la conscience, de *la Personne*, autre que celle adoptée par vous[4].

Au fond de l'affirmation donnée par vous comme scien-

---

[1] « Il nous faut traverser l'abstrait, non pas y demeurer. La loi de l'esprit, c'est de faire retour au concret comme il en est parti. » Ollé-Laprune. *La Philosophie*, p. 98.

[2] « Ce n'est que par artifice, en effet, que nous ramenons la qualité à la quantité, la durée à l'espace, ce qui devient à ce qui est, le complexe au simple. Cela nous permet de mesurer le réel. La méthode a fait ses preuves. Elle est donc bonne, à condition toutefois de n'être point dupe et, tout en estimant qu'elle correspond dans une certaine mesure à la réalité, de ne pas omettre qu'elle n'y correspond précisément qu'en partie. » P. Gaultier. *La Pensée contemporaine*, p. 123.

[3] « Expliquer une qualité première, ce ne peut être que la réduire à quelque chose qui n'est pas qualitatif, la considérer comme l'effet apparent sur nos sens, de faits géométriques et mécaniques; c'est toujours la ramener au domaine de la quantité. De là, dans son effort pour faire comprendre les choses, cette marche constante de la science moderne vers le mécanisme, vers le quantitatif. Intelligibilité et quantité sont, pour l'intelligence humaine, très voisines. » A. Rey. *La Philosophie*, p. 129, 130.

On voit l'équivoque! Cela n'est pas *expliquer* mais *décrire*. Et puis si intelligibilité et quantité sont *voisines*, l'on n'ose pas dire tout de même qu'elles sont *identiques* et qu'elles *excluent* toute autre attitude!

[4] « Le phénomène de conscience est unique. C'est le seul phénomène, en contact avec la science, dont l'imagination scientifique ne puisse donner une représentation cohérente. » Mallock. *La Vie*, p. 230.

tifique se cache cet *énorme a priori* qui n'a pas du tout le même caractère : le mental et le physique sont *équivalents*. Mais qui vous autorise donc à réduire l'un à l'autre ?... Vous *posez* leur égalité, vous ne la prouvez pas. C'est une pure pétition de principe[1].

Vous me répondez : « Le fait lui-même est la meilleure preuve : elle est péremptoire !... »

Prenez garde : le fait scientifique ne devient tel qu'à condition d'altérer la réalité, de l'appauvrir. Il prouve qu'il y a *simplification* opérée par vous, mais nullement *équivalence* du concret et de la formule[2].

---

[1] Pour comprendre jusqu'où va, pour la Science, l'horreur *volontaire* du qualitatif, qu'on se rappelle ce qui advint à Newton lui-même. « Malgré ses protestations énergiques et celles de ses disciples, il eut du mal à faire accepter des savants sa loi de l'attraction, simplement parce qu'elle semblait restaurer une qualité occulte. Il fallut que les vrais savants n'y vissent bien qu'un coefficient numérique, une « mesure », pour qu'elle prît droit de cité dans la science. Ils ne l'acceptèrent qu'une fois sûrs qu'elle ne troublerait en rien le règne de la quantité devenu, pour la science, identique au règne du réel. » A. Rey. *La Philosophie*, p. 125.

[2] « Si l'on peut paraître tout expliquer par la seule matière, c'est qu'à l'idée de matière on joint toujours l'idée de quelque chose de tout autre, qui constitue ce qu'on lui attribue de perfection. Le matérialisme absolu n'a jamais existé et ne saurait jamais exister. Qu'est-ce donc que le matérialisme de tel ou tel système ? C'est la théorie qui sans aller jusqu'aux dernières conséquences de son principe, explique les choses par leurs matériaux, par ce qui est en elles d'imparfait, et dans cet imparfait prétend trouver la raison de ce qui l'achève. Selon l'excellente définition d'Auguste Comte, par laquelle du haut de sa seconde philosophie il a jugé lui-même la première, le matérialisme est la doctrine qui explique le supérieur par l'inférieur. Qu'est-ce qui en fait le faux ? C'est que précisément il est contradictoire, comme disait Aristote, que le meilleur provienne du pire, que le moins produise le plus. Et lorsque le matérialisme réussit en apparence à rendre compte, dans tel ou tel cas, du supérieur par l'inférieur, c'est que, par une subreption dont il ne s'est pas aperçu, il a déjà mis dans l'inférieur ce supérieur que, ensuite, il croit et semble en faire naître. » Ravaisson, p. 178, 179.

Le fait *observé* par vous est qualité *et* quantité. Le fait *devenu scientifique* est quantité pure. Mais si vous l'avez réduit à cet état pour la pratique, vous êtes obligé d'avouer qu'il y a en lui autre chose, sur quoi vos instruments n'ont point de prise : *la loi* qui le fait être ce qu'il est. Et cette loi est si bien *qualitative* que, si vous mesurez les phénomènes pour les étudier et les manipuler à votre aise, vous *inférez* la loi, parce qu'elle est *l'esprit* dans les choses[1]. Et la logique même de votre Science vous oblige à reconnaître que le mental et le physique ne sont point *identiques*.

Supposons cependant qu'ils le soient. Examinons si dans cette hypothèse extrême, vous auriez le droit d'affirmer que la Science est la seule démarche légitime de l'activité intellectuelle, parce qu'elle révèle seule la vérité totale.

Quelle est en effet la valeur intrinsèque des mathématiques et des instruments dont vous faites tant d'état, et qui sont, pensez-vous, vos deux inébranlables soutiens ?

Tout instrument scientifique se ramène à des poids, à des mesures.

Mais le mètre, le gramme, ont-ils une valeur autre que *conventionnelle* ?... Ils sont tels, parce que nous l'avons décidé ainsi : mais ils pourraient être autrement. Qu'ils aient un fondement raisonnable, capable de satisfaire l'esprit, soit[2] ; mais leur signification est arbitraire. Il y a plusieurs

---

[1] « Dans la biologie, tous les phénomènes étant caractérisés, comme l'avait dit Cuvier, par la solidarité intime et continue, la méthode pour nous mettre en possession de l'essentiel n'est plus l'analyse, qui décompose l'objet dans ses parties, mais plutôt la synthèse, qui a pour objet le tout, et que, par conséquent, « *aucune opération analytique ne saurait jamais être conçue que comme le préambule plus ou moins nécessaire d'une détermination finalement synthétique.* » A. Comte, résumé et cité par Ravaisson, p. 77.

[2] « Mesure ne signifie rien autre que l'expression d'un rapport. » A. Rey. *La Philosophie*, p. 88. Or ce rapport est *purement arbitraire*. Ex. La glace fondante et le 0. (Cf. *Grand Larousse illustré. Tempéra-*

systèmes métriques qui tous ont une valeur pratique pour les gens qui les emploient. Qu'on les unifie un jour pour la plus grande commodité des relations sociales, cela sera bon sans doute, mais ne changera pas leur nature. Ils expriment quelque chose de la réalité, et ils sont plus que de *purs* symboles, mais ne sont point des absolus.

« Soit, me répondez-vous, mais cette valeur qu'ils n'ont point par eux-mêmes, les mathématiques la leur confèrent. Celles-ci s'emparant de leurs données, les généralisent, et en tirent des conclusions en quelque façon infinies !... Dès aujourd'hui elles apparaissent comme le principe fécond — et unique — de toutes les découvertes de l'avenir[1]. »

Examinons le bien-fondé de cette affirmation nouvelle.

En soi, qu'est-ce que l'instrument scientifique ? Pas autre chose qu'une *intuition* exprimée, traduite de façon sensible, afin de la mettre en circulation, de la socialiser. Il est un *centre d'accord humain*, par la substitution du statique au dynamique, du mécanisme à la liberté.

---

ture). — « Toute mesure physique repose sur des choix... d'un arbitraire absolu, s'il est vrai que le mètre, le kilogramme et le thermomètre sont purement et simplement décrétés. » Cf. P. Gaultier, *La Pensée Contemporaine*, p. 22.

[1] « Les mathématiques expliquent la physique, la physique explique la chimie, la chimie explique la vie. Le progrès de la science consiste à réduire toute complexité, par une analyse graduée, aux éléments les plus simples et les plus généraux.... Une vérité quelconque doit être résoluble en géométrie, en arithmétique, en algèbre, et toute qualité se réduire à la seule quantité. Quelque loin que la science soit encore ou même doive rester toujours d'une parfaite analyse, les phénomènes doivent donc être considérés comme étant tous des transformations d'éléments mathématiques primordiaux... Pour mieux dire, la philosophie n'est rien autre chose que la mathématique. » A. Comte. Dans Ravaisson, p. 58.

« Toutes les vérités... tendent vers cet absolu (les mathématiques) comme les planètes vers le soleil. » A. Rey, *La Philosophie*, p. 62.

C'est un *langage* qui fixe ce qui a été vécu par le savant. Il constate l'intuition initiale, dont il est le témoin ; il la vérifie au contact de l'expérience, mais de lui-même il ne découvre pas : il est la mort, l'immuable. Sans doute, il pourra devenir un aide pour une découverte nouvelle, mais la lumière jaillira dans un esprit, par une vision nouvelle, *du dedans*. A son contact, — c'est-à-dire au contact du dynamisme qu'il recèle et traduit, un autre dynamisme se mettra en branle et apercevra de nouveaux rapports entre le Moi et les choses.

Si l'instrument scientifique permet de synthétiser les faits, de les *grouper*, de prendre des points de repère dans la réalité, c'est donc parce que toute mesure est sous-tendue de mental, de subjectif, de psychologique. Traduction artificielle et conventionnelle de l'esprit pour l'usage, la *commodité* des relations humaines[1], elle tire toute sa force et toute sa valeur du Moi qui l'a pensée, de l'intuition première et personnelle de l'inventeur.

Lors donc que vous prétendez expliquer la vie intérieure par ce langage de temps et d'espace, et le psychologique par ce mécanisme de convention, vous êtes dans l'erreur. La réalité *vivante* est autre que cette réalité fragmentaire[2].

---

[1] « Il ne ˮ .ˮ pas prendre l'expérience du physicien comme un décalque du réel. Toute expérience de physique consiste en des mesures, *et ces mesures font appel à une multitude de conventions et de théories.* » Duhem. Dans Rey, p. 130. — Cf. Souriau. *De l'Invention*, p. 34, 35.

« Ces inconnues auxiliaires que le mathématicien introduit dans ses calculs, et qui disparaissent du résultat final. » Bergson, *Données*, p. 141.

[2] « La science n'opère sur le temps et le mouvement qu'à la condition d'en éliminer l'élément essentiel et qualitatif, — du temps la durée, et du mouvement la mobilité. C'est de quoi l'on se convaincrait sans peine en examinant le rôle des considérations de temps, de mouvement et de vitesse en astronomie et en mécanique... Si tous les mouvements de l'univers se produisaient deux ou trois fois plus vite, rien ne serait changé aux phénomènes astronomiques, ou tout au

Ou, si vous préférez, vous opposez — au fond, le mental au mental[1]. Mais cela n'a rien d'absolu, ne vous confère aucun droit, ne vous permet aucune critique.

« Non, dites-vous, nous opposons le mécanisme à l'esprit. » Alors vous faites un sophisme pur. Car vous posez d'abord *l'équivalence* du mécanisme et du mental, pour aussitôt après déclarer le premier supérieur, et *exclure*, à son profit, le second[2].

Votre méthode repose donc sur un fondement ruineux. Vous la donnez comme une *explication* de la réalité, alors qu'elle est une pure et simple *interprétation*, subjective et à prioristique[3].

La contradiction est d'autant plus flagrante, que c'est le psychologique qui vous a permis — qui vous permet encore —

---

moins aux équations qui nous permettent de les prévoir... il n'y aurait rien à modifier ni à nos formules, ni aux nombres que nous y faisons entrer... » BERGSON. *Les Données*, p. 87, 88, 147. Rien ne prouve mieux qu'elle n'atteint par le concret, *la vie*.

On rapporte que les parents du baron Cauchy demandant des conseils à Lagrange pour la direction du génie de leur fils, Lagrange répondit : « Ne lui laissez pas ouvrir un livre de mathématiques avant qu'il ait complété ses humanités. » CAUSSADE. *Le Bon Sens*, II, p. 243.

[1] « Pour expliquer à l'aide de la matière la vie, l'intelligence, la conscience, on commence par *supposer que la matière possède ces attributs*. » FIESSINGER. *Erreurs sociales*, p. 15.

[2] « En effet, si l'on procède suivant une analogie continue, en partant de la supposition d'un pur mécanisme dans les phénomènes de l'ordre inférieur, et en étendant la même explication à des phénomènes de plus en plus élevés, il est évident qu'on arrive nécessairement à en faire disparaître toute spontanéité. » RAVAISSON, p. 186.

[3] « La grandeur — principe qui répond aux phénomènes sensibles, n'est rien *que de subjectif*, ou, comme s'exprimait Leibnitz, d'imaginaire, tandis que le principe proprement intelligible, la force, est le fond même de toute réalité. » RAVAISSON, p. 160.

« Peut-être serait-on fondé à dire... que la *quantité*, qui est l'objet spécial des mathématiques, est proprement *le monde de l'imagination*, intermédiaire entre le domaine des sens et celui de l'intelligence pure. » *Ibid.*, p. 147.

d'avoir prise sur les choses. Votre instrument ne vaut *que* par la pensée qui l'anime. Il est une invisible intuition[1] qui *collabore* avec le poids, la mesure, l'étendue, c'est-à-dire avec le non-Moi, les choses, l'extérieur. Or, vous acceptez cette collaboration de la matière et de l'esprit, vous liez, en quelque façon, le mental par une chaîne odieuse, pour l'obliger à *servir*, et du même coup, vous le décrétez de mort, vous le chassez de chez lui, *par lui !*... C'est évidemment fort ! Vous opérez un vrai coup d'état[2] !... Mais cette attitude cachée, subtile même dans sa brutalité secrète, constitue le vice radical de toute argumentation mécaniste, et il fallait la mettre en lumière[3].

L'appui des mathématiques ne peut d'ailleurs conférer à l'instrument une qualité qu'il n'a point par nature.

Généraliser par les mathématiques les données de l'instrument scientifique, c'est les pousser d'un degré hors du

---

[1] « Toute science est un ensemble de formules déclaratoires de ce qui est. Mais en toute science, avant de déclarer et pour déclarer ce qui est, on le pressent, on le devine, on se représente ce que l'on établira ensuite, si l'on peut, par démonstration et vérification, puis, une fois la formule précise trouvée, on fait un nouvel effort pour la dépasser... La formule déclaratoire, en tout ordre de connaissances, est positive ; la conception divinatoire, étant une anticipation, ne saurait jamais être positive... » OLLÉ-LAPRUNE. *La Philosophie*, p. 231.

[2] « Dans le monde physique... tout phénomène, tout objet se présente sous un double aspect, l'un qualitatif, l'autre extensif : rien n'empêche de faire abstraction du premier... Or, cet élément qualitatif, *que l'on commence par éliminer des choses extérieures* pour en rendre la mesure possible, est *précisément* celui que la psychophysique retient et *prétend* mesurer. » BERGSON. *Données*, p. 47.

« Le matérialisme est une étrange erreur ; il *prend à l'âme ses manières d'être*, les projette et les répand hors d'elle, en constitue la matière ; *et l'âme ainsi dépouillée au profit des corps, il la nie.* » GRATACAP. *La Mémoire*, 1865. Dans RAVAISSON, p. 167.

[3] « Elle tend à faire s'évanouir en fumée algébrique l'existence concrète du phénomène de la nature. » BERGSON. *Les Données*, p. 258.

réel. L'instrument est une sorte de *mathématique concrète*. La mathématique est abstraction, logique pure, langage schématique et d'autant plus achevé qu'il se dégage de toute attache avec les réalités positives[1].

Eh ! sans doute, elle est un langage « parfait », mais c'est un langage appauvri[2], exprimant, des choses, ce qu'elles ont de plus extérieur, de plus simple, de plus immuable. C'est à cette condition même qu'elles peuvent devenir un instrument social universel[3].

Mais encore que les mathématiques apparaissent comme l'expression la plus complète de la raison, et qu'elles s'achèvent dans le plus pur intellectualisme, elles n'existent que par leurs attaches avec le donné dynamique du Moi, et elles ne peuvent opérer dans les sciences de véritables progrès qu'à la condition de venir se retremper continuellement à leur source[4].

Les mathématiques sont en effet fondées sur une intuition première, et nulle découverte n'est possible par le calcul en

---

[1] « Ces sciences *tout idéales* qu'on nomme assez faussement les sciences positives. » A. Laugel, *Darwin*, *Revue des Deux-Mondes*, 1ᵉʳ mars 1868, p. 131.

[2] Nous ne disons pas qu'il *altère* la vérité, mais qu'il n'en est qu'une *traduction appauvrie*, ce qui est tout différent. « La science emploie le langage mathématique, justement parce que sa précision évite les équivoques et les méprises. Or, pas plus qu'un témoignage n'est estimé falsifié, parce qu'il est parlé, l'expérience du physicien n'est considérée comme une altération du réel, parce qu'elle décrit le réel en langage mathématique et à l'aide de mesures. » A. Rey. *Loc. cit.*, p. 139, 140.
Mais pour atteindre à cette précision, il a fallu vider le réel de la plus grande partie de son contenu *concret*.

[3] Cf. A. Rey. *Loc. cit.*, p. 95, 96.

[4] « C'est l'effet de la définition dite géométrique ou mathématique de fermer à l'esprit toute issue vers autre chose que ce que le mot défini nomme et que la proposition définissante fixe. La borne où la pensée s'arrête est posée, et aucun mouvement vers autre chose n'est permis, ni possible. » Ollé-Laprune. *La Philosophie*, p. 97.

tant que tel, mais seulement par le calcul *au service d'une intuition*[1].

Une logique toute formelle : voilà les mathématiques[2]. Or, cette logique va du même au même. Elle porte uniquement sur des identités. Partie d'un donné vital, elle l'épuise peu à peu, du dedans, sans parvenir à l'enrichir par ses accroissements extérieurs[3].

La condition essentielle de sa vitalité, c'est d'échapper

---

[1] « L'intuition et la déduction se complètent, loin de s'exclure, et il n'y a pas seulement intuition chez le géomètre, mais même chez l'algébriste pur, *à chaque découverte nouvelle*. » A. REY, *La Philosophie*, p. 102.

[2] « La géométrie laisse l'esprit comme elle le trouve. » VOLTAIRE.

« Les mathématiques, lesquelles ne sont que la *logique* appliquée à la *quantité*. » RAVAISSON, p. 252.

« Ainsi l'esprit en développant des notions découvertes primitivement à l'occasion de l'expérience et dans l'expérience, a pu organiser logiquement un certain nombre de connaissances en posant des principes et en développant leurs conséquences. Mais ce développement a dépassé, à mesure, grâce à la fécondité naturelle de l'esprit, aiguillonnée par les nécessités pratiques, le réel d'où il sortait. L'esprit a inventé une technique scientifique, un art rationnel. Pour les mathématiques, c'est l'ensemble des procédés de mesure : toutes les formes possibles de mesure se déduisent logiquement des premiers principes des mathématiques, parce que ces principes étaient, au fond, les principes mêmes de toute mesure, découverts par l'esprit, dans les efforts suscités par quelques mesures réelles. » A. REY. *La Philosophie*, p. 87.

Cf. aussi, p. 67, 68, 72.

[3] « Les mathématiques nous font connaître au moyen de leurs formules, qui sont celles des transformations de la quantité par le simple développement du principe d'identité, non pas ce que sont les êtres, mais les conditions auxquelles ils seront nécessairement sujets, les catégories dans lesquelles ils seront nécessairement compris, si une fois ils sont. Ainsi en est-il de la logique, ainsi de la métaphysique. « Ce ne sont point, — dit Renan — des sciences à part et progressives : ce sont seulement des ensembles de notions immuables; elles n'apprennent rien, mais elles font bien analyser ce qu'on savait. Ne nions pas qu'il y ait des sciences de l'éternel et de l'immuable ; mais mettons-les bien nettement hors de toute réalité. » RAVAISSON, p. 103.

au développement abstrait, en s'engageant dans les voies nouvelles ouvertes par le génie. Elle ne peut se passer de la personnalité, de l'intuition vivante, qui lui font reprendre pied dans le réel sur des points différents, et renouvellent, en l'enrichissant, le langage scientifique, expression du rapport du Moi et des choses.

Mais si les mathématiques ne peuvent suppléer l'intuition ; si elles ne peuvent en aucun cas jouer un autre rôle que celui d'humbles suivantes, comment pourront-elles légitimement la contredire ? Ce qu'elles ont de vie radicale leur vient de la conscience, de la personnalité, du Moi humain. A quel titre donc les tiendront-elles comme non avenus, ou même s'érigeront-elles contre eux en juges ?... Cela se fait par des coups de force, mais *contre le droit*.

Une attitude intellectuelle aussi despotique porte en elle-même sa propre condamnation.

A y regarder de près, la prétendue objectivité qu'on nous oppose n'est qu'un idéalisme monstrueux et radical[1]. Car elle est l'affirmation, *par le fait*, que « l'homme est la mesure de toutes choses[2] ». Mais c'est précisément ce qui est en question.

Bien plus : l'homme dont il s'agit, et qu'on entend ainsi établir comme la norme supérieure du vrai, n'est pas

---

[1] « Les mathématiques sont depuis longtemps assez développées pour donner à l'esprit humain le pouvoir d'imaginer, de créer des relations abstraites, d'ordre, de nombre, de position, et plus généralement de fonction. *Ces relations sont évidemment construites d'une façon arbitraire...* » REY, p. 706.

Pour Poincaré, elles peuvent être « considérées *tout entières* comme arbitraires. » *Ibid.*, p. 138.

[2] « L'homme est la mesure des choses. Bassesse sans solidité. » STRADA, cité par RAVAISSON, p. 153.

LA SCIENCE 309

l'homme intégral et complet, mais l'homme de l'intellect pur, de la logique sèche. Sous couleur de mécanisme, en effet, c'est la raison — préalablement *identifiée* avec lui — qu'on élève au rang de directrice absolue et de souveraine maîtresse du réel et de la vie[1].

Car, sous prétexte de n'admettre que le poids et la mesure, vous oubliez que ceux-ci sont, avant tout, conventionnels, de pures créations de l'esprit. Autant donc vaudrait dire : « *A priori*, je pose ma raison comme l'explication dernière de l'être, et je décrète que l'on n'en sortira pas. »

Quoi d'étonnant dès lors que vous ne trouviez rien d'autre dans les choses *que* de la raison, de la logique, et que *la vie* ne vous y apparaisse point, échappe à vos prises[2] !

---

[1] « Cette constatation de fait : toutes les sciences s'acheminent vers la forme mathématique, la science tend vers la mathématique universelle » peut prendre une importance *métaphysique* considérable. Elle ne signifie rien autre que ceci : l'univers est rationnel dans son fond ; les lois de la raison sont les lois de l'univers. *Le rationalisme doit aboutir à une vue adéquate de la réalité..* Ce que ma raison *logique* déduit, c'est ce que la création naturelle a réalisé... La raison, qui définit l'homme, définit aussi l'univers, *homogène à l'homme.* » A. REY, p. 67, 69.

[2] « Les mathématiques (science du réel qui nous enseigne ses propriétés les plus générales et les plus simples) ont, par une analyse sans cesse progressive, atteint quelques-uns des rapports réels, objectifs, universels et nécessaires des choses. » A. REY. *La Philosophie*, p. 102, 105.

« Les mathématiques nous font connaître au moyen de leurs formules, qui sont celles des transformations de la quantité par le simple développement du principe d'identité, non pas ce que sont les êtres, mais les conditions auxquelles ils seront nécessairement, les catégories dans lesquelles ils seront nécessairement compris, si une fois ils sont. » RAVAISSON, p. 103.

« Les philosophes ont toujours insisté sur le caractère éternel, intemporel, pour mieux dire, des vérités mathématiques. Le fait, le « phénomène », qui apparaît et disparaît, qui n'était pas tout à l'heure, et qui bientôt ne sera plus, qui se produit en un point déterminé de l'espace, qui a besoin, pour être perçu, des sens d'un observateur, ce fait, les mathématiques ne s'en occupent pas. Leur domaine est ailleurs ; elles régissent le possible et le nécessaire, non le réel et le contingent. Si

Vous expliquez tout *par rapport à l'homme*. Il se révèle à vous comme le maître de l'univers. Il est supérieur aux choses puisqu'il leur impose en fait sa personnalité. Il explique le monde, mais à sa façon, d'un point de vue *unique* : la raison. Sa science est universelle, elle a une valeur humaine. Par elle il a prise sur le concret, qu'il organise pratiquement. Mais qu'est-ce que cela prouve ?.. La *concordance* entre les choses et lui ? Fort bien. — *L'égalité* de la matière et de l'esprit ? Pas le moins du monde ! Et je vous accorde encore volontiers, momentanément toutefois, que, par la logique mathématique, l'homme explique les choses de façon satisfaisante pour les besoins de l'action sociale. Mais lui-même, l'expliquez-vous ? Il reste en dehors de toutes vos démarches scientifiques. Mesure des choses, il n'est pas sa propre mesure.

La Science la plus *positive* peut bien atteindre et organiser l'extérieur, mais le dynamisme, le Moi, la vie intérieure, l'intuition, lui échappent et elle ne peut rien contre eux[1]. Bien plus, *elle ne s'explique pas elle-même*, sinon par une

---

le fait prend quelque réalité pour elles, ce sera à titre de figure, comme expression sensible d'une vérité rationnelle, ou, selon le mot de Platon, comme symbole imparfait et tangible de l'idée pure et invisible. » LÉVY-BRÜHL, *Revue des Deux-Mondes*, 15 mai 1895, p. 347.

[1] « Toute science est science de la mesure. Comme l'a dit Le Dantec : « Il n'y a de science que du mesurable. » A. REY. *La Philosophie*, p. 85.

On ne peut mieux dire. Mais donc, à moins de nier le moral, la liberté, la Personne, il faut instituer pour leur étude des méthodes autres que celles de la Science, qui n'a sur elles aucune juridiction directe. Et l'on voit l'inanité des affirmations tranchantes et décisives d'un Taine, aveuglé par sa *méthode positive*, si naïvement exclusive de *l'intérieur* de l'être : « La science approche enfin, et elle approche de l'homme. Elle a dépassé le monde visible et palpable des astres, des pierres, des plantes où, dédaigneusement, on la confinait. C'est à *l'âme* qu'elle s'en prend, munie des *instruments* dont trois cents ans d'expérience ont prouvé la justesse et mesuré la portée... L'homme est un produit comme toute chose. » BOURGET. *Discours*.

réduction arbitraire du mental au physique. Et parce qu'ils ne sont pas *identiques*, il y a lieu de chercher, pour l'homme et son dynamisme, une raison d'être et un principe d'explication que l'on ne trouve pas dans les choses.

Les données de l'intuition vitale demeurent intactes. L'homme ne se suffit pas ; même s'il s'adore sous couvert de science[1], il ne supprime pas le problème et n'anéantit pas la force intime qui le porte à chercher au dehors la lumière, le complément de son activité.

La Science est son plus grand triomphe. Mais elle révèle à la fois sa grandeur et son insuffisance[2].

Essayerez-vous d'une échappatoire, et ce que la Science ne peut vous donner, le demanderez-vous à l'une des sciences particulières ?... Mais à laquelle vous adresserez-vous afin d'avoir cette vérité vivante, humaine, indiscutable, qui vous est *nécessaire* pour obtenir une solution sûre dans le problème de la vie ?

Toutes ces sciences prétendent à se supplanter et à s'exclure l'une l'autre. Chacune a des tendances infaillibilistes, démenties par les faits et par toutes ses rivales.

Au fond, comme nous le disions d'abord, tous ces conflits viennent *de leurs objets* ; mais dans leur propre domaine, chacune est astreinte aux démarches radicales qui caractérisent *l'esprit scientifique*, et c'est avec lui seul que nous avons en somme à compter, comme avec ce qu'il y a de définitif et de nécessaire dans la Science, qu'il constitue essentiellement.

Et nous voilà, après un long, mais indispensable détour,

---

[1] « Il n'y a pas d'autre Dieu que l'homme, pas d'autre raison suprême créatrice que la raison humaine et ma propre raison... » C'est l'identité « de Dieu et de l'homme. » Cf. A. Tonnelé. *Fragments*, p. 151.

[2] Cf. Ollé-Laprune, *La Philosophie*, p. 84.

dans l'obligation de revenir à cet élément psychologique, qui est la Science dans ce qu'elle a de vivant, d'immuable et qui demeure intangible, en dehors et au-dessus de toutes les discussions[1].

Notre analyse de l'esprit scientifique garde donc toute sa valeur en dépit des objections qu'on a tenté de lui opposer. Elle est la preuve que la Science n'a aucune autorité à critiquer la vie intérieure, l'intuition. Si on le fait en son nom, c'est par un abus de pouvoir, dont il ne convient pas de la tenir responsable. En droit, elle n'a aucune valeur négative, en dehors de son propre domaine.

---

[1] « Ce mécanisme (déterministe) auquel on s'est condamné par avance n'a d'autre valeur que celle d'une représentation symbolique : il ne saurait tenir contre le témoignage d'une conscience attentive, qui nous présente le dynamisme interne comme un fait. » BERGSON, Les Données, p. 131.

CHAPITRE XII

LA SCIENCE

(Suite).

Aussi bien, les vrais savants n'hésitent-ils pas à confesser que l'être lui échappe sur tous les terrains, et que pour se justifier elle-même, elle a le devoir de se dépasser et de chercher en dehors d'elle son explication[1].

Cet aveu des limites inévitables de la Science positive n'est point cependant de leur part un appel au scepticisme. Tout au contraire. Ils en concluent *leur droit* essentiel de dépasser le fait, pour atteindre une vérité plus profonde et plus vaste à la fois.

« Mais c'est faire de la philosophie cela ! » allez-vous tout naturellement leur objecter...

Et l'on vous répond : « Sans doute, mais ce n'est pas faire de la métaphysique. Car nous n'entendons pas édifier des systèmes en l'air, mais prendre pied dans la réalité et bâtir sur elle. Ces faits que nous nous proposons de dépasser, d'expliquer, ce sont eux qui formeront notre solide assise. Ainsi nous tenterons des synthèses, nous donnerons des conclusions, mais ce ne sera là qu'*une vision* plus vaste du concret, contrôlé, capable d'engendrer des certitudes. »

---

[1] « Il n'est pas évident que *savoir* et *science* soient la même chose. » OLLÉ-LAPRUNE, *La Philosophie*, p. 65.

« Une des supériorités du savant sur l'ignorant est de *sentir* où commence le mystère. » LE BON. *Aphorismes*, p. 128.

Quoi qu'on en dise, cette attitude est essentiellement métaphysique[1].

Car toute philosophie conséquente est une explication dernière des choses, et déborde l'expérience, infiniment. Unir des faits, faire des synthèses, opérer des classifications, c'est introduire l'esprit dans les choses. Toute vision a lieu du dedans. Philosopher, c'est dépasser[2]. C'est se mettre en marge de cette objectivité pure à laquelle prétend la Science, et dont nous avons précisé le vrai sens.

---

[1] « Intimement liées d'essence et d'intérêts, la philosophie et la science le sont de même dans leurs origines et dans leurs destinées. Porté par un même instinct tout puissant à discerner les causes — rerum cognoscere causas — et à les ramener à l'unité d'une cause première, l'esprit humain n'a pas plutôt conquis quelques vérités élémentaires en physique, en mathématique et en morale, *qu'il se hâte d'en opérer la synthèse, d'en former des théories universelles*, des systèmes ontologiques et cosmologiques, c'est-à-dire *de philosopher, de faire de la métaphysique*. A son ignorance de la réalité il supplée, soit par l'imagination, soit par ce merveilleux instinct de l'enfance et du génie, qui devine la vérité et ne la cherche pas. » WEBER, *Histoire de la Philosophie*, p. 2, 3.

« *Toute science est idéale en dépit d'elle-même*. L'anatomie devient *métaphysique* quand elle ramène toutes les formes à des types, quand elle identifie l'aile de l'oiseau, la nageoire de la baleine, la main de l'homme ; elle est *métaphysique* toutes les fois qu'elle parle des homologies animales ou végétales, et cherche des correspondances qui ne sont point fonctionnelles, mais rationnelles ; elle l'est encore quand elle parle des organes rudimentaires, organes sans emploi, simples témoins de la finalité de la nature à certains types absolus. » A. LAUGEL. *Darwin. Revue des Deux-Mondes*, 1er mars 1868, p. 140.

[2] La Philosophie est « la science qui *dépasse* toute expérience physique et sensible. » RAVAISSON, p. 237.

« Que le positiviste le plus déterminé essaye de définir la science comme il l'entendra, d'analyser l'opération intellectuelle la plus élémentaire, d'appliquer à un ordre de faits quelconque sa méthode de prédilection, à chaque pas, à chaque affirmation, il devra, bon gré mal gré, s'appuyer sur quelque vérité première, absolument irréductible, sur quelque principe de la pensée pure, antérieur à toute observation ; en un mot, *faire de la métaphysique sans le vouloir et sans le savoir*. » DUILHÉ DE SAINT-PROJET. *Apologie*, p. 53.

En droit, il ne peut y avoir de philosophie réellement scientifique. Lui donner cette épithète, c'est créer une confusion. Car c'est rendre le passé et l'avenir solidaires du présent, qui *seul* appartient à la Science.

Et il ne peut en être autrement, nous l'avons dit, puisqu'elle est statique et repose sur le discontinu. Expliquer, c'est lier. C'est faire du dynamisme, s'insérer dans la vie, l'interpréter d'une certaine façon et dans un sens déterminé.

Parler d'une philosophie scientifique c'est donc jouer sur les mots. Théoriquement, ces deux concepts s'excluent[1]. C'est dans la vie qu'il faut rechercher les lois de la vie, et non pas au sein de la logique pure[2]. Il faut le redire avec insistance, pour qu'on ne se laisse point « piper » aux apparences.

Et l'on va nous répondre : « Fort bien, mais le droit n'est peut-être pas tout. En fait, il y a une philosophie scientifique, dont il vous faut, bon gré mal gré, faire état : l'*Evolutionnisme !* Prenez-en donc votre parti : Car la Science, par elle, apporte des certitudes et donne au problème de la vie des solutions qui satisfont aujourd'hui la plupart des esprits supérieurs, et qui assoient l'autorité de la Science et ses condamnations sur des bases qu'il vous sera difficile d'ébranler !.. »

Voilà donc que se pose pour nous, sous une forme nouvelle, plus pressante et plus aiguë, si l'on peut dire, la question de la valeur critique de la Science.

Une fois encore, ses jugements sont-ils — oui ou non, absolus, exclusifs, sans appel ?

---

[1] Cf. *supra* : OLLÉ-LAPRUNE, p. 306, note 4.

[2] « La philosophie doit *transcender* les concepts scientifiques, se servant des systèmes scientifiques pour les dépasser, les dominer d'infiniment haut. » A. D'ADHÉMAR. *Le triple conflit*, p. 37.

.·.

La philosophie évolutionniste est le dernier effort tenté au nom de la Science pour donner de la vie une explication suprême et satisfaisante.

Il ne faut pas craindre de reconnaître la faveur immense dont ce système philosophique a longtemps joui auprès de tous ceux qui se piquaient d'être à la fois des savants et des penseurs.

On proclamait alors, avec un enthousiasme indescriptible, que l'on tenait « enfin » la clef du mystère, que l'on pouvait désormais expliquer naturellement tout ce qui faisait autrefois l'admiration des hommes, et demeurait pour eux un objet d'étonnement naïf ou superstitieux.

Ne trouvons-nous pas là une preuve bien forte de ce besoin inhérent à l'esprit de dépasser les faits bruts en y cherchant une raison, une pensée directrice ?... Le *pourquoi* des choses nous hante, et nous n'avons point de repos qu'il ne nous ait été donné d'y répondre avec une vraisemblance capable de nous satisfaire, et d'introduire en nous la paix par une vision d'ensemble de l'univers.

La ferveur des premiers temps passés, le système évolutionniste a été battu en brèche. Il a dû restreindre ses prétentions, se modifier sur plusieurs points, se préciser. Finalement il a fallu avouer que ce qui, dès l'abord, avait été donné comme un dogme intangible, n'était au fond qu'une hypothèse[1]. Sans doute, elle apparaît à ses partisans

---

[1] « L'évolutionnisme, pour M. Fouillée, est loin d'être une vérité démontrée ; il n'y voit qu'une hypothèse ; mais cette hypothèse, selon lui est destinée à être universellement admise « par les savants et les philosophes ». C'est s'aventurer beaucoup, ce me semble. La grande majorité des philosophes de notre temps et plusieurs naturalistes de grande autorité repoussent ou ont repoussé la doctrine à laquelle, sans l'avoir inventée, Darwin et M. Herbert Spencer ont attaché leur

comme de beaucoup la plus plausible : tous les jours, disent-ils, des faits nouveaux viennent la confirmer. Mais il convient d'ajouter que nombre d'autres semblent la contredire ; et que du reste, au sein de cette hypothèse, il y a des différences et des nuances d'interprétation nombreuses[1], dont nous n'avons d'ailleurs à faire ici aucun état. Le concept d'évolution ne recouvre une chose simple qu'à condition de le considérer, ainsi qu'il nous arrive, dans son essence même.

En vérité, croit-on que l'on puisse raisonnablement jouer les destinées de l'humanité sur une pure hypothèse ?... Et si tant d'esprits se rassurent sur cette explication et s'en

---

nom ; mais quand la prophétie de M. Fouillée devrait s'accomplir, ce ne serait pas encore une raison, à quelque degré de faveur qu'elle pût être parvenue, de prendre une hypothèse pour une découverte acquise à la science. » A. FRANCK. *Essais de critique philosophique*, Hachette, 1885, p. 336.

« L'explication évolutionniste du monde n'est encore qu'une hypothèse et elle le demeurera toujours... Quand il s'agit du passé, l'objet est entièrement soustrait à nos expériences... La théorie évolutionniste n'est donc ni démontrée, ni susceptible de démonstration. Est-elle du moins arrêtée dans ses contours et précisée dans ses grandes lignes ? Loin de là. Depuis un siècle, tous les naturalistes qui ont essayé de donner un corps à cette grande hypothèse ont échoué. » GUIBERT. *Le Mouvement chrétien*, 1903, p. 131.

[1] « Il me serait trop facile d'opposer, et comme d'entrechoquer les évolutionnistes entre eux. » BRUNETIÈRE. *La Doctrine évolutive*, p. 85.
L'explication évolutionniste de la vie, la plus récente et la plus poétique de toutes, est l'*Evolution créatrice* de M. H. Bergson. Elle entend « substituer au faux évolutionnisme de Spencer — qui consiste à découper la réalité actuelle, déjà évoluée, en petits morceaux non moins évolués, puis à la recomposer avec ces fragments, et à se donner ainsi, par avance, tout ce qu'il s'agit d'expliquer — un évolutionnisme vrai, où la réalité serait suivie dans sa génération et sa croissance. » (*Evolution créatrice*. ALCAN, p. VI, VII). Dans tout ce qui va suivre nous n'avons pas directement en vue cet ouvrage, auquel nous consacrerons plus tard, au cours même de notre travail, une particulière étude.

contentent, — n'avons-nous pas le droit de trouver bien pauvres leurs exigences, et de vouloir désirer autre chose ?...

Car supposons que cette hypothèse soit comme on le prétend, grosse de réalité, et que les choses aient eu lieu exactement de la façon dont l'expose l'évolutionnisme le plus précis dans ses explications.

Regardons-y de près : que nous donne-t-on là ?... Une histoire : rien de plus[1]. On nous raconte le *comment* des choses. On les déroule dans le *temps* et *l'espace*, dans leur cercle présumé de développement[2]. Mais le *pourquoi* de toutes ces transformations successives, de cette vie jaillissante ascendante ?...

Toute cette féerie extérieure, tout ce mouvement majestueux, grandiose, a un intérieur, un dedans qui l'explique, en est la raison dernière. Quel est-il ? Quelle est sa nature ?...

A cela l'Evolution ne peut répondre que par des conjectures. Il lui faut un critérium pour *dépasser* le fait scientifique, qui ne porte avec lui aucune explication[3].

---

[1] « L'*évolutionisme* fut — il l'est encore — l'expression de la science devenue histoire universelle. » Draghicesco. *L'Idéal Créateur*, p. 45.

[2] Car évolution n'implique pas nécessairement progrès !
« On croit trop facilement aujourd'hui que tout changement est une amélioration ; on confond l'évolution et le progrès ; mais le déclin, la sénilité, la mort même, c'est encore de l'évolution. » E. Schérer. *Le Temps*, 3, 4 sept. 1884.

[3] Tout positivisme conséquent avec lui-même aboutit en effet au scepticisme : « L'expérience ne nous montrant que des faits les uns après les autres, et rien n'étant connu que par la seule expérience, il n'y a aucune raison, par conséquent aucune nécessité de quelque genre que ce soit, ni absolue, ni relative, ni logique, ni morale. Il aurait pu se faire que les sciences fussent les unes avec les autres dans des rapports tout autres que ceux qu'Auguste Comte a exposés ; il aurait pu se faire qu'elles n'eussent les unes avec les autres aucun rapport. Il se peut que dans d'autres planètes ou dans des parties de la nôtre encore inconnues, il y ait une autre logique. Et dans les régions

Et voilà que par un détour on revient à l'esprit, au Moi, qu'on a déclaré inutile, inacceptable, qu'on a bruyamment éliminé, mais dont on a besoin pour y trouver le principe d'interprétation nécessaire.

La philosophie issue de la Science ne se suffit pas[1]. Elle ne peut se constituer qu'à la condition de *sortir* de la Science, et dès lors n'a plus aucun droit à se réclamer de celle-ci, ni à prétendre la prolonger. Elle quitte le domaine de la quantité pour entrer dans celui de la qualité, du personnel, de l'humain. Elle revient *par nécessité*, à la conscience et au psychologique[2].

Allons plus loin dans nos concessions. Et supposons que cette philosophie issue de la Science soit légitime *en droit*. En fait, elle est plus dangereuse qu'utile à la Science elle-même. Car loin d'y trouver une auxiliaire, celle-ci y rencontre une ennemie perfide et mortelle[3].

---

mêmes que nous connaissons de notre planète, ce que seront demain la physique, la géométrie, la logique, qui peut le dire ? Et qui sait enfin si demain, si tout à l'heure il y aura une science, quelle qu'elle soit, s'il y aura deux choses semblables, s'il y aura quelque chose ? » STUART MILL. Dans RAVAISSON, p. 65.

[1] « L'évolutionnisme proposé comme explication *intégrale* de la vie est aussi *vide de signification scientifique* que le serait l'explication par l'éther de la lumière. » R. D'ADHÉMAR, *Le triple conflit*, p. 20.

[2] « Stuart Mill, parlant du bonheur, distingue entre les plaisirs nobles et ceux qui ne le sont pas, entre la vie noble et la vie insignifiante et vulgaire ; et la considération de la qualité, il l'avoue d'ailleurs, revient quand il s'agit de porter sur la vie un jugement et de donner aux efforts humains un but. Tant il est vrai que, ou il faut bien admettre quelque chose qui soit d'un autre ordre que la nature, considérée au point de vue naturaliste, ou il faut renoncer à la morale. » OLLÉ-LAPRUNE. *Le Prix de la Vie*, p. 141.

[3] « Le lamarkisme, le darwinisme, et toutes les autres théories évolutionnistes... ne font qu'indiquer des phases passagères de l'histoire de la Science ; elles n'offrent que des fragments de la vérité à rechercher. Présentées comme des théories dogmatiques, elles ne peuvent que faire obstacle à tout progrès ultérieur ». OTTO HAMANN. Cité par E. de Cyon. *Dieu et Science*. Alcan, 1912, p. 517.

Tout cela, n'est-il pas vrai, ne manque pas de piquant !...
Mais alors quel fond faire sur la philosophie *prétendue scientifique* de l'Evolution[1]?

A tous ces titres : parce qu'elle est une pure hypothèse ; une simple histoire ; et qu'elle porte en elle-même des germes de contradiction que nous avons signalés au passage[2], elle n'a aucun droit de critiquer, de contredire et de vouloir détruire ce qui est hors de ses prises. Son pouvoir est nul, hors du domaine des faits scientifiques.

Or, parce que ceux-ci ne donnent pas la mesure du réel et encore moins ne l'épuisent, on peut légitimement adopter une autre philosophie que l'Evolutionnisme[3] ?

Bien plus, on le doit, dans la mesure même où l'on entend sauvegarder la Science. Car le fait d'être intimement liée aujourd'hui à la philosophie évolutionniste n'est pas pour elle une sûre garantie de leur future entente.

On peut prévoir qu'un temps viendra où, moins dupes des mots, les savants eux-mêmes répudieront toute solida-

---

[1] Ne pourrait-on pas appliquer à certaines théories le joli mot de Baillet, le biographe de Descartes : « On a dit de sa physique que c'était le roman de la nature, et Descartes lui-même l'a appelée ainsi en souriant avec ses amis ».

[2] « S'il est vrai, comme on tend de plus en plus à l'admettre, que dans tous les ordres de connaissances, l'aptitude d'une formule à procurer à *l'individu* plus de puissance et d'énergie, à *la société* plus de force et d'harmonie, soit le meilleur témoignage de sa valeur scientifique ; s'il est vrai que la maxime : « de la vie, encore de la vie, toujours plus de vie », soit *le critère dont toute doctrine doive affronter l'épreuve*, la morale évolutionniste apparaît nettement comme un *agent de régression* et de *rétrécissement* de la vie individuelle et de la vie sociale. » Bureau. *La Crise morale*, p. 295.

[3] « La conception de la science qui tend à prévaloir actuellement n'est point l'idée même de la science : cette conception, qui est trop étroite, est exclusive de la philosophie ; mais, entre la science sans restriction et la philosophie, il n'y a point d'incompatibilité. » Ollé-Laprune. *La Philosophie*, p. 92.

rité avec des théories qui, si elles demeuraient telles, seraient la contradiction de la Science. Mais, d'ici là, la philosophie évolutionniste se sera, sans doute, si profondément modifiée qu'elle aura perdu sa physionomie actuelle, dont elle ne gardera que les grandes lignes, les traits généraux. Elle continuera d'être, mais en subissant la loi essentielle de l'histoire : le changement. Et comme elle ne portera pas davantage alors en elle-même son principe d'interprétation, c'est dire que, pas plus que de nos jours, elle n'expliquera le *pourquoi* des choses et de la vie.

Il nous est donc permis de conclure ici, théoriquement, rationnellement, que, non plus que la Science, la philosophie dite scientifique, — laquelle n'est au fond qu'une tentative métaphysique inconsciente ou honteuse[1] — ne contredit et n'empêche aucune démarche du même genre.

On peut, en face d'elle, sans avoir rien à redouter, si ce n'est ses abus d'influence et de popularité, prendre une autre attitude philosophique. On a le droit de faire de la métaphysique à sa manière, en s'appuyant sur la vie individuelle et sociale, sur des faits qui, pour n'être pas réduits à la schématisation appauvrissante des faits scientifiques, n'en sont pas moins pour cela, tout au contraire, représentatifs de réalité vraie, supérieure, humaine[2].

---

[1] « Quel est le criterium d'une notion positive...? C'est de trancher les débats, de couper court aux discussions. Or, le positivisme, comme philosophie, a-t-il tranché aucun débat, a-t-il coupé court à aucune discussion, *même dans son sein*?... Pourquoi H. Spencer a-t-il embrassé l'ensemble des choses dans une vaste synthèse *qui ressemble à tous les systèmes de métaphysique* passés, présents ou futurs ? Rien n'a été tranché en réalité, parce que rien, dans ce domaine, ne peut être tranché expérimentalement. » P. Janet, cité par Vallet, *Le Kantisme*, p. 133.

[2] « Il ne s'agit pas de nier la science, ni d'en rien rejeter. Elle existe, et indestructible. Nous éprouvons à toute heure, à toute minute, en l'utilisant au service de nos besoins personnels, la certitude de ses

Aussi bien, au moment précis où nous paraissons faire la critique de la Science, nous l'avons dégagée seulement de tout ce qui n'est pas elle, afin de la ramener à sa véritable notion[1].

Car cette Science authentique, — qui est *un esprit*, et qu'on cherche vainement à confondre avec la mathématique sous le prétexte fallacieux de lui assurer *l'avenir*[2] ; ou bien qu'on tente d'identifier avec une philosophie historique et

---

lois et leur infaillibilité... Le problème n'est pas de chercher si la science, en prenant ce terme dans sa triple signification mathématique, physico-chimique et biologique, méconnaît la réalité, — il est incontestable qu'elle ne la méconnaît pas, — c'est de rechercher si elle l'épuise... Votre propre expérience vous attestait que la science n'épuise pas la réalité, et qu'il y a des phénomènes d'une qualité telle, que les réduire à des lois mathématiques, physiques et biologiques, ce serait les supprimer. Ces phénomènes ont été enregistrés, à travers les âges, par toutes les consciences préoccupées de vie morale. Ainsi s'est constituée la tradition philosophique et religieuse. » BOURGET, *Discours*.

« La métaphysique est comme la pensée elle-même : « On ne peut la nier qu'en l'exerçant, c'est-à-dire en tombant dans une contradiction manifeste. » C'est bien ainsi que l'entendait Claude Bernard lorsqu'il écrivait : « La métaphysique tient à l'essence de notre intelligence, nous ne pouvons parler que métaphysiquement. Je ne suis donc pas de ceux qui croient qu'on peut supprimer la métaphysique. Je pense seulement qu'il faut bien étudier son rôle dans la conception des phénomènes du monde extérieur, pour ne pas être dupe des illusions qu'elle pourrait faire naître dans notre esprit. » DUILHÉ DE SAINT-PROJET. *Apologie*, p. 54.

[1] « La devise de la pensée philosophique contemporaine, vraiment digne de ce nom, c'est le respect de la science et l'effort pour la connaître, quelles que soient les réserves faites sur l'étendue de sa juridiction. » A. REY. *La Philosophie*, p. 9.

[2] « *De là l'identité de la science proprement dite et des mathématiques*, et même, à parler plus exactement encore, *de la géométrie*, à laquelle les autres parties des mathématiques se réfèrent. » RAVAISSON. p. 208.

narrative, sous couleur de lui donner prise sur tout *le passé* ; — cette Science est aussi et surtout dans *le présent*. Et parce qu'elle est issue du dynamisme du Moi qui la sous-tend et la soutient, ainsi que nous l'avons expliqué d'abord, elle s'y traduit d'une façon profondément humaine : elle s'y exprime en *bonté*.

« Malheur à la science qui ne se tourne pas à aimer », a dit Bossuet[1]. C'est qu'aussi bien, en son fond, elle n'est ni un intellectualisme pur, ni une hypothèse intuitive et gigantesque, mais une démarche d'amour.

La Science n'est pas une théorie : elle a ses attaches radicales dans la pratique et dans la vie[2]. Sortie du Moi, elle le socialise, l'épanouit, le fait ouvrier d'humanité. Fruit de *la Personne*, elle tend aux personnes : son dynamisme la porte non point à rester l'apanage de quelques-uns, mais

---

[1] *Connaissance de Dieu et de soi-même*, IV, x.

[2] « Cette connaissance *pragmatique* de la science et qui la fait servir à notre utilité, est d'une importance humaine colossale. Jadis trop dédaignée par l'intellectualisme, elle a aujourd'hui attiré presque toute l'attention, grâce au paradoxe pragmatiste. Mais Poincaré a vu bien plus juste, semble-t-il, en montrant que ce paradoxe n'était qu'une équivoque : quelle que soit l'importance de la technique fournie par toute science assez avancée, cette technique n'est qu'une conséquence des vérités que la pure science a conquises... Elle nous fait connaître la réalité avant de nous permettre d'agir sur elle. Et il faut qu'elle nous la fasse connaître *d'abord* pour nous permettre d'agir *ensuite*. » A. Rey, *loc. cit.*, p. 86, 87.

Et nous n'admettons pas — qu'on s'en rende bien compte, — l'affirmation pragmatiste que la science est *purement utilitaire*. Si pour nous « la science et la raison sont les servantes de la pratique » (Rey, p. 78) c'est que « la pratique est — aussi bien — la suivante de la science et de la raison. » Il y a partie liée entre elles. Et l'intelligence, qui fait « *connaître d'abord* », est ordonnée à l'amour, en qui elle s'achève, trouve sa justification, prouve sa valeur vivante, humaine. Alors que pour le pragmatiste *il n'y a pas* de pensée purement contemplative et désintéressée, pas de raison pure, nous admettons l'une et l'autre, mais demandons d'elles qu'elles soient fidèles à s'épanouir en *Bonté*.

à se faire le lot de toute la communauté. Elle devient alors *l'industrie*[1].

L'industrie, c'est la Science concrétisée, s'insérant dans la vie qui est, s'adaptant aux aspirations des individus, des sociétés, satisfaisant à leurs besoins, se pliant à leurs exigences, réalisant ainsi leurs rêves[2].

L'intuition, par elle, entre dans le courant vital, et y reprend, sous forme de *service*, une vie nouvelle et multiple. Elle crée du bonheur, de la joie, du bien-être. Que de facilités on lui doit; que de commodités l'on en attend ! La manière d'être des peuples en est toute renouvelée.

Par l'industrie, la Science devient utile[3].

Elle *sert* — merveilleusement. Ou pour mieux dire, elle *humanise* si parfaitement la matière qu'elle lui façonne en quelque sorte une *personnalité*.

C'est du point de vue de *leur utilité sociale*, humanitaire, qu'il faut désormais établir une *hiérarchie des sciences*, et non plus de façon abstraite et théorique comme autrefois.

Est supérieure, la science qui est la plus bienfaisante, qui est la plus capable de créer, d'entretenir, de renouveler la

---

[1] Cf. A. Rey. *La Philosophie*, p. 71, 72.

[2] « La science tout abstraite, revient à la vie, d'une certaine manière, par son empire sur la nature réelle... On peut dire que c'est la Vie qui règle et appelle à soi la vie... » Ollé-Laprune. *Le Prix de la Vie*, p. 163, 4.

[3] Il conviendrait de faire ici l'apologie de *la machine* moderne qui accomplit son œuvre avec tant de précision et de puissance (ex. le marteau-pilon du Creusot), au point de *remplacer* littéralement l'homme et plus encore de *le multiplier*. Elle prolonge l'esprit, lui confère une emprise sans limite, un véritable pouvoir de création par *l'instrument scientifique*. A son tour aussi, *l'industrie féconde la Science*. Elle lui rend ce qui lui a été prêté. En la plongeant sans cesse dans la vie, elle la sort de l'abstraction et l'oblige constamment *à se renouveler* de façon vivante et en fonction des hommes : *elle l'humanise*.

LA SCIENCE 325

vie, *la Personne*, de la faire le plus complètement s'épanouir et porter tous ses fruits. Voilà le vrai critère.

Aussi bien la société considère-t-elle comme ses *bienfaiteurs*, et les plus grands, ceux qui découvrent les moyens de faire pénétrer efficacement les formules humanisantes, libératrices, dans la pratique et dans l'action[1].

Que ne doit-on pas attendre alors de la Science épanouie en *bonté*, soit dans l'industrie[2], soit dans la technique médicale !... Elle prépare, nous affirme-t-on, un avenir sans nuages — véritable âge d'or de l'humanité, où les hommes, par la Science, et sous son contrôle, vivront dans l'amour mutuel, le dévouement — et avec une plénitude de vie, de domination sur la matière et la nature, qu'on peut à peine soupçonner aujourd'hui[3].

C'est de cette Science pratique et vivante, et non point

---

[1] Les *referendums* auxquels se livrent parfois les journaux au sujet des grands hommes mettent toujours au premier rang le nom d'un Pasteur. Les médecins jouissent d'une autorité morale supérieure. La carrière est encombrée, la fonction discréditée parfois par des non-valeurs. Mais celui qui joint à la compétence professionnelle la dignité du caractère, est vraiment tenu pour « le dieu du jour et le dispensateur de la vie ». Sa notoriété n'est pas tapageuse. On lui fait confiance comme à *un homme de bien*. Humainement parlant, rien n'est plus enviable et plus beau.

[2] « A. Comte... commença par s'associer à ce projet de Saint-Simon de fonder, sur les ruines de la société du moyen-âge, une société nouvelle, dont *l'industrie serait la base*, et le *but unique* la *félicité sur la terre*. En 1824 il coopéra avec lui à la publication du *Catéchisme des industriels*. » RAVAISSON, p. 51.

« Tout pour l'industrie, et tout par elle », disait S. Simon. Cf. *Larousse illustré*, S., p. 491.

[3] Il y a un *Pacifisme* fort recevable. C'est celui qui ne proclame point « la paix à tout prix », mais qui « affirme avec éloquence qu'il n'est de paix désirable et possible que dans le triomphe complet de la justice. » (*Journal des Débats*, 27 novembre 1915). Ce Pacifisme-là sera-t-il le fruit de la Science, il est tout de même permis d'en douter.

du fantôme mathématique ou philosophique avec lequel on la veut confondre, que viendra la lumière ; ce sera elle qui prononcera le mot suprême de l'amour libérateur[1].

Telles sont du moins les promesses — généreuses, que l'on croit pouvoir faire aux hommes, au nom d'une Science élargie[2].

.·.

Mais peut-on ainsi engager l'avenir avec cette assurance ? L'industrie a-t-elle véritablement les « promesses de la vie future » ? Fermera-t-elle vraiment le « cercle d'amour » dans lequel l'humanité a besoin de vivre, de trouver les lumières capables de maintenir sa marche dans la vérité et de lui apporter le bonheur ?...

Une fois encore il nous faut rechercher s'il n'entre pas quelque illusion dans ces espérances pleines de poésie et de noblesse, si capables de mettre en branle et d'influencer les esprits auxquels on les propose !

La vraie bonté, nous l'avons vu est *éducatrice*, c'est-à-dire qu'elle doit être le principe d'une ascension, progressive et sans cesse renouvelée, de *la Personne* vers le mieux, vers

---

[1] « La collaboration universelle de l'humanité, la science infiniment développée et la technique qui en résultera, rendront l'homme à peu près omniscient, tout puissant, et, *par surcroît*, bon et juste. » DRAGHICESCO, *L'Idéal*, p. 430.
Tous les espoirs sont permis ; la Science de l'avenir réalisera des miracles. *Ibid.*, p. 417, 418, 436.

[2] Lorsqu'on nous dit que « l'industrie pacifique est bien une épuration de l'état de guerre, mais en reste, somme toute, une prolongation » (ESTÈVE, *Impérialisme*, p. 36, 37), nous répondons que la guerre oblige à se servir de l'industrie. Mais cette dernière vaut ce que vaut la conscience qui la fait servir à son usage. Et c'est à sa valeur d'humanité qu'il convient toujours de se référer en définitive. La guerre de 1914 prouve surabondamment cette vérité capitale. La science *vivante* n'est pas une semeuse de mort.

plus de vie, d'intelligence, d'action, d'humanité généreuse et forte.

Or, que fait la Science pour la volonté libre d'abord ? Lui apporte-t-elle un secours efficace, une réelle plus-value ? Incontestablement elle discipline et trempe les énergies du vouloir. Le « labeur » scientifique n'est pas un mot vide de sens. Le savant peine à la tâche. Quelle patience, quelle attention, quelle tension aussi pour découvrir un rapport nouveau, et même parfois pour réussir une simple expérience !...

La Science introduit *la méthode dans l'effort*, elle apprend à ordonner et proportionner les moyens au but[1]. Elle oblige à sortir du rêve, du vague, de l'incertain, de l'imprécis. On acquiert par elle de la décision, du doigté, de l'esprit d'initiative. Et ce sont qualités précieuses.

Mais à vrai dire, elles sont secondaires. Dans leur usage, tout au moins ; car on ne les applique que sur un point précis : le fait scientifique. Et le savant peut fort bien, dans le cours ordinaire de la vie, se montrer tout autre que dans son laboratoire.

Supposé même qu'elle lui apprenne à savoir vouloir et mieux vouloir, la Science n'apprend pas à l'homme à vouloir *plus*. Car il faudrait qu'elle lui communiquât, du dedans, une autre vie, qui hausserait en quelque sorte sa liberté à un degré supérieur. Ainsi procède l'être aimant, objet de l'amour. C'est en se donnant qu'il libère. Il élève, ce qui est proprement éduquer, en faisant participer son sujet à ses puissances personnelles.

Or, dans la Science, rien de tel ne se peut produire. La liberté humaine s'y affirme, mais au profit des choses.

---

[1] « La Science ne peut pas poser ou démontrer les fins de l'activité humaine, morale ou technique ; le seul rôle de la science est de procurer et de démontrer les moyens. » DRAGHICESCO. *L'Idéal*, p. 408.

C'est par l'accord de la matière et de l'esprit que se réalise la Science.

L'esprit est supérieur. Sans l'esprit humain, pas de Science. Les choses demeureront indépendantes *en fait*, elles ne serviront pas.

En droit, elles dépendent. Du jour où l'homme applique sur elle l'autorité de son esprit, elles *doivent servir*[1].

Mais pour que cette autorité victorieuse s'affirme, l'homme a dû préalablement s'humilier, se faire petit, prendre contact. Il a fallu qu'il se penchât sur les choses et se soumît à elles. Sans cesser d'être une Personne, il s'est en quelque sorte *incarné* dans la matière[2].

Et c'est par cette attitude « servile » qu'il a libéré la matière, après lui avoir révélé ses ressources. Elle s'ignorait, elle était inerte. Et voilà qu'à la lumière de l'esprit de l'homme, elle s'anime, elle devient puissante. Ses réserves d'énergie, cachées à tous les regards, s'étalent peu à peu au grand jour. La science physique naît, se répand, se propage, s'universalise. Par elle, l'homme devient partout le bienfaiteur de l'homme, dont il multiplie le pouvoir matériel.

Et le miracle scientifique, renouvelé de toutes parts, proclame la grandeur de l'homme en magnifiant ses bienfaits.

La Science a libéré la matière, l'esprit a vaincu l'inertie. Et cette merveille demeure le fait de deux humilités, de deux services : celui de l'homme et celui des choses. C'est de leur réciproque amour que jaillit la liberté, la vie, la joie.

---

[1] L'homme peut être, en un sens acceptable, « la mesure des choses ». Cf. Janet, Séailles. *La Philosophie*, p. 91.

[2] C'est pour cela même que le *mécanisme* intellectuel, le *matérialisme* scientifique, guettent le savant qui ne sait pas s'affranchir de l'attitude nécessaire à la constitution de sa science. Dès lors qu'il la conserve dans les choses *philosophiques*, il n'apprécie plus rien qu'en fonction de *la mesure*, et cesse alors d'être *dynamique*, humain, capable de voir clair dans les choses de la *conscience*, de *la Personne*.

Mais cette *liberté* que l'homme communique à la matière, à *une matière donnée*[1], en lui insufflant *son esprit*, cette liberté est *une grâce* : il ne faut pas se lasser de le redire.

Si celui qui *voit* ne *veut pas* réaliser les possibilités de la matière, celle-ci demeurera toujours immobile, sans vie.

Or, nul ne l'y peut contraindre : *spiritus ubi vult spirat*, la matière moins que tout autre. Car elle ne soupçonne même pas sa misère, ni ce dont elle est capable.

La volonté de grâce ne peut ainsi venir *que* du savant, qui sait, qui peut, et dont la révélation sera un étonnement et un bonheur pour les autres hommes. Mais seulement, prenons-y garde, jusqu'à ce que l'accoutumance ait réduit l'attention, rapetissé le fait lui-même, et qu'on en arrive à le considérer comme banal et *dû*, comme ayant toujours été au pouvoir de l'homme.

La joie du savant vient de ce qu'à travers la matière qu'anime son esprit, il communique avec l'esprit des choses.

Dans le particulier, le fait, l'expérience, il participe à l'universel... Il transcende le temps, l'espace et s'établit dans la durée, l'immuable.

La matière qu'il manie est pour lui secondaire : elle n'est qu'un champ d'expérience, un milieu entre lui et l'infini, un point d'attache et de contact.

C'est à ce point précis que le savant se dépasse, se grandit, s'infinise.

Il *communie à la loi*. Mais en la servant il la fait sa servante. Il l'oblige, en réalisant telle expérience donnée, à se pencher vers lui, à se soumettre et à l'aimer d'amour.

Cette conquête d'un être supérieur, cette participation à sa vie, jusqu'à le faire son sujet docile, voilà ce qui pro-

---

[1] Et par elle aux autres hommes, dans la mesure où ils *voudront* recommencer l'expérience, faire *revivre* la loi.

voque la jubilation des hommes de science, — de ceux *qui découvrent*.

Les conditions de cette éducation de la matière, et puis des hommes par elle, — c'est-à-dire par l'esprit génial, en elle incarné — sont remarquables. Il importe de les mettre en relief.

D'abord l'homme de science — l'inventeur — choisit son milieu, *sa matière*.

Il *l'individualise*, en la détachant de l'ensemble dont elle fait partie.

Dans le tout, amorphe, sans caractère spécial, il crée un centre d'action approprié au résultat qu'il veut obtenir.

Ce donné initial n'est pas indifférent, il est la première condition de la réussite de l'expérience, de la révélation de la loi.

Le savant en élimine tout élément étranger, capable de compromettre ou de retarder l'expérience. C'est justice et sagesse. Puisque l'esprit travaille pour un but supérieur, il doit prendre les moyens susceptibles de l'y conduire avec le minimum d'efforts.

Cette matière, il l'organise, il la façonne, il l'équilibre peu à peu, avec patience et attention.... C'est toute son âme, sa personnalité vivante, qu'il infuse en elle, et qui sert.

Mais remarquons-le bien, le savant ne sert pas la matière en tant que telle : je veux dire ce morceau détaché, individualisé... Il sert la Vérité latente, universelle, qui, sous forme de loi, va se manifester à l'esprit qui humblement travaille, au moment où il aura harmonisé les choses selon qu'il est nécessaire pour que l'effet se produise, la loi se découvre, la Vérité apparaisse.

Ce premier stade — le plus long — où l'homme est au service des choses, est une véritable *œuvre d'art*.

C'est un ensemble de procédés, un *rite* — à la fois fixe et élastique, qui se pourra modifier dans des détails, selon les milieux de l'expérience, mais qui demeurera en son fond le même, identique, et qui devra rester tel pour continuer d'être révélateur.

La Science commence, elle existe, au moment et au point précis où la Vérité se montre, où se produit l'effet, où se révèle la loi vivante[1].

La préparation est artistique, matérielle : elle est *un culte* rendu aux choses.

L'effet produit, quelle que soit sa nature : force, lumière, chaleur — est *seul* objet de science, et devient seul ouvrier actif d'humanité.

Ainsi en va-t-il, par exemple, dans l'éclairage puissant fourni par des lampes à arc. Ces jets lumineux et vivants ont pour condition première, essentielle, une machinerie d'acier, à la fois résistante et souple. Cet assemblage de moteurs, de dynamos, de manomètres, de courroies et de mille autres choses, est un rite compliqué — qui participe à la dignité de l'arc électrique, qui le sous-tend et lui est nécessaire, parce qu'il représente le *service humain* à l'égard des choses. Il en est le symbole tangible, matériel : le jet de lumière est intense, bienfaisant et beau, dans la mesure où les substructures sont puissantes, et bien harmonisées ; il est durable dans la mesure où elles sont solides, et où la prévoyance humaine saura maintenir, dans leur belle ordonnance et leur intégrité parfaite, les éléments qui président à sa production.

Voilà ce qu'il ne faut pas perdre de vue.

Plus l'on voudra que le résulat *scientifique* et physique-

---

[1] « Le type de certitude scientifique était autrefois la démonstration géométrique ; c'est maintenant la vérification expérimentale... La science, pour nous, c'est moins le théorème démontré que la loi expérimentalement vérifiée. » OLLÉ-LAPRUNE. *La Philosophie*, p. 11.

ment éducateur pour l'humanité soit atteint, plus il faudra d'attention, d'effort, de dévoûment, d'amour véritable et désintéressé.

Les trains rapides abolissent les distances et rapprochent les hommes. Mais ils nécessitent un service spécial. Laissez donc se produire un oubli, se glisser une négligence, agir une mauvaise volonté... Alors, c'est une catastrophe, l'horreur du crime, la douleur, le sang, la mort... Des hommes sont écrasés dans la boue, hachés, pilés, brûlés vifs !

Qui accuserez-vous : l'inventeur ? Non point, mais ceux qui au lieu de se tenir dans les limites de l'expérience, de la sagesse, ou de la justice, pour que son invention soit bienfaisante, en ont fait un instrument de mort, terrible, odieux : *optimi corruptio pessima*[1].

L'invention, elle, reste toute glorieuse, immaculée, sans aucune souillure sanglante. Au même moment, ailleurs, elle porte la vie ; demain au même endroit elle repassera victorieuse parce que les hommes auront « repris leur service » normal !...

Voilà la Science : c'est *un amour éducateur* et bienfaisant, *dans la liberté*, par elle et avec elle[2].

---

[1] « Il nous conta la formidable mêlée, ce déluge de fer et de feu tel que cette guerre, ni aucune autre n'en avaient jamais vu, *humiliation suprême de la raison*... » P. Deschanel, *Séance de la Chambre*, 14 mars 1916.

[2] « Suivant Platon, et plus encore peut-être, suivant Aristote, si l'on va au fond de la pensée de ce dernier, c'est dans l'idée du bien, c'est dans l'idée de l'amour, qui y correspond et qui l'explique, qu'est le dernier mot de toutes choses. Et aujourd'hui, qu'après tant de recherches faites et tant d'expériences amassées, nous voyons plus clairement que jamais que le dedans des choses, pour ainsi dire, est l'âme, et le dedans de l'âme, le vouloir, comment ne pas reconnaître que c'est dans ce qui forme l'intérieur le plus reculé de la volonté elle-même, que se cache la source profonde d'où jaillit toute science ? L'amour vrai, ou amour de ce vrai bien qui lui-même n'est que l'amour, n'est-ce pas en effet la sagesse ? Et qu'est-ce que la science, si, pour rappeler un mot d'Aristote, le monde n'est pas un mauvais drame for-

Le but dernier de cette éducation, c'est en effet de substituer progressivement la liberté au déterminisme, de faire triompher l'esprit sur la matière, de conquérir l'univers, de se l'assimiler pour le rendre plus humain, pour lui conférer une qualité sociale, l'élever au rang de collaborateur de *la Personne* morale, au lieu de la meurtrir ou de l'annihiler, comme il arrive trop souvent dans le cours ordinaire de la vie.

Ainsi le monde de la fatalité, du mécanisme, est appelé par la Science à se ranger sous la loi supérieure de l'amour. En servant les choses, elles les fait servir, *elle les recrée* sur un autre plan, plus haut, plus vaste, plus digne de l'homme. Elle les éduque et les grandit : ce qui est le propre de la *bonté* humaine, en même temps que la preuve de sa supériorité sur la matière.

Mais cette conquête, pacifique en apparence, a ses héros, ses victimes et ses martyrs. Ce n'est qu'au prix du sacrifice, en se donnant toujours, et toujours davantage, — selon la loi même de l'amour — que l'homme de science opère cette éducation des choses, qu'il les apprivoise, les civilise, les humanise.

Et de cela, il faut le louer ; — car il est libre de le faire, puisque tout amour est une révélation et une grâce. Nul ne peut lui imposer un maximum de contact avec les choses, un commerce plus étroit que celui de l'expérience ordinaire et du commun des mortels. Sans doute, elles aspirent obscu-

---

mé de morceaux sans rapport les uns avec les autres, qu'est-ce que la science, si ce n'est l'ensemble des formes diverses et, pour ainsi dire, des projections et des reflets en des sphères inférieures d'une science première, qui est celle du premier et universel principe, et qu'on nomme, d'un nom d'excellence : la sagesse ? » RAVAISSON, p. 227.

« N'est-ce pas ce vivant amour de la beauté qui fait tout ce qu'il y a de réel et de positif dans l'œuvre de la science ?..., N'est-ce pas lui qui fait ainsi de l'ordre une raison, de la beauté la première des preuves ? » SÉAILLES. *Le Génie dans l'Art*, p. 26.

rément, sans conscience, instinctivement, à cette vie supérieure, ainsi que le montre le mouvement vital de l'univers, où tout s'élève, s'assimile, se subordonne et s'assujettit.

Mais il n'a pas le devoir strict de la leur communiquer. Relativement à lui, le monde n'a aucun *mérite*.

On me dira peut-être que le savant est porté au don de soi par l'amour-propre, et l'ambition qu'il a d'affirmer sa personnalité au dehors. Sans doute, mais il l'est plus encore par le désir profond de conquérir le vrai[1].

C'est à cette *vérité vivante*, attendue, aimée, qu'il se subordonne dans les choses. Et c'est aussi ce qui fait la grandeur de la Science.

La bonté du savant, de son être moral, de son sacrifice, est une bonté de vérité. C'est de *la Vérité* qu'il se fait serviteur pour participer à sa noblesse, à sa beauté. Il a l'intuition que, par elle, il se lie par en haut à un ordre, une harmonie, qui le dépassent, en un sens, infiniment. Et rien ne lui tient plus à cœur, après avoir été admis à y jouer son rôle actif, que d'y appeler les autres hommes, et de leur transmettre ce qu'il a reçu au prix du plus patient et douloureux labeur.

Intermédiaire entre la Bonté supérieure qui réside dans les choses et l'Humanité à laquelle il la dispense, — tel apparaît le savant digne de ce nom.

Malgré tout, le pouvoir que confère à l'homme son commerce scientifique avec les choses n'est que relativement humain, car il est purement physique. La matière élue a beau

---

[1] « Ce qui est plus important, *mon amour* des sciences naturelles a été *constant* et *ardent*.. — Ce pur amour a été toutefois beaucoup encouragé par l'ambition d'être estimé par mes confrères naturalistes. » Darwin. *Revue des Deux-Mondes*, 1ᵉʳ novembre 1887, p. 184.

servir, s'humaniser, être l'auxiliaire de *la Personne* dans ses entreprises les plus belles, les plus hardies, se faire la collaboratrice de sa pensée, de son amour, — ce qu'elle donne n'est rien en comparaison de ce qu'elle reçoit, s'il est vrai qu'elle tient de lui, exclusivement, sa qualité morale, qu'elle est appelée par lui à un ordre nouveau, et supérieur.

Il est bien certain que si la matière, par impossible, se refusait obstinément à servir, l'homme vivrait sans histoire, sans expérience, en quelque sorte dans l'intemporel.

La société n'aurait d'autres bases que la tradition orale et vivante. Et sa permanence ferait sans doute bien la preuve de sa puissance de vitalité, mais elle n'en exprimerait ni la qualité intime, ni la puissance d'adaptation et d'assimilation.

Car c'est la Science seule qui montre et qui explique ce qu'il y a, dans le groupe social, de conforme à l'expérience et aux exigences de l'humanité. Appuyée sur les enseignements du passé, elle fait voir, *dans le présent*, tout ce qui permet d'avoir confiance en l'avenir ; et dans le fait d'avoir été, elle découvre les raisons qui fondent son droit à être. Cependant qu'elle établit, de concrète façon, les lois de ce devenir toujours espéré, toujours réalisé.

Les peuples, sans la Science, seraient donc, en quelque sorte, voués à une enfance perpétuelle. Il semble du moins qu'ils ne dépasseraient pas, sans elle, une certaine limite de civilisation. Cela pourrait d'ailleurs aller fort loin : l'exemple des anciens le prouve. Mais seraient-ils pour cela moins moraux, moins heureux ? C'est une autre question[1].

---

[1] « Le bonheur est une fonction morale et ne dépend pas de la science, ou, s'il en dépend, il n'en dépend qu'autant que la morale elle-même peut en sortir. » Fonsegrive. *Les livres et les idées*, p. 91.

« Il fera des savants. Hélas, qui sait encor
Si la science à l'homme est un si grand trésor ? »
La Fontaine.

*
* *

Car la Science est incapable de fonder la morale, de donner des bases solides au devoir, et de faire luire aux yeux de l'Humanité le flambeau d'idéal, dont elle a besoin toujours pour orienter sa marche et vivre dans la joie[1].

A vrai dire, l'attitude scientifique, en tant que telle, est éminemment morale.

Dans l'exercice même de son rôle, le savant sert, se sacrifie. Désintéressé, oublieux de soi, il vit, à proprement parler dans l'amour.

Quand il remplit sa fonction, l'homme de science apparaît grand : il est celui qui aime, « à tous ses dépens », une vérité qu'il reconnaît pratiquement lui être supérieure.

Et parce qu'il se plie aux exigences de l'amour, il est beau et mérite l'admiration des hommes.

Aussi bien, nous l'avons vu, il a fallu qu'il prenne obligatoirement cette attitude de vérité pour que la loi des choses se révélât à lui, et qu'il devînt un créateur de vie.

C'est elle qui a établi son autorité, qui lui a donné son prestige.

Il faudrait donc, pour être sincère et constant avec lui-même, qu'il se montrât toujours tel qu'il a dû être pour découvrir la loi, pour être *initié* au secret de l'univers.

Mais l'homme se dédouble facilement. Il viole sans difficulté le *contrat* passé avec la vérité qui a fait sa grandeur.

---

[1] « Le bonheur de l'humanité ne dépend pas de la science, parce que l'homme est un être moral. Il ne me suffit donc pas de voir les triomphes de la science et d'en prévoir d'autres plus complets et plus éclatants pour être content de tout. Aussi bien, une philosophie issue de la science s'offre à moi, qui a les conséquences manifestement pessimistes. C'est le positivisme quand il est conséquent avec lui-même. A la lettre, il dévaste la vie. » OLLÉ-LAPRUNE. *Le Prix de la Vie*, p. 200.

Il recommence aisément ses expériences et accomplit les gestes de son rôle, sans y mettre comme au premier jour son âme et son cœur. Au lieu de se renouveler et d'apporter dans ses contacts avec la matière une personnalité toujours vibrante, une activité toujours plus grande, et qui s'affirme sans discontinuer supérieure, il oublie qu'il doit être le maître et tout pénétrer d'âme ! Et il se ravale au rang des choses, qu'il devrait dominer avec persévérance... Il s'immobilise, se matérialise, et perd peu à peu toute spontanéité. Indifférent ou comédien, tel il apparaît alors.

En réalité il n'a plus du savant que le masque. Il abuse à présent d'une autorité légitimement acquise.

Sa science devient un pur mécanisme. Elle ne le lie pas par un lien d'amour vivant avec la vérité qui, dès l'abord, avait fait vibrer tout son être, et qu'il avait cherchée passionnément. Et il n'est pas rare, alors, de voir des hommes de science qui, infidèles à cette vérité qu'ils font profession de servir, sont fort habiles à manier les choses, par habitude, mais n'ont ailleurs qu'une très mince valeur morale et humaine[1]. Et cette contradiction radicale est la revanche de la vérité méconnue.

Il y a donc, pour le savant, et pour tout homme qui prend l'attitude scientifique, une sorte de révélation de la morale impliquée dans cette attitude même, qui est une reconnaissance muette du devoir.

Mais outre que ce devoir est particulier, spécial, et que la Science n'a pas qualité pour lui conférer une valeur univer-

---

[1] « La science ne prend pas tout l'homme, si ce n'est en ce sens qu'elle le passionne et obtient son dévouement ; entre le savant et l'homme la distinction, la séparation se fait d'elle-même, la science *comme telle* ne régentant point la vie pratique. » OLLÉ-LAPRUNE. *La Philosophie*, p. 22.

selle, pour en faire un « impératif catégorique », il ne s'agit ici remarquons-le bien, que de la Science conçue dynamiquement. Quant à la Science mathématique et positive, elle est incapable, radicalement, de fournir ce minimum de révélation, qui peut être une préparation parfois efficace à la morale véritable et proprement humaine.

Nous le pouvons aisément comprendre après l'étude que nous en avons précédemment faite. La Science dite positive, démarche purement rationnelle, qui ne dépasse pas le phénomène, s'isole volontairement de la pensée, de la conscience et du social, qui ont cependant une existence indépendante de la Science et supérieure à elle.

Parce qu'elle pose l'explication intellectuelle et la méthode expérimentale comme l'explication du tout, elle est frappée de nullité en tant que directrice de l'action. Il serait vraiment trop drôle de vouloir l'établir comme règle de ce donné moral qu'elle prétend, de parti pris, éliminer pour se constituer elle-même[1]. On n'imagine pas une outrecuidance pareille à celle de ce *rationalisme pur*, qui s'étant séparé de la conscience — et se refusant d'en tenir compte dans l'explication des faits, viendrait ensuite s'imposer à elle et lui dicter des lois[2] !

---

[1] Cf. Boutroux. *Questions de Morale et d'Education*.

[2] « Ce qu'il faut proclamer bien haut, c'est que le progrès matériel dû à la science est le moindre fruit de son travail ; elle réclame un domaine supérieur et plus vaste, celui du monde moral et social. En effet, tout relève de la connaissance de la vérité et des méthodes scientifiques par lesquelles on l'acquiert et on la propage : la politique, l'art, la vie morale des hommes aussi bien que leur industrie et leur vie pratique. — J'entends par là la connaissance intérieure des sentiments et des lois du monde intellectuel et moral ; j'entends aussi la connaissance extérieure de l'humanité et de l'univers... C'est la science qui établit les seules bases inébranlables de la morale, en constatant comment celle-ci est fondée sur les sentiments instinctifs de la nature humaine, précisés et agrandis par l'évolution incessante

Parce que la Science positive entend — ne pas garder contact avec le dynamisme psychologique, négliger le Moi, tenir pour non avenues les certitudes du dedans, — elle se réduit à n'être qu'un schéma, une courbe graphique, tout au plus une histoire, radicalement incapable de créer le mouvement intérieur, l'attirance, la sympathie, l'union, l'amour social, d'où jaillit le devoir[1].

Et cette conséquence est le fruit de la contradiction flagrante sur laquelle elle s'est d'abord édifiée. Car — on ne le soulignera jamais trop — l'histoire à laquelle elle veut tout ramener, les faits qui, d'après elle, suffisent à tout expliquer, sont des faits humains, *des actes de l'homme*. Sous prétexte d'objectivité, on commence par en exclure la vie qu'on se fait fort d'expliquer. Comment voulez-vous les faire rentrer ensuite dans le courant moral, et leur donner pour la conscience une valeur universelle et normative, — si vous en avez d'abord éliminé tout ce qui est proprement humain, révélateur de *la loi de l'homme ?*...

Ainsi donc, non seulement la Science strictement positive n'est pas moralisante, éducatrice, parce que toute action qui essayera de se constituer d'après ses données est condamnée à rester stérile, incapable qu'elle est de plonger ses racines dans la vie ; mais elle apparaît de plus comme

---

de nos connaissances et le développement héréditaire de nos aptitudes. » Berthelot. Cité par Tavernier. *La morale et l'esprit laïque*, p. 102.

[1] « Une fois faite, la science ne sert pas à grand'chose pour vivre. Elle résume, dans une formule exacte, les faits observés. Œuvre de raison, puisqu'elle substitue à la multiplicité des détails la généralité de la notion, elle a pourtant pour mesure l'expérience qui sert à la constituer, et, parce qu'elle ne dépasse pas les faits, elle est, par elle-même, sans vertu pratique. Dans le domaine de la nature, savoir c'est pouvoir. Dans le domaine pratique, cela n'est plus littéralement ni directement vrai. Les sources de l'action sont ailleurs. » Ollé-Laprune, *Le Prix de la Vie*, p. 83.

une ouvrière de contradiction et de lutte[1]. Car elle établit un conflit à demeure, et plus ou moins aigu, selon les individualités, entre la conscience et le devoir révélé par elle, dans l'amour, et le savoir scientifique, c'est-à-dire l'expérience considérée uniquement du côté des choses et de façon purement rationnelle. Et c'est ainsi que, plus elle se fait positive, moins la Science est susceptible de donner la formule de l'expérience totale, révélatrice de la loi de la vie ; de créer l'équilibre nécessaire entre le donné humain et les choses, le passé et l'expérience actuelle, la Tradition et la liberté.

Sans doute, pareil conflit n'existe point chez le savant qui se fait de la Science une conception vraie — dynamique et psychologique, mais cette Science elle-même, toute vivante qu'elle soit, demeure cependant impuissante à lui fournir les deux éléments nécessaires de la morale humaine : un idéal *personnel* et une loi *vivante*, le sentiment *et* l'idée du devoir.

La loi scientifique révèle en effet uniquement ce qui est. Son pouvoir d'affirmation ne va pas plus loin que la constatation du fait. Dire qu'il sera demain, après avoir été aujourd'hui, c'est glisser l'esprit dans les choses. Cette anticipation de l'avenir introduit dans le fait une continuité que ne révèle en rien l'expérience. C'est une conclusion, qui elle-même, nous l'avons dit, résulte d'un postulat.

L'idée d'obligation ne sort donc pas de l'expérience scientifique, parce qu'elle n'y est pas contenue[2].

Il y a plus encore : supposé même qu'elle s'y rencontrât, son incapacité éducatrice et moralisante demeurerait cependant aussi radicale.

---

[1] Cf. BOURGET. *Discours*.

[2] « Que rien de tel que l'obligation ne soit au début, vous aurez beau ajouter le temps au temps : cette longue série de siècles ne donnera à la fin rien de tel que l'obligation. Elle n'est pas dans le germe, elle ne sera pas au terme du développement. » OLLÉ-LAPRUNE. *Prix de la Vie*, p. 116. — Voir plus haut, p. 48, note 1.

La loi est en effet, de sa nature, insaisissable. L'amour des choses qu'elle exprime est, dans sa substance même, une immatérielle réalité, dont la formule scientifique offre une traduction en vue des besoins de la pratique.

Or, le devoir, pour s'imposer à la conscience et devenir sa règle, doit *d'abord* se révéler à elle du dedans : il doit être un sentiment, quelque chose de profond, de vécu, avant de devenir idée. Il ne se manifeste à l'homme avec une autorité indiscutable que dans un *commerce personnel*, et non point dans des relations quelconques, extérieures, superficielles, où le Moi n'est pas engagé tout entier. Il prend l'homme aux entrailles avant de gouverner sa raison. C'est après avoir fait corps avec lui, qu'il devient un élément de son expérience et la forme de son action.

La Personne humaine ne reconnaît de supérieur que dans l'ordre de la conscience, de la moralité, de l'amour actif. C'est de la *bonté* agissante, condescendante et libératrice à la fois, que jaillit la vision du devoir et que son autorité *s'impose*.

Mais elle ne violente pas. Car elle apparaît comme l'idéal nécessaire, le terme vivant de l'activité, le bien désirable, dont la participation satisfera les aspirations intérieures, développera les puissances intimes et fera vivre avec plus d'abondance, de plénitude et de dilation.

La Science ne peut donc élever aucune prétention à prendre la direction de la vie de l'humanité[1]. Elle ne lie pas à

---

[1] « Par l'incessant travail du XIX⁰ siècle, la connaissance des faits s'est singulièrement augmentée, la *destinée humaine est devenue plus obscure que jamais. Ce qu'il y a de grave, c'est que nous n'entrevoyons pas pour l'avenir, à moins d'un retour à la crédulité, le moyen de donner à l'humanité un catéchisme désormais acceptable...* » Renan, *L'Avenir de la Science*, Préface, p. xviii. Cité par Bureau, *La Crise morale*, p. 252.

« De quelque côté que nous nous tournions, l'attitude de la science en face des problèmes sociaux est *aussi peu satisfaisante*. Elle n'a *pas*

un supérieur capable de l'éduquer : les choses sont inférieures à l'esprit, la matière à l'homme. Aucune lumière ne vient d'elle à la conscience, qui, du dedans, porte des jugements de valeur sur les objets offerts par l'expérience commune, avant que de les recevoir ou rejeter comme des éléments du Moi, des matériaux de *la Personne* humaine. Ni explication pour l'esprit, ni direction pour la volonté, ne jaillissent de la Science positive ou dynamique. Il faut se résoudre à reconnaître qu'elle est sans lien nécessaire, soit avec la conduite et l'action, soit avec la pensée. On peut la considérer — en tenant compte toutefois des réserves faites par nous — comme *amorale*, placée hors des frontières de la moralité.

Et cette affirmation ne semble ni téméraire, ni exagérée, si l'on considère que, dans la réalité, les hommes se servent indifféremment de la Science, soit pour le bien, soit pour le mal. La même découverte devient ainsi principe de vie ou de mort, selon la qualité de la personne qui en fait usage, la valeur morale de l'agent[1].

Il semble même qu'une observation plus générale et plus minutieuse découvre dans la Science une tare originelle,

---

de réponse à donner aux problèmes de notre temps. » B. Kidd. *L'Evolution sociale*. Cité par Bureau. *Ibid*.

« La science possède désormais la seule force morale sur laquelle on puisse fonder la dignité de la personnalité humaine et constituer les sociétés futures... La science domine tout..., *elle n'affirme et ne promet rien*... elle s'empresse de déclarer l'incertitude croissante de ses constructions idéales. » Berthelot. Cité par Tavernier. *La morale et l'esprit laïque*, p. 108. *Relisez la note 2, page 338.*

« Je n'ai pas voulu dire que la science donne la solution des problèmes sociaux. Elle ne l'a jamais promis, *parce qu'elle ne promet jamais rien ;* et ceux qui l'accusent d'avoir fait faillite à ses promesses ont pris pour de la science des boniments de tréteaux ». Duclaux. Cité par Tavernier. *Ibid.*, p. 111.

[1] « La science élève ou abaisse selon le terrain *mental* qui la reçoit. La culture supérieure n'est utilisable que par des *cerveaux* supérieurs. » Le Bon. *Aphorismes*, p. 111. (Nous dirions : *moral... personnalités* ou *consciences*).

et reconnaisse en elle des tendances démoralisatrices, sur lesquelles on pourrait sans peine instituer son procès[1].

Sans parler du fétichisme rationaliste qu'elle fait naître dans les sociétés, où elle crée une sorte de mandarinat en faveur des intellectuels[2], qui président aux destinées des peuples en vertu de leur facilité à remuer des mots, — au moyen desquels on vit en marge des réalités concrètes et des véritables aspirations des hommes, sans se soucier de leurs besoins[3], — il faut bien reconnaître qu'elle fausse les esprits moyens.

Son succès matériel la fait considérer comme la puissance souveraine et détourne des préoccupations proprement humaines. On sait que le *machinisme* a porté une rude atteinte à la vie intérieure et à la personnalité de l'ouvrier[4]. La culture morale est reléguée sans effort, et presque inconsciemment, au dernier plan des préoccupations de l'homme qui

---

[1] Cf. Le Bon. *Aphorismes*, p. 111.

[2] « Notre système d'éducation classique a fini par créer *une aristocratie de la mémoire*, n'ayant aucun rapport avec celle du jugement et de l'intelligence... Les concours mnémoniques créent des inégalités sociales plus profondes que celles de l'ancien régime et souvent moins justifiées. » Le Bon. *Aphorismes*, p. 114.

[3] L'orgueil scientifique ferme à la bonté et à la vérité. Combien disent in petto comme Napoléon, sans en avoir l'envergure : « Mes peuples d'Italie doivent me connaître assez pour ne point oublier que *j'en sais plus dans mon petit doigt* qu'ils n'en savent dans toutes leurs têtes réunies. » Napoléon, 14 avril 1806.

[4] « Il n'est pas vrai que la Science puisse diminuer le travail humain. Les machines et les inventions, qui ne vont pas sans danger et sans graves accidents, ne font qu'abrutir le travailleur et que ruiner sa santé. Le bonheur ne doit pas se chercher dans cette voie. Il n'est pas démontré que, si le machinisme supprimait le travail, l'homme serait plus heureux : j'ai même une forte tendance à croire qu'il serait plus malheureux qu'il n'est, et plus près de la brute. Et la Science, si elle réalisait les espérances que beaucoup ont fondées sur elle, deviendrait une excellente méthode d'abêtissement ! La Science détruirait la Science. » Renouvier. *Derniers entretiens.* Colin, 1904, p. 84, 85.

voit partout triompher les choses. Chaque nouvelle découverte est *pour lui* une merveille qui recule le mystère au milieu duquel nous paraissons plongés[1]. La volonté de l'homme est la règle unique, puisque son esprit est la mesure de tout. A quoi bon se fatiguer à chercher d'autres explications de la nature, du passé, de l'avenir, que celles de la Science ! Elle réussit, elle progresse : donc elle est la vérité absolue. En dehors d'elle, c'est le mensonge ou le néant.

Et l'on attend d'elle une ère de félicité toujours promise ! Jusqu'au jour où l'homme, ayant en réalité négligé la loi de la vie au profit de sa nouvelle idole, et n'ayant fait l'éducation ni de sa volonté, ni de ses appétits[2], ni de ses sentiments, donne l'exemple de son infériorité morale, par des actes individuels ou collectifs, dont la bestialité rappelle aux moins clairvoyants cette vérité simple, mais fondamentale : que la vie personnelle ou sociale, — pour demeurer spécifiquement humaine, — a besoin de tout autre chose que des dons incomplets de la Science et des fallacieuses promesses que l'on a trop souvent prodiguées en son nom[3].

---

[1] Mais : « La science crée plus de mystères qu'elle n'en éclaircit. » LE BON. *Aphorismes*, p. 128.

[2] « On le sent, on en est sûr, on a fait vingt fois la cruelle expérience, le *progrès moral* n'est pas le *progrès intellectuel*, puisque le plus savant n'est pas le plus vertueux... Le seul genre ou la seule forme de progrès qui mérite vraiment d'être nommée de ce nom, c'est « le progrès moral »... Provisoirement je propose de le définir par le progrès que nous pouvons faire chacun dans le détachement ou l'abnégation de nous-mêmes. » BRUNETIÈRE. *Doctrine évolutive*, p. 37, 34.

[3] « On s'est vanté de résoudre par la science et une technique meilleure les problèmes moraux que nos pères devaient résoudre par la vertu : la prétention n'était pas totalement injustifiée, mais on n'avait pas songé que la forme nouvelle de la vie sociale allait à son tour imposer des devoirs nouveaux... Il est des progrès scientifiques que l'humanité n'est pas encore capable de supporter : ces progrès, loin de *produire* mécaniquement la moralité, *la postulent* au contraire et *la requièrent.* » P. BUREAU. *La Crise morale*, p. 178.

CHAPITRE XIII

LA SCIENCE

(Suite).

Est-ce à dire qu'il faille regarder la Science comme un mal et qu'on doive, au nom même du bien de l'humanité mieux comprise, porter sur elle une condamnation sévère ?

Plusieurs n'ont pas hésité à le faire. Ils ont maudit à la fois la Science, l'intelligence et la raison[1].

D'autres sans porter une sentence aussi radicale sur le fond[2], l'ont accusée, en fait, d'être faillie, banqueroutière.

D'autres encore, sans aller jusque-là, dénient à la Science toute valeur objective et n'y voient qu'un heureux expédient.

Avant de nous prononcer dans le débat, nous devons d'abord affirmer et préciser la valeur que l'on doit en justice reconnaître à la Science, indépendamment de tous ses succès d'hier et d'... ... les éclipses qu'elle peut demain subir. C'est le ... ...yen de voir ses progrès d'un œil tranquille, et de ... ...endre avec sérénité contre les

---

[1] « Il fut de mode vers 1892 de dire beaucoup de mal de l'intelligence... Quelques-uns conclurent que pour agir il fallait ne pas savoir, et tâcher de s'abstenir de penser. M. Henri Bérenger dans « l'Effort », M. de Wyzewa dans ses « Contes chrétiens » accusèrent *l'intelligence d'être mortelle à l'action.* » Fonsegrive, *Le Catholicisme,* p. 291.

[2] « La Science ne joue point le rôle qu'elle devrait jouer ; elle sert par l'utilité des inventions plutôt qu'elle n'agit par la vertu des principes et des vérités ; elle n'éclate point aux esprits, elle ne parle pas aux cœurs ; *elle ne triomphe pas, elle ne règne point.* » H. Berr, *Vie et Science,* Colin, 1894, p. 5.

attaques passionnées de ses adversaires, habiles, pour la contredire, à profiter de toutes ses défaillances.

Car on voit bien avec évidence, nous l'espérons, que la critique instituée jusqu'ici de la Science, ne provient pas d'un parti pris de dénigrement, n'a rien d'une « critique de combat »[1].

Nous appuyant sur l'analyse psychologique du donné qui la constitue essentiellement, nous pouvons dire de la Science ce que Pascal affirme de l'homme : elle est un milieu entre rien et tout[2].

Située à mi-chemin entre l'intuition pure, d'où elle sort, et l'amour supérieur après lequel soupire et aspire l'âme humaine, elle est une sorte de révélation muette de la loi des choses et des êtres, de l'accord de l'homme et du monde, du Moi et du non-Moi[3].

---

[1] Protester contre l'*exclusivisme* de la Science n'est pas nécessairement mettre en doute sa légitimité ou sa valeur. Nous ne disons pas que « son privilège est caduc » (A. Rey. *La Philosophie*, p. 34), mais seulement qu'il ne saurait être ni absolu, ni universel. C'est peut-être l'oublier un peu que d'écrire : « La Science, à prendre ses affirmations pour des vérités au sens plein du mot, est, en effet, fort gênante à certains points de vue. Elle a été le trésor où sont toujours venus puiser les partisans d'une émancipation rationnelle de l'humanité. Ceux qui ne veulent croire que sur des preuves ne se sont déclarés satisfaits que par la Science. Ils ont opposé dédaigneusement aux croyances les vérités scientifiques. » (A. Rey, p. 34). La Science ne devient *gênante* que lorsqu'elle se fait *dédaigneuse* et prétend égoïstement substituer le mécanisme à la conscience, la matière à la Personne, le fatalisme à la liberté, la force brutale à l'amour.

[2] « Les raisons d'être purement scientifiques laissent, avant et après elles, beaucoup d'inconnu. Elles forment comme le milieu d'une chaîne dont les deux bouts échappent. Quand même l'homme devrait se résigner à ne connaître que cet entre-deux (ce qui n'est ni évident *a priori* ni prouvé), la possibilité en soi d'un autre savoir demeurerait. » Ollé-Laprune. *La Philosophie*, p. 85.

[3] « L'activité, au sens humain du mot, qui est le sens vraiment psychologique et aussi le sens métaphysique, l'activité, que le détermi-

Elle ne prouve pas cet accord ; elle le suppose. Avant tout elle est un constat. Par elle s'affirme et se découvre, à chaque période de son développement, le degré d'intuition du Moi humain, et sa puissance logique concrète, au sein même de l'expérience.

Notre critique nous autorise donc peut-être, après avoir circonscrit la Science, à la définir ainsi : « *Une logique du réel orientée vers la pratique et génératrice d'action.* »

C'est une logique. La Science consiste en effet, radicalement, à saisir des liaisons successives, d'un point de départ donné, fourni par l'intuition. Elle établit des rapports entre les êtres matériels ; ou mieux, elle les constate sans les créer, car la liberté seule, et l'amour, sont créateurs.

Du fait atteint par elle directement, et dans lequel elle ne voit qu'un ensemble de rapports, elle conclut à d'autres rapports possibles, probables, plus étendus que les premiers, rattachés à eux, les expliquant et les prolongeant à la fois[1].

Enfin elle exprime ou traduit ces rapports en langage rationnel et d'expérience qui, pénétrant dans de nouveaux esprits, leur donnera l'intelligence de la vérité des choses, et leur permettra de se mettre à leur tour en contact direct et personnel avec elle, par l'expérimentation[2].

Et remarquons-le de suite. Cette logique — qui a pour base l'intuition et pour instrument de communication et d'ana-

---

nisme scientifique pourchasse et finit par exclure, se retrouve à l'origine de toute cette série de mouvements, vaguement entrevue, je le veux bien, mais posée, supposée, malgré les dénégations même, malgré les précautions multipliées contre elle, malgré le parti pris de s'en passer ; et l'ordre purement scientifique est comme la forme par laquelle cette action initiale se rend intelligible, c'est le langage qui nous la traduit... » OLLÉ-LAPRUNE. *La Philosophie*, p. 90.

[1] Cf. A. REY. *La Philosophie*, p. 86.

[2] « Créer une science n'est autre chose que de faire une langue. » CONDILLAC. Dans JANET, SÉAILLES. *La Philosophie*, p. 242.

lyse le langage scientifique — socialise nos rapports avec la matière et les humanise, les introduit dans la circulation humaine. Ainsi fait la logique du concept, laquelle rend possible nos rapports avec les autres hommes, en créant le langage usuel, traduction des pensées et des sentiments des hommes, et organe indispensable de leurs mutuelles relations.

L'une s'exprime en langage de liberté. Si, après l'avoir vu faire l'aumône à un malheureux infirme, je dis : Pierre est bon, je n'affirme au fond qu'un possible, car je puis me tromper. C'est une croyance. Et, serait-il vrai, le fait que j'énonce n'est tel que pour un moment du temps et de l'espace. A l'instant où je parle, Pierre est peut-être en train de commettre une vilenie[1].

---

[1] Il convient ici nettement de détruire une équivoque et de s'inscrire en faux contre une façon d'envisager les choses, qui manque de justesse et de justice. On va répétant que « la science, et *la science, seule*, permet de *savoir*. » (Cf. REY, *La Philosophie*, toute la page 4). En vérité, l'on ne saurait plus aisément jouer sur les mots. Quand je vois Pierre accomplir un acte de bonté, aucune science n'ajoutera rien à ma certitude présente. Je sais. Mais parce que l'avenir n'est pas impliqué dans l'acte présent, je ne puis *prévoir* ce que fera Pierre ce soir, demain. Et il m'est impossible de faire de son action un objet de science. Fort bien. Mais qu'est-ce que cela prouve, sinon qu'il y a toute une partie du réel qui échappe par définition même à la Science, parce qu'il est liberté. Sur ce terrain, on peut *constater*, connaître des faits précis, *savoir* puis *conjecturer*, induire, raisonner sur eux par analogie. La Science ne permet de *savoir* et *de prévoir*, c'est-à-dire de *savoir en série illimitée*, précisément, que par une élimination préalable de la liberté. Prétendre que « la science seule permet de savoir » est un pur sophisme. Et si l'on se contente du savoir scientifique, n'avoue-t-on point du même coup son *indifférence* aux choses proprement humaines et morales ? On se mutile de parti pris. Si donc l'on veut être sincère, avoir une attitude d'homme, il faut à la fois reconnaître les droits de la Science dans le domaine du mécanisme, toujours identique à lui-même et par cela même *prévisible*, et confesser son incapacité radicale soit à fournir une méthode de *savoir* moral et humain, soit à contredire les disciplines qui s'efforcent de saisir *les faits* relevant de la liberté, et d'en dégager les lois souples, vivantes, infini-

La logique scientifique, elle, parle le langage de la nécessité. Les pierres, en tombant, tendent au centre de la terre ; à moins qu'une volonté supérieure ne dérange ces rapports, ils seront tels toujours et partout. Ce n'est pas de l'intérieur des choses elles-mêmes que peut provenir le changement.

On comprend dès lors ce que nous entendons par ces mots : la logique usuelle est une logique du possible ; la logique scientifique, une logique du réel. Et si cette dernière permet l'affirmation et donne la certitude, c'est seulement dans des conditions spéciales et nettement déterminées[1].

La Science est donc plus qu'un pur symbole[2]. Les mots

---

ment délicates. Après cela on ne saurait trop désirer que la Science et la métaphysique, comprenant leurs vrais intérêts, se prêtent un mutuel et précieux appui.

[1] « Les méthodes des sciences physico-chimiques sont par conséquent les seules qui puissent nous donner quelque satisfaction intellectuelle *au sujet des questions qui relèvent de ces sciences.* » A. Rey. *La Philosophie,* p. 162.

[2] D'après Le Roy, la Science est *toute* symbolique, arbitraire, artificielle, et sa mission est « de fabriquer la vérité même qu'elle recherche. » Cf. P. Gaultier. *La Pensée Contemporaine,* p. 18.

« Ma science n'empêche point mon ignorance *de la réalité* d'être absolue. Langage symbolique, admirable système de signes, *plus la science progresse, plus elle s'éloigne de la réalité pour s'enfermer dans l'abstraction.* » J. Payot. *De la Croyance.* (Cité par Bureau. *La Crise morale,* p. 353).

« Leibnitz avait déjà vu qu'il n'est pas un seul de nos états de conscience qui n'enveloppe en lui l'infini confus, et de cette vue de Leibnitz on a pu aisément tirer que l'intelligible pur n'est qu'un abstrait, un résidu desséché des formes vivantes ; que le réel, infiniment riche et fécond, ne saurait s'exprimer dans nos pauvres idées claires ; que, dès lors, la science, bien loin de nous donner le réel et l'existant, ne nous donne que d'exsangues et pâles fantômes des choses réelles, qu'elle ne nous fournit qu'une série de notations symboliques et schématiques, qui nous permettent de nous égarer à travers la forêt des phénomènes, mais qui ne sauraient avoir la prétention de nous révéler l'essence profonde de quelque être que ce soit. » Fonsegrive. *Le Catholicisme,* p. 41.

Cf. A. Rey, p. 73, 106, 107, 130.

qu'elle prononce n'ont pas qu'une valeur de convention. Ce n'est point une imagination projetée sur les choses, ni une simple création de l'esprit qui s'ajuste tant bien que mal à la réalité, et dont toute la valeur consiste à réussir avec bonheur sur quelques points de l'espace et du temps.

Les attaches secrètes qu'elle garde avec l'intuition, et dont nul ne peut la déprendre par un acte de volonté autoritaire, la maintiennent toujours, — quoi qu'on fasse, et quelque abusivement qu'on la traite, en contact avec le dynamisme du Moi, avec l'amour vivant et personnel, auquel répond et se soumet l'amour qui anime les choses[1].

Et si la mesure de leur commune action reste toujours mystérieuse et indéterminable *a priori*, on peut dire cependant qu'elle est en proportion directe avec la qualité et l'envergure de ce mutuel amour.

La Science ne saisit pas tout l'être : c'est sûr[2]. Mais elle

---

[1] « L'interprétation pragmatique de la science — écrit A. REY, *La Philosophie*, p. 37, — permet donc de décréter que la science n'a *aucun rapport* avec la vérité, pour laisser le champ libre à d'autres sources de vérité, sources religieuse, métaphysique ou morale. » Voilà comment on crée des confusions et l'on prépare le terrain aux protestations déclamatoires et passionnées (*Ibid.*, p. 38-39). L'interprétation *psychologique* de la Science fait échapper à ce double écueil d'une négation totale et injuste (*pragmatistes*), et d'une affirmation autoritaire, hautaine (*scientistes*), incapables cependant de changer la réalité profonde et de créer un droit d'exclusion.

[2] « Il est certain que la raison logique et la science mathématique... ne paraissent nullement coextensives au réel. » A. REY, *La Philosophie*, p. 75.

« Leibnitz mieux que personne a compris la nature de la continuité : il a su y voir le secret de la nature entière ; *il n'a pourtant pas assez compris que continuité et science sont incompatibles*. Loin de là, il a poussé plus loin que qui que ce fût l'ambition de tout mesurer : d'où la prétention d'exprimer toute chose par des caractères adéquats qui serviraient d'algorithme pour un calcul universel. Ce que lui-même il avait quelquefois appelé « l'indistinguable », il a espéré *vainement* le définir, le compter. » RAVAISSON, p. 210.

saisit de l'être ; ce n'est pas moins certain. Dira-t-on : « Elle ne porte que sur des rapports ; elle ne saisit rien d'autre¹. » Directement, oui, je le veux bien. Mais, tout de même, ne soyons pas dupes des mots. Je rencontre dans la rue une personne de ma connaissance : elle me salue. Le salut, voilà le geste, qui est le lien social. Le manuel de la science mondaine ne s'occupera que de lui, pour m'indiquer le moment où il convient de faire ce geste et la manière dont il doit se produire. Fort bien, mais ce geste lui-même, — simple rapport tout extérieur d'un homme avec moi, demande, exige, pour exister, que cet homme me croise dans la rue ou sur la place, qu'il soit vivant, debout, libre de ses mains, qu'il ait un chapeau, qu'il voie clair, qu'il m'ait aperçu !... Et mille autres choses encore... qui toutes rendent possible ce simple rapport, et que j'aurais pu conclure, absolument parlant, du fait d'avoir été salué dans telles circonstances².

La Science ne saisit donc que des rapports donnés, c'est entendu : explicitement. C'est même chez elle un parti pris légitime, afin de mieux voir clair³. Elle se spécialise, afin d'avoir plus de puissance. Rien de plus louable. Mais soit qu'on le veuille ou non, soit qu'on n'y prenne pas garde, faute d'avoir assez réfléchi et analysé, ou parce qu'on s'y refuse délibérément, la Science, dans chacun des rapports

---

[1] « Nous ne connaissons *plus* de corps, nous connaissons des relations, des liaisons. » Le Dantec. *Science et Conscience*, p. 72.

[2] Ollé-Laprune (*La Philosophie*, p. 281) explique fort bien que *l'action* fait connaître plus que *les dehors*, par l'analyse de *la connaissance que l'homme a de l'homme*.

[3] « Nous accordera-t-on enfin que la Science est *un système essentiellement contingent, artificiel*, limité ? Il suffit que l'on veuille bien réfléchir à tous les subterfuges proposés pour pouvoir ranger les phénomènes du radium dans les cadres de l'*Energétique*. » R. d'Adhémar. *Le triple conflit*, p. 23.

qu'elle affirme, pose la question du tout. Et au fond de chaque loi scientifique, il y a un *pourquoi*, qui la travaille à son insu.

Et voilà ce qu'il faut remarquer, afin de bien comprendre la raison pour laquelle la Science est éminemment génératrice d'action : elle n'épuise pas la matière au dehors, et à l'intérieur elle n'immobilise pas l'esprit du savant.

Celui-ci tend à rendre plus fréquents ses liens sociaux avec les choses, à multiplier les services réciproques entre lui et les êtres, dans l'espérance que sa personnalité en sortira de quelque façon agrandie.

Plus il augmente ces rapports, plus il prend à la fois conscience de son pouvoir sur la matière et de ses radicales impuissances[1].

Car s'il constate un progrès réel dans la marche de l'Humanité, il est bien obligé d'avouer que ce progrès ne porte pas en définitive sur le fond des choses, et qu'il est moins humain et humanisant qu'on le pourrait espérer au premier abord[2]. Ni le bonheur n'est augmenté, ni le malheur diminué aujourd'hui dans de notables proportions. La souffrance torture les hommes et la mort les supprime... On peut même dire sans paradoxe que l'Humanité, dans son ensemble, est

---

[1] « Le jour où quelque physicien captera le *coronium* (nouveau gaz découvert dans le soleil) dans une éprouvette, de nouveaux efforts devront être tentés pour le liquéfier. On parviendra sans doute à des températures plus basses que celle de l'hélium liquide (-271), mais en dépit de tout le génie que les hommes dépensent sans compter, on n'arrivera jamais à atteindre le zéro absolu. Pour y parvenir, il faudrait vaincre l'infini. » *L'Opinion*, 29 novembre 1913, p. 701.

« L'infini apparent et imaginaire de la quantité (*des mathématiques*) dont le vrai nom, qui exprime seulement *la possibilité de dépasser toujours tout fini*, est l'indéfini. » DESCARTES, dans RAVAISSON, p. 137.

[2] L'horrible guerre de 1914, aurait-elle détruit en 3 ans plusieurs millions d'hommes, si les *progrès scientifiques* n'avaient pas multiplié sans mesure le pouvoir de tuer?

moins heureuse qu'à de certaines périodes du passé[1]. Du triomphe parfois bruyant de la Science n'est pas sorti, pour les hommes, toute la félicité qu'elle leur avait fait espérer — et hâtivement, peut-être, promis[2]. La même angoisse pèse sur l'Humanité, qui se pose toujours les mêmes troublantes et inéluctables questions. Qui suis-je ? D'où viens-je ? Où vais-je[3] ?

C'est que, si dans chacune de ses affirmations la Science pose implicitement le problème humain, il est plus vrai encore qu'elle est incapable de le résoudre. A mesure qu'elle

---

[1] « On voit aujourd'hui que la science est tournée vers la pratique et qu'elle est impuissante à satisfaire les besoins de l'âme et même les besoins supérieurs de l'intelligence. Elle laisse sans solution le problème de nos origines et de notre destinée ; et elle a aggravé le découragement en mettant en pleine lumière la nullité de l'importance de notre globe dans l'univers. Enfin, elle n'a aucunement amélioré la situation sociale : la misère est plus terrible que jamais et plus poignante. *La civilisation a abouti à ce monstrueux contresens de nations prêtes à s'entre-détruire.* Il n'est pas démontré que les progrès de l'industrie aient allégé le travail d'un seul d'entre nous : aussi une lassitude profonde semble-t-elle avoir succédé aux premiers moments d'enthousiasme. » PAYOT. Cité par TAVERNIER. *La morale et l'esprit laïque*, p. 112. — Cf. aussi EMERSON. *Les Travaux et les Jours.*

[2] « La principale cause de cette décadence de l'esprit philosophique... je la trouve... principalement dans une conviction dont tous nos penseurs s'enchantent. Elle a été, je dois l'avouer, la mienne autrefois : j'ai cru aussi, que, peu à peu, par le développement continu de la Science et des sciences, l'humanité pourrait atteindre plus de bonheur. *Et c'est une sottise.* Il n'est pas vrai que la Science puisse diminuer le travail humain... Ce n'est pas là le rôle de la Science que de préparer le bonheur. La vraie Science doit rester théorique ; *elle ne peut être qu'une méthode de recherche.* C'est là ce qu'il faudrait comprendre, c'est là ce qu'on ne comprend pas. » RENOUVIER. *Derniers entretiens*, p. 84, 85.

[3] Cf. A. REY, *La Philosophie*, p. 1. — « La Science des choses extérieures ne me consolera pas de l'ignorance au temps de l'affliction ; mais la science des mœurs me consolera de l'ignorance des choses extérieures. » PASCAL. *Pensées*, t. VI, 41, édit. Havet.

progresse, elle multiplie les *pourquoi*. Mais elle n'y répond rien¹, parce que, si elle révèle les êtres, elle ne le fait que partiellement, dans les rapports tout extérieurs qu'ils ont avec l'homme.

Or, la réponse au *pourquoi* ne peut venir que du dedans, et du plus intime de l'être. Que savons-nous des gens avec lesquels nous avons des liens purement sociaux ? Fussent-ils fréquents, quotidiens, de tous les instants, ils demeurent toujours à fleur d'âme. On se voit, on se connaît, on se rend des services réciproques, mais on ne « se livre pas »².

Et s'il arrive parfois au savant de vivre en coquetterie avec les choses, ce ne sera jamais qu'un amour de tête : il ne saura *jamais* rien de leur intérieur et ne pénétrera pas dans leur secret essentiel : elles servent, — mais ne parlent point³.

---

¹ Elle est conduite, *par son progrès même*, au *mystère* et à *l'inconcevable*. Voir note SPENCER, p. 298.

« La science crée plus de mystères qu'elle n'en éclaircit. » LE BON. *Aphorismes*, p. 128.

² « *Le fond des choses*, ce à quoi l'analyse est nécessairement amenée pour les expliquer, ce sont *les relations*, ou mieux, le système des relations dont dépendent nos sensations... » A. REY. *La Philosophie*, p. 154.

Pure affirmation de scientiste, que l'analyse psychologique oblige à trouver trop insuffisante comme *explication* de la réalité.

³ « Quand on a étudié la physique et pénétré dans ses profondeurs, un redoutable mystère se dresse encore devant nous. *On n'a pas fait un pas vers sa solution*. Et le mystère persistera toujours. » TYNDALL. Cité par MALLOCK. *La Vie*, p. 244.

Henri Poincaré achève sagement ses « Leçons sur les hypothèses cosmogoniques » par cet aveu : « Nous ne pouvons donc terminer que par un point d'interrogation. » ETUDES, 5 août 1913, p. 430. — Et ailleurs *(Les Idées modernes sur la constitution de la matière*, GAUTHIER-VILLARS, 1913, *in fine*) : « L'atome du chimiste ne lui aurait donc pas donné satisfaction, car cet atome n'est nullement indivisible, il n'est pas un véritable élément, il n'est pas exempt de mystère ; cet atome est un monde. Démocrite aurait estimé qu'après nous être donné tant de mal pour le trouver, *nous ne sommes pas plus avancés qu'au début.* »

« Dans la question des origines, quelques hommes éminents par

Parce que la raison la sous-tend, la maintient, la fait progresser, la Science est une attitude d'action[1]. Elle est une vie, si l'on veut, et très réellement, mais une vie de relation.

Elle découvre, mais elle n'explique pas. C'est par les surfaces qu'elle met en contact : *circum præcordia ludit*. Et il ne faut pas craindre d'ajouter — après nos analyses — que quiconque se contente d'elle est bien « superficiel ». C'est un mondain de l'esprit[2]. Il peut donner l'illusion de la vie intégrale à ceux qui ne jugent des hommes et des choses que sur les apparences, comme les naïfs estiment heureux les gens dont toute l'existence se passe à l'extérieur, en

---

la science et riches d'imagination ont cru pouvoir se passer de l'observation et de l'expérience... D'autres ont résisté à l'entraînement du jour, et sont restés fidèles à la méthode mère de la science moderne... Autant que les plus fougueux partisans des doctrines soi-disant avancées, ils ont applaudi à tout progrès véritable ; ils ont accueilli avec autant de faveur toute conception nouvelle, à la condition pour elle de reposer sur l'expérience et sur l'observation. Mais lorsqu'on leur a posé des questions insolubles et qui le seront peut-être à jamais, ils n'ont pas hésité à répondre. Nous ne savons pas... J'ose dire que je suis toujours resté dans les rangs de cette phalange, à laquelle, en définitive, appartient l'avenir. Voilà pourquoi, à ceux qui m'interrogent sur le problème de nos origines, je n'hésite pas à répondre, au nom de la science : Je ne sais pas. » DE QUATREFAGES. *L'Espèce humaine*. Cité par DUILHÉ DE SAINT-PROJET. *Apologie*, p. 335.

« L'expérience n'a prise aucune sur les questions d'essence et d'origine. » LITTRÉ. Cité par DUILHÉ. *Ibid.*, p. 129.

Du Bois-Reymond (*Les limites infranchissables de la science expérimentale*) parle des « *énigmes absolument transcendantes* » de la Science. DUILHÉ. *Ibid.*, p. 65.

Le mystère demeure donc toujours *pour la raison*.

[1] « Elle est surbordonnée à des fins pratiques : *re-créer pour soi l'Univers, et capter les choses.* » R. D'ADHÉMAR. *Le triple conflit*, p. 26.

[2] « Ce qui donne à nos sciences *une clarté apparente, qui nous éblouit parfois*, c'est que nous raisonnons sur des signes bien plus que sur des idées. S'il nous prend fantaisie de vouloir aller au fond des choses, de traduire ces signes, de remonter aux principes, tout devient obscur. » JULES TANNERY, cité par BOURGET. *Discours*.

« relations » ; mais pour quiconque pénètre au fond des réalités, ce n'est là qu'une duperie. Le savant qui est exclusivement tel, — s'il s'en rencontre encore, — manque de vie intérieure. Il ne remplit pas sa vie d'homme : car l'esprit humain ne peut être seulement un répertoire de faits. Et s'il se maintient dans cette attitude, s'il s'y enferme, par effort de volonté, par routine, c'est un être mutilé : il vit *contre nature*.

Il se tient en marge de l'humanité vraie. Aussi bien n'a-t-il aucun droit de se constituer son juge et de porter sur les problèmes vitaux des jugements décisifs, sans appel.

Y a-t-il des substances et des causes, dans les phénomènes qu'il étudie, dont il s'empare ?

De cela il ne sait rien, ne peut rien savoir[1]. La causalité ne se saisit *que* du dedans. Elle est une vision de la conscience qui perçoit seule le mouvement, le dynamisme, le continu, et voit comment ceci influe sur cela, s'y insère, s'y prolonge et s'y achève[2].

---

[1] « La nature intime des êtres nous sera éternellement cachée ; la nature des forces est et demeurera un mystère. » LAPLACE. Cité par CAUSSADE. *Le Bon Sens*, II, p. 204.

« Chaque phénomène a son mystère. Le mystère est l'âme ignorée des choses. » LE BON. *Aphorismes*, p. 124.

[2] « Si l'on a pu croire qu'à côté du monde où nous fait pénétrer la Science il y a un monde que nous ignorerons toujours, c'est parce que la mécanique n'a pu donner, jusqu'à présent, une image complète de la nature... Si la vérité partielle d'aujourd'hui n'est pas celle d'hier, et ne sera pas celle de demain, la vérité d'aujourd'hui continue, implique et enveloppe la vérité d'hier, et sera continuée, impliquée, enveloppée par la vérité de demain. Il n'y a qu'une vérité, et si nous ne la possédons pas dans son intégrité, au moins se fait-elle peu à peu de plus en plus complète et absolue. » (A. REY. *La Philosophie*, p. 142). Oui, dirons-nous, en un sens. Mais à la condition expresse de ne pas *méconnaître* le dynamisme intérieur des choses, de ne pas *éliminer* la conscience par un *acte de volonté*.

La Science, pour devenir pratique, doit détendre indéfiniment les liens qui l'unissent à l'intuition. Il faut qu'elle s'intellectualise, se tourne vers le dehors, afin de s'insérer dans l'expérience et dans l'action humaine. Mais cette obligation même l'empêche de percevoir la cause en exercice, c'est-à-dire la vie en marche. L'intérieur des êtres — tout vibrant des sympathies d'où naissent leurs réciproques influences, échappe au savant qui, de l'extérieur, n'en aperçoit que la traduction pâle, toujours incomplète, encore que véritablement révélatrice[1].

Car, de ce que la Science n'atteint pas l'intime des êtres et ne l'explique pas, il ne s'ensuit point qu'elle le supprime. Pour avoir des relations et être en rapports, il faut d'abord être. On ne se lie point par de pures apparences. La vie sociale suppose des individus de chair et d'os. Les gestes, qui sont qualité plus encore que quantité, impliquent *la Per-*

---

[1] « Nos sensations qui sont le donné expérimental, ont les unes par rapport aux autres des relations d'ordre, de nombre et de situation. Ces relations qu'analysent les mathématiques sont très superficielles, et ne saisissent en quelque sorte que le contour des choses ; elles constituent le cadre dans lequel nos sensations apparaissent, l'étendue dans laquelle elles se meuvent. Mais nos sensations n'ont pas seulement en elles ces relations qui servent à les classer, à les décrire ; elles ont aussi des relations de cause à effet qui servent à les expliquer et à pénétrer leur nature. Cette notion de cause n'a, d'ailleurs, rien de transcendant ni de mystérieux ; elle ne signifie pas que la cause engendre l'effet, comme le croit souvent le vulgaire, et, d'une façon plus obscure, la métaphysique. Elle signifie simplement que, parmi nos sensations, la variation, l'apparition, la disparition des unes est liée à la variation, la disparition des autres : les unes sont en fonction des autres, si bien qu'on peut rendre raison de la production des premières en faisant appel aux secondes. » A. Rey, *La Philosophie*, p. 150, 151. — La Science qui prétend *expliquer* les choses, leur *nature*, joue évidemment sur les mots !... Car sous prétexte d'écarter la métaphysique, on commence par nier, *a priori*, *le dedans* de l'être et de la sensation.

sonne. Le mouvement exige un moteur, un dynamisme plus ou moins apparent, toujours réel.

La Science qui s'isole de parti pris ne se suffit d'aucune façon. A qui sait l'entendre, la véritable Science dit : « Marche, dépasse-moi… Va vers d'autres horizons. Cherche une autre Bonté, mets-toi en quête d'un autre Amour[1]. »

Si vous lui demandez quels ils sont, elle vous répondra qu'elle n'en sait rien, qu'elle est un *lieu d'étape* dans la recherche humaine, mais qu'on ne peut chez elle définitivement dresser sa tente, parce qu'elle n'est pas la halte de l'absolu repos[2].

---

[1] « Le mystère à pénétrer, l'inconnu à découvrir, ou, en d'autres termes, l'insondable poésie de l'être constitue le plus puissant et peut-être le seul véritable attrait de la science ; mais la science n'y répond jamais pleinement. Le génie investigateur, après chaque conquête, après chaque découverte, se détourne pour chercher sans trêve des régions inexplorées, de nouveaux cieux, de nouvelles terres à découvrir. La fascination du problème est à la fois sa volupté et son tourment.

« On rapporte que le vieux Newton n'eut ni le goût, ni le courage de revoir le célèbre livre des Principes, qui devait compléter son œuvre et mettre le sceau à sa gloire ; il laissa ce soin à un disciple. Tant de savants calculs, objet de ses anciennes et profondes méditations, étaient désormais impuissants à le captiver ; ces vérités conquises ne pouvaient plus retenir son regard toujours fixé en avant.

« On rapporte également que Lagrange avait à peine terminé le Traité de mécanique analytique, son chef-d'œuvre, qu'il fut saisi d'un invincible dégoût ; il ne voulait plus s'en occuper ni en entendre parler. Ces merveilleuses combinaisons analytiques, qui feront toujours l'admiration des mathématiciens, étaient devenues pour lui comme un de ces jouets d'enfant, ardemment désirés, puis tôt ou tard usés et mis à l'écart. Ces étranges retours, plus fréquents qu'on ne pense, ne sauraient amoindrir en aucune façon la beauté, la grandeur des vérités de l'ordre scientifique ; ils prouvent seulement que le génie de l'homme est plus grand qu'elles, qu'il n'en sera jamais satisfait, jamais rassasié. Il faut autre chose à la conscience du genre humain. » Duilhé de Saint-Projet. *Apologie*, p. 120, 121.

[2] C'est son *dernier mot*. D'où il est vrai de dire que : si peu de science éloigne de Dieu, beaucoup de science y ramène.

Et voilà le langage muet qu'il fallait comprendre, afin de ne la pas condamner sur la foi des prophètes — mal inspirés, qui se sont donné la mission de parler pour elle, de la discréditer par leurs exagérations ironiques, véhémentes, toujours exclusives[1] !

---

[1] « Celui qui saurait tout pourrait tout. » Bacon. Cité par Fonsegrive. *Le Catholicisme*, p. 363.

« Il n'y a que de l'inconnu et point d'inconnaissable ; *hors de la science, il n'est point de salut*. La philosophie scientiste le croit sur la foi de l'expérience, *car* la plupart des portes que le positivisme avait cru fermées à la science, celle-ci les a depuis ouvertes, *ou tout au moins entrebâillées*. Loin d'essayer de nous ramener en arrière, et de *mettre des brides à notre puissance*, l'attitude scientifique nous pousse donc à aller toujours plus avant, et ne nous demande *que de l'audace*. » Et l'auteur, qui se pique de sérénité, continue : « Au fond, le grand antagonisme philosophique... a toujours été et sera sans doute toujours *l'antagonisme entre l'esprit d'autorité et l'esprit de libre examen*, entre la raison serve, réduite au rôle de l'instinct, et la raison maîtresse d'elle-même, agent de progrès, donc *de révolte*. » A. Rey. *La Philosophie*, p. 41. Voilà comment on crée et on entretient les conflits de pensée, au nom de la Science, qui n'a rien à voir là-dedans. Où donc a-t-on vu qu'*autorité* et *tradition* sont *autoritarisme* et *servilisme* ? N'ont-elles rien à faire dans la Science elle-même ? On triomphe trop aisément en construisant de pareilles antithèses ! Et il convient de dénoncer de tels procédés.

« C'est par la chimie à un bout, par l'astronomie à un autre, c'est surtout par la physiologie générale que *nous tenons vraiment le secret de l'être*, du monde, de Dieu, comme on voudra l'appeler. » Renan. *Revue des Deux-Mondes*, 15 décembre 1881.

« Pour moi, je ne connais qu'un seul résultat à la science, c'est de résoudre l'énigme, c'est de *dire définitivement à l'homme le mot des choses*, c'est de lui donner le symbole que les religions lui donnaient tout fait et qu'il ne peut plus accepter. » Renan est alors convaincu que la Science finira par avoir raison du problème universel : « Oui, il viendra un jour où l'humanité ne croira plus, mais où elle saura ; un jour où elle saura le monde métaphysique et moral, comme elle sait déjà le monde physique. » Allier. *La philosophie de Renan*, p. 27.

« Nous *devons éliminer l'influence religieuse, sous quelque forme qu'elle se présente*, même en dehors et au-dessus du cléricalisme. Je

Comment de pareilles outrances ont-elles donc pu se produire avec un ensemble si apparent et si prolongé ? Telle est la question à laquelle, avant de conclure, il nous faut maintenant répondre.

Nous pouvons ranger en trois groupes ceux qui professent pour la Science un attachement passionné et exclusif : les savants de bonne foi, spécialistes et érudits ; les naïfs ; les ambitieux.

Les érudits sont de véritables *classeurs*. A force de diviser, de subdiviser, d'étiqueter, ils réduisent le monde extérieur à n'être plus qu'un catalogue, une série de fiches bien ordonnées, de simples formules... d'où tout souffle de vie disparaît. Et de ce point de vue étroit, purement rationaliste, raisonneur, ils se mettent à juger de tout au nom de leurs abstractions — éminemment claires et maniables, parce qu'elles ne sont sous-tendues par aucun dynamisme. Et la prétendue science de ces hommes, véritables manœuvres de l'esprit, étant à l'antipode même de toute attitude intellectuelle spécifiquement humaine, ne peut rejoindre la science vivante des ouvriers de la pensée[1]. Alors ils la condamnent, avec plus ou moins d'amertume et de secret orgueil, sous prétexte qu'étant moins claire que leur propre sagesse, elle est par conséquent moins vraie !... Ils sont le nombre, car, si collectionner demande quelque patience, la pensée exige un effort, auquel beaucoup se refusent, par paresse ou par

---

vais plus loin encore : nous *devons* éliminer *toutes les idées métaphysiques* ou, pour mieux dire, *toutes les croyances* qui, ne relevant pas de la science, de l'observation des faits, de la seule et libre raison, échappent à toute vérification et à toute discussion. » Cité par BUREAU. *La Crise morale*, p. 148, note 2.

[1] « Ceux qui sont l'*homme du livre* deviennent routiniers et s'opposent à l'INVENTION, qui se fait *hors* d'eux et *contre* eux. » P. SOURIAU. *De l'Invention*, p. 113.

impuissance[1]. Ils font l'opinion, souvent. Et l'on voit alors les hommes suivre la route de leurs destinées derrière des maîtres qui portent des œillères, et sont des myopes de l'intelligence[2]... Jusqu'au moment où un penseur hardi, retournant leur idole, leur découvre à la fois son incapacité et leur personnelle et attristante erreur!...

A côté des professionnels de l'érudition, il faut faire une place aux spécialistes. La nuance entre les deux est parfois très accentuée. Ceux-ci ne sont pas nécessairement des collectionneurs de notes sèches. Mais ils se sont cantonnés de parti pris dans un coin des choses et ont rêvé de pénétrer à fond ce terrain très délimité[3]. Peu à peu, cette attitude, en soi fort légitime[4], les isole de la réalité concrète, vivante et

---

[1] « Mon ami, disait-on à un savant, qui dans sa partie n'ignorait rien de ce qu'on peut savoir, j'ai une question bien intéressante à vous poser. » Il repartit : « Si elle est intéressante, je ne saurais y répondre. » Il signifiait par là que les problèmes d'origine, de cause et de fin, étant totalement exclus des sciences positives, *le nihilisme intellectuel en est le dernier aboutissement.* » Bourget. *Discours.*

[2] « Le savant peut oublier et à certains égards doit oublier l'intérêt universel que présente sa science. C'est comme penseur et *comme homme,* c'est comme philosophe qu'il s'en souvient... Le désintéressement du savant est exclusif : *il le cantonne dans son objet.* Le penseur voit l'intérêt universel qu'offre ou recèle chaque chose, et dans le moindre détail il songe à l'univers... Intérêt universel, *intérêt humain* par cela même... » Ollé-Laprune. *La Philosophie,* p. 155-156.

[3] « Je soutiens qu'à mesure qu'on étudie de près (tels caractères) et que l'on s'y renferme comme tel spécialiste dans son oculistique ou tel autre dans telle autre petite province de la science médicale, *on perd le sens des ensembles et l'habitude même de la véritable observation.* C'est un homme précieux qu'un habile oculiste quand il s'agit de se faire opérer de la cataracte ; mais d'ailleurs ce n'est pas lui que j'interrogerai si je veux me faire une idée de l'histoire naturelle générale ! » Brunetière. *Revue des Deux-Mondes,* 15 avril 1881, p. 934.

[4] « Je suis l'un des derniers, le dernier même, je crois, qui puisse dire qu'il possède une idée complète de la science chimique, dans

complexe. Dans le monde ils ne voient que *la* Science, et dans la Science que *leur* science, semblables à Saint-Simon qui ne voyait dans l'Etat que la Pairie, et dans la Pairie que lui-même¹... Ils peuvent d'aventure être de vigoureux esprits, des hommes de talent et de génie même, mais leur insuffisance philosophique les ferme : ils sont incomplets. Le Moi n'est pas la mesure des choses. Même en devenant un Moi de savant, il ne change pas de nature. Et nous avons le droit et le devoir de limiter notre admiration pour ces hommes, à ce qui fait l'objet de leur compétence technique, hors de laquelle ils n'ont plus de valeur².

Ceux que nous venons de voir sont en effet facilement des naïfs, dès lors qu'il s'agit des choses de la pensée. Ils deviennent sur ce terrain la proie des mots, la dupe des théories hasardées ! Eux qui dans leur domaine se montrent

---

toute son étendue, et cela parce que je suis arrivé à un moment où il était encore possible d'en embrasser tous les éléments. On peut affirmer que désormais ce sera impraticable. » Berthelot. Cité par Tavernier, *La morale et l'esprit laïque*, p. 319.

¹ « Il y a un siècle ou deux, on rencontrait encore des hommes dont la compétence était presque universelle. Aujourd'hui, chacun a dû se spécialiser. Le savant se cantonne dans un coin étroit qui bientôt lui paraît immense. *Il ne voit rien au-dessus et au-delà de la science particulière qu'il cultive. Elle lui paraît la totalité de la vérité accessible.* » Bouty. *La Vérité scientifique*, Préface.

« La spécialité dans l'ordre intellectuel correspond à l'égoïsme dans l'ordre moral. La spécialité, c'est l'égoïsme de l'esprit. Les idées générales et les pensées nobles se tiennent. » Tonnelé. *Fragments*, p. 303.

² « Chez les savants positivistes ou matérialistes, il y a le plus souvent deux hommes : l'observateur, l'expérimentateur, le physicien, l'astronome, le naturaliste..., et le penseur, le philosophe théoricien. Le premier peut être éminent, le second médiocre ou nul. Le public ne sépare pas ces deux hommes, il attribue à l'un et à l'autre la même autorité ; telle est la triste genèse du désordre intellectuel et doctrinal de ce temps-ci ». Duilhé de Saint-Projet. *Apologie*, p. 51.

d'une exigence rigoureuse et légitime, et qui n'acceptent l'intrusion d'aucune incompétence[1], ils n'hésitent pas à dogmatiser sur des questions qui se résolvent par d'autres méthodes, exigent d'autres expériences[2]. Ils pratiquent la confusion des pouvoirs. Et le « jurare in verba magistri » contre lequel ils s'élèvent, et qui leur paraît une inacceptable faiblesse d'esprit, dans la spécialité qu'ils cultivent, ils le pratiquent sans hésitation et sans contrôle suffisant dès lors qu'il s'agit d'autres problèmes. Et ils les résolvent de confiance, dans le sens des influences qui pèsent sur eux, des amitiés qui les cultivent, des ambitions qui se servent de leur autorité scientifique pour masquer leurs projets de conquête, leurs propres rêves de domination[3].

Car, s'il est un terrain où les profiteurs, les arrivistes

---

[1] Ils sont très attachés à leurs vues... Darwin parle de discussions entamées par lui avec d'autres savants : « Comme la théorie marine de (l'origine de) la houille vous a mis si fort en colère, j'ai eu l'idée d'en faire l'expérience sur Falconer et Bunbury, et cela les a rendus plus furieux encore. « D'aussi infernales bêtises devraient être extirpées de votre cervelle », m'ont-ils dit... Je sais maintenant comment il faut s'y prendre pour secouer un botaniste et le mettre en mouvement. Je me demande si les géologues et les zoologistes ont aussi *leurs points tendres* : j'aimerais à le savoir. » *Revue des Deux-Mondes*, novembre 1887, p. 186.

[2] « Il y a une école scientifique qui s'enivre trop aisément de ses triomphes, et qui a perdu, pour ainsi dire, *le sens de l'absolu*. La lutte même et l'effort nécessaire pour les saisir *attachent trop étroitement à quelques vérités partielles* ceux qui ont su les démêler par l'observation et la discussion analytique des faits. Tirer de ces faits les enseignements les plus élevées qu'ils renferment n'en reste pas moins le rôle propre de la philosophie... » A. LAUGEL. *Darwin. Revue des Deux-Mondes*, 1er mars 1868, p. 131.

[3] « Vis-à-vis des savants à l'esprit téméraire et faussé, *sans adopter une théorie scientifique*, mettez toujours en avant leur ignorance et leur imprudence à conclure sur ce qui est inaccessible à l'observation comme à l'expérimentation... » Lettre de PASTEUR au R. P. Didon, 18 novembre 1878.

aiment à se tenir, c'est bien celui de la Science. O Vérité, pourrait-on dire, que de sottises on commet en ton nom !...

L'on trouve dans leurs rangs des hommes d'une valeur indéniable. Mais cultiver la Science n'est pas une garantie de moralité, un brevet de grandeur d'âme et de noblesse dans les sentiments : nous l'avons vu. Attaquer est souvent un « moyen de parvenir » ; ils s'en servent[1]. Et ils donnent alors beau jeu au chœur des *scientistes*, qui se font un nom en élevant les premiers sur le piédestal de la gloire. Des uns aux autres, l'on use de bons procédés[2]. Et le monde assiste au spectacle souvent fort triste de gens tapageurs, qui accaparent les situations lucratives, les places en vue, les honneurs officiels, et se créent des réputations retentissantes mais sans lendemain. Car la gloire n'attend que les travailleurs modestes, laborieux, vrais serviteurs de la conscience et véritables amants de la Science, qui — loin du bruit, ont seuls qualité pour parler en son nom avec l'autorité de

---

[1] « Sa modestie est bien connue ; il n'a jamais été de ces *affamés de gloire* qui cherchent à se la procurer par *tous les moyens faciles* : la réclame, si chère à quelques littérateurs et à quelques savants, lui fait horreur. Il a certainement le désir de faire œuvre qui dure, il a l'ambition naturelle à un esprit sain, mais rien de plus. « Je suis sûr, dit-il, de ne m'être jamais détourné d'un pouce de ma voie pour conquérir la renommée. » H. DE VARIGNY. *Vie de Darwin. Revue des Deux-Mondes*, 1er novembre 1887, p. 182.

Les *arrivistes* de la Science, ce sont ceux qui ne voient en elle « qu'un petit procédé pour se former le bon sens, *une façon de se bien poser dans la vie* et d'acquérir d'utiles et curieuses connaissances. » RENAN. *L'Avenir de la Science*. Cité par BUREAU. *La Crise morale*, p. 145.

Les savants arrivistes sont le petit nombre, mais ils crient fort,... et ils suffisent parfois à créer l'opinion, dite scientifique.

[2] « Une trop haute instruction, imposée à des êtres de mentalité inférieure, fausse tous leurs jugements. A demi rationalisés, ils perdent les qualités intuitives du primitif et deviennent des métis intellectuels... Les expériences répétées... montrent *combien une instruction mal adaptée abaisse l'intelligence, la moralité et le caractère.* » LE BON. *Aphorismes*, p. 111, 112.

l'amour et du désintéressement. Et ils le font d'ordinaire avec la discrétion et la réserve qui caractérisent les âmes vraies, les grands esprits[1].

La Science qu'ils annoncent au monde n'a subi ni banqueroute, ni faillite[2].

Elle a ses insuffisances, sans doute, mais elle est aussi ouvrière de bienfaits. Elle rêve de servir, et de mettre à la disposition des hommes, de tous les hommes, les énergies

---

[1] « Notre ignorance des lois de variation est profonde », avoue Darwin. Cité par A. LAUGEL. *Revue des Deux-Mondes*, 1ᵉʳ mars 1868, p. 137.

« Sans doute, un vrai savant se défend de rien affirmer du fond des choses, qui lui échappe ; et si le mécanisme scientifique, avec les formules mathématiques qui en sont le terme et l'expression, est certain à ses yeux, c'est en ce sens que tout dans la nature se passe *comme si* tout y était mécaniquement déterminé ; mais le savant ne dit pas, et il ne sait pas si dans le fond il en est ainsi. Cela passe la portée de sa vue comme savant, cela n'est pas de sa compétence, cela ne le concerne pas... Il y a des savants qui expriment cela magnifiquement ; leur simple et profonde conviction des bornes de la science est quelque chose de bien grand et de bien beau. » OLLÉ-LAPRUNE. *La Philosophie*, p. 84, 89, 90.

« Je me souviens qu'un jour je parlais à M. Pasteur des joies que devait lui procurer ce monde des infiniments petits, découvert et exploré par lui. « Parlez plutôt, reprit-il, du sentiment de mon ignorance que chaque pas dans ce monde inconnu rend plus vif ; je ne connais presque rien, je suis de toutes parts entouré de mystère. » OLLÉ-LAPRUNE. *Le Prix de la Vie*, p. 184.

« L'esprit vraiment scientifique devrait donc nous rendre modestes et bienveillants. Nous savons tous bien peu de choses en réalité, et nous sommes tous faillibles en face des difficultés immenses que nous offre l'investigation dans les phénomènes naturels, » CLAUDE BERNARD, cité par FONSEGRIVE. *Le Catholicisme*, p. 155.

[2] « Ce n'est pas la science qui a manqué à ses promesses, ce sont les savants qui n'ont pu réaliser leurs prétentions philosophiques. » Mgʳ D'HULST. *Revue du Clergé Français*, 1ᵉʳ février 1895.

« Les grandes croyances de *l'humanité* sont en même temps, quoi qu'on en dise, les grandes vérités de la science. » E. CHARLES. *Lectures*, t. I, p. 1.

empruntées aux choses. La noble ambition du savant est d'être utile. Il va, l'esprit tout hanté de visions humanitaires. L'usine et la clinique sont les prolongements naturels du laboratoire.

La Science, fille de l'intuition et de la vie, devient à son tour une mère féconde. Son dernier mot, sa raison d'être, sa fin, — il faut qu'elle ait le courage de le confesser, c'est : *Bonté*. Et s'il arrive d'aventure qu'on la réduise au rôle honteux d'agent de haine, de division et de mort, ce n'est pas elle qu'il convient d'accuser, mais bien la méchanceté des hommes. La Science est mère de la vie.

L'attitude scientifique est légitime, nécessaire. Mais elle est insuffisante aussi[1]. Elle est fonction d'un autre plus grand qu'elle, plus grand que toute matière : *l'Amour*[2]. Et celui-ci relève de la conscience, de *la Personne*. En vain l'esprit du savant se penche-t-il sur les choses, les organise-t-il patiemment pour les mettre à son service. Dociles et muettes, elles se donnent pour son bonheur, sa joie, pour magnifier son séjour terrestre, pour intensifier sa puissance.

---

[1] « Cette merveilleuse méthode expérimentale, dont on peut dire avec vérité non *qu'elle suffit à tout…* » Pasteur, cité par Vallet, *Le Kantisme*, p. 127.

[2] « La Science refuse de livrer bataille à aucune croyance, quelle qu'elle soit, dans le domaine de la conscience et de l'esprit, parce que ces domaines elle ne peut les contempler *que du dehors*. Elle arrive jusqu'à leur frontière ; loin de les méconnaître, elle confirme leur existence, mais *elle n'a aucun moyen d'y pénétrer*. Elle ne s'enrégimente sous aucun drapeau, et reprend à son compte ce cri de suprême sagesse que le Christ a jeté aux hommes de bonne volonté : « Aimez-vous les uns les autres ! » F. Perrier, *Séance publique de l'Académie des Sciences*, 27 décembre 1915.

On sait qu'A. Comte lui-même finit par « donner à la vie affective sur la vie même la plus intellectuelle une grande prépondérance, et par chercher le *dernier mot de la science elle-même dans l'amour…* » Ravaisson, p. 83.

Mais leurs lèvres sont scellées, leurs yeux clos, obstinément. Et elles ne lui murmurent point le secret de la force qui les anime, de l'impulsion qui les pousse à se faire les collaboratrices fidèles de sa vivante liberté.

Si la raison révèle l'existence de la loi du réel, elle est impuissante à en caractériser la nature.

On a le droit de chercher — *par delà* la Science, une confirmation et une explication de la Science elle-même[1]. Il y a une attitude *métaphysique* légitime[2]. On peut instituer des recherches en dehors des limites scientifiques. Bien plus, *elles s'imposent* au nom du dynamisme intérieur, du

---

[1] « La philosophie est l'effort de l'esprit humain pour expliquer le monde en son entier, *le fait ou phénomène universel,* ou en d'autres termes pour répondre à cette question qui est au fond de toutes les sciences : Pourquoi ce monde et comment se fait-il qu'il soit ce qu'il est ? — et à cette autre qui en est comme le revers : Que puis-je savoir, et comment se fait la science ?... La philosophie est liée à la science positive par le lien le plus étroit, que la science, de son côté ne peut rompre qu'à son détriment... Les sciences, sans la philosophie, sont un agrégat sans unité, un corps sans âme... La philosophie est la science en acte, *la fonction la plus élevée du savant, la satisfaction suprême de l'esprit scientifique et de sa tendance naturelle à tout ramener à l'unité.* » WEBER. *Histoire de la Philosophie Européenne,* 1897, p. 1, 2.

[2] La Science rejette *a priori* l'explication métaphysique. Mais cette attitude *volontaire* ne l'autorise nullement à la *contredire,* à la déclarer *non avenue,* si sa propre explication n'atteint pas *tout* le réel. Ce qu'elle est bien obligée d'avouer. *Nature* et *cause* sont en effet *dans* l'expérience et *au-delà* de l'expérience. (Cf. A. REY. *La Philosophie,* p. 141).

« Un jour, dit M. Caro, j'écoutais avec une curiosité émue l'illustre et regretté Claude Bernard, tandis qu'il m'exposait, dans une liberté superbe de spéculation, les conceptions les plus hautes sur les origines des êtres. — « Mais c'est de la métaphysique que vous faites là ! m'écriai-je. — Assurément, me répondit-il, et *je vais aussi loin que possible dans cet ordre d'idées, auquel je crois d'une autre manière, mais tout autant qu'à l'ordre des faits dont je m'occupe tous les jours. La question est de ne pas mêler les méthodes.* » DEILHÉ DE SAINT-PROJET. *Apologie,* p. 219.

Moi, qui déclarent, au terme de la Science, n'y point trouver l'explication de la vie et la réponse attendue, trop souvent promise à leurs incoercibles aspirations, à leur besoin de personnalité plus vaste, de plus profonde humanité[1].

---

[1] « Dire que la philosophie, ne procédant ni comme les sciences mathématiques, ni comme les sciences physiques, n'a aucun caractère scientifique, c'est décider d'emblée qu'il n'y a de science que du pur mathématique ou du sensible. C'est bientôt dit et bientôt fait. Il est permis de demander à réfléchir.... Car il faudrait que l'explication dite scientifique épuisât et satisfît toute la curiosité. Or, c'est ce qui n'est pas. Si générale et si vaste qu'on la suppose, s'étendît-elle à tout, elle aurait encore ce caractère d'insuffisance. Il lui est inhérent. Elle n'est précisément ce qu'elle est que par le parti pris de retrancher toute vue, toute recherche autre que cette causalité scientifique elle-même. C'est la force du savant. En s'interdisant sévèrement tout autre point, il enserre les choses dans ses formules, mais il n'enserre, après tout, que ce qu'il prend, et il ne prend pas tout. Il le sait bien, et si c'est un grand esprit, il reconnaît combien sa science est limitée, ce qu'elle laisse subsister d'ignorances et de mystères sur lesquels les procédés scientifiques n'auront jamais de prise, parce qu'ils n'en peuvent avoir aucune... Arrivons maintenant à la question de fait. Regardons, non plus l'idée de la science, mais les objets d'étude, de recherche, de spéculation : la prétention de n'y rien laisser d'irréductible à la détermination scientifique, sauf l'illusoire, paraît étrangement exorbitante. Ce n'est pas seulement l'imperfection de nos moyens actuels qui enlève aux prises du déterminisme scientifique certains objets ; c'est la nature même de ces objets... Ce n'est pas la faiblesse irrémédiable de l'esprit humain qui est ici en cause, aucun esprit, si puissant qu'il fût, n'y parviendrait ; l'essence des choses les rend rebelles à un genre d'explication qui leur ferait violence... En fait, tout ce qui est du for intérieur, tout ce que chacun de nous se rapporte et s'attribue à soi-même, tout ce qui est proprement personnel et moral, tout cela est donné, tout aussi manifestement, tout aussi certainement que le sensible. Prétendre *a priori* ramener ces faits à des faits d'un autre ordre, c'est contraire à l'esprit de la méthode. L'expérience intérieure vaut l'autre. Elle en diffère, sans doute, mais elle a le même droit à être admise et respectée. Voilà donc des faits qui, en dehors de toute théorie, apparaissent comme non susceptibles d'une explication dite scientifique... L'opération qui les ramène à ce qui est autre les fait périr. Se rendre compte de ce qu'ils sont, c'est en chercher d'autres raisons que cette liaison de causalité scientifique, manifeste-

ment impuissante ici... Il y a donc un domaine réel et intelligible, un domaine donné en fait et pénétrable à l'intelligence, où savoir n'est pas réduire à des lois dites scientifiques, où le déterminisme ne règne pas... La liaison dite de causalité scientifique n'est pas l'unique liaison rationnelle, la seule que la science recherche et accepte... Ainsi l'explication scientifique est courte, étroite, en ce qu'elle permet toujours de concevoir une autre façon de savoir qui saisisse dans les choses d'autres raisons d'être ; et les raisons d'être purement scientifiques, réductibles à la seule liaison causale scientifiquement entendue, ne sont ni les plus profondes, ni les plus hautes. » OLLÉ-LAPRUNE. *La Philosophie*, p. 68, 84, 86, 87, 88.

CHAPITRE XIV

L'ART

Il est dit que toute chose trouve ici-bas son correctif, et souvent même sa contradiction. Nous avons vu les prétentions énormes d'exclusivisme affichées par les partisans outranciers de la Science. Or de telles affirmations commencent déjà fortement à « dater »[1]. Et l'on peut prévoir qu'un jour viendra, et relativement prochain peut-être, où l'on aura l'air tout à fait archaïque en se faisant le champion de pareilles idées.

Combien sont en effet de nature à jeter dans un trouble profond les esprits jusqu'ici inféodés aux méthodes mathématiques et positivistes, — dans le sens le plus absolutiste et mécaniste du mot, — les aveux tombés de la plume de savants authentiques contemporains, d'après lesquels la Science elle-même, au terme de son évolution vivante, se résoudrait en un Art supérieur[2]. L'homme de science serait

---

[1] « Conformément à l'idée même de Bergson, l'unité intuitive de l'art et de la science se réalise par la prédominance de l'art, *inspirateur de la science.* » SEGOND. *Bergson,* p. 107.

[2] « Ce fait mérite d'attirer l'attention car il marque une cinquième étape dans l'évolution scientifique : celle où une science fournit une technique et *devient un art.* » A. REY. *La Philosophie,* p. 86.

« Art admirable par son ordonnance, mais art depuis les fondements jusqu'aux problèmes les plus spéciaux, voilà *la mathématique* » A. REY. *Ibid.,* p. 59.

« La science a un double but : un *but pratique,* la conquête des choses, de la nature ; un *but esthétique* : le grand savant est *un artiste* qui *peint* la nature avec un pinceau spécial, et le petit savant *contemple* la toile sans, hélas, contribuer beaucoup à la brosser... » A. d'ADHÉMAR. *Les variations des théories de la Science,* p. 57.

un artiste, un créateur, un organisateur de la matière, et il ne différerait de l'artiste, tel qu'on le conçoit d'ordinaire, que par le théâtre de son action et si l'on peut dire la quantité de son objet[1] !...

Que nous voilà donc loin de l'ostracisme dont on frappait l'Art au nom de la Science !

Nous pourrions nous demander légitimement, semble-t-il, si ce revirement opéré dans l'esprit des hommes dévoués à la Science est autre chose qu'affaire d'opportunisme intellectuel. Il y a parmi les hommes de pensée, tout comme dans la politique, des fléchissements ou des changements radicaux d'opinion, qui sont le fait des circonstances, uniquement.

La Science, de proche en proche, est aujourd'hui convaincue d'insuffisance pour résoudre le problème de la vie[2]. Elle se voit ainsi guettée par la métaphysique. Or, elle n'en veut à aucun prix : elle en a peur ! Ne se tournerait-elle donc point, d'instinct, vers l'Art comme vers le sauveur

---

[1] « On distingue ordinairement les arts des sciences. Cette distinction est fondée sur ce que dans les sciences l'homme *connaît* seulement, et que, dans les arts, il connaît et *exécute*.... Il n'y a réellement, quand il s'agit de classer toutes les vérités accessibles à l'esprit humain, *aucune distinction à faire entre les arts et les sciences.* » AMPÈRE. *Essai sur la philosophie des sciences*, I.

« La parenté qui lie l'art à la science est un honneur pour lui comme pour elle ; c'est une gloire pour elle de fournir à la beauté ses principaux supports ; c'est une gloire pour lui d'appuyer ses plus hautes constructions sur la vérité. » TAINE. *De l'Art*, t. II, p. 275.

Dans l'*Evolution créatrice* de Bergson, « les sciences sont considé« rées comme une nécessité de l'activité pratique sur les choses inertes « et matérielles. C'est à peu près la conception hellénique primitive « des *arts*. » A. REY. *La Philosophie*, p. 31.

[2] « A l'inverse de ce qui se passait pour les mathématiques, c'est la presque unanimité des philosophes qui proclame l'insuffisance de la science dans l'étude du problème moral. » A. REY. *La Philosophie*, p. 46.

nécessaire, capable de la délivrer d'une servitude redoutée et abhorrée !...

Cette explication — si c'en est une — ne porte aucune atteinte, évidemment, à la sincérité des gens qui sont en cause. Elle s'efforce seulement de démêler la part d'inconscient qui dirige leur attitude et oriente, à leur insu, leur loyauté.

Pour les partisans de l'Art, on le conçoit, un tel aveu, quelle qu'en soit la raison secrète, est l'occasion d'un beau triomphe.

L'Art est donc bien réellement au sommet des choses, dont il est le maître et le régulateur suprême[1]. Lui seul procure cette méthode d'investigation de la réalité que la Science confesse, en toute humilité, ne pouvoir apporter aux hommes ; lui seul est capable de fournir les résultats plus humains qu'elle postule. L'Art est le dernier mot de tout, le terme de l'activité de l'homme[2]. Ne le regardons pas, en fait, comme un substitut temporaire et accidentel de la vie, une raison d'agir éphémère. Il est, en droit, la forme dernière de

---

[1] « Nous nous faisons de l'art une très haute idée. Nous le nommons l'art, l'art tout court, l'écrivant volontiers avec une lettre majuscule, et nous le regardons comme l'une des grandes formes de l'activité humaine. C'est une des puissances qui mènent le monde. L'Art prend place dans le premier rang, avec la Science... on lui a parfois donné le rang suprême. » OLLÉ-LAPRUNE. *La Philosophie*, p. 4.

[2] « L'esthétique n'est pas seulement une partie importante de la philosophie... Elle devient la philosophie elle-même. Nous avons vu ressortir du mouvement des idées contemporaines et des réflexions qu'il suggère ce résultat général, de tout temps entrevu par toute haute métaphysique, que ce qui doit rendre raison du monde, de la nature, c'est l'âme, c'est l'esprit. Si donc la beauté est le mobile de l'âme, et ce qui la fait aimer et vouloir, c'est-à-dire agir, c'est-à-dire vivre, c'est-à-dire être, puisque pour l'âme, puisque pour toute substance, être, vivre, agir, sont même chose, *la beauté*, et principalement la plus divine et la plus parfaite *contient le secret du monde*. » RAVAISSON, p. 232. — « Le philosophe ne serait-il pas, à tout prendre, un artiste ? » OLLÉ-LAPRUNE. *La Philosophie*, p. 1.

l'action, la révélation achevée, immuable, de l'être et de la vie[3]. Pour devenir un homme, pleinement, il faut — mais il suffit — de vivre en Beauté. Hors de là, c'est l'illusion, le néant, la barbarie, le fétichisme, la superstition, le rêve creux, la folie pure.

---

[3] « La loi du progrès, dit fort justement M. Caro, n'atteint que les données matérielles et scientifiques, les instruments et les méthodes, cette partie extérieure de l'art qui peut s'enseigner et se transmettre ; elle laisse en dehors l'art lui-même dans sa pure et libre essence, dans ses conditions intérieures, qui sont la sincérité de l'émotion et l'invention. Or, il n'y a ni recette empirique, ni formule savante qui contienne ce secret, qui puisse l'expliquer et le transmettre à d'autres. Dans la sphère de l'art, passé un certain degré nécessaire, plus de science ne fera pas plus d'invention, plus de lumière ne fera pas plus de génie. Le moindre élève du Conservatoire sait mieux orchestrer un opéra que ne l'eût fait Haendel ou Pergolèse. Qu'importe ? Cela donnera-t-il la seule chose qui compte, l'idée ? Les moyens de l'art font des progrès, le génie de l'art n'en fait pas. Pourquoi cela ? C'est que, tandis que la science est le résultat du calcul et de l'expérience, qui multiplient sans fin leurs sommes, l'art est le résultat du sentiment et de l'imagination, qui ne s'accumulent pas et qui ne se transmettent pas ; en ce sens, il est quelque chose d'absolu, de non perfectible par conséquent. En tous lieux, en tout temps où les données premières ne font pas défaut, l'art a pu atteindre sa perfection intrinsèque, et n'est-ce pas pour l'artiste une magnifique grandeur que d'appartenir à cette race où chacun fait sa noblesse soi-même, sans espoir de dépasser ses aïeux, mais avec la certitude de n'être pas dépassé par ses descendants ? A cette hauteur de vues, comme la trop fameuse question des anciens et des modernes paraît insignifiante, médiocre, mal engagée !... Ce qui est au savant est aux autres, il donne tout ce qu'il a. Le poète garde tout pour lui seul, il ne peut rien communiquer de sa force ; mais aussi on n'y peut rien ajouter, tandis que toutes les générations antérieures ont travaillé pour augmenter celle du savant. Isaïe, Eschyle, Homère, Dante, Shakespeare, sont de grands solitaires dont nous relevons tous, mais qui ne relèvent de personne. Ils sont nos souverains ; les savants sont nos frères. Ceux-ci peuvent nous rendre savants comme eux-mêmes, il ne s'agit que de les étudier ; vous étudierez en vain les grands artistes, vous pourrez les copier, vous ne leur enlèverez rien pour cela.... Le savant représente l'humanité au point où l'humanité peut s'élever sur ses traces ; l'artiste la représente à un point où seul il a pu s'élever. » Caro, cité par Vallet, *Le Kantisme*, p. 373.

L'affirmation des artistes soulève à nouveau le problème de notre destinée. Afin de voir nettement dans quelles conditions il se pose et comment il convient de l'aborder, essayons d'abord d'un rapprochement comparatif entre les trois termes que l'on oppose : science, art, métaphysique.

À l'origine la Science et l'Art ont un point de départ différent.

La Science est une analyse. Fille de la raison, elle se sert de procédés discursifs. Son observation est toute de détail, successive, et opérée dans le temps et l'espace. Son ambition est d'aller du particulier à l'universel, du fait à la loi, de l'individuel à la vision d'ensemble. Elle découpe dans la vie une tranche qu'elle délimite, immobilise, rend statique, mais pour aboutir à un dynamisme plus vaste, à une explication plus totale. Par la théorie, elle refait le monde sur les données d'une série de faits, au sein desquels elle a cru saisir la loi des rapports qui régissent une partie notable du tout concret, le tout lui-même. De l'extérieur des choses à leur intérieur, de leur matière à leur esprit, si l'on peut dire, ainsi va la Science, du moins sous sa forme supérieure et dynamique.

L'Art suit un procédé inverse. Il est essentiellement synthèse et méditation. Avant tout, concentration de pensée, il se tient en marge du temps, dans la durée pure. Vision intérieure, il plonge en quelque façon au sein même de l'être. L'âme des choses l'émeut. Elle déborde les formes et s'y incarne. Elle est l'universel qu'il faut concrétiser, traduire, faire palpiter dans un objet individuel, et par rapport au tout, minuscule : un bloc de marbre, un panneau, une toile…, par le moyen des lignes, du relief, de la couleur, du geste…

Après qu'ils ont pris contact avec les choses, regardez le savant et l'artiste : leur attitude diffère encore.

Lorsque, du fait individuel, il a dégagé l'universel qu'il contient et qu'il exprime sur un point du temps et de l'espace, l'homme de science se détache de la matière inerte qui a servi à ses expériences. Il rentre en soi-même et ne s'occupe plus du fait en tant que tel, mais seulement de ce qu'il recélait d'impondérable et d'invisible : la vérité, la loi. Le fait repéré, classé, est dès lors remplacé avantageusement par la formule scientifique, qui lui confère une valeur unique en le socialisant. Il devient la propriété de tous, et chacun a le pouvoir de recréer l'expérience, de faire pour son compte revivre la loi scientifique et la vision du savant.

L'artiste éprouve d'abord en lui-même la réalité de la vie des choses. Son Moi est le point central où vient battre pour un moment le cœur de l'univers[1]. C'est à l'endroit le plus intime de son être qu'il se met en rapport direct et personnel avec la nature. Il la contemple dans sa vivante harmonie, son idéale beauté. Mais de ce commerce intérieur naît en lui l'impérieux besoin de traduire au dehors ce qu'il voit, ce qu'il éprouve. Et voilà que sortant de soi, sans toutefois perdre contact avec sa vie profonde, il se penche sur la matière, il s'efforce de reproduire, en la fixant dans une forme stable, cette réalité mouvante qui se révèle en lui comme un ferment vital, un principe de vibration, d'exaltation, d'humanité plus pleine.

Science et Art cependant se rejoignent au terme. Par des chemins qui avaient paru les éloigner par degrés l'un de l'autre, le savant et l'artiste convergent insensiblement vers le même but. Ils s'y retrouvent dans une même attitude, ils

---

[1] Le poète, « mis au centre de tout comme un écho sonore » (V. Hugo), apparaît donc comme une sorte de vivant microphone, chargé de recueillir toute la vie de l'univers, la plus ténue, afin de la traduire, de l'amplifier, de la mettre à la portée des hommes et de la leur faire voir, sentir, comprendre, aimer enfin.

s'y découvrent une étroite parenté spirituelle : tous deux sont des dévots de la métaphysique[1].

Partie du fait, de l'expérience particulière, concrète, qui la faisait en quelque façon sujette de la matière, et qui la condamnait à ne saisir de la réalité qu'un agrégat sans cohésion vivante et sans liaison avec la totalité des choses, la Science, fille de l'esprit, ne pouvait se contenter de cette mainmise fragmentaire, si absolument opposée à son dynamisme foncier. Elle animait cette matière d'un souffle vivifiant. Par l'hypothèse et par la théorie, les faits se reliaient, entraient de nouveau dans le mouvement vital dont on avait dû d'abord les abstraire pour les observer plus à l'aise. L'expérience particulière s'élargissait, s'infinisait, devenait un symbole du tout et le rendait intelligible. L'esprit reprenait ses droits : il expliquait. Par delà les formes particulières de l'expérience, il s'efforçait de saisir l'universel. Puis il l'exprimait dans une formule où la raison et l'intuition, harmonieusement fondues, disaient à tous, en des termes accessibles, sociaux, intellectuels, clairs et débarrassés de tout élément subjectif, ce qui, dans l'expérience, la commandait, la rendait possible, la dépassait[2].

---

[1] Cf. Segond. *Bergson*, p. 50, note.

[2] « Le point de vue de la synthèse est essentiellement celui de l'art, l'art consistant surtout à composer, à construire ; c'est celui enfin de la science elle-même là où elle participe de la nature de l'art, là où elle est surtout inventive. L'art de combiner les données sert, pour le moins autant que l'analyse, à la solution des problèmes... « Si à l'induction considérée comme l'opération qui consiste à recueillir des observations, on ne joint pas un certain art de deviner, on n'avancera guère », a dit Leibnitz. Et cet art de deviner consiste, après avoir décomposé les choses jusque dans leurs dernières parties, à former, en s'appuyant sur l'analogie, des hypothèses qui expliquent leurs rapports. Ces hypothèses sont des modes d'assemblage ou de combinaison ; combinaison, composition, synthèse, le contraire de l'analyse. » Ravaisson, p. 236.

Culte de l'universel, amour dévoué à ce qui façonne les apparences et se révèle comme leur raison de vivre, tel est aussi l'Art. On pourrait croire le contraire d'abord. Il paraît en effet relever uniquement de l'expérience individuelle, et se terminer à l'œuvre d'art. Or, celle-ci est chose unique, liée à un point de l'espace... Quelle contradiction absolue de la formule scientifique, sans forme matérielle et qui circule à travers toute l'humanité, dans tous les temps, dans tous les lieux ! Mais allez donc au fond de cette spécieuse antinomie. Cette forme de Beauté, unité opposée à la série des faits scientifiques d'où l'on extrait la loi, est elle-même loi vivante. Elle ramasse, exprime et concrétise, en un raccourci où se magnifie l'effort du Moi, toute la vie qu'il a perçue dans sa vision personnelle et qui anime le monde. Ce geste vivant, ce rythme harmonieux, cette ordonnance d'accords, ces couleurs qui vibrent, c'est une manifestation authentique et vécue de l'âme même de la nature.

Ainsi l'Art et la Science sont un et divers. Un même esprit les anime, « ils obéissent à un même génie » (Fouillée). Tous deux sont une tentative hardie, patiente et laborieuse, pour assujettir l'univers et disposer à leur gré de ses puissances. Mais la Science entend opérer cette emprise dans l'expérience et par la raison. « Sors de ton Moi, dit-elle au savant, plonge-toi dans les choses : le fond de tout est vérité ; les éléments du réel s'appellent et s'impliquent selon un ordre logique, fixe, immuable ; la connaissance d'une loi, de proche en proche, te conduira à toutes. »

« Rentre en toi-même, affirme l'artiste. C'est au dedans de toi que vit le dieu caché qui anime le monde. L'univers est esprit et vie. Les cadres de la Science sont factices et manquent de souplesse. Le réel c'est le Beau, l'harmonie que révèlent les formes. Ouvre tes sens, laisse courir en toi le souffle de la nature, avive ton cœur et tu verras, au plus intime de toi-même, jaillir la lumière.

« Regarde la courbe que décrit l'histoire. Partout l'Art a précédé la Science, l'intuition a devancé l'expérience scientifique. « Dans la vie des peuples comme dans celle des individus l'imagination a précédé la raison, et elle en a été le premier maître » (Chateaubriand). L'homme est un créateur. La Science, qui paraît l'exalter, est une négation de son pouvoir. Elle rapetisse ses horizons. Mais le jour commence à poindre, où elle va se retremper à ses origines. On s'avise aujourd'hui que, si la Science conduit l'humanité vers un idéal, cette étape n'est pas la dernière. La règle qu'elle propose à la pratique est bonne, mais elle est insuffisante. La bonté scientifique n'est pas assez forte pour soulever le monde et lui faire accomplir ses hautes destinées. Construire des hypothèses est pour la Science un besoin. C'est aussi l'aveu d'une insuffisance et d'une sujétion. Elle dépend de l'Art, quoi qu'elle en veuille[1], et c'est de lui que viendra la vraie vision du monde, la direction suprême, éternelle, de l'humanité. Le « premier maître » est le maître de toujours. »

Comme nous avons fait pour la Science, en présence de ces affirmations nouvelles et non moins absolues, nous nous garderons bien de rien préjuger, de rien décider par sentiment ou tradition. Les *a priori* sont toujours détestables et nous saurons nous en garder. Disons seulement : il est possible, mais nous entendons bien examiner à fond la question proposée sous cette forme affirmative. C'est un droit et un devoir que d'exiger de voir clair, et de ne se décider que sur des raisons.

---

[1] « Même dans les sciences physiques et mathématiques, on n'a fait de grands progrès que sous l'impulsion qu'a donnée à la volonté la beauté de plus en plus visible de l'ordre qui s'y découvre dans une unité et une variété également merveilleuses. » (Charaux). RAVAISSON, p. 226.

Au cœur de chacun d'entre nous sommeille un artiste[1]. Si l'on met à part en effet les quelques êtres exceptionnels qui vivent pour ainsi dire en marge de l'humanité et semblent avoir, sous l'empire de certaines influences personnelles ou sociales, rétrogradé jusqu'à l'animalité pure, l'on peut, semble-t-il, affirmer que nul ne peut se soustraire, à un moment ou à l'autre, à cette émotion d'un genre très spécial que produit la présence du Beau : l'émotion esthétique[2].

Alors que la vérité abstraite de la Science ne touche et n'impressionne qu'un petit nombre d'initiés, la vérité vivante et belle de la nature parle à tout homme venant en ce monde un langage à la fois très particulier et universellement intelligible.

Quelle que soit la variété des circonstances dont elle jaillit, l'émotion esthétique est toujours identique. L'être est comme

---

[1] Cf. BRETON. *La Peinture*, p. 118, 119. « En chacun de nous vit un poète caché ; à tout instant, en tout esprit se compose une poésie incommunicable... Pour l'âme paresseuse, qui ne voit que ce qui est, qui n'agit pas, qui ne tire rien d'elle même, tout est silencieux et muet. » SÉAILLES. *Le Génie dans l'Art*, p. 104.

[2] « Je remarque dans ce sauvage une faculté bien inattendue ici, le *sens contemplatif*. — Un jour, c'était dans l'Uhéhé, les buffles m'avaient conduit à mi-côte d'une colline rocheuse qui dominait une plaine immense. Assis sur une grosse table de gneiss, je contemplais le soleil descendant à l'horizon ; le panorama avait de la grandeur. — Assis, son fusil entre les jambes, le regard dans le vide, Ferrouji mâchait silencieusement la chique de tabac que je venais de lui donner. Il sait qu'il ne faut pas me déranger quand je rêve ; aussi, profitant du moment où j'allumais une cigarette : Que c'est beau tout cela ! murmura-t-il. — Tu dis ? répondis-je *ahuri*. — Je dis, maître, que cette plaine est bien belle ! » — J'aurais donné beaucoup pour entamer avec lui une conversation sur le beau ou le pittoresque ; mais le kissouali n'a pas de mots pour rendre la moindre idée abstraite. » VICTOR GIRAUD. *Le Tour du Monde*, Hachette, 1886, p. 39, 40.

saisi du dedans, empoigné tout entier, pris aux entrailles. L'instant d'avant il était inerte, et voilà qu'en un clin d'œil, sans transition ni préparation aucune, il se met à vibrer jusqu'au tréfonds. Sous ce tressaillement substantiel, inexprimable, qui l'enveloppe et le pénètre comme un vivant réseau, l'homme se sent grandi, meilleur, plus léger, plus actif. Tout à l'heure il était peut-être accablé sous le poids de la matière, du souci, de la peine. Replié en quelque façon sur lui-même, concentré, embarrassé dans son action, comme s'il avait des entraves et qu'il fût retenu par des liens, il manquait de cette aisance, de cette spontanéité, qui caractérisent la vie pleine, harmonieuse et libre. Et voilà que l'émotion nouvelle dont il est envahi le détend, le délivre, étale son être intime, l'épanouit comme une fleur caressée du soleil... Son Moi se porte de lui-même au dehors et s'en va d'instinct vers je ne sais quoi d'inconnu, présent dans l'objet de Beauté, et qui l'attire avec une invincible douceur[1].

Appel muet des choses, l'émotion esthétique révèle ainsi leur secret amour. Si nous sommes poussés en quelque façon hors de nous-mêmes, c'est que nous avons, du dedans, été envahis. Une vivante communion s'est établie entre notre Moi profond et l'être de Beauté. Notre dynamisme intérieur a été ébranlé, parce qu'une autre et invisible puissance est venue se fondre avec lui dans une harmonie ineffable. Aussi il se déborde : il est multiplié, et il peut davantage. Son émotion est la marque certaine d'une plus-value de vie soudainement perçue dans son effet.

« Supposez un homme au sein d'un désert, sans lumière et sans air. Plongé dans ce monde silencieux et mort, où rien n'étant animé, rien ne se meut, rien ne bouge, le plus profond désespoir s'emparera de cet homme. Qu'il arrive dans sa morne solitude un souffle de vent, qu'il survienne

---

[1] Cf. Bergson. *Données*, p 10.

un mouvement quelconque qui laisse deviner la force, il sera moins mécontent : la sympathie commencera. De même l'enfant lie amitié avec tous les premiers objets qui l'environnent. De même le prisonnier vivifie les murs de sa prison. De même Robinson, dans son île, anime tout autour de lui, plantes, arbres, animaux. L'homme s'effraie de son isolement ; il veut des êtres qui l'entendent et dont il se fasse entendre[1]. »

Voilà bien, semble-t-il, ce qui caractérise essentiellement l'émotion esthétique. Elle nous est une révélation subite et heureuse que nous ne sommes pas seuls.

Or, au fond, nous sommes tous des timides, et dans la mesure exacte où nous nous croyons, où nous nous voyons des isolés. Au sein de l'immense nature, de l'innombrable cohue sociale, nous nous sentons petits ; invinciblement nous avons peur. Peur inavouée, mais réelle, latente, et sous laquelle, plus ou moins, succombe notre spontanéité, notre élan vital.

Quoi d'étonnant dès lors qu'au moment où se produit la rencontre de notre âme avec l'âme des choses, se révélant à nous comme un auxiliaire puissant et qui nous aide à triompher de la matière, de l'inertie, de la mort, nous nous sentions soudain comme libérés, débarrassés d'une lourde chaîne !

La révélation de cet amour qui vient, qui s'offre, et qui commence à opérer, par sa grâce prévenante, notre personnelle libération, se fait sans paroles, du dedans, par contact invisible et secret. Elle est une intuition vivante, dont celui qui en est le théâtre et l'acteur ne doute point, dont il jouit, comme on fait de la vie, sans pouvoir exprimer toujours ce qu'il ressent, parce que la vie, en tant que telle, est essentiellement ineffable, par delà les mots, les expressions et

---

[1] JOUFFROY. *Cours d'Esthétique*, 20e leçon.

les formules, et qu'on ne peut la dire qu'en la rétrécissant, en l'encageant en quelque sorte dans le concept, l'image, le verbe !...

Chez la plupart des hommes, cependant, l'œuvre révélatrice de la nature ne dépasse pas l'émotion. Si chacun porte en soi le germe de l'Art, il n'est pas donné à tous de le faire fructifier. Dans ce domaine, comme dans la nature physique, il est des semences qui demeurent stériles et d'autres qui s'épanouissent en luxuriantes moissons.

La faculté de sentir le Beau demeure ordinairement à l'état fragmentaire. Elle décèle sa présence dans quelques circonstances plus favorables et plus excitatrices, dont les individus gardent le souvenir heureux. Mais elle n'est pas la compagne ordinaire de l'esprit, du cœur, de l'action. On la dirait en marge de la vie quotidienne, laquelle s'oriente toute vers la pratique, et les exigences professionnelles et sociales.

La nature toutefois a ses privilégiés. Elle leur confère une grâce spéciale et les place en un rang à part, en leur donnant de dépasser l'émotion banale et d'aller à son endroit jusqu'à l'habituelle sympathie. L'émotion est un acte passager, rapide ; le sentiment esthétique est *un état*. Il établit en permanence, et du dedans, une communication du Moi, qui a toutes les apparences d'une intimité, avec les choses vivant en Beauté et se manifestant comme telles.

Si ces privilégiés — qui, selon l'expression reçue, ont une âme d'artiste — sont rares, gardons-nous bien d'accuser la nature. Parmi ceux auxquels elle a donné le pouvoir d'être émus par le Beau, les uns ne veulent pas dépasser le minimum de l'émotion. Leur ambition est limitée, court leur idéal. Il leur suffit de pouvoir, de temps à autre, prendre conscience de leur puissance intérieure de vibration. Mais ils tempèrent son exercice, laissant au hasard de lui apporter des occasions d'agir. Ils auraient peur de paraître moins raisonnables, moins pratiques, et de jeter le discrédit peut-être sur leur autorité. Il faut à leur personnalité de solides assises. Pour réussir dans la vie, un peu partout, il convient de ne point paraître trop accorder au sentiment. On se fait trop vite à ce compte une réputation de rêveur! Et ceux qui sont réputés penser, vouloir, saisiraient l'occasion de ne les plus prendre au sérieux!...

Certains ne peuvent pas. Ils sont préoccupés. D'autres objets se sont emparés de leur âme et en ont fait leur chose. La Beauté sous toutes ses formes y serait une gêne. Il est plus simple de ne s'en point mettre en peine. L'indifférence à son endroit est de rigueur. Un salut au passage, et c'est assez. A qui son cœur n'appartient plus, il n'est pas loisible de se créer de nouveaux liens.

Plusieurs en sont incapables parce qu'ils n'ont point reçu *le don*. Car ceux que la nature appelle à sentir en permanence sa Beauté, toujours elle les y prépare. Elle les crée réceptifs, susceptibles de l'entendre, et de la deviner pour ainsi dire. Alors qu'à la majorité des hommes elle donne un organisme d'une sensibilité moyenne, et qui vibre seulement sous des impulsions de quantité un peu massive, elle façonne pour ses privilégiés de véritables instruments de précision[1]. Subtils, sensibles à l'excès, ils sont capables de saisir au passage les manifestations les plus ténues de la vie des choses, d'enregistrer ses moindres battements. Rien ne leur échappe, tout au moins dans le domaine où la faveur

---

[1] « Ce religieux (P. Aubry) était-il de ces organisations exceptionnelles qui possèdent des facultés divinatoires et qui peuvent vibrer de ce qui échappe au sens grossier des autres hommes ? » Barrès. *La Colline Inspirée*, 20ᵉ édit., p. 342, Paris, 1913.

de la nature les a comblés. Car il est rare que ses libéralités soient universelles. A l'un elle accorde « le don » de la ligne, à un autre celui de la couleur, du mouvement, du geste... De celui-ci elle fait un merveilleux visuel, de celui-là, un auditif.

Mais si la nature accorde ainsi ses libéralités et établit des distinctions profondes dans la répartition de sa grâce physique, celle-ci demeure sans effet tant que *la Personne* humaine ne lui a pas accordé sa vivante collaboration. De ces « capacités » naturelles, signes d'un choix sans mérite antécédent et qui lui confère une dignité par dessus les autres hommes, l'élu doit faire un usage normal. Sa liberté pour être digne de la grâce, doit s'orienter, de l'intérieur, dans le sens désiré par les choses. Elles sont venues pour attirer, créer une vie commune[1]. La justice exige donc que

---

[1] « En résumant les doctrines de saint Augustin, dérivées de la philosophie grecque, saint Thomas a dit : « Le bien est l'objet du désir, par conséquent c'est ce qui plaît. Lorsque l'objet est tel qu'il plaise par la connaissance qu'on en a, non par le sens seulement, il est ce qu'on appelle beau. Le beau c'est donc le bien, mais le bien répondant à la pensée, à la raison. Le bien en lui-même, le bien absolu correspond encore à quelque chose de plus profond, qui est l'amour ». ... N'est-ce pas un caractère manifeste de toute belle chose que de nous plaire, et de nous plaire comme par une secrète magie, qui, suivant des expressions aussi justes qu'elles sont usitées, nous fascine, nous charme? Ce charme se trouve surtout en ce qu'on nomme la grâce ; et la grâce qui va, comme par delà la région encore extérieure de l'intelligence, atteindre l'âme même, émouvoir le cœur, ne semble-t-il pas que ce soit quelque chose qui vienne, non de la matière insensible, ni de la grandeur, ni de la forme qui l'ordonne, mais du cœur même et comme du fond de l'âme ? Si c'est peut-être expliquer l'idée générale du bien, du bon, que de la ramener à la beauté, la beauté à son tour se ramène, ce semble, en dernière analyse, du moins la beauté suprême, à ce bien par excellence qui est comme le fond de la perfection, l'essence même du divin, et qu'on nomme la bonté. Or être bon en ce sens supérieur, c'est aimer. C'est donc, ce semble, en définitive, l'amour qui est le principe et la raison de la beauté... « L'art, a dit Schelling, donne aux choses une âme, par quoi elles ne semblent pas seulement aimer, mais elles aiment. » RAVAISSON, p. 230.

le Moi privilégié s'ouvre tout grand aux influences bienfaitrices des choses, qu'il les regarde avec sympathie, qu'il se dispose à sortir de lui-même et qu'il prenne avec elles le contact vivant qu'elles ont voulu, et rendu possible, par l'organisation supérieure dont elles l'ont doté. L'amour pour lui est un devoir, et le premier. C'est à condition d'aimer, dans le sens plein du mot, que l'âme artiste devient un véritable artiste, un créateur[1].

Car il ne s'y faut pas méprendre : il n'y a point de place, dans le commerce profond qu'exigent les choses, en se révélant en Beauté, pour le dilettantisme ou pour le flirt ! Ces déformations de l'esprit et du cœur sont immorales parce que mensongères, et la nature exige avant tout de quiconque vient vers elle, une attitude de droiture, de loyauté. La constatation est piquante. Quiconque aspire à devenir un artiste doit affirmer son caractère moral. Il doit se livrer, engager sa Personne, se lier du dedans[2].

Nul ne peut l'obliger à se donner aux choses, mais dès lors qu'il consent à répondre à l'appel, au dynamisme puissant qui s'affirme en lui et le presse, il n'a plus le loisir de se montrer paresseux, de cultiver le farniente. Accepter de vivre en Beauté comporte un effort, exige une vertu. Il faut faire la preuve que l'on est digne, que l'on a de la qualité, de la profondeur.

Ce n'est pas en effet un simple jeu que l'on propose à l'artiste futur. On entend passer avec lui un contrat réel. Pour

---

[1] « C'est donc, ce semble, en définitive, *l'amour* qui *est le principe et la raison de la Beauté.* » RAVAISSON, p. 231.

[2] Rien de plus faux que d'affirmer (ESTÈVE. *Impérialisme*, p. 86) : « Le sens esthétique fleurit sur la force et apparaît ainsi qu'une attitude *luxueuse* de l'activité. » Ou encore qu' « il est formé d'une *dissociation* des éléments de l'activité *individuelle.* » C'est *toute la Personne* qu'il « concentre » et fait agir.

être un « écho sonore » de la réalité vivante et belle, il faut avoir de la trempe, rebondir sous le contact, le traduire, l'intensifier. Et cette collaboration suppose que le Moi de l'artiste n'a rien de passif, rien de flasque ni d'inconstant.

Répondre aux vœux de la nature, c'est d'abord affirmer sa volonté libre. L'art avant tout est liberté.

Mais liberté dans la dépendance, dans la correspondance à la grâce. Ici, comme dans la Science, l'homme est sujet. Quoi qu'il fasse, il n'est jamais premier. Où qu'il se tourne, il a toujours été prévenu. Une résignation nécessaire est le principe même de sa grandeur. Il semble n'avoir de raison d'être que pour servir. L'obligation d'aimer est le fond de son être[1] !

Car ce n'est pas l'artiste qui a provoqué les relations de son Moi et des choses. Il y consent. Sa bonne volonté n'est qu'une réponse. Elle dit *oui* à un appel. Peut-être que dans ce commerce il sera appelé à jouer le rôle de protagoniste. Mais s'il est principal, il n'est pas primaire. Un supérieur le précède dans le temps, qui l'aura d'abord élu. Et pour quiconque regarde la réalité intégrale et vivante, il fait figure de subordonné.

L'émotion qu'il ressent a été provoquée du dehors, par une sympathie initiale, indépendante de lui, et qui ne l'a pas consulté sur l'heure ou sur le mode dont il lui a plu de se manifester. Un appel s'est produit, venu de l'extérieur, mais qui lui est devenu aussitôt plus intérieur que lui-même, par le vivant écho qu'il a éveillé dans son Moi tout entier.

Ainsi la nature semble faire tous les frais de l'éducation

---

[1] « Le véritable artiste n'est pas celui qui contemple, mais celui *qui aime et communique* aux autres son amour. » GUYAU. *L'Art au point de vue sociologique.*

de ce serviteur de la Beauté. Après lui avoir façonné un organisme à part, sorte de récepteur délicat merveilleusement adapté à son rôle, voilà qu'elle se tient maintenant comme à la porte de cet élu de son amour. Elle frappe, et veut se faire ouvrir, pour ajouter à ses largesses initiales le don de soi-même. Elle visite ce privilégié de sa grâce, pour lui communiquer à présent ses secrets, son intimité, sa vie.

Le véritable artiste est celui qui veut répondre et qui attend. Au milieu des nécessités de l'action sociale, des exigences du labeur personnel, il écoute. Son être, tendu, accordé d'avance, est tout prêt à vibrer aux plus légers appels, aux bruits les plus fugitifs, pour lui révélateurs d'une présence. Ce Moi recueilli attend la vie, et s'y prépare par un effort. Ce silence est une énergie intense, une puissance de volonté. C'est un amour qui se prépare à l'initiation de Beauté.

Tout l'intérieur se groupe et s'ordonne sous ce vivant désir d'union. Pas un instant il ne se fait d'ailleurs égoïste; le désintéressement le plus absolu en est l'âme. L'objet attendu, espéré, l'est pour lui-même, et non point pour les avantages qu'il pourrait, en venant, conférer. C'est au cœur des choses que l'artiste pense avant tout, à leur vie profonde, que lui manifesta leur vêtement de Beauté. Parure, symbole et voile, leurs apparences matérielles sont tout cela. Mais l'objet lui-même est autre chose : une vie, un dynamisme, une puissance de rayonnement.

Sont-elles utilisables, il n'en sait rien et n'y veut pas songer. Il s'en voudrait à lui-même d'avoir des sentiments si bas en présence d'un si noble objet. Ce qui sert à nos besoins matériels est d'un ordre différent : le mécanisme, la matière, l'inertie y suffisent. Ce qui est vivant et beau a d'autres droits. Ils s'imposent à nous avec évidence. Et ce serait déchoir soi-même, que de songer même un instant à abuser de sa propre liberté pour les réduire en une servitude honteuse.

Les choses viennent à lui vivantes, ordonnées, harmonieuses, créatrices de vie. La vibration dont elles le remplissent à leur contact les révèle capables de discipliner, de fortifier, de surélever ce qu'il sent en lui de plus vital, de lui façonner une personnalité supérieure. La triomphante maîtrise qu'elles exercent sur la matière dont elles sont formées, mais qu'elles font tressaillir, annonce qu'en leur fond elles sont éminemment dynamiques et puissantes. Et si elles l'appellent, l'attirent, c'est bien sans doute pour lui faire partager leur pouvoir !...

Ainsi l'objet de Beauté apparaît à son élu comme le principe d'un amour grandissant, libérateur[1].

Le contraste s'affirme en effet, entre cette vie possible, déjà commencée, et la vie réelle, quotidienne, sociale. Celle-ci toute plongée dans l'expérience, si l'on peut dire, divise, éparpille même, pour les besoins de l'action. Le Moi coule et s'épuise dans les objets qui s'imposent à lui, dans le commerce de chaque jour, sans jamais recevoir d'eux, en retour, rien de réconfortant. Comme un instrument toujours en contact avec une résistance, il s'use, sans discontinuer, dans l'analyse perpétuelle qu'il pratique de l'extérieur. Agir, dans les conditions ordinaires, est absorbant et dissolvant.

Or, voilà que les choses, dès que le Moi cesse d'avoir avec elles des rapports de raison, où elles semblent prendre plaisir à épuiser sa vitalité, à le réduire en une sorte de poussière d'être, à le détruire sans joie, changent d'attitude. On dirait qu'elles aspirent à le fortifier, à recréer son unité, à la parfaire.

Tandis que dans la Science et l'expérience, l'homme, pour faire sur l'extérieur des conquêtes toujours fragmentaires,

---

[1] Cf. Estève. *Impérialisme*, p. 45, note 2.

rendues constamment instables par les besoins de la vie, et incapables de produire la paix, doit de toute nécessité vivre de renoncement et cesser à la lettre de s'appartenir, voilà que dès qu'il s'installe, sur leur invite, au cœur des choses, en dehors du temps et de l'espace, par delà ce qui se pèse et se mesure, elles se donnent à lui, vivifiantes, infiniment.

Tout son être, à leur contact, se dilate et semble entrer en partage de leur immensité. La vie intérieure de son Moi se diffuse en quelque façon dans les choses, s'y infinise, sans cesser d'être elle-même et de s'appartenir. Un calme de possession et une paix de plénitude succèdent à l'agitation, — angoissante souvent, trépidante toujours, où le Moi de l'action était contraint de s'oublier et de se perdre.

L'élu de la nature conçoit aussitôt que ce commerce peut être sans limites, hors des prises du temps qui use et de l'espace qui morcelle. Par delà toutes les barrières, il lui semble qu'il pourra communier à l'univers total. Il dit : partout, toujours !... Sa personnalité sera magnifiée sans entraves, dans un élargissement sans fin, par cette matière vivante, vibrante, attirante, la même qui tout à l'heure, tandis qu'il gardait l'attitude scientifique, le bornait, le contredisait, lui faisait toucher son néant !

Et c'est le rêve !... Et ce rêve n'aura point de fin !... Car cet amour qui vient est fidèle et sûr. Combien il déborde l'instable et indigent amour des hommes. La parole du Sage est trop vraie : « Tout homme est menteur ». C'est lamentable, mais non moins nécessaire. L'homme est limité, et par nature décevant. Il ne peut être toujours constant avec lui-même. La vie accuse et met sans cesse en relief ses radicales déficiences. Aimer les personnes, c'est se résigner à être dupe. Et c'est se condamner à être douloureux. Car c'est tenter l'impossible, que de prétendre limiter son Moi et restreindre ses désirs infinis à un point de l'espace et du temps !...

Laissons les hommes pour les choses. Mais gardons-nous bien de les aborder comme fait le savant. La Science est pure illusion. Elle est une ironie perpétuelle de la nature, qui se venge ainsi de se voir méconnue. On la traite comme une machine, alors qu'elle est vivante. On prétend l'organiser comme une logique, alors qu'elle est amour et Beauté[1]. Quelle leçon, pour qui sait observer, que cette moquerie perpétuelle, où l'on jette en pâture au savant des bribes de réalité pour activer sa poursuite, tandis qu'il suit, famélique, haletant, croyant toujours toucher au terme, et toujours aussi loin du but !... La vérité se donne, assure-t-il !.. Il faudrait dire : elle se joue !...

La nature ne veut être bonne qu'à celui qui l'honore en Beauté. Alors seulement elle se livre en plénitude à cet amour qui répond au sien, désintéressé, magnanime. La persévérance de son ironie à l'égard de la Science est une garantie de sa fidélité. Faisons des vœux pour que la Science vraie poursuive ses conquêtes, les couronne persévéramment de noms ambitieux. Et puis voyons toujours plus haut le sourire ironique des choses, et comprenons que les miettes de joie, dont le savant est si avide et si fier, n'ont aucun rapport avec le bonheur infini du vrai sage : le serviteur de la Beauté.

Ainsi peu à peu le sentiment du Beau se mue chez l'artiste en amour vrai, profond, impératif. Sa conviction devient inébranlable que l'Art est le sommet des choses, le suprême idéal ; que la dernière explication de la vie se trouve dans le vivant commerce de l'âme et des formes, de la conscience et de l'univers, de la matière et de *la Personne*.

---

[1] A l'hémistiche fameux de Boileau :
    Rien n'est beau que le vrai,
Alfred de Musset a répondu par cet autre :
    Rien n'est vrai que le beau...

Son Moi devient passionné. Il s'absorbe dans la contemplation des choses vivant au plus intime de lui-même. Plus encore que l'homme de science, l'artiste est comme poussé en marge de l'expérience commune et du monde social par le culte exclusif qu'il rend à son objet. Incapable de considérer les choses autrement que comme esthétiques, il paraît plus que quiconque étranger à l'action moyenne de l'humanité. La raison chez lui, plus ou moins, s'oblitère ou passe au second plan. Toute sa Personne est engagée dans son amour. Il sert véritablement, pleinement, sans réserve, quelqu'un présent en lui, dont les faveurs délicates et permanentes lui font tenir pour rien tout le reste, pour lequel il est prêt à tout sacrifier, dont il attend les ordres, à qui il obéira sans restriction et sans retard. Ce quelqu'un c'est *la Beauté*, dont il est devenu le confident heureux, et qui lui va révéler le secret de la vie.

A une condition toutefois : c'est qu'il se fasse, et de plus en plus, un serviteur fidèle, dans l'ordre même de sa volonté.

CHAPITRE XV

L'ART

(Suite).

Parce que l'émotion esthétique jaillit de la rencontre et de l'union intime du dynamisme du Moi qui se cherche, et du dynamisme des choses qui se donnent, elle est en effet essentiellement active et productrice de vie.

La caractéristique de l'amour, nous l'avons vu, est d'être créateur. Dès lors que le Moi humain, qui, de lui-même, tend à l'extérieur, rencontre la force attirante des choses, la poussée du dedans devient irrésistible. La nature s'établit en quelque façon au centre de son être, et de là le presse d'agir. *Egredere* : Sors de tes limites, gagne le large, déborde-toi.

Car elle ne s'est donnée à l'homme que pour être vivifiée par lui, pour entrer en participation de sa personnalité, de sa dignité humaine, pour qu'il imprime sur elle le sceau de sa liberté. Il est élu par elle, mais pour un but bien déterminé. Elle entend, par lui, opérer une véritable ascension, et, de ce sommet atteint par son concours, se manifester à toute l'humanité, s'y insérer pour ainsi dire, et désormais vivre de sa vie.

Ainsi l'artiste a un rôle très net, voulu par la nature, un devoir très précis, imposé par la grâce même de son élection : servir d'intermédiaire entre les choses et les hommes ; être auprès d'eux en quelque sorte l'introducteur et comme l'ostensoir de l'univers, et le montrer dans toute la vérité de sa Beauté sans le diminuer ni le trahir.

Cette union, qui paraît onéreuse et constituer pour lui une charge, lui confère une dignité. Il convient qu'il en fasse la preuve. Car s'il n'en doute point, s'il sent bouillonner tout son être sous cette force qui le fait vivre avec une plénitude jusque-là insoupçonnée, qui donc, au dehors, pourrait se douter de cette grandeur nouvelle ?.. Son Moi est devenu plus vaste, et comme infinisé, puisqu'il communie maintenant à l'univers entier. Il se doit de le dire, de l'affirmer, de le prouver. Pour être sincère à l'endroit de sa conscience d'homme, il faut qu'il partage cette richesse luxuriante avec tous ceux qui ont faim et soif d'une vie plus intense, plus profonde, de plus de lumière et de plus d'amour. Et, ce faisant, il rendra hommage à la bonté de la nature, il donnera la marque authentique de la grâce qu'elle a, par lui, accordée aux hommes, du commerce qu'elle a lié avec eux, du degré de sa miséricorde vivifiante[1].

Egredere : Sors, agis, sois créateur. Cette injonction intime des choses est impérative. Elle harcèle l'artiste, l'hallucine. Sa vie intérieure devient une angoisse[2]. Il est travaillé, du dedans, par cette présence de la nature qui organise son Moi intime, obscurément, et qui aspire à la collaboration de sa liberté qu'elle presse d'agir.

Sous l'emprise de cette force qui le saisit aux entrailles de l'être, l'élu se sent du même coup douloureux et plein de joie. Le dynamisme puissant qui l'émeut, lui communique

---

[1] « Les lois qui président aux arts sont essentiellement des lois d'amour... Tout ce qui est isolé dans la nature cesse de vivre... Par les beaux soirs, la solidarité fraternelle des règnes exulte alors dans une universelle joie. C'est l'heure de la prière et de l'adoration du beau. La nuit monte, et voici qu'éclate l'astre fantôme, la lune d'argent, reine des reflets, morte depuis longtemps, et dont *la charité des choses* a fait notre grand phare mystérieux. ». BRETON. *La Peinture*, p. 52.

[2] Cf. BRETON. *Ibid.*, p. 74.

une vie trop intense, trop disproportionnée avec les capacités de son Moi. Il est comme distendu, dans une vraie et indicible souffrance. Mais tout ce qu'il pressent en lui de virtualités conquérantes, dans la présence de cet inconnu qui le possède et l'enrichit, fait éclore, de tous les points de son ambitieuse personnalité, des espérances de victoire et de domination. Et sa peine réelle en est toute transfigurée.

L'orientation que donne la nature à la conscience de l'artiste est si bien dans le sens de son propre dynamisme, que tout retard lui cause un remords. L'inaction lui semble une faute, la temporisation une infidélité. Il sent qu'il manque à la justice, et qu'il fait faillite à un contrat. Du moment qu'il a accepté comme légitime la loi vivante qui le possède, il a le devoir de la servir. En vain il s'attarde à la contemplation de cet univers dont il voit en lui-même l'idéale théorie des images mouvantes. Un moment vient où la grâce est plus forte, et où sa liberté se décide à l'action créatrice de l'œuvre d'Art et de Beauté.

*
* *

Cette œuvre est sociale, éminemment. Tentative de l'élu des choses pour universaliser son intuition personnelle, son amour profond, elle est un effort généreux d'humanisation du Moi individuel.

Que de noblesse dans cette sympathie muette et fraternelle, qui veut porter aux hommes, pour la leur faire partager, la vie pleine, dilatée, dont jouit l'artiste, et qu'il suppose à bon droit inconnue de la plupart de ceux qui vivent autour de lui !

Cette nature qui, du dedans, se manifeste belle, attirante, et qui fait de lui son reconnaissant sujet, il va tâcher de l'incarner, dans des conditions qui la rendront perceptible, tangible ; de la tailler en quelque façon à la mesure des autres hommes, et de la mettre à leur portée.

L'idéal rayonnant qui épanouit tout son être intérieur, dont il a la vision directe, totale, émouvante, s'il parvenait à l'exprimer dans un vivant symbole, accessible à tous, resplendissant d'immatérielle et vivante Beauté, quel triomphe et quelle joie ! Joie nouvelle, et de conquête, qui viendrait s'ajouter à sa joie de possession personnelle, et la rendrait achevée[1]. Et voilà l'artiste qui, pour être fidèle à la nature, se prépare à l'action.

Tout aussitôt l'obéissance, qui paraissait facile, se révèle comme semée de difficultés.

Premier problème ; première angoisse : Quel symbole choisir ?...

Du coup, l'artiste se trouve brusquement ramené du dehors au dedans, et obligé de se placer en face de soi-même pour prendre sa mesure, reconnaître la véritable orientation de son dynamisme personnel, et ne pas l'engager sur une fausse voie [2].

L'hésitation est permise. Il faut agir selon le don de la nature, et demeurer dans l'ordre de la grâce personnelle qu'elle a accordée. Mais si cette grâce est multiple, si la nature a été généreuse, prodigue peut-être [3] !...

L'obéissance de l'artiste à sa vocation de Beauté n'est point passive. Il se décide, et donc il se renie sur un point ou plusieurs, se renonce, affirme sa volonté, son énergie,

---

[1] Cf. J. Breton. *La Peinture*, p. 11.

[2] « L'artiste doit être subjectiviste, car tout dire équivaut à ne rien dire, et c'est la passion seule qui discerne et choisit, mais Dieu a voulu que l'art fût un *humble souverain*. » Breton, *Ibid*., p. 44.

[3] Si Ingres jouant du violon avait le léger ridicule de se croire un maître en cet art, d'autres ont été mieux doués. Ils fixèrent leur choix, déterminèrent leur action *pratiquement*, sans cesser de sentir d'autres vivants attraits. Qu'on se rappelle les grands artistes de la Renaissance : peintres, sculpteurs, poètes, ingénieurs, et par surcroît, savants.

pour sauvegarder, en *servant*, sa plus grande personnalité, pour rendre son Moi capable de fécondité, de création, de vraie grandeur.

Aiguiller son action dans le sens de son tempérament, ne pas se tromper sur soi-même, c'est être fidèle à l'amour, réprimer son égoïsme, et se placer dans la lumière. Quiconque s'y refuse, risque fort d'être inadapté et de « rater » sa vie. L'appel instant des choses exige une réponse de virilité et de sincérité. L'Art est à ce prix. Il n'est accordé qu'à celui qui, d'abord, a consenti à « sonder ses reins et son cœur ».

S'orienter dans sa ligne ; mais de plus, prendre une charge appropriée à ses forces. La nature ne sera fidèle qu'à l'homme droit et sans orgueil. Sincérité et humilité sont les deux ailes qui vont soulever l'artiste, et de degré en degré le porter plus en haut. Le don initial, conféré par la Beauté à son élu, est une capacité. L'artiste, son symbole une fois reconnu, a trouvé sa voie. Mais il n'y doit porter qu'un fardeau approprié à ses forces. La collaboration qu'on lui demande est précise. Elle est, si l'on peut dire, déterminée quantativement. Qu'il fasse ses preuves d'abord, et montre dans l'expérience la qualité de son amour ; on lui confiera ensuite de plus considérables emplois[1].

Ainsi l'artiste qui a conscience de son rôle, et qui comprend combien une ambition prématurée lui serait funeste et retarderait sa marche vers les sommets de lumière et d'idéal, choisit sa matière d'art proportionnée à la puissance dont la nature lui a fait don. Il se renonce, car il sait bien que l'amour est dynamique et qu'il se grandit par ses sacrifices mêmes. L'humilité aimante est vérité; elle prépare les grandeurs futures. Parce qu'elle établit le Moi sur de

---

[1] « La nature ne se donne qu'à ceux qui sont assez forts pour la dompter. » BRETON, *Ibid.*, p. 215.

fortes assises, jamais il ne pourra fléchir sous la masse des matériaux que l'expérience y viendra sans cesse accumuler.

L'humilité vivante en Art, c'est le goût de l'artiste. Par lui il se mesure, il s'apprécie. Connaissant ses limites, mais sûr de sa force aussi, il prend sa matière, et de tout son cœur il lui infuse avec une religieuse émotion son vibrant amour[1]. Jusqu'au moment où, de cet intime commerce, et au point précis où se réalise l'équilibre harmonieux entre l'homme et les choses, apparaît l'œuvre rêvée, vivante et belle.

Fruit de l'amour mutuel de la nature et de l'homme, expression d'un tempérament, tel apparaît donc l'Art. En lui communient et se révèlent le Moi et l'univers.

Quel que soit le symbole choisi par l'artiste, toute œuvre d'art est collaboration : *Homo additus naturæ*. Les choses, en un sens très vrai, se diminuent pour s'enrichir. Leur puissance se rapetisse et se livre à l'action humaine[2] et à sa liberté, pour que de cette sujétion naisse une vie toute nouvelle, où la matière, sans cesser d'être substantiellement identique, s'organise dans un ordre, une harmonie, qu'elle ne connaissait pas, dont elle était par elle-même incapable d'atteindre les sommets, et qui lui confèrent une splendeur inouïe, captivante. Elle devient reine de Beauté.

Sous la multiplicité des symboles, qui révèlent l'abondance des grâces dont la nature a doté l'humanité, et qui

---

[1] « Je me persuadais qu'il n'y a pas de sujet médiocre ni de sujet ennuyeux, mais seulement des cœurs froids, des yeux distraits, des écrivains ennuyés. » FROMENTIN. Cité par JOUIN, *Maîtres contemporains*, p. 56.

[2] « *L'ensemble dominant le détail*, et l'ensemble lui-même dominé par ce qu'on peut appeler proprement *l'élément humain*, voilà ce que nous montrent les arts. » A. COMTE. Dans RAVAISSON, p. 78.

étalent au grand jour la richesse infinie des choses, il n'y a bien véritablement qu'*un Art*[1]. Le même amour préside en effet à la naissance des formes esthétiques. Elles sont légion, lui est unique. Et toutes les manifestations de détail qu'en peut fournir le génie de l'homme ne parviennent pas à l'épuiser, à l'exprimer. L'amour vivant, c'est l'ineffable. Les symboles ne peuvent donc pas le dire. Mais ils s'efforcent de le faire sentir, de le faire comprendre, par le rayonnement de vie qu'ils répandent. Dès qu'on approche d'eux, on se sent pénétré de leur rythme vital. Ils empoignent, ils subjuguent, et le dynamisme des choses incarné en eux comme en un point, se diffuse de proche en proche à travers le temps, l'espace, infinisant en quelque sorte l'âme et le cœur de l'artiste, qu'ils emportent avec eux dans leur conquête pacifique, mais sûre, de l'humanité.

Une ambition secrète, immense, anime donc l'artiste qui répond aux avances des choses et accepte d'être leur élu. Il fait un rêve d'éternité. Son œuvre — inséparable de sa Personne — où se résume la vie des choses, qui sont le passé, sera pour l'avenir un point d'attache, un centre de ralliement, une sorte de nœud vital. L'humanité future est suspendue à lui. Servir, c'est devenir immortel. C'est entrer dans la gloire enveloppé par l'amour des générations, reconnaissantes d'avoir été par lui initiées à la Beauté

---

[1] « Rien de ce qui est de l'art ne doit rester étranger à la jeune fille douée, et la contemplation d'une de nos belles cathédrales françaises, la visite intelligente du Louvre, ou des fresques de Puvis au Panthéon, seront aussi profitables à la jeune musicienne que l'audition de la IXe symphonie de Beethoven ou d'une Passion de Bach pourra être favorable au développement de celle qui s'occupe de peinture. Car *l'art est un*, seuls ses moyens de manifestation sont différents. » VINCENT D'INDY. *L'Éducation musicale. Gazette de France*, 24 mai 1913.

Cf. TAINE. *Philosophie de l'art*, t. I, *De la nature de l'œuvre d'art* ; et t. II, p. 274. — C. MAUCLAIR. *Idées vivantes : l'Identité et la fusion des arts*. — J. BRETON, loc. cit., p. 121, 124, 127, 130.

vivante, sorties de leur indigence, rachetées. Car l'Art est une vraie rédemption, l'unique peut-être, et qui s'étend à tous : elle est universelle.

La vision intérieure de l'artiste s'achève ainsi sur un immense et lumineux espoir. Il se voit, médiateur élu entre les choses et les hommes, lien nécessaire entre ce qui fut et ce qui vient. Se limiter dans une œuvre belle, c'est accomplir un geste libérateur d'humanité. Des vagues d'amour vont être soulevées, qui s'en iront puissantes et calmes, porter la vie jusqu'aux confins du temps.

Et la volonté de l'artiste s'émeut, s'exalte. Son œuvre est l'assurance de son espoir ; il lui tarde de l'accomplir. Un besoin de certitude concrète l'envahit. L'expérience devient nécessaire à son intuition.

L'exaltation de sa puissance intime aplanit du dedans tous les obstacles. Sa vision lui dérobe les difficultés de l'action. Ce tout vivant, il va falloir cependant, par l'analyse patiente, la ramener aux conditions du temps, de l'espace et de la matière. Oh ! le dur labeur ! Mais la sincérité de son amour n'y pense point. Il va commencer son œuvre, sûr de lui-même, afin de prouver à tous — en les servant — qu'il est leur supérieur, l'élu de la Beauté, celui qui voit, celui qui sait, celui qui peut, mieux que personne, faire le geste essentiel et créateur, capable, par son rayonnant dynamisme, d'éveiller des échos prolongés, de provoquer et d'entretenir, dans l'humanité tout entière, une dilatation pacifiante, harmonieuse et douce, infiniment !

.·.

L'artiste cherche donc, avant tout, à se placer exactement dans les conditions les plus favorables pour que se produise la collaboration active et féconde du Moi et des choses.

Car l'œuvre de Beauté ne se fait pas à l'aventure, et

comme au petit bonheur. Parce que l'Art est amour, les relations de l'homme et de la nature obéissent à des lois, qui sont celles de toute vie. Une série de devoirs s'imposent, dont ni la paresse, ni l'insouciance, ni l'égoïsme ne peuvent espérer d'avoir la révélation lumineuse.

Le premier devoir de l'artiste, c'est d'aller à la nature et de la consulter. C'est d'elle que doit venir l'inspiration initiale[1]. La justice l'exige ainsi. La nature a fait les premières avances, après avoir donné la première grâce. Si l'artiste a quelque capacité, c'est d'elle qu'il la tient. Etant sa raison d'être, il est légitime qu'elle prétende à devenir sa raison d'agir. Son amour est antécédent, gratuit, préparateur. Après avoir organisé son élu de telle façon qu'il puisse la comprendre, la recevoir, devenir un autre elle-même, voici que par sa parole intérieure elle l'a appelé, l'a ému, et lui a révélé à lui-même les puissances secrètes dont elle l'avait comblé. Tout ce qu'il peut faire, c'est d'ajouter à ce don primordial l'apport de sa liberté, le complément attendu de son humanité : *additus*. Il a été prévenu, mais il est tenu de répondre. Ecarter la nature et prétendre agir seul lui est impossible, s'il veut savoir, pouvoir, ne pas tarir les grâces premières, faire révoquer l'élection, se condamner à rester stérile, alors qu'il était plein de vivantes promesses.

Consulter, c'est écouter, c'est regarder, c'est esquisser le geste des choses, faire un premier essai, une tentative initiale de mouvement, d'action, dans le sens de leur volonté, de leur dynamisme, de leur rite essentiel et social. C'est s'ouvrir, par la volonté, à la grâce qui est là, et qui n'attend, pour agir et grandir, que la manifestation de respect attendri, affectueux et sincère du sujet[2].

---

[1] « Le génie sait que, pour que la liberté soit féconde, elle doit rester fidèle observatrice *des lois de la nature*. » BRETON. *La Peinture*, p. 207.

[2] « Vouez votre âme à l'amour de la nature et à son fervent respect. » BRETON, *Ibid.*, p. 104.

Car ce geste primitif et gauche doit être avant tout loyauté, don réel, encore que rudimentaire. La Beauté, en son principe, est servante de vérité[1].

Vérité dans l'élu, d'abord. Consulter, pour beaucoup de gens, n'est qu'un moyen détourné de s'imposer. Leur Moi ne paraît se soumettre que pour dominer plus sûrement. Mais la nature n'accepte point de pareils artifices.

Si l'artiste veut savoir la mesure exacte de ses forces, la qualité de son pouvoir, il doit se donner avec une sincérité pleine, ingénûment, sans réserve égoïste. Ce seul moyen s'offre à lui de n'être point la proie de ses imaginations et de ses rêves. Son intuition n'a pas de valeur par elle-même ; le fait d'exister ne la prouve pas légitime. Entrer dans les choses, se faire nature, se renoncer dans l'amour révélateur du vrai, correcteur de toutes ambitions vaines, c'est, pour l'artiste, se préserver de l'utopie, de l'avortement, du désespoir.

La Beauté se venge, en effet, de quiconque ne vient pas à elle avec cette attitude de droiture radicale. Elle l'abîme dans la platitude, l'extravagance et la folie, pour n'avoir pas respecté la vérité qui la soutient, la sous-tend, est sa vie même. Elle entend que le Beau qu'on lui emprunte « soit pris du vrai[2] ». Qu'est-ce à dire ?

La nature est dynamique, vivante. Elle a son geste à elle, son attitude propre, sa manière d'être individuelle. Elle est ce qu'elle est, d'abord. Et si elle entend servir la liberté humaine, ce n'est pas en esclave. Si le Moi s'impose

---

[1] « Le sentiment du beau, forme première de la vérité. » DUBUFE, L'Art, p. 2.

[2] « Tout ce qu'on invente est vrai, » a dit Flaubert. Oui sans doute, à condition que l'invention s'appuie sur le réel, et le respecte dans ses lois essentielles.

à elle avec une égoïste brutalité, il la déforme. Il la détruit aussi. Cette vie faussée est un mensonge. Et parce que l'artiste, en agissant ainsi, aura voulu d'autorité constituer son humanité comme « la mesure de toutes choses » et s'ériger en absolu dominateur, la Beauté qu'il prétend révéler aux hommes sera « cuisinée » et morte, malgré ses beaux dehors. Semblable à ces paons superbes qu'on apportait sur la table des rois, l'œuvre d'Art ainsi obtenue pourra soulever un murmure admirateur lors de son apparition : mais ce sera court. Tout ce qui fait appel à la curiosité pure n'a pas d'avenir. La prestidigitation n'est pas créatrice. L'œuvre d'art est un moment de vie fixée et mobile[1]. Fixée par le procédé, mais qui a des prolongements infinis — dans le passé et l'avenir. C'est du mouvement saisi au passage ; de la matière spiritualisée[2], capable d'éveiller des vibrations multiples et des échos vivants, tout à la fois annonce, préparation, révélation de la vérité des choses et de leur élu, vivant amour d'où la Beauté, spontanément, en plénitude, jaillit comme « une splendeur. »

Exigence foncière et primordiale de l'œuvre d'art, la rectitude de l'artiste demeure la condition expresse de sa permanence et de sa fécondité. Il lui faut toujours regarder la nature avec un « œil simple » et un « cœur droit[3] », s'il veut conserver son unité intérieure et sa qualité de vibration créatrice.

---

[1] « Comment s'y prendre, demande quelque part Socrate à un statuaire, pour produire cet effet qui nous touche le plus, à savoir que les statues semblent vivre ? » — Et le statuaire répond : « Il faut les former sur le modèle des vivants. » Pascal a dit dans le même sens : « Il faut de l'agréable et du réel ; mais il faut que cet agréable soit lui-même pris du vrai. » Ravaisson, p. 22.

[2] Amiel compare l'émotion du beau à une « *spiritualisation de la matière.* » Estève. *Impérialisme*, p. 86.

[3] Cf. J. Breton. *La Peinture*, p. 102, 104.

*
**

C'est au contact des choses qu'il se maintient d'abord. Parce que leur commerce est fondé sur la vérité et la justice, il est fidèle. La Beauté qui l'attire et l'émeut, est unique. Sous le vêtement toujours mobile et souple des formes infiniment variées, un même amour se manifeste. Il est un centre, où le Moi, qui se défait sans cesse dans les conditions ordinaires de la vie, peut échapper à l'éparpillement de l'analyse, se ressaisir, se reconstruire dans la joie. Au sein même de l'âpre et quotidienne lutte qui s'impose de partout, la nature est un séjour de paix. A *la Personne* desséchée par le frottement social, elle offre un sûr asile et la fraîcheur de ses émotions toujours neuves.

Toujours vivifiantes aussi. Car la vie en groupe non seulement émiette le Moi, l'arrache par bribes à lui-même, mais elle tend à détruire toute originalité. Un être peut offrir l'apparence d'une cohésion parfaite, d'une solide unité, et manquer de puissance intérieure. Combien de têtes qui paraissent équilibrées, et qui, à l'exemple de celle de la fable, « manquent de cervelle » !

C'est d'ailleurs le danger secret de toute réunion d'hommes organisée. Comme le langage en effet, qui en est l'expression fidèle, la vie sociale est par essence même une moyenne. Elle exige, entre ses composants, des rapports d'où toute originalité est exclue. L'individuel, le rare, n'y ont pas droit de cité. La société, par définition, égalise les hommes. Bien plus, elle condamne les meilleurs d'entre eux à la banalité. Ainsi les cailloux du torrent deviennent peu à peu, et tous, d'une rondeur sensiblement pareille. La monotonie, l'uniformité, la dépression, guettent l'homme social. Le groupe, qui le multiplie sous certains rapports, tend à dissoudre son dynamisme, à faire perdre toute saveur à sa personnalité. Son Moi devient inerte ; il n'a plus, si l'on peut dire, de face personnelle et vivante. Imitation, automatisme, mort intérieure, voilà les étapes par où la société conduit ses victimes.

Il n'est qu'un moyen de lui échapper. Quiconque entend ne point mourir, doit s'évader vers la nature et faire appel à la Beauté. Soit par le spectacle des choses, soit par les œuvres de génie dont elle a sillonné les routes du passé, elle offre à nos misères de partager sa richesse infinie, elle tend à notre impuissance le réconfort énergique de son amour vivant. Toujours nouvelle, unique en chacune de ses manifestations, elle se propose à la fois comme exemple et comme libératrice[1]. « Si tu veux redevenir fort, dit-elle à son élu, fais silence, approche, écoute, obéis. »

*
* *

L'isolement serait-il donc une exigence du génie créateur? Oui, parce qu'il libère et qu'il permet d'entendre. Toutes les initiations vivantes ont lieu dans le recueillement, en marge de la société, de ses exigences et de ses sujétions[2]. Il faut se retrouver tout entier, pour se donner et pour servir. Le véritable amour est essentiellement intimité d'union. Et parce qu'il met en contact avec une vie profonde, où s'exaltent toutes les énergies de l'être, il sépare de ce qui distrait, divise ou éparpille.

---

[1] « La *nature* est le réservoir inépuisable de formes toujours nouvelles, où l'artiste doit retremper sans cesse son imagination vite appauvrie, sous peine de tomber dans la formule et le cliché, qui sont la mort de l'Art. » ABEL FABRE, *Pages d'art chrétien*, 2ᵉ série, p. 7.

[2] « Albert Dürer exprima dans un langage analytique une des plus fortes synthèses d'idées qu'on ait pu trouver jusqu'ici dans l'histoire de l'Art. « Les uns disent comment les hommes devraient être. Je ne veux pas discuter avec eux là-dessus. *La nature est le seul maître* et la prétention des hommes est une erreur. » *Aimanach Hachette*, 1909, p. 124.

L'élu de la Beauté s'arrache donc à tout ce qui est analyse, emprise du dehors, sujétion extérieure. Il rentre en lui-même, et se met par les racines mêmes du Moi en contact avec la vie des choses, dans une contemplation ardente, qui est un vibrant appel.

Il s'arrache, donc il se sacrifie. Sa Personne est devenue sociale, au point qu'il lui faut déployer un véritable héroïsme pour vaincre les habitudes passées chez lui à l'état de seconde nature. Mais que lui importe. L'amour de son objet le transporte « hors de lui-même », et tout lui paraît léger. Rien n'est pour lui un obstacle. Plus que l'homme de science il subordonne tout à son objet, à la vie plus pleine, plus pure, qui lui est proposée, qu'il peut atteindre. Quelle duperie que de renoncer à ces richesses uniques, et qui ne se rencontrent que là !...

Il médite aussi. Nouveau labeur, nouvel effort ; car tout le porte à l'extérieur, à se répandre en quelque façon par toutes les sensations qui s'offrent dans le groupe social, et qui toutes, uniquement, tendent à la pratique.

Mais ce labeur se change vite en joie[1]. Car la réflexion qu'il accepte, qu'il s'impose, est d'un genre spécial. Elle n'est pas abstraite. Elle ne se fait pas à vide. Il a quitté les hommes pour trouver la Beauté. La méditation qu'il entreprend est un colloque, un dialogue vivant et animé, un cœur à cœur.

En s'isolant du monde, il paraissait faire un acte fort égoïste. Mais il accomplissait au fond un acte d'amour supérieur et légitime. Il semblait fuir l'action : c'était pour assurer son service, et pour s'y consacrer uniquement. C'était

---

[1] « Rien n'est d'ailleurs exquis comme d'étudier la nature avec l'idée qui nous hante et qui attend sa réalisation préparée à l'atelier. *C'est la volupté de l'explorateur devant des trouvailles inattendues* qui, chaque jour, *augmentent l'intensité de la conception et en reculent les limites.* » BRETON, *loc. cit.*, p. 90.

pour mériter la grâce d'une révélation qu'il se faisait solitaire. En se séparant des hommes et en venant vers la Beauté, il la consacrait leur maîtresse à tous. Il affirmait son choix volontaire. Sa réponse à l'appel, libérateur des sujétions sociales, était un hommage à la Beauté des choses et leur conférait une sorte de personnalité transcendante, en face de laquelle il avait droit, après cet acte initial, de faire état de sa personnalité propre, de dévoiler les vivantes exigences de son obéissante et amoureuse liberté.

*
* *

Quelque absolue que soit en effet son obéissance, elle n'a cependant rien de passif. Pour l'artiste, servir n'est point abdiquer. A l'égard de la Beauté, il se trouve exactement dans la situation d'un enfant qui vient, appelé par sa mère, afin d'être initié à l'action. Toute la tendresse émue de l'éducatrice enveloppe ce petit être, dont le regard ne la quitte point. L'enfant s'efforce de répéter le geste maternel. Il n'en reproduit tout d'abord qu'une esquisse maladroite. Puis il s'enhardit, sous le regard d'amour vivant qui le soulève, le porte, l'affermit. D'instant en instant il progresse, jusqu'au moment où le geste est parfait. Voilà maintenant le bébé et sa mère qui accomplissent, avec une harmonie touchante, le même mouvement. Il est identique et divers, comme les deux personnes qu'il exprime, les deux dynamismes qu'il traduit. L'obéissance de l'enfant, pour être efficace, créatrice, a dû être active, développer ses énergies profondes, mettre en valeur sa spontanéité.

Telle est la qualité du service dans l'amour. Aimer, c'est collaborer, mais non point se supprimer. Et la vie en commun, qui en résulte, n'a de saveur que dans la mesure où les individualités en contact ont le sentiment vif de rester elles-mêmes au sein de l'ineffable et idéale union.

La nature n'a façonné l'artiste, ne lui a donné ses capacités initiales que pour participer à sa liberté. Si elle aspire à l'union, que ses révélations appellent, c'est pour vivre par lui, pour s'achever en lui, s'y couronner d'une gloire nouvelle, et dont lui seul est le dispensateur.

La parole d'amour personnel qu'elle lui fait entendre, par laquelle elle l'émeut, n'a rien de commun avec le langage ordinaire des hommes. Il la comprend, du dedans et de façon vivante, parce qu'il a reçu pour cela un pouvoir radical ; mais elle n'a pas d'équivalent dans les langues qu'on perçoit du dehors et qui s'expriment par des mots.

En passant par la conscience humaine, la révélation de la nature doit donc s'y modifier en fonction d'humanité. Il est nécessaire qu'elle s'y dépouille de ce qu'elle contient d'excessif, d'incompréhensible, peut-être même de contradictoire avec la qualité du Moi moral, aimant, volontaire et bon[1].

La conscience de l'artiste est donc une sorte de filtre où s'opère le discernement des choses, où une sorte de jugement est prononcé sur elles[2]. Ce qui, de la nature, est assimilable, capable de s'humaniser, vivifiant, y pénètre ; ce qui est contraire au Moi, inutile, reste au dehors : c'est un déchet.

---

[1] « Celui-là seul aime la nature qui tire des idées morales des spectacles du monde extérieur. » DOUDAN. *Pensées et Fragments*, p. 34.

[2] « L'habitude des bonnes choses rend difficile, et va restreignant le nombre des jouissances que l'on peut goûter. Une âme un peu noble ne peut souffrir de rester dans cette grossièreté de goût où demeure le vulgaire ; et cependant plus elle se rend capable d'admirer la beauté, de la goûter avec discernement et délicatesse, moins elle trouve de beautés dignes qu'elle les goûte et les admire. Mais il ne faut pas le regretter ; car *cette perfection et cette délicatesse sont*, comme le dit très bien Fontenelle, *si dignes de l'homme, qu'il les doit poursuivre à tout prix.* A. TONNELÉ. *Fragments*, p. 303.

Interpréter les choses, c'est donc pour l'artiste, les modifier, les clarifier, choisir, créer[1].

Il n'en saurait d'ailleurs être autrement. L'amour unit, mais il ne peut identifier ni les natures, ni les personnes. Il n'éteint pas ; il multiplie. Absorber, c'est appauvrir, et l'amour est essentiellement créateur. Il prolonge l'être de deux dans une force nouvelle, qui jaillit de leur union féconde. L'amour est deux et un : homogénéité parfaite, hétérogénéité nécessaire. Chacun des termes qui le constituent est à la fois lui et l'autre. Mais il n'est, de l'autre, que ce qu'il peut lui-même recevoir, et selon sa propre capacité. Ainsi l'absorption est radicalement impossible, puisqu'il n'y a pas deux individualités identiques.

Puisque l'Art est amour et que l'amour est choix, il n'y a pas pour l'artiste de copie possible de la nature[2]. Copier, c'est reproduire exactement, quantativement. Toute copie est statique : elle fige son objet dans la mort.

Ni le dynamisme des choses, ni plus encore celui du Moi, n'autorisent en Art une pareille utopie. La nature et la liberté ne peuvent pas réciproquement s'absorber. L'Art est une adaptation réciproque, dans l'amour vivant, de la Beauté et de la conscience, de l'univers et de la Personne, toujours unis et toujours distincts.

L'obéissance de l'artiste est donc tout entière spontanée,

---

[1] « La manière de voir est personnelle, l'interprétation appartient à l'interprète ; il ne se défend pas d'y mettre du sien, il s'en fait gloire, et, qu'il le désire ou non, l'estime qu'il fait de son idée prouve bien qu'il y voit autre chose qu'une découverte : il a une manière d'y tenir où l'on sent qu'à son avis voir le monde comme cela, c'est un peu le faire, et que pénétrer ainsi le secret de la création, c'est y participer en quelque chose. » OLLÉ-LAPRUNE. *La Philosophie*, p. 28. — « Le véritable artiste crée, même en copiant... » LE BON. *Aphorismes*, p. 94.

[2] « L'artiste véritable ne voit pas la réalité telle qu'*elle est*, mais telle qu'*il est*. Il y met *de soi*, et, en la regardant, il la transfigure. » A. TONNELÉ, *Fragments*, p. 106.

pétrie de liberté. Son œuvre — l'œuvre d'art — est très réellement la traduction de *sa Personne*, et il a le droit, d'abord, d'interpréter les choses avec son tempérament individuel.

Or, il est avant tout d'une époque, d'un pays, d'un milieu social déterminé. Les façons de penser, de sentir, de juger, à ce point de l'espace, à ce moment du temps, sont différentes de celles qu'on pratiquait aux siècles antérieurs, et qu'on observe actuellement chez d'autres peuples. *L'Art a une patrie*[1].

Ces manières d'être sont siennes. Elles font partie intégrantes de son Moi, constituent sa richesse intérieure. Au même titre que lui, ses contemporains en vivent. Tout au moins ils y sacrifient à des degrés divers. Dès lors que l'artiste entend leur parler, socialiser son intuition, leur communiquer sa vision intérieure, le voilà obligé, pour avoir accès dans leurs âmes, de s'exprimer en fonction de leurs idées, de leurs sentiments, de toute leur personnalité la plus actuelle, la plus mobile, la plus changeante aussi.

Être de son temps, sous peine de n'éveiller pas d'écho, de n'attirer ni l'attention ni la sympathie : cette exigence confirme le droit qu'a l'artiste de demeurer fidèle à son tempérament, à sa vie intérieure, de tenir compte, sérieusement, des contingences au milieu desquelles, socialement, il lui faut vivre.

Relativement aux choses, cette fidélité devient d'ailleurs un devoir. Elle est attendue. Le contrat tacite, qui a eu lieu entre la Beauté et son élu, la comporte comme essentielle condition.

---

[1] « L'Art subit tellement l'influence du milieu et de la race qu'il n'y a pas dans l'histoire, malgré certaines apparences contraires, de peuple ayant adopté les arts d'un autre sans les transformer. » Le Bon, *Aphorismes*, p. 93.

Si les choses veulent, par lui, participer au dynamisme humain, se socialiser, ce n'est pas évidemment de façon théorique et abstraite. La vision qu'elles donnent de leur beauté à l'artiste créateur est sans doute hors du temps et de l'espace, mais elles entendent que leur durée vivante se concrétise dans l'expérience, que leur immatérielle harmonie se révèle dans une matière donnée, précise, par l'action tout individuelle de la Personne de leur choix, avec les moyens spéciaux dont elle dispose dans son milieu.

Et voilà que, avec la même rigueur que la méditation et la solitude, le contact des hommes et de la société s'impose à l'artiste, serviteur de Beauté, pour qu'il ne s'effondre pas dans le rêve[1].

Après avoir fui les contingences, il y doit revenir. Sa vie est un mouvement alterné. Il va aux choses d'abord, afin de s'y enrichir de vivante pensée ; il vient aux hommes pour l'adapter à l'expérience, reconnaître les conditions du possible, se rendre capable de produire l'œuvre belle, vivante et harmonieuse fusion de la nature et de l'humanité.

S'il rentre dans la société, il le fait cependant en homme jaloux de ses libertés nécessaires. Pas plus qu'il ne s'est absorbé dans la nature, l'artiste ne se sacrifiera tout entier aux exigences sociales. Pour vivre dans la vérité qu'exige la Beauté, il se doit de conserver son indépendance. Servir n'est pas le fait d'un esclave. Veiller jalousement sur sa personnalité, la maintenir intégrale et vivante, s'impose à lui au même titre que son amour.

A vrai dire, ce n'est pas chose facile. La société, pour quiconque cède à son caprice, est une marâtre. Elle ne respecte que les forts. Les autres, elle les accapare, les

---

[1] J. Breton, loc. cit., p. 7, 8, 109.

rapetisse et les réduit à rien. A tout le moins, elle fait d'eux des êtres désespérément banaux.

La logique de cette inévitable déchéance est simple. Quiconque vit en société devient rapidement un myope. Ses facultés de vision s'atrophient, parce qu'il est condamné à regarder de trop près, toujours. Le groupe social est trop compact, le contact trop immédiat. Les gens qui le composent manquent d'horizons vastes et libérateurs. Le spectacle du grand, de l'infini, leur échappe. Les nouveaux venus dans cette foule n'en ont même plus la notion. Ne voyant rien — et ne concevant rien, ce qui est effrayant — en dehors de l'expérience *actuelle*, de leurs désirs, de leurs ambitions toujours orientées vers les satisfactions immédiates, *ils font du présent un absolu*, toujours mobile, toujours changeant sans doute, mais qu'ils regardent malgré tout comme la norme nécessaire de la pensée et de l'action. Pour eux, l'idéal se fait, et par eux. La loi, c'est ce qui est, ce qui, parmi les contingences, est le plus capable de leur procurer sur le champ ce qu'ils croient être le vrai bonheur. Tout sacrifier à l'heure brève, qui porte avec elle sa joie, c'est la sagesse. Il n'en est point d'autre. Quiconque adopte une attitude différente n'est pas raisonnable ; et s'il y persévère, c'est un fou.

L'on voit ainsi se produire les triomphes éphémères et tapageurs de toutes les modes, de tous les snobismes, de toutes les médiocrités. Dans les cénacles et les petites chapelles, on façonne l'opinion de la foule, on dispense la renommée, on distribue les faveurs et les places.

Quiconque sacrifie à cette tyrannie des groupes est un homme perdu. Il est mort pour la postérité. Ainsi en va-t-il des arrivistes, des caractères faibles, des besogneux harcelés par le plaisir, écrasés par des obligations de famille, le souci du pain quotidien. Les mécènes se font rares, de plus en plus, au détriment de la Beauté.

Le véritable artiste, quoi qu'on fasse, se montre supérieur à tout. C'est un lutteur. L'amour de son art le soutient et l'empêche d'être jamais vaincu. En vain les coteries l'ignorent, les privations pleuvent sur lui, la calomnie, le mépris l'accablent... il écoute, il regarde, et malgré toutes ses rancœurs, ses dégoûts... « il possède son âme dans la patience », et il attend.

Incapable de sacrifier la Beauté supérieure qu'il porte en lui, comme un vivant idéal, et qu'il voit tout autour de lui méconnue, défigurée, il se fait une force de son amour. Il s'enveloppe de dignité. Sa fidélité le sauve. Une souffrance aussi noble est toujours une promesse de victoire, parce qu'un hommage à la vérité, qui tôt ou tard délivre et couronne.

Plaire n'est pas tout. La vie est supérieure aux modes. Il faut durer. Le seul moyen d'y parvenir est de s'installer dans l'éternel, et de lui faire dire ses plus intimes secrets dans la confiance abandonnée de l'amour. Savoir attendre, c'est vaincre le temps[1].

Alors l'artiste qui a déjà interrogé directement la nature, consulte la Tradition. Que dis-je? Il en a le culte.

．
＊ ＊

La Tradition, c'est la vie qui était hier, est aujourd'hui, sera demain. Ce que le présent a de solide, il le lui doit. Elle constitue l'ossature rigide et dynamique, par-dessus laquelle les hommes ajustent, à chaque moment, les formes éphémères nées du caprice de leurs imaginations. Rien de ce qui vit n'est gonflé de vent. Le vêtement n'est fait que pour le corps ; la dernière feuille du chêne est vivifiée par le courant vital. *Les modes sont l'esprit de l'art.* Quelques

---

[1] Nous sommes hantés par le besoin de durer, et tout artiste vrai a pour devise : *æternitati laboro !*

légères qu'elles paraissent, elles supposent la vie intérieure. Tout snobisme est sous-tendu de quelque chose de traditionnel. Ce n'est qu'un fil peut-être, mais c'est assez. Un lien existe toujours entre le présent et le passé[1]. Et par lui, comme un vivant canal, l'artiste, sans quitter ses contemporains, ni perdre contact avec ce qui est, remonte jusqu'à ce qui fut, et s'enfonce au cœur même des choses.

Là, il explore le vivant trésor de la Tradition. En présence de ces richesses accumulées au cours des âges, il comprend que tous les efforts antérieurs n'ont pas été vains, qu'il y a eu, avant lui, des personnalités puissantes et des amours de la Beauté, sincères et conquérants. L'indépendance, telle qu'on la prêche avec une audace naïve autour de lui, lui apparaît comme la plus dangereuse des utopies. La vérité vivante est une interdépendance. Dans le réel, tout est lié.

Mais tout est lié dans l'amour. Ce n'est pas le mécanisme qui est au fond des choses, mais bien la liberté. Il n'y a pas de discontinu dans le passé, parce que les hommes qui nous précédèrent surent se donner, répondre au vivant appel de la nature, de la Beauté. A notre tour de nous insérer dans la chaîne, de nous placer au centre du courant vital. Là, au sein même du mouvement, qui prolonge sa vertu dynamique et créatrice jusqu'aux frêles productions de notre fantaisie, on est soulevé par toute cette puissance accumulée, formidable, pénétré par une force inattendue et vivifiante, orienté dans le vrai sens de la vie et de l'action.

Au contact du passé, la vision intérieure de l'artiste s'amplifie donc et se précise. Son Moi se multiplie de tous ceux qui l'ont précédé, avec qui il entre en personnelle

---

[1] « Solidaires que nous sommes de tous ceux qui nous ont précédés et de tous ceux qui nous suivront, une œuvre d'art n'est qu'un tour de force ou d'adresse, à moins qu'elle ne soit une pure opération financière, toutes les fois qu'elle n'exprime pas quelque chose de cette solidarité. » BRUNETIÈRE. Cité par KLEIN, *Le Dilettantisme*, p. 172.

communication. Une révélation se fait à lui, de ce qui est proprement humain, durable. Voilà la règle, le criterium : au sein de l'expérience actuelle tout ce qui n'apparaît pas à son œil averti avec cette marque de l'éternité, doit être condamné sans appel, impitoyablement rejeté.

Ainsi la Tradition libère. Quiconque lui accorde son vivant amour, rend en elle hommage à la vérité. Et il en reçoit aussitôt son salaire. Le lumineux rayon qu'elle projette au-devant de ses pas fait disparaître les tâtonnements, cesser les hésitations. Alors que tant d'autres se cherchent, il se trouve, lui, et il se reconnaît dans ce qu'il a d'essentiel.

Le serviteur de la Tradition a le sens de la vie. Il marche droit. Et c'est un fort. L'exemple de ceux qui l'ont précédé, et qui durent, l'établit dans le calme. Il reste pondéré, équilibré, solide, parce qu'il a foi en son génie intérieur. « Les morts qui lui parlent », avec tendresse et confiance, le défendent des vivants agressifs. Il n'a que faire des « maîtres de l'heure » ; il n'en est point intimidé. Sur sa Personne placée hors du temps tout établie dans la durée, leurs violences n'ont point de prise ; elles ne troublent pas sa paix.

L'artiste communie à l'âme des ancêtres : la Tradition est avant tout esprit. Prenons-y garde cependant, l'union se fait à travers la lettre, et par elle. L'esprit, trop aisément se subtilise ou se volatise. Il a besoin d'un substratum qui le fixe et qui l'authentique. La vraie Tradition de l'artiste, ce sont surtout les œuvres d'art. En elles se fondent harmonieusement l'idéal et le possible, l'expérience et la vision, l'âme des ancêtres et celle des choses. Fruit du vivant effort de la nature et de l'humanité, elles alimentent le rêve et ouvrent les voies à l'action.

L'œuvre d'art exprime le geste essentiel du commerce esthétique. Matière docile et liberté aimante, telle est la Beauté dont elle donne la révélation. Toute *la Personne* du créateur est là. Mais elle y est tendue, attentive, agissante. Elle se plie aux exigences légitimes de son objet. La matière a cédé, s'est harmonisée, sous son amour dominateur, infiniment respectueux et tendre. C'est ce geste-là qui lui a paru sincère, vrai, digne d'elle, et à qui elle a consenti à livrer son secret.

Le procédé, le métier, le faire, la manière, tout cela c'est de l'âme concrète, du cœur apparent, de la personnalité extérieure, le don total et nécessaire du Moi. Par eux s'affirme la rectitude des intentions[1].

Supprimez-les et la Beauté s'enfuit. Sa dignité est intransigeante, et délicate sa pudeur. Quiconque n'est pas capable de respecter son honneur, est condamné à ignorer son amour. Et comment pourrait-elle se fier à celui qui n'est pas sincère, qui n'accomplit point le rite de la vénération, de la sujétion volontaire, de la droiture. *La Personne* ne peut l'aborder qu'en lui donnant ces assurances. Alors seulement la vérité lui ouvre la porte et l'introduit dans le sanctuaire[2].

Bien loin de négliger les procédés de ses ancêtres, l'artiste travaille donc à les posséder en perfection[3]. Gestes des rapports sociaux de *la Personne* avec la matière, ils sont encore de l'esprit. Ces formes consacrées par le temps sont

---

[1] Et se concilient le Moi et la nature. Cf. A. MICHEL. *L'Art moderne*, p. 268.

[2] « Pourvu que l'artiste ait un sentiment profond et passionné, et ne songe qu'à l'exprimer tout entier tel qu'il l'a, sans hésitation, défaillance ou réserve : cela est bien ; *dès qu'il est sincère et suffisamment maître de ses procédés pour traduire exactement et complètement son impression, son œuvre est belle.* » TAINE. *Voyages en Italie*, t. 1, p. 5.

[3] « L'impression est tout dans les arts, attendu qu'ils ne *vivent* que par elle, mais il est nécessaire qu'elle soit étayée par *l'expérience*, l'observation de la méthode qui en découle... Plus l'artiste est exalté par l'impression inspiratrice, plus la méthode lui est nécessaire. » J. BRETON, *loc. cit.*, p. 80, 83.

devenues vénérables sans doute, mais elles sont révélatrices toujours. Il s'agit seulement de les renouveler au contact de la vie actuelle, au milieu de laquelle l'artiste est plongé[1]. Tradition et expérience peuvent se rejoindre en lui[2]. Elles le doivent pour que le présent s'enrichisse de tout l'apport antérieur, — pour qu'il échappe à l'illusion de recréer de toutes pièces, et sous l'effort de sa seule spontanéité, tout le protocole qui préside aux rapports de la Beauté avec les hommes.

La Tradition vivante n'est jamais close : elle se fait. *L'artiste vrai, c'est elle, dans le présent.* Docile aux formules léguées par le passé, il y trouve une aisance pour agir. Le geste obligatoire, devenu chez lui instinctif, s'accomplit sans qu'il y songe presque, inconsciemment[3]. Et toute son attention reste libre, fixée sur son amour idéal, sa vision intérieure, dont il s'essaie, comme l'enfant avec sa mère, de reproduire le mouvement, la grâce, la tendresse cachée. Et l'œuvre belle, peu à peu, sous cet effort d'amour filial, d'obéissance vivante, se forme, se précise, resplendit dans le symbole matériel.

Parce qu'il est en son fond dynamisme et esprit, le procédé, par-dessus tout, est créateur de liberté puissante. « Si

---

[1] Il faut aller aux maîtres, pour s'en dégager. Cf. A. MICHEL, *loc. cit.*, p. 268.

[2] « Qui ne sait pas créer de son propre fonds ne peut tirer aucun profit des ouvrages des autres. » MICHEL-ANGE, dans A. FABRE. *Pages d'Art chrétien*, 2ᵉ série, p. 52.

[3] « Ici (*Dispute du Saint-Sacrement*, de RAPHAËL), nous nous trouvons en face d'une de ces œuvres d'art intellectuelles où le métier disparaît, mis seulement au service d'une idée. Le métier étant parfait maintenant, l'effort cesse d'être visible et nous serons tentés de ne plus voir que la pensée traduite. Celle-ci, d'ailleurs, par son seul éclat, retiendra désormais le regard, car les artistes de cette période, l'âge d'or de la Renaissance, sont de grands et sublimes *poètes*. » A. FABRE, *loc. cit.*, p. 22.

vieillesse pouvait, si jeunesse savait », dit le proverbe. L'artiste sait et peut. Vieillard par la vie profonde et l'expérience accumulée, jeune homme par la fraîcheur des émotions, le velouté des sentiments, il est supérieur aux contingences. Le passé qui s'intègre en lui, s'y dépasse. Dans l'imitation de ce sujet, il s'enrichit d'un nouvel appoint, affirme sa durée. Mais il apporte aussi une consécration à celui qui le sert : de son fidèle il fait un élu. Le culte de la Tradition est « esprit et vie ». Quiconque l'aime du dedans, de toute son âme, sans fétichisme, de toute l'ardeur de sa liberté obéissante et respectueuse, celui-là, dès le temps, s'installe dans l'éternel et porte en lui les promesses de l'immortalité.

* *

Mais on peut faire faillite à la Tradition et trahir la Beauté. Il y a un formalisme de l'Art, qui est une méconnaissance de la vie, de l'amour : j'ai nommé la *virtuosité*[1].

Tandis que l'artiste crée sa forme et pétrit sa matière sous le vivant effort de son sentiment, de sa vie intérieure, le virtuose paraît se jouer. C'est un homme habile. Il passe

---

[1] « Ils apprennent leur métier ; on ne développe pas suffisamment leur intelligence, ni leurs connaissances ; de là tant de virtuoses, si peu de musiciens ; de jolis doigts, de la sonorité, beaucoup de talent, une habileté admirable, une exécution irréprochable, mais *pas d'art, pas d'âme* ; ces prodiges font penser au masque de la fable : « Oh ! la belle tête ; mais de cervelle, point ». C'est que la compréhension de l'œuvre est insuffisante ; on y supplée par le brio ; on joue la difficulté ; malgré la différence d'inspiration, le jeu reste le même, qu'il s'agisse de Beethoven, Bach, Schumann ou Franck. Quant au public, ébloui par la virtuosité de l'exécutant, il applaudit, souvent sans avoir compris. Que désirer de plus ? « C'est très bien exécuté, mon enfant, vous avez fait toutes les notes », disait, ironique et cruellement flatteuse, une grande artiste à une jeune pianiste dont le mécanisme impeccable avait enthousiasmé l'auditoire. Quelle différence entre l'âme d'une Malibran et le talent d'une Pasta ! » CHARLES CHADAULT, *Revue du Temps présent*, 2 janvier 1911, p. 27.

en badinant au milieu des difficultés, et les écarte avec un air superbe et victorieux. L'artiste, le front chargé de pensée, paraît méditatif ; le virtuose est épanoui : c'est l'homme du sourire.

Au fond, il manque d'âme ; il n'aime pas[1]. De l'amour il a les formules et les emploie avec un à propos merveilleux, impeccable, mais elles ne rendent pas un son plein, pénétrant, chargé d'émotion prenante. L'éloquence, cette révélation du cœur, lui fait défaut essentiellement. Le virtuose bavarde ; rien n'arrête son verbe facile : c'est le méridional de l'art.

La Beauté a d'autres exigences. A celui qui la traite avec cette désinvolture, elle fait payer sa légèreté en lui refusant toute inspiration. Le virtuose est condamné par elle à ne jamais rien dire de profond. Cet homme qui fait uniquement état de ses formes vivantes, s'en empare, les manie comme des choses inertes, avec un égoïsme béat et suffisant, cet homme n'est pas un véritable adorateur. Il flirte, et la Beauté le méprise. Jamais par elle, il ne deviendra créateur[2]. Qu'il fasse illusion aux simples, aux snobs, aux

---

[1] « Le dilettantisme n'est plus l'art, c'est son contraire même. Les émotions vraiment esthétiques sont celles qui nous possèdent tout entiers, qui, en nous faisant battre le cœur avec plus de force, peuvent précipiter ou ralentir le cours du sang dans tout notre être, augmenter l'intensité même de notre vie... Le véritable artiste se reconnaît à ce que le beau le touche, l'ébranle aussi profondément, plus peut-être que les réalités de la vie ; pour lui, c'est la réalité même. » GUYAU. *Problèmes d'Esthétique*, p. 79.

[2] « Comme en somme ta poésie exprimera ton âme, on y verra se refléter clairement les vices, les faiblesses, les lâchetés et les défaillances de ton âme. *Tu tromperas les hommes peut-être, mais non pas la Muse, que ne saurait duper ton hypocrisie.* N'est pas poète celui qui n'a pas le cœur d'un héros et que ne brûlent pas *une immense charité et un immense amour.* Tout ce que l'égoïsme ronge et détruit de toi, Elle le ronge et détruit en même temps de ta poésie. » TH. DE BANVILLE. *Petit traité de Poésie française.* Conclusion.

foules, à tous ceux qui sont dupes des prestidigitateurs, peu importe : les connaisseurs ne s'y trompent pas. Toute sa gloire est payée en gros sous ; mais les fructueuses recettes ne suffisent pas à faire entrer dans l'immortalité. Ceux-là durent, qui, dès le temps, se sont établis dans la vérité éternelle, dans la Beauté qui ne passe point, qui ont accompli intégralement leur devoir d'homme.

Pour avoir manqué à ce devoir essentiel, le virtuose est un éphémère. Il apparaît sur la scène de l'Art comme l'on voit tout à coup surgir, sur l'écran, des scènes cinématographiques. C'est une surprise heureuse d'abord : cela paraît vivant. Les personnages vont, viennent, se mêlent, se démêlent, avec un brio qui captive. C'est factice au suprême degré ; la vie réelle n'a pas cette hâte fébrile. Mais on n'y prend pas garde, l'on continue de jouir du spectacle, entraîné par le mouvement. Soudain, un déclic : plus rien. De cette fantasmagorie, à peine un souvenir. D'écho dans les âmes, aucun. Ces apparences étaient des formes vides juxtaposées, statiques, sans intérieur, sans lien dynamique. Tout reposait sur une illusion par juxtaposition rapide, sur un mensonge perpétuel.

Ainsi la dextérité surprenante du virtuose jongle avec les symboles empruntés par lui à la nature. Ni abandon, ni cris du cœur, ni effort sublime pour s'égaler à la Beauté : il se possède en perfection, et il domine tout. Il s'affirme comme puissance suprême, unique. Mais parce qu'il supprime la nature, au profit de son Moi égoïste ; parce qu'il sacrifie la Tradition au succès présent, l'être au paraître, le virtuose se condamne lui-même à rester stérile. Cet homme qu'on encense peut-être comme une idole, manque de bonté essentielle ; son art n'est pas humain, pas moral, pas digne d'une Personne.

CHAPITRE XVI

L'ART

(Suite)

L'œuvre d'art est un acte humain. Créer de la Beauté, c'est agir. Par cela seul qu'elle est le fait de l'homme, elle *doit* donc être morale, c'est-à-dire exprimer une conscience humaine, une personnalité droite, sincère, normale, sociale, capable de retentir dans les autres consciences et de les faire participer à sa vie.

« Mais vous attentez, va-t-on dire, aux droits de l'Art, à son autonomie !...

« Après avoir affirmé que l'artiste vit de liberté, voilà que vous allez le charger de chaînes !.. Quelle contradiction !... L'Art est souverain. Nous revendiquons pour l'artiste une autonomie absolue.

« A quel titre prétendez-vous qu'il ait souci des hommes et de leurs préoccupations pratiques. Vous les qualifiez de morales : c'est votre droit. Mais l'Art vit dans une autre sphère. Désintéressé de tout, il se suffit à lui-même. La vérité, c'est : l'Art pour l'Art, et non l'Art pour les hommes. L'artiste n'a d'autre souci que de peindre la nature telle qu'il la voit, tout entière. Et la nature n'a rien à faire avec la morale qui est un *produit de la société*. Tout ce que l'Art touche et embellit, il le place hors du bien et du mal. Ces notions-là lui sont inconnues. Le bien, pour lui, c'est de créer la forme belle et digne des choses ; le mal, c'est de manquer à la Beauté. Comme l'amour, et plus que lui, l'Art purifie tout ce à quoi il s'attache[1]. »

*
* *

L'artiste ignore la morale. Il ne doit ni s'en préoccuper ni même en faire état : il est autre, et supérieur.

Il faut examiner de près les prétentions de cet absolutisme esthétique, plus radical et plus monstrueux que celui de la Science.

L'Art ne s'occupe pas de la morale. Soit, mais du même coup, il prend parti contre elle. Cette bonhomie apparente masque la plus audacieuse agression.

Par cette attitude, on élimine *la Personne* au profit des choses. L'art n'est plus « *homo additus naturæ* », mais nature pure et simple. Mais qu'est cela, sinon ériger les choses en absolu; décréter qu'elles *se suffisent* à elles-mêmes et qu'elles n'ont *pas de supérieur* ?

Ainsi l'on place *la matière* au-dessus de l'humanité, de *la conscience*, et on lui confère le pouvoir de la supprimer au gré de son caprice... On élimine la liberté, *la Personne*, avec un mépris décisif qui ajoute l'insulte à l'autoritarisme.

Car il n'y a de cela aucune raison suffisante, qui jaillisse du fond même de la réalité.

A quel titre la nature a-t-elle tous les droits, même celui de proscrire? On n'en dit rien. Il suffit qu'en dépit de tous les enseignements de l'expérience et de l'analyse, on en ait

---

[1] « Pour d'autres, l'art n'a pas de comptes à rendre à la morale. La nudité dans une belle attitude, le mensonge dans une belle phrase, le meurtre dans un beau geste, sont légitimes. Le souci esthétique couvre tout. L'artiste n'a que des droits. Bien plus, il les ferait volontiers passer pour des devoirs : ce qui est son bon plaisir, il veut qu'on l'appelle une mission, et la beauté qu'il représente, fût-elle tentatrice, corruptrice et meurtrière, n'est à ses yeux qu'une forme singulière et peut-être supérieure de la moralité elle-même. » WILBOIS, *Devoir et durée*, p. 384.

ainsi décidé. Nous pourrions rechercher sans doute si cet arbitraire n'est pas étayé par des préoccupations philosophiques et métaphysiques, que l'on n'ose pas s'avouer peut-être. Mais passons, et voyons la valeur de ce « *sit pro ratione voluntas* ».

C'est un mépris de *la Personne*. Au profit de l'Art et de la nature, pense-t-on? Erreur: car tous deux sont, par cette attitude, radicalement trahis!

Les choses ne se donnent en effet à l'homme que lorsqu'il s'est lié à elles par un contrat d'amour, qui est *la promesse d'un don mutuel et vivant*[1]. Or, une telle démarche engage le Moi tout entier de l'artiste. Après qu'il a, dans un premier et loyal contact, entendu les révélations de la nature et surpris son secret de Beauté vibrante, il se doit à elle, avec une fidélité persévérante. La justice lui impose désormais une collaboration active, personnelle, créatrice[2].

« Il faut, dites-vous, donner des choses une notation objective et scientifique. C'est rendre hommage à la Vérité. »

Ne nous payons pas de mots. D'abord il n'y a pas d'objectivité absolue, même dans la Science. Cela devrait faire un peu réfléchir!.. Et puis l'Art n'est pas la Science : quelle

---

[1] Dira-t-on que la nature est plus riche que l'Art ? Ou bien que la nature n'est elle-même qu'un premier art ? « On pourrait se demander si la nature n'est pas belle autrement que par la rencontre heureuse de certains procédés de notre art, *et si, en un certain sens, l'art ne précéderait pas la nature.* » BERGSON, *Données*, p. 11.

« Le monde est une copie », affirmait déjà Platon. Soit. Mais alors il faut être logique et comprendre que *ce premier art* est essentiellement pénétré d'intelligence, d'ordre, de volonté, d'amour ; qu'il est *moral* en son fonds, et donc que l'attitude essentielle de *notre* art est de tenir compte de la moralité humaine, de la Personne, qu'il faut respecter.

[2] L'émotion esthétique, en ce sens, est morale. De même, l'admiration. Cf. GUYAU. *Problèmes*, p. 50, 53. Le Beau, en son fond, est étroitement lié au Bien, à la Conscience.

utopie de rêver pour eux une identité de méthode !.. Et combien cela se complique de bizarrerie, à l'heure où la Science avoue qu'elle vient elle-même s'achever dans un Art supérieur, que de prétendre lui conférer sur la Beauté un pouvoir souverain !..

La nature n'a que faire de l'homme qui entend la copier, la reproduire servilement, la vénérer comme une idole et dans une attitude d'esclave. S'il ne lui apporte pas une richesse d'un autre ordre que celle dont elle regorge, il n'a aucune raison d'être. Qu'est donc l'Art dit naturaliste, et d'où l'âme humaine est absente, en comparaison de son immensité ?.. Un point, un rien, presque un néant[1]. Sous prétexte d'objectivité, il méconnaît les postulats de la nature ; et sous couleur d'en donner une reproduction exacte et de lui conférer une grandeur, il la rabaisse et la mutile. Elle ne se reconnaît pas dans l'image qu'en donne son naïf orgueil.

C'est qu'aussi bien le naturalisme part d'un principe faux, contraire à l'attitude de vérité vivante.

« Il n'est point — assure-t-on — d'autre attitude de sincérité, que de se placer en face des choses comme la plaque photographique, afin de se laisser tout uniment impressionner par elles. Ainsi l'Art sera éminemment révélateur du vrai. »

Prenons bien garde. Comparaison n'est pas raison. Songez

---

[1] « Le peintre n'a pas besoin de décomposer et de refaire le travail de la nature. Il n'arriverait jamais au point extrême de l'analyse, qui peut se prolonger à l'infini, et, y arrivât-il, ne réussirait pas, à l'aide de ces éléments disséqués, à recomposer un tout vivant et beau. C'est là l'œuvre de la science, non celle de la poésie et de l'art. L'artiste finit par se perdre dans cette poursuite impossible, et ses yeux égarés, fatigués, à force de fouiller la nature, ne voient plus dans son imagination excitée que l'éblouissement et le vertige, à la place de la vérité trop laborieusement cherchée. » A. Tonnelé. *Ibid.*, p. 349.

d'abord que *la* plaque photographique est une pure abstraction. Il n'y a dans le concret que *des* plaques photographiques, qui toutes ont leur individualité. L'identité de reproduction, que vous supposez entre elles, est fictive. Chacune a sa puissance spéciale de réaction. Elle est, à sa façon, un véritable dynamisme. Si une plaque était purement passive, elle ne reproduirait rien du tout. La passivité absolue, c'est la mort.

Supposé d'ailleurs que cette identité existât bien réellement, votre comparaison serait encore fausse. Car aucune plaque photographique n'exprime la nature de façon vivante. Elle manque de plans[1]. Tout s'y présente de façon uniforme, et semble y avoir la même valeur absolue. Et pourquoi nous en étonner ? Aux yeux de la nature, tout ce qui existe est légitime : c'est de l'être. Il n'y a aucune raison de préférer le lion au vermisseau : ils sont. La même puissance créatrice se manifeste dans l'un et dans l'autre. Ce qui, au sein de cette quantité pure, introduit de l'ordre, de l'harmonie[2], une hiérarchie artistique ou morale, ce qui lui confère une valeur qualitative de beauté ou de moralité, c'est la conscience, *la Personne*. L'Art ne peut exister que là où se trouve un Moi conscient. C'est *un point de vue*, d'où la matière, humanisée, s'élève et entre dans un ordre nouveau. Il est un fruit de grâce accordé à la nature, mais qui a pour support nécessaire la liberté de l'homme, et pour agent indispensable la sève vivante de son esprit.

L'impassibilité naturaliste est donc un pur non-sens, une contradiction radicale du Beau, la négation même de l'Art.

---

[1] Elle ignore le clair-obscur, qui crée le relief, et qui, d'après Vinci, est le dernier mot de l'art. Cf. A. FABRE. *Pages d'art chrétien,* 2ᵉ série, p. 16. Et aussi RODIN, *l'Art.* Grasset, 1912, *passim.*

[2] « La nature procède par suggestion comme l'art, mais ne dispose pas du rythme. » BERGSON. *Données,* p. 12.

La nature n'a gratifié l'artiste d'une capacité d'émotion *que* pour lui permettre de la voir en Beauté avant de la traduire. C'est manquer à cette grâce permanente, que de ne point comprendre l'appel adressé par les choses à la collaboration humaine. On ne saurait imaginer de pire formalisme que cette prétendue objectivité.

« Non, insistez-vous : il n'est pas meilleure façon de manifester notre absolu respect pour la vérité intégrale, puisqu'aussi bien, agir ainsi, c'est se détacher, même du Moi, et ne point imposer au réel les trompeuses limites de notre mouvante et folle imagination. »

Prenez bien garde !... Votre affirmation est pure duperie, et s'appuie sur une psychologie trop courte ! Le détachement que vous proposez n'a rien que de postiche, d'artificiel et de faux, parce qu'il s'opère uniquement et tout entier *du dehors*.

« Il faut, dites-vous, se déprendre de tout ce qui n'est point la nature, et ne pas lui imposer notre propre Moi. »

Fort bien : nous acceptons volontiers ce principe. Mais nous demandons : en faites-vous un usage légitime ? Examinez avec plus d'attention.

Pour *se détacher* de tout ce qui n'est pas la nature, il faut, dans une intime union, avoir vécu avec elle dans une vivante unité, être en quelque façon devenu elle. Pas d'autre moyen de discerner ce qui en *diffère*, surtout s'il s'agit du Moi. Une telle vision n'est possible que du dedans, dans un commerce d'amour profond et désintéressé. Là, au sein même de la vie et dans son exercice, par une attention soutenue, une étude constante du Moi et du non-Moi s'opère la distinction rêvée. Mais au prix de quel effort patient et ininterrompu !... Car s'il est facile de dire : « Je n'accepte rien de ce qui n'est pas *objet* pur, et j'élimine sans merci tout ce qui est subjectif », comment par ailleurs oublier que cette nature qui vient vers nous, nous aime et nous émeut, est déjà, par cette attitude même, liée à notre Moi, pénétrée de lui, qu'elle en fait partie intégrante. *Se révéler, pour la nature, c'est déjà avoir changé*[1]. Puisqu'elle se donne, elle ne s'appartient plus. Et quiconque prétendra la saisir, du dehors, dans son intégrité originelle, prouvera tout simplement qu'il est profondément naïf et rempli d'illusions.

.·.

A vrai dire, le naturalisme que l'on nous propose est une attitude de paresse. Elle dispense de l'adaptation continuelle, de la recherche d'équilibre entre le Moi et le non-Moi, qui est la loi même du dynamisme et de la vie. Attitude stérilisante, destructive, que le naturaliste entend imposer d'autorité à la nature, en pratiquant la loi du moindre effort.

Cette inertie calculée, élevée à la hauteur d'une méthode, masque fort imparfaitement une immense et essentielle fainéantise. Et l'on me citerait sans doute cent exemples d'un labeur acharné de leur part. Qualitativement, je le récuse. Ces hommes peuvent suer sang et eau pour limer leurs phrases, attifer leurs mots, faire jouer leurs couleurs, collationner leurs « documents » pris sur le vif : tout cela c'est de l'esprit, mais non de la pensée. Ils me font songer à Rivarol, qui apportait un si grand soin à la préparation des « mots », destinés à lui faire le soir même une réputation géniale dans les salons qu'il fréquentait ! Leur effort est un travail de manœuvre. Cela fatigue, mais n'use pas. Le vrai labeur, celui qui coûte du sang[2], qui fait couler en

---

[1] « Nous ne voyons pas les choses comme elles sont, *elles se transforment en pénétrant en nous*, selon les images qu'elles éveillent et dont elles s'entourent. » SÉAILLES. *Le Génie dans l'Art*, p. 104.

[2] Cf. BRETON, *loc. cit.*, p. 6 et 119.

quelque sorte la substance de *la Personne* sur le papier, la toile, le marbre, c'est celui de la pensée, qui, du dedans, opère l'union du Moi, lie le présent au passé, à l'avenir, fait jaillir de ce contact d'amour la formule de vie. Lui seul aussi a qualité humaine, et crée de la Beauté capable de remuer les âmes, de les rendre vibrantes, « d'édifier » *la Personne*.

En présence des choses, le naturaliste affirme donc qu'il ne réagit point. Il entend tenir son Moi à l'écart, absolument. Mais il faut bien cependant qu'il agisse. Impassible, soit. Inerte, c'est impossible. Quoi qu'il en ait, son art est *choix*. L'*ordre* des choses qu'il nous offre n'est pas l'unique. C'est *un* point de vue. Mais il en est d'autres, et combien, du même objet qu'il nous propose comme *la réalité*. En nous disant : c'est la nature pure et simple, il ment, ou bien il est naïf, et sans mesure. Et sa paresse se révèle comme doublée d'un égoïsme subtil et absolu.

Car il affirme inconsciemment peut-être que *sa* vision est la norme exacte de *la* Beauté, l'unique canon du réel. Hors de là tout est vain. Son Moi ne se distingue donc pas de la réalité. Il est *le* réel. Le Tout trouve en lui sa mesure, sa limite, sa loi suprême. *Sa* phrase, *sa* couleur, *sa* ligne… sont, pour tel sujet donné, la vérité totale !…

Et il peut bien, je l'accorde, nous donner l'illusion du vrai, de l'objectif. Mais ne vous y trompons pas : c'est parce qu'il schématise ou fragmente ce qui est vivant, indivisible, et qu'il nous permet de le saisir sans effort. Vous le trouvez clair, accessible. Prêtez quelque attention : ne voyez-vous pas qu'il favorise votre paresse et qu'il manque de profondeur. « Il est puissant, me répondez-vous, il a je ne sais quelle grandeur épique ! » Appliquez-vous à distinguer par quel procédé : il *accumule* les matériaux, les mots, les images… Toujours à *son* point de vue, ne l'oubliez pas.

Cette masse, ordonnée en vue d'un effet *voulu* est éminemment *subjective*. Elle ne vous donne l'impression du Beau que parce que le Moi de l'artiste remplit tous les interstices de cette mosaïque du réel, et lui confère un dynamisme qui participe à *sa* propre vie intérieure[1]. S'il vous « empoigne », c'est en vous faisant partager *son* émotion. En vain s'efforce-t-il de conserver des dehors impassibles, son âme anime cette matière et lui confère une qualité. Son Moi collabore avec les choses et s'ajoute à elles. C'est avec lui que vous communiez, à travers le vêtement de Beauté qui le recouvre sans détruire son « humanité ».

Cette impassibilité, si fortement revendiquée par le naturaliste, n'est en effet qu'un pur prétexte, dès qu'il entend faire œuvre d'art. Son Moi ne peut se détacher des choses. Il s'insinue dans tout ce qu'il touche[2]. Alors même qu'il affirme l'objectivité de sa démarche, il interprète.

Seulement, voilà : au lieu de collaborer, il s'impose. Il n'affirme l'indépendance absolue des choses, que pour mieux les tyranniser. Il les couvre de fleurs, mais à la façon des tombes.

Au fond, ce prétendu détachement est le pire des égoïsmes, et le plus odieux.

Car le Moi du naturaliste, qui se fait fort de n'avoir aucune attache avec le dedans, l'intuition, la pensée, la Tradition, de se tenir tout entier dans l'expérience, de s'y modeler et de s'y suffire, ce Moi, aussi isolé qu'on le sup-

---

[1] « Un traité purement scientifique d'un bout à l'autre n'a pas de style. Il n'y a de style que si la suite des idées procède d'une *vue intérieure* et est animée d'un *souffle intérieur* aussi. » OLLÉ-LAPRUNE. *La Philosophie*, p. 125.

[2] « L'art n'est pas la notation sèche et froide de la réalité, mais une *image vivante* que modifient dans le cerveau de l'artiste *sa vision propre de chaque objet et sa conception générale du monde et de la vie*. » REVUE BLEUE, 6 octobre 1894, p. 418.

pose et qu'on le veuille faire du dynamisme intérieur, de la personnalité, est ce qu'il y a dans l'homme de plus artificiel à la fois et de moins humain.

C'est d'ailleurs la raison même de son égoïsme. Comme il s'absorbe en effet dans la sensation, dans *sa* sensation, érigée par lui en absolu, il s'installe du même coup dans le statique, dans ce qui est essentiellement fragmentaire, mobile, instable, soumis au temps. Dès lors ce Moi, qu'il impose aux choses comme leur *unique* mesure, peut bien avoir en réalité une originalité véritable, une riche individualité, mais il manque d'attaches profondes avec ce qui est intérieur, qui dure, est éternel. La Beauté qu'il produit n'est pas brodée sur la trame solide de la Bonté et de l'Amour[1].

Aussi bien, l'art naturaliste est trop égoïste en son essence pour n'être pas créateur d'égoïsme. Le virtuose — dans tous les domaines de l'activité — est un homme qui pense seulement au succès de l'heure, mais qui jamais ne travaille pour l'éternité. Uniquement plongé dans la sensation et l'expérience, — à laquelle il paraît se soumettre, alors qu'il la taille en réalité à sa propre mesure, — il ne fait rien de définitif. Il ne crée pas, ne répand pas la vie, n'est à aucun titre un ouvrier d'avenir.

C'est là qu'il faut chercher la véritable cause de sa sté-

---

[1] « Les noms de Taine et de Renan, de Goncourt et Dumas fils, de Flaubert et de Beaudelaire, de Leconte de Lisle et de Sully-Prudhomme s'y trouvent associés, à travers la merveilleuse diversité de leurs talents, par un commun souci de rigueur et d'exactitude, par une recherche scrupuleuse du petit fait vrai, par la minutie soigneuse de l'observation et de la documentation, toutes qualités précieuses, mais aussi — Sainte-Beuve ne s'y trompait pas non plus — *par la dureté foncière* et le pessimisme de leur vue de l'existence. C'est cette dureté, — si émouvante dans des génies de passion et de pitié, comme un Beaudelaire et un Sully-Prudhomme — *qui dénonce le vice secret du système.* » BOURGET, *Discours.*

rilité sociale, que nous avons précédemment signalée. Le naturaliste ne produit rien de grand, parce que lui-même est inférieur. Ce sensualiste de l'art est condamné à n'avoir jamais d'envergure, parce qu'il est une contradiction subtile de la loi de la vie, du dynamisme créateur. Son Moi outrageusement individualiste se confine, sous prétexte d'objectivité, dans un subjectivisme absolu. Et il est trop radicalement détaché du passé pour avoir jamais prise sur le futur.

Homme des apparences, il passera comme elles. Tout son effort se réduira en définitive à « jouer autour du cœur », sans y jamais pénétrer pour y saisir la vie et en offrir le visage immortel aux générations à venir. Car la vie est effort, étant adaptation d'amour. Elle est sacrifice aussi, don de soi, service mutuel, Moi et non-Moi, mécanisme et liberté, sensation et conscience, résistance et pénétration, harmonie, unité. Et pour en donner un symbole approchant, dynamique, il faut autre chose que l'égoïsme superficiel du naturaliste : toute l'âme y doit travailler, toute *la Personne* y concourir[1]. Il n'est point d'art vivant et durable qui ne soit avant tout vibrant d'humanité.

*
* *

L'Art ne peut donc se dire *indépendant* de la morale — parce que l'Art, c'est l'artiste, que l'œuvre d'art est œuvre humaine d'abord.

Tout homme qui prétend à créer de la Beauté n'a pas le droit de se dédoubler. Une telle attitude est mensongère. Créer — quel que soit le symbole adopté — c'est agir, et tous les actes de l'homme relèvent de la morale. La logique vivante de l'expérience fait l'individu solidaire de la société.

---

[1] Cf. BRETON, *loc. cit.*, p. 143.

Le devoir le tient, par le dedans : il se doit de rester dans la vérité à l'égard de lui-même, d'être une Personne, une conscience libre, marchant toujours dans la voie droite de l'amour et de la bonté ; il doit aux autres de les regarder aussi comme des Personnes et de les traiter en conséquence. Hors de là, c'est le désordre, le mensonge, l'injustice et le mal.

Il y a donc un Art immoral. Et c'est celui qui contredit à *la Personne* humaine. Négateur de la conscience et de son dynamisme, il affirme l'autorité absolue du Moi à s'enfermer en lui-même, à ne prendre aucun souci de l'extérieur et du social. Individualisme outrancier, égoïsme radical, il est la *négation* même de la vie. Faire profession de se passer de la morale, ou même de la contredire, sous le prétexte qu'elle est un produit de la société, se ramène en somme à poser en principe *la supériorité totale de l'intuition sur la raison*. Rien n'est plus faux ; nous l'avons assez vu au cours de nos analyses pour qu'il ne soit point nécessaire d'y insister. Mais rien n'est plus pernicieux aussi. Et l'on conçoit que l'Art immoral conduise fatalement au trouble, à l'anarchie, à l'illuminisme révolutionnaire[1], à la destruction de toutes les formes sociales, à la persécution de toutes les œuvres de la bonté, de l'amour, du sacrifice.

***

L'artiste a un devoir d'homme, une mission d'humanité. Et cela lui interdit de prendre même une attitude *amorale*.

On me dira peut-être : « Mais il y a un abîme entre elle et la précédente. L'art immoral diminue *la Personne*, affai-

---

[1] « C'est ainsi que le romantisme esthétique ne veut plus reconnaître la beauté que sous le critère de l'audace antisociale. » ESTÈVE, *Imperialisme*, p. 33.

blit les sentiments d'humanité, donne une moindre estime des hommes, de l'effort, de la bonté, et tout cela est condamnable, nous l'affirmons avec vous. Mais ne pas s'occuper de la morale, c'est autre chose. Rien ne peut là-dedans choquer la délicatesse. Vous passez dans la rue auprès d'une personne de la plus haute honorabilité, et vous ne la saluez pas ; vous ne l'avez pas pour cela méprisée, et vous n'affaiblissez point le respect que lui témoignent vingt passants qui la croisent et la saluent !... »

Voyons !... Si cette personne m'est inconnue en fait et en droit, fort bien. Mais si elle est mon supérieur légitime, si je ne puis l'ignorer comme telle, et si mon geste personnel et déférent lui est dû !.. Je passe à côté d'elle, et je n'accomplis rien de positivement contraire à son honneur, sans doute. Toutefois je lui fais une insulte grave, car en m'abstenant, je la nie par prétérition. Je lui refuse ce que je lui dois. Mon omission est en réalité le plus acerbe des mépris. Par un acte de volonté, en ce qui me concerne, je la supprime. Pour moi, elle n'est rien.

Et dès lors que je prends cette attitude à l'égard de la conscience humaine, j'encours de bien grosses responsabilités. Je ne procède pas comme l'artiste immoral, par une sorte d'attentat à la pudeur ; je n'empoisonne pas l'esprit d'images dévastatrices, mais je fausse radicalement les données de l'observation vivante et de la vérité. En attribuant au Moi individuel une indépendance absolue, je rejoins par un détour l'immoralisme et je fais de mon art, malgré que j'en aie, un instrument de destruction. La logique des choses est plus forte que les sophismes. Un jour vient, où elle les conduit malgré eux jusqu'au bout de leurs conséquences, et leur fait porter leurs fruits de mensonge et de mort. L'Art amoral, en son essence même, est ouvrier de dissolution de *la Personne*. Ni l'humanité, ni la Beauté, ne le peuvent reconnaître comme légitime.

L'ART

*
* *

L'Art vrai, digne à la fois de l'homme et des choses doit être moral, positivement[1].

Cela comporte d'abord : un acte de foi dans la conscience, l'affirmation de l'autonomie du Moi à l'égard de la matière, celle de l'union d'amour avec la liberté que peuvent désirer les choses. Le dynamisme humain n'est pas lié nécessairement à celui de la nature, et il ne suffit pas d'exprimer l'un pour traduire l'autre. La forme est incapable de donner du réel une vision exacte ; il la faut pénétrée d'âme.

Indépendant, le Moi humain s'affirme aussi comme supérieur. Il y a une hiérarchie des pouvoirs dans la réalité. La Bonté est le moteur de tout ; la liberté se révèle comme la loi vivante de l'univers.

Car on a beau discuter dans l'abstrait, accumuler les arguments théoriques en faveur du pessimisme ou de l'optimisme ; le criterium, c'est la vie même. Elle est ; elle dure. Cela suffit à prouver que le bien, l'amour, le sacrifice sont les vrais maîtres du monde.

Le triomphe de la vie indique à l'Art la voie à suivre : c'est dans le sens de la Bonté qu'il doit s'orienter. Les grands sentiments de l'humanité sont les vivantes sources de son inspiration. Traduire en Beauté ce qu'il y a d'éternel et d'essentiellement humain dans *la Personne*, voilà l'idéal. Dès lors que la matière est au service de la conscience, dans un acte d'amour mutuel, l'Art est moral[2].

---

[1] « Toute littérature qui n'a pas en vue la perfectibilité, la moralisation, l'idéal, l'utile en un mot, est une littérature rachitique et malsaine, née morte. La reproduction pure et simple des faits et des hommes est un travail de greffier et de photographe, et je défie qu'on me cite un seul écrivain consacré par le temps qui n'ait pas eu pour dessein la plus-value humaine. » A. Dumas, *Le Fils naturel*, Préface.

[2] Cf. Martha, *La Délicatesse dans l'art*, chap. III.

*
* *

Mais il ne devient pas pour autant prédicateur. La conscience de l'artiste exprimée par son œuvre demeure avant tout individuelle. D'où lui viendrait l'autorité que supposerait son sermon? Elle a une mission d'humanité, nous l'avons dit ailleurs ; mais ce n'est pas de façon didactique qu'elle doit le remplir. C'est en vivant dans la vérité que l'artiste a pouvoir d'enseigner. Toute autre attitude dépasse ses droits.

Au même titre que l'Art pour l'Art, l'*idéalisme* est donc insoutenable, si l'on entend par là le mépris de la forme au profit exclusif de l'idée. Cette tyrannie de la conscience est contraire à l'amour. Interdépendance exclut sujétion. En tant qu'absolu, l'idéalisme est contraire à la fois à la morale et à la Beauté.

La nature s'est révélée d'abord par l'extérieur. Comme un objet de sensation. C'est dans la vision de ses formes qu'elle a provoqué chez l'artiste l'émotion du Beau. Puis il a fallu le cœur à cœur de l'observation silencieuse, pour qu'elle consentît à donner ses secrets. La liberté humaine a dû se perdre au sein des choses afin d'en recevoir le pouvoir créateur. Éliminer la matière au profit du Moi, ce n'est plus affirmer la supériorité de la conscience, mais simplement en abuser. Et cela constitue une vraie faillite à la justice, au contact de service, à la Bonté. La vérité, au fond, est méconnue par le Moi qui se constitue norme. Cet égoïsme est immoral.

Non seulement en effet il ne respecte pas le droit des choses, mais il ne tient aucun compte des Personnes. L'Art est un amour socialisé. Il va aux autres hommes avec l'intention avouée de se révéler comme supérieur et de les éduquer. Or, pour être morale, toute éducation doit atteindre *la Personne* intégrale. Dès qu'elle exclut, qu'elle atrophie une partie du Moi, elle est menteuse[1]. A quel titre l'œuvre d'art prétendra-t-elle éveiller l'émotion esthétique, après avoir réduit les choses à l'état d'idée pure ? Et si elle est incapable de socialiser ainsi la Beauté, de quel droit peut-elle espérer recevoir d'elle le pouvoir d'attirer les hommes, de les faire vibrer à son contact ?

Parce qu'ils n'entendent point être traités comme des idées pures, les hommes restent *froids* devant l'Art qui méconnait leur réalité vivante. Indifférents ou ironistes, ils passent. Et leur attitude, qui paraît outrageante à ceux qui ne vont point au fond des choses, est un muet hommage de la conscience, à l'amour et à la vérité[2].

.˙.

Entre ce sensualisme anarchique et ce rationalisme inerte et desséchant, l'Art s'affirme comme *un vivant réalisme*. Sympathie et vérité sont les deux assises solides sur lesquelles il entend s'édifier.

Il n'exclut rien de la réalité totale, et accepte tout le donné de l'expérience et de la vie. Pour la plus intégrale Beauté : telle est sa devise.

Or, si cette attitude ne comporte pas d'exclusivisme, elle

---

[1] « La vraie beauté n'est que l'épanouissement suprême de l'idée dans une forme qui la rend sensible. L'œuvre d'art la plus belle est celle qui enferme, dans l'harmonie du mot, de la ligne, de la couleur, la plus grande somme de vie, c'est-à-dire de pensée et de sentiment. Eliminer de l'idée de beauté toute réalité substantielle, c'est une grave erreur. *Mais en exclure, comme fait Tolstoï, la notion même de la forme, c'est un contresens.* Le propre de la beauté est d'être à la fois fond et forme, et de donner ainsi à l'âme un aliment complet. » A. Croiset. *L'Education de la Démocratie*, p. 66 sq.

[2] « Le vrai, dans l'art, est *l'équilibre* du sensible et de l'idéal, et l'idéal ne s'exprime pour nous que revêtu des grâces de la forme. » A. Tonnelé. *Fragments*, p. 304.

conduit directement à un choix et à une appréciation des valeurs[1]. Aucun panégyrique, soit de la conscience, soit des choses — car il dissimule trop imparfaitement les égoïsmes ou les parures — mais une hiérarchie des ordres du réel.

Le naturaliste fait l'apologie de la matière : il a tort ; la conscience lui est supérieure. L'idéaliste tyrannise les choses au nom de l'esprit : c'est un ouvrier de mensonge. La vie est à la fois beauté, laideur ; bien et mal ; déterminisme et liberté. Pour être vrai, il faut que l'Art intègre tous ces éléments, mais à leur place. La Beauté réelle, vivante, suppose une relativité des plans. Il convient de les accuser ; tout n'a pas la même valeur. L'ombre n'est pas la lumière. Mais la vie poursuit sa marche victorieuse, et c'est l'amour qui a le dernier mot. La conscience, l'ordre, le social : voilà ce qui dure. Le bien persiste dans le monde et progresse, en dépit du mal toujours renaissant, toujours vaincu. La mort passe, la vie demeure. Et sur les débris de la matière, qu'elle taille laborieusement en Beauté, sur laquelle elle prolonge son effort d'amour, la conscience libre et joyeuse, produit son chant d'immortalité.

Voilà la vérité dont l'Art doit donner l'impression directe, la vivante vision[2]. Sans la conscience, le monde est mort. Il n'a plus d'âme, il n'est plus beau. L'uniformité est partout ; tout est plat, sans profondeur. Plus de qualité dans

---

[1] « La Forme n'est qu'un combat de lumière et de matière. Il ne s'agit donc plus ici de forces, mais bien de valeurs. Et c'est avec la conscience des valeurs plastiques que nous devons avoir la perception du monument architectural. » Émile Trélat. L'Art de France, 15 août 1913, p. 196.

[2] « Quelque disposé que l'on soit à admettre que l'art a son domaine distinct de la morale, il y a une vérité hors de doute, c'est qu'il existe en littérature des œuvres saines et des œuvres malsaines, tout aussi bien que des œuvres réussies et des œuvres médiocres… une œuvre est saine ou malsaine surtout par l'impression qu'elle nous laisse dans l'esprit et dans le cœur. » JJ. Weiss. Le Théâtre et les Mœurs, p. 198.

les choses qui redeviennent quantité pure. Elles sont, tout simplement. Une force les meut et soutient leur être, mais elle ne fait rien vibrer, elle n'éveille pas d'écho. Plus de sympathie, donc ; plus d'intuition, plus d'Art. Et plus de Science aussi, car elle exige avant tout la conscience, étant le fruit d'un vivant amour.

.·.

L'artiste doit donc, sans pédanterie, mais avec conviction et chaleur, remplir sa mission morale. Persuadé que plus son ambition est haute, plus grand est son devoir, il travaille avant tout à vivre dans la vérité.

L'œuvre d'art, quoi qu'il en veuille, est toujours une projection de sa vie intérieure, plus ou moins authentique et complète[1]. Quiconque assemble des symboles et les ordonne selon son rêve, fait un acte de maternité. Si la nature a fourni la matière, c'est le dynamisme personnel qui lui a imprimé sa forme. Toute création de l'homme qui n'a pas figure humaine est mensongère. C'est une pure monstruosité.

Ne pas transiger avec sa conscience, être honnête homme, voilà pour l'artiste le devoir essentiel. Il commande toujours son action[2].

---

[1] L'œuvre d'art, quoi qu'en ait l'artiste, exprime toujours sa personnalité la plus profonde. Qui donc a dit si justement : « Écrire un livre, c'est faire son portrait. » On peut d'ailleurs affirmer la même chose de nos gestes en apparence les plus insignifiants, où l'automatisme semble tout guider : « Un sot ni n'entre, ni ne sort, ni ne s'assied, ni ne parle, ni ne se tait... comme un homme d'esprit », affirme La Bruyère. Pour s'en rendre compte, « il suffit, comme dit Pascal, d'avoir la vue bonne. »

[2] « Tant vaut l'homme, tant vaut l'œuvre d'art qu'il met au jour : et jamais d'un esprit borné, d'un caractère vulgaire, il ne sortira qu'une œuvre plate. Pour faire des artistes, faites des hommes d'abord. » VIOLLET-LE-DUC. *Dictionnaire de l'architecture française*, art. *Sculpture*.

Et l'on aperçoit bien ce que cela comporte : observer la nature avec l'ingénuité de l'amour ; se porter sans cesse toujours plus haut pour dominer la vie, l'apercevoir dans sa synthèse révélatrice ; échapper à la fois aux étroitesses de l'expérience pure, de la sensation, et aux rêveries des utopistes de la pensée nue ; affirmer sa liberté dans un amour toujours plus vaste des choses et dans les sacrifices nécessaires ; être invariablement fidèle à tout juger du point de vue de *la Personne* et de sa dignité ; se maintenir dans l'attitude de Bonté féconde, qui est le dernier terme et le suprême idéal du dynamisme humain.

Alors, sans se préoccuper de la morale, l'artiste s'en fera le propagateur. La qualité de sa conscience se révélera, comme malgré lui, à tous ceux qui l'approcheront. Il ira par le monde, lumière vivante et attirante. Un charme émanera de toute sa personne, et se répandra en chacune de ses créations. Quelque sujet qu'il aborde, il sera le fléau du mal. Dans la peinture a vice, il saura mettre au jour les droits sacrés de la vertu et stigmatiser l'égoïsme.

Auprès de l'artiste moral, la conscience se sent à l'aise et en sûreté. Semblable à la jeune fille pudique qui, près de l'homme vertueux et fort, va faire son expérience de la vie au sein des foules légères et ne redoute point, lorsqu'une circonstance impérieuse l'exige, ou un devoir de charité l'y pousse, de descendre jusque dans les bouges et les mauvais lieux, elle reçoit la révélation artistique sans en être amoindrie. Le rayonnement de l'âme virile et lumineuse de son guide assainit l'espace autour d'elle, purifie les choses et les gens. La puissance qu'il dégage les redresse, et les maintient dans une attitude obligatoire de respect. Sa présence empêche l'emprise, le sortilège, la contagion. Il garantit de la tentation du mal, par le ton seul avec lequel il le signale, et qui est à la fois un « prenez garde » et une condamnation. En même temps qu'il indique, il qualifie :

son geste établit la valeur des êtres, en révèle les grandeurs secrètes ou les tares cachées. Les mêmes mots lui servent qu'aux artistes sans conscience, mais il confère à ces symboles un autre sens, par l'âme qu'il leur infuse, la qualité de vibration qu'ils révèlent, le son différent qu'ils rendent[1].

Ainsi l'artiste vrai fait, en quelque sorte à son insu, à chaque instant, la preuve de sa qualité humaine. De préférence on le voit s'attacher aux sujets les plus nobles[2]. Vers eux d'abord, il se tourne d'instinct. Ce domaine de noblesse est son patrimoine. Mais il ne redoute pas les autres, si l'opportunité ou le besoin lui commandent de les traiter. Ici et là, toujours, il se révèle comme un éducateur, un constructeur, un créateur d'idéal. Aux choses mêmes les plus futiles, aux thèmes les plus rebattus, il confère une grandeur inattendue. Et c'est son triomphe, sa récompense. Parce que cet homme est sincère et droit, harmonisé jusqu'en ses profondeurs avec la nature et la conscience, la plus simple de ses créations suscite autour d'elle des ondes d'émotion prenante, des vibrations indéfinies d'humanité. En lui, par lui, la vie se révèle, ineffable communion de la Beauté, de la Bonté, dans une Vérité supérieure, vibrante, qui est un appel à l'amour, au don de soi, au sacrifice, à l'action sociale.

---

[1] « Il y a des écrivains pour qui leur art est quelque *chose qui ennoblit* le poète et ceux qui l'entendent, une *vigueur sacrée* qui se communique aux pensées et aux actions. Ils comprennent ainsi ce *magnétisme poétique* dont parle Platon, cette chaîne aimantée qui va de la muse à celui qui répète les beaux vers. Pour eux « le beau reste dans l'art ce qu'il est dans la vie. » L. ETIENNE. *Revue des Deux-Mondes*, 1ᵉʳ août 1869, p. 741.

[2] « Contre le naturalisme sectaire qui, « attachant une sorte de honte au moindre optimisme social ou humain », ne trouve rien de plus *artiste* que « d'hyperboliser les tares » et d' « explorer les boyaux de la basse vie », il (J. ROSNY) maintient dans l'Art *non seulement la notion de la Beauté, mais celle de la Vertu, choisissant de préférence le Bien pour élément du Beau.* » *Revue Bleue*, 6 octobre 1894, p. 419.

CHAPITRE XVII

L'ART

(Suite).

L'œuvre d'art, en effet, n'a de raison d'être qu'en fonction de la communauté humaine. Partie de *la Personne* et de l'individu, elle ne trouve sa véritable signification que dans le groupe, où elle aspire à atteindre chacune des unités, et à la façonner selon les lois d'une harmonie supérieure.

Refaire *la Personne*, grandir l'Humanité en lui révélant les vrais rapports du Moi et de l'univers, en lui faisant prendre l'attitude de vérité intégrale à l'égard des choses, en lui donnant l'intelligence et le désir de l'amour de la nature, éminemment belle, ordonnatrice, créatrice de bonheur et de joie — voilà le but vers lequel tout art s'achemine.

Et c'est pour cela même que le Beau doit être pris du vrai, et ne point sacrifier aux fantaisies d'une imagination sans contrôle, aux caprices désordonnés du rêve. L'accord parfait, où il entend établir *la Personne* et le monde, l'oblige à s'appuyer sur l'expérience et à y perfectionner ses qualités d'investigation et de critique.

Semblable à l'hypothèse scientifique qui, construite en marge des faits, pourrait séduire par ses dehors spécieux et la magnificence de ses proportions, mais disparaîtrait comme un songe, l'Art qui ne plonge pas ses racines dans l'humanité vivante, n'est pas viable, il ne saurait avoir de lendemain.

Mais prenons-y bien garde. A cet instant précis où, en

devenant social, l'Art semble démesurément s'agrandir, il perd en profondeur ce qu'il acquiert en extension. Tout ce qui est social, en effet, ne peut exister qu'en fonction du groupe, et doit nécessairement être moyen. Et voilà que contrairement à ce que l'on aurait pu croire d'abord, une œuvre ne sera regardée comme belle, qu'à condition de contraindre la personnalité de l'artiste, de l'atténuer, et en quelque façon de l'éteindre !

Ce sont ces relations du Moi et du social, ces exigences de la société, qu'il faut examiner maintenant pour avoir une exacte notion de l'œuvre de Beauté, pour en pouvoir tenter une définition.

∴

Le Beau nous est apparu dès l'abord comme essentiellement dynamique. C'est une force extérieure à nous, et qui, venant des choses, s'insère en notre vie, pénètre en notre Moi, agit sur lui, l'organise en un certain sens, l'émeut et le façonne avec une suavité indicible.

Notre Personne, sous cette emprise, ne cesse pas de s'appartenir. Elle est mûe dans le sens ordinaire de ses gestes habituels. L'hôte intérieur, par sa présence, lui confère une vitalité nouvelle, une aisance, une facilité, qui font cesser s routines ankylosantes et l'épanouit toute. Mais rien ne la heurte, ne la contredit, ne l'opprime. Celui qui la possède s'affirme comme un égal ; il marche à sa hauteur, si l'on peut dire. Tel le guide qui, en montagne, conduit par des sentiers insoupçonnés, découvre de nouveaux horizons, oriente notre pas et notre œil, mais toujours chemine côte à côte, ou ne marche en avant que pour affirmer sa maîtrise en nous révélant notre propre pouvoir. Et nous suivons, heureux de voir ainsi stimulées nos énergies foncières, tandis qu'une sympathie, confiante sans mesure, nous lie à cet homme tout à l'heure inconnu.

Mais la mainmise est parfois plus forte, plus puissante. L'émotion qui nous vient des choses soulève brusquement la conscience. C'est une sorte de projection subite de tout l'être sur un plan supérieur, inattendue, éblouissante. Le Moi n'est point désorganisé cependant. Tout au contraire. S'il est expulsé en quelque façon de ses manières d'être coutumières, distendu, porté en haut, obligé à un effort violent, pour s'adapter à un milieu nouveau, il se sent du même coup plongé au sein d'un dynamisme gigantesque, harmonieux, bienfaisant. Et il perçoit, dans un éclair, les liens secrets et résistants qui l'attachent à ce monde sublime dont il est l'élu.

Émotion et vision sont empoignantes. On se fait à soi-même l'effet d'un enfant, qu'un hercule de foire saisit vivement sur la ligne des spectateurs qui font cercle, et qu'il promène autour de l'assemblée. Avec une aisance suprême, il l'emporte par dessus les têtes... puis il le repose à terre en souriant, tout surpris de son aventure. Tandis qu'il était soulevé par cette main vigoureuse, l'enfant s'émerveillait en tremblant de voir les hommes et les choses de si haut, et sous un angle si différent de l'ordinaire... Et lorsque le colosse, à l'air bon et doux, l'avait replacé sur le sol, il demeurait rempli d'une vénération joyeuse pour cette puissance magique, qui d'un geste aurait pu l'écraser, et qui, un instant, l'avait choisi comme son collaborateur !... L'enfant, qui n'a plus de crainte, voudrait de nouveau être soulevé, voir plus loin, dominer la foule, être grandi démesurément ! A sa façon, il a le goût du sublime. Soyez sûr qu'un jour ou l'autre, en présence d'enfants plus jeunes, il tentera de reproduire, pour son compte et en faveur d'un autre, le geste victorieux.

.·.

L'impression des choses peut être d'une autre nature. Elles pénètrent dans le Moi et s'y installent, en vertu même du dynamisme dont elles sont animées. Cependant leur présence n'y provoque pas une vie plus intense. Le donné intérieur n'en est ni enrichi, ni organisé sur un plan nouveau. Leur visite nous est agréable à cause de la sympathie qu'elle révèle, mais nous la considérons manifestement comme l'hommage d'un inférieur. Aucun effort n'est nécessaire pour s'adapter à lui.

A l'égard de l'objet qui nous semble joli, nous éprouvons de la condescendance. Nous nous attachons à lui comme le bienfaiteur à son obligé. Nous aimons mieux donner que recevoir. Cette attitude nous grandit. Instinctivement le joli nous attire, parce qu'il est l'affirmation concrète, vivante, indéniable, de notre supériorité. Auprès de lui, sans discussion, nous faisons figure de quelqu'un. Il nous flatte et il nous venge. Trop d'occasions nous sont fournies de sentir nos limites, notre impuissance : le joli nous redonne confiance en nous-mêmes. Et nous lui en savons un gré infini. Un peu par paresse, un peu par crainte de l'effort et du sacrifice, un peu enfin pour se donner au moins l'illusion d'une vraie personnalité, beaucoup d'hommes font du joli l'unique compagnon de toute leur existence. En disant de tout : c'est joli, l'on se confère une grandeur. Dans ce culte rémunérateur, les roués voisinent avec les naïfs. Et c'est d'eux que naissent les modes, les snobismes, les engoûments.

*
* *

L'objet du Beau, lui, s'affirme comme notre égal. Quelle que soit notre valeur personnelle, il se révèle à notre hauteur. L'amour que sollicite sa sympathie est un amour d'amitié. Il ne vient pas nous conquérir, mais nous aider de sa puissance en participant à notre propre vie. C'est un contrat qu'il nous propose, une mise en commun de l'effort pour une marche d'ensemble et un incessant progrès.

L'idéal auquel il aspire est d'entrer en partage d'une personnalité parfaite, d'une intégrale humanité. Et c'est à cela même que nous tendons. Nos volontés convergent, l'unité est vivante, la vibration sera continue. Le Moi et le non-Moi, sans exaltation, dans une dilatation pleine, dans le calme de la possession simultanée, s'épanouissent dans l'exercice même de la vie, du sacrifice nécessaire, du service mutuel.

Ainsi l'objet de Beauté nous émeut parce que nous nous retrouvons en lui[1]. Il est notre vie intérieure rendue sensible, l'expression concrète de notre intuition. Lui, c'est nous. Il nous révèle le degré de notre puissance, et précise notre personnalité. Toutefois, il ne la limite point. Nous nous sentons lui et autre. C'est parce que nous le créons en quelque sorte, qu'il nous exprime. Mais par certains côtés il nous déborde, et nous ne lui imposons pas nos barrières. Nous lier à lui, l'aimer, c'est nous engager à nous dépasser, à faire effort, à nous compléter de ce qui nous manque, à gravir les pentes qui conduisent vers une plus haute humanité, un meilleur Moi.

*
* *

Le sublime est hors de nos prises. De lui à nous, pas de commune mesure. Il est autre, essentiellement. De sa hauteur, il nous écrase. Il pourrait nous anéantir. S'il ne se penchait pas vers notre faiblesse, nous l'ignorerions tout à fait. Nous le verrions, sans le connaître. Il est. Mais que peut-il ? Il vit, opère, mais est-ce pour détruire ?.. Lui sommes-nous indifférents ? Et voilà que tout à coup l'inconnu se révèle. Il nous prend, nous soulève, nous transporte à des hauteurs

---

[1] « En somme il n'y a que deux choses qui nous plaisent réellement : ou l'idéal ou notre ressemblance. » DOUDAN. *Pensées*.

L'artiste nous révèle à nous-mêmes : « Ce ne sont pas ses pensées, a-t-on dit, ce sont les nôtres que le poète fait chanter en nous. »

insensées, où nous tremblons et voyons trouble devant l'immensité des choses qui se révèlent à nous. Mais, pendant que nous avons le vertige, nous entendons les mots qui rassurent, nous nous sentons doucement pressés par la main de puissance... Puis, quand nous touchons de nouveau la terre, enrichis de visions nouvelles, avides de nous voir derechef emportés vers les cimes, nous savons que cette puissance infinie est tendre, délicate et paternelle sans mesure[1]... Et notre crainte initiale fait place à une vénération confiante, adoratrice, pleine d'espoir et de désir. Tout notre être se tend vers ce révélateur souverain, qui, nous transportant hors des limites humaines, nous fait connaître une réalité plus riche, nous en donne l'ambition, et qui, s'il le voulait, se ferait notre initiateur.

Le sublime s'impose comme un maître absolu. On n'est pas libre de le recevoir ou de lui dire : va-t-en. Dès lors qu'il nous désire, lui résister serait pure folie. Nous nous débattrions entre ses mains comme une mouche entre nos doigts! Nous risquerions de nous briser, et lui continuerait d'être bon.

Mais il n'est pas l'objet d'une expérience *liée*. On n'en peut point avoir en permanence le sentiment. Parce qu'il déborde pour nous les limites du possible, il ne devient pour nous réel que par grâce, et dans des élévations qui établissent le Moi en une véritable extase. Tout le monde n'y est pas sensible. Ceux qu'il touche de sa main géante, après les avoir élus, sont des hommes de pensée profonde et qui, percevant d'un coup d'œil les limites de l'humanité, saisissent d'une même vue l'immensité de sa puissance. Le bœuf lent, qui rumine aux flancs de la montagne, n'est pas ému de sa grandeur, cependant que le pâtre au cœur pur, et dont l'âme ingénue n'a pas été faussée par les sophistes,

---

[1] Le sublime, c'est *l'immensité de l'amour*, C¹⁰. Ravaisson, p. 231.

reflète dans ses grands yeux clairs toute la poésie de la nature, et communiant par delà les choses à l'infini pouvoir, à l'infinie Beauté, plonge jusqu'au sein du mystère. Et quand il retourne au milieu des hommes, il demeure mélancolique et grave, de s'être là-haut senti si petit.

*
* *

L'être qui perçoit le sublime révèle sa valeur humaine. Celui qui est sensible à la Beauté décèle sa qualité morale. Dès qu'il paraît, le premier s'impose à la raison vivante. Mais il n'engage pas l'amour. On peut le vénérer sans se croire obligé de lui donner son cœur.

L'objet sublime nous domine sans mesure, mais de l'extérieur. Il est trop hors de nos prises. Il n'est pas assez nous. Chacune de ses grâces accentue la distance qui nous sépare de lui. Notre personnalité, qu'il paraît grandir, s'absorbe en lui, et ne prend pas conscience de la valeur de son effort et de ses résultats. Semblables à la barque qui, le vent en poupe, trace vigoureusement son sillage sur l'océan tranquille, nous allons, dociles à sa poussée souveraine, vers des rivages inconnus. Mais en nous retournant pour voir le chemin parcouru, nul point de repère : une ligne mouvante et qui s'évanouit peu à peu, marque seule que nous avons passé ; de toute part l'immensité, au centre de laquelle notre liberté si chère semble tenir en vain le gouvernail !... Dans les rapports du sublime et de *la Personne* le cœur trouve trop peu son compte. Le Moi n'a pas l'occasion d'y reconnaître sa vraie taille. Si l'homme est né pour les cimes, sa condition terrestre ne souffre point qu'il y demeure toujours. Le domaine naturel de *la Personne*, c'est l'Art et la Beauté.

Là, point d'isolement. Pour parler à l'artiste, la nature se fait en quelque façon personnelle. Elle vient à lui insinuante, douce et forte à la fois. Et quand elle l'a persuadé de servir, elle lui tient compagnie fidèle... Par la révélation de ses secrets, elle l'excite, le dynamise, l'oblige à chaque instant à prendre de son Moi une conscience exacte, et à contrôler son pouvoir dans l'action. L'œuvre d'art le révèle à lui-même, et entretient en lui la flamme de l'idéal. Il s'exprime, et du même coup se compare. La norme de son action est en lui, et hors de lui. Parce qu'il parle à tous, son Moi s'étend et se précise. S'il se limite c'est pour se mieux donner ; mais par son sacrifice même, il s'affirme comme supérieur. Et son effort tend uniquement à exprimer tout ce qu'il peut, et à suggérer davantage. La Beauté n'est que le noble vêtement de sa bonté secrète. C'est son âme et son cœur qu'il livre aux hommes, avec le désir ardent de les mettre au diapason de sa propre vie, de les introduire dans le commerce d'amour qu'il a lié avec les choses, dont il transmet la révélation[1].

Ainsi l'œuvre d'art est à la fois dynamique, personnelle et sociale. Elle relève à la fois de l'expérience et de l'intuition, de la conscience et des contingences.

Est belle toute œuvre d'art qui donne la vision, dans une forme esthétique, d'une conscience humaine, d'une vivante personnalité.

Cela, c'est le Beau objectif, vivante synthèse de l'amour du Moi et de l'amour des choses[2]. Ce Beau est vérité : il exprime l'ordre essentiel[3]. Supérieur au temps, il dure et

---

[1] « L'émotion artistique est essentiellement sociale... *Le but le plus haut de l'Art est de produire une émotion esthétique d'un caractère social.* » GUYAU. *L'Art au point de vue sociologique*, p. 21.

[2] Cf. J. BABTON, *loc. cit.*, p. 38, 121, 124, 127.

« Parce que la beauté de ce monde est fragile et trompeuse, je m'efforce d'atteindre à la beauté universelle. » MICHEL-ANGE. Cité par A. FABRE. *Pages d'art chrétien*, 2ᵉ série, p. 52.

garde sa qualité, quels que soient les changements qui s'opèrent autour de lui. Au-dessus des opinions, il plane. Et c'est à lui qu'il faudra toujours revenir pour avoir une authentique vision de la réelle Beauté, pour se replacer au sein de l'harmonie de l'univers. On conçoit d'ailleurs que ce Beau objectif comporte des nuances dans son absolu. Il peut y avoir plusieurs types de personnalités parfaites. Et prétendre réduire tout l'Art à une forme unique serait faire un pur contresens : le Moi et la nature ont une vitalité trop riche pour se prêter à une telle déformation. Toute formule d'art qui se donne comme exclusive recevra d'eux un démenti catégorique et prompt.

*
* *

Dès qu'il entre dans l'expérience, le Beau objectif se taille à la mesure des individus et des sociétés. La tendance commune aux unes et autres, c'est de croire avec un orgueil naïf qu'ils sont dans la vérité complète, et que leur vision de la vie, le jugement qu'ils portent sur les choses, expriment l'harmonie essentielle du Moi humain et de l'univers.

Pour l'individu, est beau tout objet qui, harmonisant sa vie intérieure et provoquant en lui une sympathie, paraît l'orienter dans le sens d'une personnalité plus complète.

L'appréciation de la Beauté se révèle donc comme fonction de la vie intérieure. Tant vaut le Beau vers lequel se porte l'individu et en qui il se retrouve plus ou moins exprimé, tant vaut son Moi. L'attachement qu'il témoigne à cet objet de son amour dénote la qualité morale de sa conscience et sa valeur d'humanité[1]. On n'y prend sûrement pas assez garde. L'égoïsme brutal pourrait bien être le voisin le plus proche de l'insensibilité esthétique !

---

[1] Cf. Doudan, *Pensées*, p. 42.

Le Beau subjectif peut être social. Les individus pensent en groupe, et souvent dans un sens parfois tout contraire à leurs personnelles inclinations. L'œuvre d'art qu'une société regarde comme belle est celle qui exprime le mieux son âme, à tel moment donné de son histoire.

Toute foule a une conscience collective. Les peuples ont une âme, plus mobile et plus variable encore que celle des citoyens qui les composent[1]. Ils ont une façon commune de penser, de sentir, de juger, qui se nuance jusqu'à sembler se contredire, à chacune des périodes de leur évolution. Plus encore que les individus, l'opinion mène le monde. Si elle n'est pas la même dans chaque groupe humain, elle est pour chacun d'eux l'expression approchante de sa vie intérieure moyenne. Elle n'est pas la vérité intégrale, mais seulement ce que les hommes en veulent retenir pour l'usage de leurs rapports sociaux. Sous cette mince écorce empruntée au réel, cristallisée pour les besoins de l'action, circulent les courants vitaux.

Sous quelque angle et de quelque côté qu'on l'envisage, le Beau apparaît donc lié à la conscience, à *la Personne*. L'expérience confirme l'intuition. Au même titre que l'émotion esthétique, l'œuvre d'art est dynamique, essentiellement.

Mais parce que l'Art, comme tout être vivant, est à la fois stabilité et progrès, changement et permanence, nous n'avons plus à nous étonner de deux choses en apparence contradictoires.

*
* *

La première est l'impression universelle qu'en dépit des règles, des écoles, des engoûments passagers, certaines

---

[1] Cf. Le Bon. *Psychologie des foules* (Alcan, 1913), et *Aphorismes*, liv. II, chap. II, (l'*Ame des foules*) qui résume les idées essentielles du premier ouvrage.

œuvres produisent toujours. Elles s'affirment si puissamment représentatives d'humanité et de beauté tout ensemble, qu'elles imposent silence à toute critique. En leur présence un consensus se produit entre les hommes. Momentanément peut-être, mais réellement, elles nivellent les divergences, créent de l'union. Chacun s'y reconnaît plus ou moins magnifié, idéalisé, mais donc aussi exprimé tout entier. C'est en dépassant qu'elles unifient.

La seconde, ce sont les variations constantes du goût et de la critique[1]. Tous deux sont solidaires, et le premier, habituellement, dépend étroitement de l'autre.

L'œuvre de Beauté est un appel de sympathie au groupe humain, à qui l'adresse l'artiste créateur. Son Moi entreprend, par elle, de se socialiser, de se prolonger, et d'affirmer du même coup la puissance assimilatrice de sa personnalité. De ce fait seul, il se donne des juges. Ceux-là même qu'il entend conquérir le citent à leur tribunal. On institue son procès en forme. Soit que l'œuvre manque de bonté essentielle et humaine, soit que l'expression défaille, soit que la jalousie s'en mêle, soit même — ce qui n'est pas rare — incapacité de la part des critiques, et pour bien d'autres raisons encore, les avis sont partagés. Il n'est guère d'œuvres qui, du vivant de leur auteur, soient acceptées d'enthousiasme. Comme partout ailleurs, c'est d'ordinaire le temps qui consacre les choses et leur met au front l'auréole[2].

Il stigmatise aussi les réputations usurpées. Ouvrier de vérité, il place les œuvres parfaites en contact avec l'expérience et met à nu leur pauvreté lamentable. On s'aperçoit alors qu'elles sont vides d'humanité, de pouvoir dyna-

---

[1] Cf. DOUDAN, *Pensées*.
[2] Cf. BRETON, *loc. cit.*, p. 217.

mique et de rayonnement[1]. Mortes, elles n'éveillent pas d'échos. Rien ne vibre plus en leur présence. Et le mensonge cesse, qui leur avait conféré une grandeur factice. Elles ne peuvent *durer*.

Par contre, à mesure que *la Personne* humaine grandit, élargit sa vision du réel, une œuvre qui, dès l'abord, avait paru simplement belle, s'affirme comme une production sublime. Les contemporains l'avaient entourée de sympathie vivante, parce qu'ils y trouvaient le fidèle écho de leurs préoccupations, de leurs pensées[2]. Mais ils ne voyaient pas plus loin. Or voici que l'expérience y découvre peu à peu des trésors infinis, inépuisables. A chaque génération, elle s'affirme rayonnante et créatrice plus qu'aucune autre. En vain les nouveaux venus tendent leurs énergies pour égaler cette beauté ancienne, et nouvelle toujours. Elle les déconcerte. Auprès d'elle leurs conceptions pâlissent, perdent tout leur éclat. Le chef-d'œuvre s'impose. A la sympathie des premiers jours, la vénération succède. Les plus prévenus sont contraints d'admirer. Et ceux qui rêvent de passer à leur tour à la postérité viennent le consulter, dans la méditation, le silence et l'amour, pour apprendre de lui son secret, pour pénétrer dans son esprit, participer à sa vie supérieure[3].

---

[1] « Le grand problème, c'est d'être à la fois universel et individuel, d'exprimer la nature humaine et de s'exprimer soi-même. » Vinet, *Essais sur la littérat. franç.*, t. III, p. 588.

[2] « Les écrivains qui ont de l'influence ne sont que des hommes qui expriment parfaitement ce que les autres pensent, et qui réveillent dans les esprits des idées ou des sentiments qui tendaient à éclore. » Joubert, *Pensées*.

[3] « Le mérite d'une œuvre d'art ne se mesure pas tant à la puissance avec laquelle le sentiment suggéré s'empare de nous qu'à la richesse de ce sentiment lui-même : en d'autres termes, à côté des degrés d'*intensité*, nous distinguons instinctivement des *degrés de profondeur ou d'élévation*. » Bergson, *Données*, p. 13.

Les œuvres d'art qui sont *au faîte* sont celles qui sont *sublimes* et

Ainsi le goût progresse, mais dynamiquement, conformément à *la Personne* et à sa liberté. Sa marche n'est pas rectiligne. Elle est sinueuse, brisée, en zig-zag. Pareillement voit-on le tronc et les rameaux du chêne se tordre, s'infléchir, pour forcer la sève à ralentir son cours, à lui façonner plus lentement un bois plus dur.

L'histoire vient donc ici confirmer l'intuition pour condamner une fois encore le naturalisme. Car elle affirme, contre lui, l'existence et les droits de la liberté dans l'œuvre d'art. Si toute la Beauté était dans les choses, le goût serait statique. La nature ne varie pas. Tout le progrès esthétique consisterait dans une classification de plus en plus complète, de ses formes et de ses procédés d'action. Un catalogue serait l'idéal offert à l'activité humaine. En vérité, ce serait peu. La vie se charge de nous rappeler qu'il faut construire, démolir, reconstruire, et qu'il ne nous est permis de considérer comme définitives que fort peu de parties de l'édifice péniblement élevé par le labeur humain et séculaire.

L'intime union du goût esthétique et de *la Personne* nous apporte de plus un précieux enseignement. Notre tendance naturelle est de juger le passé d'après le présent, et de décréter d'instinct que celui-ci est supérieur. Ce serait vrai si le naturalisme avait raison, si le progrès se produisait uniformément, en ligne droite ; or nous savons qu'il n'en est rien. Qui nous assure que notre époque ne correspond pas à une courbe rentrante du progrès ? Consultons l'Art des siècles précédents, afin d'apprendre de lui la qualité humaine de *la Personne* dont il nous donne la vision. Nos ancêtres ne manquaient pas nécessairement de goût : ils

---

sincères, où « l'homme transfiguré et agrandi atteint toute son ampleur. » Taine. *Art*, II, p. 345.

l'avaient autre. Nous avons le droit de vouloir mieux, mais non point celui de proscrire. Nous nous croyons supérieurs ! Sommes-nous plus hommes ? Si oui, nous avons dû trouver des formules de Beauté, créer des œuvres, qui font indubitablement la preuve de cette humanité plus haute. Qu'avons-nous à opposer d'écrasant à l'Art de nos ancêtres ? Quels génies préférons-nous aux leurs ? Divers, oui, mais supérieurs, ce n'est pas à nous d'en juger. L'histoire se chargera de ce soin, et le fera avec une équité dont nous sommes incapables, étant juge et partie. Vivons, mais vivons bien, c'est là le principal : c'est tout.

**

De par le caractère même de son œuvre et de par sa destination, l'artiste est dans une dépendance étroite de la société. La Tradition pèse sur lui, les contemporains ont leurs exigences. Il n'a pas le pouvoir d'inventer de toutes pièces les termes, au moyen desquels il exprimera sa vision personnelle de l'univers. D'avance, il est lié. Tout langage étant une moyenne, s'il veut faire naître une sympathie large autour de son œuvre et de sa personne, il devra s'appliquer avant tout à se révéler « comme les autres » : il traitera des *lieux communs*[1].

Cette exigence a d'abord l'air bien sotte. Mais un peu de réflexion corrige cette erreur. Le lieu commun, c'est en effet ce qu'il y a de plus général dans la pensée, de plus universel dans les sentiments humains. Ce sont les ques-

---

[1] « Qu'est ce que l'art si ce n'est l'expression de vérités générales dans un langage parfait, c'est-à-dire parfaitement conforme au génie du pays qui le parle et à l'esprit humain... En France, tout ce qui n'est pas une connaissance intéressant le plus grand nombre, ou une règle de conduite pour quiconque a la bonne volonté, risque fort de n'être qu'une superfluité ou un défaut. » NISARD, cité par AIAUX, *Études esthétiques*, Paris, 1873, p. 199, 201.

tions sur lesquelles tout le monde, en gros, est d'accord. Tous se rencontrent là : c'est un carrefour de l'expérience. On fait mine de se reconnaître, on se salue, et puis l'on reprend chacun son chemin, dans des directions divergentes, jusqu'à l'occasion d'un nouveau revoir. Le lieu commun nous remet pour un instant dans l'attitude sociale, puis il nous laisse nous égarer à la poursuite de nos chimères, de nos intérêts, de nos passions, de nos plaisirs. Doucement, il fait la leçon à notre individualisme égoïste qui s'écarte toujours des sentiers battus, recherche le mystère des sous-bois, le demi-jour, l'isolement, pour y avoir plus grande figure et tenir mieux en main ses adorateurs.

Tous les artistes qui aspirent à *durer* font du lieu commun le substratum de leur art[1]. Il est solide, vivant, éternel. Hors de lui, c'est le paradoxe pur, la singularité, la mort.

Qu'est-ce en effet qu'une pensée qui n'a pas ses attaches dans l'humanité vivante, celle d'hier et d'aujourd'hui? Un fantôme : un rien. Ce qui est adventice ne porte pas la vie en soi. Le paradoxe ne peut être « la vérité de demain » qu'à condition de n'être pas aujourd'hui un mensonge. L'Art en son fond, et avant tout, est vérité.

Pour cela même l'Art n'a rien à voir avec tout ce qui s'affirme comme singulier, excentrique, anormal. La forme qui sert à faire valoir une monstruosité relève non de l'esthétique, mais du musée des curiosités. Le sain et vigoureux lieu commun relègue au Barnum de l'Art tout ce qui contredit de près ou de loin les exigences sociales de la Beauté.

---

[1] « Les grands esprits qui ne sont touchés que du beau, n'ont pas cette préoccupation du neuf qui tourmente les cerveaux inférieurs. Ils ne craignent pas de s'exercer sur une idée connue, générale, appartenant à tous, sachant qu'elle n'appartient plus qu'à eux seuls dès qu'ils y ont opposé le sceau de leur style. La nature, d'ailleurs, ne 'inquiète guère d'être originale, et l'univers, depuis le jour de la création, n'est qu'une perpétuelle redite. » TH. GAUTIER, *Les Grotesques*. Préface, p. x.

L'œuvre d'où il est absent est vide, sans assises résistantes. Les palais d'exposition et les maisons de carton-pâte sont des tape-l'œil, mais ils n'ont pas de lendemain. Ce n'est point là de la matière sociale. Il faut de la pierre pour construire. Et qui ne construit pas n'est pas un artiste, un ouvrier d'humanité. Quiconque méprise le lieu commun et fait profession d'ironie à son endroit, ne peut duper que les badauds. La forme les éblouit : ainsi les alouettes se prennent au miroir. L'ironiste fait son butin !.. Au fond il n'a pas d'autre ambition qu'une entreprise lucrative. Il rappelle fort exactement les couturiers du boulevard, dont les mannequins sont uniquement destinés à faire valoir les toilettes. Leur qualité morale importe peu, pourvu qu'ils mettent en relief l'art du commerçant. Ainsi pour le styliste qui, cultivant l'Art pour l'Art, affirme son droit de choisir sa matière en dehors des idées communes, toujours grosses d'humanité, toujours créatrices. Les lieux communs sont incompatibles avec les faiseurs de l'Art. Il ne saurait y avoir pour eux de condamnation plus radicale : la vie ne les reconnaît pas. L'humanité ne les tiendra jamais pour ses maîtres. Toute leur gloire qui est celle d'un cénacle, d'une coterie, de la passion flattée, sera viagère. D'autres leur succéderont avec non moins de talent, qui les feront oublier vite. Tant il est vrai que la Beauté exige, pour donner l'immortalité, de l'amour vrai, non de l'esprit.

.˙.

En exaltant le lieu commun, nous avons paru faire le procès du dynamisme et du progrès. Or ce n'est qu'une apparence. Ce qu'il condamne, c'est uniquement le naturalisme égoïste, statique, antisocial.

« Mais quelle place laisse-t-il à la spontanéité, à *la Personne*, au génie ?... Est-ce qu'il ne les annihile point pa avance ?.. Si le lieu commun est la raison de vivre de l'Art, nous voilà plongés pour toujours dans la répétion, le convenu, la platitude ! Mieux vaut encore les artifices des jongleurs : ils laissent cependant quelque part à l'illusion et au rêve !... Encore qu'ils soient duperie pure, ils ont au moins le mérite de distraire et de faire oublier !..... S'ils ne révèlent rien du réel, ils en consolent. »

L'objection serait décisive, si la vie avait pour idéal le rêve, et si répéter était synonyme d'inertie. Mais le dynamisme vital exige que le Moi se cherche dans l'action, s'y poursuive et s'y achève. Le rêve n'est pas une attitude humaine. *La Personne* est un agent d'amour ; le terme de son effort, c'est la Bonté.

On affirme que la répétition, c'est la mort. Du point de vue naturaliste, on a raison. Mais dès que l'on se tient dans la ligne normale de l'activité humaine, on ne saurait concevoir rien de plus radicalement faux. Répéter, pour *la Personne*, c'est recréer[1]. La vie est une répétition continuelle. Et cependant elle s'affirme comme toujours diverse. Son geste est incessamment pareil, jamais il n'est identique.

En face du social, *la Personne* conserve tous ses droits, l'artiste toute sa spontanéité. Son génie est la condition même de l'Art. Par lui l'homme s'ajoute à la nature et l'élève au rang de compagne active de sa liberté.

Amour vivant de l'homme, le génie est une puissance essentiellement intérieure. Au sein de cette matière que sont les lieux communs, il plonge tout frémissant de vie, d'activité, de désir. Ainsi l'explorateur s'enfonce dans le désert à la recherche d'horizons inconnus, avide d'enrichir la carte du monde.

---

[1] BERGSON. *Données*, p. 99.

Sous toutes ses formes, le génie part du connu pour conquérir « de nombreuses terres ». C'est un « conquistador », au regard perçant, hardi, qui ne redoute point les aventures. Par son action, il prolonge ce qui est déjà. Il ajoute du nouveau à l'ancien. Et, ce faisant, il renouvelle tout. Sous sa poussée vivante le passé ne cesse point d'être, mais il prend un nouvel aspect et se met en contact avec une plus riche expérience. Il revit, en s'élargissant.

Le génie fait tout éclater, par le dynamisme puissant qu'il insère au centre même des choses, mais il ne détruit pas. Il rompt les digues où la Tradition pouvait se croire confinée, mais en lui conférant un nouveau pouvoir. Du dedans il ouvre le passé, l'explicite, l'épanouit en Beauté, le couvre de fleurs, le rend fécond. Comme la sève au printemps, il monte et il agit au centre même de ce qui est la matière nécessaire et le support obligatoire de son action. Les couches antérieures de l'arbre humain, sous cet irrésistible ferment vital, sous cet amour qui vient, cèdent, s'élargissent... La Tradition par lui s'enrichit, du dedans, et étale le spectacle de sa fécondité toujours renaissante, de ses rameaux toujours en progrès, de son adaptation toujours plus vaste à l'expérience, de sa pénétration toujours plus vibrante de son milieu.

Le génie est la Tradition vivante, la vie même dans son dynamisme foncier. Les lieux communs sont sa matière nécessaire. Mais ce n'est qu'un point de départ, le centre de ses opérations, le nœud de son activité rayonnante. Grâce à eux, il est solidement assis. Si le terrain devient mouvant autour de lui et se dérobe, il sait que là il n'a rien à craindre. Tant qu'il leur reste attaché, il est sûr de ne pas sombrer dans le vide, de ne point perdre contact avec l'humanité.

On peut ainsi affirmer qu'il n'est point de génie authentique — et donc point d'œuvre vraiment belle — qui ne soit sous-tendu de Tradition, qui ne s'appuie sur le passé. Le chef-d'œuvre, dans tous les ordres, est établi sur de l'éternel.

Que l'artiste, dans son enthousiasme, s'estime appelé à révolutionner le monde, à le refaire de fond en comble, on peut le lui pardonner. Mais il faut se garder de le croire sur parole. L'avenir l'assagira, l'expérience calmera ses ambitions naïves. Elle lui montrera que son véritable titre à la gloire, c'est d'être un ouvrier puissant d'évolution. Continuer la vie est ce qu'il y a de plus beau. Il n'est pas au pouvoir de l'homme de faire sortir du néant un nouvel univers.

Le génie est une Tradition *et* une âme, une Personne, qui s'ajoutent à une lignée d'ancêtres, la font revivre par leur amour, participent à leur force et se voient par eux, démesurément agrandies.

C'est dans cette puissance extraordinaire de vie intérieure qu'il faut chercher la raison de l'étonnement où l'homme de génie plonge ses contemporains. La société, il faut le redire, oblige les individus à vivre de façon moyenne. Essentiellement pratique et soucieuse du présent, elle détache du passé. L'homme social s'absorbe dans les préoccupations immédiates de l'action. Il va au plus pressé. Le passé ne vit pas en lui. Son donné intérieur manque de richesse, son dynamisme n'a pas d'élan.

Et voilà qu'au sein de cet individualisme appauvri se montre tout-à-coup une personnalité qui intègre la vie des générations précédentes, et accumule en elle leurs réserves d'humanité. Synthèse puissante du présent, le génie est déjà la « forme du futur ».

Plus il est riche d'intuition, et moins la société le peut comprendre. Il la déborde de toutes parts. Le dynamisme intense dont il est animé fait éclater les formes rigides, où elle avait cru naïvement se fixer pour toujours. Sous cette vibration puissante, la société s'éveille brusquement de sa torpeur. Elle voit mal : ce « trop de lumière » l'éblouit. L'heure est critique pour l'artiste.

Pour qu'il s'affirme comme supérieur, qu'il se garde bien alors d'être autoritaire. Ceux qui veulent s'imposer se heurtent à la liberté comme à un mur d'airain. On ne leur ouvre pas ; ils restent extérieurs. Même on les tient à l'écart, de parti pris, parce qu'on ne les considère pas comme sympathiques. Qu'il puisse venir d'eux quelque bien, cela ne se peut concevoir. Comment accorder sa confiance à qui fait figure d'oppresseur ?... Plus ils affirment la longue portée de leurs regards et l'étendue de leur intuition, moins on les croit. On les traite de visionnaires. Ils disent vrai peut-être, mais c'est à d'autres que sera réservé l'honneur de faire accepter leurs pensées, en les faisant passer par leur âme et en les pénétrant d'émotion humaine.

C'est ainsi qu'opère dès l'abord le véritable artiste. Sans effort et en suivant la pente même de son génie, il s'affirme comme le lien vivant de la Tradition et de la société[1]. A ceux qu'il vient ainsi troubler dans leur quiétude et

---

[1] « Caractère d'universalité de ces grandes âmes, de ces grands génies qui reflètent en eux tous les aspects du monde, de l'humanité, de la vie, et les résument dans une œuvre capitale.

« Quelque côté qu'on choisisse pour contempler leur œuvre, elle offre toujours un tout complet, vrai ; elle contient une foule de sens qu'ils n'avaient pas eux-mêmes soupçonnés et aperçus. C'est comme une seconde création qu'ils font étudier, où l'homme, où le monde entier se trouvent sous toutes leurs faces. A leurs œuvres on peut tout rattacher ; et en même temps qu'ils posent des germes qui peuvent se développer à l'infini, ils personnifient en eux un génie naturel, individuel, tout en restant sur les sommets généraux de l'humanité. » A. Tonnelé, *Fragments*, p. 323, 324.

déranger de leur passivité, il dit les paroles qui vont au
cœur parce qu'elles sont pénétrées de bonté, vibrantes de
sympathie. La mère, au réveil, secoue son enfant de sa main
énergique et douce, cependant qu'elle lui fait entendre les
mots de tendresse d'où va germer sur ses lèvres un sourire.

L'artiste prend ainsi contact avec ceux qu'il ambitionne
de conquérir et d'éduquer. Il se mêle à leur existence ; il
entre dans leur propre personnalité, il épouse leurs attitudes
sociales. Les formes de Beauté qui traduisent leur vie
moyenne ont leur valeur ; elles sont du passé inconscient
et vécu. Il se garde donc de paraître les ignorer ou les tenir
pour rien. L'estime dont il les entoure n'est pas feinte : plus
que pour eux encore, elles ont pour lui une valeur de vérité vivante. En la servant, il rend du même coup hommage à *la Personne* de ses contemporains. Et ceux-ci le
lui rendent en amour. Un lien existe désormais entre eux.
Ils sont harmonisés, capables de vibrer simultanément.

Alors l'artiste est maître de son entourage, et peut s'appliquer à le grandir. On lui fait crédit, on a confiance,
parce qu'il s'est, dès le principe, révélé comme ami. Qu'il
garde cette attitude, et on le suivra sans arrière pensée,
docile comme l'enfant que le père tient par la main, et qui
marche avec lui, d'une même allure, où l'attention de l'un
stimule la faiblesse de l'autre et la fait oublier.

Il part des formes esthétiques sociales, hors desquelles
ses contemporains ne peuvent pas plus sortir qu'il n'est
possible à l'homme de sauter hors de son ombre. Parce
qu'elles sont l'expression de leur Moi pratique, façonné
par les besoins du groupe, ils sont incapables de concevoir
et de goûter autrement la Beauté. Elles sont pâles, sans
consistance, sans mouvement. On les traite comme des
choses inertes. Ces marionnettes suffisent à distraire le
public, à lui donner l'illusion de la vie.

L'artiste vient, leur insuffle son âme : et voilà que toutes ces formes s'agitent, remuent, vont et viennent, paraissent pleines de spontanéité, lient entre elles des rapports, accomplissent des gestes qui sont un émerveillement. La foule bat des mains, subjuguée. Une émotion l'attache à cette Beauté nouvelle, vibrante, dont elle ne pourrait plus se passer. L'artiste alors introduit ses personnages, les créations qui lui sont propres. Ils viennent, parlent son âme, se font comprendre. Les formules qu'ils font entendre sont nouvelles, mais si bien accordées avec celles qu'on avait coutume de répéter, qu'elles n'étonnent point. De proche en proche, l'auditoire monte vers une plus haute vision des choses : sa personnalité se greffe sur celle de l'artiste : un même rythme vital les anime[1]. Et ceux qui peu auparavant végétaient dans le terre à terre du présent, uniquement soucieux des choses de la pratique commune, communient maintenant au passé, à la Tradition, au dynamisme humain. Le génie de l'artiste les lie à l'éternel. Il les recrée, à la lettre, en les développant. Son amour leur a conféré une grandeur, en se faisant social sans rien perdre de sa stature. Parce qu'il s'est penché sur leur bassesse, il est consacré maître et roi ; les cœurs montent vers lui

---

[1] « Non seulement il décrit l'aspect des choses, mais pour ainsi dire il en réveille l'âme, « prêtant aux objets inanimés *une merveilleuse sympathie pour les affections humaines.* » — « Il ne s'attarde pas à décrire, il évoque ; *il nous transmet ses visions.* Ce qu'il a contemplé *renaît* aussitôt pour nous ; *et nous sommes sous l'empire de ses rêves.* Nul musicien n'est un enchanteur plus puissant et plus prompt. Sans doute, parce qu'il a confiance dans les sortilèges de la musique; en outre *parce qu'il en connaît bien les secrets ;* avant tout parce *qu'il croit à ce qu'il dit, à ce qu'il décrit.* Sa victoire sur nous, il la tient de sa foi... Il ne chante point pour plaire au monde, mais pour satisfaire aux désirs de son âme religieuse... La prière et la musique de Schütz ont *la même sincérité ;* et c'est à cause de cela, justement, que sa voix est immortelle, comme il le souhaitait. » Schütz, par André Pirro. Alcan. Cité dans *Durendal*, avril 1914, p. 235, 236.

comme au libérateur. Son souvenir, pour jamais, est entré dans la gloire. Quiconque voudra désormais recevoir les révélations vivantes, devra venir vers lui comme à l'initiateur attendu[1]. Ses communications s'affirment de qualité unique : c'est en Beauté qu'il découvre le Vrai, le Bien.

Ainsi le mont continue la plaine : où finit-elle, où commence-t-il ? Nul ne le saurait dire. Le voyageur, insensiblement, s'engage sur ses pentes ; puis tout à coup il s'aperçoit, à l'aspect nouveau des choses, qu'il a gagné les hauteurs. Que d'apparitions inattendues, de visions soudaines, insoupçonnées ! Le mont découvre ses richesses, en transformant sans cesse la réalité. Il multiplie les aspects de la plaine, il élargit sans mesure les horizons. Et quand, parvenu au sommet, le voyageur s'arrête, la vie lui apparaît immense. Une émotion l'étreint, le remue jusque dans ses profondeurs. De ce point unique, il domine. Le mont le fait participer à sa puissance gigantesque. Et lui-même, il le couronne, lui prête son cœur, son âme, sa personnalité... De tous les coins de l'horizon convergent vers lui des ondes d'humanité. De toute cette Beauté, il est le centre ; en lui la société et la nature se reconnaissent, s'unissent, et lui confient la mission d'aller rapporter aux hommes la vision dont elles l'ont gratifié. Elles le consacrent leur Prophète, chargé de prononcer les paroles de vie.

---

[1] « On a dit que Giotto a peint avec la pensée de Dante, col il pensiero di Dante : toute une nation, tout un siècle, et une foule de nations et une série de siècles vivent de la pensée d'un génie de premier ordre. » OLLÉ-LAPRUNE. *La Philosophie*, p. 124.

CHAPITRE XVIII

L'ART

(Suite)

L'Art est une vraie révélation. Mais que fait-elle connaître, et dans quelle mesure ?... Convient-il de lui accorder une confiance sans limite, et faut-il tout espérer de lui ?

Rappelons-nous que l'Art est avant tout intuition, fruit d'une grâce venue des choses. L'artiste, élu de la nature, la voit se manifester au plus intime de son être sous la forme de la Beauté. Du dedans, elle l'émeut en parlant un langage spécial et prenant, qu'il n'est point au pouvoir de tout homme d'entendre. Ceux-là seuls en comprennent le sens qui portent en eux des puissances actives, une faculté de sympathie, une capacité de résonnance, une personnalité susceptible de vibrer et de répondre à l'appel de la vie[1]. De tels êtres ne sont pas massifs. Ils se creusent, si l'on peut dire, de façon à percevoir les ondes vitales qui traversent l'univers, — et qu'ils ont un intérêt capital à connaître, s'ils ne veulent point demeurer confinés dans un isolement mortel.

Cette attitude réceptive, il importe de le remarquer, est

---

[1] « Émotion de sympathie, qui fait, littéralement, communiquer l'artiste avec ce qui l'entoure, avec les autres ou encore avec lui-même, — avec ce qu'il a de plus secret en lui; — il est, en vérité, celui qui voit, celui qui sent, celui à qui les choses apparaissent ce qu'elles sont. Oui, l'art est la vie, la vie profonde connue et dévoilée. » P. GAULTIER. *La Pensée Contemporaine*, p. 165.

éminemment dynamique. Elle est un geste d'amour personnel, où l'homme ouvre son âme et reçoit avec élan le bien qui lui est proposé du dehors, par condescendance pure. Par sa correspondance au don initial et à l'appel qui l'a suivi, l'artiste mérite alors d'être éclairé, rempli de lumière créatrice.

Car la grâce qui le pénètre, s'affirme comme une puissance de dilatation. Recevoir, c'est déjà s'être renoncé. L'amour, qui est entré en lui, le pousse aussitôt à en sortir. En lui conférant une plénitude, il l'oblige à se déborder, à se répandre.

Du dedans, avec une force irrésistible et à fois sans violence, par le besoin naturel et vivant qu'il provoque en lui, il lui intime d'avoir à se manifester au dehors, à s'extérioriser, à conquérir.

L'artiste n'est pénétré de grâce et d'amour que pour les transmettre. Il est en quelque sorte le lieu d'élection où la vie de l'univers prend conscience d'elle-même, mais pour s'y concentrer, magnifier ses puissances, et puis, de là, jaillir avec l'auréole de gloire dont la couronne désormais la liberté humaine.

Agir, pour être fidèle à l'amour, tel est pour l'artiste le devoir[1]. Rester inactif, s'absorber dans son rêve, c'est mentir à la vie, au bien de *la Personne*. Se placer en marge de la vérité, c'est la contredire, c'est faire le mal.

L'action, par ailleurs, appelle de nouveau la grâce. La Beauté se penche, généreuse, sur celui qui répand ses dons. Donner, pour l'artiste, c'est s'enrichir. Il peut compter qu'on

---

[1] « L'artiste n'absorbe en soi tout ce qui lui vient de la nature, des autres hommes, du passé et du présent, que pour le rendre transformé par l'action de son génie. *Il ne reçoit que pour donner.* En lui apparaît, à un degré éminent, ce grand caractère de la vie : la générosité avec la fécondité. » OLLÉ-LAPRUNE, *Le Prix de la Vie*, p. 60.

L'ART

le comblera sans mesure — à proportion qu'il dépensera. Constante avec elle-même, la nature ne l'abandonnera point qu'il ne l'ait d'abord délaissée. Pourvu qu'il aime, qu'il se donne et sorte de soi, il n'a pas à craindre de voir tarir la source vivante et fraîche de son inspiration. Il est l'élu des choses pour l'éternité, si son cœur reste pur et sa volonté droite. Toujours voir, toujours pouvoir : cette promesse est faite à l'amour.

Créateur d'unité, l'Art en son essence est un, comme la Science. Avant tout il consiste dans une attitude intérieure, dans un commerce vivant entre le Moi et les choses, la conscience et l'univers, l'individu et le tout. En cet embrassement de l'être intérieur et des choses, intuition rapide et dilatante, l'artiste se sent envahir par une vie nouvelle, et qui diffère absolument de la vie ordinaire, toute fragmentée, misérable, mendiante.

Alors que son existence habituelle lui fait l'effet d'une série de points successifs et sans lien essentiel, comme une sorte de quinconce de petits bonheurs parfois lointains, qu'il a peine à souder ensemble pour en faire une joie un peu vive, toujours instable d'ailleurs, trépidante, à la merci du temps qui la morcelle ou la détruit, son émotion esthétique le remplit soudain d'une vitalité débordante, toute présente à la fois à tout son être, où il ne perçoit pas de solution de continuité, où il lui est donné de voir, d'entendre, de goûter, de toucher en quelque façon, du dedans, et dans un acte unique, intemporel, les réalités vibrantes, attirantes et belles, dont il n'aperçoit partout ailleurs que les fantômes exsangues ou les pâles copies[1].

---

[1] Mozart exprime ainsi sa manière de créer et de mûrir une idée musicale. « Je la développe de plus en plus largement et clairement. A la fin elle est à peu près achevée dans ma tête, même quand il s'agit

L'Art, pour l'artiste, c'est la vie même, Beauté unique se manifestant à son Moi, et vécue du dedans comme telle, dans l'amour.

Mais parce qu'il se trouve dans la nécessité de parler sa vision, de la proclamer à la face du monde, de la socialiser, le voilà aussitôt obligé de se soumettre aux exigences de l'expérience et du concret: le temps et l'espace reprennent sur lui tous leurs droits.

Exprimer l'ineffable: quel problème!... Raconter ce qu'il sent et vit, c'est l'émietter. L'analyse est dissolvante. Mais elle est nécessaire aussi. Sans elle, impossible de faire pénétrer dans les autres consciences humaines ce dont il a lui-même la connaissance directe et vive.

Réduire la vie aux proportions d'un langage[1] : quel tourment pour l'artiste !... Du moins est-il le maître de ses moyens d'expression. Il choisira ses symboles conformément à ses puissances natives, aux capacités initiales que lui a conférées la nature. Et peut-être cette obligation de se restreindre deviendra-t-elle, en définitive, la cause d'une péné-

---

d'un long morceau, de sorte que *je puis voir l'ensemble d'un seul coup d'œil* dans mon esprit, comme s'il s'agissait d'un beau tableau, d'un bel être humain. De la sorte, en imagination, je n'entends pas *successivement* les phrases mélodiques, comme elles se produisent plus tard, mais *tout à la fois*, pour ainsi dire. » *Les Etudes*, 20 mai 1912, p. 551.

[1] « L'art est *une langue*, soumise aussi à des lois éternelles, et laissant aussi, comme toute langue, sa part à l'imagination humaine dans le choix de l'expression... La forme, la couleur, la ligne n'ont pas d'autre valeur que celle des mots. » — « On apprend à comprendre les arts, à *lire leur langue*, exactement de la même manière qu'on apprend à parler. » — « Voilà pourquoi les artistes, d'ordinaire, manient mal et gauchement la langue usuelle, le discours de tous, habitués qu'ils sont à exprimer toutes leurs pensées dans une langue particulière et familière à leur génie. C'est leur langue maternelle. Ils ont l'air emprunté, manquent d'aisance, de naturel et de simplicité quand ils veulent en parler une autre. » A. TONNELÉ, *Fragments*. p. 17, 18, 108, 111.

tration, d'une vigueur qu'il n'aurait pu autrement espérer !

Au service d'une même grâce et d'une même humanité les artistes apportent donc les tempéraments divers qui les différencient. Par la ligne, par la couleur, par le son, par le rythme... c'est une même réalité qu'ils entendent révéler au monde, un même amour de la Beauté qu'ils traduisent sous des formes multiples, un même service qu'ils affirment, une même vie intérieure qu'ils aspirent à faire partager.

Les exigences du langage, qui paraissaient d'abord tyranniser l'artiste, mettent en évidence la puissance de sa liberté[1]. Si l'Art est uniforme en tant qu'esprit d'amour et correspondance à la grâce, aussitôt qu'il se précise et demande la collaboration de *la Personne* pour agir et créer, il devient avant tout une option. Tout Art est choix.

Non seulement le Moi de l'artiste spécifie sa qualité humaine, en refusant d'abord ses services à tout ce qui serait de nature à heurter sa dignité morale, à diminuer sa capacité idéale, mais il donne sans discontinuer des preuves de sa spontanéité.

En choisissant ses moyens d'expression, il s'est d'abord spécialisé. Cette sorte de réduction opérée sur les choses, il les limite encore. Dans l'impuissance d'exprimer le tout de la nature ainsi préalablement appauvrie, il y pratique une coupure nouvelle et décisive.

Sa vision intérieure est immense, ineffable par conséquent. Sous la pression de sa volonté libre, il en détache une partie notable, il la comprime, il la ramène aux proportions de l'aperception commune, de l'attention moyenne, à

---

[1] « Une fois *son vocabulaire fixé*, Michel-Ange l'employa en idéaliste intransigeant, superposant à la nature vraie un *monde olympien* sorti de son cerveau, dans lequel les hommes sont des titans et les femmes des immortelles. Notre humanité terrestre n'a jamais rien produit de pareil. » A. Fabre. *Pages d'Art chrétien*, 2ᵉ série, p. 52.

la mesure de l'homme social. Puis il s'efforce de lui donner une physionomie propre, d'en composer un ensemble, d'en ordonner les éléments. Cette « tranche » du réel doit se présenter comme un tout, avoir sa raison d'être en soi, se tenir harmonieusement.

Ce premier travail démontre son indépendance à l'égard des choses, son pouvoir de manipulation du concret. Mais si le Moi s'y montre organisateur, il ne s'y est pas affirmé comme un amour. L'œuvre d'art n'existe pas encore. *La Personne* n'est pas entrée en vivant commerce avec la nature. La Beauté n'a pas apparu, vivifiante et créatrice. Cette logique manque d'âme. L'édifice qu'elle nous présente est sans profondeur, incapable de résonnance et dans l'impossibilité d'éveiller des échos.

※

Alors commence pour l'artiste le rude labeur. Cette nature qu'il vient de soumettre aux exigences du temps et de la durée, il faut maintenant qu'il l'en délivre. Après l'avoir immobilisée et lui avoir dérobé son âme, il doit à présent la faire revivre, non point telle qu'elle était d'abord, mais plus belle et plus vibrante, pour bien montrer que l'apparent coup de force commis contre elle n'était au fond qu'un acte d'amour. Pour réparer le mal temporaire, il n'est qu'un moyen : se donner. De sorte que le bien, après une éclipse partielle, déborde, vainqueur, et prouve sans réplique son irrésistible maîtrise.

Sur cette matière inerte, et qui semble figée dans la mort, l'artiste se penche avec un ardent désir. Ainsi la mère enveloppe de sa tendresse vivifiante l'enfant que la maladie fixe sur son lit de douleur, immobile et muet. Toute son âme plonge jusqu'au tréfonds de ce petit être, pour y rouvrir les sources du mouvement, pour faire de nouveau éclore le sourire de grâce sur ses lèvres décolorées !

A cette âme qui vient, qui la presse de toute part, la matière résiste, passive et lourde. L'effort de l'artiste redouble, son amour se fait plus vibrant. Et la matière, peu à peu, détend sa rigidité, semble s'émouvoir à son tour. Enfin elle devient souple, obéissante au mouvement qui lui vient du dehors, la pénètre et la transforme. Toute la puissance de vibration de l'artiste passe en elle. A la lettre, il la recrée. En la spiritualisant, il la transforme. La voilà qui à son tour tressaille, se met à vivre. Et c'est le miracle de l'amour qui commence.

Mais il n'est pas encore achevé. Car il faut que cette résurrection s'opère en Beauté. Qu'est-ce à dire ? Sinon que l'artiste, après avoir donné son âme sans mesure, doit devenir aussitôt discret et respectueux des choses. Car l'égoïsme le guette. S'il se laisse éblouir, il est perdu. Sa puissance se révèle immense, mais qu'il n'oublie point qu'elle n'est qu'empruntée. Si son amour est créateur, sa volonté n'a pas suffi à opérer la merveille vivante. Tant que son effort n'a pas trouvé d'écho dans la matière, il est demeuré impuissant. Et il se doit aux choses, parce qu'il en a beaucoup reçu. Ces collaboratrices nécessaires ne révéleront leur Beauté essentielle que si leur élu, après avoir été comblé, renonce résolûment à être despotique, à s'imposer d'autorité. Elles ont consenti à donner au monde la vision de son âme : elles vibrent à son diapason. Mais qu'il y prenne garde : tant que ces ondes vibratoires n'exprimeront que lui, elles seront perçues sans doute, mais elles n'éveilleront point dans les âmes l'authentique émotion de Beauté. Aussi longtemps qu'il oubliera de servir, il ne sera jamais un maître.

Fidélité nécessaire, mais fidélité spirituelle. L'artiste ne peut pas copier la nature. Servir, c'est interpréter. Il faut aller de l'âme à l'âme, sentir d'abord, puis exprimer ce qui est essentiel, permanent[1].

Il y a au fond de tout être — personne ou chose — un je ne sais quoi de spécial, d'individuel, qui le distingue partout et toujours, le rend reconnaissable, fait l'unité de sa vie et le caractérise.

Le caractère, c'est ce qu'il y a de stable sous la mobilité des formes ; l'être sous le paraître[2]. Au sein de l'expérience la plus fuyante, la plus morcelée, il s'affirme comme indépendant du temps et de l'espace. Durée, dynamisme, vérité, loi vivante de ce qui est, il se révèle comme le lien qui rattache l'individu à l'éternel, lui assigne une place et lui confère un rôle dans le drame du monde.

Mais à cause de cela même, — et parce qu'il est supérieur à toutes les formes particulières, transitoires, indigentes, qui le manifestent et le dérobent à la fois aux regards — l'artiste qui, l'ayant reconnu, veut l'exprimer, se heurte à l'obstacle le plus insurmontable de l'art : traduire en lan-

---

[1] « Et le portrait, physique ou moral, d'une personne, n'est-ce pas l'appréhension de la ressemblance, de *l'air*, qui en fait la vérité ? Mais qu'est-ce que saisir l'air d'une personne, *os habitumque*, sinon trouver entre les traits épars *un lien venant du fond, de l'invisible, et qu'on a l'art de rendre visible ?* Sans imagination pour saisir ce lien et pour produire cette synthèse visible, cette unité expressive de l'unité profonde, la vérité échappe. Le prétendu artiste n'a pas su *voir* dans le visible l'invisible et nous, en regardant son œuvre, nous ne reconnaissons pas l'original : il a été impuissant à le *rendre*. Ainsi entre l'imagination et la vérité, il n'y a aucune incompatibilité, aucune répugnance. Tout au contraire. L'œuvre de l'imagination n'est vaine et fausse que dans deux cas : ou le modèle réel a été trop peu étudié, ou l'âme, l'esprit, le principe intérieur de vie n'a pas été saisi. » OLLÉ-LAPRUNE. *La Philosophie*, p. 237.

[2] « Dans le monde imaginaire comme dans le monde réel, il y a des rangs divers parce qu'il y a *des valeurs diverses*... Rendre dominateur un caractère notable : *voilà le but de l'œuvre d'art*. C'est pourquoi plus une œuvre se rapprochera de ce but, plus elle sera parfaite... plus elle sera haut placée dans l'échelle. » TAINE. *Art*, II, p 269, 273.

gage de l'homme l'immatériel pur, l'âme et l'essence des choses, la force secrète, impondérable, insaisissable, qui anime, unifie, harmonise toutes ces apparences, dont la voix intérieure murmure à son Moi qui tressaille les paroles enveloppantes et soulevantes de la Beauté.

Et voilà que les symboles, pour l'artiste, deviennent tout à coup secondaires, et que l'intuition du début reprend sur lui tous ses droits. C'est à l'amour seul qu'il appartient en dernier ressort de découvrir et d'exprimer la formule de vie.

Pendant qu'il travaille, sans *se préoccuper* cette fois, ni du métier, ni de la matière, l'artiste est tout entier à sa vision intérieure. Son Moi se discipline, se modère, se contient. Puis il applique son cœur au cœur des choses, pour rythmer aux leurs ses propres battements. Un même souffle les anime. Il peut agir sans crainte de se tromper : il a cessé de s'appartenir[1]. Tout concentré au dedans, il agit au dehors et fait les gestes nécessaires, révélateurs de cette vie profonde et une. Dans la matière inerte du symbole, il va de-ci, de-là, d'un mouvement sûr, naturel, spontané. Tout s'ordonne avec une souplesse et une grâce, où l'activité et la précision vont de pair, cependant que l'artiste, insensible aux bruits du dehors, à la vie extérieure et sociale, semble à l'observateur perdre le sens du réel et s'absorber dans le rêve. Mais cette inconscience apparente masque une conscience plus pleine, plus vigoureuse, plus exaltée.

La personnalité de l'artiste donne alors toute sa mesure.

---

[1] « Ce n'est pas la nature que le peintre imite, copie, reproduit, mais sa propre idée. Il modifie, sacrifie même les éléments de la nature au profit de sa pensée ; ou plutôt *il ne modifie pas, il reproduit la nature telle qu'il la voit, et il la voit autrement qu'elle n'est, telle que la fait la pensée qu'il y attache et le sentiment avec lequel il la regarde.* Il n'idéalise pas en copiant, en travaillant, il idéalise en regardant, et il voit idéalisé. » A. Tonnelé. *Fragments*, p. 107.

Elle s'affirme comme reine du monde, auquel elle dicte sa loi d'amour, dans le don qu'elle fait d'elle-même. Son activité se déborde, s'infinise en cet acte créateur. C'est parce qu'elle supprime vigoureusement toute autre occupation intérieure, et qu'elle abolit d'autorité toute extérieure préoccupation, pour concentrer sa vie totale sur cet unique point, qu'elle paraît étrangère aux exigences de la conscience sociale et des rapports pratiques de l'humanité. Mais à ce moment même, son génie triomphe, tout entier dans la création en laquelle il s'absorbe, où il concilie avec une sûreté vivante les droits de l'intuition et ceux de l'expérience.

Et l'œuvre d'art apparaît enfin, suprême expression de l'âme de l'artiste et de l'âme des choses, du Moi et de la nature, qui vient à force d'amour, de se laisser arracher le secret de sa Beauté vivante.

Le monde voit se lever sur lui une lumière nouvelle ; il s'enrichit d'une révélation. Les hommes comptent dans leurs rangs un nouveau poète.

Car l'œuvre qui se montre alors est une poésie. Ce point unique est un nouveau sommet. Il ajoute à ce qui était déjà. Ainsi, sous la poussée intérieure du feu qui la travaille, la terre se trouve un jour soulevée, s'exalte, devient cime. Le même sol qu'on foulait autrefois dans la plaine, il faudra désormais, pour en gravir les pentes, faire un effort.

L'artiste est un vrai créateur. Son amour a soulevé le monde. Et il continue à s'y exprimer. Dans son œuvre bat à la fois le cœur des choses et son propre cœur. Sa poésie est lyrique, toute pétrie d'enthousiasme, d'élan ; son rythme est un rythme humain. Inconsciemment, elle vous entraîne, vous fait monter. A mesure que vous entrez avec elle en communion plus intime, vous vous sentez porté vers une humanité plus haute.

Et vous voyez aussi plus loin dans le réel[1]. Par l'âme de l'artiste, l'univers se révèle à vous sous tous ses aspects : tantôt il est immense, tantôt vous n'en apercevez que de jolis recoins ; tantôt il vous accable par sa grandeur, tantôt il vous dilate par la vision de paix, dont subitement il vous pénètre avec une calme douceur.

Telle est l'œuvre d'art authentique, durable : une Beauté révélatrice de *la Personne* et de l'univers.

Ainsi l'Art est grand, d'une indiscutable grandeur. L'univers tout entier se résume en lui, et il est magnifié. Sa Beauté y resplendit, avec un rayonnement d'humanité qui l'ennoblit sans mesure et la rend désormais capable d'être reconnue et aimée par les peuples de tous les temps, de tous les lieux. L'émotion esthétique se catholicise, si l'on peut dire, par lui. Tout homme est invité, à son contact, à se rendre spectateur du réel, à dépasser les limites de l'expérience quotidienne et banale, à devenir philosophe en dehors de toute formule, de tout pédantisme, de tout effort d'abstraction desséchante.

Mais cette grandeur, pour peu qu'on l'examine de près, accuse de redoutables déficiences. Car le réel n'est perçu qu'à travers un symbole. Et celui-ci n'en donne pas la vision adéquate. La matière est un écran plus ou moins opaque. Il faut un œil bien exercé, pour distinguer au travers de ses fines mailles ce qu'il recouvre de réalité. Et puis il rapetisse effroyablement ce qui est. Rappelons-nous les contractions successives et les morcellements qu'il a dû opérer. A vrai dire, l'œuvre d'art est une sorte de point vital, où l'on

---

[1] « Nous admettons que l'artiste va de pair avec les plus grands penseurs ; il pense, et de la meilleure manière peut-être : sa pensée, analogue à celle que soutient le monde, est intuitive et créatrice. » OLLÉ-LAPRUNE, *La Philosophie*, p. 5.

sent battre le pouls de la nature, mais où l'on doit deviner plus que voir. Et puis si elle est une synthèse de l'âme et des choses, un lyrisme révélateur d'objectivité, il n'en demeure pas moins qu'elle n'exprime jamais qu'*une* âme d'artiste. En dépit de tout effort, cette œuvre individualise son objet. L'univers qui m'est découvert est celui de telle Personne donnée, à la fois représentative d'humanité et dépendante d'un milieu, d'une époque. Ce sont des formes de beauté, bien moins que la Beauté elle-même, que l'œuvre d'art met à ma portée et qu'elle entend me faire servir. D'instinct, je sens que ma personnalité domine ces apparences variables, soumises au temps, et j'ai conscience que cette révélation laisse encore quelque chose à dire, ne prononce point pour moi la parole décisive attendue.

Ai-je tort ? Ai-je raison ?... Je ne puis m'en tenir à cette impression vague, et il me faut une fois encore interroger l'expérience.

*
* *

Si je m'adresse d'abord au public, il me contredit. En présence de l'œuvre authentiquement belle, j'entends ses cris d'enthousiasme et ses exclamations de joie. Il fait parfois des triomphes à l'artiste. C'est que l'âme populaire, neuve, simple, qui n'a pas été pervertie par la mode, par l'abus des sensations factices dont on se grise dans les petites chapelles, va droit à ce qui est vivant et la fait tressaillir. Elle se reconnaît là, et c'est sa propre victoire qu'elle chante en exaltant l'artiste créateur.

Son œuvre est une apothéose de l'humanité. Chacun s'y sent associé pour sa part. Cette œuvre est sienne. Il y entre comme dans son domaine et y installe son propre Moi. Il la recrée, il l'enrichit et s'y attache comme à quelque chose de personnel. Cette matière qui vibre à son contact et qu'il enveloppe de sympathie, lui apporte en retour la sympathie des autres hommes. En elle et par elle il se sent lié à eux, il communie à leurs puissances, il se découvre agrandi, du dedans, sans effort, par le jeu naturel de son amour spontané. Alors cette sympathie, d'abord obscure et instinctive, se mue rapidement en un culte de vénération. Le dynamisme émotionnel que diffuse cette œuvre et qu'on suppose permanent, intarissable, apparaît comme un bien toujours désirable dont l'artiste a été le dispensateur généreux, dévoué. On le regarde alors comme un être idéal, le guide à suivre. On le salue comme le prêtre de la nature, le vrai prophète de l'univers, le détenteur des vivants secrets. On l'entoure, on l'encense, on l'adule.

Et tandis que je reste ébloui de tant de gloire et que cette ferveur naïve commence à me faire douter de moi-même, j'entends discuter les critiques. Je me rapproche, attentif, et les vois contester la création de Beauté que le public qualifie de chef-d'œuvre.

Il est vrai que ce sont des professionnels. Par définition, ils ne peuvent être de tout point satisfaits. Leur métier même, c'est de découvrir des tares et des défauts. Leur attitude naturelle est celle de la contradiction. Ces gens se défendent de toute surprise. On ne doit pas leur en faire accroire. Eh, sans doute, ils ne sont pas exempts de jalousie personnelle !.. Qu'ils ressentent quelque dépit de se voir dépasser par celui qui l'instant d'avant était leur égal, cela n'a rien d'étonnant. Il n'est pas improbable encore que, malgré leur apparente impartialité, ils ont des partis pris, des préjugés, des relations qui conditionnent leur jugement et l'empêchent d'être équitable[1]. L'intérêt, la camaraderie s'en

---

[1] « Il se peut que l'admiration, qui est une forme de l'amour, soit encore le meilleur guide, s'il est le plus humble, vers l'intelligence. » DUBUFE. *La Valeur de l'Art*, p. 13.

mêlent : approuver, c'est condamner par contre-coup. Toute admiration qu'on accorde à un objet, discrédite son contraire. Et puis quelle figure de petit garçon l'on ferait, si l'on se mettait à la suite et l'on disait : c'est ça, c'est trouvé. On aurait l'air du sacristain qui sert la messe, et qui répond toujours *amen* aux paroles de son curé !..

Ainsi je me tiens en garde. La sympathie trop spontanée du public a sa contre-partie dans ce groupe. Ce sont deux extrêmes. Mais je ne dois pas oublier cependant que la critique, malgré ses inévitables défauts, conserve des droits, a des devoirs. Car l'artiste en créant son œuvre a dû concilier tant de choses, se soumettre à de telles exigences, garder à la fois tant d'attaches et rompre tant de liens, qu'il n'est pas impossible que quelque maladresse se soit glissée dans son œuvre, que plus d'une ignorance s'y accuse. Et puis encore, la spécialisation qu'il a fallu opérer pour conserver à son action son efficacité n'a-t-elle point, à son insu, diminué sa vision du réel, rétréci son Art? Ne l'a-t-elle pas faussée ? N'est-il pas devenu obtus et égoïste à force d'amour ? Il n'est plus juste et vrai, peut-être. Et si la foule l'admire à cause de quelques qualités rares qu'on ne peut lui dénier, peut-être a-t-il encore plus de défauts, qu'on est en droit de relever, de souligner et peut-être de grossir, pour opposer un obstacle à la poussée de l'opinion !...

Un recours me reste : l'artiste lui-même. Je l'examine et je l'écoute. Ce qu'il va m'apprendre me permettra de fixer mon jugement. Quelle surprise : je le vois mécontent de lui, des autres, de tout ! J'imaginais que cet homme était heureux et dilaté par sa création ; or il manque de calme, il n'est pas établi dans la paix.

La critique l'irrite d'abord. Quoi qu'il fasse, l'artiste aspire en effet à l'approbation de ses pairs. Il entend forcer leur admiration : c'est l'estampille sociale qu'il désire pour son génie. Or on la lui refuse, ou du moins, on la lui ménage. Cette attitude l'aigrit : il l'accuse d'injustice, de partialité jalouse[1].

Au fond, s'il est sincère, plus épris de son Art que de popularité, il ne se fait pas d'illusion trop grande ; car il n'est pas satisfait de son œuvre. Mieux que personne il sait qu'elle est inférieure à *sa vision*[2]. Elle n'exprime qu'une partie de lui-même. Il ne se reconnaît qu'imparfaitement dans cette création. Elle est remplie de lacunes, de déficiences. Que de choses il découvre en lui-même, et qu'elle ne traduit pas. Il est autre — et c'est pourquoi il souffre de se voir méconnu. Sans doute, il n'ira pas crier qu'il se sait supérieur ; mais de voir combien il déborde son œuvre de toute part, lui est un supplice.

Que faire ? S'insurger contre la critique ? Il le juge indigne de lui, et ce serait d'ailleurs inefficace. La seule attitude décisive contre elle, c'est de s'imposer en vivant, en créant de nouveau. En se dépassant, il la convaincra de fausseté, la réduira au silence[3].

---

[1] Qu'on se rappelle les plaintes, si souvent justifiées par ailleurs, de nos grands poètes : Corneille, Racine...

[2] « Il n'y a que quelques heureux à qui il soit donné de tirer et de produire au dehors la vie que chacun porte enfermée et frémissante au dedans de soi. » A. Tonnelé. *Fragments. Préface*, p. 13.

[3] Tout art est un langage. L'impossibilité où se trouve l'artiste de *parler* adéquatement sa vie intérieure le porte sans cesse à créer. Son impuissance est dynamique.

« En retour, cette imperfection du langage permet à l'écrivain de se faire jour. C'est parce que le langage n'exprime et ne fait paraître aux yeux qu'une faible partie de ce monde objectif que l'art d'écrire est possible. Si le langage était l'expression adéquate de la pensée, et non un effort plus ou moins heureux vers cette expression, il n'y aurait pas d'art de bien dire. Le langage serait un fait naturel comme la respiration, la circulation, ou comme l'association des idées. Mais, grâce à cette imperfection, on fait effort à mieux saisir sa pensée dans tous

Alors, derechef, l'artiste se remet au travail. Par un effort vigoureux il accomplit une nouvelle synthèse de sa vie intérieure, il organise encore une fois sa vision du réel. Une nouvelle œuvre paraît, révélation d'une vie supérieure. Sa victoire sur la matière s'affirme plus grande, sa personnalité plus puissante. De nouveau le public s'enthousiasme, la critique s'exerce, l'artiste est insatisfait.

Il en sera toujours ainsi : toujours il sera douloureux[1]. Peiner est sa loi. Son existence doit être tragique. Et ce n'est pas seulement de la détente brusque qui suit tout effort, et de la dépression que provoque tout acte créateur, qu'il lui faut souffrir, mais il est tiraillé sans merci. Le calme lui est interdit : il résulte de l'équilibre. Or, toujours placé entre ce qu'il est, ce qu'il réalise, et ce qu'il pourrait, voudrait être, il reste dans un déséquilibre perpétuel. Quoi d'étonnant dès lors qu'il soit nerveux, agité, excentrique, « sensible aux mouches » ! *Genus irritabile vatum*, disaient les anciens. Alors qu'il est sublime par ses sommets, il offre en plus d'un endroit des laideurs et des fanges !... Parfois même il confine à la folie, il y tombe !

---

ses contours, dans ses replis les plus intimes, et à la mieux rendre, et on fait œuvre d'écrivain. *Felix culpa*, dirons-nous, puisque c'est à elle que les peuples doivent leur littérature, et cet admirable trésor, sans cesse accru, des chefs-d'œuvre qui sont l'éternel honneur de l'humanité. » Darmesteter. *La vie des mots*, p. 72.

[1] « Je ne connais *qu'un bien* ici-bas, c'est le beau ; et encore n'est-ce un bien que parce qu'il excite et avive nos désirs, non parce qu'il les comble et les satisfait. Ce n'est pas une pure distraction, une récréation facile que je cherche dans les arts et dans la nature. Dans tout ce qui me touche, je sens que *l'amour du beau est un amour sérieux, car c'est un amour qui fait souffrir*. La splendeur d'une soirée, le calme d'un paysage, un souffle du vent tiède du printemps qui me passe sur le visage, la divine pureté d'un front de madone, une tête grecque, un chant, que tout cela m'emplit de souffrance ! Plus la beauté entrevue est grande, plus elle laisse l'âme inassouvie et pleine d'une image insaisissable ! » Tonnelé. Cité par Nicolas, *L'Art de croire*. I. p. 161.

Qui est en faute? La Beauté dévorerait-elle ses élus, et l'Art serait-il une « piperie »?... Ou bien, faudrait-il, pour pratiquer son culte, être un homme amoindri, un malade, un névrosé. Et ceux que l'humanité salue comme des révélateurs ne seraient-ils que des dupes?

.˙.

Médire du génie, ou parfois même le calomnier, cela peut être une consolation pour ceux qui n'en ont point. Que de vengeances inavouées, inconscientes, peuvent masquer les critiques en apparence les plus objectives. J'ai connu quelqu'un qui, dès sa jeunesse, se prit à haïr Dieu, parce qu'il était affligé d'un pied-bot! La véritable explication du génie artistique est d'ordre psychologique, et ne relève pas de la pathologie.

C'est de ce point de vue qu'il faut contempler le génie si l'on veut le comprendre.

Cet homme est non seulement en avance sur ses contemporains, mais si l'on peut dire, toujours *en avance sur lui-même*. Son dynamisme créateur s'accélère par son exercice. Il tend sans cesse à *se dépasser*. De la même manière que l'automobiliste se grise de vitesse, ainsi va-t-il, toujours chassé de sa personnalité précédente par le dynamisme nouveau que sa création vient de lui ajouter. Il paraît toujours tendu à l'extrême, et l'instant d'après sa puissance de propulsion s'accuse encore plus forte. Mais cet homme, qui va ainsi en vitesse et par des chemins d'ordinaire peu battus, cet homme doit se « détraquer ». Son organisme n'est pas adapté à ce qu'il lui impose. Il se surmène[1]. Son système est organisé pour le social, pour la moyenne, et il l'oblige à en

---

[1] « Les belles choses ne sont faites qu'à l'état de fièvre. » RENAN. Cité par ESTÈVE. *Impérialisme*, p. 80.

franchir sans cesse les limites, et sans mesure. Ainsi non seulement il paraît bizarre, parce qu'il n'entre pas dans le cadre ordinaire des gestes sociaux, des coutumes pratiques, mais il fait physiquement figure de dégénéré. Et c'est là que se révèle la critique superficielle et statique de la foule et de plus d'un savant. Au lieu de voir dans les déficiences organiques du génie un effet de sa tension intellectuelle et de son dynamisme créateur, elle y voit sa cause. Et tandis que le génie est une hyperconscience, il le considère comme une maladie. La maladie est l'envers du génie, sa rançon[1], l'insoumission pratique du corps à l'esprit, qui le maltraite et ne se préoccupe pas de ses besoins. L'artiste de génie ne finit mal que pour avoir abusé des dons de la nature. Elle l'avait créé délicat, plus sensible que le commun des hommes, capable de percevoir, dans le silence de l'amour, des révélations plus subtiles, et voilà qu'il s'absorbe tout entier dans l'exercice de sa volonté propre. Il ne sert plus : elle le punit. L'égoïsme est toujours anarchique : le mal, spontanément, sort de lui.

Tout génie qui dégénère a manqué de jugement et de cœur. Au lieu de s'irriter contre les autres et contre lui, il aurait dû se fortifier de ses mécontentements mêmes. Satisfait, il ne pouvait pas l'être[2]. Son acte créateur le rendait en effet supérieur à lui-même. Au moment précis où s'achevait son œuvre, elle n'était déjà plus lui. Vivant et dynamique, il se surpassait par sa création. Devenu autre, et se voyant tel, il était sans doute obligé de constater l'écart réel qui séparait l'œuvre de l'ouvrier. Mais alors pourquoi être

---

[1] Cf. Grasset, *Idées médicales*, p. 131.

[2] « Il avait le défaut des hautes intelligences, de n'être jamais satisfait de lui-même et *de rêver sans cesse pour ses idées une forme plus parfaite.* » A. Tonnelé. *Fragments. Préface*, p. 11.

triste ? Pourquoi se décourager, alors qu'il convient d'être joyeux et dilaté ? Son œuvre ne « le touche » plus, parce qu'il marche et vit en plénitude. Sa création, qui ne l'exprime plus tout entier, est la preuve tangible de sa correspondance à la grâce des choses. Il est mécontent : tant mieux[1]. Les satisfaits sont des insensibles et des pauvres. A celui qui a plus et affirme sa richesse, la nature donne davantage. Pas de dépit : il est dans le vrai. Son attitude est telle qu'il convient. Pas d'irritation non plus contre autrui. Qu'il se garde bien de l'accuser d'injustice. Les critiques qu'on lui jette, avec un sarcasme ou un sourire, ne l'effleurent plus. C'est son Moi antérieur qu'elles atteignent, mais il en est déjà loin. On s'acharne contre un fantôme. Souriez de ces gens qui n'ont pas le sens de la vie, et puis continuez à vivre ! Déroulez dans le temps votre intuition toujours plus riche et créatrice, et affermissez-vous à la fois dans la patience et dans l'amour : c'est à eux qu'est promise la victoire, dans la paix.

Pour n'entendre point cette voix de sagesse, le génie manque de cœur — et se perd. Ce n'est pas impunément que l'on substitue à l'amour sa passion. Tôt ou tard, elle exige des victimes sanglantes. Or, que fait donc l'artiste qui, oublieux des conditions de l'Art et de l'esprit qui le doit animer, érige son objet en absolu et se livre à lui sans partage. Parce qu'il s'aliène, son objet l'absorbe. Ce qu'il voulait de l'homme, c'était une collaboration libre, noble, supérieure et obéissante à la fois. La nature n'a pas assez de mépris pour quiconque n'a pas pour elle assez d'estime. *La folie, c'est l'ironie des choses* qui se vengent de l'impersonnalité

---

[1] « Tous nous subissons la domination du Beau à des degrés différents ; mais lorsqu'il nous arrive de lui demander son secret, nous le trouvons muet comme Dieu lui-même... refus plus fécond encore que ses dons, car *sans mystère pas d'effort génial.* » BRETON. *La Peinture*, p. 119.

offensante qu'on a osé leur proposer. Elles secouent de leurs sensations délirantes cet être falot qu'elles avaient doué à ravir et qui n'a pas su être un fort, résister à leurs caprices et les associer à sa domination virile ! Il fallait pour cela ne pas s'anéantir dans son rêve, s'abîmer dans l'intuition pure et perpétuelle. Le devoir, c'était de vivre sa vie d'homme, de se mêler à ses contemporains, de prendre conseil de l'expérience, de se donner aussi socialement, en faisant resplendir dans l'action la révélation de Beauté dont il était l'élu, en répandant sur les foules miséreuses et avides, les consolations, les trésors d'humanisante bonté dont il était le dispensateur.

Telle est bien l'attitude de l'artiste qui a l'intelligence de son Art. Il ne recherche pas l'extase, il ne la provoque pas. Son génie est calme. En pleine possession de lui-même, il attend d'être visité. L'inspiration est une grâce. Sans essayer de lui faire violence, il attend l'appel. Ceux qui usent de moyens factices, inavoués, pour aiguiser l'acuité de leur perception, et qui se placent, même momentanément, dans un état de déchéance morale, indigne de *la Personne*, se vouent aux punitions précoces ; ils seront « finis » avant l'heure. Pour lui, jamais il ne capitule devant sa conscience d'homme, sous le prétexte d'avoir des jouissances d'art. C'est contre l'ordre de la vérité.

Mais s'il attend, il se prépare et fortifie sans discontinuer sa vie intérieure, sa puissance de collaboration, sa personnalité. Jamais il n'est surpris. Dès que la Beauté l'invite à se mettre à l'œuvre, il répond. Plus le commerce est intime entre lui et les choses, plus la pression du dedans est forte, plus il s'efforce de se grandir. S'égalant sans cesse à son objet, il réalise en une vivante harmonie l'équilibre de sa vision et de son action, sur un plan unique, très haut. Plus il reçoit, plus il donne. Il voit et il agit, sans aucune solution de continuité. Dans un calme parfait, profondément ému toutefois, il travaille à égaler ses symboles à la réalité[1]. Tout à son métier, il est aussi tout aux choses. Inspiration et geste se fondent en un mouvement unique, souple, continu.

Parce qu'il vit dans *l'état* d'amour et qu'il ne perd pas un instant contact avec les choses, il n'a pour ainsi dire ni distraction, ni extase. Pour lui, l'inspiration « c'est de travailler tous les jours », à toute heure. Son génie est une « longue patience », mais aussi une latente suggestion. La grâce habituelle des choses, avec lesquelles il vit sans discontinuer, prépare leur grâce actuelle. Il crée, puissamment et longuement, parce qu'il « pense toujours » à la présence qui l'anime, qui l'excite au labeur, et le soutient avec une fidélité plus grande encore que celle qu'il apporte à la servir.

Par cette attitude vivante l'artiste vrai est à l'abri des dépressions, des découragements. Instruit par l'expérience et sa réflexion, il a le sens du relatif. L'écart est nécessaire entre l'action et la pensée. Aucune création ne réalise l'absolu. Un résidu s'impose : la matière ne sera jamais totalement spiritualisée. Toute pénétration de l'esprit rencontre un minimum d'obstacles. Il faut le savoir : ainsi le veut l'humaine condition.

L'artiste vrai mesure ce déchet et l'accepte comme l'inévitable. Sans illusion, il s'applique à donner à son symbole le maximum de valeur, à le rendre aussi capable que possible de traduire sa vie intérieure, sa vivante vision. Puis, loin de se laisser abattre par l'insuccès relatif et nécessaire de sa

---

[1] « Pour beaucoup de prétentieux imbéciles, le mépris de la forme est une marque du génie. Bien qu'elle ne doive jamais s'étaler, *ni figer l'expression*, la forme n'en est pas moins la base de toute œuvre durable... Ingres a dit : « Le dessin, c'est la probité de l'art. » Il avait raison, c'est une vertu. » J. BRETON, *loc. cit.*, p. 62. Cf. aussi p. 68.

création, il en fait le moteur le plus puissant de sa vaillance active. Parce qu'il sait que son action, toujours analytique, n'exprimera jamais la totalité de sa vision intime, il produit lentement et sans discontinuer des œuvres où s'affirme un constant progrès, et qui font de lui un conducteur. Au lieu de s'abandonner et de suivre sa pente, il maintient dans son intégrité première son commerce d'amour avec la nature. Sans cesse en contact avec la vie, il en reçoit pour donner. Ainsi s'accumulent ses richesses. Loin de s'épuiser, il se consacre par sa durée même. Ceux qui meurent jeunes sont aimés des dieux, disait-on chez les anciens. Pour plus d'un artiste, vivre longtemps a été une des conditions de sa grandeur et de sa gloire.

L'homme de génie n'est pas fatalement un déséquilibré, ni l'Art authentique un rêve de malade. La Beauté est une communion mystique, révélatrice de *la Personne* et des choses, du Moi et de l'univers. Le génie ne devient détraqué que par sa méconnaissance des lois vitales. Il succombe sous son isolement.

Aussi bien lui importe-t-il de trouver autour de lui les secours nécessaires et les dévouements protecteurs. Par sa nature même et par destination, l'artiste a besoin plus qu'aucun autre, peut-être, de sympathies ardentes et sûres. La douleur le guette à chaque pas, au sein de la vie sociale. Son organisme subtil risque d'être heurté, faussé sans merci par les êtres, tout entiers à l'action, qu'il coudoie. Leurs rudesses peuvent le meurtrir, et changer en névropathie sa sensibilité nerveuse. Ceux qui l'aiment doivent l'entourer d'affection forte, comme d'une protection toujours présente. La noble mission qui incombe à son épouse, à ses amis !... Éviter les chocs, atténuer les contacts, lui donner le sens des réalités pratiques et actuelles, le défendre contre ses adversaires, le soutenir contre la critique¹, vivifier sans cesse son idéal, lui donner foi en sa puissance, modérer son ardeur fiévreuse, empêcher ses emportements, l'obliger à choisir, à se soucier plus de la qualité que du nombre des œuvres, le mettre en garde contre le verbalisme ou la platitude, le traiter parfois comme « un grand enfant », auquel il faut beaucoup pardonner pour le conduire et lui faire donner sa mesure : voilà ce que peut réaliser leur dévouement et leur sollicitude. Ils sont les gardiens nécessaires « du feu sacré » parmi les hommes.

Combien prennent conscience de ce rôle et le remplissent avec amour, je ne le saurais dire ! Mais il n'en est guère de plus noble. Et il n'est pas sans intérêt de constater que le génie, pour vivre dans la paix, en marge des mélancolies déprimantes et des désespoirs mortels, doit être comme étayé par la Bonté active et sacrifiée, terme suprême de la vie, de l'action. Il n'est point de grandeur isolée. Être servi, c'est encore dépendre. Le plus sublime génie ne se suffit pas. Et ses révélations, plus encore que son intuition même, restent relatives et limitées.

---

[1] « L'éloge de dix hommes de goût venge un auteur de l'indifférence de dix mille ignorants. Les chefs-d'œuvre n'ont rien à voir avec le suffrage universel. » JOUIN. *Maîtres Contemporains*, p. 53.

CHAPITRE XIX

L'ART

(*Suite*).

La Révélation artistique doit donc être tenue pour insuffisante. Idéaliste, naturaliste ou réaliste, l'Art ne peut dire le secret de l'être, il est incapable de répondre au *Pourquoi* que pose l'esprit, d'apporter au problème humain une solution satisfaisante.

Sans doute il affirme bien, comme la Science, que l'univers est mouvement et vie, qu'une force cachée réside au fond des choses, que la nature recèle un secret amour avec lequel nous pouvons communier et collaborer pour créer de la Beauté ; mais l'homme ne saurait, pour faire face aux exigences de l'action, se contenter de cette poésie trop peu consistante pour soutenir son effort.

La Personne humaine a le droit d'exiger de l'Art d'autres titres, avant de l'accepter comme son guide. Peut-il fournir à son activité une règle pratique, à sa conscience une loi, à son esprit des certitudes bien assises et permanentes ? Peut-il fonder une morale ?

Sans hésitation ni détour, il convient de répondre : non.

La morale a pour première assise l'idée de devoir. C'est un absolu, dominant toutes les contingences, et s'imposant à toute conscience comme la norme de son action. Elle introduit dans les faits le concept d'obligation. « Tu dois » est sa formule impérative et catégorique. Pas de discussion possible : ce qui est, est. La seule attitude qui convienne est l'obéissance. Quiconque ne s'y soumet pas, proteste et résiste, fait le mal. Il détruit l'harmonie nécessaire, l'unité vivante et bonne. C'est un mauvais.

Et je veux bien que l'Art soit un commerce d'amour, de l'homme avec la nature, et que l'artiste conçoive cet amour comme une nécessité et une loi à laquelle il ne peut se soustraire. Pas d'amour, pas d'inspiration, pas de vie artistique.

Mais ce devoir de sujétion et de service est trop particulier pour être *le* devoir. Celui-ci doit être universel, et valoir pour *toutes* les manifestations de l'activité humaine. L'Art n'est que l'une d'entre elles ; d'autres sont possibles. A quel titre assurer que l'amour doit en être la règle ? L'artiste le pressent, il le croit peut-être, il en est si l'on veut, personnellement certain ; mais il ne peut l'affirmer que comme une simple hypothèse, dont l'Art ne porte pas en lui-même la confirmation et la preuve. Généraliser, c'est sortir de l'Art.

Comment nous étonner d'ailleurs de cette incapacité à nous faire connaître la loi de la conscience, si nous nous rappelons que la révélation du devoir ne se peut produire que dans un échange d'amour *personnel* ?

Parce que l'homme est une activité libre, et qu'il se sent maître de son cœur, jamais il ne consentira à voir dans une loi abstraite, son supérieur *nécessaire*. Il se sait autre, et il proteste. Tout l'univers peut s'armer pour l'écraser. Du dedans il le domine de toute la hauteur de sa dignité morale et de sa volonté. Entre lui et cette inconscience brutale et malfaisante, il ne saurait exister de commune mesure. Sa noblesse foncière s'insurge contre cet anonymat extérieur. Aucun fait ne peut créer un droit contre lui, aucune obligation sortir de la puissance brute, fût-elle immense, infinie !

Or, les choses de l'Art apparaissent comme *impersonnelles*, essentiellement. Si elles sont autres en réalité, l'Art ne le révèle pas. Aussi bien la conscience humaine ne se sent point *liée* par ces choses muettes. Le commerce esthétique avec la nature n'est pas une nécessité. L'attitude artistique n'est pas contraignante. Nul ne doit obligatoirement en faire état dans le détail de son existence.

Pas plus que l'esprit du savant, le cœur de l'artiste ne saurait prétendre à se donner comme la mesure de toutes choses ! Vivre en Beauté ne s'impose donc pas. On peut négliger l'Art, sans cesser, à tout prendre, de faire figure d'homme. Toute une partie de l'humanité se tient en dehors des préoccupations esthétiques, sans pour cela être inférieure, privée de personnalité, dépourvue de grands sentiments. Et l'Art pourrait bien n'être que secondaire ! C'est un appoint, un secours, qu'il apporte à l'existence, mais il ne comporte rien d'absolu, d'inébranlable, sur quoi l'on puisse asseoir le concept d'obligation, le sentiment du devoir.

Et qu'on ne nous objecte pas que l'Art n'est pas seulement « l'homme ajouté à la nature », mais qu'il exprime aussi la société, et en un sens, l'Humanité toute entière !

La remarque est juste, mais l'objection est sans valeur. L'Humanité est *impersonnelle*, et à ce titre n'a aucune qualité pour me dicter mon devoir. La société ne peut pas le moins du monde lier ma conscience. Rappelons-nous nos premières analyses : le social sort de la conscience, il ne peut donc la fonder. Elle lui est antérieure. Sans doute il l'éclaire, la précise et pratiquement l'oriente. Mais l'intuition diffère de l'expérience, et c'est du dedans seul que la conscience entend recevoir sa loi, dans l'intimité vivante et personnelle de l'amour.

La société n'est d'ailleurs qu'une collectivité d'individus. Mais une addition ne change pas la mesure des êtres. Elle les juxtapose, tout simplement. L'individu en groupe n'est pas plus mon supérieur que l'individu isolé. La société peut me vaincre, non me convaincre. Si elle a quelque autorité pour me dire : « Tu dois », c'est uniquement sous la forme de lois sociales, tout orientées vers la pratique, les contingences de l'action, et dont ma conscience demeure toujours juge. Je ne leur dois obéissance que dans la mesure où elles ne blessent pas la justice, et ne s'opposent pas au devoir humain.

Supposons toutefois que la société puisse, au nom de l'Art, dicter le devoir et gouverner la conscience. Quel sera donc ce devoir? Il ne peut pas être abstrait : il le faut précis, réglant les rapports des hommes. C'est peu de dire : la loi est une loi d'amour. La vie exige du concret, des détails pratiques. Qui les exprimera, les codifiera, en surveillera l'exercice? Et puis encore, qui conférera au devoir la stabilité nécessaire? La société change, les intérêts et les caprices d'aujourd'hui ne seront plus ceux de demain !

L'artiste dites-vous sera le grand-prêtre, le juge, le législateur de cette société régénérée et belle[1] !... A quel titre? Est-ce parce qu'il est doté physiquement d'un organisme plus délicat, plus sensible, plus capable d'être ému et de répercuter les échos de l'univers ?... Mais si c'est une supériorité esthétique, c'est une infériorité sociale. Affirmer qu'il est supérieur aux autres est une pétition de principe. C'est ce dont il faudrait d'abord faire la preuve. On a assez vu qu'elle est impossible.

---

[1] « Je ne crois ni à ce que je touche, ni à ce que je vois, je ne crois qu'à ce que je ne vois pas et à ce que je sens », disait *Gustave Moreau*. Il croyait à *la mission* du poète, et se croyait cette mission.... C'était faire preuve de cet idéalisme romantique, qui est aujourd'hui si fort combattu, et qui avait pourtant sa grandeur. Le poète et l'artiste trouvaient alors en eux-mêmes des raisons de croire en la puissance de l'homme ; ils étaient des *prophètes, presque des dieux* ; ils pensaient accomplir les promesses du Christianisme et des religions antiques en fondant leur *messianisme littéraire.* » E. DE THUBERT, *L'Art de France*, 15 novembre 1913, p. 427.

Sera-ce parce qu'il est le prophète de la nature, le révélateur de la loi des choses?... Mais lors même que cette révélation ne serait pas incomplète, en quoi lui conférerait-elle une supériorité *de Personne*, et comment m'obligerait-elle à le prendre pour type de mon action?

Je vous donne encore raison : l'artiste sera le chef social. Mais dites-moi lequel. Les maîtres sont légion. Qui faudra-t-il suivre? Qui dictera la loi? Quelle forme d'art sera prédominante, et qui décidera des prétentions réciproques à la direction des consciences, au gouvernement de l'humanité?

Si l'Art peut fonder la morale, il doit être un agent de moralisation supérieur aux autres. C'est dans les rangs de ses adeptes que l'on trouvera sans doute les personnalités les plus hautes, les consciences les plus représentatives d'humanité, les types sur lesquels se modèlent les hommes et par qui s'opère le progrès individuel et social, au nom de l'amour et de la bonté. Or l'histoire nous oblige à reconnaître qu'à aucune époque les artistes, en tant que tels, ne furent pour les peuples des ouvriers de culture morale, des propagateurs d'idéal.

∴

L'artiste qui se réclame uniquement de l'Art, loin de se soucier de la morale, affiche à son endroit une indépendance plus ou moins absolue.

« L'attitude normale de l'homme dévoué à la Beauté, c'est l'attitude *naturelle*. Suivre la nature, telle est la formule humaine. Hors de là tout est vain, décoloré, morose, sans joie. Il n'y a de vrai que l'instinct vital. Vivre en Beauté est le dernier mot de la sagesse, la règle suprême. Et pour aller jusqu'au bout de notre logique, continuent les esthètes, il faut affirmer que toute morale, sociale ou religieuse, est préjugé, convention pure, simagrée, hypocrisie, selon les cas. De cette tare trop universelle, l'Art nous donne le droit, ou si vous aimez mieux, nous confère le privilège de nous libérer ».

C'est par ces théories séduisantes qu'on aborde trop aisément les esprits insuffisamment lestés, et que brutalement on les chavire. Nous avons vu déjà que l'attitude de sujétion totale à la nature est un mensonge, en même temps à la nature et à la Personne. Mais il convient d'insister davantage et de montrer quel égoïsme cynique et destructeur cachent ces étiquettes, au charlatanisme desquelles se laisse prendre le public naïf et crédule.

Vivre en Beauté ! Traduisez : « La sensation personnelle est la raison de tout, le Moi est la mesure de la vérité, l'unique norme de l'action. J'ai donc le droit de l'imposer partout, toujours, à tous. Mon plaisir est ma loi. Contredire, écarter, détruire ce qui s'oppose à sa libre expansion et lui fait obstacle, est pour moi un devoir. Tout artiste, dans quelque ordre d'idées que ce soit, est dans l'obligation de « vivre sa vie ». Dès que je me reconnais cette vocation supérieure, je suis l'élu de la nature et je suis par elle consacré Chef. Si les hommes ne veulent pas me reconnaître ce titre que je ne tiens pas d'eux, peu m'importe. Mon pouvoir créateur me fait leur maître. Par tous les moyens dont je dispose, je puis forcer leur ignorance ou leur mauvaise volonté à me servir. La plèbe est pour moi une simple matière d'expériences, l'occasion ménagée par les choses pour provoquer, renouveler les sensations dont je ferai de l'Art. Jouir de tout, de toute façon, sans tenir compte des conditions sociales factices et illusoires, par delà le bien et le mal, sans être influencé par les mots sonores et vides de famille, d'honneur, de conscience morale, tel est mon rôle nécessaire. La nature m'a produit pour être un réservoir de sensations inédites, rares, et pour les traduire en Beauté. »

Ceux qui observent savent que ces idées hantent plus d'un cerveau. Le *culte du Moi* est la seule attitude intelligible à bien des esprits. L'assassin tient à mourir en beauté sur l'échafaud, pour se donner une grandeur. L'apache sous prétexte de « vivre sa vie » n'est plus arrêté par aucun crime. L'esthète est moins sanguinaire : il ne tue pas par le couteau, mais il méprise et il détruit, moralement. Peut-être est-ce pire !... Son Art, tout frelaté, est mortel pour *la Personne*. Cet homme est un danger perpétuel, par la tyrannie inhumaine de son Moi. D'autant plus redoutable que la sottise ou l'intérêt, le snobisme ou les coteries, l'élèvent aujourd'hui au rang de demi-dieu. C'est une idole fragile sans doute, et qui demain sera rejetée, remplacée par une autre, mais elle a ses adorateurs fanatiques, égoïstes et malfaisants.

« *Moi* seul et c'est assez », dit l'esthète. Cela conduit loin, fort loin de l'humanité. *Qualis artifex pereo*, crie Néron touché par la mort : quel artiste disparaît avec moi ! De conscience et d'humanité, pas un éclair, pas une lueur, chez cet homme qui a gouverné des millions d'hommes et fait massacrer des multitudes !... *Qualis artifex :* L'Art est tout, et l'Art en fonction de Néron, sans plus !... Ainsi quinze siècles plus tard l'italien de la Renaissance se cultive en Beauté et se conduit en spadassin. L'esthète est antisocial[1].

---

[1] « Les Italiens étaient alors (XV⁰ siècle) très cultivés. Par un contraste extraordinaire, tandis que les façons sont devenues élégantes et les goûts délicats, les caractères et les cœurs sont restés féroces. Ces gens sont lettrés, connaisseurs, beaux diseurs, polis, hommes du monde, en même temps hommes d'armes, assassins et meurtriers. Ils font des actions de sauvage et des raisonnements de gens civilisés ; ce sont des loups intelligents. » — « Benvenuto Cellini peut être considéré comme un abrégé en haut relief des passions violentes, des vies hasardeuses, des riches et *dangereuses* facultés qui ont fait la Renaissance en Italie et qui, *en ravageant la société*, ont produit les arts. » TAINE, *Philosophie de l'Art*, t. I, p. 210.

Cependant, me direz-vous, tous les artistes ne sont point des esthètes et les plus grands d'entre eux n'ont jamais professé cette indifférence égoïste et démoralisante. Combien s'offrent aux hommes comme de vivants exemples de générosité, de noblesse, de dévouement !...

Nul ne songe à nier cette consolante évidence. Aussi bien si le nom d'artiste était toujours synonyme d'esthétisme, et si l'Art devait logiquement et nécessairement conduire à négliger la conscience et la morale, il deviendrait malgré tout peu sympathique. La logique de l'esthète ne paraît conséquente que parce qu'elle est toute formelle. Il fait de la Beauté et de la Personne *des choses* mortes et sans influence réciproque. S'ignorant d'abord, elles finissent par se combattre. Mais la réalité est toute différente. Son égoïsme, qui la mutile et l'ignore pour son propre compte, ne l'anéantit pas. Et ceux qui savent concilier à la fois les exigences de l'Art et celles du Moi sont dans la vérité du dynamisme humain.

Sans doute plusieurs d'entre eux vivifient-ils leur Art au contact de pensées supérieures et qui lui sont étrangères. Ce n'est pas le lieu de l'examiner ici. Constatons seulement que l'Art vrai est tout à fait incapable de fournir à la conscience la notion de devoir et d'établir entre les êtres, relativement à cet absolu, une échelle de valeurs morales.

Mais si l'Art est impuissant à donner à *la Personne* un idéal-loi, ne pourrait-il point lui fournir, en certains cas, un idéal moteur d'action, influer sur la conduite et le caractère avec une efficacité heureuse ?

. .

Quelle que soit la définition du caractère que l'on accepte, il signifie toujours *la Personne* orientée vers l'action[1]. Il

---

« Je nomme caractère... la manière d'être habituelle, constante, profonde, fondamentale, mieux que cela, *l'avoir*,... ce que l'on recèle

est fonction sociale, et règle des rapports. Par lui s'exprime le Moi au sein de l'expérience. Notre puissance d'action et de réaction se manifeste par son geste. Ce que nous valons par rapport au tout, pour le vivifier, l'humaniser, le pousser vers son terme, est révélé dans la conduite qu'il nous fait tenir. Le bon caractère est une harmonie, un centre d'attirance créatrice ; le mauvais caractère est une dissonance, un déséquilibre, un perturbateur du bien, de l'ordre, de la vérité.

La conscience, c'est *la Personne* idéale, vivant au dedans de l'expérience, contemplative, dans la durée, de ce qui est éternel, raison dernière, loi nécessaire ; le caractère, c'est *la Personne* ramenée aux conditions du temps, de l'action, du concret, et faisant pénétrer l'esprit dans la matière, la liberté dans l'inertie, pour la façonner en vérité humaine et belle.

Le lien est trop étroit entre la conscience et le caractère pour que leur influence réciproque ne soit pas considérable. La conscience aime le devoir, et celui-ci descend comme une grâce sur la liberté qu'il pénètre, et à laquelle il confère une puissance dans la mesure même où il est reçu. Autour de l'idéal que lui fournit sa conscience, *la Personne* cristallise tout le concret qui lui vient de l'action. Bien plus, elle l'y plonge, l'y vivifie, l'y transforme en lumière vivante. Pensées, sentiments, désirs, relations, deviennent identiques à l'idéal intérieur et participent à son intime

---

en soi implicitement, en puissance, virtuellement, avec une incessante tendance à le produire au dehors : une sorte de source intime, de ressource ou de fonds, ce que l'on *est*, par acquisition et par nature. » OLLÉ-LAPRUNE. *La Philosophie*, p. 340. — « Le caractère, c'est à la fois le courage, la persévérance, la loyauté, la fermeté, le sérieux de la vie... On peut avoir de la peine à définir le mot, mais on sent chez l'homme qui l'emploie la *puissance* d'un *principe supérieur*, quelque chose de grand et de haut qui domine la pensée. » P. DE ROUZIERS (Cité par BUREAU. *La Crise morale*, p. 372.

vertu[1]. Ainsi l'on voit la matière du cierge appelée par la flamme, monter peu à peu, lentement, être absorbée, devenir rayonnante, projeter autour d'elle les mille vibrations qui animent les choses et les font resplendir.

L'idéal de l'artiste est un idéal personnel. L'émotion esthétique lui a révélé la Beauté comme un amour. Il en fait une Personne[2]. A vrai dire il n'en pouvait être autrement. Tout amour est le fait d'une individualité qui se communique et se fait partager. Son attitude, qui paraît de prime abord un mysticisme imaginatif, est un hommage pur et simple à la vérité. La vie lui vient de cet objet invisible, mais réel. Le confesser est justice, lui attribuer son authentique caractère est une exigence de sincérité. Puisque rien pour lui n'est supérieur à *la Personne*, en reconnaissant comme telle la Beauté, il prend à son égard l'attitude la plus nette et la plus digne à la fois de l'amour dont il est comblé.

Pour une bonne part c'est donc son cœur qui, pour l'artiste, crée son objet. C'est la puissance de son sentiment qui le maintient actif. Sa foi à la Beauté attire sa grâce. Mais en même temps elle en manifeste et en fait sensiblement toucher les limites. Plus il croit, plus il demande, et plus son objet doit s'avouer impuissant. La liberté qu'il confère à l'artiste ne le grandit pas sans mesure ; sa collaboration est réduite à un point : les choses de l'Art. Hors de là, c'est le

---

[1] « La réalité, l'humanité n'est pas détruite, mais conservée, embellie, agrandie, c'est *tout le but*, c'est *toute la théorie* de l'art. » A. TONNELÉ. *Fragments*, p. 309. — « Le grand artiste puise toujours dans la réalité et *la transfigure.* » *Ibid.*, p. 322.

[2] « La France avait des annales, et non point une histoire... Nul ne l'avait encore embrassée du regard dans l'unité vivante des éléments naturels et géographiques qui l'ont constituée. *Le premier je la vis comme une âme et une personne.* » MICHELET. *Hist. de France.* Préface de 1869.

néant. L'homme ne vit pas seulement de Beauté. L'expérience a des exigences plus vastes. Et l'artiste qui n'a d'autre croyance que celle de son Art, est à chaque instant heurté, meurtri, impuissant à réagir. Parce que son idéal n'est pas absolu, il ne peut faire face à tout, dominer tout le concret, l'absorber et le réduire à sa loi lumineuse. La douleur, la contradiction... accusent les déficiences de l'Art. Même pour l'artiste créateur, il est incapable de l'établir dans le calme, la sérénité, l'unité de la vie et de l'action [1].

Pour le commun des hommes la relativité de son pouvoir direct s'accuse bien davantage encore. Le spectateur du plus authentique chef-d'œuvre ne communie pas, ainsi que son créateur, à la Beauté personnelle ; son Moi ne s'exalte pas avec la même intensité. Il sympathise avec l'artiste, c'est vrai, mais il n'est pas avec lui en contact direct, vivant, révélateur. Sa contemplation, pour sympathique qu'elle puisse être, manque de vibration profonde. L'œuvre d'art le touche, mais n'exerce pas sur lui d'emprise impérative. Il n'est pas éduqué, porté en haut, avec l'ordre intime d'accomplir l'effort nécessaire pour demeurer et agir sur ce nouveau plan.

Veut-on d'ailleurs une preuve bien frappante de cette incapacité de l'Art à faire l'éducation du caractère, qu'on regarde les conquérants dont les hauts faits sont consignés dans l'histoire des peuples. A toutes les époques on les voit surgir puissants, dominateurs, préoccupés de pétrir sous

---

[1] « Quand j'avais éprouvé l'émotion du beau, en lisant, en regardant, en écoutant, par un arrangement de mots, de sons, de lignes, de couleurs, par une splendide enveloppe revêtant un minimum de pensées, le plaisir avait pu être vif, mais il était inefficace, rapide, et, aussitôt évanoui, il me laissait de nouveau abandonné pour ainsi dire à moi-même ; je songeais à ces narcotiques qui endorment, mais pour un moment, les souffrances et les peines. » H. BERR, cité par FONSEGRIVE. *Le Catholicisme*, p. 305.

leurs mains victorieuses la matière humaine, comme le potier façonne son argile et lui donne la forme de son rêve. Ces hommes, dans l'opinion commune sont de purs réalistes, s'intéressant aux seules contingences, et pour lesquels tout ce qui touche à l'Art est le moindre souci. Or, c'est tout autrement qu'il faut les voir. Examinez-les jusqu'au fond : ce sont des visionnaires[1]. Une image les hante nuit et jour, les obsède, et ils n'auront aucune cesse qu'ils n'aient, sur elle, modelé les hommes et les choses. Artistes, plus que personne. Leur matière diffère, voilà tout. En qualité, en quantité, elle est immense. L'univers est leur atelier. Par la volonté qu'ils déploient, l'énergie dont ils font preuve à chaque moment de leur action, ils étonnent, stupéfient. Ce sont des forces, des puissances. Sont-ils des caractères ? Non. Le caractère est ouvrier d'humanité. Il sort de l'égoïsme pour s'achever dans la Bonté. Les conquérants, eux, s'absorbent dans leur Art. Et parce que celui-ci ne peut se suffire, ils en meurent. Faute d'avoir compris que l'Art n'est rien par lui-même pour « éduquer » l'homme, le maintenir dans la ligne de la Bonté, le faire monter vers plus de justice et plus d'amour, ils oublient les droits de la conscience. La leur, ils ne l'écoutent plus; celle de l'humanité, ils l'ignorent. Et leur folie créatrice s'achève dans la ruine. Ces prétendus réalistes ont manqué du sens de la vie. La réalité ne se fait souple et belle sous les mains de l'artiste que s'il l'a pénétrée d'âme, s'il a fait passer en elle sa *Personne* toute vibrante d'humanité.

Aussi bien, toute éducation se fait de façon vivante, d'âme à âme, d'individu à individu. Le maître n'a d'action efficace que par la communication lumineuse et réchauffante de son Moi. Sa vie s'insinue, pénètre, soulève, et se fait du dedans accepter. Lors même qu'il est absent, son souvenir opère

---

[1] Cf. MARGERIE. *Taine*, p. 426. — DRAGHICESCO. *L'Idéal créateur*, p. 426.

l'union nécessaire et agissante. Il prolonge son emprise et la fait revivre. Parce qu'aimé, il reste intérieur. Son influence est toujours immédiate, parce que l'âme de son dirigé le porte, et l'associe, invisiblement, à toute son action. Son souvenir est un langage vivant, une présence, un moteur personnel. Il soulève son fidèle sujet jusqu'à la hauteur de l'idéal qu'il lui a une fois révélé, et sincèrement fait aimer.

*
* *

Ni la conscience, ni le caractère ne relevant de l'Art, il semble donc destiné à demeurer sans influence appréciable dans la formation de *la Personne*. Ne nous en tenons pas aux apparences. Si son action directe est nulle, — au sens que nous venons de dire, — sa puissance de suggestion et d'émotivité est telle, qu'elle peut faire de lui le plus redoutable instrument de culture humaine ou de destruction.

L'Art est essentiellement image, et non point quelconque, mais vivante, chargée de dynamisme et de rayonnement. Ce n'est pas une figure schématique, symbole vide de réalité, géométrique, inerte et intéressant l'intellect tout seul. *Chose*, par le dehors, matière sensible, fixée en un point de l'espace et du temps, l'œuvre du génie est *âme*, durée, mouvement. Elle vit, elle tressaille. Tous les yeux n'aperçoivent pas son geste, toutes les oreilles n'entendent pas sa voix. Et cependant elle agit, elle parle, elle émeut. En sa présence un amour s'éveille au cœur de ceux qui l'approchent avec les dispositions convenables. Vers elle, ils se sentent doucement, invinciblement attirés. Cette image les envahit. A ce contact intérieur, tout leur Moi se modifie soudain[1]. Il se

---

[1] « Tout ce qui glisse sur l'être sans le pénétrer, tout ce qui le laisse froid (suivant l'expression vulgaire et forte) c'est-à-dire tout ce qui n'atteint pas jusqu'à la vie même, demeure étranger au beau. Le but le plus haut de l'art, c'est encore, en somme, de *faire battre le cœur*

trouble, s'agite et se réorganise. La nouvelle venue opère une révolution. Ainsi, dans un étang tranquille, tout ce qui est vivant se porte d'un élan spontané vers le rayon de soleil qui vient subitement traverser ses eaux. Convergence, animation de toutes les vitalités, lumière : l'image de Beauté produit tout cela. Pour un moment *la Personne* lui appartient. C'est autour d'elle que s'organise et se meut tout le donné humain. Elle appelle de l'inconscient mille forces, invisibles pour l'ordinaire, et qui, dans la splendeur dont elle les baigne, se révèlent et revêtent un éclat. Rien n'est plus à sa place coutumière, dès qu'elle se montre. Tous les plans sont transformés. Parce qu'elle suscite, évoque, aspire la vie profonde, les relations ordinaires des facultés sont bouleversées. Adieu la logique, les conventions sociales, les cadres reçus. L'être devient avant tout sentiment, amour et vie. Rentrant en lui-même il s'individualise à outrance, se concentre, ramasse ses énergies, prend conscience de ce qu'il pourrait faire, échappe à l'emprise sociale, à l'émiettement.

Ajoutez que cette image peut être toujours à portée, exercer en permanence son sortilège, prolonger indéfiniment son emprise, et vous comprendrez que devenant à la fois obsédante, victorieuse, elle puisse absorber le Moi à son profit, faire de lui son sujet docile, l'obliger sans même qu'il s'en doute à répéter son geste, à reproduire ce que du dedans elle lui enseigne et lui commande.

En soi cette influence n'a rien de répréhensible. Si elle semble contredire la liberté et la réduire à l'état passif, la chose n'est qu'accidentelle. Cette appartenance, pour complète qu'elle paraisse, peut n'être que temporelle. A cette

---

humain, et, le cœur étant le centre même de la vie, l'art doit se trouver mêlé à toute l'existence morale ou matérielle de l'humanité. » GUYAU. *Problèmes d'Esthétique*, *Préface*, p. VIII.

autorité une autre se peut substituer, si elle émane d'un plus grand amour et apporte avec soi une vie plus vaste et plus profonde.

Disons davantage : elle est de sa nature même excellente. Car elle est une vision, une création d'unité.

L'individu, par suite de la division de travail et des spécialisations pratiquement nécessaires, perd de plus en plus la notion des liaisons vivantes, du concret, de la composition organique que comporte la vie. Plus de pensée, plus de société. Au dedans comme au dehors, tout est morcelé, émietté, réduit à un pointillé d'être. L'humanité est un sable mouvant où les individus, sans consistance ni cohésion, sont à la merci de tous les vents, de tous les agitateurs. Aucune personnalité n'est possible à ceux qui ne sont pas des vaillants, des héros, soucieux avant tout de sauvegarder l'intégrité d'une vie intérieure harmonieuse, et d'une expérience où la sympathie tient le premier rang et dicte la loi à l'égoïsme.

Or, à ce Moi fragmentaire, isolé, qui, dans tout le cours ordinaire de la vie suit la ligne du moindre effort et se porte d'instinct vers le joli, vers l'inférieur, le détail, cette emprise du Beau apporte une révélation nouvelle ; elle lui fait opérer une ascension.

La vision de l'œuvre de Beauté est libératrice. Cette chose unique, ce point, est un ensemble, un tout, un organisme. Dans la synthèse à notre portée qu'elle nous présente et qui nous émeut, elle nous apprend d'abord à composer notre vie, à introduire notre liberté au sein du mécanisme, à n'accepter pas d'être la proie des événements, des choses. « Mets de l'ordre dans ton action, et tu seras supérieur à la matière ; harmonise ta vie sous la dictée de ta conscience, de ton âme éclairée, liée à toutes les traditions légitimes, fidèle à tous les sains désirs, tu deviendras quelqu'un. Crée dans l'effort et dans l'amour, et tu t'épanouiras en Beauté humaine ». Telle est la leçon de l'œuvre d'Art.

Qui sait l'entendre et y répond, grandit, monte, devient peu à peu capable de comprendre le sublime, cette *synthèse supérieure du réel*, qui dépasse nos moyens ordinaires et pour laquelle le génie trouve d'instinct une forme adéquate. Il entre en communication plus complète avec la totalité des choses. Son horizon du réel s'étend, l'unité des êtres lui apparaît progressive, les contradictions d'en bas se dissipent, il dilate son Moi sans mesure et le rend à la fois plus social... Et par delà l'univers qui se manifeste à lui comme une immense et vivante unité, son regard cherche à distinguer le moteur génial, infini, de cette indicible Beauté. Son cœur, tout d'un élan, monte jusqu'au sein même de l'Etre et prend sans effort l'attitude de l'adoration.

Tout homme qui aime l'Art avec sincérité s'engage sur le chemin de l'absolu. S'il marche dans sa droiture originelle, au terme de son ascension il verra haut et loin. Puis en redescendant des sommets il parlera aux hommes un langage nouveau : et ce sera une métaphysique.

Aussi bien l'artiste peut-il faire entendre d'autres accents. Par cela seul qu'il est un écho d'âme, l'Art est essentiellement *qualité*. Il participe à la conscience ; il la révèle. Hélas ! il lui arrive aussi de la trahir. Le geste qu'il exprime en permanence peut être une insulte, une impudeur, une provocation. Ainsi rencontre-t-on parfois sur sa route des êtres dont les dehors ont toutes les apparences de la Beauté vivante, de l'humaine bonté. On marche à leur hauteur avec une joie secrète de se sentir enveloppé de leur rayonnement. Leur voisinage seul semble une protection. Et tout-à-coup une parole tombée de leurs lèvres menteuses fait la lumière, ouvre l'abîme et révèle le fond d'animalité lubrique qui se cachait sous ces voiles de mort. Et l'on passe, avec une fierté émue, un peu honteux d'avoir été dupe, heureux quand même d'avoir échappé au danger, de se sentir supérieur à cette fange.

L'Art n'est donc pas un maître éducateur: il manque de principes propres, et il n'a pas, à vrai dire, d'autorité. Celle-ci n'appartient qu'à *la Personne*. Mais l'intensité même de son pouvoir de suggestion peut faire de lui un admirable et puissant auxiliaire. Aussi bien, il s'impose à toute doctrine qui entend se rendre populaire, à tout groupement qui aspire à devenir société.

L'idée pure est inaccessible à la foule. Plus une pensée est haute, moins elle deviendra le partage du nombre. L'attitude d'intériorité est difficile à des êtres tout en surface, pour lesquels la sensation est l'explication unique de l'être et de la vie. Pour être comprise et aimée, une doctrine doit se faire concrète, entrer dans les formes coutumières de l'existence commune, s'humaniser. Par le cœur à l'esprit, du sentiment à la raison: telle doit être sa devise. Il faut qu'elle devienne peuple, sans cesser de rester idéale. Problème délicat, on le devine, qu'une pareille union. Or l'Art la peut réaliser, nous l'avons vu, à condition que ses prophètes aient autant d'âme que de goût, de métier que de pensée. Par eux, l'immatériel prend un corps, il parle, il attire, il soulève, et la foule voit s'ouvrir devant elle des horizons de rêve, des visions poétiques qui l'arrachent à la matière, la mettent en contact avec un monde nouveau, suscitent en elle des désirs meilleurs, rendent plus humaine sa volonté, moins rude et moins égoïste son action. La Pensée, par l'image, s'est insinuée vivante dans l'âme populaire. Hier encore étrangère et distante, elle agit maintenant par sa Beauté qui, du dedans, par l'émotion qu'elle provoque, la prouve à ces simples mieux que par tous les raisonnements.

Par un phénomène inverse en apparence, l'Art qui concrétise la doctrine, spiritualise le groupe. Il en extrait l'essence, il lui façonne une âme. Toute réunion d'hommes n'est pas en effet nécessairement organique. La cohésion de ses parties, leur liaison intime ne s'opère que peu à peu. Que de tâtonnements, de recommencements et de reculs, avant de parvenir à l'unité. Longtemps l'intérêt seul rapproche les individus. Mais quoi de plus transitoire, de plus contradictoire aussi. Les luttes intestines, incessantes, la guerre civile à l'état endémique, montrent aux moins clairvoyants que ce corps n'a pas d'âme. Dès que l'Art paraît, il commence à opérer des transformations. Il crée des points de convergence. Les individus, par lui, apprennent à penser, à sentir, de semblable façon. Une émotion identique les relie au sein d'une même vision, d'une même lumière. Leur action s'oriente dans un sens unique et leur effort se multiplie. Ils prennent conscience de leur puissance ; leur volonté de vivre s'accroît. Insensiblement, parce que sur un point ils parlent le même langage, communient dans une même admiration, ils se comprennent mieux, cessent de demeurer juxtaposés, se pénètrent mutuellement, se sentent aussi solidaires dans tout le détail de la vie. La sympathie devient plus facile, les mœurs se font plus polies, les relations plus douces. L'individualisme est moins jaloux de ses droits, parce qu'il prend conscience de ses devoirs.

Ainsi l'Art apparaît comme un facteur essentiel de sociabilité. Plus et mieux que les guerres il crée les nations ; puis il les rend fortes, unies, capables de durer. Et tout gouvernement qui se soucie du peuple et entend lui préparer un avenir meilleur, doit apporter la plus grande attention à l'éducation artistique de l'enfant et de la multitude. L'Art a sa place à l'école et dans la vie nationale. Des fêtes de Beauté susceptibles d'harmoniser les masses, de les faire vibrer dans l'unité, de les faire s'enthousiasmer pour les grandes idées de patrie, d'honneur, de dévouement, d'héroïsme, de famille, de fraternité, de justice, de pareilles fêtes seraient éducatrices et faciliteraient sans mesure la cordialité des rapports sociaux. A condition toutefois de rester humain et respectueux des droits de la conscience, fidèle aux traditions légitimes, le culte de l'Art peut devenir un auxiliaire puissant de la conscience, du devoir, du caractère. C'est l'Art qui, en un sens, ouvre les voies à la raison et « socialise » *la Personne*. Si l'imagination a toujours été « le premier maître » de la raison, comme l'affirme Chateaubriand, peut-être se pourrait-il qu'elle en fût aussi le dernier. Les artistes l'affirment. Certains savants de nos jours l'avouent déjà comme en sourdine.

Mais comment pourrions-nous oublier d'autre part que, souvent, il accorde trop à l'intuition pure, au rêve, à l'émotion passive? Comment ne pas se rappeler dans quelle dépendance de leurs égoïsmes ou de leurs intérêts il laisse les individus? Comment ne pas remarquer que la raison accuse trop souvent l'imagination d'être une « maîtresse d'erreur », de livrer trop *la Personne* à la mobilité de ses impressions et de la jeter en marge de la vie commune, par les excentricités qu'elle provoque, les bizarreries qu'elle entretient? Passion par en bas chez les incultes, dilettantisme par en haut, chez les gens cultivés, infligent à l'Art des démentis cruels. Ce dieu dévore ses propres enfants et leur arrache fréquemment des cris de douleur misérable[1].

---

[1] « Quel serait à un moment donné le désespoir de l'homme... s'il croyait que l'art se suffît à lui-même, et suffît à la soif intérieure de son âme!.. Qu'on se rappelle les larmes versées par Heine aux pieds de la Vénus de Milo, le jour où il s'aperçut pour la première fois qu'il avait besoin de s'appuyer sur quelque chose de plus fort et de plus haut que lui; où cette âme d'artiste, cette nature si profondément esthétique, ressentit amèrement l'insuffisance de cet art qui avait été toute sa religion, et vit tomber ce *beau humain*, qu'il avait entouré d'un culte ardent et unique. » A. Tonnelé, *Fragments*, p. 157.

Mais il n'est peut être pas d'exemple plus poignant que celui de *Michel-Ange*, ce prodigieux artiste. « Rien ne lui est un sujet de joie,

Convient-il donc de lui faire pour l'avenir, un crédit illimité ? Ne serait-il pas préférable de le voir disparaître et de confier à la raison seule, éclairée, affermie par la Science, la direction des destinées futures de l'humanité ?...

---

pas même son travail qu'il accomplit en forçat. Il en est ainsi jusqu'au bout, jusqu'à ce qu'il abdique enfin, vaincu, *pleurant une vie inutilement sacrifiée à l'idole de l'art*, déçu de voir tous ses rêves irréalisés. Il est alors entouré par de nombreux élèves d'un culte passionné qui va jusqu'à l'idolâtrie, et les princes le traitent comme leur égal. Mais il est trop tard, et il meurt à quatre-vingt-neuf ans, appelant la Mort qui le délivrera de la Vie, *reniant tout de celle-ci, même l'art* « dans l'amour divin qui pour nous prendre ouvre ses bras sur la croix. » ABEL FABRE. *Pages d'Art Chrétien*, 2ᵉ série, p. 55. — Cf. BRETON, *loc. cit.*, p. 12, 79.

CHAPITRE XX

L'ART

(*Suite*).

On l'a soutenu. Et comme les opinions les plus extrêmes trouvent toujours de chauds partisans, on a affirmé avec assurance : ceci tuera cela¹. Or, l'exagération est manifeste.

L'Art en effet n'est pas un mensonge. Ou plutôt, il ne trompe que ceux qui voient en lui une divinité. Du moment que vous en exigez trop, il ne peut point contenter vos désirs. De toutes parts il est limité, et vous en faites un absolu !... Nécessairement, alors, il ne peut s'égaler à vos rêves. Mais la même aventure est arrivée à la Science, il ne faudrait pas l'oublier.

Il ne convient donc, ni d'opposer radicalement la Science et l'Art, ni de les absorber l'un dans l'autre². Au même titre que l'intuition et la raison, il faut les considérer comme deux démarches de *la Personne*, différentes et légitimes.

---

¹ Cf. GUYAU. *Problèmes d'Esthétique*.

² Ils n'ont rien d'incompatible : les Vinci, les Michel-Ange... etc., les grands artistes de la Renaissance.

« Dites bien à ses lecteurs que, s'ils veulent l'entendre, il faut qu'ils sachent qu'ils ont la bonne fortune de se trouver en présence d'un être double, à la fois artiste et savant. Vous leur rappellerez que Claude Bernard avait écrit des tragédies, qu'il y a renoncé pour faire de la physiologie, et que toute sa vie il a rêvé de revenir à la littérature. Le cas de Bourget est-il si différent ? C'est un littérateur de premier rang, qui n'aurait eu qu'à suivre un penchant profond de son esprit pour devenir un grand savant. » DE RIVASSO, *L'Unité d'une Pensée* (Paris, Plon, 1914). *Préface de* M. BARRÈS, p. VII.

Si la Science est « une logique du réel, orientée vers la pratique et génératrice d'action », l'Art peut être tenu pour « une vision de la réalité, créatrice d'émotion humaine et désintéressée de l'action ».

En quoi cela constitue-t-il une contradiction, et autorise-t-il un exclusivisme ?

L'une fait sentir la vie, en donne une impression d'ensemble, et ramène le Moi au dedans ; l'autre le pousse au dehors et lui fait prendre contact avec l'extérieur, dans le détail.

Dans l'Art, l'activité de *la Personne* se concentre, devient contemplative ; dans la Science, elle s'épanouit, se fait discursive, fragmentée, pénétrante : elle fouille le réel jusque dans ses recoins les plus inaccessibles à la vision.

En l'œuvre d'Art, l'artiste exprime la forme vivante, dans les relations qu'elle soutient au moment précis où il l'a observée. C'est un moment fugitif de l'être qu'il traduit en Beauté. La Science abolit ces relations ; mais en schématisant le réel, elle entend bien ne pas le déformer. Tout au contraire c'est la vérité substantielle, permanente et absolue, des choses, que son ambition prétend atteindre.

Comment d'ailleurs la Science pourrait-elle jamais détruire l'Art, puisque tous deux ont une même origine : l'intuition. Si leurs voies paraissent divergentes, en réalité elles tendent au même but. Filles de la conscience et de *la Personne*, elles se dirigent, l'une à ciel ouvert, l'autre par des voies secrètes, vers ce terme unique, éminemment digne de leur effort : la Bonté créatrice, bienfaisante.

La Science que l'on peut opposer à l'Art c'est une Science morte, théorique, dont l'humanité jamais ne se contentera. Il faut que la Science s'intéresse aux individus. Son impassibilité n'est qu'un leurre. La vérité que veulent les hommes est une vérité vivante. Elle doit parler au cœur, s'intéresser à *la Personne*. Aucune raison pure n'aura jamais droit contre l'Art, esprit et vie.

Aussi bien l'industrie vient-elle corriger la Science formaliste, d'allures pédantes, en la socialisant. Elle l'oblige à s'humaniser, à se plonger dans le courant vital d'où elle était sortie par le libre effort du Moi.

La vérité scientifique, pointillé d'être, redevient liée, dynamique. Elle se prête avec souplesse aux besoins de la vie, avec laquelle elle reprend contact. Servir la société affirme aux yeux de tous sa qualité humaine. Et c'est ainsi qu'elle rejoint l'Art, se mêle à lui, emprunte son aide et lui apporte son secours.

L'analyse scientifique enrichit la vision. La conscience, l'intérieur, sont par elle agrandis, rendus plus puissants. Sans rien enlever à la beauté des ensembles, elle y ajoute la précision des détails, les apports incessants de l'expérience la plus minutieuse.

A son tour l'intuition inspire la raison. Au dedans elle lui découvre les besoins du Moi, ses désirs, auxquels il faudra, tôt ou tard, donner satisfaction par de nouvelles recherches au sein de la réalité ; au dehors, elle l'oriente, lui indique les directions nouvelles où elle devra porter ses investigations, son analyse. Elle est la lumière, qui d'en-haut, vient éclairer les choses, et grâce à laquelle l'œil du savant, pénétrant, exercé, fureteur, saura fouiller les moindres replis.

L'Art a une science latente qui se manifeste de plus en plus à l'analyse. Mais cette science est souple, ondoyante, tout comme *la Personne*, qui la sous-tend et qu'elle exprime au même titre que les choses.

La Science a besoin pour progresser, pour se parfaire, de voir, dans le fait même, les liens secrets qui le rattachent à l'ensemble du réel, de le considérer à la fois dans son isolement pour éviter les duperies, et dans ses relations pour échapper au pédantisme stérile, à l'immobilité mortelle de ceux qui ne soupçonnent rien au delà de leur étroit horizon, de leur naïf absolu[1].

Imaginer pour savoir, avancer et pressentir, essayer de hardis envols pour élargir sa vision et rendre sa marche plus rapide, se confier à son cœur et à son esprit, telle est l'attitude digne de *la Personne* et conforme à la vie. Ainsi dans la famille, l'individu trouve deux facteurs puissants qui concourent à le former. Le Père, c'est la Raison vivante. A ses nombreux enfants il commande, sans distinguer les individus. L'ordre est le même pour tous. Et c'est la vérité un peu sèche de la loi. Mais la Mère la concrétise, la nuance, la rend vivante, l'assouplit d'après les tempéraments divers. Et il se trouve que l'ordre a été ponctuellement exécuté, que la paix règne, que tout est bien, qu'on est heureux, encore que nul n'ait accompli quantitativement le même geste que son voisin.

L'intuition complète la raison, l'Art active la Science, après avoir été par celle-ci enrichie, éclairée. Plus la Science invente, plus elle *instruit* les hommes. Mais l'*éducation* de *la Personne*, son humanisation, est l'affaire de l'Art. A mesure que la Science multipliera ses découvertes, l'Art s'ingéniera à les rendre pratiques, à les faire servir pour le mieux-être de l'individu.

Interdépendance et service dans un même dévouement à *la Personne*, telle est donc en définitive la vraie formule de leurs rapports[2].

Par cette collaboration vivante et vivifiante, tous deux se

---

[1] L'Art est supérieur à la Science et la *commande* en quelque façon : « L'Art l'aidait en effet (A. Comte) à voir la Science *de plus haut* que ses études mathématiques ne l'avaient conduit jadis à la considérer. » RAVAISSON, p. 78.

[2] Loin de s'éliminer, ils tendront de plus en plus à une collaboration plus active. Cf. *L'Art de France,* avril 1914, p. 318, 319.

maintiennent en effet dans la ligne du mouvement vital et ascensionnel de l'amour.

L'Art rappelle à la Science avec quelle incroyable puissance les choses soumettent l'esprit à leur loi de Beauté, sans rapport direct avec l'action humaine. Ce dynamisme envahisseur, en dehors de toute mathématique et de toute formule scientifique, est cependant inférieur à la liberté de l'artiste, qui affirme sa maîtrise en pliant la matière à sa volonté, d'après sa vision personnelle. L'Art est un amour créateur et désintéressé.

La Science lui rappelle à son tour que l'esprit est aussi capable de dompter les choses, et de les assujettir aux exigences pratiques de *la Personne*. Autant que la volonté, la raison a des droits. Si le pouvoir d'expansion de l'amour est sans limite, l'intelligence a un pouvoir d'arrêt, d'immobilisation et de contrôle, qui ne lui est pas inférieur.

Si l'Art répond au besoin foncier de notre nature sensible, à notre désir incessant d'entretenir en nous l'émotion esthétique, de prendre une conscience plus intense, plus profonde et plus universelle à la fois de notre puissance personnelle et de la vie de notre Moi ; si les hommes vont d'instinct vers l'Art pour réaliser par lui leur rêve d'immortalité, de gloire, cela n'a pas lieu de nous étonner. Le Moi humain en son fond, est supérieur au temps, fixé si l'on peut dire, dans la durée. D'instinct il proteste contre toute limitation excessive de la raison, de l'expérience.

Mais il s'insurge seulement contre ses excès. Statique et dynamique doivent coexister. Leur harmonie intime est la condition même de la vie mesurée, ordonnée, à la portée de tous, sociale en un mot, où l'individu peut continuer son expérience, et sans rien perdre de sa spontanéité, de son élan, éduquer son Moi, se façonner une personnalité plus humaine et plus haute.

L'ordre dans la liberté, la liberté dans l'ordre. Interdépendance et service. Au terme, *la Personne*.

Ni la Science ni l'Art n'épuisent la réalité de l'esprit et des choses, du Moi et de l'extérieur. Ils n'en donnent pas l'expression adéquate, ne parlent point le langage de l'absolu. Aucun ne domine l'autre et n'en fait son sujet. Leur service doit être mutuel. Nulle prétention de leur part n'est légitime, si elle est exclusive.

La Science doit être bonne. Elle mérite de périr si elle manque à ce devoir, car elle fait faillite à la loi de la vie. L'utile doit s'inspirer du Beau et respecter ses exigences, mais sans consentir à sacrifier son caractère pratique, sans renoncer à ses qualités nécessaires de force et de solidité. L'ouvrier qui manque de goût est un manœuvre.

L'industrie devrait être artistique. Tout ce qui sort de l'atelier, à l'usage de l'homme, devrait offrir un cachet de Beauté, être lié à la vie, soulever l'âme, jeter sa note d'idéal dans l'existence de tous les jours. Jusqu'au moment où elle fera tout chanter dans la demeure du peuple, la Science, en dépit de ses géniales inventions, demeurera bien incomplète.

A son tour la Beauté, pour jouer dignement son rôle, doit recevoir les avis de la Science et tenir compte de ses acquisitions. L'inspiration ne dispense ni du métier, ni de l'expérience, ni du labeur de l'analyse. La contemplation a pour loi de se dégager de tout égoïsme, de faire vivre et agir le Moi en fonction de la raison, de la famille, de la société, de l'humanité tout entière. Tel est l'ordre de la vie harmonieuse, créatrice. Après avoir successivement examiné les diverses attitudes de l'activité humaine dans ses rapports avec le non-Moi — hommes et choses — cet ordre nous apparaît comme nécessaire. La raison et le cœur s'accordent en ce point.

Mais qui donc l'imposera comme une règle, lui donnera force de loi, l'élèvera au rang d'un devoir ?

Il faut que cet ordre soit stable, obligatoire, revêtu d'une autorité, accompagné d'une sanction.

A quel supérieur commun se référeront les disciplines humaines pour être sûres de n'empiéter point l'une sur l'autre, afin d'être fidèles au dynamisme foncier qui les porte à s'achever en humaine bonté, et d'échapper à l'absolutisme qui tour à tour les guette, pour leur malheur ?

En suivant sa pente, la Science dessèche, l'Art livre à la chimère, l'amour égare, la société nivelle et diminue. Qui donc empêchera cette glissade funeste ? Qui établira la conscience dans la lumière, et *la Personne* dans l'harmonieux équilibre si nécessaire à la vie ?

Serions-nous par nos analyses même acculés à une impasse ? Et tout notre effort aboutirait-il à nous convaincre qu'il est impossible d'aller plus avant ?......

CHAPITRE XXI

LE PROBLÈME RELIGIEUX

Au terme de notre enquête sur les formes de l'activité humaine, sur les attitudes que prend l'homme en face de l'extérieur, sur les tentatives de conciliation dans une harmonieuse et féconde unité opérées entre le Moi et les choses, nous voilà donc sans réponse au *Pourquoi* intérieur qui nous a été posé par la vie.

En vain l'expérience nous a successivement montré les phases de son développement, le cercle de ses opérations, nous n'avons pu y rencontrer la justification de cette magnifique efflorescence de l'Amour, de l'Art, de la Science et de la Société.

Toutes ces formes vivantes n'expliquent pas la vie.

Parce que la vie est permanence, durée, elle déborde le temps et l'espace dans lesquels elle se manifeste. Elle les domine. Elle est ce qu'elle est, avec constance, parce qu'elle est fidèle au principe intérieur qui l'anime, l'ordonne, est sa loi. Elle a une règle cachée d'action. Le *paraître* n'est pas un mouvement qui se produise d'aventure ; il a un vivant substratum[1], auquel vous pouvez donner le nom qu'il vous plaira, mais qui *est*, qui *doit* être, pour que les formes apparentes aient de la consistance, et ne soient pas les

---

[1] « Dans tous les cas il reste établi que les substances corporelles ont besoin d'un principe intérieur et constitutif. » FONSEGRIVE, *Les Livres et les idées*, p. 297. — Ce qui la caractérise (la substance) et la fait reconnaître, c'est qu'*elle agit*. Cf. RAVAISSON, p. 117. — Cf. supra, *note* de SECRÉTAN, p. 89.

vains fantômes de notre imagination en travail ou en délire.

Le devoir, la nécessité, l'obligation, sont au centre de tout. C'est vrai du monde physique et du monde moral. Ils fondent à la fois la Science et la conscience [1].

Si le savant ne peut dire à coup sûr : *il en doit être ainsi*, la Science se volatilise... Elle devient un rêve à recommencer chaque jour. Or, en fait, elle est tout autre chose.

Essayez de supprimer le petit mot *il faut* du vocabulaire de l'action, et l'anarchie fond sur la société [2]. Plus de rapports possibles : la barbarie, l'animalité règnent en maîtresses. Et c'est parce que toutes les consciences, plus ou moins fréquemment, selon leur degré de culture humaine [3], l'entendent prononcer au plus intime de leur être intérieur, que les hommes peuvent vivre en commun et se rendre quelques services, au lieu de s'entredévorer toujours.

Et rien ne servirait ici de faire intervenir l'instinct, de prétendre que la conscience est une acquisition de la race.

---

[1] « Il y a, dit Leibnitz de la géométrie partout et de la morale partout. » C'est-à-dire qu'il y a du géométrique jusque dans le moral et du moral jusque dans le géométrique... Si la géométrie est exclusive, dans son développement, de toute nécessité purement morale, néanmoins elle semble avoir pour premier fondement des principes d'harmonie qu'on doit peut-être concevoir comme l'expression sensible de l'absolue et infinie volonté. « On prétend disait Aristote, que les mathématiques n'ont absolument rien de commun avec l'idée du bien. L'ordre, la proportion, la symétrie, ne sont-ce pas de très grandes formes de beauté ? »... La nature n'est point, comme l'enseigne le matérialisme, toute géométrie, donc toute nécessité absolue ou fatalité. Il y entre du moral... Ce n'est pas tout : le moral y est le principal. » RAVAISSON. p. 252.

[2] Cf. OLLÉ-LAPRUNE, *Le Prix de la Vie*, p. 133.

[3] « Le devoir existe, et nous avons le pouvoir de l'accomplir ; ce sont là les deux notions sur lesquelles Kant voulait élever l'édifice entier de ses croyances. Ce sont aussi les bases que ne peuvent rejeter, malgré toutes les ruines amoncelées dans leur intelligence par la critique, beaucoup de nobles esprits. » FONSEGRIVE, *Les Livres et les idées*, p. 301.

Car il ne s'agit pas de reculer les bornes de la difficulté, mais de fournir une explication. Outre que l'on ne fait là qu'une hypothèse invérifiable, il restera, et toujours, à dire le « pourquoi » de cet instinct et de ses merveilleux effets chez l'homme, uniquement[1]. Et le problème ne pouvant jamais être abordé *que du dehors*, les solutions les plus ingénieuses qu'on en pourra donner relèveront toujours des théories, n'apporteront jamais de certitudes pleines.

Aucune des disciplines, dont est si justement fier par ailleurs l'esprit de l'homme, n'est capable de légitimer et d'asseoir cette idée nécessaire[2] et universelle de Devoir, d'obligation, de loi.

De la réflexion solitaire, qui fait suite à l'intuition vitale, aucune conclusion ne peut d'abord être tirée, parce que, en tant que telle, elle demeure hors de l'expérience, seule capable de l'authentiquer, de prouver, en la délimitant et précisant, sa valeur objective. Mais d'elle toutefois naît pour nous cette conviction, que viendra confirmer la vie, de l'insuffisance, soit de la sensation pure et du plaisir physique, soit du langage et des livres, pour nous donner la lumière désirée.

L'amour personnel, trop restreint et trop en dedans, la Science trop au dehors, l'Art trop intuitif, font successivement la preuve de notre radicale incapacité à soulever le voile de la vérité totale. Mais s'ils sont incapables de satisfaire notre besoin de connaître, d'aimer, d'agir, en sachant le « pourquoi » de notre activité, et comment elle s'insère dans l'amour et la vie universelle, du moins ils nous dé-

---

[1] « La majesté du devoir n'a rien à démêler avec les jouissances de la vie ; elle a sa loi propre ; elle a aussi son propre tribunal. » KANT, *Critique de la Raison pratique*, p. 269, traduction Barni.

[2] L'idée de Devoir est nécessaire à toute *doctrine de vie*, qui entend régler la vie. Cf. FONSEGRIVE. *Le Catholicisme*, p. 314.

couvrent avec une précision grandissante *et* notre dynamisme intérieur, *et* notre besoin d'autre chose. Bien loin de clore pour nous la recherche, ils *posent* le problème de la vie avec une instance progressive, de plus en plus aiguë, à mesure même qu'ils s'essaient à le résoudre, et y échouent.

Toutes ces démarches ont donc une très réelle et très haute valeur. Par le fait qu'elles nous révèlent une partie des richesses du Moi humain, et nous les font soupçonner infinies, — nous indiquant ainsi que nos puissances sont sans mesure, supérieures à l'expérience brute et à l'action sociale, — elles précisent la *méthode humaine* impliquée dans toutes nos investigations sur la vie, et qui s'impose à nous dans toute tentative de commerce nouveau avec l'extérieur, le non-soi, les choses, sous peine de la frapper de nullité.

Leur tort, ou mieux leur vice radical, qui suffit à réduire à néant leurs prétentions respectives, c'est qu'aucune d'elles n'est *normative, impérative* et *absolue.* Elles n'ont *pas d'autorité.* Ma liberté, par elles, n'est ni liée, ni contrainte.

La Science ne me dit pas : « *Tu dois* tenir compte de l'Art », et ne peut imposer à ma désobéissance une sanction quelconque. L'Art n'a point qualité pour me commander d'agir, de m'abstenir. L'amour personnel est aussi impuissant, si ma volonté se fait résistante. Ni l'un ni l'autre ne me domine comme un supérieur par qui, en qui, malgré que j'en aie, je dois reconnaître *la Loi universelle,* et pour moi morale, intérieure et extérieure à la fois, avec laquelle il me faut *nécessairement* être en harmonie d'amour pour me placer et demeurer dans la vérité intégrale.

Je puis me passer de Science, d'Art, ne point fonder de famille, sans que ma conscience d'homme soit inquiétée, atteinte dans ses forces vives. Mon expérience est appauvrie sans doute, de certaine façon, mais je ne me sens pas du tout, moralement, diminué. Mon dynamisme intérieur ne souffre de mon abstention aucun déchet. Je peux, sans passer par ces formes éphémères, m'épanouir en bonté, me socialiser, me plonger directement dans la vivante et humaine réalité.

Mais je ne puis pratiquer l'ordre inverse. Si je supprime en moi *la conscience*, si j'y détruis la moralité, je ruine de fond en comble ce qui me constitue *Personne humaine*. Ma vie sera stérile dans tous les domaines de l'action. Tous ceux qui furent grands le devinrent par un grand amour. Et celui-ci jaillit du fond le plus intime de la conscience, du Moi, de la vie intérieure.

Il suffit d'ouvrir l'histoire pour lire à chaque page qu'il y a d'autres principes de la socialisation du Moi que la famille, la Science et l'Art; pour reconnaître que la bonté, l'amour se peuvent alimenter à d'autres sources fécondes!... Les bienfaiteurs de l'humanité — il s'en faut — n'ont pas été exclusivement des savants ou des artistes. Les plus grands, les plus illustres, étaient socialement des sans-famille, et cependant ils avaient une vie intérieure si puissante, une fidélité si complète au dynamisme qui, du dedans, les portait à se dépenser, à se sacrifier, à se donner aux hommes, qu'ils demeurent aux yeux de tous les plus beaux exemplaires de l'humanité, ses maîtres incontestés dans sa marche vers la lumière et le progrès moral.

Et en présence de tous ces hommes de bien, de dévouement, de sacrifice, de tous ces simples, indifférents ou étrangers à toute préoccupation de Science ou d'Art, et qui s'épanouissent cependant en beauté supérieure, en vertu humanisante, en qui se réalise *cette harmonie de tout l'être* qui me paraît l'idéal à conquérir, je demeure hanté par la pensée de cet *autre* qui est pour tout homme un besoin vital, une nécessité, sans lequel le monde, la Science, l'Art, l'amour même demeurent inexpliqués, inconsistants, sans support dans la réalité, créations bizarres de la puissance humaine, d'où semble sortir une perpétuelle ironie de son effort toujours ininterrompu, mais sans vitalité apaisante, sans rayon directeur... Et je me prends à murmurer dans une angoisse mortelle, où il entre quelque effarement, comme Goethe à son moment suprême : « Plus de lumière... Plus de lumière ! » Car c'est trop peu pour moi de me mouvoir au milieu des formes qui sont, si je ne sais aussi *pourquoi* elles doivent être, et le dernier mot de leur existence et de ma destinée... Avec la Science, l'Art, l'Amour, je reste encore inachevé. Mon dynamisme intérieur, mon Moi le plus intime, aspire à des horizons plus vastes — de connaissance, de beauté, de bonté — et il soupire après Celui qui le portera sur les hauteurs, d'où il pourra, comme une nouvelle terre promise, les contempler dans le ravissement !...

« Prenez garde, va-t-on me dire ici, prenez garde, vous vous échappez déjà du réel !... Vous ouvrez une porte sur le domaine du rêve !... Ne quittez pas le terrain solide des faits, et résignez-vous virilement à ne pas aborder ce que vous appelez « le Problème ». Car il est radicalement insoluble, et cet *autre* que vos soupirs appellent, n'y fera jamais de réponse, pour la bonne raison, et péremptoire, qu'il n'a aucune réalité.

« L'idéal rêvé par vous est un mythe. Toute son existence est dans votre imagination, et il ne peut en avoir d'autre[1]. Hors de vous, il n'est rien. Faites-le vivre, enchantez-vous de vos chimères... Rien de mieux que cet art intérieur. Mais ne veuillez pas l'imposer aux choses concrètes, au monde de l'expérience et de la raison !

« Cultivez-le cependant avec le même soin que les anciens mettaient à honorer le dieu tutélaire du foyer. Réchauffez à son contact votre vie personnelle. Qu'il préside à vos pensées,

---

[1] Cf. RICARDOU. *L'Idéal*. DRAGHICESCO. *L'Idéal créateur*.

à vos sentiments, à vos actions ; qu'il les anime et les féconde. C'est en le vivant ainsi que vous le légitimez, que vous le placez hors du temps, de l'espace, que vous l'établissez dans l'éternel. Veillez bien surtout à n'en point faire une divinité jalouse, intransigeante, exclusive, car elle perdrait tout prestige et vous enlèverait toute joie.

« Sur la route morne où l'humanité s'engage à la poursuite de ses destinées incertaines, la nature, comme une mère attentive, a ménagé un petit sanctuaire qu'elle entretient avec un soin jaloux. Au moment où la pente s'accuse et où il va falloir redoubler d'efforts pour la gravir, les groupes humains qui se succèdent, irrésistiblement poussés par ceux qui marchent à leur suite, peuvent faire là un arrêt bref. Ils entrent, portant leur idole, comme autrefois nos ancêtres d'Orient dans leurs migrations lointaines. Une niche leur apparaît au fond, dans l'attente d'un dieu. Et ils ne doutent pas un instant qu'elle n'ait été ménagée pour le leur, pour lui seul. Ils l'y installent, font monter vers lui leurs adorations rapides et passionnées... Puis ils repartent avec des ardeurs de triomphe, profondément émus de ce muet hommage à leur idole, qui prend ainsi pour eux une grandeur nouvelle. Leur foi naïve ignore que, successivement, chacune des troupes en marche va opérer le même geste, accomplir le même rite, et repartir avec les mêmes convictions !... Ainsi s'en vont les hommes, à travers les siècles, emportant leurs divinités avec une tendresse filiale, et les plaçant tour à tour dans cette niche unique et solitaire qu'est la *catégorie de l'idéal*[1], la même pour tous, où elles

---

[1] « Seul, l'idéal est la réalité véritable, tout le reste n'a de l'être que l'apparence », affirme Renan (RAVAISSON, p. 103). Mais ne nous y laissons pas prendre : tous les idéaux se valent !... Ainsi si son idéal est pour chacun *son* motif de vivre, il convient de voir quelle est sa qualité, sa valeur d'humanisation. Et nous voilà nécessairement ramenés de l'intuition à l'expérience.

resplendissent et prennent plus de vie, éveillant des amours plus vibrantes, suscitant des efforts sans fin, provoquant toujours de merveilleux et stupéfiants sacrifices. »

Nous voilà donc bien dûment avertis qu'il n'est pas d'autre fondement à la vie, à l'action, qu'un rêve poétique, une vision d'enchanteresse beauté!... C'est quelque chose assurément, puisqu'il est des négations moins radicales en apparence, mais qui en dernière analyse ne nous laissent pas même cette vaporeuse consolation. Avec elles, nous n'avons pas la possibilité de nous enfuir jusque dans les nuages pour échapper aux réalités déprimantes, blessantes ou mortelles.

« *L'autre* », nous vient-on dire, « certes, il est bien possible, et nous n'y contredisons pas... Ce que nous pouvons du moins — et ce que nous devons — affirmer, c'est qu'il nous est *inconnaissable*, absolument. Vos désirs l'appellent, mais il faut vous résoudre à ne le voir jamais entrer dans le domaine des réalités. Croyez à lui, mais ne l'élevez pas au rang de vérité, ne lui conférez pas une certitude. Et puisqu'il est hors de nos prises, ayez la sagesse de ne vous en point préoccuper dans l'organisation de votre vie. Perfectionnez vos méthodes de connaissance, tirez-en le meilleur parti pratique, mais cantonnez-vous impitoyablement et exclusivement sur le terrain positif. Tout le reste est du temps perdu, volé à l'humanité. Chercher autre chose c'est être dupe, c'est manquer à son devoir d'homme. »

Mais comme il ne suffit pas de mettre à la mode une opinion philosophique pour lui conférer une valeur, nous allons une fois encore user de notre droit d'examen pour reconnaître le fondement de ces théories auxquelles, par tous les moyens, on s'est efforcé, avec un bonheur qui commence à pâlir, de faire une singulière fortune.

Au nom de l'humanité *intégrale*, il convient d'abord de s'inscrire en faux contre elles. « L'homme ne vit pas seulement de pain », et l'humanité se maintient par autre chose que le savoir positif. Tout ne se réduit pas dans la vie à ce qui se pèse, se mesure, s'évalue en formule mathématique[1]. La Science, dont on a l'air de faire la norme unique, est dépassée par l'Art, et sous-tendue par l'amour, la bonté.

Pour qu'elle vive intégralement, pour durer, pour progresser, il faut que dans l'humanité le devoir ait une existence sûre et permanente ; qu'il y ait donc une règle, une Loi morale, indépendante de toutes les découvertes, de toutes les écoles, de toutes les contradictions scientifiques, et aussi supérieure à elles[2]. Et nous ne l'avons trouvée nulle part.

Cet intérêt humain que l'on entend sauvegarder par l'attitude positive, ne peut l'être en réalité que par un *idéal* qui oriente la marche des hommes et assure leur progrès. Or aucune expérience n'en peut fournir de tel. Les disciplines que vous déclarez exclusives et suffisantes ne mettent point l'humanité en contact avec le supérieur nécessaire pour servir en quelque façon de réservoir à son dynamisme, de propulseur à sa marche en avant.

Vous affirmez sans doute que nul ne doit, s'il est sage,

---

[1] « Dès que vous portez le moindre jugement de moralité, vous entrez dans l'invisible... Pectus templaque mentis. » OLLÉ-LAPRUNE. *Le Prix de la Vie*, p. 255.

« La dernière démarche de la raison est de reconnaître qu'il y a une infinité de choses qui la surpassent. Elle est bien faible, si elle ne va jusque-là. » PASCAL. *Art*. XIII.

[2] « Je suis persuadé, autant que qui que ce soit, *de l'insuffisance pratique* de la raison ; et je ne voudrais pas, pour la vanité de quelques opinions spéculatives, risquer le moins du monde d'affaiblir des croyances que je regarde comme ayant soutenu et comme devant soutenir la vie morale de l'humanité. » A. COURNOT. *Les Etudes*, 5 juillet 1913, p. 132.

dépasser la Science, l'Art, l'Amour, qu'il doit s'en contenter et en vivre. Mais cette affirmation est un *a priori* hautain ou imprudent, selon les cas, et que nous avons dénoncé déjà sous d'autres formes[1].

D'abord, elle postule, ou bien que la nature se suffit à elle-même, ou bien que le Moi est le centre de tout, que tout s'y réfère, en droit et en fait, comme à sa fin dernière et nécessaire. Et puis elle *décrète* d'autorité que vos méthodes scientifiques et positives sont exclusives, donc aussi définitives et absolues[2].

Quel dogmatisme décisif, chez des gens qui font profession de doute, comme d'un acte de haute probité intellectuelle et de sincérité à l'égard de la raison !...

Mais l'analyse de l'expérience humaine, des formes de son activité, à laquelle nous nous sommes appliqués jusqu'ici, le contredit sans réplique possible sur le terrain même des faits. Elle nous révèle qu'il y a en nous, *quelque attitude que nous prenions*, un dynamisme inexpliqué, un mouvement radical, et donc aussi *un terme* qui jusqu'ici, et tant

---

[1] « Pas une des divinités créées successivement par l'esprit humain ne peut lui suffire aujourd'hui ; il a besoin de toutes à la fois, *et encore de quelque chose par delà*, car sa pensée a devancé des dieux. » Guyau. *L'Irreligion de l'Avenir*, p. 320.

[2] « Pour les mathématiques, la presque unanimité des philosophes s'accorde à dire que ces sciences se suffisent complètement à elles-mêmes et épuisent leur objet... Pour la physique il y a déjà quelques réserves... elle aurait une valeur *à peu près* absolue... Enfin si nous atteignons le problème moral... c'est la presque unanimité des philosophes qui proclame l'insuffisance de la science dans l'étude de ce problème. » A. Rey, p. 45. Or, il n'est autre que le *problème humain* !

« Quant aux mathématiques, le peu que j'en ai effleuré m'a tout de suite averti que ce sont *des machines mentales* admirablement agencées pour exploiter tous les objets *qu'on y introduit*, pour en tirer tous les rapports qu'ils impliquent ; malheureusement, les seuls objets qu'on y puisse introduire sont des quantités et des figures, et aucun des problèmes qui m'attirent ne relèvent de ces données. » Sully-Prudhomme, dans Fonsegrive. *Les Livres et les idées*, p. 302.

que nous persistons dans ces mêmes attitudes, nous demeure *inconnu*. Cela, nous ne faisons aucune difficulté de l'avouer. Mais quand vous poursuivez : il est *inconnaissable*, permettez que nous vous arrêtions. Car c'est là précisément la question, et il ne suffit pas que vous la déclariez insoluble pour qu'elle le soit en effet. Vous ressemblez un peu ainsi à des enfants qui, enfermés dans un immense parc bien clos de hautes murailles, y auraient vécu des années heureuses. Un jour, l'un d'entre eux découvre, sous un lourd tapis de lierre, une porte d'ordinaire invisible aux regards. « Qu'est-ce que cela? Que peut-il bien y avoir derrière? » … « Derrière, mais rien », répondent les chefs de bande[1]!… On replace le lierre avec une émotion, et l'on se retire prudemment, effrayé du mystère, pour reprendre la vie de tous les jours… Jusqu'au moment où les chercheurs du groupe, portant au fond du cœur la nostalgie des espaces sans fin, devinant qu'il doit y avoir là-bas « autre chose », s'en vont, craintifs, curieux, avides, remuer la verdure, forcer la porte, et prendre leur essor vers « de nouveaux cieux et de nouvelles terres »!…

Il convient de vous y résoudre : en dépit de vos affirmations, vous ne retiendrez jamais les hommes dans le paradis terrestre où vous prétendez confiner leur bonheur. La Science, l'Art et l'Amour que vous leur offrirez, ne sont point hermétiquement clos. Il y aura toujours en eux une porte secrète, cachée sous des frondaisons ou des lierres, mais qu'ils finiront bien par découvrir un jour, et

---

[1] « La science et la religion ne sont pas, ne peuvent pas être deux champs de connaissances sans communication possible entre eux. Une semblable hypothèse est simplement absurde. Il existe indubitablement une avenue conduisant de l'une à l'autre. Malheureusement, cette avenue a été murée avec cet écriteau : On ne passe pas ici. » Tait et Balfour Stewart. Cités par Duilhé de Saint-Projet. *Apologie*, p. 460.

d'où toutes les âmes vaillantes prendront leur essor vers l'infini[1].

Et cela vous étonnera moins, sans doute, si vous vous rendez compte que votre affirmation est encore plus contradictoire que gratuite et sans preuve.

Vous dites que toute recherche de l'absolu est illégitime, parce qu'elle est un saut dans le vide, hors des réalités qui seules peuvent fournir une base solide à nos investigations, et aboutir à des certitudes. Mais prenez donc garde que vous décrétez vous-même ainsi un absolu[2]. Cette conviction que vous tentez ainsi de nous imposer d'autorité, est un dogme pur et simple. Vous prétendez chasser l'absolu par *secrète substitution*. Car être décisionnaire à ce point, qu'est-ce autre chose que de prendre une attitude métaphysique, dépasser les faits, dont on se dit le porte-parole, et mettre sa volonté, ses désirs, ses caprices peut-être, à la place des vraies données du réel ? Et vous voilà acculés dans cette impasse, à ne pouvoir exorciser cet absolu — *que nous entendons bien ne rechercher et ne trouver qu'au sein de l'ex-*

---

[1] « L'esprit n'est à l'aise, n'a de repos ni d'assiette que dans la notion de l'infini... Nous n'avons que tourment et souffrance en dehors de l'infini... Cette *loi fondamentale de notre être* affecte toutes les formes possibles. » A. Tonnelé. Fragments, p. 292. — On ne peut échapper à son affirmation. Cf. Pacheu. *Du Positivisme au Mysticisme*, p. 53, 54.

« Si nous étions privés de ces conceptions, les sciences y perdraient cette grandeur qu'elles tirent de leurs rapports secrets avec les vérités infinies... et je me demande au nom de quelles découvertes on peut arracher de l'âme humaine ces hautes préoccupations. » Pasteur, cité par Duilhé de Saint-Projet, *loc. cit.*, p. 66.

[2] « Il n'y a qu'une seule maxime absolue, c'est qu'il n'y a rien d'absolu. » A. Comte, *in* Ravaisson, p. 52. Quel absolutisme !

Taine lui-même (*De l'Intelligence*, in fine) a été plus perspicace : « A mon sens la métaphysique n'est pas impossible. Si je m'arrête, *c'est par sentiment de mon insuffisance ;* je vois les limites de mon esprit, je ne vois pas celles de l'esprit humain. »

périence[1] — que par un acte d'absolutisme, et par une sentence déclarée par vous irréformable !...

En vain direz-vous que vous parlez au nom de la Science, de l'Art, et que votre absolu n'a rien de personnel... Vous changez la question de forme, mais sa substance reste la même.

Dès lors en effet que vous les décrétez juges en dernier ressort, et que vous en voulez faire l'explication dernière, totale et suffisante, des choses, vous leur conférez une valeur métaphysique, vous n'êtes plus fidèles à l'attitude dite positive.

En un sens, vous êtes logiques, mais vous ne l'êtes qu'à vos dépens, et en vous appuyant sur une contradiction qui vous condamne[2]. L'Amour, la Science, l'Art, sont des méta-

---

[1] La métaphysique est possible dans le concret ; elle « poursuit l'avantage d'observer les facultés humaines en exercice ». (De Freycinet, cité dans Fonsegrive. *Les Livres et les idées*, p. 284). C'est dire qu'elle est « un effort pour saisir la vie au *sein de son acte même*. » (Bergson).

« En métaphysique, ce serait gagner beaucoup que de se convaincre et de convaincre les autres de la nécessité de ce que je nomme *l'expérience totale* d'abord, et ensuite de la nature vraie de l'interprétation. » Ollé-Laprune. *La Philosophie*, p. 224.

« Il faut que l'expérience devienne la base de la spéculation métaphysique et, autant que possible, son perpétuel contrôle. » De Broglie. *Religion et critique*. Préface de C. Piat, p. XLVIII.

[2] « Dans la science des êtres organisés, depuis Hippocrate et Aristote jusqu'à Harvey, Grimaud, Bichat et Claude Bernard, rien de considérable n'a été trouvé qu'à l'aide de la supposition plus ou moins expresse d'une fin déterminante pour les fonctions, d'un concert harmonique des moyens. Dans la physique, les lois les plus importantes sont sorties de l'usage de ces hypothèses plus ou moins avouées : que tout se fait, autant que possible, par les voies les plus courtes, par les moyens les plus simples ; qu'il se dépense le moins possible de force et se produit toujours le maximum d'effet ; toutes variantes d'une règle générale de sagesse. Dans la cosmologie générale ou élémentaire, depuis Copernic et Képler surtout, nulle grande découverte qu'on ne voie suggérée par quelque application d'une croyance expresse ou tacite dans l'universelle harmonie. — Lors donc qu'une science physique exclusive croit pouvoir bannir absolument ou remplacer toute métaphysique, on peut dire à la lettre qu'elle ne sait pas ce qu'elle fait. » Ravaisson, p. 256.

physiques qui s'ignorent. Ni l'un ni l'autre ne peuvent donner raison de la totalité des choses. Ils y aspirent. Mais ce sont des paradis fermés. Ce qui leur confère une valeur sans borne, c'est qu'en chacun d'eux il est une porte qui donne accès sur l'infini, et d'où l'on peut prendre son essor[1]. La métaphysique est au cœur des choses. Vos prétentions à la faire disparaître en sont la preuve vivante. Vous affirmez *absolument* que l'absolu n'est pas. Permettez-nous donc, sur ces données mêmes, de préciser un peu l'état de la question, et reconnaissez simplement qu'*au fond*, le problème qui nous occupe se ramène à une *option métaphysique*[2].

*
**

Car c'est bien uniquement à cela que tout se réduit. Parce que *toute affirmation implique une métaphysique* et dépasse infiniment le réel en tant que fait brut, toute exclusion prononcée par un *a priori* subtil et captieux, au nom de la Science et de l'Art, demeure frappée de nullité.

Vous faites de la métaphysique sans l'avouer, et vous

---

[1] « Il faut, dit Pascal, avoir une pensée de derrière la tête et juger de tout par là ; au demeurant, parler comme le peuple. « La pensée de derrière la tête », qui ne doit pas empêcher qu'on ne parle en c¹ .e science particulière le langage qui lui est propre, celui des appa es physiques, c'est la pensée métaphysique. » RAVAISSON, p. 256.

[2] « *On s'accorde plus qu'il ne semble et plus qu'on ne le croit.* N'avons-nous pas vu ceux mêmes des systèmes qu'avait produits d'abord l'aversion la plus prononcée pour la métaphysique graviter, en définitive, vers la pensée même dont ils devaient s'éloigner sans retour ? Les planètes, dans les vastes orbites qu'elles décrivent à travers les espaces, ont paru longtemps indépendantes de toute commune loi ; un jour est venu où il s'est découvert qu'elles obéissaient toutes à l'attraction d'un même foyer. *Il y a un foyer aussi, il y a un soleil du monde intellectuel et moral.* Quelque nouveau Képler, quelque nouveau Newton, en rendront manifestes un jour et la réalité et la puissance. Nous les sentons déjà, si nous n'en pouvons donner encore la claire démonstration. » RAVAISSON, p. 213.

parlez au nom d'un absolu[1]. C'est fort bien. Mais ne serait-il point par hasard une métaphysique supérieure à la vôtre?... En d'autres termes, n'y aurait-il point *un objet de l'activité humaine différent de l'Amour, de la Science, de l'Art; différent et supérieur?...* N'y aurait-il point quelque démarche autre, et non moins légitime, quelque méthode irréductible à celles que vous donnez comme absolues, exclusives, et permettant d'atteindre cet objet[2], de s'unir à lui, de prononcer à son sujet des affirmations, et de démontrer leur valeur pour la pratique humaine, pour l'éducation du Moi, pour l'ascension de *la Personne* vers plus de liberté, de bonté et d'amour[3]?

C'est là le nœud de la question, et vous ne pouvez vous refuser à l'envisager sous cet angle.

En principe d'abord. Vous *devez*, pour être fidèles à vous-mêmes et ne point vous retrancher derrière un passe-droit intellectuel, dont ne seraient point dupes, tôt ou tard, les

---

[1] « Interrogez ceux qui rejettent la métaphysique; vous reconnaîtrez bien vite qu'ils la rejettent au nom d'un système métaphysique, qui est naturellement le leur, » affirme Fouillée (*Avenir de la Métaphysique*, p. 275). Et il n'a pas de peine à le prouver !

[2] « L'analyse, descendant de décomposition en décomposition à des matériaux de plus en plus élémentaires, tend à tout résoudre dans l'absolue imperfection où il n'y a ni forme ni ordre. Ramenant, comme A. Comte l'a dit si profondément du matérialisme, le supérieur à l'inférieur, ramenant la pensée à la vie, la vie au mouvement, le mouvement même à un changement de relations de corps bruts et tout passifs, elle réduit tout, selon l'expression de Leibnitz, à l'inertie et à la torpeur. Et s'il est vrai, ainsi que l'antiquité déjà l'avait vu, et qu'Aristote et Leibnitz l'ont démontré, que ne rien faire, n'agir en rien, c'est véritablement ne rien être, on peut dire que l'analyse, appliquée toute seule, tend de degré en degré au néant. *La synthèse, elle, tend de degré en degré à l'infini.* » Ravaisson, p. 241.

[3] « Les progrès de la pensée humaine, dans la race comme dans l'individu, ne se marquent-ils pas, du reste, par une intériorisation évidente? » P. Gaultier. *La Pensée contemporaine*, p. 58.

esprits qui pensent et qui cherchent, accepter comme légitime toute démarche métaphysique, quitte à démontrer ensuite qu'elle est irrecevable, si vous la jugez telle[1]. Mais il vous faudra alors apporter des raisons et sortir du domaine de l'*a priori*, où vous vous êtes cantonnés avec un acharnement qui ressemble fort à un inconscient désespoir!...

En fait, cette obligation s'impose à vous comme une inéluctable exigence de la pensée et de l'action[2]. Nos analyses, toutes brèves et incomplètes qu'on les puisse juger, nous ont assez clairement montré que *toute l'activité humaine est conditionnée par une inconnue.* Seule, elle est incapable de s'expliquer, de se légitimer. Ni le cœur de l'homme, ni son intelligence, ni son imagination, ni sa volonté, ne trouvent en elles-mêmes leur loi, leur raison d'être, leur « pourquoi ». Au fond de notre Moi gît un dynamisme sous l'influence duquel il ne s'absorbe dans aucune action, ne donne sa mesure dans aucune expérience. Toute la vie pratique, dans l'exercice de laquelle nous nous dépassons à chaque instant ; où notre activité même, nous révélant notre misère radicale au sein même de notre grandeur, crée en nous de nouveaux besoins sans les pouvoir satisfaire ; où l'inéquation paraît s'augmenter entre ce que nous voulons être et ce que nous sommes en réalité, au moment précis où s'affirment nos puissances ; toute cette vie, dis-je, est en nous la preuve

---

[1] « La métaphysique est donc *partout*... Elle est la considération, non plus du *paraître*, mais de l'*être*. En tout elle va à *ce qui est*, à l'*essence*, à l'*être*... Toute réflexion métaphysique pousse les idées jusqu'au bout... Le danger n'est pas de pousser trop avant, c'est de s'arrêter en route... *Ne nous défions pas de nos idées, défions-nous de nos étroitesses, de nos timidités ; laissons les idées se déployer jusqu'au bout, ne les arrêtons pas.* » OLLÉ-LAPRUNE. *La Philosophie*, p. 204, sq.

[2] Il s'agit de nous *éveiller* à la connaissance de *notre être véritable*. Cf. WILLIAM JAMES. L'*Expérience religieuse*, p. 92.

palpable, visible et tangible, que nous sommes à la fois *nous* et *autres*[1].

Notre Moi voisine avec un hôte intérieur, plus intime que les choses ne sont au savant, ou la nature à l'artiste[2].

A de certaines heures, l'homme de volonté droite entend monter du fond de lui-même des sollicitations à vivre une vie intégrale, à être bon, plus humain, meilleur; il se sent pressé, poussé au sacrifice de ses égoïsmes, de ses passions basses, soulevé, porté vers de lumineuses hauteurs... Mais, au même moment, il mesure l'abîme de ses faiblesses, de son incapacité à réaliser cette vie plus pleine, vérité plus haute, élargissement insoupçonné de son Moi... Il sent le vide de son orgueil coutumier, de sa suffisance habituelle... L'écart constaté dans l'expérience ordinaire entre le désir et l'action, le possible et le réel, se creuse en gouffre immense et sans fond... Il a la vision nette qu'un secours infini lui est indispensable pour s'équilibrer, pour ne pas être

---

[1] « L'idée métaphysique est ainsi une idée totale, pleine, en même temps qu'une idée simple et parce qu'elle est une idée simple... Vous vous apercevrez qu'en vous-même il y a plus et mieux que vous-même, car vous n'avez en vous tout seul ni la raison ni le principe de vous-même, ni de ces idées que l'analyse vient de déployer tout entières : au bout de vos idées il y a quelque chose qui n'est plus vous, il y a ce qui vous soutient, ce qui vous éclaire, ce qui vous anime et vous meut. Deux degrés se distinguent dans la région métaphysique : ce qui est nous encore, et ce qui n'est plus nous ; le dedans, et le dessus ; l'interne ou intérieur, et le supérieur. Et l'exploration n'est totale, la spéculation puissante, que lorsque, de la surface étant entré dans l'intérieur, vous avez su y découvrir, y apercevoir en haut, à la cime, et en un sens très vrai aussi, au fond, à la base, ce qui vous passe, et qui, vous passant de toutes parts, vous domine et vous fonde. » OLLÉ-LAPRUNE. *La Philosophie*, p. 213.

[2] « Au fond de tout, ordre et certitude, raison et sagesse ; le difficile seulement est de faire nôtre par la réflexion cette sagesse intime qui est nous, mais qui est aussi *plus* que nous et *mieux* que nous. « L'expression en passe tous les hommes, dit Pascal, et le sentiment n'en appartient qu'à peu d'hommes. » RAVAISSON, p. 212.

condamné, inexorablement, à retomber lourdement sur lui-même, après s'être soulevé si haut, avoir perçu un instant, de vivante et irréfragable façon, ses capacités d'être, son pouvoir d'humanité[1].

A cet homme de désirs, qui vient de constater l'impuissance de l'Art, de l'Amour, de la Science, à lui donner la réponse attendue, la métaphysique philosophique affirme qu'il existe autre chose[2]. L'homme n'est pas un être suspendu en l'air. Il tient au réel ; il est établi de plain-pied au sein de la vie. Le mouvement qui l'anime et le porte sans cesse à se dépasser, a un principe et un terme. Il va vers un but, qu'il ignore, mais qui est conscient pour cet *autre* qui est son moteur, et par lequel, du dedans, il est invinciblement mené.

Que chacun s'examine, et il reconnaîtra sans peine en lui l'existence de ce dualisme, de cette aspiration, de cet appel, aux heures privilégiées où il prend en quelque façon pleine conscience de lui-même, de ses désirs profonds, vitaux !

Quel est cet *autre* ?... La philosophie n'en sait rien. Elle affirme son existence, mais elle est impuissante à faire connaître sa nature intime. Tout au plus peut-elle fournir sur lui, par une induction d'ailleurs très légitime, des renseignements tout abstraits, une connaissance toute descriptive.

L'effort dernier de la raison pure s'arrête là. Mais il est

---

[1] « Vous aurez beau faire, l'homme ne restera pas dans le mépris stoïque ; il s'y sent trop misérable, trop à l'étroit ; *il faut qu'il s'appuie sur quelque chose de plus fort et de meilleur que lui*, parce qu'il sent qu'en lui-même il n'est pas complet. » A. Tonnelé. *Fragments*, p. 279.

[2] « Peut-être la philosophie, chez un homme qui réfléchit, a-t-elle sa place *légitime* et *nécessaire* entre le fait et la croyance » (E. Boutroux, *Documents du Progrès*, septembre 1912). Oui, elle *dépasse* le fait, *prépare et asseoit* la croyance qui lui est supérieure. Elle est un *intermédiaire*, dans le *mouvement vital ascensionnel*. Toute démarche *purement humaine* reste fatalement *inachevée*. La philosophie nous invite à la compléter, à la couronner, en nous indiquant la route à suivre.

considérable : il conduit jusqu'à la porte de la demeure de
Dieu. La vraie métaphysique tend à la Religion et s'y achève.
La Religion est son couronnement[1].

L'option métaphysique, dont nous parlions plus haut
comme d'une nécessité inéluctable, apparaît maintenant avec
son véritable caractère. Toutes les attitudes humaines sont
métaphysiques, en ce sens qu'elles ont la prétention de
fournir des choses une explication, d'en donner la raison
suprême, de régler l'action de l'homme. A l'analyse cependant ces disciplines se montrent toutes insuffisantes. Quiconque est sincère se doit donc à lui-même de les dépasser,
— ce qui ne signifie nullement les contredire —, et de chercher ailleurs le principe de son dynamisme, la loi de sa
personnalité[2]. A la limite du domaine de la métaphysique

---

[1] « Les croyances religieuses ne sont pas simplement des phénomènes particuliers à l'enfance de la race. Elles sont des éléments caractéristiques de notre évolution sociale… Elles sont les *compléments* naturels et nécessaires de notre raison, et loin d'être menacées d'une dissolution éventuelle, elles sont probablement destinées à croître et à se développer en même temps que la société… » B. Kidd. *L'Evolution sociale*, p. 112, 113. (Cité par Bureau. *La Crise morale*, p. 401).

« La Religion seule résout le problème que la philosophie pose. » Maine de Biran, cité par Gratry. *De la Connaissance de l'Ame*, I, p. VIII.

« N'hésitons pas à le dire : sans la religion, la philosophie réduite à ce qu'elle peut tirer laborieusement de la raison naturelle perfectionnée, s'adresse à un bien petit nombre, et court risque de rester sans grande efficacité sur les mœurs et sur la vie. » V. Cousin, cité par Vallet, *Le Kantisme*, p. 415.

[2] « Au-dessus de la science mathématique, et *sans elle* (c'est là la chose importante), l'intuition morale permet d'établir une métaphysique. » (A. Rey. *La Philosophie*, p. 22). Mais il importe de remarquer que ce n'est point *contre elle*. Notre recherche n'a rien d'une attitude d'opposition ; elle procède par un élargissement de l'expérience, une plus grande *humanisation* du savoir. A l'affirmation « la science seule permet à l'homme de savoir », nous répondons qu'elle n'apprend pas tout, ni même le principal.

« Si la philosophie recherche une explication universelle des choses,…

vivante, et conduit par elle, il est accueilli par la Religion, qui l'introduit sur son propre terrain. Leurs possessions confinent ; leurs rapports sont ceux d'un cordial voisinage : *il n'y a point de philosophie séparée*[1]. La vraie, celle de la réalité vivante, n'accapare point le voyageur qui s'est engagé sur ses terres. Elle ne l'amuse point de ses sophismes, ne l'obsède pas de ses subtilités précieuses ou pédantesques, ne cherche point à le retenir par des grâces traîtresses... Mais, consciente de ses responsabilités vis-à-vis de cet homme qui s'est confié à elle[2], elle le conduit, aimante et

---

si la science recherche l'explication de l'univers expérimental,... il doit paraître assez clair, par le fait même de cette seule constatation, que le domaine de la science constitue une province du royaume philosophique... » Fonsegrive, *Les Livres et les idées*, p. 279, 280.

[1] Cf. Gratry, *De la Connaissance de l'Ame. Préface.* — « Tout en maintenant l'indépendance nécessaire de la philosophie à l'égard de toute autre autorité que celle de l'évidence et de la preuve, on peut souhaiter qu'elle ne se prive point, *pour mieux assurer cette indépendance*, de ce que la foi religieuse renferme de hautes vérités métaphysiques ou autres. » — « Alors on pourra voir se vérifier enfin cette grande parole de saint Augustin, que *la vraie religion et la vraie philosophie ne diffèrent point.* » Ravaisson, p. 222, 145. — Comment, d'après Vacherot, la métaphysique achève la Science, et la théologie complète la métaphysique. Cf. *Ibid.*, p. 115, 116.

[2] « Chaque jour les faits et les choses vous donnent des leçons... L'école de la vie est celle où trop souvent les philosophes ne vont guère. Sachez y aller... Philosophe, voulant embrasser l'ensemble des choses, il faut que vous soyez un homme complet, que rien d'humain ne vous soit étranger, que vous viviez de la vraie vie humaine, abondante, totale... L'expérience du philosophe comprend la vie, l'image de la vie... Les faits sociaux... Les faits moraux et religieux... Sa critique fait le discernement du vrai et du faux au sein de la réalité et dans tous les ordres de connaissance et d'action ; il ramasse dans son esprit calme, mais vivant, toutes ces diverses leçons ; il en cherche le sens, et à la *philosophie des sciences*, il joint, grâce à ce commentaire des faits réels, une *philosophie des choses*, une *philosophie de la vie.* Cette critique et cette philosophie lui permettent d'embrasser et de dominer l'univers tout entier. Il se rendait compte tout à l'heure de ce qu'on *fait* ; il se

détachée, vers cet *autre* qu'il désire et qui l'attend là-haut, au terme de sa course de droiture et de labeur, pour lui faire partager sa lumière et sa paix.

Pour la Religion en effet, cet *autre* existe, vers lequel s'oriente notre Moi, tout notre être se porte comme vers sa fin suprême, le terme de son activité : et c'est Dieu.

Et parce qu'il est la loi de notre dynamisme[1], la règle de notre mouvement humain qu'il dirige avec une force suave, il en est aussi le principe. De lui tout procède comme de sa vivante source. De son sein fécond jaillit la vie. Son Verbe créateur a présidé à la naissance des mondes et des individus ; sa sagesse les maintient et les gouverne ; son amour les vivifie.

Supérieur au temps, à l'espace, à l'expérience commune qui s'y absorbe et s'y couronne, il est l'objet qu'appellent nos aspirations les plus intimes, Celui en qui notre Moi achèvera sa course et trouvera sa plénitude.

Comment cela se fera-t-il ?... Quelle est la nature de ce Dieu ?... Ce sont autres questions, et ce n'est pas ici le lieu de les résoudre, ni même de les aborder. Le Dieu de la Religion est l'Être suprême, le premier principe et la dernière fin. Il est cela essentiellement. Le reconnaître comme tel, c'est prendre une attitude métaphysique qui *dépasse* l'Art, la

---

rend compte maintenant de ce qui *est.* » OLLÉ-LAPRUNE. *La Philosophie*, p. 197, 200.

Ainsi nous faisons nôtres ces paroles de A. REY (*La Philosophie*, p. 9) : « La devise de la pensée philosophique contemporaine, vraiment digne de ce nom, c'est le respect de la science et l'effort pour la connaître, quelles que soient les réserves faites sur l'étendue de sa juridiction. » Car la métaphysique *religieuse* n'entend pas *nier* la Science, ni *l'ignorer* et la tenir pour non avenue ; mais bien se servir d'elle, lorsqu'il est possible, comme d'une *collaboratrice*, et se garder toujours de ses empiétements. (Cf. RAVAISSON, p. 83).

[1] Voir la belle page de Gratry : nous tendons à Dieu, et les tendances aboutissent. Dans VALLET. *La Tête et le Cœur*, p. 282.

Science, l'Amour humain. Cette attitude devient religieuse, dès lors que nous commençons à entrer en rapport avec la Divinité.

Car nous pouvons avoir commerce avec elle. Des liens peuvent s'établir[1]. La Religion transcende la spéculation philosophique et la théorie pure ; elle est radicalement activité et vie. De même que l'Art, la Science et l'Amour n'existent — que par l'union de la liberté humaine à leurs objets respectifs, ainsi la Religion ne commence — que du moment où *la Personne* prend un vivant contact avec ce Dieu qu'elle désire, dont elle espère et attend des révélations nouvelles, une plus-value de vie[2], des puissances d'action différentes, en intensité et en nature, de celles qui lui ont été conférées par les disciplines naturelles.

D'une manière ou de l'autre en effet, Dieu demeure, directement ou par intermédiaire, en contact avec son œuvre. Parce qu'il continue d'agir sur elle, de présider à son dynamisme et à son ascension vers le terme qu'il lui a fixé[3], les

---

[1] « Et pourquoi n'y aurait-il pas encore bien des existences d'un ordre supérieur à la nôtre, et auxquelles se rattacheraient comme à leurs principes les phénomènes actuels ? » Renouvier, dans Ravaisson, p. 108.

[2] « Tolstoï exprime une vérité rigoureuse quand il appelle la foi *ce qui fait vivre les hommes.* » William James. L'*Expérience religieuse,* p. 421.

[3] « La nature, si on néglige les accidents qui troublent, dans une certaine mesure, son cours régulier, mais qui, approfondis, rentrent encore sous les mêmes lois, la nature offre partout un progrès constant du simple au compliqué, de l'imperfection à la perfection, d'une vie faible et obscure à une vie de plus en plus énergique, de plus en plus intelligible et intelligente tout ensemble. Chaque degré y est, de plus, une fin pour celui qui la précède, une condition, un moyen ou matière pour celui qui le suit... La fatalité en ce monde, du moins quant au cours régulier des choses, et l'accident mis à part, n'est donc que l'apparence ; la spontanéité, la liberté est le vrai. Loin que tout se

hommes peuvent espérer de l'atteindre et de s'unir à lui après l'avoir trouvé.

La Religion est possible parce qu'elle est un fait. Du côté de la Divinité, nous sommes liés, invinciblement. Elle nous meut. L'homme s'agite et Dieu le mène[1]. Comment ?... Notre raison est impuissante à le trouver. Mais puisque nous sommes, et que nous percevons en nous un dynamisme dont rien ne nous peut rendre compte en nous-mêmes, il faut bien que du dehors quelque chose en rende raison. En notre fonds nous sommes dans l'état religieux[2]. De quelle nature est l'attache qui nous retient à ce supérieur inévitable ?.. Est-ce l'amour ou la puissance ?.. Est-il une autorité pure, ou une radicale bonté ?... Nous aurons à le rechercher plus tard.

Nous le devrons. Puisque nous sommes *en fait* rattachés à Dieu, nous avons le devoir de nous occuper de ce lien vivant. C'est un devoir inéluctable. Il jaillit du sein même

---

fasse par un mécanisme brut ou un pur hasard, tout se fait par le développement d'une tendance à la perfection, au bien, à la beauté, qui est dans les choses comme un ressort intérieur par lequel les pousse, comme un poids dont pèse en elles et par lequel les fait se mouvoir l'infini. Au lieu de subir un destin aveugle, tout obéit et obéit de bon gré à une toute divine Providence. » RAVAISSON, p. 253.

[1] « Oui, toutes les fois que nous nous servons de notre corps pour nous mouvoir en quelque façon que ce soit, nous devrions toujours sentir Dieu présent. » BOSSUET, cité par GUIBERT. *Le Mouvement chrétien*, p. 148.

[2] L'homme est un animal religieux. Cf. CAUSSADE. *Le Bon sens de la Foi*, t. II, p. 209.

« L'homme est religieux, avant d'être chrétien ou mahométan, catholique ou protestant. C'est ce sentiment religieux inhérent à la nature que nos missionnaires exploitent, lorsqu'ils convertissent les infidèles à l'Évangile. Ils suivent le procédé qu'adopta saint Paul lui-même devant l'Aréopage : « Ce Dieu que vous adorez sans le connaître, je vous l'annonce. » (Act. XVII). Si les infidèles n'avaient pas déjà le sentiment religieux, le prosélytisme des missionnaires échouerait fatalement. » GUIBERT. *Le Mouvement Chrétien*, p. 21.

de la vie, de l'expérience¹. *Un Dieu, c'est-à-dire un être supérieur, explication vivante et actuelle de mon Moi, se révèle dans le dynamisme de mon donné intérieur²*.

Ni l'Art, ni la Science, ni l'Amour ne peuvent m'en faire connaître le Pourquoi. L'analyse démontre leur incapacité foncière à me fournir une loi sûre de mon action, une règle de vie éducatrice, de nature à susciter et maintenir le développement progressif de ma personnalité, mon désir radical de plus d'être.

---

[1] « Après avoir reconnu l'existence d'une *loi générale de finalité*, Renouvier ajoute qu'en conséquence « tous les individus dont le monde est composé *doivent* se perfectionner par un progrès sans terme. » Il reconnaît que, pour assurer les moyens de réalisation des fins particulières, pour constituer et pour maintenir l'ordre moral du monde, il faut *enfin* en venir à la croyance en un *Dieu réel*, suprême, *auquel se terminent tous les biens*, à la croyance « dans l'existence et le règne de Dieu. » Et il ajoute : « Le théisme et l'absolu même reparaissent ainsi dans l'idéal de la perfection morale, *dans l'affirmation du Bien comme loi du monde*, et d'un ordre moral qui enveloppe et *domine l'expérience*. » RAVAISSON, p. 110.

[2] « Ame ne sens-tu pas, par je ne sais quoi de pressant qui te pousse au-dessus de toi, que tu n'es pas faite pour ce monde ni pour toi-même ? Un bien infini t'appelle : Dieu même te tend les bras. » BOSSUET. *Panégyrique de saint Benoît*.

« C'est l'être qu'il s'agit d'affirmer, l'être que les phénomènes expriment, attestent, révèlent, si l'on veut, sans le dévoiler pourtant. Surtout c'est l'Etre pleinement être qu'il faut reconnaître, Celui qui est par soi, qui a assez de soi pour être, et qui, étant l'Etre souverainement être, est aussi le Bien souverainement bien. Il est connu : par quoi ?.. Par tout ce qui est, car tout ce qui est, est par lui. Son action sentie fait connaître sa présence, son existence, son excellence ; et tout étant effet par rapport à lui, tout ramène à lui parce que tout vient de lui. Très sûr, très légitime, très conforme à la nature et à la raison est l'argument simple, facile, qui des effets vus conclut à la cause inaperçue et ainsi la fait connaître indirectement... Mais il ne faut pas oublier qu'entre ces effets et cette cause la disproportion est extrême, extrême la distance, en un sens, bien que la dépendance de ces effets à l'égard de cette cause soit la plus intime qui puisse être ; il ne faut pas oublier que le propre caractère de cet Etre par soi, c'est d'être *transcendant*. Il passe tout. » OLLÉ-LAPRUNE. *La Philosophie*, p. 285.

Mais ils sont des précurseurs. Ils orientent ma recherche et, continuellement, la provoquent. Par eux me vient sans relâche un « marche, marche », qui m'excite à les dépasser. A vrai dire, si j'en use bien, ils sont pour moi un viatique qui maintient mes énergies, assure mon effort. Ils ne satisfont point ma raison, mais ils l'entretiennent et lui signifient qu'il est d'autres terrains qu'elle doit explorer.

C'est donc de la bouche même de la réalité vécue, vivante, que se fait entendre le commandement impératif d'avoir à chercher cet *autre* dont la nature est pleine et qui cependant lui est supérieur[1].

Le problème religieux n'est donc point, comme il est trop facile de l'affirmer à la légère, un *a priori* pur et simple. *Il est posé par la logique même de l'expérience, par la vie* qui cherche à découvrir sa formule et à exprimer sa loi[2].

Il gît à l'état latent dans le concret, et sort spontanément du réel. L'Amour, la Science et l'Art, en leur fond dernier, sont uniquement des *tentatives religieuses*[3], des essais —

---

[1] « M. Secrétan parle d'une « tâche proposée à la liberté », et il ajoute : « *Il faut* que la créature se fonde à la fois en elle-même et en Dieu, qu'elle se recueille en voulant Dieu, c'est-à-dire qu'elle se veuille pour Dieu, qu'elle aime Dieu. » OLLÉ-LAPRUNE. *La Philosophie*, p. 35.

[2] « *La science humaine a deux pôles*, la personne Moi d'où tout part, et la personne Dieu où tout aboutit. » MAINE DE BIRAN.

[3] « L'art, ce grand songe d'enfants éblouis, qui n'est qu'une immortelle prière ! » DUBUFE. *La Valeur de l'Art*, p. 42.

« Les plus récentes découvertes de la préhistoire sont très suggestives à cet égard : les sépultures et les œuvres d'art paraissent bien devoir être interprétées dans un sens tout à fait religieux. — Les sépultures préhistoriques remontent certainement à l'âge du renne… elles remontent même probablement à la civilisation moustérienne, c'est-à-dire à l'âge du mammouth. Les coutumes funéraires, très complexes, indiquent une intention religieuse ; en certains points décharnement du squelette ; dépôt du mort sur un lit d'ocre rouge ou peinture en rouge des os, quelquefois dépôt sur un foyer ar-

éternels et toujours impuissants — de relier l'individu à ce qui paraît être le supérieur, le maître, l'éducateur de *la Personne* humaine.

Problème religieux et problème vital sont une seule et même chose[1]. Et l'on fait preuve d'une pensée bien superficielle et bien naïve, lorsqu'on prétend voir dans la Religion une invention intéressée des prêtres. Elle commence d'exister avec la réflexion. Et l'homme est religieux au même titre qu'il est raisonnable[2].

Voilà ce qu'il faudrait pourtant se décider à voir. Tout homme qui est digne de ce nom et a l'ambition de penser[3],

---

dent ; presque toujours dépôt sur un foyer ; le mort recouvert de ses ornements, de ses amulettes, de ses outils, d'objets précieux, comme de très beaux couteaux de silex, de bâtons de commandement. — M. Salomon Reinach, M. Cartailhac, M. Hamy, M. Chauvet et d'autres considèrent l'art comme un fait d'ordre religieux. L'identité de l'art, pour une même époque, à travers l'espace, et superposée à de grandes différences de civilisation, suppose une tradition commune qui s'imposait, et qui s'imposait au nom de la religion, vu que, dans l'antiquité, l'art a toujours été un auxiliaire du sentiment religieux. Les cavernes ornées avec tant de peine et réparées avec tant de soin, qui certainement ne servaient pas d'habitation à l'homme... ne peuvent être raisonnablement considérées que comme des temples ou lieux sacrés. Nous trouvons ainsi la trace du sentiment religieux bien au-delà des plus anciens documents historiques. » GUIBERT. *Le Mouvement chrétien*, p. 26, 27.

[1] « Sachons voir les choses comme elles sont : la morale, la bonne, la vraie, l'ancienne, l'impérative, a besoin de l'absolu ; elle aspire à la transcendance ; elle ne trouve son point d'appui qu'en Dieu.

La conscience est comme le cœur : il lui faut un au-delà. Le devoir n'est rien s'il n'est sublime, et la vie devient chose frivole si elle n'implique des relations éternelles. » SCHÉRER, cité par VALLET. *Le Kantisme*, p. 306.

[2] « Nous ne pourrions même pas croire si nous n'avions des âmes raisonnables, capables de raisonnement. » S. AUGUSTIN. Dans RAVAISSON, p. 153.

[3] « La gloire de la philosophie moderne consiste en ce qu'elle vise à l'utile et *évite les idées* » (!) MACAULAY. Dans RAVAISSON, p. 61.

doit *nécessairement* aborder le problème religieux. S'il ne le fait pas, il manque à sa conscience humaine, à la vérité, à sa raison.

Qu'on l'ait ou non ressentie, l'inquiétude religieuse est un devoir[1]. Celui en qui elle s'éveille est un penseur. Il s'appartient, il vit en lui, il n'est pas le pur jouet des choses, le hochet de ses sensations[2]. Il a une personnalité réelle, un extérieur et un intérieur. Dans la série animale, cet homme est en haut. Il domine et habite sur les sommets[3].

La Religion est la vue d'ensemble de la totalité des choses. Contemporaine du premier éveil de l'âme, elle est antérieure aux arts et aux sciences. Ceux-ci se sont produits par des spécialisations successives. On a pu dire qu'ils en étaient sortis. C'est vrai ; mais pour lui être fidèles, ils

---

[1] « Les animaux ne songent qu'à leur conservation : mais une fois tout acquis pour cela, ils s'y tiennent avec tranquillité... Insouciants du progrès pour lui-même, ils n'ont pas *cette éternelle inquiétude du mieux*, qui est peut-être une erreur pour nous, et qui, en tout cas, est un danger. » FAGUET. *Annales politiques et littéraires.* Noël 1908.

On ne saurait être plus paradoxal. Autant vaut dire qu'il y a danger pour l'oiseau à essayer d'ouvrir ses ailes, pour sortir du nid qui le retient captif et s'élancer dans l'espace. Obéir au dynamisme intérieur est un devoir. Le danger n'existe que dans le défaut de méthode et l'erreur d'orientation, car au lieu de vivre dans l'inquiétude et de tendre sans cesse vers le meilleur, l'on tombe dans le scepticisme et le désespoir.

[2] « Les consciences sans inquiétude sont seules désespérées. » DESJARDINS, cité par PACHEU. *Du Positivisme au Mysticisme*, p. 79.

[3] « Les animaux n'ont pas la réflexion, cette faculté suprême qu'a l'esprit de l'homme de se replier sur lui-même. *Il y a là une ligne de démarcation profonde.* Cette pensée qui se considère elle-même, cette intelligence qui se voit et qui s'étudie, cette connaissance qui se connaît, forment évidemment un ordre de phénomènes déterminés, d'une nature tranchée, et auxquels nul animal ne saurait atteindre. L'homme est le seul de tous les êtres créés à qui le pouvoir ait été donné de sentir qu'il sent, de connaître qu'il connaît, de penser qu'il pense. » RAVAISSON, p. 190. Et ceci est encore une réponse au paradoxe de M. Faguet.

ont le devoir de lui rester unis par des liens solides, vivants, et de monter s'y retremper pour conserver leur bienfaisance humaine[1]. C'est d'en haut, toujours que vient la lumière ; les sources jaillissantes ont leur vie cachée sur les cimes.

Quiconque ne ressent pas ce souci des réalités supérieures est un incomplet[2]. En vain sera-t-il grand parmi les hommes à d'autres titres, sa personnalité humaine est mutilée ; il lui manque un sens. Il fait faillite aux exigences radicales de son Moi. Cela se rencontre. L'incurie des hommes est immense. Ce sont des êtres inertes, incommensurablement. Regardez au physique : combien de gens s'atrophient, deviennent des dégénérés lamentables, et finissent par mourir, odieusement, pour n'avoir pas voulu agir !... Au moral, c'est peut-être pis encore, et plus fréquent.

Aussi, quiconque crée de l'inquiétude religieuse, éveille les consciences, secoue les torpeurs, fait une œuvre de haute humanité. Cet homme est un bienfaiteur insigne : il crée du progrès. Par lui les individus se remettent dans les conditions normales où ils devraient se trouver toujours pour vivre leur vie consciente, accomplir *leur métier d'homme*[3]. La pensée, sous son effort, se réinstalle au sein

---

[1] « Otez l'idée de Dieu dans la conscience, et il fait nuit dans l'homme : la conscience sans Dieu, c'est un tribunal sans juge. » LAMARTINE, cité par VALLET. *Le Kantisme*, p. 321.

[2] « Ne l'oublions pas, rien n'est plus stupide que de traiter un fait psychologique comme s'il n'existait pas, simplement parce que nous sommes incapables de l'éprouver nous-mêmes. » WILLIAM JAMES. *L'Expérience religieuse*, p. 92.

Et A. Rey *(La Philosophie*, p. 8) : « Et puis, pourquoi, parce que je n'éprouve pas certains besoins, vouloir que les autres ne les éprouvent pas, ou tout au moins trouver blâmable qu'ils les éprouvent ? Prétendre façonner les autres à son image, c'est vraiment faire beaucoup trop d'honneur au modèle. »

[3] « Lorsque nous passons d'un état plus ou moins fâcheux à un état meilleur, nous sentons que nous étions misérables alors, sans

des âmes ; *la Personne* réapparaît dans la masse amorphe de ces êtres inconsistants, où la volonté ne dépasse pas le plus souvent l'instinct, où la liberté n'existe guère qu'à l'état de possible !...

Se désintéresser délibérément de l'examen des choses religieuses, sous quelque prétexte que ce soit — intérêts ou affaires —, c'est manquer de droiture, de sincérité, compromettre sa vie d'homme.

Notre égoïsme paresseux s'impose, et du même coup il viole les exigences de la vie, il contredit brutalement l'expérience.

La Religion est au fond de tout, latente ou avouée. Il n'est pas une question qui ne s'y greffe ou s'y ramène. Elle sous-tend toutes nos démarches, et jusque dans les assemblées politiques d'où elle semblerait le plus aisément pouvoir être exclue.

De quelque côté qu'il se tourne, l'homme se heurte à Dieu[1]. Au terme de toutes les avenues où s'engage, sa pensée, son action, il Le trouve[2]. Qu'on s'applique à le méconnaître, ou qu'on se refuse à le saluer, il n'en demeure pas moins *l'inévitable !*...

Parce qu'Il est Celui qui est, on n'échappe pas plus à Lui qu'à la vie. Et ceux qui s'imaginent en avoir fini avec cette obsession fatale, et qui se tuent pour se libérer de son

---

connaître notre misère ; et en vérité nous n'en avions pas alors une conscience bien distincte, mais était-il moins vrai que nous étions misérables ? » MAINE DE BIRAN, cité par NICOLAS. *L'Art de croire*, p. 88.

[1] On ne peut pas l'éviter. Cf. PACHEU. *Du Positivisme au Mysticisme*, p. 331. — L'idée de Dieu ne peut « être exorcisée. » Cf. VALLET. *La Tête et le Cœur*, p. 276.

[2] « La notion et le respect de Dieu arrivent à mon esprit par des voies aussi sûres que celles qui nous conduisent à des vérités de l'ordre physique. » PASTEUR citant FARADAY, dont il fait siennes les paroles. (GUIBERT. *Le Mouvement chrétien*, p. 71).

emprise toute puissante, tombent au même instant entre ses mains vivantes !...

Le Problème religieux est inéluctable. Être ou ne pas être ; réaliser intégralement sa vie d'homme ou se résoudre à vivre mutilé : tel est le dilemme où l'on est engagé malgré soi, du fait même de son existence. Il faut *nécessairement* prendre parti : « Nous sommes embarqués ».

Au surplus, c'est à chacun de faire son choix. La solution du problème posé par la vie est personnelle[1]. Chacun y est pour son compte. Nul ne peut s'autoriser légitimement de l'exemple du voisin, ni se reposer sur lui de la réponse à faire, de l'attitude à prendre.

Lorsqu'il s'agit de choses qui touchent au fond de l'être, soit au physique, soit au moral, il n'y a pas de délégation possible. Notre voisin ne va point déjeuner pour nous, et nous ne lui confions pas, d'aventure, le soin d'aller à notre place faire une promenade au soleil !...

Il est remarquable cependant que bien des gens ne soient point convaincus de ces vérités simples !... Pas plus qu'on n'est savant ou artiste par procuration, on ne peut davantage être religieux. La vérité religieuse, l'objet de la Religion, au même titre que la Nature ou la Vérité scientifique, exige une démarche de *la Personne*, afin d'entrer en contact, de se donner, de se révéler. Là, moins qu'ailleurs encore, pas de suppléances. Nul n'est dispensé... Il faut le redire, insister : je puis mener ma vie d'homme sans être un savant. Il est possible que je résiste à la vocation artistique dont m'a gratifié la Nature. A aucun moment cette abstention volontaire ne m'empêchera d'être humain, dévoué, de répandre autour de moi la bonté et la vie. A aucun moment je ne me sentirai, du fait de mon ignorance scientifique ou

---

[1] Cf. WILLIAM JAMES. *L'Expérience religieuse*, p. xv.

artistique, dans l'état de *faute humaine*. Il ne me semblera point que je fais faillite à mes exigences d'homme. Car je me donne, sous une autre forme. Encore que je spécialise mon dynamisme dans l'action, je ne l'annihile ni ne le comprime. Ma métaphysique vivante, concrète, tout enfoncée dans l'expérience — si je ne m'y absorbe pas et ne la fais point exclusive, au même titre que les partisans exagérés de la Science et de l'Art — demeure ouverte du côté de la métaphysique totale et me porte vers la Religion.

Il n'en va plus de même si je refuse d'examiner, pour ma part, le problème vital. Il est pour moi d'une obligation humaine. Pour être en règle à l'égard de la vérité, j'ai le devoir strict de répondre à l'appel de l'expérience intégrale qui me vient du fond même de mon être[1].

Mon attitude, pour être humaine, doit être conforme au dynamisme qui m'anime, et qui me porte à mettre mon Moi en contact avec la totalité du non-Moi, pour y contrôler mon intuition personnelle, pour y chercher une approbation, un blâme, une modification d'orientation peut-être. A aucun titre je ne suis autorisé à demeurer enfermé en moi-même, à garder une réserve égoïste. Je dois m'ouvrir à tout objet qui me paraît capable de donner à mes puissances intérieures le surcroît de vie dont elles ont besoin. Dans la mesure où je me ferme, je lèse en moi l'humanité, je contredis ma nature, je déforme ma Personne.

La Religion m'affirme : « Il est *un autre*, et c'est par lui que

---

[1] « Ce que j'entends par cette préparation philosophique... c'est l'examen de conscience intellectuel de l'homme qui se résout et se dispose à penser, l'*acte de virilité par lequel un esprit prend possession de lui-même...* Les mous, les indécis, les complaisants, les lâches, les peureux, quelle que soit la beauté de leur esprit, ne seront jamais philosophes. Ils se laisseront manier et mener, sans oser avoir une pensée à eux, recevant du milieu où ils vivent et de l'atmosphère qu'ils respirent leurs idées toutes faites. » OLLÉ-LAPRUNE. *Le Prix de la Vie*, p. 167, 179.

vous atteindrez vos destinées et réaliserez votre rêve intime. »
Si je veux me croire sincère, loyal, ami du vrai, homme de
bonne volonté, j'ai le *devoir* de rechercher la valeur de cette
réponse donnée aux *pourquoi* et *comment* qui m'assiègent de
toutes parts. Ce n'est qu'après cet examen impartial[1], objectif, où je ne devrai apporter ni préoccupations, ni théories
toutes faites, qu'il sera pour moi légitime de revenir à
l'Amour, à la Science ou à l'Art, et de m'y enfermer comme
étant les seules solutions possibles et recevables du Problème de la vie, — si la réponse religieuse ne me paraît
pouvoir satisfaire ni mon esprit, ni mon cœur.

---

[1] « La libre pensée ne constitue souvent qu'une croyance, qui dispense de la fatigue de penser. » Le Bon. *Aphorismes*, p. 88.

CHAPITRE XXII

L'ATTITUDE HUMAINE

La qualité du problème — qui se pose avec une nécessité à laquelle nous ne pouvons nous soustraire que par un acte d'autoritarisme, qui nous rejette hors des limites de la volonté droite et de la moralité; la gravité des conséquences qu'il comporte, — puisqu'il ne s'agit de rien moins que de notre loi personnelle, c'est-à-dire de la règle qui doit régir notre dynamisme et notre action, pour que nous demeurions à la fois fidèles à nous-mêmes et en constant progrès dans notre humaine éducation ; la difficulté probable d'atteindre à cet objet nouveau que la Religion propose comme but dernier de notre effort et de notre amour — tout cela nous indique avec quel sérieux, quelle gravité, je dirai même quel recueillement, il convient de nous appliquer à la recherche que nous nous préparons à entreprendre[1].

---

[1] Pourquoi elle s'impose avec *sérieux* et gravité, Brunetière le dit excellemment: il n'y a pour nous qu'*un problème, un seul : celui de notre destinée*, auquel se ramène *toute la métaphysique*; nous sommes liés au tout, pour notre *compte personnel*. Cf. SCHOPENHAUER, *Revue des Deux-Mondes*, 1er octobre 1886, p. 696.

« La vraie religion est le fruit du silence et du recueillement... Elle naît, avec la délicatesse morale, au moment où l'homme vertueux, rentrant en lui-même, écoute les voix qui s'y croisent. En ce silence, tous les sens étant apaisés, tous les bruits du dehors étant éteints, un murmure pénétrant et doux sort de l'âme et rappelle, comme le son lointain d'une cloche de village, le mystère de l'infini. Semblable alors à un enfant égaré qui cherche vainement à démêler le secret de sa naissance inconnue, l'homme qui médite se sent dépaysé. Mille signes de la patrie provoquent chez lui de mélancoliques retours. Il s'élève

Il importe d'abord de protester avec énergie contre les prétentions des dilettantes en face du problème vital. Ces hommes entendent en effet le dominer de haut. C'est d'un air détaché qu'ils viennent vous dire : « Mais que savez-vous donc de si sûr, pour oser prendre parti dans une affaire de cette importance !... La difficulté même du sujet qu'on propose doit vous interdire à jamais de prononcer dans ce débat un jugement définitif !... Vous avez au moins une chance sur deux de vous tromper !... Et si ce malheur vous arrive, vous aurez gâché votre vie, vous vous serez rassasié de chimères !... En réalité nous ne nous décidons que sur des apparences. Qui donc atteint au fond des choses ?... La vérité se fait par nous. Dites-nous donc ce qu'elle pourrait bien être autrement. Tout est vain en dehors de notre action. Ne soyons donc pas dupes. Epanouissons-nous dans le sens de la nature : elle est bonne. Selon les cas, sachons nous abstenir, regarder, agir ou nous tenir en marge des choses, de manière à ne perdre jamais une parcelle de notre puissance de jouir. Que rien ne nous absorbe[1]. Pré-

---

au-dessus des terres fangeuses de la réalité vers des champs pénétrés de soleil ; il sent les parfums des jours antiques que les mers du Sud conservaient quand les vaisseaux d'Alexandre les parcoururent pour la première fois. La mort, en habit de pèlerin revenant de la Terre-Sainte, frappe à la porte de l'âme, qui commence à sentir ce qu'elle ne voyait pas dans le trouble de la vie, qu'il lui sera doux de mourir. » RENAN, cité par NICOLAS. *L'Art de croire*, p. 74.

[1] « Le premier devoir de l'homme sincère est de ne pas influer sur ses propres opinions, de laisser la réalité se refléter en lui comme en la chambre noire d'un photographe, d'assister aux batailles intérieures que se livrent les idées au fond de sa conscience. On ne doit pas intervenir dans ce travail spontané ; devant les modifications internes de notre rétine intellectuelle, nous devons rester passifs... la production de la vérité est un phénomène objectif, étranger au Moi, qui se passe en nous sans nous, une sorte de précipité chimique que nous devons nous contenter de regarder avec curiosité. » RENAN. Cité par ALLIER. *La Philosophie de Renan*, p. 51.

« Je suis un penseur, comme tel je dois tout voir. Un ouvrage com-

tons-nous à tout, pour en extraire le suc et en sentir l'arome — et puis ne compromettons point notre Moi dans des aventures. Ce qui est, vraisemblablement est le meilleur. N'ayons pas le souci naïf de réformer le monde et d'y vouloir introduire des idées de Devoir, que se forge notre imagination orgueilleuse, à l'usage de nos voisins. Le Devoir, c'est ce qu'on exige des autres. Soyons humbles, ne rêvons pas de régenter l'humanité, contentons-nous de nous y plaire et de lui faire produire toute la somme de plaisir et de bonheur hors duquel tout est chimère[1]. Evitons les excès, tenons-nous dans une juste et sage moyenne, afin de vivre en Beauté et de n'être jamais, quoi qu'il arrive, trompés complètement par le génie malin, railleur, qui pourrait bien, au fond, conduire la vaste fantasmagorie des choses!... Le dernier mot de la sagesse, le seul conforme à l'expérience de la vie, c'est « Peut-être... Je ne sais[2]!... » Le oui et le non, tout secs, sont des termes de barbares, et pleins de contradictions. La vie n'a pas de ces formules brèves, coupantes comme une lame de cimeterre. Ces mots de conquête sont trop peu nuancés[3]. Abandonnons-les à ceux qui font de la logique pure la règle de la vie, et qui manquent du sens des distinctions nécessaires. Que notre pensée, notre langage, se modelant sur la réalité vivante, soient souples,

---

plet ne doit pas avoir besoin qu'on le réfute. L'envers de chaque pensée doit y être invoqué, de manière que le lecteur saisisse d'un seul coup d'œil les faces opposées dont se compose toute vérité. » Renan. *Ibid.*, p. 65.

[1] « Mes chers enfants, c'est inutile de se donner tant de mal à la tête, pour n'arriver qu'à changer d'erreur. Amusez-vous puisque vous avez vingt ans. » Dernier conseil de Renan vieillard! Préface des *Feuilles détachées*, p. 10.

[2] « Je ne suis qu'un Jupiter assemble-nues, mon talent est de former des doutes. » Bayle. Cité par Caussade. *Le Bon sens de la Foi*, t. ii, p. 169.

[3] « Le vrai et le faux ne diffèrent guère que par des nuances. » Renan, cité par Ravaisson, p. 100.

harmonieux, mobiles, toujours en devenir. La seule vérité qui existe, c'est nous qui en sommes les sincères adorateurs. Hors de nous, tout est vain, parce que tout est mensonge par insuffisance ou par rouerie. Tout dogmatique est un naïf ou un habile. Dans notre sagesse suprême, soyons heureux ».

Le dilettante est un *sophiste*. Il a des airs qui en imposent par leur sérénité, et il prononce des paroles qui flattent à coup sûr notre incurable paresse[1], notre secret désir de nous voir supérieurs à la foule des hommes. Ce mépris délicat, qui s'enveloppe de raillerie ordinairement légère et pétillante, semble à plusieurs devoir les faire entrer dans la phalange enviée des êtres spirituels[2]. On aime le galon, chez nous, mais on aime plus encore la lumineuse et impondérable auréole qui nimbe le front des gens d'esprit. On se figure alors marcher dans une gloire[3]. Et c'est assez pour qu'on se risque à fausser compagnie au bon sens, et qu'on soit prêt pour ce plaisir subtil, à se lancer dans toutes les

---

[1] On se pique *d'atticisme*. Or c'est faux : « Socrate comptait au nombre de nos privilèges *le noble labeur que nous devons nous imposer pour arriver à la vérité*: ἐκπονῆσαι πρὸς μάθησιν. » Vallet, *loc. cit.*, p. 192. — « Nous ne cherchons qu'à nous amuser ; les Athéniens cherchaient aussi à s'instruire. » La Fontaine.

[2] « La nature est aujourd'hui la grande enchanteresse. Complètement fasciné par elle, on ne voit qu'elle... C'est de la nature que l'on devient l'esclave... Chose curieuse, cette élégante façon d'être sceptique est donnée comme le fruit savoureux de la critique, de la fine critique. » Ollé-Laprune. *La Philosophie*, p. 186.

[3] « Ne croyez pas que l'homme ne soit emporté que par l'intempérance des sens. L'intempérance de l'esprit n'est pas moins flatteuse... Ce superbe croit s'élever au-dessus de tout et au-dessus de lui-même, quand il s'élève, ce lui semble, au-dessus de la religion... il insulte en son cœur aux faibles esprits, qui ne font que suivre les autres sans rien trouver par eux-mêmes ; et devenu le seul objet de ses complaisances, il se fait lui-même son Dieu. » Bossuet. *Oraison funèbre d'Anne de Gonzague*.

sottises. Le dilettantisme, de quelque nom qu'on le pare, est une maladie ; le dilettante, de quelque harmonieux concert qu'il s'entoure, est un malade qui trompe ses adulateurs et qui répand la contagion.

Ce n'est pas un homme sain, normal, que le dilettante, parce qu'il est d'abord un *égoïste*[1].

Rappelons-nous nos analyses, et nous allons comprendre sa véritable nature.

Son Moi n'a ni pensée, ni amour. Il se tient à la périphérie, au point de contact avec les choses. Il ne s'intériorise nullement pour voir, pour se donner en spectacle la synthèse qui s'opère au fond du donné vivant que nous sommes. Ce retour au centre de l'être exige un effort dont il est incapable, et un détachement de la sensation qu'il ne peut accomplir, parce qu'elle est toute sa vie. Et comme d'autre part il s'y absorbe, son impuissance à se donner est radicale. Il ignore la Bonté parce qu'elle est sacrifice, sortie de soi, service de l'extérieur.

Toute son attention se concentre à la limite du Moi et du non-Moi, à cet endroit précis où se fait la compénétration, au lieu du passage. Là, le dilettante déguste en quelque sorte les sensations, il s'y amuse, sans plus se préoccuper

---

[1] « Le rêve unique du dilettante est de ramener toutes choses à soi, non brutalement et comme s'il devait les absorber, mais avec délicatesse, avec art, avec distinction, pour en goûter l'apparence, bien plutôt que la substance même, pour les emprunter un moment bien plutôt que pour les garder, résolu qu'il est à les changer souvent l'une pour l'autre, crainte de s'y attacher, n'aimant des fleurs que le parfum, des moissons que l'éclat ondoyant, des sentiments que l'expression, de l'activité que le spectacle, des idées que la forme et le mouvement. » KLEIN. *Autour du dilettantisme*, p. 27.

« Cet égoïsme naïf qui, pour s'être raffiné dans la forme, pour être devenu *la vanité maladive* de l'homme de lettres.. n'en ramène pas moins au plus bas degré de l'existence. » SÉAILLES, cité par KLEIN. *Ibid.*, p. 202.

de leur sort à venir, de leur influence possible, de leur valeur intrinsèque. Elles ne valent que relativement à lui, et au moment présent[1].

Et parce qu'il se tient ainsi à la surface de la vie, du cœur et de l'action, il jongle avec des mots dont le brillant cache le vide. Pour les simples, il fait figure de penseur : nul ne leur paraît comme lui remuer des idées, lourdes de sens.

A ceux qui jugent des vocables par leur résonnance, et qui pratiquent avec compétence l'auscultation du Verbe, ils ressemblent à ces hercules de foire qui, au milieu de l'admiration populaire, soulèvent des poids énormes... et creux[2]!...

Ces égoïstes, qui font des dupes, sont des paresseux. Ils posent pour la galerie[3], mais ils sont incapables de l'effort prolongé, méthodique, qui révèle l'homme de volonté, étale dans l'action permanente les puissances intérieures. Ce n'est point par de tels hommes que se maintient l'huma-

---

[1] « Je n'aime que moi, soit en moi, soit dans les autres. Cela veut dire que je suis comme tout le monde. » J. LEMAITRE, cité par KLEIN. *Ibid.*, p. 69.

[2] « Le penseur qui procède régulièrement et méthodiquement est un philosophe. Je nomme proprement penseur celui qui en présence d'un objet sent naître en son esprit une curiosité que ni ses yeux ni ses oreilles ni ses mains, ni aucun instrument de précision ou autre, ni aucune parole d'homme prise comme telle, ni aucun document d'aucune sorte, ni inscriptions ni archives ni livres ne réussiront jamais à satisfaire... Penser ici, c'est comme se trouver seul à seul avec un objet, le considérer, le scruter, le pénétrer, et cela en prenant au fond de soi-même de quoi prononcer sur ce qu'il est ou ce qu'il vaut. Platon a rendu admirablement ce caractère de la pensée : il a dit que penser c'est saisir les choses seules par l'âme seule... » OLLÉ-LAPRUNE. *La Philosophie*, p. 162.

[3] « On réussit surtout par ses défauts... En Bretagne, j'aurais écrit comme Rollin. A Paris, sitôt que j'eus montré le petit carillon qui était en moi, le monde s'y plut, et, peut-être pour mon malheur, *je fus engagé à continuer.* » RENAN, cité par KLEIN. *Ibid.*, p. 58.

nité, qu'elle progresse. « Le « peut-être » est la mort de l'action[1]. La vie exige des êtres de décision, des caractères. Eh! sans doute, l'erreur est possible. Même avec les meilleures intentions du monde, on peut mal aiguiller son énergie. Du moins l'on reste fidèle au dynamisme intérieur qui nous incite à vivre en bonté, à nous dépenser, à prolonger notre Moi dans les autres, à y porter comme un ferment humain son pouvoir créateur. Le véritable trompeur des hommes n'est point celui qui voyant net la complexité de l'action, ses difficultés et ses risques, va de l'avant après avoir prémédité son geste ; c'est celui qui, mollement, oppose son inertie à la poussée d'amour qui, du dedans, le presse de sortir de soi, de devenir plus humain en collaborant pour sa part à l'effort de tous vers une vie plus pleine.

Et parce qu'il n'est pas juste, qu'il est « inique », au sens étymologique du mot, qu'il « se ment à lui-même », le dilettante devient fatalement un jouisseur[2]. Toujours à l'affût de ce qui peut lui faire vivre agréablement sa vie facile, il n'a qu'un objectif: son plaisir. Comme les gens aux yeux desquels le reste du monde n'existe point, et qui imposent à tous leur personnalité envahissante, il s'installe dans la

---

[1] « Le doute nous limite, nous restreint ; la vie est croyance parce qu'elle est volonté, parce qu'elle est amour. Nous travaillons pour la beauté parce que nous l'aimons, et nous l'aimons parce qu'elle est la vie même : tout progrès dans la vie est un progrès dans la beauté. » Séailles. *Le Génie dans l'Art*, p. 27.

[2] « Jouissons, mon pauvre ami, du monde tel qu'il est fait. Ce n'est pas une œuvre sérieuse, c'est une farce, l'œuvre d'un démiurge jovial. La gaieté est la seule théologie de cette grande farce. Mais, pour cela, il faut éviter la mort. La mort est la faute irréparable. » Renan, (*Le Prêtre de Némi*), cité par Klein. *Autour du Dilettantisme*, p. 36.

« L'orgueil de l'esprit aboutissant tour à tour au plus stérile des dilettantismes ou à la plus désespérée des révoltes, l'orgueil de la vie châtié par les égarements de la sensualité, ce sont les deux grandes maladies de l'âme moderne et ses deux grands péchés ? » Bourget, cité par Klein. *Ibid.*, p. 85.

vie et déclare que tout va bien parce qu'il y est à l'aise. Que d'autres se gênent, cela se comprend. Qu'on établisse une morale, des règles, des lisières, un Devoir, pour le commun des hommes : rien de mieux. Il faut cela pour la direction de leur mentalité obtuse, pour leurs passions violentes et qui deviendraient vite un danger. Mais avec lui, que risque-t-on?.. Il ne dépassera jamais les bornes. Et s'il lui arrivait de vous enlever votre honneur, soyez tranquilles, cela se fera en douceur, il y mettra des formes. « Jouer de tout, pour jouir de tout » : cette devise, qui est la sienne, vous garantit contre tout geste qui manquerait de grâce et qui pourrait vous effrayer, vous offusquer.

Ces dilettantes, qui s'en défendent, ont une morale : c'est une morale de parvenus. Ils trouvent que tout est bon, parce qu'ils ont tout à souhait. Mais ils décrètent aussi pour vous un devoir : celui de les admirer, parce qu'ils ont réussi. Le dilettante est le *surhomme*, et quiconque ne lui offre point l'encens comme à un demi-dieu ne fait point pour lui partie de l'humanité.

A cause de cela même, ils n'ont rien à voir avec ceux qui ont besoin de consolations, de certitudes, de principes positifs, lumineux, pour faire face à la vie, non celle des livres, des cénacles littéraires, des salons ou des boudoirs, mais à la vie qui exige de la volonté, du cœur, de l'âme, pour travailler, pour lutter contre le mal, pour se donner aussi, pour se sacrifier, souffrir, mourir !...

Tels sont les hommes que l'on s'ingénie à afficher comme les vrais conducteurs de l'humanité, les chefs autorisés des peuples dans leur marche vers la vérité conquérante et libératrice.

Ces êtres « **gonflés d'esprit** »[1], qui voltigent à tout vent, et

---

[1] C'est à ces hommes que l'on pourrait appliquer le mot célèbre : l'esprit est le tombeau de l'âme !

qui paraissent vivre parce qu'ils s'agitent au moindre souffle, n'ont aucun titre à devenir des *maîtres*. Nous avons vu, à la Science et à l'Art, qu'il fallait pour cela une vie intérieure, une profondeur de personnalité, un désintéressement, un amour de ses semblables, auprès desquels tout dilettante apparaît comme un individu falot, un avorton d'humanité[1]. La comparaison les écrase en les ramenant à leurs proportions vraies : ils sont petits. Appuyez un peu : ils sont vides !.. Et depuis quand prend-t-on des malingres et des tuberculeux, quand il s'agit d'organiser des hommes, de les mettre en mouvement et de les faire agir, sous prétexte qu'ils ont bonne mine et qu'ils présentent de beaux dehors ?.. Cela se fait aux réunions mondaines, dans cette existence factice et grisée, qui a pour soleils les lustres d'un bal ou d'un cotillon, d'où l'on revient fourbu, abêti, en marge de l'humanité vivante et saine, qui commence sa journée à l'aurore, au vrai soleil levant : mais un tel choix est anormal, et presque toujours immoral.

Et pourquoi ne pas le dire, puisque nous avons le devoir de revendiquer pleinement les droits de la vie et de la vérité !... Le dilettante nous apparaît absolument — dans l'ordre de la Pensée — semblable à ces « pourvoyeuses macabres de sensations » que l'on rencontre si nombreuses sur le terrain de l'action et de la vie pratique.

On les voit s'avancer, ces statues vivantes, orgueilleuses et parées, écrasant de leur hautain mépris la foule qui passe et dont elles veulent attirer le regard. Leur insolence altière

---

[1] « Restez profond par l'amour et par l'humilité : *c'est le secret de donner sa vraie sève à l'esprit.* » GRATRY à A. TONNELÉ, *Fragments*. Préface, p. 53.

« Tout grand talent commence et finit par l'amour et l'enthousiasme. Les dégoûtés précoces sont des malheureux qui perçoivent d'avance leur stérilité future, et ils s'en vengent déjà. » P. BOURGET. *Un Saint*, p. 52.

les illusionne sur leur valeur réelle. Elles se croient les reines du monde parce qu'elles en sont les Circé !.. Ces amuseuses ont aussi pour programme : jouer de tout pour jouir de tout... Mais qui donc leur dresse un piédestal ?.. La faiblesse et le vice. Leur parure est menteuse. Semblables à ces tombeaux chargés d'ornements et qui ne recouvrent que pourriture et corruption, on pourrait écrire sur elles : « Ci-gît l'honneur, la famille, l'amour ! ».. Non seulement elles sont stériles, mais elles répandent la mort. C'est leur rôle de liquéfier les forces vives de l'humanité, de dissoudre sa vertu. A la longue, cela peut devenir un métier lucratif. On peut même s'y faire un nom !... Mais si ces êtres-là lancent les modes, créent des courants de snobisme, que les honnêtes gens ont parfois bien de la peine à endiguer, qui donc oserait soutenir qu'ils ont le monopole de l'élégance ?.. Quoi qu'ils fassent, ils ne peuvent porter grand : ils manquent de race. Tout leur attirail n'est que du toc : il est privé de cette grandeur secrète qui fait la Beauté vivante et donne à *la Personne* un nimbe de resplendissante gloire : la fécondité. Le dilettante n'est pas autre chose : c'est l'amuseur de la Pensée. Quiconque se respecte évite son commerce. La vie, avec ce qu'elle comporte de paix stable, de joie intime, d'action dilatée, bienfaisante, est ailleurs[1] !...

Pour apprendre aux hommes leur *métier d'homme*, on n'a que faire des amuseurs. Ce qui est indispensable — comme dans toutes les branches de l'activité sociale, du commerce,

---

[1] « Renan qui connaissait mieux que personne les ravages que peut faire dans une âme « l'esprit cosmique », et qui poussa si loin les deux conséquences signalées plus haut, *le dilettantisme intellectuel* et *l'indifférentisme moral*, Renan savait aussi combien cette doctrine était socialement *malfaisante et corruptrice ;* à certaines heures de plus claire vision des choses, il remerciait ses aïeux, avec émotion, de lui avoir par une existence pure et une conviction ardente, « conservé la vigueur de l'âme en un pays éteint, en un siècle sans espérance. » P. Bureau. *La Crise morale*, p. 295.

de l'industrie — ce sont des compétences, des valeurs, des exemples.

Ceux qui ont quelque autorité pour nous apporter les paroles de vie ne sont jamais des gens qui s'amusent. Ils rentrent en eux-mêmes pour y trouver des pensées directrices, ou bien ils se plongent dans la réalité humaine pour y accomplir leur œuvre d'amour. Le sacrifice est leur loi. Chacun à leur façon ils vivent comme des ascètes. Ils s'appellent : saint Thomas, Descartes, Pascal, Spinosa, Malebranche, Kant, saint Vincent de Paul, Pasteur... les héros des tranchées de 1914-1918 !...

On va sans doute m'objecter ici le succès des dilettantes : « Comment peut-il être si considérable et si continu, semble-t-il, si ce sont uniquement, ainsi que vous l'affirmez, des amuseurs ? »

Ce succès facile, pourrions-nous répondre, en semble d'abord la meilleure preuve. Nous aimons d'instinct les gens qui nous distraient. Il y aura toujours plus de monde autour de la table de jeu qu'au pied de la chaire des philosophes. Nos contemporains ont *peur de l'idée* parce qu'elle demande un effort. Et c'est parce qu'ils flattent ses penchants paresseux, en lui donnant l'illusion de penser, que les dilettantes trouvent toujours un nombreux auditoire. Ce n'est donc pas le succès qu'il faut invoquer comme critérium[1]. Il n'a d'autre valeur que celle des gens qui s'en font les auteurs volontaires ou enthousiastes. Dans le royaume des aveugles, dit le proverbe, les borgnes sont rois.

Examinez donc d'où sortent les apôtres du dilettantisme ! C'est dans le monde des désœuvrés qu'il recrute ses plus chauds partisans. A ces gens qui n'ont rien à faire qu'à

---

[1] L'opinion ne suffit pas à décider de la valeur d'une œuvre d'art. Cf. Taine. *Philosophie de l'Art*, t. ii, p. 297.

regarder couler les jours, il faut des œuvres capables de raviver leurs puissances natives de sentir, plus ou moins blasées. Ce qui convient à leurs esprits anémiques est de même nature que ce que supportent leurs estomacs fatigués[1]. Préparez donc des choses raffinées comme leurs toilettes, si vous voulez vous faire un nom, être l'homme dont on parle, asseoir votre réputation !...

Vous protestez et vous dites : « Mais leur succès n'est pas inférieur dans le peuple, et votre condamnation ne porte point !.. »

Vous n'ignorez pas d'abord, répondrons-nous, que les dilettantes n'ont guère souci de la foule, et que d'ordinaire ils la traitent de haut, non sans quelque mépris[2]. Ces hommes qui se posent en aristocrates de la plume n'écrivent pas pour les petites gens. Ils ne s'adressent qu'aux délicats, aux raffinés. D'ailleurs ils sont bien sûrs d'atteindre la masse, au moins par ricochet. Ces hommes pratiques n'ignorent point que c'est le salon qui fait la mode dans la littérature comme dans les habits. L'esprit d'imitation gouverne tout. Les gens du commun, les bourgeois et les nobles, portent les mêmes vêtements et s'engouent des mêmes auteurs : les uns pour se distinguer et affirmer leur supériorité native ou acquise, les autres pour diminuer les distances et pour, du moins par le dehors, proclamer leur égalité !... Les dilettantes en profitent. Ceux qu'ils flattent en haut lieu leur prodiguent leurs louanges ; ceux d'en bas renchérissent encore pour sembler n'être point des esprits inférieurs. Et cet enchaînement de

---

[1] « C'est si facile, si doux, si distingué de jouer avec les idées, de s'en caresser l'intelligence, d'en extraire l'essence, et, comme un riche répand sur ses mouchoirs des parfums dont le prix nourrirait des familles, d'en saupoudrer élégamment sa vie. » E. Rod, cité par Klein. *Autour du Dilettantisme*, p. 55.

[2] La racaille, la canaille... comme ils l'appellent !

complaisances réciproques est d'un comique achevé, pour l'observateur désintéressé qui s'attarde à le contempler !

« Il y a plus que cela, poursuit-on. Vous voyez les choses par leur petit côté seulement. Ce succès est légitime, car il a pour fondement un vrai talent littéraire, qui chez certains est tout exceptionnel. »

Voilà le grand mot lâché. La raison du culte rendu au dilettantisme, c'est sa qualité littéraire. Elle explique tout, légitime tout.

Je suppose donc d'abord que les dilettantes soient tous des artistes de lettres. Et je demande : « Est-ce que l'art d'ordonner des mots, d'arranger des syllabes, de créer des harmonies de sons, des cadences d'antithèses, de chatouiller l'oreille... est la loi suprême de la vie ?... En quoi cet alexandrinisme décadent importe-t-il si fort aux destinées des hommes ?.. La vie se résumerait-elle dans l'écriture, et n'a-t-elle point comme but dernier l'action et la bonté ?... En vérité, il faut être bien naïf, avoir bien peu de réflexion et de qualité humaine, pour déplacer ainsi les questions et transposer les valeurs de l'existence !..

« Et puis qu'on veuille bien nous dire de plus si le Verbe de ces dilettantes, qu'on vénère comme des magiciens, suffit à transmuer en vérités tout ce qu'ils touchent, puisqu'on a l'air de prétendre qu'il faut croire sur parole toutes leurs affirmations ?

« Ces hommes sont des sophistes et vous en faites des prophètes. Leurs livres deviennent des Evangiles, et c'est sur leurs doutes que vous fondez vos certitudes !... Variété n'est pas nécessairement contraire de vérité. Ils disent, et vous imposent dogmatiquement, que les opinions étant diverses, vous ne devez rien croire !

« Mais d'autres n'ont pas un moindre talent, qui nous affirment le contraire. Avec un sérieux qui n'exclut ni l'agrément ni la beauté de la forme : « Prenez garde aux amuseurs, murmurent-ils[1]; ne vous laissez pas attirer par « les airains sonnants et les cymbales retentissantes ». Si l'art littéraire ne s'appuie pas sur des pensées fortes, vivantes, capables de faire votre éducation d'homme, de vous rendre plus humain, — *humaniores litterae* — en quoi diffère-t-il de l'art de sertir des diamants ou d'enfiler des perles !... Dans une rivière de brillants, dans un collier ou dans un diadème, cet art est secondaire : ce qui d'abord a de la valeur, nous attire, nous retient, c'est la pierre précieuse et rare. Attachez-vous à la pensée humaine et vivifiante, c'est la vraie richesse de l'œuvre littéraire. »

Qui fera le départ entre ces affirmations contraires ? — La vie, l'action.

N'y eût-il aucun adversaire du dilettantisme capable de manier comme eux l'art littéraire, qu'il faudrait en appeler de leurs prétentions à la norme humaine qui préside — nous l'avons vu — à *toutes* les démarches des hommes : de leur cœur, de leur esprit, de leur imagination. Et cette norme, c'est *l'éducation de la Personne*, le progrès de son dynamisme d'amour, son épanouissement en bonté[2].

---

[1] « Ce sont des « virtuoses » que ces philosophes prétendus. Ils n'ont en vue que de montrer ce qu'ils peuvent faire, ce qu'ils savent faire. Mais la valeur de ce qu'ils disent ? C'est bien de cela qu'il s'agit !.. » OLLÉ-LAPRUNE. *La Philosophie*, p. 45.

[2] Toute idée, toute doctrine, doivent être rejetées comme fausses, si subtiles qu'elles soient, et soutenues de n'importe quel nom, dès lors qu'elles rendent notre âme moins capable d'aimer, de vouloir, de servir. Méditons ces lignes lumineuses de Barrès à Séverine à propos du monument de J. VALLÈS. « L'auteur de l' « Enfant » est un des maîtres de la prose française. Je ne lui marchande pas ce témoignage. Mais son œuvre, n'est-ce pas, nous ne pouvons pas la considérer comme un exercice de virtuosité. Elle a un sens très net et terrible. Elle prend

Sont-ils créateurs de bien, ces dilettantes si vantés?... Sont-ils bons, d'abord. Car quiconque n'aime pas en fait, ne se donne pas, manque de générosité, ne paie point d'exemple, — celui-là n'est qu'un rhéteur. La bonté vraie exige autre chose que des mots pour qu'on puisse la croire réelle. Quand on ne se dépense pas au service des hommes, sous une forme ou sous une autre, et qu'on ne prouve point son désintéressement actif, on n'a aucune autorité pour parler en son nom. Les brillants dehors du dilettante cachent mal sa misère humaine : il n'est pas bon parce qu'il ignore le sacrifice, celui qui engage le Moi, et le fait, par amour, serviteur. Dilettantisme et égoïsme vont de pair : ne l'oublions pas.

Et puis, portent-ils en haut, éduquent-ils?... Comment le pourraient-ils donc? Il est nécessaire, pour monter, d'avoir

---

place dans la série des « œuvres libératrices. » Vallès est l'homme qui nous libère de la famille, qui nous libère de notre père et de notre mère, qui nous dit : « Juge-les et, s'il y a lieu, condamne-les. » Je n'accepte pas, je repousse cette liberté qu'il m'apporte. Je dis : « Tu ne jugeras ni ton père, ni ta mère... » En toute honnêteté il m'est impossible d'accepter la place que vous m'offrez dans un comité Vallès. J'ai cherché de quelle manière je pourrais, pour vous donner satisfaction, distinguer entre l'écrivain et le propagandiste, mais vraiment il n'y a rien que de sophistique dans ces sortes de distinctions. De quelque manière qu'on se précautionne, élever une statue à un écrivain, c'est dire au passant : « Passant, arrête-toi, rends un hommage dans ton cœur à cet homme, et puis, à ton premier loisir, ouvre et médite ses livres. Ils renferment des vérités. Ecoutes-les, ils te perfectionneront. »

« Que voulez-vous, Séverine, je puis bien dire à un jeune lettré : « J'ai lu Vallès ; sa phrase brève est un modèle de relief et de cadence ; il t'apprendra ton métier. » Mais, plus avant, comment pourrais-je aller ? J'aime mon père et ma mère, et j'aime le Louvre que votre ami voulait brûler. » *Le Courrier du Centre*, 2 février 1914.

« L'impossibilité où il (Renan) se voyait de plus en plus de faire des sottises l'autorisait à dire toutes celles qui lui passaient par la tête ; il se rendait cette justice qu'il n'avait fait aucun mal, *il ne songeait pas qu'écrire, c'est agir, et qu'on a sa part des fautes de tous ceux dont on affaiblit la conscience et la volonté.* » Séailles, cité par Klein, *loc. cit.*, p. 39.

un idéal. Toute vie proprement humaine est une ascension[1].
Elle a la vision de cimes plus altières que le Moi individuel,
fût-il celui d'un dilettante, et elle va vers ces sommets, sous
l'empire de leur attirance invincible. Les vrais éducateurs
affirment et prouvent ; les dilettantes doutent. Bien plus,
leur exemple nie. Il est la démonstration vivante qu'ils ont
pris parti, quoi qu'ils en disent, et qu'à leurs yeux il n'est
qu'une vie bonne, celle qu'ils mènent et qu'ils étalent comme
la forme supérieure de l'humanité.

Et parce que le dilettantisme est un instrument de déliquescence, un ouvrier de lèse-humanité[2], il convient enfin
de le dénoncer sous la forme — paradoxale en apparence —
qu'il revêt souvent : celle de l'action. Elle n'est d'ailleurs
que la conséquence logique du dilettantisme littéraire.

« La sagesse, dit-on, n'est point de prononcer même un
« peut-être », mais « de ne penser à rien ». A quoi bon s'occuper des problèmes que soulève la curiosité des hommes !...
Cette attitude est malsaine. On finit par y laisser quelque
chose de sa quiétude et de sa bonne humeur. Vivons en
nous plongeant tout entiers dans la réalité concrète, divertissons-nous[3]. Soyons actifs jusqu'à nous étourdir, s'il est

---

[1] « La vérité étant un sommet, tout chemin qui monte y conduit. »
LE PLAY.

[2] « Le dilettantisme détruit l'homme. Il le rend malade, et par défaut, et par excès. Il lui ôte tout ressort et énerve en lui la volonté.
Il produit une véritable atrophie. Il tend aussi à détruire ce que dans
l'homme il exalte : la sensibilité, qu'il rend suraiguë, qu'il affine à
l'excès, qu'il fausse, en sorte que le plaisir devient peine et la peine
plaisir ; l'intelligence, qu'il dissout par l'habitude de l'analyse à outrance, qu'il abîme dans les objets de son inerte contemplation, et
qu'il finit par rendre incapable de saisir ces mêmes objets, la condamnant, par l'excès même d'une précision aiguë, au vague et à une confusion sans remède. » OLLÉ-LAPRUNE. *Le Prix de la Vie*, p. 49.

[3] « Tous les hommes, sauf un petit nombre qu'on appelle pour cela
des hommes intérieurs, et qui sont justement les croyants, ont une

nécessaire, pour que n'arrive pas jusqu'à nous le bruit de ces discussions oiseuses, où nous serions entraînés, malgré nous, par amour-propre, à vouloir placer notre mot. Eteignons la pensée, mère de toutes les disputes humaines; soyons pratiques, uniquement. Ainsi nous vivrons dans la paix !... »

Nous connaissons tous des hommes ayant tenu ou tenant encore de semblables propos. Et nous savons aussi le résultat d'une telle méthode. Le divertissement qui n'est pas une détente, une reprise de force, mais un état, une méthode, est une abdication. La lâcheté n'a jamais rien produit d'humain ! Si nous sommes engagés dans la vie, il faut pourtant que nous fassions état de ses exigences. Des aveugles conduits par des aveugles vont immanquablement aux abîmes et à la mort. Que dirait-on d'un homme qui, prenant par la main ses enfants, s'engagerait tout à coup, après avoir placé un bandeau sur leurs yeux et les siens, à travers l'avenue des Champs-Elysées ?... Un cri d'horreur saluerait cette folie humaine !...

Celui qui, se croyant un homme, a l'ambition légitime, salutaire, de n'être point un anormal[1], un monstre dans

---

passion singulière, si générale qu'elle soit, c'est de sortir d'eux-mêmes, de s'éviter, de se fuir, de se divertir, comme ce mot usuel le dit fort bien ; ce qui ne cesse que du jour où ils viennent à se convertir, c'est-à-dire à rentrer en eux-mêmes pour se donner à Dieu. » NICOLAS. L'Art de croire, p. 77.

[1] « On peut se passer de voir clair, de comprendre ; mais voir clair et comprendre, c'est le vœu de la pensée humaine, et pour quiconque en a la force et le loisir, y tendre avec effort sans y prétendre, c'est un devoir. Y parvenir est un bonheur et une joie. » OLLÉ-LAPRUNE. La Philosophie, p. 365.

« Ne considérons-nous pas comme des âmes estropiées par rapport à la vérité, celles qui, détestant le faux volontaire et ne pouvant le souffrir sans répugnance dans elles-mêmes, ni sans indignation dans les autres, n'ont pas la même horreur pour le faux involontaire, et qui, lorsqu'elles sont convaincues d'ignorance, ne s'indignent pas contre l'humanité, celui-là a le devoir strict de s'occuper et de se préoccuper de la Vérité. Il n'est au pouvoir de personne de la supprimer de sa vie, de diminuer ses exigences, de ne la pas compter comme le facteur principal de son action, sans courir tôt ou tard un risque mortel[1].

* *
*

La Vérité a sur nous en effet des droits imprescriptibles, et quiconque se refuse à les reconnaître, et adopte l'attitude d'un dilettante dans la question du problème religieux, doit être taxé de sottise, de légèreté coupable ou de mauvaise foi. Pas d'autre alternative. Nulle excuse ne peut être ici légitimement apportée. Ni la paresse, ni le parti pris ne suffiront jamais à mettre la conscience en paix avec elle-même[2].

Que nous le voulions ou non, la Vérité *est*. Indépendante des opinions, des modes, des snobismes, des coteries, des désirs passionnés, égoïstes, elle réside en nous au centre même de notre être[3]. Elle nous tient par le dedans. Plus

---

elles-mêmes, mais se vautrent dans l'ignorance, comme le pourceau dans la fange ? — Oui, certes. » PLATON, cité par NICOLAS. *L'Art de croire*, p. 87.

[1] « C'est nuire à la découverte de *la* vérité que de l'apprécier, comme les pragmatistes, d'après son degré d'utilité... La vérité n'est ni une entité, ni une commodité, ni une utilité, mais *une nécessité.* » LE BON. *Aphorismes*, p. 134. Elle suppose donc *l'être* ; elle est *une exigence de la Vie et de l'Action.*

[2] « Totum in eo est ut tibi imperes. » CICÉRON. *Tuscul*, l. II, ch. 49.

[3] « La vérité accueille tous ceux qui l'aiment. Aucun n'est jaloux, car elle se livre à tous sans rien perdre de sa pureté... Ceux qui, de par le monde entier, se tournent vers elle pour l'aimer, la possèdent tous, près d'eux, toujours. Supérieure à toute localisation et partout présente, hors de nous elle éveille notre attention, à l'intime elle nous enseigne. Tous ses contemplateurs, elle les change et les améliore sans qu'aucun l'altère ou la détériore... Malheureux donc ceux qui ne se

nous que nous-mêmes, elle est notre loi vivante, immatérielle, profonde, la condition première de notre personnalité, la racine de notre Moi[1]. Nous semblons édifiés sur elle. Si par hasard elle venait à disparaître, nous nous évanouirions aussitôt comme un songe !... Et si nous pouvons nous y soustraire par un acte d'autoritarisme intérieur, qui lui impose le silence et la tient à l'écart de notre vie pratique, du moins nous sommes impuissants à la détruire[2].

Antérieure à nous, elle nous est aussi *supérieure*. Ne point obéir à la poussée de notre dynamisme intérieur, nous écarter de la ligne humaine, c'est à la fois lui manquer de fidélité, lui faire violence, nous déformer du dedans. Et c'est aussi introduire en nous la contradiction, par un abus criant de notre liberté. Mais parce que la vérité préside à notre développement humain, dont nous ne pouvons en défi-

---

guident plus sur Toi. Ils aiment tes signes ; et Toi, ils T'oublient, ô très douce Lumière des esprits purifiés, Sagesse, Toi qui, sans cesse, nous fais signe par la beauté créée : malheur à ceux qui aiment ton œuvre, au lieu de t'aimer Toi. » SAINT AUGUSTIN. *Les Etudes*, 5 septembre 1913, p. 652.

[1] « Vouloir le vrai bien, c'est se vouloir soi-même. » RAVAISSON, p. 252.

[2] « Disons-le donc et redisons-le, il y a usage et usage de la raison, en vertu d'une règle indépendante de nos caprices, de nos humeurs, de nos passions, de nos grossièretés ou de nos raffinements, de nos faiblesses ou de nos témérités... parce qu'il y a quelque chose à affirmer : quelque chose que nos négations ne détruisent pas, que nos doutes n'ébranlent pas, que nos erreurs n'atteignent pas, non plus que nos adhésions et notre clairvoyance n'en produisent l'existence ; et si nous affirmons ou nions ce qui est, cela n'y ajoute rien, ni ôte rien, mais notre pensée gagne ou perd en valeur : affirmant ce qui est, elle est vraie ; le niant, elle est fausse ; et ce qui fait son prix, c'est justement cette relation exacte avec ce qui est, cette convenance avec ce qui est, disons cette conformité à ce qui est. Aussi c'est une vérité élémentaire et primordiale que toutes les assertions ne se valent pas... que précisément il y a du vrai et du faux, et qu'il y a à se préoccuper moralement de ce qu'on fait de sa pensée et de la situation où l'on est à l'égard de certains objets de la pensée. » OLLÉ-LAPRUNE. *La Philosophie*, p. 345.

nitive que fausser les ressorts et dévier la direction normale, en face de cette contradiction introduite par nous au centre de notre Moi, elle se lève comme le juge toujours présent, suprême, en dernier ressort[1].

Ou plutôt, à vrai dire, c'est nous qui portons sur nous-mêmes notre propre condamnation. De toutes nos actions, pensées, sentiments ou désirs, rien ne s'égare, rien ne se perd[2]. A chaque minute, à chaque battement de notre cœur,

---

[1] Il ne sert de rien d'avoir contre elle du parti pris et de la traiter avec une désinvolture hautaine. Voici un exemple qui mérite d'être relevé comme une sorte d'attitude-type, car elle est le fait de plus d'un contemporain connu de nous. Après avoir reconnu que « ce que les « mathématiques — et la science qu'il identifie avec elles — nous « enseignent, ce sont les rapports des choses au point de vue de l'ordre, « du nombre et de l'étendue » (p. 100), M. A. Rey continue : « La mathé- « matique crée donc un art, qui est l'art d'exprimer *tous les rapports « possibles.* » (p. 101). Et il conclut : « Qu'importe le port par lequel « nous avons abordé la réalité si, en l'explorant de proche en proche, « nous arrivons quand même à en faire complètement *le tour.* » (p. 107). Ainsi tout se réduit pour nous à prendre des choses une connaissance *tout extérieure* et « superficielle » ainsi que nous l'avons indiqué déjà (cf. sup. p. 355). Mais *le dedans* de l'être, on n'en a cure, et on le traite de *transcendantal :* les mathématiques suffisent à tout. « Leur valeur « et leur portée sont *absolues,* humainement parlant. Quant à parler « plus qu'humainement et à un point de vue transcendantal, j'avoue « que je n'en connais pas encore le secret, *et qu'il m'importe très peu « de le connaître.* La possibilité d'avoir des choses toute l'intelligibilité « humaine, leur traduction fidèle en langage d'homme, me suffit. » (p. 104-105). Or, c'est là toute la question : cette attitude est-elle humaine ? Oui, si *toute* l'explication de l'être se ramène aux rapports *extérieurs* précités. Nous le nions, en nous appuyant sur l'analyse psychologique. L'attitude humaine intégrale comporte autre chose que les mathématiques. A cela que répond-on ? « Que l'on *ne veut pas* accepter « d'autre juridiction que celle de la science. » (p. 42). C'est clair : la science, *d'autorité,* chasse la conscience. Et c'est après cela qu'elle prétendrait lui imposer des directions, lui donner des ordres. Qui dira combien fait de victimes cette philosophie prétendue scientifique, rationalisme exhorbitant et autocrate ! (Cf. Abel Rey, *La Philosophie moderne*).

[2] « Chacune de nos pensées contient quelque chose de tout ce que nous pensâmes jamais, quelque chose de tout ce que jamais nous

nous écrivons notre livre de vérité[1]. Ce qui est, est ; nulle puissance au monde ne le pourra désormais détruire. Mais s'il se trouve que par notre faute, parce que nous n'avons pas voulu voir clair ou obéir à l'impératif nettement perçu aux heures de calme et de sincérité, et qui nous dit : « Agis en homme », — à qui devrons-nous nous en prendre si nous n'avons pas vécu selon la Justice ?

Et parce que chacun de nos actes, en quelque manière, engage le suivant, le détermine partiellement et restreint la puissance ou les limites de notre liberté[2] ; parce que toute démarche contraire à la loi de l'homme et à la vérité humaine fausse notre vision intérieure et vicie notre jugement pratique, il importe par-dessus tout de garder intérieurement une attitude de loyauté[3], d'être un homme « droit », de nous libérer de toute légèreté, de toute sujétion, d'être « juste », c'est-à-dire de marquer à chaque instant, si je puis dire, au cadran de notre âme, — comme la petite

---

penserons. Comme en effet il n'est point de mouvement qui ne dépende de tous les mouvements qui se sont jamais accomplis, et qui ne doive contribuer à tous ceux qui jamais s'accompliront, il n'est point de pensée en laquelle ne retentisse plus ou moins obscurément tout ce qui fut, et qui ne doive subsister et se propager elle-même sans s'éteindre jamais, comme en vibrations éternelles. Chaque âme est un foyer où se réfléchit de toutes parts, sous mille angles différents, l'universelle lumière et non seulement chaque âme, mais chacune des pensées, chacun des sentiments par lesquels se produit sans cesse, du fond de l'infini, son immortelle personnalité. » dit, après Leibnitz, RAVAISSON, p. 223.

[1] Cf. GŒTHE, *Entretiens avec Eckerman*, p. 21.

[2] « Prendre un homme à un moment donné et puis dire : il ne voit pas, il ne peut voir ; c'est oublier la continuité qui relie nos actes à nos actes... Comment vous êtes-vous servi de vos yeux, comment les avez-vous dirigés et traités ?... Cette impuissance à voir n'est-elle pas *une impuissance acquise ?* » OLLÉ-LAPRUNE, *Le Prix de la Vie*, p. 201.

[3] La bonne volonté, la seule chose *bonne*, d'après Kant. Celle à qui l'Evangile promet la paix : « *pax hominibus bonæ voluntatis.* »

montre, minutieusement entretenue et réglée sur l'horloge type —, l'heure vraie, l'heure éternelle.

Pour être « vrais », soyons des hommes, agissons pleinement en hommes. Obéissons à la logique de la pensée et de la vie[1].

Car les conflits que nous pouvons soulever, au gré de notre arbitraire, entre notre égoïsme et la règle de notre vie, la norme de notre action, peuvent aisément nous faire illusion sur notre véritable puissance. Nous sommes si naïfs et si peu réfléchis, que la révolte nous semble toujours ouvrière de progrès. Mais c'est à tort. Les résultats ainsi obtenus devraient nous donner la lumière. Or, dans ces luttes intestines, provoquées par nous, nous ressemblons fort à un arbre que sa sève pousserait dans le sens de son développement harmonique et normal, et qui, du dehors, serait perpétuellement contrarié. Qu'adviendra-t-il d'un tel arbre ? Jamais il ne s'épanouira en beauté et ne réalisera l'idéal de son espèce. On pourra toujours rêver pour lui des fruits plus nombreux et plus pleins de saveur.

Et nous, marchons-nous sur la ligne de vie ? Pouvons-nous nous rendre le témoignage que notre Personne, dans sa pensée et son action, produit tous les fruits de savoureuse humanité que nous sommes en droit d'en attendre à chaque période de notre existence ? Sommes-nous du moins

---

[1] « La philosophie aspire à être un *microcosme :* comment ne faudrait-il pas que *tout* ce qui est dans l'homme y contribuât, y prît part ? Elle s'étend à tout et en tout veut aller au fond : comment n'emploierait-elle pas toutes les ressources intellectuelles et morales de l'homme ? En négliger une, c'est s'exposer à quelque méprise, à quelque erreur... Qui ne vit pas d'une vie totale et normale ne peut philosopher comme il faut.. La philosophie naît de la vie et en est l'image réfléchie... On ne philosophe point pour donner satisfaction à un besoin vulgaire, mais *pour être plus et mieux homme*, et parce que déjà on est homme à un degré assez haut. » OLLÉ-LAPRUNE. *La Philosophie*, p. 365.

en mesure de nous développer dans un constant progrès, parce que nous répondons à toutes les sollicitations intérieures, à tous les appels du dehors, vers plus de beauté morale et de bonté?

Eh! sans doute, je n'ignore point que nous sentons deux hommes en nous! Mais être fidèle à la vérité, c'est travailler au triomphe de l'homme supérieur. Et cela se fait par d'autres voies que celle du dilettantisme, du doute volontaire, du jeu facile et odieux que l'esprit fait des choses vivantes.

On pardonne aux jongleurs leurs tours d'adresse, et leur amusement des badauds... Il arrive même aux plus sages de s'arrêter un instant dans le cercle de leurs béats admirateurs, parce que l'adresse ne nous déplaît point, et jongler est une forme d'art inférieur. Mais à condition qu'ils ne manient que des choses mortes. Nous ne leur permettrions point de prendre pour patients de leurs tours des enfants au berceau!.. Tout notre être s'insurgerait, et nous ferions à ces bateleurs un fort mauvais parti!..

Que dire alors de ceux qui jonglent avec les nobles et vivantes idées: avec la conscience, le cœur et l'âme!... Je veux bien qu'ils ne les brisent pas et ne les laissent point s'écraser contre terre... Mais croit-on qu'elles ne sortent pas de ce jeu inhumain disloquées, meurtries, défigurées, méconnaissables!.. Et ne sont-ils point une invite pressante — pour la foule — à reproduire leurs gestes, sans y apporter la même adresse, et à mettre en pièces ce qu'ils ont eu l'habileté funeste de ne point détruire!...

Ecartons-nous des dilettantes, impitoyablement; ne soyons pas leurs dupes. Leurs jongleries cesseraient d'elles-mêmes, s'ils ne trouvaient point de badauds intellectuels[1]. Passons;

---

[1] « Vivre sans un système sur les choses, c'est ne pas vivre une vie d'homme... Je comprends la foi, je l'aime et la regrette peut-être. Mais ce qui me semble un monstre dans l'humanité, c'est l'indifférence et

ne craignons pas, s'il est nécessaire, de dire le mot vengeur à la foule naïve, et allons aux besognes humaines, à celles dont vivent les hommes. Et pour ce faire, écoutons la Vérité qui nous presse, prenons une conscience plus pleine du Devoir.

.˙.

« Fort bien, va-t-on me répondre, mais veuillez donc nous dire clairement ce qu'il est, le Devoir. Car s'il fut jamais vrai d'affirmer qu'il est « plus difficile de le connaître que de l'accomplir », c'est bien de nos jours.

« L'anarchie est partout. Les esprits « flottent à tout vent de doctrine. » Les opinions les plus contradictoires sont soutenues, non sans talent. A qui croire? Où est la doctrine qui rallie une majorité de suffrages sérieux et qui s'impose à l'attention?

« Vous me direz sans doute que les divergences d'opinion de la multitude n'infirment pas la vérité, et qu'il faut en chercher ailleurs le critérium...

« D'autre part, si j'interroge les hommes d'une science qualifiée et authentique, les maîtres de l'heure, sur ces questions que vous tenez pour essentielles, ils me répondent : « Ce sont là problèmes hors de notre compétence, et dont nous n'avons pas à nous soucier pour faire de la Science. Nous n'y donnons pas de réponse ; adressez-vous aux philosophes de profession. »

« Mais si je m'adresse à ces derniers, qui passent pour garder jalousement la clef de la sagesse, je trouve dans leurs affirmations les mêmes contradictions que dans les foules. Et rien ne satisfait là mon besoin de clarté, mes aspirations humaines.

---

la légèreté. Spirituel tant qu'on voudra, celui qui en face de l'infini ne se voit pas entouré de mystères et de problèmes, *celui-là n'est à mes yeux qu'un hébété.* » RENAN, cité par BUREAU. *La Crise morale*, p. 145.

« Que faire alors ?.. Je ne vois pratiquement qu'une attitude possible et satisfaisante. Ni scepticisme, ni dogmatisme. Ce sont des extrêmes ; je les laisse aux passionnés et aux violents. Une sorte de voie moyenne est la voie du salut. Ne pas affirmer absolument, ne pas nier radicalement. L'expérience de la vie ne le permet pas au sage. Le dilettantisme, à condition de n'en point faire un pur jeu, et de l'entendre dans le sens d'un abstentionnisme raisonnable et respectueux, pourrait bien être le dernier mot de la philosophie de la vie, le seul fondement solide sur lequel un homme d'esprit, hanté du souci de vivre en honnête homme, pût asseoir son action et sa pensée !...

« Vous me dites : venez et voyez ; prêtez l'oreille aux réponses religieuses dont vous n'avez nullement jusqu'ici fait état !

« Eh ! je sais bien que la Religion se pique de donner des lumières et de fournir des solutions... Mais on me crie de toute part : charlatanisme, abus de la crédulité !..

« Puis, si je n'hésite point d'autre part à reconnaître mes insuffisances, très vivement soulignées par vous dans tout ce qui précède, comment pourrais-je tenter une démarche — pour instituer sur elle une enquête sincère — vers une discipline que vous m'affirmez être nécessaire, et qui m'apparaît radicalement contraire à mes aspirations les plus intimes !..

« Car je suis un homme de mon temps. Et vous n'attendez pas sans doute que je cherche à me défaire d'une façon de penser et de vivre qui m'est imposée par le milieu où je suis socialement contraint de me mouvoir. Autant vaudrait d'ailleurs essayer de sauter hors de mon ombre.

« Vous m'affirmez que la Religion achèverait mon être et réaliserait mon rêve. Mais peut-être ne vous doutez-vous point encore des conditions qu'elle devrait m'offrir, — si jamais elle avait quelque chance de m'apparaître comme légitime !.. Les voici en quelques mots qui vont sans doute vous donner à penser.

« Si la Religion existe, elle devrait avant tout respecter ma personnalité. Je suis ce que je suis, et nul n'a le droit de me diminuer d'une ligne sans mon assentiment. Mon ambition est de grandir. Je puis me tromper sur les moyens, m'égarer sur une fausse route, mais au fond je n'ai qu'un désir : me développer, prendre plus d'être. Une religion qui contredirait mon humanité ne me paraîtrait jamais comme divine, car ce qui vient de Dieu ne peut contredire son œuvre primitive, — si toutefois je suis bien cela, ainsi que la Religion le prétend. Toute religion qui porterait une atteinte à ce qu'il y a en moi de plus radicalement humain, ma volonté, mon cœur, ma raison, est condamnée d'avance. Toute religion qui ferait obstacle à mes aspirations légitimes n'a aucun droit à me demander la conduite de ma vie. Une telle abdication serait une faiblesse, une sottise ; j'ai le devoir de vivre ma vie, de rester un homme, envers et contre tout et tous.

« Bien plus, si Dieu existe et qu'il veuille avec nous des relations religieuses authentiques, dès lors que nous y adhérons librement, que nous y engageons volontairement notre Personne, il se conclut entre nous, de ce chef, un véritable contrat. Nous nous lions, mais parce qu'il s'est lié d'abord. Et nous avons le droit de retirer de cette mise en commun quelques avantages. Il se doit, et il nous doit, de nous les procurer. Et nous pouvons attendre et même réclamer de lui quelque chose qui nous fasse supérieurs à nous-mêmes, à ce que nous serions si nous demeurions sans contact avec lui. S'il est une religion vraie, elle impose au croyant et à Dieu l'attitude de la mutualité, de l'association, où chacun apporte sa part dans l'intérêt commun.

« En somme, pour tout homme qui pense, la Religion authentique ne pourrait prétendre à être divine qu'à la condition d'être humaine, avec une plénitude qui ne laisse subsister aucun doute sur son contenu divin et sur sa valeur d'humanité. Se plier n'est pas se tuer. Et mieux vaut pour l'homme rester dans son isolement et comprimer ses aspirations vers une vie plus complète, que d'acheter, au prix d'une mutilation, un bonheur qui serait un mensonge, et qui tôt ou tard finirait par le dégoûter. La Vérité, si elle existe telle que le prétendent les hommes religieux, se doit à elle-même d'être avant tout la vie et de créer la vie. Plus encore : si la vraie Religion existe, elle doit être une *exaltation de la Personne*, une *apothéose du Moi*. »

.·.

Soit, répondrai-je à mon interlocuteur. La vigueur même avec laquelle vous accentuez vos revendications en face de Dieu, et qui pourrait paraître à d'autres un orgueil insensé, me semble au fond un cri ardent de tout votre Moi vers le Beau et le Bien, qu'il désire passionnément, qu'il appelle impérieusement[1]. Vos exigences me prouvent qu'au fond vous vous faites de la Divinité une idée très haute et très humaine à la fois. Cela n'est point pour me déplaire, car je sais bien qu'au sein de plus d'une révolte se cache un amour qui s'ignore. Le Dieu de votre rêve est si grand qu'il vous paraît inaccessible. Et c'est pourquoi vous le croyez inexistant, incapable de sortir du domaine de l'imagination et de prendre pied dans la réalité. J'espère que vous le verrez peu à peu descendre, s'approcher de vous, vous parler, vous convaincre, sans qu'il perde rien à vos yeux de sa

---

[1] « Prendre au sérieux, presque au tragique, le drame qui se joue dans les intelligences et dans les cœurs de sa génération, n'est-ce pas affirmer que l'on croit à l'importance infinie des problèmes de la vie morale ? » BOURGET, cité par KLEIN. *Autour du Dilettantisme*, p. 116.

majesté idéale. Attendez. Les affirmations de votre conscience d'homme du XXᵉ siècle ne m'effraient, ni ne m'étonnent. Derrière les mots, il y a les choses. Et c'est à elles que nous donnerons toute notre attention, pour apporter à vos propres termes les précisions de détail qu'ils comportent. Pour s'entendre, il faut parler la même langue, et nous le pourrons sans doute à condition de mettre dans les mots le même contenu. Cela se fera, je l'espère, parce que vous êtes un homme de volonté droite. Avançons ensemble, et peu à peu, vers la lumière.

Partons d'abord de ce principe, qui est comme la conclusion *nécessaire* de nos précédentes analyses : la recherche religieuse, pour être vraiment humaine, doit *intégrer* toute l'expérience antérieure, la *prolonger*, et donc se mouvoir dans le même sens, sur la même ligne.

Cela revient à dire qu'elle se présente, obligatoirement, en son point initial, comme *une attitude de sympathie*. Quiconque se met en marche vers la vérité religieuse, doit, pour cette recherche, partir avec toute son âme[1]. Ainsi s'en vont

---

[1] Cf. Guibert *Le Mouvement chrétien*, p. 97. — « M. Charaux a le mérite d'avoir appelé l'attention sur cette importante vérité, que la pensée, qui est une action et une faculté de l'âme, ne suffit point à la philosophie, qu'il lui faut l'âme entière, et, si l'on peut distinguer dans l'âme des parties, qu'il lui faut surtout et avant tout ce qui semble en être et le principal et le meilleur. Celui de qui l'on peut dater, après Anaxagore, la haute philosophie, le maître de Platon, et, par lui, d'Aristote, celui qui, en se comparant aux sophistes enflés d'un faux savoir disait : « Je ne sais rien »; celui-là n'ajoutait-il pas, pour faire entendre du moins d'où lui venait cette conscience de son ignorance, commencement d'une vraie science : « Je ne sais rien que les choses de l'amour. » Ravaisson, p. 226.

« Je fais tout ce que je peux continuellement pour élargir ma cervelle, et je travaille dans la sincérité de mon cœur; le reste ne dépend pas de moi. » G. Flaubert à G. Sand, cité par Gomperz. *Les Penseurs de la Grèce*. Alcan, 1908, 2ᵉ éd. Préface. p. xvi.

Une telle attitude est bonne pour faire un écrivain « objectif » mais

— nous l'avons vu, — les pionniers de l'Amour, de la Science et de l'Art.

La sympathie, en définitive, n'est que la traduction extérieure, dans l'action, de l'obéissance au dynamisme intérieur, la marque de notre sincérité d'homme. Par elle nous sommes *droits, orientés normalement.*

Encore qu'elle ne soit point, à proprement parler, le don de soi, elle n'a rien de négatif, ni de passif. Active, humaine, personnelle, la sympathie est l'exercice le plus noble de notre liberté. On pourrait se refuser à prendre cette attitude, mais on ne le fait point pour demeurer loyal à l'égard de soi-même[1].

---

non pour asseoir une vie humaine. L'homme est plus qu'une cervelle, il faut chercher le vrai avec toute son âme.

[1] « Qu'est-ce à dire sinon qu'il y a un certain usage des ressources naturelles qui dépend de la volonté humaine ; que dans une certaine mesure c'est notre affaire de remplir les conditions soit intellectuelles soit morales de l'exercice naturel, normal, de la pensée ; que par conséquent notre façon de penser nous est imputable ; qu'il y a des devoirs dans l'ordre de la pensée ; qu'il y a proprement une responsabilité dans l'ordre intellectuel comme dans l'ordre pratique, une culpabilité possible de l'erreur, une possibilité de faire volontairement, au moins par négligence ou lâcheté volontaire, obstacle à la certitude et à la lumière ; donc qu'il y a, dans l'exercice de la pensée, une bonne volonté à avoir, à garder, à protéger, à accroître, un effort volontaire à faire pour voir, pour avoir une vue nette et ferme, pour croire aussi où il faut et comme il faut, enfin pour aller à la vérité avec l'âme tout entière et saisir ce qui est, autant que cela est possible, en étant soi-même tout ce que la nature vraie et la droite raison exigent que l'on soit... La philosophie d'un homme vaudra ce que vaudra l'homme, ou encore elle vaudra ce que vaudra *la vie*. Je prends ce mot en sa signification la plus complexe et la plus profonde, embrassant tout, l'ordre intellectuel, l'ordre moral et religieux, la spéculation et la pratique. S'il se trouvait un homme vivant d'une vie pleine, à la fois complète et régulière, abondante et mesurée, sans défaut et sans excès, n'est-ce pas cet homme qui, pensant avec toutes les ressources intellectuelles et morales de son être sain, droit, vigoureux, ardent, saisirait le plus et le mieux ce qui est, et aurait l'idée la plus juste, la plus complète, la plus vive de l'homme même, de l'univers et de Dieu ? » OLLÉ-LAPRUNE. *La Philosophie*, p. 343, 346.

Ce n'est pas une foi explicite en un objet déterminé, précis, que l'on créerait en quelque sorte du dedans, afin de le retrouver au dehors ou de l'y projeter peut-être[1]; mais un vivant hommage à la Vérité, quelle qu'elle soit, où qu'elle se trouve; une croyance, une confession de son existence, parce qu'elle *doit* être, et que rien sans elle ne se soutient[2].

Si cette Vérité se montre quelque part sous la forme de cet *autre* que réclame l'achèvement de notre Moi, la sympathie n'en sait rien. Elle le reconnaît comme possible, comme probable même parce que notre dynamisme intérieur le réclame, tend vers lui. Mais quel est-il : personnalité supérieure, idée pure ?.. Elle ne le préjuge point. Si son existence semble exigée par le Moi, si elle suscite profondément en nous le désir de le connaître et de le posséder, elle nous laisse toute notre liberté de critique. Et du moment où ce nouvel objet se révélerait à nous dans l'expérience nouvelle instituée au nom de la Religion, nous garderions par devers nous un droit inaliénable d'en déterminer la qualité, la valeur, de la discuter au nom du donné humain et d'après les principes fournis par nos expériences antérieures.

La sympathie dont il s'agit de se laisser pénétrer, à laquelle il ne faut point opposer de résistance lorsque nos démarches vivantes l'ont fait spontanément s'éveiller au seuil du domaine religieux, est donc un acte essentiellement moral et personnel. Elle nous place à l'égard de l'objet religieux

---

[1] « La volonté ne fait pas l'objet à voir, elle le fait voir, ce qui est fort différent ; et elle ne fait pas voir parce qu'elle commanderait de voir, elle fait voir parce que, grâce à nos bonnes dispositions, l'objet à voir est sous les yeux, et les yeux sont sains et ouverts. » OLLÉ-LAPRUNE, *La Philosophie*, p. 265.

[2] « La haute philosophie ne peut se passer de la croyance, parce que *la croyance est nécessaire à la pensée*, s'y mêlant nous avons vu comment et ajoutant à la connaissance proprement dite *un indispensable surplus.* » OLLÉ-LAPRUNE. *Ibid.*, p. 288.

dans une situation analogue à celle du savant en face de la Vérité physique, scientifique, et de l'artiste en regard de la Beauté.

S'il y a une Vérité morale, elle ne se donnera qu'à condition de nous voir prendre d'abord l'attitude normale exigée par la loi de l'amour[1]. Il faudra que nous nous donnions d'abord, sans la connaître, dans la mesure de nos forces, parce qu'elle nous est supérieure.

Notre sympathie est donc une orientation volontaire de notre être vers elle, et dans le sens du dynamisme humain. Par cette attitude, nous lui rendons un hommage anticipé, nous la reconnaissons implicitement, mais conditionnellement. Nous ne nous livrons pas encore, nous marquons seulement que nous sommes en disposition de le faire, le cas échéant, la preuve fournie. Nous apportons notre part d'homme et de sujet, dans le commerce d'amour que nous souhaitons d'établir pour être fidèles à nous-mêmes, réaliser notre loi, achever notre expérience.

S'il y a un objet religieux, nous ne pouvons l'atteindre qu'à ce prix : en le prenant au sérieux, en sortant de nous-mêmes et en marchant vers lui, dans l'attente de sa révélation[2].

Telle a été l'attitude humaine, de tension active, dans *toutes* les autres disciplines que nous avons analysées. Et

---

[1] « Il n'y a point de compétence dans les hautes régions de la pensée sans vie morale au moins commençante, sans aspiration morale non contrariée, sans *bonne volonté*... Les raisons les plus fortes, les plus convaincantes, les plus éclairantes ne peuvent produire tout leur effet en matière d'ordre moral (humaine), si ce qui en nous-mêmes est moral, à savoir la volonté, ne fait pas son office. Ici on ne peut *voir* assez, on ne peut *savoir* vraiment sans vouloir. » Ollé-Laprune. *La Philosophie*, p. 264, 262.

[2] « L'attention est la prière naturelle que nous faisons à la vérité ; elle a pour récompense la lumière. » Malebranche, cité par Vallet. *La Tête et le Cœur*, p. 249.

cela se comprend sans peine. Il y a un équilibre à établir entre notre Moi moral, notre Personne, et l'objet religieux. Dans la Science, il suffisait à la rigueur d'écarter de nous, en la recherche de la vérité, ce qui pouvait faire échec aux démarches de l'esprit ; dans l'Amour, à celles du cœur ; dans l'Art, à celles de l'imagination créatrice. Dans la Religion, — qui synthétise et dépasse toute l'expérience — nous engageons *toute notre Personne.* Le commerce rêvé n'est donc possible que si nous apportons une personnalité humaine à l'état *normal.* Et la nécessité s'impose à nous, impérieuse, d'écarter de notre Moi tout ce qui diminue *la Personne* ou l'altère, s'interpose comme un obstacle, se révèle comme une contradiction vivante : le rationnalisme pur, le rêve, la sensualité, l'égoïsme, le manque d'humanité, de bonté[1].

A cette condition seulement, notre sincérité sera réelle, nous serons droits, établis dans la justice, et nous pourrons nous flatter d'aborder en *hommes* la recherche de la vérité morale et religieuse, de l'*autre*, que nous attendons, espérons.

Il en sera pour cette vérité comme il en a été *partout ailleurs.* Ne craignons pas de nous en convaincre, car on se fait aisément sur ce point des illusions mortelles, et l'on se rebute ou l'on n'aboutit point, *parce que l'on a été infidèle à la logique vivante.*

La Vérité suprême — c'est-à-dire l'*objet religieux*, s'il existe, — ne se donnera qu'à l'homme qui lui *ressemble*[2],

---

[1] « Si, comme disait Platon, c'est le bien qui est le premier principe et la dernière raison, *le bien est en définitive la règle suprême du vrai.* Mais qui est juge du bien, sinon ce qui est fait pour lui, sinon le cœur ? Et pourquoi, par conséquent, ne dirait-on pas avec Pascal, que c'est le cœur qui juge les principes ? Or le cœur, c'est l'amour, et l'amour vrai et la vraie liberté ne sont-ils pas même chose ? « L'esprit est amour, dit le christianisme ; et ailleurs : » L'esprit souffle où il veut. » RAVAISSON, p. 108.

[2] « Mais qu'est ce qu'aimer ? C'est s'unir, c'est se conformer. *Le sacrifice est la méthode morale elle-même.* — Le sacrifice est *l'unique voie qui*

qui sera bon, à l'âme de *bonne volonté*. Elle ne deviendra *nous* qu'à la condition expresse que nous ayons d'abord été *elle* par la sincérité du désir. Notre démarche ne la *déterminera* pas. Le supérieur n'est point *lié* par son inférieur, ni l'objet nécessité par son sujet. Mais parce qu'elle est *bonne*, elle viendra, prendra avec nous un premier contact. Peu à peu, par ce point d'attache, elle nous éclairera. Notre expérience personnelle sera une lumière et une force au sein de laquelle, simultanément, nous perfectionnerons notre adaptation à l'objet, et nous recevrons de lui davantage. Le point de contact initial, première grâce, ira s'élargissant, et sous l'action de ce double travail, de nous-mêmes et de notre objet, envahira tout notre être. Et un moment viendra où l'union sera faite, où notre confiance sera totale, où dans une science tout intérieure, qui fera corps avec nous-mêmes, nous connaîtrons notre objet au plus intime de nous-mêmes d'abord, et hors de nous[1]. Nous le vivrons ici et là, de façon différente, comme le savant vit à la fois la loi — qu'il n'a point créée — et dans son esprit et dans les choses.

Ainsi donc, la sympathie que nous réclamons comme indispensable, et qui d'abord aurait pu apparaître comme une concession subtile faite au sentiment dans la recherche religieuse, est au fond la *condition radicale*, première, de la recherche religieuse objective, comme *de toute autre recherche expérimentale*. Car si l'objet religieux existe, — la Science,

---

nous rapproche de Dieu ; il est la relation nécessaire de la vie finie à la vie infinie. L'acte de liberté qui sacrifie, c'est-à-dire *qui veut Dieu avant soi*, rapproche de Dieu, rapproche de soi, augmente la liberté, pendant que l'acte contraire, qui ne sacrifie pas, qui se veut avant Dieu, éloigne de soi et diminue la liberté. — C'est la parole de l'Evangile : « Qui veut sauver sa vie la perd ; qui consent à la perdre la sauve. » GRATRY, cité dans RAVAISSON, p. 139.

[1] Beau texte de Maine de Biran : « Il faut que les vérités s'incorporent à nous... », dans VALLET. *La Tête et le Cœur*, p. 193.

l'Art et l'Amour nous l'ont appris, — c'est *du dedans* que nous le reconnaîtrons et que se révèlera pour nous avec certitude, et dans un même acte vivant, son existence authentique. Servir, pour savoir ; aimer, pour comprendre ; se donner, pour voir ; se connaître, pour se reconnaître : voilà le fond de toute démarche qui prétend à faire la lumière et à créer des convictions.

*
* *

La nature de la sympathie qui doit nécessairement présider à nos démarches, nous conduit à caractériser ici notre méthode : c'est une *méthode d'intériorité*.

Il nous paraît qu'elle s'impose comme seule créatrice de relations vivantes, seule révélatrice de la vie.

La méthode d'intériorité est avant tout une *auscultation vivante du réel*.

Ceux qui s'imaginent retrouver, du dehors, la loi de l'être vivant et organique, sont semblables à un opérateur qui prétendrait, sur le marbre de l'amphithéâtre, en fournir une démonstration. Un lapin est apporté pour l'expérience. D'abord il l'immobilise et commet une première atteinte à la vie qu'il entend expliquer. Il l'ouvre, et le pauvre patient palpite. L'opérateur triomphe : « Voyez les artères, les veines... Mais tout cela, à proprement parler, c'est encore de l'extérieur !... Attendez voici le cœur : la vie est là ; c'est son centre et nous allons vous la montrer !... » Le cœur est ouvert, on regarde, et l'on ne voit rien : l'animal est foudroyé, il a vécu !

La vie ne se saisit *que* du dedans ; du dehors, on l'interprète. L'action la manifeste, la traduit. L'extérieur n'en est que l'enveloppe. C'est en se penchant sur la vie, en l'auscultant avec minutie, patience,... qu'on la devine, qu'on la comprend peu à peu, qu'on en peut dire la courbe et la loi, qu'on en devient le directeur en s'appuyant sur l'expérience.

Le meilleur docteur est celui dont l'oreille est fine, le regard pénétrant, le toucher révélateur, le diagnostic sûr, et qui sait ordonner le médicament le mieux approprié à la fois au tempérament de son malade et à l'affection dont il faut le préserver ou le guérir.

Qu'il s'agisse d'institutions, d'individus, de choses, la méthode d'intériorité s'attache uniquement, pour porter sur eux un jugement de valeur, à leur dynamisme d'ensemble.

Appliquez-vous un jour à visiter l'usine, la fabrique modèle d'un produit mondial. Vous y verrez une multitude de choses apparemment inutiles ; des détails de machines, d'engrenages, de courroies, qui vous sembleront fastidieux ; vous remarquerez des coins rebutants ; les employés vous paraîtront ici ou là malhabiles, paresseux... que sais-je. A regarder ainsi cette organisation par ses petits côtés, votre impression sera sans doute défavorable. Mais allez au cœur des choses, contemplez la merveilleuse salle des machines, le hall des emballages ou des expéditions, les bureaux du Directeur et de la comptabilité, puis regardez les trains de voitures qui emportent de toutes parts les produits de cette activité, alors votre jugement se modifiera de fond en comble. Vous aurez la vision de l'ensemble, de la cohésion, de l'harmonie, de la vie, de l'action féconde. Au prix de cette puissance qui se manifeste ainsi bienfaisante, que seront alors les arrêts d'un moteur d'atelier, le bris d'une courroie, les imperfections de détail qui vous avaient frappé d'abord, la nonchalance ou l'infidélité de quelques membres du personnel !... Tout se commande, s'actionne, s'anime mutuellement dans ce merveilleux organisme, et la réputation universelle d'une pareille maison repose sur des fondements sûrs ; elle a pour assises inébranlables : l'honneur, le travail, la probité, la bonté, la vérité. Les défectuosités partielles sont l'œuvre de la faiblesse des hommes, de l'usure des choses, du temps, des contingences, de l'inertie, dont la vie demeure victorieuse. Et c'est aux fruits qu'il faut juger l'arbre.

Si la méthode d'intériorité est surtout synthétique, elle n'a cependant rien de vague. Elle s'applique en effet à distinguer et à classer les êtres vivants par leurs traits spécifiques, à préciser la qualité de leurs gestes particuliers, leurs façons d'agir personnelles, en les confrontant avec les données de l'expérience et de la raison.

Je me trouve tout à coup, et pour la première fois, devant un individu pauvrement mis, d'aspect terrible, difforme, et presque repoussant. Son immobilité est complète, son regard fixe. Est-ce un mannequin, ou un être vivant ? Je l'observe, anxieux. Voilà que soudain il fronce les sourcils : c'est un homme ! Mais de quelle nature : un maniaque, un dégénéré, un fou, un malfaiteur ?... Ses dehors sont si peu engageants... Je regarde, j'épie son geste, afin d'y découvrir la qualité de sa personne, le degré de son humanité, sa valeur vitale... Est-il en bas, en haut ?... Il marche, il avance... Je le suis des yeux — et je le vois se pencher sur un enfant qui vient de s'étaler sur la chaussée, et qui pleure de voir son petit panier renversé, les provisions qu'il apportait à sa mère répandues çà et là... Il le relève, remet en place les objets épars, dit quelques bonnes paroles, fait une caresse au bambin tout ému, déjà consolé, puis il s'éloigne avec un sourire qui met un lustre sur ses habits râpés et fait resplendir son disgracieux visage !

J'ai aussitôt la vision que cet être, dont l'extérieur suscite la défiance, est un homme de bonté, riche de vie morale, de supérieure humanité.

Ai-je tort ? Ma conclusion est-elle prématurée, excessive ? Nullement. Il faudra que je la confirme, que je la précise par d'autres expériences, si je veux porter sur cet être un jugement définitif, si j'entends surtout entretenir avec lui des relations vivantes, mais son geste n'est point trompeur. C'est l'action qui, *surtout*, caractérise l'être, le différencie, le situe en quelque façon dans l'échelle des valeurs, parce qu'elle exprime, traduit — ou trahit — selon les cas, ce qu'il y a en lui de plus intime, de plus personnel.

La méthode d'intériorité qui nous installe au centre des choses, comme au vrai point de vue d'où il convient de les observer d'abord, est plus rapide, plus concluante et plus fructueuse que toute autre.

Elle n'est pas moins scientifique, à tout prendre. Car elle plonge ses racines dans le réel. Si elle découvre des ensembles et pénètre les profondeurs, c'est en s'appuyant fortement sur des analyses préalables, qu'elle continue, élargit, sans les contredire[1].

---

[1] « Tout me crie que nous faisons fausse route, avec notre rage analytique, avec notre confiance dans le document de détail, avec notre prétention d'expliquer la vie par des dissections d'amphithéâtre. Il est bon sans doute qu'on ait vérifié toutes les notions léguées par le passé, qu'on ait remué profondément le vieux sol avant d'y semer. Ne soyons pas ingrats envers nos maîtres ; ils ont dépensé à cette tâche un talent prodigieux, il faudrait dire du génie, si ce mot pouvait se séparer de l'opération qui crée de la vie. Mais le terrain qu'ils ont ameubli, nous sommes en train de le pulvériser par *l'abus de leurs méthodes*. Le monde qui vient a soif de recomposition, on ne le groupera qu'autour des idées simples. Il dit par toutes ses voix le mot historique : « bien taillé, maintenant il faut recoudre. » Dans l'ordre religieux comme dans l'ordre social et politique, en histoire et en littérature comme en peinture, il demandera qu'on lui refasse de grandes lignes directrices, avec cette multitude de points brisés où notre œil s'est trop complu.

A tort ou à raison, on juge un peu de ses contemporains par soi. Voilà plus de vingt ans que je lis avec passion les travaux de nos grandes écoles d'érudition, de critique, d'exégèse. Il n'en est presque point qui ne m'aient paru ingénieux et séduisants, au moment où je lisais. Leurs explications étaient plausibles, très souvent vraies, je le crois, pour chaque petit fait particulier. Elles ne me rendaient pas raison du fait capital, qui se défendait au centre de ces travaux d'approche. Des

Il semble même qu'elle soit révélatrice d'une vérité plus complète, car elle n'exclut point l'étude des objets par l'extérieur.

D'abord constructive, si l'on peut dire, elle devient critique à son second stade. Au premier temps, elle observe, décrit, compare, conclut. Après s'être attachée d'abord à l'essentiel, à ce qui constitue le fond de l'être, après avoir déterminé sa valeur relative, l'avoir classé, elle s'occupe de l'extérieur, du secondaire. Encore que tout ce dehors soit accessoire du point de vue vital, et qu'il n'informe en rien le type essentiel d'un être, ce qui le fait lui spécifiquement, il peut lui conférer néanmoins une plus ou moins grande valeur pratique, une qualité sociale différente, un attrait variable pour les contacts de la vie commune et en groupe. Il convient de ne pas l'oublier sans doute, mais ce qui importe par-dessus tout, c'est de ne point se prononcer sur de pures apparences, car il y a de belles âmes dans de vilains corps, et des formes fragiles peuvent cacher des forces colossales. L'habit ne fait pas le moine; il ne faut pas juger les gens sur la mine. L'esprit partout est supérieur à la matière, le statique, jamais, ne suffira à révéler le dynamisme intérieur.

C'est ce qu'oublie trop la méthode d'extériorité. Au lieu de rechercher la loi interne de l'être dans le mouvement et

---

vérités de détail ne font pas toujours une vérité d'ensemble. Surtout elles ne me renseignaient pas sur cette force que je sens dans les phénomènes de l'histoire comme dans ceux de la nature, sans pouvoir l'exprimer ni le comprendre, la vie. En présence des grands faits et des grandes figures, sous l'amoncellement des dossiers et des gloses dont on les accable, je devine d'énormes corps vivants, qui font craquer à chaque mouvement l'appareil artificiel où on les maintient. Quand on m'explique les effets éloignés de ces mouvements, je saisis encore. Dès qu'on veut m'expliquer pourquoi ils se produisent, je ne comprends plus. Quand on m'explique trop, cela devient drôle. » Vogüé. *Pensées d'histoire dans Rome*, Revue des Deux-Mondes, 15 avril 1892, p. 924.

dans la vie, de s'efforcer de la surprendre en marche et de la juger dans son exercice, elle est victime de l'immobilité. Son besoin de précision, de minutie, son désir d'inventaire total font qu'elle se « pipe » aux détails. Or rien n'est plus propre à noyer et à faire perdre de vue les traits de caractère, les gestes spécifiques de l'être qu'il s'agit d'étudier.

Attachez-vous uniquement à regarder les difformités d'un homme, ses bosses, ses verrues, sa gaucherie, son inaptitude à marcher droit : vous déclarez que tout cela l'empêche d'être un vrai homme !.. Erreur : il a accompli des miracles de bien, des prodiges de sacrifice et de bonté... Jeffries et Johnson après des passes de boxe meurtrières, sortent du ring : ils n'ont plus apparence humaine. Et cependant si vous les jugiez exclusivement sur ces dehors, vous vous tromperiez sur leur compte... Les circonstances qui les ont rendus tels sont éminemment transitoires : ce sont là déformations produites par la lutte, qui disparaîtront au repos, et ils apparaîtront de nouveau comme des types exceptionnels de puissance musculaire et physique. — Vous concluez enfin d'un acte de brutalité apparente, qui a lieu devant vous, à la bestialité de l'individu. Mais vous êtes-vous demandé d'abord si ce n'est point un acte de défense et une protestation contre un agresseur mal intentionné ?..

La méthode d'extériorité semble surtout *impressionniste*, variable avec les hommes, l'observation, l'état d'esprit de celui qui la pratique[1]. En dépit de précisions qu'elle prétend apporter, de l'exactitude dont elle se pique, dans ses mesures et dans ses poids, elle est au fond plus facile, moins concluante et moins riche de réel. Les jugements qu'elle appuie

---

[1] C'est en ce sens que les Pragmatistes ont raison de dire que *notre* science, toute déterminée par des *besoins pratiques,* aurait pu être autre. Car elle n'est qu'*un* point de vue sur le réel, choisi *arbitrairement* pour des raisons sociales. Cf. W. JAMES. *Le Pragmatisme, passim.*

ont une personnalité plus grande, sous leurs apparences désintéressées. Seule, leur étroitesse leur donne un air plus objectif. Et la sympathie de la méthode intérieure, en lui donnant plus de souplesse, plus de capacité à se mettre en contact vivant avec le réel, lui confère une puissance de vérité plus grande et de démonstration plus universelle[1].

Aussi bien se vivifie-t-elle constamment par son union intime — encore que discrète et cachée — avec l'expérience. Pas un instant elle ne l'abandonne et ne cesse de lui emprunter son secours. L'expérience du passé l'éclaire, l'oriente ; celle de l'avenir lui fournira son critérium nécessaire et son contrôle supérieur.

Si elle n'entend point laisser limiter sa recherche par les apparences, et comme par la faconde de l'être ; si elle se refuse à reconnaître au fait brut et statique la qualité de norme suprême du réel, ce n'est point qu'elle méprise l'Histoire ou qu'elle méconnaisse sa juste valeur. Tout au contraire.

Pour celui qui pratique la méthode d'intériorité, l'Histoire est comme le lieu même de l'expérience humaine. Mais il ne l'envisage point comme un poids mort, un mécanisme se déroulant dans le temps et l'espace d'après une logique

---

[1] Les grands philosophes de l'antiquité n'ont pas été *renouvelés* de fond en comble par ceux des époques postérieures. Leur psychologie, sur tout ce qui est proprement humain, a touché au fond vivant de la réalité, en a fait jouer les secrets ressorts et donné l'image de *l'homme éternel*. Cf. sup., p. 373. *Note*.

« Le divorce entre le monde de la science et celui de la religion n'est donc pas aussi définitif qu'il le paraît d'abord. Il y a des progrès en spirale : le personnalisme de la pensée primitive, que nous croyons avoir dépassé, pourrait bien reparaître un jour, d'une manière impossible à prévoir ; en ce cas, l'attitude rigoureusement impersonnelle de la science moderne apparaîtrait comme une exagération dont l'utilité fut temporaire, et *non comme la méthode définitive* que célèbrent avec assurance tant de penseurs contemporains. » W. JAMES. *L'Expérience religieuse*, p. 418.

immuable d'où est exclue la liberté, d'où la spontanéité, par définition même, est absente. Elle est le courant vital, le dynamisme universel au sein duquel il se plonge, mais où il demeure les yeux ouverts avec, en sa possession, un critère vivant, qui est la connaissance de son propre intérieur et des conclusions sûres fournies par les diverses disciplines de la pensée et de l'action[1].

La méthode d'intériorité est donc en dernière analyse une *interprétation psychologique de l'expérience*, une vivante union de l'intuition et de la raison, de l'esprit et des choses.

Mais dans ce commerce, le mental est mis au premier rang, le psychologique regardé comme le supérieur qui a mission de découvrir et d'expliquer le sens profond des choses. C'est l'âme qui pénètre, voit, puis raconte sa vision, afin de la confirmer par le détail même de la vie qui se fait. En y projetant ses clartés, elle s'y précise, y prouve sa légitimité. Sa puissance d'orientation, d'adaptation, révèle sa vérité. Par elle, la vie qui a cessé transmet ses richesses à celle qui vient. Dans une continuité dynamique que le temps ne peut entamer, qui est supérieure à l'espace, les choses vivent,

---

[1] « Il existe dans l'âme, dit Gratry avec Thomassin, un sens secret par lequel elle touche Dieu plutôt qu'elle ne le voit ou l'entend. On peut rétablir, en l'entendant comme il faut le fameux axiome : rien n'est dans l'entendement qui n'ait d'abord été dans le sens ; on peut soutenir que toute connaissance vient des sens. L'expérience a chassé de la science naturelle le rationalisme scolastique qui prétendait, à l'aide de maximes abstraites, construire la nature *a priori*, et qui reparaît dans Hegel « traitant avec le monde visible », au nom de la pure raison, « de créateur à créature ». L'expérience, un jour, bannira également le rationalisme et de la science de l'âme et de la science de Dieu. Ce sera lorsque, au lieu de se borner à la combinaison ou à l'analyse d'idées abstraites et de maximes générales, *nous saurons retrouver en notre conscience le principe supérieur qu'elle réfléchit, sentir, toucher au fond de nous-mêmes, au-delà de notre propre personnalité, immolée, sacrifiée, ce qui est meilleur que nous.* » GRATRY, dans RAVAISSON, p. 338.

vont de l'avant, réalisent leurs destinées d'une façon plus certaine, parce que les tâtonnements, les défauts d'aiguillage, les retours en arrière inconscients, leur sont évités. Elles se développent en Beauté, dans une harmonie, un ordre, une souplesse d'adaptation qui assurent leurs victoires progressives et leur succès final.

L'Histoire n'est que le psychologique incarné dans les faits. Un ensemble de forces ordonnées, vivantes et belles, menées comme un immense orchestre par un chef invisible et qui fait l'unité, la sous-tend, la domine et l'explique[1]. Comme dans le Moi lui-même, la complexité n'est qu'apparente, le moteur est un ; les antinomies extérieures se fondent et s'évanouissent dans un amour vivant.

Il en va de ceux qui cultivent les méthodes intérieure et extérieure comme du bon élève de piano et de l'artiste. Le chercheur purement intellectuel épelle en quelque façon la nature. Il est semblable au joueur qui frappe les touches, plaque des accords... C'est une succession de notes très exactes, de sons clairs, bien timbrés ; mais rien n'est prenant, ni ne se répercute dans les profondeurs de l'être. On n'est pas ému. Placez maintenant l'artiste en face du même instrument : il va lui donner une âme en y faisant passer la sienne. La succession d'accords devient un continu vivant ; chaque note est elle-même, mais elle prolonge la précé-

---

[1] « Les lois forment, comme les êtres, une sorte de hiérarchie et il est impossible de passer logiquement et nécessairement d'un degré à l'autre de la hiérarchie, mais il y a cependant continuité et pénétration réciproque. Le monde n'est ni mécanisme brut, ni sans doute pensée pure ; il est une harmonie d'êtres parmi lesquels les supérieurs peuvent disposer des inférieurs avec spontanéité d'abord, puis avec réflexion et liberté. Le mécanisme des mondes n'est qu'un instrument aux mains de l'esprit ; la connaissance que nous en prenons nous en affranchit ; la nécessité devient l'instrument du libre arbitre et le moyen de la royauté morale de l'homme. » BOUTROUX, résumé par FONSEGRIVE, *Les Livres et les idées*, p. 300.

dente et s'achève dans celle qui la suit. Tout cela parle un langage profond, prend aux entrailles, empoigne. C'est une véritable révélation, à la fois du dedans et du dehors. L'artiste ne contredit pas l'élève bon exécutant : il l'achève, donne à chacun de ses gestes des prolongements infinis ; il introduit dans ce jeu trop statique un dynamisme plus puissant, un *mens divinior*... Et en chacun des auditeurs, qui devient un écho, résonnent et vibrent le cœur des choses, celui de l'artiste, et leur vivant amour !

*
* *

L'emploi de la méthode d'intériorité à la recherche religieuse est donc légitime. Elle est par excellence la *méthode d'observation, de construction et de critique*[1].

Si quelques doutes pouvaient encore demeurer là-dessus, ils disparaîtraient, croyons-nous, devant son caractère de *nécessité*.

Cette méthode est en effet le fondement — souvent ignoré

---

[1] Elle seule fait échapper au vagabondage, à la contradiction, aux antinomies provoqués par l'attitude extérieure. « Je vieillis... Je voudrais sommairement dresser mon inventaire intellectuel, fixer pour moi-même où j'en suis après mon vagabondage dans les directions les plus opposées de la pensée. Peut-être vais-je constater, à ma honte, que je ne suis pas plus avancé sur l'abrupt sentier de la vérité aujourd'hui qu'au début de mon pèlerinage, quand ma mère me joignait les mains, matin et soir, en me faisant balbutier des mots que je sentais sacrés sans y rien comprendre... Mon acquis personnel m'humilie ; mon ignorance, au bout du compte, m'épouvante. Tout l'inconnu m'a tenté... Je dois aux sciences naturelles quelques notions certaines, les plus générales ; mais les questions y sont d'autant moins élucidées qu'elles m'intéressent davantage ; entre autres, celle de la vie. Quant aux mathématiques... les seuls objets qu'on y puisse introduire sont des quantités et des figures, et aucun des problèmes qui m'attirent ne relèvent de ces données. » SULLY-PRUDHOMME, cité par FONSEGRIVE. *Livres et idées*, p. 302.

de ceux-là même qui s'y appuient — de *toutes* nos démarches vivantes : l'Amour, la Science et l'Art.

Rappelons-nous nos analyses. Ce qui constitue radicalement ces disciplines humaines, la raison première de leur existence, ce n'est pas à proprement parler leur objet, mais *l'esprit* avec lequel elles l'abordent et entrent en commerce avec lui. Ces objets sont différents, mais l'attitude humaine à leur égard est unique. Elle est substantiellement un vouloir, un don de soi, un acte d'humilité, une correspondance à la grâce qui vient d'en haut, un amour, un vivant commerce établi sur un commun sacrifice. Pour participer à la vérité des choses, l'homme doit préalablement s'établir dans la droiture et la vérité à l'égard de lui-même.

Malgré tout, l'esprit auquel l'homme participe dans l'Amour, la Science et l'Art, demeure incapable de le satisfaire. Il en jouit, mais il rêve d'autre chose. Son dynamisme n'y trouve point la paix. La Science donne à sa raison des lumières, mais elle le dessèche, sans pouvoir par ailleurs remplir son besoin de connaître. L'Art et l'Amour sont trop intuitifs, pour qu'en se livrant à eux il ne souffre point de l'écart trop grand qui s'y révèle avec l'expérience et les exigences sociales de la vie... Et l'homme aspire à une discipline plus synthétique, supérieure à la raison pure et à la pure intuition, où, dans un équilibre constamment réalisable, une vivante harmonie, le Beau, le Vrai, le Bien, seraient à sa portée, constamment, pourraient devenir la substance quotidienne de sa vie, de son action[1]. Il conçoit

---

[1] « Il y a en moi une inquiétude qui ne me quittera pas : c'est un besoin que je ne connais pas, que je ne conçois pas, qui me commande, qui m'absorbe, qui m'emporte au-delà des êtres périssables. Vous vous trompez, et je m'y étais trompé moi-même : ce n'est pas le besoin d'aimer. Il y a une distance bien grande du vide de mon cœur à l'amour qu'il a tant désiré ; mais il y a l'infini entre ce que je suis et ce que j'ai besoin d'être. L'amour est immense, mais il n'est pas infini. Je ne veux pas jouir ; je veux espérer, je voudrais savoir ! Il me faut

une explication plus vaste des choses, une métaphysique plus lumineuse, dont la vision toujours possible serait pour lui le repos actif. Au contact de ces idées fécondes, ses puissances personnelles se développeraient avec plénitude. Son être intérieur s'épanouirait dans ce va-et-vient ininterrompu d'une intuition perpétuellement corrigée par la Science, mise au point par l'expérience et la raison, — d'une expérience constamment éclairée, vivifiée, rajeunie par l'intuition.

Or c'est ce renouvellement ininterrompu et ce progrès du Moi que prétend lui fournir la Religion, par sa méthode et son objet.

Si elle se donne comme le complément nécessaire de son humanité, c'est que non seulement elle synthétise les disciplines antérieures, et concilie le cœur, l'esprit, la volonté, l'imagination, mais qu'elles les dépasse, les parfait, leur donne le couronnement dont elles ont besoin.

En s'appliquant à elle, on n'est point condamné à renier les démarches humaines qui l'ont précédée. Tout au contraire on leur confère ce je ne sais quoi d'achevé qui, en les plaçant dans une sphère supérieure, ajoute à leur nature première une séduction, une grâce, une *vertu*[1].

---

des illusions sans bornes qui s'éloignent pour me tromper toujours. Que m'importe ce qui peut finir ? Je n'aime point ce qui se prépare, s'approche, arrive et n'est plus. Je veux un bien, un rêve, une espérance enfin qui soit toujours devant moi, plus grande que tout ce qui passe... Je trouve avec étonnement mon idée plus vaste que mon être ; et si je considère que ma vie est ridicule à mes propres yeux, je me perds dans des ténèbres impénétrables. » SÉNANCOUR. Cité par NICOLAS, *L'Art de croire*, p. 67.

[1] « Il ne faut qu'accorder à la science tout le crédit qu'elle mérite, et elle vous oblige de vous agenouiller devant Dieu... L'athéisme radical est une lâcheté du désir et une lâcheté de la pensée. L'irréligion est une lassitude de l'âme et de l'esprit connaissant, c'est l'affaissement de la conscience, son glissement sur une pente ; *le théisme est l'effort de l'âme qui monte* et se surmonte. » DRAGHICESCO. *L'Idéal créateur*, p. 419.

Cette fidélité secrète montre que l'application de la méthode d'intériorité aux choses religieuses n'est point si nouvelle qu'on le pourrait croire. Parce qu'elle est le *postulat* le plus intime de toutes les démarches fructueuses vers la vérité vivante, parce qu'elle en constitue le fond inébranlable et sûr, la logique même de la vie nous en fait une exigence. Elle s'impose à nous comme *une obligation*, si nous avons souci de ne point déroger à l'*attitude humaine*, de ne pas faire faillite aux appels du dynamisme intérieur[1].

Méconnaître cette vérité ou l'ignorer, c'est établir des conflits à demeure, en opérant une coupure dans le *processus mental*. Les esprits s'adonnant à des disciplines différentes — et qu'ils considèrent comme contradictoires, exclusives, ne peuvent plus se rejoindre. Insensiblement, ils accentuent les divergences dont ils sont les seuls auteurs, mais qui n'ont aucun fondement dans la nature des choses[2].

---

[1] « Sans doute, l'homme pourrait vivre sans se donner d'autre fin que la vie, mais *il ne le veut pas*. Il pourrait se borner à faire ce qu'il faut, ce qu'on fait, mais s'il réfléchit, cela ne lui suffit pas. *Rien ne le force* à se dépasser, à chercher, à vouloir, à être. C'est une *aventure* qu'il tente, c'est un *hasard* qu'il court, c'est un combat qu'il lui plaît de livrer. Mais le mot de Platon demeure vrai : « Le combat est beau et l'espérance est grande. » Boutroux. Cité dans *La Critique du Libéralisme*, 1er janv. 1914.

Rien de plus faux que de pareilles affirmations. La Religion n'est ni « un hasard, » ni « une aventure, » mais un *devoir humain*, un *vouloir obligatoire* (Cf. sup. p. 585). L'homme « ne veut pas », parce qu'il *ne peut pas*, s'il *est sincère* avec lui-même. « Rien ne le force ». Physiquement, oui. Mais rien ne le force non plus d'aller au soleil, au grand air, si ce n'est le souci légitime et *raisonnable* de sa santé !.. Ne jouons donc pas sur les mots ! Il n'y a pas « aventure » à tenter, mais *devoir humain* à remplir. Il ne peut *vivre en homme* autrement. C'est son essence : il est un *animal religieux*. S'il se place en dehors de Dieu — sans lui échapper cependant — il s'anémie, moralement, et reste sans vigueur, comme le corps sans soleil s'atrophie et manque de résistance, avec parfois de très beaux dehors !

On nous dit (Cf. *Préface*, p. X) : « Rien ne peut nous dispenser du devoir qui s'impose *à tous* de mettre en question *tout* ce que nous

Aussi bien, croyons-nous, la plupart des incompréhensions et des attaques proviennent-elles, sur le terrain religieux, de cette fondamentale erreur.

Ne craignons pas d'affirmer haut, de répéter et de prouver, qu'il n'y a pas de contradiction entre l'esprit scientifique, artistique, et l'esprit religieux[1]?.. Dénonçons ceux qui le prétendent comme des pharisiens de la raison humaine. Jamais ils n'ont étudié, vu, compris — que la lettre des disciplines humaines. Le dynamisme des choses, la vie, leur échappent[2].

Il n'y a qu'une attitude humaine, dans toute recherche de la vérité : celle qui engage *la Personne*, et qui place le chercheur, relativement à son objet, dans l'obligation de vivre de sincérité, d'humilité, d'amour.

Affirmer qu'il existe une cloison étanche, dans le même individu, entre le croyant et le savant, c'est une sottise ou une méchanceté. Les gens rassis, ceux qui ont la noble ambition d'être des penseurs, devraient abandonner de telles affirmations aux polémiques entre journalistes ou parlementaires. Le geste du savant, de l'artiste, est un geste

---

croyons. » Mais que deviendrait *la Science* elle-même si on lui appliquait ce principe ? Rien : un perpétuel recommencement. Et d'abord *elle ne serait pas !*.. Qu'est-ce donc qui l'autorise alors à *imposer* ce principe sur d'autres terrains, à d'autres disciplines ?

[1] « Kant a très bien connu que tout se présente dans la nature sous forme d'oppositions, d'antinomies, tout y étant comme formé de contraires. Hegel a fait plus : il a porté les antinomies jusqu'au sein de l'absolu ; il en a fait les éléments de sa constitution. On a accusé ces deux grands penseurs, le dernier surtout, d'audace. Loin de là ; c'est de timidité métaphysique qu'il faut les accuser ; ce grand spectacle des antinomies leur a trop imposé : ils les acceptent de l'expérience, et les érigent en principes universels et nécessaires ; leur philosophie consiste donc à prendre la métaphysique physiquement. » STRADA, dans RAVAISSON, p. 148.

[2] Cf. W. JAMES. *L'Expérience religieuse*, p. 173.

religieux. C'est un hommage à l'invisible[1]. En passant de son laboratoire à son oratoire, le savant cesse de s'incliner devant la Vérité pour s'agenouiller devant Dieu[2]. Ce ne sont point deux êtres qui se contrarient. Il se pourrait même qu'ils ne fussent point si différents que certains le croient, ou tout au moins affectent de le dire !

Qui ne voit maintenant dans une vive lumière le caractère *expérimental* de la Méthode d'intériorité et de la Recherche religieuse que nous allons désormais entreprendre avec elle ?

Pour chercher Dieu, l'objet de la Religion, nous ne sortons point de la route où marche l'humanité qui pense, aime, admire, souffre et meurt. S'il y a pour nous un moyen de connaître la loi de la vie, c'est en demeurant en contact avec elle.

La Religion, pour une part — celle du sujet — est une forme agrandie du Moi. Elle est Dieu *en* nous, Dieu *et* nous[3].

---

[1] « Toute âme croit. Elle croit implicitement ou explicitement, instinctivement ou sciemment ; mais c'est là la seule différence, car elle croit toujours nécessairement. Elle ne peut pas ne pas croire, sous peine de ne pas fonctionner, et elle fonctionnera d'autant mieux que sa foi sera mieux exercée. — C'est l'extrême simplicité de cette vérité qui en fera la nouveauté pour plusieurs esprits, et qui exige d'eux une attention particulière. » Nicolas. *L'Art de croire*, p. 89.

[2] Cf. W. James, *Ibid.*, p. 176.

[3] « L'âme porte en elle la vérité presque essentiée à sa substance. Pour comprendre Dieu et les choses de Dieu, il suffit de déployer les fibres qui la constituent, et d'amener au jour les raisons cachées en son fond... L'âme est toute chose à sa manière. Quand elle ouvre son sein, et en développe les richesses, elle trouve, mentalement, Dieu et les choses de Dieu. Dans l'âme, il y a quelque chose de plus haut que l'esprit : c'est le point simple qui est le centre et le sommet de ses rayons ; c'est en ce point, que vit, avant toute pensée, le désir du bien : et c'est de là que la pensée, suscitée par la splendeur du bien, reçoit l'impulsion pour jaillir ; c'est là que l'âme pressent plutôt qu'elle ne

C'est donc sur les certitudes fournies par l'analyse de notre intérieur qu'il convient de nous appuyer, pour marcher avec sûreté vers l'objet proposé par Elle[1].

Car il faut sortir de nous pour aller vers cet *autre*. Nous ne sommes pas le terme du mouvement qui est à la racine même de notre être[2]. C'est pour nous, à ce point de notre réflexion où nous sommes arrivés, une évidence. Psychologiquement, la Religion *subjective*, sans plus, est *un non-sens*. Si son objet existe, il *doit* être *hors de nous*. Sa connaissance relève donc avant tout de l'expérience et de l'histoire[3].

S'il est, si nous pouvons entrer en commerce avec Lui — comme le savant fait pour la matière et l'artiste pour la nature — il devra, dans ce commerce supérieur aux autres disciplines humaines, satisfaire en nous à la fois le cœur, l'esprit, la spontanéité, la liberté, la pensée, la raison. De Lui, sur nous, devra descendre une vie supérieure, tout en même temps amour pratique, éducateur, ouvrier de progrès et de paix joyeuse ; explication de l'univers ; méthode perma-

---

comprend, qu'elle touche plutôt qu'elle ne connaît. En ce centre de l'âme, nous soupçonnons l'unité même, le Bien lui-même, Dieu même, ou plutôt nous lui sommes unis et adaptés par un profond et mystérieux contact. » Thomassin. Cité par Gratry. *Connaissance de l'Ame*, II, p. 55.

[1] « Quoi que l'on fasse, il faudra toujours que la recherche religieuse *parte du sujet*, car la réponse ne peut être intelligible *qu'en fonction d'une question posée*. » E. Wehrlé. *La Méthode d'immanence*. Bloud, Paris, 1911, p. 52.

[2] « Noli foras ire, in te redi, in interiore homine habitat veritas, et si animam mutabilem inveneris, *transcende te ipsum*. » S. Augustin. *De vera relig.*, 72.

[3] « La Religion doit donc *avant tout* nous *subordonner* à une puissance *extérieure* dont l'irrésistible suprématie ne nous laisse aucune incertitude.. Au début du siècle actuel, cette intime dépendance restait encore inconnue par les plus éminents penseurs. Son appréciation graduelle constitue la principale acquisition scientifique de notre temps. » A. Comte, cité par Bureau. *La Crise morale*, p. 377.

nente d'action. En Lui se devront concilier dans un parfait équilibre, l'amour de soi et l'amour des autres, nos aspirations vers la Science et vers l'Art, notre besoin toujours renouvelé d'une vie plus complète. Telles sont les conclusions de nos analyses, de notre enquête humaine. Tels seront nos guides sûrs, nos postulats solides pour la seconde étape que nous allons entreprendre.

« Cela dépasse un peu la conception que j'étais habitué à me faire de la Religion, dira sans doute mon contemporain. Il est vrai que je ne la connais guère que par les dires de ceux qui entendent la combattre, et qui — peut-être à leur insu — la contredisent ou la déforment!... Néanmoins j'attends vos preuves.

« Car, si vos conclusions me semblent être le fruit d'une logique trop *vivante* et trop profondément enracinée dans le *réel* pour que je me refuse à leur reconnaître quelque solidité, il reste vrai que je ne vois pas comment vous les pourrez accorder dans le détail avec les exigences que ma conscience vous a précédemment manifestées. N'oubliez pas mon « état d'âme ». Et laissez-moi vous raconter, pour vous faciliter la tâche, certaine légende orientale que ma mémoire garde depuis longtemps avec fidélité, parce qu'elle est pour moi un symbole. « Un homme vint un jour frapper à la porte de sa bien-aimée. — « Qui est là ? » interrogea une voix de l'intérieur. Il répondit : « C'est Moi ». — La voix reprit : « Cette maison n'abritera pas Moi et Toi »... Un an plus tard, l'homme revint frapper. « Qui est là ? » demanda la voix... « C'est Toi », dit-il. Et la porte s'ouvrit !... »

« S'il est un Dieu qui va, comme vous l'affirmez, sur les routes humaines, et qui, passant devant la demeure branlante que les âmes ont élevée pour abriter leur misère voyageuse, toujours inquiète devant l'appréhension des lendemains d'incertitude, voilà le mot qu'Il devra faire entendre... Le pourra-t-il ? Je ne sais. Tout est là. Mais dans ma bonne volonté — dont je vous donne encore l'assurance — je me prépare dès à présent à l'entendre et à Le reconnaître lorsqu'Il voudra faire halte au seuil de mon Moi. Et s'Il est vraiment « Celui qui doit venir », s'Il est la lumière et le guide, la force, l'amour et la vie, — quoi qu'il m'en coûte, à l'heure où Il apparaîtra, s'Il m'appelle, s'Il me dit « Viens », je serai sincère avec moi-même : loyalement je Le suivrai »[1].

Monastère Saint-Martin de Ligugé
31 mars 1914.

---

[1] « Cet intérieur de l'homme, qu'on appelle la conscience est le lieu même de refuge où l'on trouve Dieu. Dieu est au milieu de l'âme, Dieu a pour trône la conscience des bons : le trône de Dieu est dans le cœur des hommes. Dans ta conscience ne saurait entrer aucun homme, mais là il y a *Dieu et toi.* » S. Augustin, cité par Gratry, *Connaissance de l'Ame*, t. II, p. 54.

NOTANDA

Nous sollicitons de nos lecteurs leur indulgence pour les erreurs de détail qui n'ont pu manquer de se glisser dans nos références. Nos livres étant restés en pays envahi, il nous a été impossible de contrôler toutes nos notes personnelles.

Dans nos citations, c'est nous qui, presque toujours, avons souligné le texte (*en italique*), pour attirer l'attention du lecteur.

Nous avons aussi employé certaines abréviations, que les exigences du tirage ne nous ont pas permis de signaler à la suite de la *Préface*, comme nous l'aurions désiré.

BERGSON. — *Les Données* (Les Données immédiates de la Conscience).
BOURGET. — *Discours* (Réponse au Discours de Boutroux. 22 janvier 1914).
BOUTY. — *La Poursuite scientifique* (La Vérité scientifique : sa poursuite).
BRUNETIÈRE. — *Doctrine évolutive* (La Moralité de la Doctrine évolutive).
BUREAU. — *La Crise Morale* (La Crise morale et les Temps nouveaux)
CHARLES. — *Lectures* (Lectures philosophiques. 2 vol. *Delagrave*).
DUMESNIL. — *Les Conceptions philosophiques* (Entretiens philosophiques. — Les Conceptions philosophiques perdurables. *Beauchesne*).
ESTÈVE. — *Impérialisme* (Psychologie de l'Impérialisme).
FONSEGRIVE. — *Le Catholicisme* (Le Catholicisme et la vie de l'Esprit).
GUIBERT. — *Le mouvement chrétien* — dans l'âme contemporaine.
JANET SÉAILLES. — *La Philosophie* (Histoire de la Philosophie. Écoles et Systèmes).
MALLOCK. — *La Vie* (La Vie vaut-elle la peine de vivre ?)
OLLÉ-LAPRUNE. — *La Philosophie* (La Philosophie et le Temps présent)
RAVAISSON. — *Rapport sur la Philosophie en France au XIXe siècle.*
REY. — *La Philosophie* (La Philosophie moderne).
SEGOND. — *Bergson* (L'Intuition bergsonienne).
TONNELÉ — *Fragments* (Fragments sur l'Art et la Philosophie).
VALLET. — *Le Kantisme* (Le Kantisme et le Positivisme).

TABLE DES MATIÈRES

	Pages
Préface	I
Table analytique	XVII
I. Le Problème humain	1
II. Sensation et intuition	17
III. Intuition et Raison	37
IV. La Réponse des Choses	78
V. Le Langage	107
VI. L'Amour	141
VII. La Science	228
VIII. L'Art	370
IX. Le Problème religieux	513
X. L'Attitude humaine	545
Notanda	596

IMPRIMÉ
SUR LES PRESSES
DE LAFOLYE FRÈRES
A VANNES
AOUT 1916 — DÉCEMBRE 1917.

www.ingramcontent.com/pod-product-compliance
Lightning Source LLC
Chambersburg PA
CBHW071149230426
43668CB00009B/889